乐亭县地方志（年鉴）编纂委员会　编

中国财富出版社

图书在版编目（CIP）数据

乐亭年鉴 . 2018 / 乐亭县地方志（年鉴）编纂委员会编 . —北京：中国财富出版社，2019.7
ISBN 978-7-5047-6982-4

Ⅰ . ①乐… Ⅱ . ①乐… Ⅲ . ① 乐亭县—2018—年鉴 Ⅳ . ① Z522.24

中国版本图书馆 CIP 数据核字（2019）第 144041 号

策划编辑 张彩霞　　**责任编辑** 齐惠民　李小红　宋江伟
责任印制 梁　凡　郭紫楠　　**责任校对** 刘瑞彩　　**责任发行** 董　倩

出版发行 中国财富出版社
社　　址 北京市丰台区南四环西路 188 号 5 区 20 楼　　**邮政编码** 100070
电　　话 010-52227588 转 2098（发行部）　　010-52227588 转 321（总编室）
010-52227588 转 100（读者服务部）　　010-52227588 转 305（质检部）
网　　址 http://www.cfpress.com.cn
经　　销 新华书店
印　　刷 乐亭县金正印刷包装制作有限公司
书　　号 ISBN 978-7-5047-6982-4/Z · 0009
开　　本 889mm × 1194mm　1/16　　**版　　次** 2019 年 8 月第 1 版
印　　张 28　　**印　　次** 2019 年 8 月第 1 次印刷
字　　数 848 千字　　**定　　价** 268.00 元

县城区夜景

广阔的海域

2017年5月27日，唐山市第二季度重点项目集中开工（乐亭县）现场，县委书记董立群讲话

2017年11月25日，唐山市第四季度重点项目集中开工（乐亭县）现场，县长张福林讲话

2017年8月10日，县委、县政府在北京举办投资环境说明会。年内在北京、天津、福州、上海、无锡、厦门等重点区域组织举办10场次

2017年12月13日，乐亭县城被确定为“河北省文明县城”

境内的唐港高速公路

境内的唐港铁路

唐山港京唐港区通达70多个国家（地区）、190多个港口

2017年12月，县城发展大道（金融大街—茂源街段）被评为“河北省园林式街道”

2017年，乐亭县获评“河北省人居环境奖”，水悦华庭居住小区被评为“河北省园林式居住小区”

唐山中厚板材有限公司

唐山实宝来游乐设备有限公司大型游乐设备生产车间

沿海稻区。乐亭县顺利通过“省级农产品质量安全县”验收

2017年3月21日，乐亭县设施桃以44.95亿元的品牌价值入选“全国区域公用品牌价值百强榜”，位居全省农业区域品牌价值榜首

新寨镇撒马店村设施茄子树

2017年4月8日，县委书记董立群、县长张福林等四大班子领导与机关干部一起在汀流河镇植树现场参加义务植树活动

乐亭县依托优势，大力发展“蓝色经济”，乐亭县中心渔港等一大批骨干项目加快实施，深海养殖、远洋捕捞等蓬勃发展

李大钊纪念馆

李大钊故居

滦河口生态旅游区尚谷农庄

乐亭县古滦河生态公园

乐亭碧海浴场（星星湾浴场）

证 书

河北省乐亭县乐亭镇韩坨村：

被评为"全国文明村镇"，特发此证予以表彰。

中央精神文明建设指导委员会
2017年11月

2017年11月17日，乐亭镇韩坨村被命名为第五届"全国文明村镇"

证 书

河北省乐亭县毛庄镇何官营村：

被评为"全国文明村镇"，特发此证予以表彰。

中央精神文明建设指导委员会
2017年11月

2017年11月17日，毛庄镇何官营村被命名为第五届"全国文明村镇"

2017年，乐亭一中再次入选全国自主招生500强中学排行榜

2017年11月17日，乐亭县第三实验小学被授予第一届“全国文明校园”

2017年，胡家坨镇卫生院被国家卫生和计划生育委员会评为“2016—2017年度群众满意的乡镇卫生院”

2017年11月17日，乐亭县第五届道德模范颁奖典礼

2017年2月4日，"美丽乐亭·天地同春"秧歌、擂鼓展演在县青春广场举行

乐亭县第三实验小学学生跟随名师学皮影

2017年1月29日，乐亭英才馆开馆

乐亭一中体育场

乐亭县2005—2016年连续三届获评“全国平安建设先进县”，2017年9月荣获全国社会治安综合治理最高奖——“长安杯”

2017年12月29日，乐亭县被授予全国首批、全省唯一的“计划生育基层群众自治示范县”

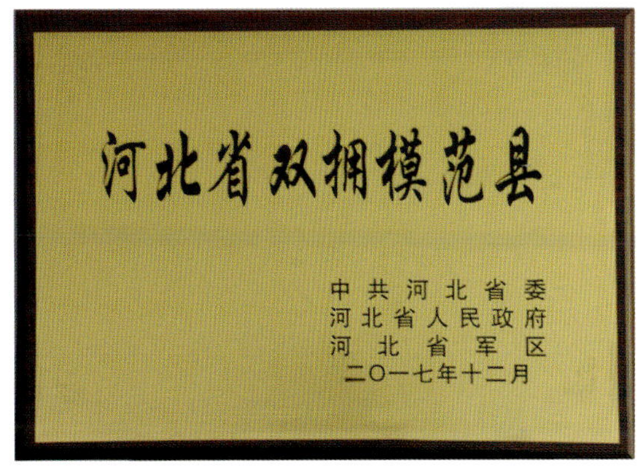

2017年12月16日，乐亭县被命名为“河北省双拥模范县”

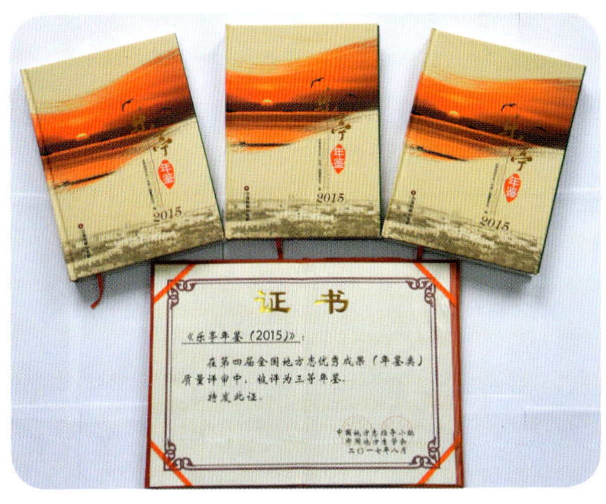

2017年8月，《乐亭年鉴（2015）》被评为第四届全国地方志优秀成果（年鉴类）三等年鉴

乐亭丞起颐天园现代农业园

滦河金秋

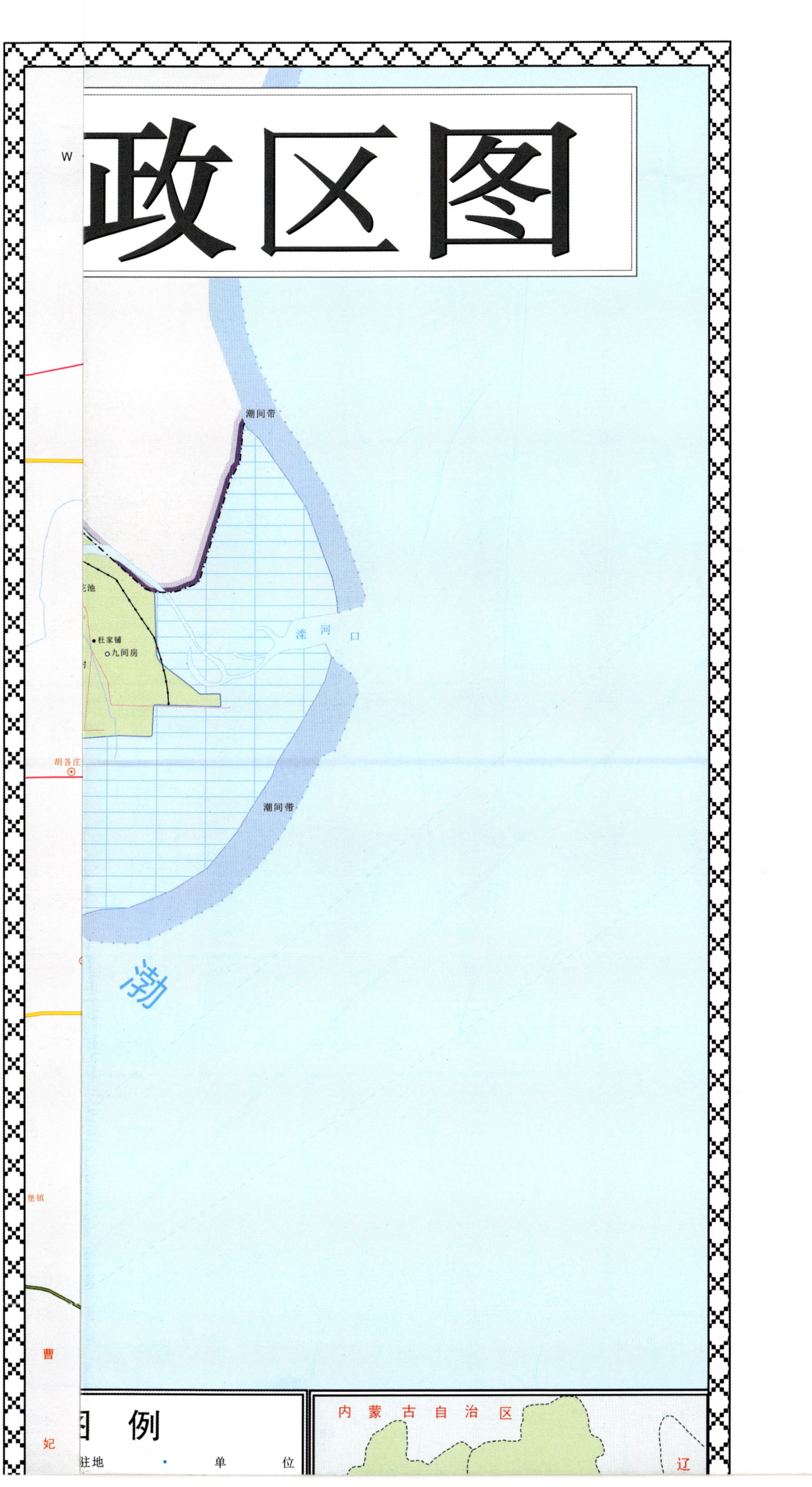

政区图
W
潮间带
池
杜家铺
九间房
滦 河 口
胡各庄
潮间带
渤
堡镇
曹
妃
图 例
驻地
单 位
内 蒙 古 自 治 区
辽

《乐亭年鉴（2018）》编辑部

主　　编　史洪峰

执行主编　赵　延

编　　辑　张自勇　赵　延　陈光生

摄　　影　刘江涛　刁洪业　崔延军　孙宇霆　崔　璐　于　杨

《乐亭年鉴（2018）》承编单位
提供资料人员

（排名不分先后）

王会丰	楚　甜	孟向松	刘海滨	刘　萌	郝　鑫	马　静	史小满	张　野	陈友海
任　杰	才学磊	刘向辉	常晓宁	李秋菊	陈　庆	赵志杰	马长礼	徐梦梅	张伟伟
曹玉平	梁艳芳	王　成	张永丰	姚　娜	田　力	张　涛	钟　晨	陶　丽	崔延军
陈慧颖	韩　锋	郝志超	王政清	田文涛	张　烨	李晓松	薛晓明	张　乐	李常亮
杨瑞娟	周博雯	宋小宁	王　倩	安向敏	曹春雷	张耀强	高　光	韩　瑜	孟庆军
贾志辉	潘　刚	肖宏鹏	李　琦	王　菲	兰金莹	马　建	王晓颖	吴玉凤	倪建清
王志坚	阴鹏鹤	高　远	王东平	王　兵	张志茹	李希文	高银花	王晓梅	徐　晖
李亚君	周晓红	王一君	孙旭彤	张　皓	甄美云	牛二宁	徐海瑜	徐长源	朱建利
史凤艳	艾红梅	郑　磊	李　杰	董书军	王永威	徐嘉慧	徐田辉	姚丽娟	杨洪滨
马　英	魏雪晴	刘雨萌	赵瑞成	张大明	任东伟	杨宏伟	李圣兰	杨　安	白　莉
金　鹏	刘华林	王海侠	王金涛	李一书	宁丽梅	赵艳玲	马建红	牛晓强	田少青
孙军红	赵国静	赵方杰	苑　博	杨　宇	崔丽红	王　健	杨学谦	勾晶晶	郭　健
陈维全	张　研	王　卓	王春妹	李江华	王　宏	安　冉	孙雪仙	王海波	阚向颖
李亚男	史秉才	刘云春	田　硕	滕志强	马志英	陈　艳	王德强	于海新	王庆丽
孙渴望	李光利	吴晓慧	张媛美	李晓彤	景　林	张宏颖	刘学敏	杨　宝	张建光

编辑说明

一、乐亭县年鉴以乐亭县行政区划命名，规范名称为《乐亭县年鉴》，通用简称为《乐亭年鉴》。

二、《乐亭年鉴》是乐亭县人民政府主办的年刊，逐年编纂出版，国内外公开发行。《乐亭年鉴（2018）》是乐亭县人民政府主持编纂的县内第四部地方综合性年鉴。

三、《乐亭年鉴（2018）》的编纂，坚持以马列主义、毛泽东思想、邓小平理论和“三个代表”重要思想、科学发展观、习近平新时代中国特色社会主义思想为指导，客观、全面、系统地记述本行政区域内2017年度自然、政治、经济、文化、社会等方面的发展状况，为当代与后人提供资料与借鉴。

四、《乐亭年鉴（2018）》设特载、大事记、乐亭概况、中国共产党乐亭县委员会、乐亭县人民代表大会、乐亭县人民政府、中国人民政治协商会议乐亭县委员会、人民团体、军事、政法、城乡建设、环境保护、综合管理、财政·税务、项目建设·招商引资·园区建设、农业、工业、建筑业、交通·邮电、商贸服务业、旅游业、金融业、科学技术、教育、文化·体育、卫生、社会·民生、乡镇·街道、人物、统计资料共30个栏目。栏目下设分目、条目，条目为基本记述单元。

五、《乐亭年鉴（2018）》资料来源以各承编单位提供的为主，辅以当事人提供的资料、经考订的口碑资料、专题调研资料和有关的报刊资料、网络资料等。

六、《乐亭年鉴（2018）》对地名、组织、机构、会议和政策、法律法规等称谓，首次使用为全称，再次使用为规范简称。人物称谓，除个别重要者外一般直呼其名。

七、《乐亭年鉴（2018）》计量单位采用国家法定标准（使用千米、公顷，不使用公里、亩，引文除外）。数字使用以《中华人民共和国出版物上数字用法》的规定为依据。入鉴数据以统计部门公布的为准，统计部门不掌握的，采用相关职能部门考核后数据。两者矛盾之处，以调查核实结果为准。

八、《乐亭年鉴（2018）》统用现代语体文，力求朴实、严谨、生动、规范。用字执行第九届全国人民代表大会常务委员会第十八次会议通过的《中华人民共和国国家通用语言文字法》、国家语言文字工作委员会1992年公布的《出版物汉字使用管理规定》以及1986年公布的《简化字总表》等规定。

九、《乐亭年鉴（2018）》因编纂时间紧、任务重，加之编辑水平有限，难免有疏漏之处，敬请读者提出宝贵意见。

目　录

乐亭县人民代表大会

乐亭县人民政府

中国人民政治协商会议乐亭县委员会

人民团体

军　事

政　法

城乡建设

环境保护

综合管理

财政·税务

项目建设·招商引资·园区建设

农　业

工　业

建筑业

交通·邮电

商贸服务业

旅游业

金融业

科学技术

教　育

文化·体育

卫 生

社会·民生

乡镇·街道

人　物

统计资料

特　载

坚定不移推动高质量发展
为新时代全面建设沿海强县美丽乐亭
在全省增比进位、在全国争创百强而努力奋斗

——在县委十三届三次全体（扩大）会议上的讲话

（2018年1月18日）

董立群

同志们：

县委十三届三次全体（扩大）会议是在中国特色社会主义进入新时代的大背景下召开的一次十分重要的会议，主要任务是，认真贯彻落实党的十九大、中央经济工作会议、省委九届六次全会和市委十届四次全会精神，回顾总结2017年工作，安排部署2018年任务，动员全县各级党组织和广大党员干部，不忘初心，牢记使命，忠诚担当，接续奋斗，坚定不移推动乐亭高质量发展，为新时代全面建设沿海强县美丽乐亭、在全省增比进位、在全国争创百强而努力奋斗。

下面，我受县委常委会委托，向全会报告工作，请予审议。

一、2017年工作回顾

2017年，县委常委会以迎接、学习、宣传、贯彻党的十九大为主线，认真落实中央和省市委决策部署，紧紧围绕建设沿海强县美丽乐亭、在全省增比进位、在全国争创百强的奋斗目标，突出问题导向，树立实事思维，坚持以招商引资上项目为中心，大力实施“123348”战略，以争先创优的精神和攻坚克难的意志推进各项工作，实现经济发展稳中快进、社会事业全面进步。全年完成地区生产总值357.88亿元，比上年增长7.5%；全社会固定资产投资262.67亿元，增长17.5%；一般公共预算收入13.71亿元，增长16.3%；社会消费品零售总额147.19亿元，增长10.8%；规模以上工业增加值比上年增长8%；实际利用外资1.82亿美元，增长103.1%；进出口总额2.96亿美元；城镇居民和农村居民人均可支配收入分别达到34078元和16090元，分别增长8.6%和8.8%。

（一）抢抓京津冀协同发展重大机遇，积极开展招商引资“双百攻坚”集中行动，推动开放招商打开新局面。紧紧扭住北京“非首都功能疏解”这个牛鼻子，在协同发展上持续发力，吸引中国开发区协会等20余家产业联盟、协会以及北京一轻等200余家企业与我县广泛对接，大大提升了乐亭作为京津产业转移投资目的地的知名度、美誉度和认可度。同时，向江浙沪、皖闽滇等地延伸招商触角，先后派驻9个招商小组、52名专业招商干部驻点招商，在北京、天津、上海、无锡、福州等地召开10场投资环境说明会，招商领域和招商成果不断扩大，54个项目成功签约（其中京津项目35个），165个项目深入洽谈。同时，把中拉产业园作为对外开放的重要平台来打造，积极参加“中国—拉美国际博览会”等推介活动，已有13个产业项目入园发展。

（二）扎实开展“重大产业支撑项目攻坚年”活动，做强平台创优环境，推动项目建设实现新突破。精准抓实17个重大产业支撑项目，举全

县之力促进签约项目快开工、开工项目快投产、投产项目快达效。河钢乐亭临港基地、腾龙再生资源利用、境界二期等13个重大项目开工建设；燕化永乐新型环保农药制剂项目一期、凯源镍铁项目一期已经试生产；北环集团环卫装备生产基地、海德润生物医药产业园等项目具备生产条件。突出“五抓”职能，河北乐亭经济开发区220千伏变电站、华阳区域能源中心、东区路网等重大基础工程加快实施，投产企业达到60家，在建55家，预计全年完成固定资产投资157亿元、增长37.1%，税收11亿元、增长69.2%，主营业务收入566亿元、增长48.1%，迈入全市A类开发区行列。县城区工业聚集区新建道路、天然气管网等基础工程顺利推进，园区功能不断完善。多方式加快“问题企业”处置，已有13家企业（项目）成功盘活。采取“主动对接、精准服务、换位式解决问题、做出廉政承诺”四项措施，在全县唱响“求真、实干、担当、效率”主旋律，营商环境持续优化。全年实施固定资产投资千万元以上重点项目132个，涉及总投资531.77亿元，其中亿元以上项目80个。在2017年全市重点项目观摩测评中取得年度总成绩第一的佳绩，项目建设走在全市前列。

（三）认真贯彻新发展理念，大力推动新旧动能加速转换，产业转型升级迈出新步伐。相继引进中国航天科技集团704所航天电子传感与信息技术综合试验基地、200厂智能装备制造、中国航天万源电解液产业化等一批战略性新兴产业项目，在创新发展上迈出坚实步伐。完成德龙炼铁高炉等29个技改项目，工业技改投资预计130亿元、比上年增长29.7%，传统工业焕发新的生机与活力。深入实施“双创”工程和小微企业“登台阶”计划，新登记各类市场主体6736家，新增规模以上工业企业34家，新增科技型中小企业98家。引入商贸服务新业态，汇乐城商贸综合体项目开工建设。大力发展旅游业，培育新的经济增长点，滦河口医疗养生度假中心、德龙钢铁工业旅游等项目积极推进，全县年内接待游客429.1万人次，旅游创收41.75亿元。电子商务惠农工程深入实施，农产品销售渠道全面拓宽。全年新增规模以上服务业企业22家，预计完成服务业增加值157.4亿元，比上年增长8.5%。

（四）以深化农业供给侧结构性改革为主线，推进农业标准化生产、品牌化建设和产业化经营，现代农业发展水平获得新提升。建成万事达、鸿春2个全国果菜绿色防控基地，“乐亭设施桃”以44.95亿元的品牌价值成功入选“全国区域公用品牌价值百强榜”，位居全省农业区域品牌榜首。新增市级龙头企业2家，市级农民专业合作社示范社5家，市级示范家庭农场4个，农民合作社达到989家，位居全市之首。全年实施投资千万元以上农业产业化项目19个，其中亿元以上项目5个，燕化永乐新型环保农药制剂项目入选全市农业产业化“十大优秀项目”，农业产业化经营率达到69.7%。

（五）以加快新型城镇化为方向，协调推进城乡统筹发展，城乡面貌发生新变化。深入推进县城建设攻坚行动，古滦河东侧、金融街东延等道路工程竣工通车，宝丰街东延工程进场施工，县城集中供热改造全面完成，新水厂建设扎实推进，城市功能不断完善。投资1738万元实施城区亮化提升工程，县城更加靓丽多彩。房地产处遗工作完成省挂账督办任务，“一区三边”违建集中整治实现“清零”，发展大路区域棚户区搬迁改造取得决定性胜利。城市精细化管理水平进一步提升，荣获河北省人居环境奖，水悦华庭居住小区获评河北省园林式居住小区，发展大路（金融街—茂源街段）获评河北省园林式街道。美丽乡村建设步伐加快，30个省级重点村实施建设项目299个，261个村实现市场化保洁，改造农村公路201.67千米，荣获河北省“四好农村路”创建示范县称号。

（六）坚持以人民为中心的发展思想，从人民群众最关心的事情做起，推动民生事业取得新成就。首届省级文明县城创建成功，获得全国文明县城创建提名资格。实施汤家河初中等一批危旧校舍改造，新增7所农村一日整托幼儿园，高标准通过河北省教育督导评估，被评为“全国农村艺术教育实验县”。在全省率先建成基层医疗管理与公共卫生信息化两个平台，被确定为全国首批计划生育基层群众自治示范县和唐山市首批健康素养促进试点县。建立乐亭大鼓、皮影非物质文化遗产教育传承基地，传统文化发扬光大。乐亭英才馆正式开放，县图书馆、档案馆新建工程扎实推进，李大钊干部学院启动建设。积极开展创业就业服务，全力推进社保扩面征缴，加快慈善事业发展，完成农村贫困人口建档立卡并实施精准扶贫，社会保障体系更加健全。

（七）以创造安全稳定的社会环境为目标，不断完善社会治理体系，平安乐亭呈现新气象。加强和创新社会治理，党委领导、政府负责、社会协同、公众参与、法治保障的社会治理体制不断完善。扎实做好以军队退役人员为重点的信访稳定工作，落实领导干部包案督访等信访责任制，圆满完成党的十九大安保等重大政治任务。加强社会治安综合治理，强化安全生产和食品药品安全监管，荣获全国社会治安综合治理领域最高奖“长安杯”。

（八）坚持绿水青山就是金山银山的理念，加强生态治理和修复，推动生态文明建设实现新进展。强力推进大气污染综合防治，清理59台燃煤小锅炉，32家涉VOCs排放企业得到有效治理，完成年度钢铁去产能任务，中央和省环保督察交办问题全部整改销号，年度环境空气质量综合指数排名全市第三。统筹推进水污染治理和土壤污染防治，生态环境得到综合改善。开展全域绿化攻坚，造林面积807公顷，森林覆盖率达到28.2%。

（九）认真落实新时代党的建设总要求，切实肩负起全面从严治党的政治责任和主体责任，推动党的建设得到新加强。强化党对意识形态工作的领导，宣传思想领域呈现出主阵地更加巩固、主旋律更加高昂、正能量更加强劲的良好态势。深入推进“两学一做”学习教育常态化、制度化，开展党的十九大精神集中轮训，全县广大党员干部“四个意识”树得更牢。圆满完成县乡党委换届，进一步规范选人用人机制，重实干、看实效、凭实绩的用人导向更加鲜明。基层党组织建设提升年行动成效显著，73个后进村全部实现转化，基层党组织战斗堡垒作用进一步增强。大力加强反腐倡廉建设，扎实推进县级监察体制改革，开展“一问责八清理”和基层“微腐败”专项整治，全县政治生态风清气正。

一年来，县委常委会认真贯彻民主集中制，健全完善县委常委会议事规则，形成了四大班子每两周工作联席会议等系列制度，推进了决策的科学化、民主化、制度化。大力支持县人大及其常委会依法履行职责，支持县政府独立负责地开展工作，支持县政协参政议政、民主监督，强化党管武装工作，注重发挥统一战线和工会、共青团、妇联等群团组织作用，充分调动社会各方面积极性和主动性，巩固提升了全县团结奋进的大好局面。

2017年各项成绩的取得，是中央和省市委正确领导的结果，是全县各级党组织和广大党员干部群众团结奋斗、共同努力的结果。在此，我代表县委常委会向全县各级党组织和广大党员干部群众致以衷心的感谢和崇高的敬意！

回顾一年来的工作历程，我们有许多值得认真总结和长期坚持的基本经验。一是必须树牢“四个意识”，始终与以习近平同志为核心的党中央保持高度一致，坚定不移地把中央和省市委决策部署落到实处；二是必须深入实施“123348”发展战略，坚持一张蓝图绘到底，一以贯之抓落实，朝着既定目标奋勇前进；三是必须咬住招商引资上项目这个中心，坚持不懈扩充经济总量、做强产业支撑、加快发展速度、提升发展质量；四是必须树牢以人民为中心的发展思想，为群众办实事办好事，不断增强人民群众的获得感、幸福感、安全感；五是必须坚持问题导向，树立实事思维，唱响“求真、实干、担当、效率”主旋律，一步一个脚印地补短板、强弱项、促发展；六是必须把团结协作作为力量源泉，大力营造风清气正的政治生态，凝聚上下一心的强大合力；七是必须加强县委对全县各项工作的全面领导，充分发挥县委总览全局、协调各方的核心作用。

同时，我们也清醒地认识到：沿海临港优势发挥还不够充分，对外开放水平还不高，产业发展薄弱，综合经济实力还不强；项目层次仍然偏低，好项目、大项目占比不高，部分项目进展缓慢，落地见效不快；县城功能品位亟须提升，农村发展相对滞后，城乡统筹发展任务艰巨；民生稳定压力较大，生态环境治理、安全生产等任务繁重；少数干部精神状态不佳，担当不足，一些作风顽疾尚未根本消除。对于这些问题，我们必须高度重视，采取有力措施，认真加以解决。

二、坚持以习近平新时代中国特色社会主义思想为统领，在深入学习贯彻党的十九大精神中统一思想、解放思想、凝聚力量

一是以深入学习贯彻党的十九大精神实现思想大统一，确保中央和省市委决策部署在乐亭落地见效。习近平新时代中国特色社会主义思想是党的十九大的重大理论成果，我们必须坚持以习近平新时代中国特色社会主义思想统一思想，着力在学懂弄通做实上下功夫，牢固树立政治意识、大局意识、核心意识、看齐意识，坚决维护以习近平同志为核心的党中央权威和集中统一领导，任何时候任何情况下都旗帜鲜明讲政治，时刻在思想上、政治上、行动上同以习近平同志为核心的党中央保持高度一致，不折不扣把中央决策部署和省市委要求在乐亭落地落实。

二是以深入学习贯彻党的十九大精神推动思想大解放，实现更具活力、更可持续的高质量发展。推动高质量发展首先要打开解放思想这个“总开关”，坚持用习近平新时代中国特色社会主义经济思想武装头脑，强化省委提出的“四个意识”、质量第一、改革开放、市场意识、生态文明、人民至上“六个观念”，彻底打破僵化落后的思想樊篱。各级各部门要扎实开展好中央部署的“不忘初心、牢记使命”主题教育和省市委组织开展的“三个看一看”解放思想大讨论活动，全面审视检查，认真抓好整改，切实以思想大解放推动乐亭大发展、大跨越。

三是以深入学习贯彻党的十九大精神强化争先创优的意识，推动乐亭各项工作干在实处、走在前列。全县各级各部门都要坚持高点“选标定位”，跳出乐亭看乐亭，立足省市看乐亭，放眼全国看乐亭，所有定量定性工作都要瞄准省市“第一档次”，牢固树立“干不到一流就是失职、争不到一流就是落后”的理念，敢与强者拼、敢与勇者争、敢与高者攀、敢与快者赛，事争一流，唯旗是夺，推动各项工作走在省市前列。

四是以深入学习贯彻党的十九大精神，科学把握乐亭发展的总体形势，以必胜的信心凝聚起建设沿海强县美丽乐亭的强大合力。党的十九大明确提出中国特色社会主义进入新时代这一重大政治判断，乐亭也踏上了新时代全面建设沿海强县美丽乐亭、在全省增比进位、在全国争创百强的新征程。我们要清醒认识乐亭当前所处的历史方位，以新理念、新坐标谋划推动新发展。要充分认识经济社会发展基础发生的深刻变革。我们的项目建设摆脱落后面貌、保持全市领先，产业承载力和集聚力显著增强；传统农业大县正向工业大县转变，工业比重逐步提升，战略性新兴产业方兴未艾，综合经济实力迈上新台阶；县城规模“由小到大”、城市框架全面拉开，教育、医疗、文化等民生事业获得多项国家级荣誉，社会大局保持和谐稳定。可以说，我们比历史上任何时期都具有实现奋斗目标的发展条件。要认真审视经济社会发展的短板和不足。我国社会主要矛盾已经转化为人民日益增长的美好生活需要和不平衡不充分的发展之间的矛盾，乐亭发展同样存在着不平衡不充分的问题，发展水平与沿海临港的区位优势不相称，在构建开放型经济、融入京津冀协同发展等方面还有欠缺，创新驱动能力不足、产业向中高端迈进步伐缓慢、经济发展质量不高，城建、交通、教育、卫生等工作还存在短板。解决好这些问题已成为我们工作的主攻方向。要科学把握面临的重大机遇和利好因素。习近平总书记对唐山提出“三个努力建成”的重要指示，省委对唐山提出率先全面建成高质量小康社会和现代化强市“两个率先”的目标要求，这是唐山加快发展强大的政治引领和重大的历史机遇。当前，国内经济保持稳中向好态势，由高速增长转向高质量发展阶段；京津冀协同发展等重大战略深入实施，省市加快打造沿海经济带、发展海洋经济，乐亭作为省市沿海经济发展的前沿前哨，已经进入历史性窗口期和战略性机遇期。诸多利好因素叠加而至，让我们对乐亭的未来充满信心。

以党的十九大精神为指引，实现新时代全面建设沿海强县美丽乐亭、在全省增比进位、在全国争创百强的奋斗目标，任务繁重而艰巨，前景美好而光明。我们一定要把握形势、乘势而上，尤其要对标对表争创全国百强县的指标体系，认真研究制订我县进入全国百强县的具体计划，明确时间表，制定任务图，加快补短板、强弱项，以时不我待的紧迫感、不进则退的危机感、勇于担当的责任感、不负重托的使命感，奋力开创各项事业发展的新局面，力争早日跻身全国百强县行列！

三、2018年工作任务

2018年是贯彻党的十九大精神的开局之年，是改革开放40周年，是决胜全面建成小康社会、实施“十三五”规划承上启下的关键一年，做好全年工作意义重大、任务艰巨。全年工作的总体思路是：以习近平新时代中国特色社会主义思想为统领，全面贯彻党的十九大、中央经济工作会议、省委九届六次全会、市委十届四次全会精神，坚持新发展理念和稳中求进总基调，以高质量发展为根本要求，以供给侧结构性改革为主线，积极抢抓京津冀协同发展等重大战略机遇，充分发挥沿海临港优势，以招商引资上项目为中心，大力实施“123348”战略，全力做好稳增长、促改革、调结构、惠民生、防风险各项工作，推动质量变革、效率变革、动力变革，打响“求真、实干、担当、效率”新时代乐亭干部作风品牌，统筹推进城乡发展、民生改善、社会稳定、生态建设、全面从严治党，朝着新时代全面建设沿海强县美丽乐亭、在全省增比进位、在全国争创百强目标奋勇前进。

按照这一总体思路，2018年全县经济社会发展的主要预期目标是：地区生产总值同比增长9%以上，规模以上工业增加值增长9%以上，一般公共预算收入增长10%以上，固定资产投资增长25%以上，社会消费品零售总额增长10%以上，城镇居民人均可支配收入增长10%以上，农村居民人均可支配收入增长9%以上，进出口总额、实际利用外资、PM2.5平均浓度完成市达任务。

实现上述目标，必须始终牢牢把握高质量发展这一根本要求。把高质量发展贯穿于经济社会发展各领域，以高质量发展引领乐亭转型升级，让创新成为第一动力、协调成为内生特点、绿色成为普遍形态、开放成为必由之路、共享成为根本目的。关键是打响“三大会战”，突出“五项重点”。

打响“三大会战”：

（一）打响“项目建设大会战”，在全县形成大招商、大建设、大提升的发展热潮。项目是拉动经济增长的强大引擎，是乐亭实现转型发展、跨越提升的核心任务，必须把思想认识进一步向项目建设聚焦、工作重点进一步向项目建设聚焦、政策服务进一步向项目建设聚焦、考核奖惩进一步向项目建设聚焦，以打大会战的方式，汇集更大力量，集中更多精力，推动项目建设实现更大突破。要牢固树立“以项目看发展论英雄”的导向，一切围着项目转、盯着项目干，进一步扩大对外开放和招商引资“战果”，全力加快项目建设进度，让县域经济的“四梁八柱”尽快立起来、“筋骨”更加强壮起来，既要在指标增幅上保持快速增长，更要在经济总量上实现质的跃升，真正形成兴县立县的强大支撑。

一是开展“招商引资年”活动。把2018年作为“招商引资年”，持续用力、久久为功、常抓不懈。要坚持陆海统筹发展，充分发挥沿海临港优势，依托吞吐量近3亿吨的京唐港，认真研究与港口关系密切的货物、航线、企业、产业，有针对性地到货源组织地、航线目的地、企业所在地、产业聚集地开展招商攻坚活动，力争在集聚临港产业、发展海洋经济上取得新突破。要在深入对接京津冀协同发展中收获更大成果，重点对京津冀、长三角、珠三角等地区精准发力，加强与产业联盟和知名协会的沟通联系，全年举办投资环境说明会5场以上，组织集中签约活动不少于2次，适时组织开展“百名企业家进乐亭”活动，力争全年签约储备项目240个以上，引进京津项目不少于50个，其中10亿元以上不少于5个。要依托中拉产业园，深化国际经贸合作，不仅要瞄准拉美，还要面向欧美加大宣传推介，确保年内引进外资企业3家以上，入驻项目15个以上。要构筑领导带头的全员招商大格局，科学制定招商考核办法，压实责任，重大项目由县主要领导带队招商，带动各级干部真招商、快招商。要选优配强专职招商队伍，向福建、广东等地增派招商干部，实现驻点招商扩面提效，切实把人才、资源和精力聚焦到招商引资上来。

二是抓实重点项目建设。持续抓实河钢乐亭临港基地、境界二期、旭阳苯乙烯、腾龙再生资源利用等一批重大项目，举全县之力予以推进，尤其是河钢乐亭临港基地项目要紧盯工期，力争年底前完成主体设备安装。要把加快项目进度作为重中之重，年内确保新开工3000万元以上重点项目100个以上，其中工业项目不少于80个。要拓展项目建设领域，不仅要抓好产业项目，还要抓好民生工程、文化旅游、城建交通基础设施、生态环境建设等领域重点项目，切实以项目促进经济社会全面发展。要健全项目推进机制，完善项目分包清单制度，对各类项目分别明确县级干部和责任单位，做到以上率下、上下一心、合力推进。要加重项目建设考核分值比例，注重发挥考核结果指挥棒作用，对排名前列的单位在提拔干部、评优评先方面优先考虑，对排名靠后的单位采取调整岗位等组织措施。要坚持定期调度机制和观摩评比机制，在建项目每周至少调度一次，急事特事做到随时调度、立即解决，并通过季度观摩测评晾晒成绩，促进谋划项目快开工、开工项目快推进、在建项目快完工、完工项目快达效。

三是做大做强园区经济。园区是项目建设的“主战场”，要围绕建设新型工业化基地，强化抓项目、抓税收、抓管理、抓改革、抓基础设施的“五抓”职能，提升形象、增强实力。河北乐亭经济开发区要加快滨海小镇、华阳区域能源中心、东区路网、地下管网等重点基础工程建设，启动河钢乐亭临港基地220千伏变电站建设，持续提升承载能力，确保年内签约3000万元以上项目不少于15个，其中开发区自行引进10亿元以上项目不少于3个，力争主营业务收入、固定资产投资、税收分别增长40%以上，特别是主营业务收入争取突破800亿元，加速向千亿元园区迈进，跻身全省同类开发区综合排名前20名。县城区工业聚集区要加紧道路管网工程实施，强化自主招商、自主发展能力，确保年内签约3000万元以上项目10个以上，力争主营业务收入、固定资产投资、税收分别增长30%以上。同时，深化开发区（园区）管理体制、人事薪酬制度等改革，引导开发区（园区）聚焦项目招商，成为富有创新活力和竞争力的产业发展高地。

四是加快“问题企业”处置。“问题企业”占用大量资源，不产生经济回报，是一种无益消耗，是“破”的重点，必须尽快清理。要开展处置“问题企业”专项行动，实行县级干部分包制度，按照“先易后难、一企一策、分类处置”的思路，综合运用行政、司法、市场运作等手段，从严从快铁腕推进，坚决杜绝不担责、怕伤人、动作慢等现象，确保年底全部出清。

（二）打响“城市建设大会战”，努力打造乐居之城。城市是广大市民共同生活的家园，也是集聚各类发展要素的重要载体，人民群众对提升城市形象品位、建设宜居宜业的美好城市充满期待。乐亭县城虽然取得一些荣誉，但仍存在一些短板，我们有责任顺应群众期盼，以全国文明县城创建为契机，围绕建设环境优美、文化高雅、宜居宜业、充满活力的现代滨海城市发展定位，开展城市建设大会战，精心实施一批城建交通重点工程，加快补齐城市建设短板，提升城市功能和品位，让人民群众共享发展成果，让全县居民有更多的认同感和归属感，让乐亭县城有更强的吸引力和集聚力。

一是实施城建交通重点项目三年计划。深入推进县城建设攻坚行动，启动投资2.53亿元的发展大路（东大街—景乐街）等10条城区道路工程建设，投资7940万元推进县乡公路建设和综合治理，切实优化县域路网；加快投资2亿元的新水厂建设，完成投资1300万元的天然气门站工程，提高城市配套服务能力；投资666万元对宝丰街桥等3座桥梁和西外环、院士街、茂北街等22条道路进行维修或路灯更换，完善市政基础设施；投资934万元完成2.9万平方米的既有居住建筑节能改造，投资600万元对城区主干道路进行亮化提升；投资402万元对县城区工业聚集区、高速连接线等重点部位进行苗木补栽和设施改造，持续推进园林绿化工程；启动投资5.56亿元的新东外环改建工程和投资3.94亿元的长河南段治理工程前期工作；年内完成庞各庄220千伏、代张庄110千伏变电站建设并投入运营；推动李大钊干部学院、档案馆、图书馆等公共服务设施建设，让县城功能更加完善。

二是加快实施棚户区改造工程。要抢抓国家棚户区改造政策窗口期，按照量力而行、分步实施的原则，采取政府主导、连片开发、市场运作模式，实施棚户区改造“三年攻坚计划”，年内要以攻坚姿态完成发展大路、温柏蒙庄、宝丰街东延等重点区域征收工作，适时启动新的棚户区改造项目，确保三年完成城中村改造目标计划。

要注重坚持最好的规划、最好的设计、最好的配套、最好的环境，努力把安置小区打造成“样板小区”，确保棚改工作得到群众认可、经得起历史检验。

三是深化文明县城创建。开启全国文明县城创建新征程，研究创建标准，深化创建内涵，完善软硬件条件，全力组织实施。要补齐物业管理小区、城乡接合部、城中村、标准化市场等方面存在的短板，广泛组织“八大文明示范工程”和“美丽乡村·文明家园”等创建活动，深入开展“中国梦·赶考行”宣传教育及“大力弘扬大钊精神，不忘初心跟党走”主题实践活动，打响“嘉言善行·文明乐亭”道德实践品牌，提升全社会文明程度。要不断拓展文明县城创建的深度和广度，推动文明县城创建向镇村延伸，年内创建75个县级文明村，力争县级文明村达到总数的80%。

四是以精细化管理促城市品位提升。积极争创中国人居环境奖，牢固树立精品意识，启动城市设计工作，把文化元素、生态因子有机融入城市建设之中，着力打造彰显乐亭特色的标志性片区、标志性街道、标志性建筑，持续提升城市档次和品位。要深入开展侵街占道、露天烧烤、违法建设等重点领域专项整治，加强对市政、绿化等城市公共设施的养护，启动建设节水型城市。要整合城管、交通、水务、环保、市场监管等部门职能，稳妥推进城市执法体制改革，全面提高城市管理水平。

（三）打响“民生改善大会战”，持续增进民生福祉。民生关系民心，民心是最大的政治。我们要积极适应社会主要矛盾变化，始终坚持以人民为中心的发展思想，集全县之力，以大会战的形式，从人民群众最关心、最期盼的教育、医疗卫生事业抓起，开展三年提升行动，统筹推进各项民生保障事业，在幼有所育、学有所教、劳有所得、病有所医、老有所养、住有所居、弱有所扶上取得更大进展，努力满足人民群众对美好生活的需要。

一是启动实施提升教育发展水平三年行动。以建设“全国出亮点、河北有位置、唐山争一流”的现代化教育强县为目标，落实《全面提升乐亭教育发展水平三年行动方案》，满足人民群众对优质教育资源的需求。年内完成投资3500万元的一中宿舍楼等建设项目，启动投资5200万元的四小改扩建等重点工程，谋划原汤家河高中改建寄宿制初中，实施教育资源整合工程，实现城乡教育资源合理布局。三年投资1800万元推动教育信息化建设，建成覆盖全县各级各类学校的城域网和教育信息中心，以教育信息化带动教育现代化。强力推进名师、名校、名校长“三名”工程，年内确保新增市级名师2名、市级名校2所。建立城乡教育联盟，采取跨校任教、支教方式，解决偏远学校、薄弱学科教师资源短缺问题。统筹推进教师招聘、分配制度、教育教学改革，增强各类学校办学活力。

二是启动实施提升医疗卫生服务水平三年行动。全面推动《乐亭县医疗卫生服务水平提升三年行动方案》落实，年内完成投资2400万元的县医院新建病房楼工程，谋划启动投资4000余万元的中医院医养结合项目，设立乡镇卫生院设备修购基金，每年投资100万元用于更新最急需的医疗设备，提升医疗硬件水平。大力培育优势学科，进一步深化与京津知名医院的合作，引进培养医疗高素质人才，让京津等大中城市的优质医疗资源向乐亭汇集，年内填补医疗技术空白2项。深化公立医院改革，加快实施智慧云医疗建设和健康服务项目，建立健全县乡村三级互动、精准高效、方便快捷的医疗卫生服务体系。同步推进健康素养促进试点县、健康县城健康村镇创建工作，提升全民健康水平。

三是不断满足人民群众精神文化需求。加大乐亭大鼓、皮影等优秀传统文化保护、研究、传承力度，赋予其新的时代内涵，使之绽放出更加绚丽的光彩。实施文艺精品创作工程，以基层文艺创作为主体，推出一批具有乐亭特色的文化精品。加快文化产业发展，年内培育规模以上文化企业2家以上。完善公共体育服务体系，加快推进县综合体育场馆建设，提升体育事业发展水平。

四是扎实做好农村精准扶贫工作。把打赢脱贫攻坚战作为重大政治任务，坚持聚焦再聚焦、精准再精准，完善建档立卡，实施动态管理，深化科级干部结对帮扶机制，对有劳动能力的采取产业扶持、转移就业等办法措施，对丧失劳动能力的落实低保和其他政策措施，确保2018年建档立卡贫困人口全部高质量脱贫。同时，做好对口帮扶承德兴隆县的有关工作。

五是提高社会保障水平。把就业作为最大的民生，全年实现城镇新增就业5050人，完成农村劳动力转移就业4000人，下岗失业人员实现再就业2000人，城镇登记失业率控制在3.9%以内。深入实施“全民参保计划”，城乡居民社会养老保险综合参保率达到95%以上，机关事业养老保险参保率达到99%以上。完善最低生活保障和社会救助制度，落实优抚政策，健全完善多层次的社会保障体系。

突出“五项重点”：

（一）大力推动新旧动能转换，以经济转型升级促高质量发展。按照建设现代化经济体系的要求，加速新旧动能转换，让经济转型的筋骨更强，不断提高经济发展的质量和效益。

一是积极发展海洋经济。依托海洋、向海洋要效益是我县加快经济转型升级的优势所在。要加强岸线资源和海洋产业发展现状的深入调查，紧密对接国家和省市海洋经济发展规划，聘请一流规划设计单位编制我县海洋经济发展规划，以科学规划引领海洋经济发展。要开展近岸养殖清理整治，积极发展深海养殖，鼓励远海捕捞，深耕海洋牧场，提升海洋渔业发展水平。尤其是用足用好海洋优势，着力打造现代海洋产业体系。加大滦河口开发力度，启动“科创小镇”规划设计，加快“滦河口康养文旅小镇”建设，培育以科技创新、生态旅游、健康医疗、养生养老为一体的综合产业体系。同时，加快聚集海洋装备制造、生命健康、海水淡化、海水产品精深加工等海洋产业，让乐亭在全市海洋经济发展中率先崛起。

二是大力发展战略性新兴产业。以推动产业智慧化、智慧产业化、跨界融合化、品牌高端化为方向，着力打造高端装备制造、大智移云、节能环保、生物医药、新能源、新材料等新兴产业集群，全年确保新开工战略性新兴产业项目13个以上。抓住军民融合发展战略实施的重要契机，推进与军工企业深度合作，加快中国航天科技集团704所航天电子传感与信息技术综合试验基地、200厂智能装备制造等项目实施，力促军民融合产业发展有一个大的突破。

三是着力抓好传统产业改造提升。严格落实“质量提升行动”要求，更大力度鼓励和支持钢铁、化工等传统工业企业开展技术改造、重组合作，加强自主研发平台、自主知识产权、自主品牌建设，增强企业核心竞争能力。年内工业固定资产投资增长25%以上，工业技改投资增长20%以上，完成重点技改项目30个以上，完成新产品开发项目6个以上，争创中小企业名牌产品3个以上。大力培育市场主体，年内新登记市场主体5000家以上，新增规模以上工业企业18家以上，新增中小微企业800家以上。

四是深入推进服务业繁荣发展。实施服务业提升行动，持续推进服务业总量扩大、结构优化、业态创新，年内新增规模以上服务业企业20家以上。大力发展生产性服务业，依托临港优势，壮大临港物流业。大力发展生活性服务业，培育精品店和特色街，不断提升城乡居民消费档次。大力发展文化旅游产业，加强文化元素融入，拓展旅游内容，打造具有乐亭印记的特色旅游业。加快现代金融业发展，引进有实力的公司设立产业基金、风险基金，活跃全县金融市场。立足京津产业转移，积极引进企业总部入驻乐亭，繁荣发展总部经济。

（二）深化改革创新，激发创新发展、高质量发展的活力。坚持以改革创新为动力，以更大力度推进全面深化改革，以更大力度实施创新驱动发展，以更大力度培育区域发展新高地，推动乐亭经济社会发展向高层级迈进。

一是深化重点领域改革。推进以“放管服”为重点的行政管理体制改革，加快政府职能转变。深化商事制度改革，推进“多证合一”“先照后证”，简化办事程序，激发市场主体活力。推进财税体制改革，加强税源分析监管和综合治税，稳妥推进水资源税和环保税改革，不断优化财税结构，提升财税运行质量。加快城投公司改革，组建乐亭投资集团，强力推进企业上市工作，实现与资本市场、工程建设市场的有效对接，增强县域发展动力。

二是着力改善营商环境。牢固树立“党委政府负责阳光雨露、企业负责茁壮成长”的理念，以成立行政审批局为契机，完善“一颗印章管审批”和“内部流程再造”机制，着力打造审批事项最少、收费标准最低、办事效率最快、服务水平最优的“四最”政务环境。扎实开展以创新创业、服务发展服务群众为主要内容的“双创双服”活动，坚持精准服务，与项目方主动对接，拿出换位式解决方案，作出廉政承诺，为投资者提供“保姆式”服务，擦亮“千里万里之行、投资首选乐亭”名片。

三是营造创新发展浓厚氛围。强化企业创新主导作用，鼓励企业在技术、管理、营销等方面全方位创新，支持境界、旭阳等骨干企业建设科技研发平台，加强与中关村、滨海新区等创新源头的对接合作，促进更多科技成果在乐亭实现转化。实施高新技术企业和科技型中小企业“双倍增”计划，年内引进和培育高新技术企业 4 家以上，新增科技型中小企业 100 家。实施企业家素质提升工程，着力打造一支具有先进经营思想、较强创新精神和市场驾驭能力的企业家队伍。加大人才引进培养力度，科学制定人才柔性引进办法，建立完善人才培养、使用、选拔、激励机制，为县域经济创新发展、绿色发展、高质量发展提供智力支撑。

（三）实施乡村振兴战略，推动农业农村工作再上新台阶。按照“产业兴旺、生态宜居、乡风文明、治理有效、生活富裕”总要求，深化农业供给侧结构性改革，加快农村一二三产业融合发展，促进农业全面升级、农村全面进步、农民全面发展。

一是不断提升农业现代化水平。坚持把增产导向更多地转向提质导向，发展质量农业、科技农业、品牌农业、绿色农业。以现代农业园区为引领，大力建设集中连片的精品果蔬基地，全力打造 7333.33 公顷的国家级设施果菜现代农业产业园，统筹推进三级园区建设，打造集循环农业、创意农业、农事体验于一体的田园综合体。实施新型主体壮大和产业化联合体培育工程，着力发展农产品精深加工企业，年内培育省级农业龙头企业 2 家、农民专业合作社 2 家，每个镇乡（街道）都要谋划实施投资 2000 万元以上的农业产业化项目 1 ~ 2 个，农业产业化经营率力争达到 77%。要把农业品牌化建设作为重中之重，深入开展国家农产品质量安全县创建工作，依托特色优势品种，积极打造区域公用品牌，努力提升乐亭农产品在外知名度和影响力。

二是精心打造节点、亮点建设美丽乡村。按照“多元投入、彰显特色、示范引领、全域覆盖”的建设思路，将美丽乡村示范点、精品线建设与发展现代农业、乡村休闲旅游业和农村人居环境整治三年行动相结合，深入实施道路硬化、村庄绿化、环境美化等建设项目，积极推进“厕所革命”、危房改造等民生实事，力促省级重点村和红绿蓝三大片区建设持续上水平，点线面联动打造美丽乡村升级版、创新版。

三是充分释放农村改革的生机活力。加快推进农村土地承包经营权确权登记颁证工作，积极探索土地经营权、林权抵押等新型贷款方式，稳步推进县乡两级农村产权交易体系建设。探索盘活用好闲置农房和宅基地的办法，逐步解决村庄“空心化”难题。深入推进供销合作社综合改革，不断拓展服务领域和功能。

（四）坚持共建共治共享，全力打造安定和谐的社会环境。和谐的社会环境，是发展的根本保障，任何时候都必须高度重视。

一是加强和创新社会治理。精心做好信访维稳工作，强化领导干部接访、包案督访制度，压实属地责任，明确部门责任，妥善化解军队退役人员管理服务、征地搬迁、非法集资、涉法涉诉等反映突出问题，确保信访工作在全市始终处于领先位置。完善社会治安立体防控体系建设，深入开展打黑除恶、打击“盗抢骗”“黄赌毒”等各类违法犯罪专项行动，保持严打高压态势，进一步巩固“长安杯”创建成果，推进更高质量平安乐亭建设。

二是狠抓安全生产和食品药品安全。弘扬生命至上、安全第一的思想，坚持隐患就是事故、事故就要处理，持续开展安全生产大检查大排查大整治，防范各类事故发生。进一步健全完善安全生产责任体系和考核指标体系，落实“一票否决制”，推动安全生产责任落到实处。以争创国家食品安全示范县为目标，加强食品药品安全监管，确保人民群众饮食和用药安全。

三是加强民主法治建设。积极支持县人大依法履职、县政府依法行政、县政协民主协商，充分发挥工会、共青团、妇联等群团组织联系群众的桥梁纽带作用，加强党管武装工作，活跃民主政治局面。推动法治乐亭建设，深入开展“七五”普法宣传教育，在全社会大力弘扬法治文化，着力营造知法、尊法、守法、信法的法治环境。

（五）加强生态文明建设，打造美丽乐亭。 蓝天白云是民生之福，环境污染是民生之痛。要牢固确立“绿水青山就是金山银山”的理念，做足生态文章，坚持绿色发展，彰显特色优势。

一是加强生态环境治理。持续实施大气污染防治行动，打赢蓝天保卫战，强力推进“散乱污”企业整治、燃煤锅炉治理、电代煤气代煤改造、散煤污染综合治理、工业企业错峰生产、面源污染防控等各项重点工作，确保PM2.5平均浓度和重污染天数持续下降。开展“碧水行动”，实施地下水超采综合治理，做好集中式饮用水水源地保护工作，确保境内滦河、长河两个水系水质实现稳定达标。开展“净土行动”，坚持源头严控，实行分级分类管理，严厉打击危害土壤质量的环境违法行为，积极推广土壤质量改善治理技术，促进全县生态环境持续改善。

二是大力发展低碳循环经济。以河北乐亭经济开发区和县城区工业聚集区为主战场，推进清洁生产和资源循环利用，引导重点企业引进节能减排先进技术，实施节能减排技改工程，强化“三废”治理，建设循环经济示范区。把好入驻项目“质量关”，设定科技、生态、税收“三个准入门槛”，不符合要求的一个不上。

三是拓展绿色发展空间。以创建国家森林城市为目标，开展国土绿化三年行动，统筹实施生态建设和绿色产业工程，强化重点功能区生态保护，大力推进植树造林，年内完成2000公顷绿化任务，建设森林小镇1个，森林村庄24个，稳步提升森林覆盖率。

四、加强党的全面领导，深入推进全面从严治党

事业兴衰，关键在党。各级党组织要切实履行全面从严治党的政治责任和主体责任，按照新时代党的建设总要求，把党的建设新的伟大工程引向深入，把加强党的全面领导落在实处。

一是加强思想政治建设。坚持把政治建设摆在党的建设首位，严格遵守政治纪律和政治规矩，严格执行准则，强化党内监督，严肃党内政治生活，推进“两学一做”学习教育常态化、制度化。强化宣传思想工作，坚持以习近平新时代中国特色社会主义思想武装头脑，全面加强理想信念教育。严格落实意识形态工作责任制，坚持党的领导，强化阵地管理，牢牢掌握意识形态工作领导权、管理权、话语权。立足大钊故乡政治优势，依托李大钊纪念馆、李大钊故居等红色资源，加快建设李大钊干部学院，打造教育党员“不忘初心、牢记使命”红色经典培训基地。

二是加强干部队伍建设。坚持好干部“五条标准”，按照市委“三看”（看实绩、看潜绩、看担当）、“三到”（到基层、到一线、到现场）、“三破”（破潜规则、破隐形台阶、破论资排辈）要求，树立鲜明用人导向，打造一支想干事、敢干事、善作善成的干部队伍。健全轮岗交流、一线锻炼等机制，加大优秀年轻干部选拔力度，统筹做好妇女干部、党外干部选配，发挥不同年龄段干部积极性。完善干部考核评价机制，出台《领导干部能上能下若干规定》，建立干部干事容错纠错机制，实施重点工作任务项目化管理，激发广大干部干事创业、争先创优、比学赶超的干劲。

三是加强基层组织建设。深化“党建+”工作模式，推动基层党建“整乡推进、整县提升”。开展乡镇党委书记抓基层党建述职评议工作，健全基层党支部书记“双向述职”制度，层层压实党建主体责任。精心组织好农村“两委”换届，选优配强农村“两委”班子，夯实基层执政根基。注重发挥党员先锋模范作用，打造“服务型、创新型、技能型”农村党组织书记和农村致富带头人队伍。抓好非公有制企业、社会组织等领域基层党建工作，扩大党组织覆盖面，提升党组织在各领域的号召力和战斗力。

四是加强干部作风建设。“求真、实干、担当、效率”，是全县广大党员干部在发展实践中树立的作风品牌，是新时代全面建设沿海强县美丽乐亭、在全省增比进位、在全国争创百强的宝贵精神财富，必须长期坚持、大力弘扬。要坚持求真，牢固树立问题导向和实事思维，不避实就虚，不做表面文章，勇于正视问题，善于化解难题。要坚持实干，“实”字为先、“干”字当头，创造实实在在的工作业绩。要坚持担当，困难面前勇挑重担，关键时刻挺身而出，危急关头冲锋在前，义无反顾地做好各项工作。要坚持效率，自觉增强全局意识、大局观念，加快工作节奏，提高办事效率，确保县委决策部署快速落实。

五是加强党风廉政建设。强化党委（党组）主体责任和纪委监督责任，正确把握和运用好监督执纪“四种形态”，加强对党员干部的日常教育管理监督，做到抓早抓小、防微杜渐。坚持纠正“四风”不止步，作风建设永远在路上，严格执行中共中央政治局《贯彻落实中央八项规定的实施细则》，坚决杜绝看似新表现实则老问题的形式主义、官僚主义“10种表现”。强化监督执纪过程问责，建立健全“清理+问责”长效机制，促进干部清正、政府清廉、政治清明。深化监察体制改革，实现对所有行使公权力的公职人员监察全覆盖。要强化政治巡察，发挥巡察“利剑”作用，加大纪律审查力度，努力营造风清气正的政治生态。

同志们，新时代、新气象，要有新作为。让我们更加紧密地团结在以习近平同志为核心的党中央周围，在省市委的坚强领导下，不忘初心，牢记使命，凝心聚力，真抓实干，为决胜全面建成小康社会，开创新时代全面建设沿海强县美丽乐亭新局面、早日进入全国百强县行列而努力奋斗！

政府工作报告

——2018 年 2 月 5 日在乐亭县第十六届人民代表大会第二次会议上

乐亭县人民政府县长 张福林

各位代表：

现在，我代表乐亭县人民政府向大会做工作报告，请予审议，并请县政协各位委员和列席会议的同志提出意见。

一、2017 年工作回顾

2017 年，在县委的坚强领导下，在县人大、县政协的监督支持下，牢固树立问题导向和实事思维，认真贯彻落实上级各项决策部署，唱响“求真、实干、担当、效率”主旋律，坚定不移实施“123348”战略，抓重点、破难题、抢速度、促发展，在应对新挑战中开创新局面，在把握新机遇中展现新作为，实现经济增比进位和各项事业全面进步。

一年来，坚持量质齐增，发展速度不断加快，发展质量持续提高。秉承“质量第一、效益优先”理念，全力推进各项工作创先争优，主要经济指标增幅保持全市前列。全年完成地区生产总值 357.88 亿元，比上年增长 7.5%；全社会固定资产投资 262.67 亿元，增长 17.5%，作为全省唯一县区在河北省投资和项目建设推进工作会议上做典型发言；一般公共预算收入 13.71 亿元，增长 16.3%；社会消费品零售总额 147.19 亿元，增长 10.8%；规模以上工业增加值比上年增长 8%；实际利用外资 1.82 亿美元，增长 103.1%；进出口总额 2.96 亿美元；城乡居民人均可支配收入分别达到 34078 元和 16090 元，分别增长 8.6% 和 8.8%。

一年来，坚持龙头带动，深入实施“重大产业支撑项目攻坚年”活动，项目建设全市领先。举全县之力推进 17 个重大产业支撑项目，形成了“大中小项目一起上、一二三产项目一起抓、内外资项目一起引”的生动局面，经济发展的产业支撑持续增强。河钢乐亭临港基地、腾龙再生资源利用、境界二期、旭阳苯酐二期等 13 个项目开工建设；燕化永乐新型环保农药制剂、凯源镍铁一期、中厚板 3 号高炉已经试生产；北环集团环卫装备生产基地、海德润生物医药产业园等项目具备投产条件。以龙头为引领，全县实施千万元以上重点项目 132 个，涉及总投资 531.77 亿元，其中亿元以上项目 80 个、续建 47 个、新开工 85 个。成功申报省重点项目 3 个、市重点项目 23 个，申报数量居全市首位。在全市重点项目观摩测评中，年度总成绩排名第一。

一年来，坚持全员上阵，合力推进“双百攻坚”集中行动，招商引资成效明显。坚定招商引资核心地位不动摇，久久为功，持续发力。县级干部带头招商，县直部门、乡镇（街道）与北京朝阳、大兴、通州、房山、昌平等地，点对点招商，在北京、天津、上海和江浙等地派驻 9 个招商小组、52 名专业招商干部，划片分区招商，全民招商热潮更加高涨，乐亭对外影响力和美誉度持续提升。先后与中国开发区协会、巴西华人协会等20余家产业联盟、协会以及北京一轻、中广核新能源等200多家企业建立对接联系。在京津沪、无锡、福州、厦门等地成功举办10场投资环境说明会。全县储备项目达到219个，成功签约54个，其中京津项目35个；165个项目深入洽谈。借势“中国—拉美国际博览会”“中国拉美商贸峰会”等平台，广领域、多角度推介“中国（乐亭）拉美产业园”，13个项目成功入驻。更加注重招商质量和效益，设立科技、生态、税收“三个准入门槛”，坚决拒绝“三高一低”项目。

一年来，坚持集群发展，强化园区五大职能，平台集聚优势更加凸显。河北乐亭经济开发区管理机构、投融资平台建设、人事薪酬及行政审批制度改革有序推进，管理体制机制更加完善。创业园220千伏变电站基本建成，华阳区域能源中心、东区路网等重点基础工程加快实施。投产企业达到60家，在建55家，完成固定资产投资157亿元，增长37.1%；主营业务收入566亿元，增长48.1%；税收11亿元，增长69.2%，跻身全市A类开发区行列。县城区工业聚集区坚持与河北乐亭经济开发区互动互补发展，道路、天然气管网等基础工程顺利推进，在建项目2个、签约项目8个、洽谈项目19个，入驻企业达到49家。

一年来，坚持转换动能，深化供给侧结构性改革，经济转型呈现新变化。新产业、新技术发展迅速，中航集团704所航天电子传感与信息技术综合试验基地、200厂智能装备制造、中航万源集团电解液等一批战略新兴产业项目相继落户；全面加强与京津等地高端院校和科研院所的对接合作，促进成果转化，44家规模以上工业企业建立了研发机构，占总数的60%以上；申报认定科技型中小企业98家、高新技术企业2家。传统产业活力增强，完成技改项目29个，工业技改投资130亿元，增长29.7%；13家“问题企业”成功实现“扭僵化活”。市场主体增势强劲，新登记市场主体6736户，新增规模以上工业企业34家、规模以上服务业企业22家。第三产业繁荣发展，汇东城商贸综合体项目开工建设；滦河口医疗养生度假中心、德龙钢铁工业旅游等项目积极推进，全年接待游客429.1万人，旅游创收41.75亿元；高标准通过“国家级电子商务进农村综合示范项目”验收，“农村淘宝”等电商平台良性运营。预计完成服务业增加值157.4亿元，增长8.5%；民营经济增加值326.5亿元，增长8%。

一年来，坚持融合发展，着力构建农业现代化新格局，比较优势进一步扩大。省级环城现代农业园区积极申报国家级现代农业园区。建成高标准直供京津蔬菜基地2万亩、全国果菜绿色防控基地2个，无公害农产品基地达到15个。农产品质量和品牌建设全面加强，抽检合格率达到98.5%以上，认证无公害农产品21个、绿色食品26个，申报河北名牌产品9个，顺利通过“省级农产品质量安全县”验收；“乐亭设施桃”以44.95亿元的品牌价值成功入选“全国区域公用品牌价值百强榜”，位居全省农业区域品牌价值榜首。谋划实施千万元以上农业产业化项目19个，规模以上农业深加工企业达到31家，新增市级龙头企业2家、专业合作社5家、示范家庭农场4个，合作社总数达到989家，规模居全市之首。燕化永乐新型环保农药制剂项目入选全市农业产业化“十大优秀项目”。被评为全市唯一的“全国平安农机示范县”。建成高标准农田面积1.1万公顷，耕地占补平衡面积200公顷。农业产业化经营率达到69.7%。农村综合改革不断深化，土地规模流转率达到61.9%，圆满完成全国供销社综合改革试点县任务，农村金融改革走在全市前列。

一年来，坚持统筹发展，高质量推进县城攻坚和美丽乡村建设，城乡面貌提档升级。完成控规、绿地系统等规划编制，规划体系更加健全。振兴路维修、大钊路罩面等工程顺利完工，宝丰街东延工程进场施工，启动发展大道、腾飞西街等10余条道路勘察设计，棚户区搬迁改造取得突破性进展，基本完成发展大道区域拆迁任务。县城集中供热改造、重点街区雨污分流改造和城南集贸市场、新北新路批发市场搬迁全面完成，新水厂建设扎实推进，城市公共空间更加优化。“一区三边”违法建设集中整治、违法占用耕地实现全部清零，被评为全省整治“一区三边”违法建设先进县。房地产处遗工作圆满完成省挂账督办任务。加强城市精细化管理，不断丰富历史人文元素，提升绿化美化亮化水平，县城更加宜居宜业，荣获“省级文明县城”称号，顺利通过“河北省人居环境奖”验收，发展大道（金融街—茂源街段）获评“河北省园林式街道”，水悦华庭居住小区获评“河北省园林式居住小区”。小城镇和美丽乡村建设成效显著，阎各庄镇被列为全省重点培育的特色小城镇，3个省级精品村全部通过省级初验，30个省级重点村实施建设项目299个，261个村实现市场化保洁。改造农村危旧平房430户，实施1258户气代煤改造，建设农村公路201.67千米，被评为全省“四好农村路”创建示范县。

一年来，坚持绿色发展，大力优化营商环境，发展软实力显著增强。唱响“求真、实干、担当、效率”主旋律，深入开展县级干部“十个一”活动和乡科级单位重点工作任务项目化管理，全县上下形成了夙兴夜寐、激情工作的干事环境。坚持“法无禁止即可为”，深化商事制度改革，放宽市场准入。严格执行领办代办等制度，为投资者提供全方位、保姆式服务。强力推进大气污染综合防治，深入落实“1+13”行动方案，完成市达钢铁产能压减、工业源达标治理、32家工业挥发性有机物治理、燃煤锅炉整治、73家“散乱污”企业改造提升和“两断三清”工作。国家和省巡查督察交办问题全部整改到位。年度环境空气质量综合指数排名全市第三。积极落实“水十条”“土十条”，清理改造纳污坑塘20个，水污染治理和土壤污染防治取得实效。扎实推进全域绿化攻坚，造林面积807公顷，森林覆盖率达到28.2%。进一步强化环保执法，环境违法行为得到有效遏制。

一年来，坚持普惠共享，深入落实惠民工程，群众幸福感、获得感、安全感不断增强。实施了一批学校改扩建项目，建成一日整托幼儿园25所。高标准通过省教育督导评估，荣获“全国农村艺术教育实验县”称号，县第三实验小学被评为“全国文明校园”，教育协同发展取得重要成果。深化医药卫生体制改革，加快三级医疗卫生服务体系建设，在全省率先建成基层医疗卫生、公共卫生信息化2个平台，被确定为全市首批“健康素养促进试点县”。积极落实计生政策，被授予全国首批、全省唯一的“国家级计生基层群众自治示范县”。建立乐亭大鼓、皮影非物质文化遗产传承基地，启动李大钊干部学院建设，英才馆正式开放。《乐亭年鉴》荣获全国奖项，成为全省获此殊荣的5个县区之一。县图书馆通过“国家一级馆”省级复验，建成6个乡镇分馆。承办河北省青少年羽毛球冠军赛。扎实推进精准扶贫，统筹发展社保就业、城乡低保、慈善救助等各项事业，社会保障体系更加健全。以总分第一的成绩通过“省级双拥模范县”验收，成功实现“六连创”。深入开展“打黑除恶”、打击“盗抢骗”“黄赌毒”等专项行动，始终保持严打高压态势，全县社会治安大局稳定，连续三次被评为“全国平安建设先进县”，荣获全国最高奖“长安杯”。全面做好以群众工作为统揽的信访工作和安全生产、食品药品安全、打击假冒伪劣、知识产权保护等各领域工作，社会大局和谐稳定，人民群众安居乐业。此外，民族宗教、邮政通讯、金融保险、发改、统计、国土、电力、审计、气象、残联、档案、防灾减灾、民兵武装等工作也都有了新进步。

在推动经济社会发展的同时，更加重视和加强政府自身建设。树牢“四个意识”，坚定“四个自信”。坚持法治思维、法治方式，维护公平正义。自觉接受县委领导，接受县人大、县政协和社会监督，认真办理建议、提案。深入开展“两学一做”学习教育，全面加强公务员队伍建设，不断提升执行力、落实力。扎实推进党风廉政建设，全面落实“八项规定”，坚决抵制“四风”，有力促进了政风行风持续转变。

各位代表！过去的一年，成绩来之不易。这是市委、市政府和县委坚强领导的结果，是全县人民共同奋斗的结果。在此，我代表县政府，向全县人民，向人大代表、政协委员、人民团体和各界人士，向驻乐部队、武警官兵、政法干警，向关心支持乐亭发展的老领导、老同志，向来我县投资兴业的广大客商，向所有为乐亭发展做出积极贡献的同志们、朋友们，表示衷心的感谢并致以崇高的敬意！

肯定成绩的同时，我们也清醒地看到乐亭发展中还存在不少困难和问题：一是沿海临港优势有待进一步挖掘和发挥，对外开放水平还不高，产业发展和综合实力依然比较薄弱，与面临的机遇、优势还不相称。二是项目质量、层次依然总体偏低，部分项目进展慢、落地见效不快，抓大项目、好项目的力度需要进一步强化。三是城乡统筹发展任务艰巨，县城功能品位亟待提升，乡村振兴战略需要进一步深入推进。四是财税结构还不尽合理，税源支撑依然较弱，新的税收增长点还有待加紧培育；刚性支出增加，财政收支矛盾依然突出。五是民生稳定、环境保护、安全生产等领域任务繁重、压力加大。六是政府系统的执行力、落实力需要进一步加强，个别部门、个别干部精神状态不佳、能力水平不够、担当实干意识不足，等等。对此，我们一定坚持问题导向，强化实事思维，在发展中尽快解决。

二、2018年总体思路、工作目标和主要措施

当前，中国特色社会主义进入了新时代，乐亭发展也站在了新起点、踏上了新征程。习近平新时代中国特色社会主义思想为我们提供了科学指引，中央经济工作会议指明了全年发展的主要目标、政策取向和重点任务。省委九届六次全会明确了“抓好三件大事、打好六场硬仗、实施八项战略、深化九项改革”的基本思路。市委十届四次全会确立了“牢记使命，解放思想，干在实处，走在前列，奋力谱写新时代唐山高质量发展新篇章”的主题。县委十三届三次全会牢牢把握新时代的新要求，立足乐亭实际，瞄准更高标准，发出了“坚定不移推动高质量发展，为新时代全面建设沿海强县美丽乐亭、在全省增比进位、在全国争创百强而努力奋斗”的行动号令，精准提出了新时代各项事业发展的新思路、新目标、新任务，描绘了乐亭更加光明、更加美好的宏伟蓝图。全县上下必须进一步坚定发展信心，保持奋斗激情，紧紧围绕县委决策部署，不忘初心、牢记使命，志存高远、锐意进取，奋力开创乐亭改革发展的崭新局面。

2018年，我们将坚决贯彻落实县委的总体思路，以习近平新时代中国特色社会主义思想为统领，全面贯彻党的十九大、中央经济工作会议、省委九届六次全会、市委十届四次全会、县委十三届三次全会精神，坚持新发展理念和稳中求进总基调，以高质量发展为根本要求，以供给侧结构性改革为主线，积极抢抓京津冀协同发展等重大战略机遇，充分发挥沿海临港优势，以招商引资上项目为中心，大力实施“123348”战略，打好“三大会战”，突出“五项重点”，全力做好稳增长、促改革、调结构、惠民生、防风险各项工作，推动质量变革、效率变革、动力变革，打响“求真、实干、担当、效率”新时代乐亭干部作风品牌，统筹推进城乡发展、民生改善、社会稳定、生态建设，朝着新时代全面建设沿海强县美丽乐亭、在全省增比进位、在全国争创百强目标奋勇前进。

主要预期目标是：地区生产总值增长9%以上，规模以上工业增加值增长9%以上，一般公共预算收入增长10%以上，固定资产投资增长25%以上，社会消费品零售总额增长10%以上，城镇居民人均可支配收入增长10%以上，农村居民人均可支配收入增长9%以上，进出口总额、实际利用外资、PM2.5平均浓度完成市达任务。

实现既定的目标，我们必须唱响“求真、实干、担当、效率”主旋律，全面打好项目建设、城市建设、民生改善“三大会战”，牢牢把握新旧动能转换、深化改革创新、实施乡村振兴战略、共建共治共享、加强生态文明建设“五项重点”，真正以踏石留印、抓铁有痕的顽强作风，确保各项决策部署落实到位。要压实责任抓落实，坚持以上率下，逐级传导压力，构建层级分明、任务明确、完全覆盖的责任体系。要完善机制抓落实，把“全国投资潜力百强县”“全国综合实力百强县”的指标体系细化分解为具体的目标任务，秉承实事思维和问题导向，统筹抓好组织实施。要拉出清单抓落实，把每项重点工作进一步细化、具体化，实行项目化动态管理，确保任务落细落准。要强化时效抓落实，卡死时间节点、完成时限，倒排工期、挂图作战，全程督导问效。要担当实干抓落实，敢于较真碰硬，真正以舍我其谁、时不我待的干劲和“钉钉子”精神全力推动各项工作高质高效落实。今年重点抓好十二个方面的工作：

（一）深挖优势潜力，壮大海洋经济和临港产业。年内重点加快发展精品钢铁、临港化工、装备制造、新型能源、海洋产业、临港物流等临港产业，实施亿元以上项目58个以上，完成投资66亿元以上，海产品产量达到13.6万吨以上。

坚持依港兴县、依海崛起，着力在产业聚集、配套服务、支撑能力、腹地拓展等方面实现新突破，让乐亭在全市海洋经济发展中率先崛起。以更加强烈的海洋意识、海岸线意识，进一步摸清底数，抓好规划引领和产业布局，坚定不移发展沿海开放型经济，向“大美海洋”要效益。倍加珍惜宝贵的海岸线资源，统筹海洋深度开发。进一步加强与京唐港、曹妃甸港的功能布局对接，带动临港产业实现存量调整、增量优化、量质齐增。启动“科创小镇”规划设计和“滦河口康养文旅小镇”建设，培育以科技创新、生态旅游、健康医疗、养老养生为一体的综合产业体系。

（二）抓实抓牢项目建设，带动实体经济向更高质量发展。坚持“以项目看发展论英雄”。全力以赴推进重大项目。举全县之力推进立县强县的大项目、好项目，抓开工、赶进度、促投产。河钢乐亭临港基地力争年底前完成主体设备安装，全面加快境界二期、旭阳苯乙烯、腾龙再生资源利用等项目进度，提高建设质量。按照产业项目、民生项目、文化旅游项目、城建交通项目、生态环境项目统筹推进的定位，重点培育带动能力强、辐射范围广的重大项目、龙头企业，做强产业链、拓展新领域。特别要着力推进省市重点项目，9月底前6个市重点项目开工建设，确保年内完工4个以上，铸强县域经济的“四梁八柱”。一着不让加快项目进度。年内新开工3000万元以上重点项目100个以上，其中工业项目不少于80个。坚持问题导向和实事思维，不断健全项目推进机制，完善项目分包清单和倒排工期等制度，明确县级干部和责任单位，突出以上率下，强化压力传导，层层夯实责任，共同打好项目建设整体战。坚持定期调度和观摩测评机制，在建项目每周至少调度一次，急事特事随时调度，按季度观摩测评晾晒成绩，切实提高签约项目履约率、开工项目投资到位率和在建项目竣工投产率。

（三）拓展开放深度广度，持续扩大招商实效。坚持以“招商引资年”活动为统揽，不断拓展开放的思想观念、结构布局、体制机制，构筑全方位开放大格局。进一步完善体制机制，确保声势不减、力度不降。全年举办投资环境说明会5场以上，集中签约不少于2次，办好“百名企业家进乐亭”活动，力争签约储备项目240个以上。叠加利用沿海临港优势、京津冀协同发展等战略机遇和全员招商法宝，大招商、招大商。对重大项目信息，由县主要领导亲自带队上门招商，持续优化一级抓一级、层层抓落实的全民大招商格局。紧盯世界和中国500强、央企、行业领军企业、上市公司和唐山港承运企业，着力引进科技含量高、投资体量大、纳税能力强、成长性好的大项目好项目，全面提升招商引资标准和质量。更加关注江浙沪、珠三角等重点地区，加大走出去和请进来的力度，向福建、广东等地增派招商干部，实现驻点招商扩面提效。充分利用以商招商、专业招商、互联网招商等模式，发挥各地商会、行业协会的资源优势，构建常态化招商合作机制。精准把握高质量产业转移的黄金期，把对接京津文章做“精”。全年引进京津项目不少于50个，其中10亿元以上项目不少于5个。在原有基础上，面向怀柔、房山、顺义等重点地区增派招商力量，充分发挥多方协同作用，在产业项目、社会事业、公共服务等方面高效对接、全面发力，争取引进一批更高质量、更大规模的合作项目，积极吸引企业总部入驻。主动融入环渤海合作发展大格局，深入分析既有产业特点，把握助力沿海经济发展的关键点，更加注重引进互补性强、关联度高的优质项目，把我们的沿海临港优势做大。积极与知名院校、科研单位开展合作，让更多的科研成果在乐亭转化、见效。全面提速“中国（乐亭）拉美产业园”发展，把国际合作做“活”。进一步融入“一带一路”倡议，做大做强国际深度开放合作平台。密切联系国家贸促会，争取国家层面政策支持，积极与拉美国家建立和深化务实合作关系，面向欧美加强宣传推介，促成全方位、多领域交流合作。年内确保引进外资企业3家以上，入驻项目15个以上。

（四）深化五大职能，持之以恒做强园区“主战场”。继续坚持抓项目、抓税收、抓管理、抓改革、抓基础设施建设，高标定位、补足短板，让乐亭发展的引擎更加强劲有力。河北乐亭经济开发区加快管理体制、人事薪酬制度等各项改革，进一步激发发展活力。加快滨海小镇、华阳区域能源中心、东区路网、地下管网等重点基础设施工程，启动河钢乐亭临港基地220千伏变电站建设，持续提升承载能力。年内确保签约3000万元以上项目不少于15个，其中开发区自行引进10亿元以上项目不少于3个，力争主营业务收入、固定资产投资、税收均增长40%以上，特别是主营业务收入力争突破800亿元，尽快跻身千亿级园区“俱乐部”，进入全省同类开发区综合排名前20强。县城区工业聚集区进一步扩区增容，实施创业一街东延、高科六路北段道路建设，谋划茂源东街（园区段）、高科三路、高科四路南延及污水处理厂等工程，年内确保签约3000万元以上项目10个以上，力争主营业务收入、固定资产投资、税收均增长30%以上。

（五）推进创新驱动，加速动能转换。以供给侧结构性改革为主线，重点在“破、立、降”上下功夫，着力构建现代化经济体系，努力实现更高质量、更有效率、更加公平、更可持续的发展。坚持创新竞进，让新产业、新动能成为新支撑。年内新开工战略新兴产业项目13个以上，高新技术企业累计达到9家以上，新增科技型中小企业100家、规模以上企业研发机构10个以上，完成新产品开发项目6个以上，争创中小企业名牌产品3个以上，至少开展提升管理者素质培训、各类技能人才培训各3次以上。把培育壮大战略新兴产业作为主攻方向，着力打造高端装备制造、大智移云、节能环保、生物医药、新能源、新材料等新兴产业集群。积极实施高新技术企业、科技型中小企业“双倍增”计划，支持企业建设科技研发平台。牢牢把握军民融合发展战略深入实施的重要契机，加快推进中航集团704所航天电子传感与信息技术综合试验基地、200厂智能装备制造等项目。大力实施企业家素质提升工程，加快人才引进培养。提高全要素生产率，让传统产业焕发新生机。全年工业固定资产投资增长25%以上；完成重点技改项目30个以上，技改投资增长20%以上；实施“四个一百”项目20个以上；新增规模以上工业企业18家以上、中小微企业800家以上，新登记市场主体5000家以上。积极引导钢铁、化工、装备制造等传统行业实施创新驱动，通过技术设备升级、两化深度融合、科研成果转化等实现创新提升，千方百计降成本、增效益。鼓励既有企业淘汰落后产能，更加严格执行质量、环保、能耗、安全等法规标准，倒逼落后产能退出。大力实施规模以上企业培育工程和小微企业“登台阶”计划。同时，深入开展“问题企业”处置专项行动，从严从快、铁腕推进，确保年底全部出清。突出提档升级，让服务业成为新引擎。全年新增规模以上服务业企业20家以上；6月底前编制《推动全域旅游发展的实施方案》，出台《文化旅游产业融合发展扶持政策》，谋划5亿元以上文化旅游项目1个以上，启动建设1个以上精品民宿项目。深入实施服务业提升行动，大力发展临港物流等生产性服务业，积极培育健康医疗、休闲养老等生活性服务业，力促总量扩大、结构优化、业态创新。依托乐亭人文历史优势，打造具有乐亭印记的特色旅游产业，打响叫好叫座的旅游品牌。大力提升传统商贸业发展水平，培育精品店、特色街，繁荣活跃老呔商城、商业广场、民俗风情街等商业区。坚持市场需求导向，积极培育消费热点，为县域经济发展注入新活力。

（六）深入落实乡村振兴战略，着力打造节点亮点。按照“产业兴旺、生态宜居、乡风文明、治理有效、生活富裕”的总要求和“做精、做大、做强”的定位，全力推进农业增效、农民增收、农村增美。深化供给侧结构性改革，提升农业现代化水平。加速农业由增产增收向提质提效转变，优化生产加工模式，提升农产品附加值和农民收益，扩大比较优势。大力发展科技农业，加快新成果引进转化，推广良种繁育、绿色有机和设施农业的技术集成应用，完善农业科技创新与推广平台。加快人才队伍培养，打造1个科技创新、农村创业团队，培育新型农业经营主体带头人、新型职业农民100名以上，开展不少于1000人次的农村实用人才培训，总量达到1万人。大力发展绿色农业，抓紧抓好清洁生产，推进农业循环发展，打造6个万亩标准化生产示范基地，新增直供北京绿色农产品基地面积333.33公顷。大力发展质量农业，积极创建“国家农产品质量安全县”和“国家级现代农业示范区”。大力发展品牌农业，年内争创河北名牌产品2个，培育区域公用品牌1个以上，力争认证国家地理标志保护产品1个以上。争创国家级农村一二三产业融合发展先导区，引导新希望六和、冀东果菜、绿昕等龙头发展壮大，培育发展一批带农作用突出、综合竞争力强、稳定可持续发展的农业产业化联合体。以省级环城现代农业园区为引领，全力打造11万亩的国家级设施果菜现代农业产业园。年内培育省级农业龙头企业2家、农民专业合作社2家，发展家庭农场和专业大户20家以上。每个乡镇（街道）谋划投资2000万元以上农业产业化项目1～2个。农业产业化经营率力争达到77%。建设美丽乡村，优化农村人居环境。按照“多元投入、彰显特色、示范引领、全域覆盖”的思路，加快建设宜居、宜业、宜游的美丽乡村。以芦花渡重点片区建设为标志，增点扩面，巩固提升，打造集循环农业、创意农业、农事体验于一体的田园综合体。加快阎各庄镇小石庄中心社区（富鑫家园）进度，培育省级重点村30个以上、省级精品村2个以上，力促省级重点村和红绿蓝三大片区建设持续上水平。大力实施农村人居环境整治三年行动计划，推广农村清洁能源利用，深入推进“厕所革命”，完成危房改造430户，实施高标准农田、路网提升、滦河治理等工程，行政村主街道硬化率达到100%。推动公共服务向农村延伸，着力解决好村庄周边垃圾积存问题，创建1个垃圾分类和资源化利用示范点，垃圾处理率达到90%以上。

（七）彰显滨海特色，打造乐居之城。持续落实《城建交通重点项目三年行动计划实施方案》，推动城市全面可持续发展。抓实棚户区改造，进一步拉开县城扩容升级的大框架。精准把握国家棚户区改造政策“窗口期”，按照量力而行、分步实施的原则，科学制定目标计划。采取政府主导、连片开发、市场运作模式，推进县城扩容，优化人民群众生活条件。年内以攻坚姿态完成发展大道、温柏蒙庄、宝丰街东延等重点区域征收工作，适时启动新的棚改项目。坚持“最好的规划、最好的设计、最好的配套、最好的环境”，做好群众安置，启动发展大道区域安置房建设，努力把安置小区打造成“样板小区”。抓好重点工程项目，完善提升城市基础功能。启动发展大道等10条城区道路和新东外环改建工程，推进县乡公路建设和综合治理，对宝丰街桥等3座桥梁和西外环等22条道路进行维修或路灯更换，持续优化县域路网体系。完成天然气门站工程、2.9万平方米既有建筑节能改造，加快新水厂、城区内涝防治工程、主街区雨污分流改造。大力优化城区电力网架结构，庞各庄220千伏、代张庄110千伏变电站投入运营。推动李大钊干部学院、档案馆、图书馆、综合健身中心等服务设施建设，进一步优化城市公共空间。抓精城市形象品位，让人民群众的生活更便捷、更有品质。以争创“全国人居环境奖”为契机，全面加强城市精细化管理。启动城市设计工作，以工匠精神和精品意识打造彰显“乐亭特色”的标志性片区、街道和建筑，留住城市记忆。开展生态绿化建设，实施市政设施及美化亮化景观改造，做好长河南段治理前期工作。启动节水型城市建设，推进垃圾资源化处理。深入开展侵街占道、露天烧烤、违法建筑等重点领域专项整治，加强和规范物业管理，补齐标准化市场等方面的短板。以启动“全国文明县城”创建为契机，广泛开展“八大文明示范工程”和“美丽乡村·文明家园”等活动。持续拓展文明县城创建的深度和广度，年内创建75个县级文明村。大力弘扬社会主义核心价值观，引导群众自觉提升文明道德素质。抓活城市经济，打造精明增长新模式。把发展城市经济摆在更加突出的位置，持续增强县城聚人口、聚产业、聚财富功能。力促城区工业园区、冀东国际农产品物流中心等平台与城市资源共享、设施配套、功能互补，以产业支撑县城扩容、人口集聚。认真落实农业转移人口市民化政策，催生更多市场主体。坚持以业兴镇，发展特色主导产业，繁荣镇域经济。

（八）科学理财聚财，活跃金融局面。更加注重财政运行质量，优化税收结构，发展现代金融，为县域经济发展提供有力支撑。强化管理，做大财政“蛋糕”。大力培育骨干税源，帮助骨干企业、重点行业准确掌握政策和市场导向，及时规避风险，确保税收稳定增长。积极做好项目服务，确保尽早实现税收，增加新的税收增长点。加大综合治税力度，依法加强非税收入征管，做到应收尽收。强化乡镇（街道）、各级各单位的征管责任和协税护税作用，积极营造良好的纳税环境。深入研判上级政策走向，找准落实的切入点和突破口，在争取上级政策、项目、资金上力求更大的突破。加快建立现代财政制度，严格预算编制执行，强化财政资金监管，做好各类资金统筹，从严落实财经纪律，保工资、保运转、保民生事业顺利推进。用好政策，活跃金融市场。加强金融供给，创新金融产品和服务，引进有实力的公司设立产业基金、风险基金，拓展融资渠道和方式。强化政银企合作，提高金融精准科学服务实体经济和改善民生的能力，年内至少举办银企对接活动2次以上。大力推进企业债券融资，多渠道破解融资难、融资贵问题。深化城投公司改革，组建乐亭投资集团，持续完善筹融资、管理运营等机制，更有力地支持县域经济发展和民生改善。健全完善金融风险防控平台，建立防范化解风险长效机制，全力维护金融安全。多措并举，推进企业上市。认真学习先进经验，积极引导企业转变观念、对接资本市场，帮助企业做大做强，力争至少1家企业在“新三板”及以上成功挂牌上市。

（九）推进绿色发展，构建优良生态环境。牢固树立和践行“绿水青山就是金山银山”理念，大力弘扬塞罕坝精神，实施建设生态乐亭实现绿色发展方案，建设天蓝地绿水净的美丽乐亭。加强环境污染治理。切实抓好大气污染综合防治，强力推进“散乱污”企业整治、燃煤锅炉治理、钢铁企业深度治理、工业企业错峰生产、电代煤气代煤改造、散煤污染管控等重点环保治理工作，突出抓好小型空气站建设，健全县乡村三级网格化监管体系，确保PM2.5平均浓度和重污染天数持续下降，空气质量在全市排名靠前。积极开展“碧水行动”，深入落实“河长制”，确保滦河、长河、二滦河等7个断面水质稳定达标。深入实施土壤污染防治行动计划，有序推进土壤环境治理，完成危险废物信息化监控平台建设任务。保障农村面源安全，推进农业废弃物综合利用，建设畜禽无害化处理厂。严厉打击环境违法违规行为。对大气、水、土壤、危废等重点领域开展常态化执法检查，对恶意排污、破坏环境行为要零容忍、顶格处理，形成有力震慑。每月组织一次不少于10天的专项执法或交叉执法。倡导绿色生产方式。完善政策导向，以推进园区“循环经济示范区”建设为重点，大力发展节能环保、清洁生产、清洁能源等产业，构建绿色低碳循环经济体系。科学开发利用地热、沼气和工业余热等可再生能源，持续改善能源结构。严把项目“三个准入门槛”，不符合要求的一律拒之门外。加大生态系统保护。以创建“国家森林城市”为契机，积极开展国土绿化三年行动，强化重点功能区生态保护。实施湿地保护和修复工程，保障湿地、河道水系生态安全。大力推进植树造林，建设森林小镇1个、森林村庄24个，圆满完成绿化任务，稳步提升森林覆盖率。

（十）全面深化改革，为高质量发展提供新动力、新空间。统筹推进各项改革，让一切创新的活力充分涌动、竞相迸发。深化重点领域改革，助力经济发展。以成立行政审批局为契机，以“放管服”为重点，深化商事制度改革，9月底前完成流程再造、政府投资项目审批效能、固定资产投资项目联审联验机制、房产交易和不动产登记领域“一窗受理、集成服务”“最多跑一次”、互联网审批、“38证合一”等7项改革。牢固树立“党委政府负责阳光雨露、企业负责茁壮成长”理念，打造审批事项最少、收费标准最低、办事效率最快、服务水平最优的“四最”品牌。扎实开展以创新创业、服务发展服务群众为主要内容的“双创双服”活动。采取“主动对接、精准服务、换位式解决问题、作出廉政承诺”四项措施，着力构建“亲”“清”新型政商关系，创建服务品牌，擦亮“千里万里之行、投资首选乐亭”名片。深化农业农村改革，强化制度性供给。积极落实第二轮土地承包到期后再延长30年政策，加快推进农村承包地确权登记颁证工作，扩大土地股份合作制、试点农宅合作社范围。积极推开农村集体产权清产核资工作，探索盘活用好闲置农房和宅基地的办法，健全县乡两级农村产权交易体系，每个乡镇（街道）打造1个集体产权制度改革示范点。创新土地经营权、林权抵押等农业金融发展体制，进一步深化“农保贷”等惠农政策，提升金融服务乡村振兴的能力和水平。深入推进供销合作社综合改革，不断拓展服务领域和功能。大力推进智慧农业，加快发展“互联网+”现代农业。深化各项事业改革，全面激发社会创造力。统筹推进医药卫生体制改革，加快三医联动，为群众提供更加完善的健康保障，6月底前县级公立医院药占比达到30%左右。稳步推进教师招聘、分配制度、教育教学等教育体制改革，鼓励社会力量投资办学，积极推动职业教育校企合作。加快建立城乡教育联盟，城乡教师交流比例不低于总数的10%，着力解决偏远学校、薄弱学科师资短缺问题。加快城市管理综合执法体制改革，理顺管理机制，构建“大城管”格局。

（十一）顺应人民需要，增进民生福祉。牢固树立以人民为中心的思想，启动实施教育卫生三年提升行动，本着“实事求是、量力而行，周密谋划、用心操作”的原则，集中精力抓好民生工程，让人民群众“幼有所育、学有所教、劳有所得、病有所医、老有所养、住有所居、弱有所扶”。教育工作要以建设“全国出亮点、河北有位置、唐山争一流”的现代化教育强县为目标，满足人民群众对优质教育资源的需求。年内完成投资3500万元的一中宿舍楼等建设项目。新建第五实验小学，改扩建小学3所。谋划原汤家河高中改建寄宿制初中。推进城乡教育资源整合，加快教育信息化建设，带动教育现代化。深入开展“三名工程”，提升教师队伍整体素质，市县级名师、骨干教师新增80名以上。医疗卫生工作年内完成投资2400万元的县医院新建病房楼工程，谋划启动投资4000余万元的中医院医养结合项目。深化与京津名院的对接合作，推进县级医院重点学科建设，引进高素质医疗人才，填补医疗技术空白2项。加快实施智慧医疗建设，扎实开展14项基本公共卫生服务项目，建设县乡村三级互动、精准高效、方便快捷的医疗卫生服务体系。建立乡镇卫生院设备修购基金，每年投资100万元提升基层医疗硬件水平。推进健康素养促进试点县、健康县城健康村镇创建。积极落实国家计生新政策，创新计划生育基层群众自治。精准扶贫工作要以增加贫困群众收入、落实政策兜底为核心，加大投入，广泛动员社会力量参与，充分运用产业扶贫、就业扶贫、健康扶贫、教育扶贫、危房改造等多项举措，精准施策，持续开展扶贫攻坚行动，确保困难群众脱真贫、真脱贫。进一步完善建档立卡，实施动态管理，深化结对帮扶机制，确保2018年建档立卡贫困人口全部脱贫。同步做好承德兴隆县对口帮扶工作。社会保障工作要全面落实就业创业政策，城镇新增就业5050人，农村劳动力转移就业4000人，下岗失业人员实现再就业2200人，开展职业技能培训500人，城镇登记失业率控制在3.9%以内。扎实推进“全民参保计划”，城乡居民社会养老保险综合参保率达到95%以上，机关事业单位养老保险参保率达到99%以上。做好五保供养、城乡低保、慈善救助等工作，保障弱势群体基本生活。积极开展双拥共建活动，稳妥推进第十一届村民委员会换届选举。文化体育工作要深入挖掘文化资源，加强传统文化传承发展，创作更多文艺精品。壮大文化产业，年内培育规模以上文化企业2家以上，文化产业增加值增速达到15%以上。深入实施文化惠民工程，加快乡镇文化综合服务中心提档升级，打造基层公共文化设施示范点，实现农村健身工程全覆盖。广泛开展群众文化活动和全民健身运动，促进城乡居民养成健康、科学、文明的生活方式。

（十二）加强和创新社会治理，维护和谐稳定。坚持“党政同责、一岗双责、属地负责”，全力抓好安全稳定工作，为县域经济社会发展提供良好环境。严格落实信访稳定工作责任制，把着力点放在解决群众反映的实际问题上，采取领导包联等方式，强化各类矛盾排查，集中化解信访积案，确保在全市的先进位次。做好军队退役人员管理服务工作，成立“两站一中心”，有效解决他们存在的困难和问题，增强其荣誉感和归属感。持之以恒抓好安全生产，严格防范各类事故发生。加强食品药品安全监管，坚决打击假冒伪劣，扎实推进“国家食品安全示范县”创建。深入开展“七五”普法，推进法治乐亭建设。巩固“长安杯”创建成果，完善社会治安立体化防控体系，扎实开展“扫黑除恶”专项斗争，坚决铲除黑恶势力滋生土壤，坚决打击各类违法犯罪，不断提升平安乐亭建设水平。

三、不忘初心，牢记使命，全面加强政府自身建设

各位代表！使命呼唤担当，实干赢得未来。我们要在县委的坚强领导下，始终与全县人民想在一起、干在一起，以永不懈怠的精神状态和一往无前的奋斗姿态，不断开创各项事业新局面。

树牢“四个意识”，始终做到忠诚看齐。旗帜鲜明讲政治，把党的领导贯穿于政府工作的全方位、全过程，始终在思想上、政治上、行动上与以习近平同志为核心的党中央保持高度一致。坚决贯彻落实中央和省、市、县委各项决策部署，自觉维护县委权威，确保政令畅通、令行禁止。深入开展“三个看一看”解放思想大讨论活动，引导政府系统广大干部在思想解放中加快推动乐亭高质量发展。

坚持实干担当，提升政府执行力、落实力。推进新时代乐亭高质量发展的各项部署已经非常明确，关键是一项一项抓好落实。要有真抓的实劲、敢抓的狠劲、善抓的巧劲、常抓的韧劲，抓铁有痕、踏石留印抓落实。要坚决把责任担起来，做到以上率下、冲锋在前，勇于挑最重的担子，敢于啃最硬的骨头，真正打响“求真、实干、担当、效率”新时代乐亭干部作风品牌，确保圆满完成各项任务。要迅速把本领强起来，进一步解放思想、转变观念、开阔视野，加快提升能力素质，建设学习型、创新型、实干型干部队伍。要真正把效能提起来，进一步建立健全各项工作执行、监督、考评、奖惩等机制，明确重点工作路线图、时间表、任务书，加强督察落实，推动提质提效。要切实把作风硬起来，勇于直面各种矛盾，善于解决发展中的各类瓶颈制约，确保各项决策部署落地生效。

践行法治思维，维护社会公平正义。注重运用法治思维谋发展、做研判，完善重大行政决策专家论证、顾问咨询等制度，切实提升科学决策、民主决策水平。推进依法行政，强化执法监督，依法做好行政复议和行政诉讼。全面推进政务和信息公开，让权力在阳光下运行。主动接受县人大法律监督、县政协民主监督，认真办理人大代表建议和政协提案。

强化正风肃纪，加强反腐倡廉建设。深入开展“不忘初心、牢记使命”主题教育，推进“两学一做”学习教育常态化、制度化。全面落实党风廉政建设责任制，认真履行“一岗双责”，加强重点领域监督管理。始终把纪律和规矩挺在前面，严格执行中央“八项规定”及其实施细则，坚决反对“四风”，强化家庭、家教、家风建设。健全廉政风险防控机制，持续保持风清气正的良好政治生态。

各位代表！重任千钧惟担当。让我们高举习近平新时代中国特色社会主义思想伟大旗帜，在市委、市政府和县委的坚强领导下，撸起袖子加油干，努力朝着“建设沿海强县美丽乐亭、在全省增比进位、在全国争创百强”的宏伟目标奋勇前进！

大 事 记

1月

1日　即日起，对县内特困人员救助供养标准进行分类调整，农村集中供养标准上调至每人每年6600元，农村分散供养标准上调至每人每年5600元，城镇特困人员供养标准上调至每人每年9900元；新增特困人员日间照料护理补贴，部分丧失生活自理能力的特困人员日间照料补贴为每人每月165元，完全丧失生活自理能力的特困人员日间照料补贴为每人每月247.5元。

是日　乐亭县第三次农业普查入户登记工作正式启动，全县1900余名普查员、普查指导员深入473个普查区、1333个普查小区、1400多个农业生产经营单位、12.2万户农户进行入户登记、数据审核和传输上报工作。

3日　按照市政府通知要求，将重污染天气预警二级响应升级为一级响应（2016年12月29日，启动重污染天气预警二级响应）。年内共启动重污染天气应急响应11次。

6日　河北乐亭经济开发区钢铁产业基地被省工信厅确定为第七批“河北省新型工业化产业示范基地”。

10日　县公安局组织民警在大东方购物广场（东城店）广场开展第31个全国公安机关“110宣传日”宣传活动，发放宣传材料5000余份。县人大常委会、县政府相关领导参加。

11日　省发展改革委、省“地条钢”排查组到乐亭县开展违法违规建设钢铁项目及“地条钢”生产大排查。县委书记董立群，县委副书记、代县长张福林等县委、县政府领导陪同。

12日　县委、县政府召开安全生产工作会议，安排部署当前和今后一个时期的安全生产工作。县委副书记、代县长张福林等县领导出席。

13—23日　开展2017年度无偿献血活动，各乡镇（街道）、县直各单位和驻地部队113个单位组织人员参加献血，献血人数3100人，献血量108万毫升，连续3年保持90万毫升以上。

14日　县水产中心组织申报的丰汇海水养殖有限公司经过逐级筛选，被评定为省级重点产业化龙头企业。

16日　县图书馆在汤家河镇史庄村史家大院举办“农家书屋飘书香”—图书下乡活动，捐赠图书500余册。

17日　县农牧局在阎各庄镇开展农业技术培训，邀请河北科技师范学院教授王久兴、齐慧霞授课。

19日　县委书记董立群，县委副书记、代县长张福林等县四大班子领导带队，分14个组对全县贫困户、优抚对象、驻地部队、重点优抚事业单位、敬老院、特困职工、中华人民共和国成立前老党员、离职村干部等进行春节慰问，并看望节日期间坚守在一线的干部职工。

是日　2017年新春文艺汇演在县文化中心礼堂举行，县委书记董立群，县委副书记、代县长张福林等县四大班子领导观看演出。董立群致新春贺词。

20日　县政府发布《关于城区禁限放烟花爆竹的通告》。

是日　河北诚成肥业股份有限公司在全国中小企业股权交易系统挂牌，为县内企业发展史上的一个里程碑。县政府相关领导出席挂牌仪式。

25日　召开县委十二届八次全体会议，县委书记董立群，县委副书记、代县长张福林，县委副书记孙自生，县委常委周桂强、孙志东、王学龙、石井满、李亚铮、王剑秋出席。县人大常委会主任孟宪福、县政协主席于红等列席。十二届县委委员、候补委员参加会议，县纪委委员列席会议。会议圈选参加市第十次党代会代表候选人预备人选18名。

29日 乐亭英才馆开馆。

是月 投资5100万元集科技研发、技术服务、系统集成、生产制造为一体的唐山高达科技有限公司入驻县城区工业聚集区。

2月

4日 由县新春文化活动办公室组织的“美丽乐亭·天地同春”秧歌、擂鼓展演在青春广场举行，全县14个乡镇、街道的1000余名演员参加展演活动。县四大班子领导与各界群众一同观看。

8日 团县委、县就业服务局联合举办青年之声——服务青年就业专场招聘会。会上近160家企业提供就业岗位600多个，返乡大学生、青年务工人员参与应聘，当天促成近120名求职者与用人单位达成初步就业意向。

9日 “盛世鼓舞”乐亭县第四届擂鼓大赛在青春广场开赛，各乡镇、街道的14支擂鼓队、600多名队员参赛，数千名城乡群众观看。

9—10日 团县委、县内爱心企业家开展希望工程助学送温暖活动，走访慰问贫困中小学生12名，捐助助学金9600元。

10日 大连海洋大学水产与生命学院院长常亚青到乐亭县实地考察水产养殖情况，并与县相关部门签订长期技术合作协议。

14日 召开县委十二届九次全体会议，县委委员、候补委员出席，县纪委委员列席，县委书记董立群主持。会议研究了召开中国共产党乐亭县第十三次代表大会的相关事宜。

是日 县政府召开全县安全生产工作会议，县委副书记、代县长张福林及相关县领导和县安委会成员单位主要负责人、各乡镇长、街道办事处主任、园区主要负责人及重点监管企业负责人参加会议。会上，张福林代表县政府与责任单位签订2017年度安全生产目标管理责任书。

是日 丰润区评剧团创作的儿童评剧《小英雄雨来》在县青少年活动中心巡演，演出分小学、初中两个专场，800余名师生观看。县政府相关领导出席。

15日 县委书记董立群主持召开全县重大产业项目调度会议，对推进全县重点项目建设工作提出具体要求。县委副书记、代县长张福林等县领导出席。

16—18日 中国共产党乐亭县第十三次代表大会在县文化中心礼堂召开。大会的主题是：高举中国特色社会主义伟大旗帜，深入贯彻中共中央总书记习近平系列重要讲话特别是视察唐山重要讲话精神，进一步抢抓历史新机遇，增比进位求突破，努力夺取全面建成小康社会的新胜利，为建设沿海强县美丽乐亭、争创全国百强县而努力奋斗！大会应到代表313名，实到代表310名。大会执行主席、大会主席团常务委员会委员董立群、张福林、孙自生、周桂强、孙志东、姚清华、王学龙、石井满、李亚峥、王剑秋、阚永康出席会议。市委换届督导组成员指导本次会议。会议听取和审议了董立群代表第十二届县委作的题为《抢抓历史新机遇、增比进位求突破、为建设沿海强县美丽乐亭而努力奋斗》的工作报告、孙志东代表十二届纪委做的工作报告，大会通过了这两个报告。选举产生中共乐亭县第十三届委员会委员52名、候补委员10名及中共乐亭县纪律检查委员会委员21名、常务委员会委员7名和出席中共唐山市第十次代表大会代表20名。张福林主持会议。

18日 中国共产党乐亭县第十三届委员会在县委会议中心举行第一次全体会议。全体县委委员、候补委员参加会议，全体纪委委员列席会议。会议选举董立群、张福林、孙自生、孙志东、姚清华、王学龙、石井满、李亚峥、王剑秋、阚永康为县委常委（军队常委不参加选举，届后增补），董立群为县委书记，张福林、孙自生为县委副书记。会议通过了县纪委一次全会的选举结果。县委书记董立群就新一届县委领导班子成员及各位委员如何在开拓创新、奋发作为，建设沿海强县、美丽乐亭实践中更好地发挥作用讲了意见。

是日　中共乐亭县第十三届纪律检查委员会在县委五楼会议室举行第一次全体会议。会议选举孙志东为县纪委书记，选举副书记2名、常委7名。

20日　河北刘美实业有限公司“刘美”牌熟肉制品和乐亭县铸升金属制品厂机制钢锹获得2016年度河北省中小企业名牌产品，有效期3年。

26—28日　中国人民政治协商会议乐亭县第十届委员会第一次会议在县文化中心礼堂召开。会议应到委员183名，实到176名。县政协十届一次会议大会主席团常务主席、执行主席张国勇、景学文、赵恩生、边红玉、程春丽、李大海出席会议。县委书记董立群，县委副书记、代县长张福林出席会议。县委、县人大、县政府其他领导及其他县级干部，在县内的历任政协主席应邀出席会议。市委党代会、“两会”换届选举第四督导组成员指导本次会议。县政协十届一次会议大会主席团常务主席、执行主席张国勇主持开幕式。受县政协第九届委员会常务委员会的委托，景学文向大会做工作报告。会议审议通过了这个报告。审议通过了《中国人民政治协商会议乐亭县第十届委员会第一次会议选举办法（草案）》和《提案工作报告》。在乐市政协委员，不是县政协委员的各乡镇（街道）、县直各单位党政主要负责人，不是县政协委员的各乡镇党委副书记、县规模以上企业代表列席了开幕式。会议选举张国勇为政协乐亭县第十届委员会主席，景学文、赵恩生、边红玉、程春丽为副主席，李大海为秘书长，康兴华等36人为常委会委员。县委书记董立群在闭幕式上讲话。

27—28日　乐亭县第十六届人民代表大会第一次会议在县文化中心礼堂召开。大会应出席代表210名，实到203名。大会主席团常务主席、执行主席董立群、张福林、孙自生、安爱军、王学兵、程兵、赵文忠、陈会峰出席会议。唐山海港经济开发区党工委副书记、管委会主任黄玉刚应邀出席会议。不是县人大代表的县级领导，各乡镇（街道）、县直单位主要负责人，部分规模企业负责人，驻县省、市人大代表及特邀人员，出席县政协十届一次会议的全体委员列席开幕式。市委党代会、“两会”换届选举第四督导组成员指导本次会议。大会主席团常务主席、执行主席安爱军主持会议。张福林代表县政府向大会做《政府工作报告》。程兵代表县十五届人大常委会向大会做《乐亭县人大常委会工作报告》。大会听取并审议通过了《政府工作报告》。审议通过《关于乐亭县2016年国民经济和社会发展计划执行情况与2017年国民经济和社会发展计划（草案）》（书面）、《关于乐亭县2016年财政预算执行情况和2017年财政预算（草案）的报告》（书面）、《乐亭县人大常委会工作报告》《乐亭县人民法院工作报告》《乐亭县人民检察院工作报告》。会议选举安爱军为县十六届人大常委会主任，王学兵、程兵、赵文忠、陈会峰为副主任，陈巧敏等27人为常委会委员；张福林为县政府县长，王学龙、石井满、杨冬梅、陈武、陈亮、马立存为副县长；姚凌峰为县法院院长；张世新为县检察院检察长；丁荣进等35人为县出席唐山市十五届人大代表。当选人向《中华人民共和国宪法》宣誓。县委书记董立群在闭幕式上讲话。

28日　乐安街道河东社区被省书法家协会等单位命名为“河北省书法示范小区”，为全市唯一。

是月　乐亭县2017年新春文化活动落幕。该活动自2016年12月初开始，历时3个月，开展文化活动14项73场次，观众达5万人次。

3月

1日　省人大调研组到乐亭县调研旅游业发展情况，市人大常委会副主任王金凯、县长张福林、县人大常委会主任安爱军等市、县领导一同调研。

3日　北京银行相关负责人一行到乐亭县调研考察，并就富民直通车业务开展会晤座谈，县长张福林等县领导参加。

5日　“学雷锋纪念日”之际，县文明办、县志愿者协会组织卫计、工商、质监、司法等20余家单位进社区开展志愿服务活动。县委、县人大常委会、县政协相关领导出席活动。

7日　市人大常委会主任安树彦、副主任曹金华一行调研考察县英才馆和唐山绿昕农业开发有限公司育苗工厂。县委书记董立群、县人大常委会主任安爱军一同考察。

是日 县委、县政府召开开发区工作调度会议，听取河北乐亭经济开发区和县城区工业聚集区相关工作汇报，县委书记董立群、县长张福林、县人大常委会主任安爱军、县政协主席张国勇等县四大班子领导出席。

是日 县总工会和县医院联合开展“关爱女职工健康义诊咨询活动”，为唐山市德龙钢铁有限公司女职工免费体检120余人次，发放宣传资料500余份。

是日 团县委、县青年创业就业服务中心在团县委青年中心联合举办2017年春季招聘会，105家招聘单位携400余个就业岗位参加招聘。返乡大学生、青年务工人员参与应聘，当天20名求职者与用人单位达成初步就业意向。年内，团县委与县青年创业就业服务中心联合举办服务青年就业招聘会30余场次（每逢4日、14日、24日举办），820余名求职者与用人单位达成就业意向。

8日 县委召开“巾帼建新功、共筑乐亭梦”妇女干部座谈会。县委书记董立群，县委、县政府、县政协相关领导出席。

是日 县就业局、县总工会、县妇联联合组织开展“春风行动”大型招聘会，近160家招聘企业提供就业岗位1500多个，涉及300多个工种，求职人员800余人参与应聘，300余名求职者与用人单位达成就业意向。

10日 中国航天科技集团九院党委书记、航天时代电子技术股份有限公司总裁王亚文率704所和200厂领导一行13人对乐亭县城市建设、200厂选址地、燕化永乐项目建设现场、704所选址地进行实地参观考察。县委书记董立群、县长张福林及县委、县政府相关领导陪同。

是日 乐亭县入选农业部第二批国家农产品质量安全县（市）创建试点单位，为全市唯一。

是日 县商务局被省商务厅评为“河北省农村电子商务全覆盖先进单位”，河北联业电子商务有限公司被评为“河北省农村电子商务全覆盖先进企业”。

11日 县委、县政府召开财税工作会议，回顾总结2016年财税工作，分析当前财税形势，安排部署2017年财税工作。县四大班子相关领导出席。

13日 县委书记董立群主持召开全县重大产业项目调度会议，对推进全县重点项目建设工作提出具体要求。县长张福林等县四大班子相关领导参加。

15日 省农业普查办公室验收组到乐亭县检查验收第三次全国农业普查数据质量情况，验收组对县清查摸底工作给予肯定。

是日 邮政集团乐亭县姜各庄支局被团中央、交通运输部等22部委命名为2015—2016年度“全国青年文明号”，为河北省唯一。

是日 县市场监督管理局、县消协、县农牧局等部门与县内部分商家在大东方购物广场（东城店）广场联合开展“3·15国际消费者权益日”宣传活动，发放宣传材料3万余份，受教育群众达2万余人次。县人大常委会、县政府相关领导参加活动。

17日 县政府召开十六届一次全体（扩大）会议暨廉政工作会议，县长张福林主持会议并讲话，各位副县长、党组成员出席会议。县人大常委会、县政协相关领导应邀出席会议。

是日 河北钢铁建设集团有限公司专场校园招聘会在县综合职业技术学校多功能厅举行。招聘会由河北钢建集团领导带队，除进行集中宣讲外，还解答了应聘者的咨询。应聘者除县内返乡大中专院校毕业生及务工人员外，还有滦南县、滦县、唐山海港经济开发区等地的毕业生及务工人员。招聘现场人数达1200余人，收到有效简历1000余份。

19日 定州市考察团一行到毛庄镇参观便民服务中心和农村综合服务中心建设情况。

20日 民进吕梁市委主委李媛一行到乐亭县瞻仰李大钊纪念馆和故居，民进唐山市主委王福燕、县政协主席张国勇等市、县领导陪同。

是日 县委召开组织、宣传、政法暨创建首届省级文明县城工作会议。县四大班子相关领导出席。

21日 在全国知名品牌创建示范区建设暨

2016年区域品牌价值评价结果发布会上，“乐亭县设施桃”以44.95亿元的品牌价值成功入选“全国区域公用品牌价值百强榜”，位居全省农业区域品牌价值榜首。

是日　玉田县政府考察团到乐亭县参观考察城市建设工作。县政府相关领导陪同。

22日　县文明办、县直机关党工委、县水务局组织志愿者开展“世界水日·节约用水·关注点滴”宣传活动，现场向群众发放节水宣传册、宣传袋等宣传资料6000余份。

23日　市政府教育工作督导评估组对乐亭县2016年度教育工作进行全面督导评估，各项指标均达到评估要求，高标准通过督导评估。县人大常委会、县政府、县政协相关领导陪同。

25日　国家项目评估组对乐亭县计划生育基层群众自治示范县项目工作情况进行验收评估，给予肯定。县政府相关领导参加活动。

是日　县政府与中国航天万源国际（集团）有限公司就唐山万源电解液产业化项目举行签约仪式，县委书记董立群、县长张福林、县人大常委会主任安爱军、县政协主席张国勇等县领导出席签约仪式。县委常委、常务副县长王学龙代表县政府与中国航天万源国际（集团）有限公司签约。

是日　2017年唐山市体育教师技能大赛在迁安市第三高级中学举办，乐亭县派出12名体育教师参赛，以绝对优势获得大赛团体第一名。

26日　市委、市政府举行2017年第一季度重点项目集中开工（亦为乐亭县第一季度重点项目集中开工）仪式，乐亭县8个项目开工建设，涉及总投资14.71亿元，其中亿元以上项目6个，涵盖装备制造、精细化工、生物医药、传统产业升级改造、农业产业化等领域。市委常委、组织部部长、统战部部长陈学民，县委书记董立群、县长张福林、县人大常委会主任安爱军、县政协主席张国勇等市、县领导及县其他在职副县级干部，各乡镇（街道）党政主要负责人、党员干部代表，县直各单位主要负责人，集中开工项目单位负责人参加活动。

27日　省政府公布第六批省级非物质文化遗产名录，乐亭泥人制作技艺榜上有名。至此，乐亭县已拥有国家级非物质文化遗产项目3项、省级4项、市级6项，国家级非物质文化遗产传承人3人、省级5人、市级11人，河北省非物质文化遗产传承示范基地1个、生产性保护示范基地1个。

29日　县委党史研究室联合李大钊纪念馆、胡家坨镇在李大钊故居广场举办大钊故里革命英烈事迹展。胡家坨镇机关干部、青年志愿者及大黑坨小学师生共300余人参加活动。

是月　是月起，乐亭县按照《中华人民共和国预算法》《河北省县级财政预算管理业务操作规程（试行）》要求，推进财政科学化管理，提高财政资金的使用效率，在县直预算单位、各公办中小学共123家单位实行授权支付业务改革，财政授权支付的范围包括除工资银行化发放外的工资性支出、工伤保险和失业保险，年初预算安排的公用经费，县财政部门认定可以实行授权支付的其他支出。

是月　河钢产业升级及宣钢产能转移项目获河北省发展改革委批准实施。该项目建设地址位于河北乐亭经济开发区，总投资423.73亿元，占地面积618公顷。项目成功获批标志着河北调整钢铁产业结构，推进钢铁产能退城进园、向沿海转移迈出实质性一步。

是月　乐亭县文化馆张旭武报送的专著《乐亭大鼓说唱艺术》获第五届全省非物质文化遗产保护理论成果一等奖。

4月

1日　县委理论学习中心组召开集体学习会议，学习市党代会、市“两会”精神。县委书记董立群主持，县长张福林、县人大常委会主任安爱军、县政协主席张国勇及县委理论学习中心组全体成员参加。年内，随着中央、省、市会议特别是党的十九大精神的学习宣传贯彻落实，县委理论学习中心组开展学习活动17次。

是日　即日起，乐亭县根据财政部《关于清理规范一批行政事业性收费有关政策的通知》精神，取消或停征10项中央设立的行政事业性收费项目，将商标注册收费标准降低50%。根据财政部《关于取消、调整部分政府性基金有关政策的通知》，取消城市公用事业费附加和新型墙体材料专项基金，调整残疾人就业保障金征收政策，扩大残疾人就业保障金免征范围，设置残疾人就业保障金征收标准上限。

5日 县委、县政府召开全县农业农村工作会议，贯彻落实中央、省、市农业农村工作会议精神，总结2016年工作，安排部署2017年工作。县长张福林出席会议并讲话，县四大班子相关领导出席。

是日 县四大班子领导、机关党员干部、学生代表等2000多人祭扫乐亭县革命烈士纪念馆，深切缅怀革命先烈。

是日 受唐山师范学院邀请，国家级乐亭大鼓传承人张近平、省级乐亭大鼓传承人张旭武为唐山师范学院师生举行乐亭大鼓专题讲座。

6日 县委书记董立群深入河北乐亭经济开发区实地调度重点项目，先后深入河钢乐亭临港钢铁基地、腾龙再生资源利用、燕化永乐环保型农药复配制剂等项目建设现场，实地督导项目建设进度。县长张福林等县政府、县政协相关领导参加活动。

是日 县妇联、胡家坨镇联合开展“万家联动，送法到家——木兰有约”法治宣讲活动。

是日 县卫计局、乐亭镇联合开展第68个世界卫生日主题宣传活动。同时，各乡镇计生办、卫生院也开展了形式多样的宣传活动。活动中发放宣传品1.5万份，接受群众咨询80余人次。

7日 中国供销农产品批发市场控股有限公司考察团到乐亭县参观考察农业发展情况。县委书记董立群等县委、县政府相关领导陪同。

是日 县委、县政府召开棚户区改造集中攻坚行动动员大会，县长张福林主持会议并讲话。县委、县人大常委会、县政府、县政协相关领导，县法院、县检察院、县公安局相关负责人出席会议。会上，县政府与分包单位责任人签订责任状。

是日 县爱卫办、县卫计局、县市场监督管理局、县教育局在县文园广场联合开展主题为“历史与展望——为了人民健康的65年”全国第29个爱国卫生月集中宣传活动。

是日 县文明办、团县委、县教育局、县城管局在县青少年活动中心举行“小手拉大手·文明一起走”主题实践活动启动仪式。城区各小学校长、大队辅导员及少先队员代表400余人参加。活动从4月上旬开始，到12月上旬结束。

8日 县委书记董立群、县长张福林、县人大常委会主任安爱军、县政协主席张国勇等县四大班子领导与550余名干部群众一起在平青乐公路两侧参加全民义务植树活动，当天栽植杨树6000余株。

是日 团县委、县就业局联合举办服务青年就业专场招聘会，县内及周边地区涉及房产金融、机械制造、商贸物流、餐饮服务等多种行业的近160家企业参加招聘，提供就业岗位600多个，近120名求职者与用人单位达成初步就业意向。

9日 国家防汛抗旱总指挥部办公室主任李坤刚一行深入县滦河防汛前线指挥所，了解全县防汛基础建设、物资储备、应急保障等情况。县委书记董立群等县委、县政府相关领导陪同。

是日 湖南省怀化市中方县县政府相关领导率考察团一行6人深入乐亭高平中学考察合作办学情况，县人大常委会相关领导陪同。

11日 乐亭县获批河北省“四好农村路”创建示范县，标志着全县农村公路的建、管、养、运跨入了新的阶段。

12日 县委召开2016年度乡镇（街道）党（工）委书记抓基层党建工作述职评议会议。县委书记董立群主持会议并讲话。县人大常委会主任安爱军、县政协主席张国勇等县领导及市委组织部相关负责人出席会议。

13日 国家标准化管理委员会调研组到乐亭丞起现代农业发展有限公司调研农业标准化生产情况。县政府相关领导一同调研。

是日 全县中小学生春季田径运动会在乐亭一中体育场举行。县人大常委会、县政府、县政协相关领导出席开幕式。

14日 “环渤海暖温带区设施蔬菜化肥农药减施技术模式建立与示范推广”课题现场会在乐亭县召开，与会人员深入县省级环城现代农业园区、丞起现代农业园区和西石碑黄瓜生产基地实地查看。县政府相关领导陪同。

16 日　市委常委、常务副市长胡国辉率全市第一季度重点项目现场督导交流会与会人员到河北乐亭经济开发区北京环卫集团新能源环卫车辆乐亭生产基地项目、北京实宝来大型游乐设备生产制造项目施工现场，对项目整体规划、施工进展、工程质量等督导观摩。乐亭县综合测评成绩位列全市各县区第二名。县长张福林、县人大常委会主任安爱军、县政协主席张国勇等县领导一同观摩。

19 日　上海市河北商会执行会长王立奇一行到河北乐亭经济开发区、县城区工业聚集区、冀东国际农产品物流中心等地参观考察。县政府、县政协相关领导陪同。

是日　河北省财政厅唐秦辖区标准化绩效管理座谈会在乐亭县召开，省财政厅、市财政局、唐山市各县及昌黎县、卢龙县负责人参加。

21 日　县综合职业技术学校举行京冀青年协同创新创业平台、北京大学创业训练营——网络公益课程培训授牌暨开班仪式。

22 日　省委统战部相关领导陪同台湾同学会考察团一行 40 余人参观李大钊纪念馆，县长张福林等县委、县政府相关领导陪同。

是日　乐亭大鼓省级非物质文化遗产传承人张旭武等演员受邀参加北京青春建设投资集团在北京市昌平区天通苑西三区玺祥苑文化广场举办的“旭日中国·善行天下”第二届和谐之春文化艺术节专场演出，为期一个月。

22—23 日　县总工会举办迎五一“信合杯”职工乒乓球比赛，基层工会的 40 个代表队参赛。

23 日　乐亭县 2017 年第四届“渤新杯”广场健身操（舞）大赛在乐亭体育中心进行决赛并落幕。全县 14 个乡镇（街道）、县直企事业单位 39 支代表队的近 600 名舞蹈爱好者参赛。县委相关领导及相关部门负责人出席并与近 2000 名群众一同观看。

25 日　县人大常委会对全县基层养老工作进行调研，县人大常委会主任安爱军及县人大常委会、县政府、县政协相关领导参加。

是日　庞各庄乡马各庄村被评为河北省第三届民俗文化名村，为全市唯一。

26 日　乐亭县 2017 年离退休干部春季运动会在县委老干部局举行。各乡镇（街道）、县直各单位的 2000 余名离退休干部参赛，县委相关领导出席。

27 日　国家海洋局领导一行参观李大钊纪念馆，县长张福林等县委、县政府相关领导陪同。

是日　全省法院办公室工作北片（保定、廊坊、张家口等 6 个中院和定州市法院）调研座谈会在乐亭县召开。

是日　县委、县政府与北京市旅游发展委员会举行旅游发展战略合作签约仪式，北京市旅游发展委员会党组书记、主任宋宇，市委常委、副市长于学强，县委书记董立群，县长张福林，县人大常委会主任安爱军等县领导出席。宋宇一行深入滦河口生态旅游区进行实地考察，县委书记董立群介绍了县内以“红色旅游为龙头、蓝色旅游为支撑、绿色旅游为补充”的旅游发展格局。张福林主持会议，副县长王书平代表县政府与北京市旅游发展委员会签约。北京市旅游发展委员会一行还参观了李大钊纪念馆及乐亭英才馆。

是日　县政府召开营商环境集中整治工作会议，对全县集中整治行动进行部署，把集中整治行动引向深入。县政府相关领导出席。

28 日　市委主办、县委承办在李大钊纪念馆举行李大钊英勇就义 90 周年纪念大会，李大钊的亲属代表李建生，市委常委、宣传部部长杨洁，县委书记董立群及县四大班子领导，省、市委宣传部门和党史研究部门相关负责人及全县社会各界代表 600 余人参加纪念活动。

是日　县政府组织开展淘汰取缔燃煤锅炉和“散乱污”企业集中行动，市督导组相关负责人，县政府相关领导出席活动。2016 年始，全县认真落实省市要求，先后拆除 10 蒸吨以下燃煤锅炉 347 台，取缔“散乱污”企业 3 家，为空气质量的持续改善奠定了基础，空气质量综合指数始终保持全市前列。

是日　县委党史研究室与胡家坨镇党委、政府在大钊故里举办“纪念李大钊同志英勇就义 90 周年报告会暨英烈事迹巡展”活动。

是日　县内首个春蕾爱心书屋在新寨镇撒马店小学落成。

是日 县妇联在唐山市妇联的支持下，联合绿之韵集团在新寨镇撒马店小学举行春蕾爱心书屋捐赠仪式，绿之韵集团出资为春蕾爱心书屋添置书柜及文学、历史、科技等方面知识的儿童课外读物近1000册。

29日 北京大学原党委书记朱善璐一行参观李大钊故居和纪念馆。唐山市市委常委、组织部部长陈学民，县委书记董立群，县长张福林等陪同。

是月 李大钊纪念馆制作的《李大钊故居》临时展览，在天津博物馆和北京郭沫若纪念馆展出。

是月 李大钊纪念馆制作的《李大钊与中国共产党的创建》临时展览，在上海中共四大纪念馆和上海市昌硕文化中心展出。7月结束。

是月 为第26个全国税收宣传月，县地税局组织开展税收宣传活动，到河北乐亭经济开发区、县城区工业聚集区、丞起颐天园现代农业园进行税收宣传。

是月 国网冀北乐亭县供电公司唐洁获评河北省“五一劳动奖章”，唐山市德龙钢铁有限公司炼铁车间被评为“河北省工人先锋号”。

5月

1日 根据农业部2017年伏季休渔管理工作部署，县内海域伏休时间调整为5月1日12时至9月1日12时。

4日 全国人大华侨委委员、中国侨联副主席李昭玲一行到河北乐亭经济开发区燕化永乐项目、境界实业项目、北京环卫集团项目，滦河口生态旅游区及县城区工业聚集区参观考察。县委书记董立群，县人大常委会主任安爱军等县四大班子领导陪同。李昭玲一行还参观了李大钊故居、李大钊纪念馆及乐亭英才馆。

是日 团县委在李大钊纪念馆报告厅举行纪念五四运动98周年暨“争创百强·青年当先”先进集体、先进个人表彰会议，对第十二届十大杰出青年、十大优秀青年和先进集体、先进个人进行表彰。县四大班子相关领导出席，全县各条战线的团干部和优秀青年代表260余人参会。

5日 国家贸促会副部长朱凌燕一行对河北乐亭经济开发区中国（乐亭）拉美产业园进行考察调研。县委书记董立群和县委、县政府领导陪同。

是日 县财政局被省财政厅评为“2016年度全省优秀财政局”。

8日 县红十字会举行第70个“世界红十字日”、新修订的《中华人民共和国红十字会法》施行首日宣传活动，40余名红十字志愿者和唐山市中心血站相关负责人参加。活动中发放宣传资料3000余份，10名志愿者和爱心人士走上献血车捐献了自己的血液。

9日 县文明办举行“访千楼万家、创文明县城”活动启动仪式，活动采取结对共建形式，组织全县12家省市级文明单位与12个社区建立分包关系，与社区开展“一对一”结对共建活动。

是日 县总工会组织乐亭县夕阳红艺术团一行18人参加唐山市退休职工广场舞大赛，参赛节目《老来俏》获得二等奖。

是日 晚，冀乐渔03002号渔船在东经120° 24.9′，北纬38° 50.9′发生海上意外交通事故沉没。

10日 县委老干部局、县关工委和县红十字会到古河乡西阁楼坨村联合开展“春雨行动·爱心老区行”活动，县福平医院10多名医护人员为群众义诊。

12日 县人防办、县科技局在文园广场开展全国防灾减灾日防灾减灾宣传活动。

是日 “香圃艺术交流会馆”揭牌成立，乐亭、滦南、古冶等县区的乐亭大鼓艺人及爱好者近100人参加活动。

15日 县委、县政府召开“一问责八清理”专项行动暨基层“微腐败”专项整治动员部署会议，县委、县政府相关领导出席。会上，宣读了《乐亭县“一问责八清理”专项行动实施方案》和《乐亭县基层“微腐败”专项整治实施方案》。

是日 县长张福林与县委、县政府相关领导率城管、住建、交通运输、国土、财政、发改、创城办等相关部门主要负责人，就文明县城创建工作中存在的突出问题和薄弱环节进行现场办公，对城区主次干道修缮、辅道砖更换、取缔马路市场、城区黑臭水体整治、清除私搭乱建等问题进行现场调度，解决创城过程中的重点和难点问题。

16日 县总工会、团县委、县人社局主办，唐山市德龙钢铁有限公司承办2017年职工职业技能大赛，涵盖电工、钳工、焊工、天车工4个工种，10家企业的130名青年技能选手参赛。

18日 县博物馆组织开展主题为“博物馆与有争议的历史：博物馆讲述难以言说的历史”的第41个国际博物馆日系列活动。

19日 县委举办学习贯彻中共中央总书记习近平重要讲话精神和中央重大决策部署集中宣讲报告会，县委书记董立群进行集中宣讲。县四大班子领导及其他在职县级干部，各乡镇（街道）和县直各单位党政领导班子成员、党员干部群众代表900余人参加会议。

是日 县委、县政府召开2016年度建设沿海强县总结暨2017年招商引资“百日攻坚”集中行动动员会议。县委书记董立群出席会议并讲话。县长张福林、县人大常委会主任安爱军、县政协主席张国勇等县四大班子领导出席。张福林主持会议。会上，宣读了县委、县政府《关于通报表扬2016年度建设沿海强县先进集体、先进个人的决定》和《乐亭县2017年招商引资“百日攻坚”集中行动实施方案》，对获奖单位和个人代表进行了颁奖。

是日 县第三幼儿园和中国儿童中心实验幼儿园举行京津冀幼儿园协同发展对接仪式，签署对接协议。

是日 张旭武创作，青年大鼓新秀鲁宗瑶、曹美惠表演的乐亭大鼓对唱《大老田的烦心事》，作为唐山市唯一入选作品参加在广东省深圳市南山区举行的第四届“南山杯”全国曲艺新人新作展演。

19—21日 县政府相关领导带队，县旅游局组织景区、旅行社、旅游产品生产企业参加在唐山国际旅游岛举行的2017年中国旅游日河北分会场暨“精彩唐山·相聚三岛”唐山旅游系列活动，李大钊纪念馆景区、碧海浴场、尚古农庄、华夏国旅、海天旅行社、孤竹国酒、罗锅香油、缸炉烧饼进行了现场推介。

20日 县质监局开展“5·20世界计量日”主题宣传活动。

21日 新疆巴音郭楞蒙古自治州党政考察团一行参观考察冀东国际农产品物流中心、唐山绿昕农业发展有限公司及韩坨村。县政协主席张国勇、县政府相关领导陪同。考察团一行还参观了李大钊纪念馆。

23日 县文明办、县广播电视台举办“文明365”随手拍活动启动仪式，县“阳光青年”志愿者、县红十字会“爱心艺站”文化志愿者和社会各界群众500多人参加活动。

24日 县委、县政府召开“不作为、乱作为、慢作为”问题专项清理工作动员部署会议，县委相关领导出席，县政府相关负责人宣读《乐亭县“不作为、乱作为、慢作为”问题专项清理工作方案》。

是日 北京燕化永乐生物科技有限公司暨乐亭县综合职业技术学校“燕化班”第一届培训班开班仪式在县综合职业技术学校举行。本次“燕化班”招录学员31名。

是日 乐安街道乐安社区居民黄玉珍家庭被全国妇联评选为全国“最美家庭”。

25日 省农业厅在乐亭县召开河北省水产气象指数保险理赔现场会，县长张福林出席。国家农业部、中国渔业互保协会、省农业厅等部门相关负责人总结了2016年全省水产养殖气象指数保险试点工作，对乐亭县养殖户进行了现场理赔（2016年乐亭县参保浅海扇贝养殖户18户，由于受风灾影响，入保扇贝养殖部分受损），并表示将持续为乐亭县渔业发展保驾护航。

是日 周恩来侄女周秉宜一行瞻仰李大钊纪念馆，县委相关领导陪同。

是日 县委统战部联合县妇联在新寨中心小学举行爱心捐助活动，民建唐山市委相关负责人、爱心人士为20名贫困学生捐助助学金8000元。

27日 市委、市政府举行2017年第二季度重点项目集中开工（亦为乐亭县第二季度重点项目集中开工）仪式，乐亭县6个项目集中开工，涉及总投资35.2亿元，其中亿元以上项目5个，涵盖装备制造、精细化工、传统产业升级等领域。市政府党组成员崔晗、县委书记董立群、县长张福林、县人大常委会主任安爱军、县政协主席张国勇等市、县领导及县其他在职副县级干部，各乡镇（街道）党政主要负责人、党员干部代表，县直各单位主要负责人，集中开工项目单位负责人参加。

是日　县委、县政府召开唐山腾龙科技有限公司二次资源综合利用项目对接会，县委书记董立群、县人大常委会主任安爱军等县四大班子领导参加。

是日　县政府召开“安全生产月”活动动员暨汛期安全生产大检查部署会议，对全县安全生产工作进行安排部署。县政府相关领导出席并讲话。

是日　县关工委、县教育局、团县委共同举办“传递爱心·播散希望”庆“六一”助学圆梦活动。活动中，为30名受助学生每人发放500元爱心助学金和近200元的学习用品。

31日　晚，庞各庄乡南部地区受强降雨、冰雹和龙卷风袭击，部分电网遭受严重破坏，9个村庄1000余户村民受到灾害影响。灾情发生后，国网冀北乐亭县供电公司立即启动应急预案，迅速调集100余名工作人员及车辆、材料，连夜勘察灾情，全力组织抢修。至次日20时36分恢复供电。

是月　环保系统垂直改革全面启动，县环保局定名为唐山市环境保护局乐亭县分局、唐山市乐亭县环境监控中心、唐山市乐亭县环境执法大队并挂牌。

是月　乐亭县第四实验小学2016年12月获批“河北省民族团结进步创建活动示范院校”，为全市唯一。

是月　乐亭县以全省第二名的考核成绩被省城镇化工作领导小组办公室确定为“全省2017年度县城建设示范标杆县”。

6月

1日　乐亭籍画家王利军“心系家乡、情牵故都”捐赠仪式在县博物馆举行，王利军向县博物馆捐赠了海军装备模型和航天模型。县委相关领导出席并讲话。

是日　乐亭县吴家兰坨瓦盆制作技艺、乐亭泥人制作技艺、孤竹国酒手工酿造技艺3项非物质文化遗产项目和《乐亭县文化志》《乐亭皮影造型艺术》《乐亭大鼓说唱艺术》等，参加在唐山南湖国际会展中心举办的由国家新闻出版广电总局和河北省人民政府共同主办的第27届全国图书交易博览会唐山会场暨第9届河北省书博会展览。

2日　唐山菲斯克人力资源有限公司到大相各庄小学举行爱心助学活动，捐助快乐图书室、快乐体育教室、快乐音乐教室各1个器材，价值1.2万元。

是日　姜各庄镇海滨小学六年级学生张博、李金泽在上学路上捡到装有现金1000多元及身份证、银行卡和票据、金项链等物品总价值逾6.6万元钱包1个，交给老师，返还失主。事后失主给学校送“拾金不昧好少年、教育有方品质高”的锦旗1面。

是日　瀚博文化乐亭大鼓传承基地入选唐山市首批非物质文化遗产传承示范基地。

4日　副市长张月仙率市农业产业化推进会议与会人员到河北乐亭经济开发区北京燕化永乐生物科技有限公司2.8万吨新型环保型农药复配制剂项目、县城区工业聚集区唐山仟客莱生物科技有限公司年产24万吨预混及配合饲料项目实地观摩，听取相关情况汇报。县委书记董立群、县长张福林等县委、县政府领导陪同。

6—7日　市林业局统一安排、县农牧局组织实施的飞机防治第一代美国白蛾作业，起飞25架次，使用无公害仿生制剂幼脲1250千克、苦参碱625千克，防治面积2666.67公顷。

7日　北京曙光药业有限责任公司向毛庄镇6所小学捐赠价值6万余元的《大海我的家》系列丛书1000套3000册。

8日　由省人大财经委副主任委员、财经工委主任赵文海带队的省人大执法检查组就贯彻落实《河北省国土保护和治理条例》进行执法检查，实地检查后听取县政府的汇报，对乐亭县贯彻落实《河北省国土保护和治理条例》工作情况予以高度评价。市人大常委会副主任魏文忠、县长张福林、县人大常委会主任安爱军等陪同。

是日　省政协文史委副主任韩咏梅一行对乐亭县农村综合服务中心建设、创新基层党组织服务模式经验做法进行实地调研，并予以高度评价。县政协主席张国勇及县委、县政协相关领导一同调研。

是日　县长张福林等县领导及相关单位负责人就全面彻查取缔“地条钢”工作深入博诚重型机械有限公司、金城铸造有限公司和铸生金属制品厂等企业进行走访调研，详细了解各企业生产及原料情况。要求各级各部门根据省政府办公厅《关于全面彻底排查取缔“地条钢”的紧急通知》，进一步做好“地条钢”排查取缔工作。

12 日　国家园林城市专家组到县检查指导“国家园林城市”复查初验工作，深入现场实地查看并进行座谈，对创建工作给予高度评价。县长张福林等县领导陪同。

13 日　县委、县政府召开全县大气污染综合治理会议，县委书记董立群出席会议并讲话。县长张福林、县政协主席张国勇等县四大班子领导出席，县政府与有关乡镇、县直单位负责人签订大气污染防治目标责任状。

是日　县综合职业技术学校教师周玉娟在省教育厅开展的“中小学班主任主题班会设计方案与带班育人方略”征集评选活动中，其作品《主题班会设计方案》获一等奖。

14 日　中国地质大学（北京）大学生实习基地在丞起集团举行挂牌仪式，县政府相关领导出席。

15 日　省人大常委会原副主任、省关工委常务副主任杨新农率调研组调研乐亭县关工委工作情况，听取相关情况汇报，对县关工委工作给予充分肯定。市关工委相关负责人、县人大常委会主任安爱军和县委相关领导一同调研。

是日　县委、县政府在天津市津利华大酒店举行河北·乐亭 2017 年（天津）投资环境说明会。天津市政府合作交流办公室副主任张连祥、天津滨海新区招商局局长纪泽民、河北省驻天津办事处主任周建等相关领导应邀出席，80 余家天津当地相关企业负责人参会。县委书记董立群在会上讲话，县长张福林主持会议，县政府相关领导介绍乐亭县优越的投资环境，推介重点招商项目。

是日　县委书记董立群主持召开全县重大产业项目调度会议，对推进全县重点项目建设工作提出具体要求。县长张福林等县四大班子相关领导出席。

16 日　唐山学院与胡家坨镇政府签订《唐山学院党员志愿者服务基地协议》并举行揭牌仪式。揭牌仪式后，唐山学院领导率市妇幼保健院及市第九医院组成的党员志愿服务队到大黑坨村为村民进行健康义诊。

是日　县安监局主办，县公安局、县交通运输局、国网冀北乐亭县供电公司、县城区工业聚集区参与，在大东方购物广场（东城店）广场开展“安全生产月”宣传咨询日活动。县政府相关领导出席。

19 日　市政府办公厅《关于印发唐山市 2017 年旅游重点工作的通知》，将唐山市德龙钢铁有限公司德龙钢铁工业旅游项目纳入 2017 年全市重点建设项目。

20 日　县委书记董立群主持召开全县招商引资“百日攻坚”集中行动调度会议。县长张福林、县人大常委会主任安爱军、县政协主席张国勇等县四大班子领导出席。

24 日　省委常委、组织部部长梁田庚率省委组织部机关党员干部到乐亭县开展“七一”党日活动，瞻仰李大钊故居和纪念馆，面向党旗重温入党誓词。省委常委、市委书记焦彦龙，市委副书记丁荣进，市委常委、组织部部长陈学民，市委常委、秘书长付振波，县委书记董立群等市、县领导一同开展党日活动。

25 日　县委、县政府邀请省委党校教授陈秀梅，以专家大讲堂的形式作“风险防控与突发事件应对”专题报告，县长张福林、县人大常委会主任安爱军、县政协主席张国勇等县理论学习中心组成员和全县副科级以上干部及党员代表 900 余人聆听报告。

26 日　副市长曹全民一行深入滦河姜各庄腰庄险段，调研防汛治理工程建设情况。县委书记董立群、县长张福林等县领导一同调研。

是日　在穆斯林传统节日——开斋节之际，县委常委、组织部部长李亚铮，县政府相关领导和县民政部门负责人代表县委、县政府慰问回族群众，并向全县穆斯林群众致以诚挚的问候和良好的祝愿。

27日 县长张福林现场督导文明县城创建工作，深入县城东大街、滨河路、小吕庄村等地，对环境绿化、主路路面、辅道等市政设施实地查看并提出指导意见。县人大常委会主任安爱军和县委、县政府相关领导一同督导。

是日 团县委组织举办“创青春·创富中国行”事迹分享会暨“百日攻坚·青年当先”乐亭投资环境说明会。县委、县政府相关领导出席，团市委相关负责人、唐山市青商会代表及县相关部门负责人参加。

是日 县卫计局、计生协邀请唐山市第四医院和爱尔眼科医院的专家，在乐安街道新光社区开展“人口流动·健康同行”服务活动，发放宣传资料800余份，为群众查体250余人。

28日 县人大常委会组织部分人大代表就全县基层派出所工作开展情况进行调研。县人大常委会相关领导参加。

是日 县委宣传部、县委党史研究室在青春广场联合举办“铭记抗战历史·传承红色基因·迎庆党的十九大”纪念展览，展览分日军暴行、同仇敌忾、抗日志士3部分，自6月28日至7月7日连续展出10天。

是日 晚，在县青春广场举办“献礼十九大·创建文明城·共筑中国梦”纪念建党96周年暨第七届群众文化艺术节开幕文艺演出。

29日 农业部渔业船舶检验局局长李昌健一行到乐亭县开展“迎七一·感党恩”为民办实事主题活动，深入县中心渔港，现场与渔民座谈，解答渔民提出的问题。李昌建一行还参观了李大钊纪念馆，县委书记董立群和县委、县政府相关领导一同活动。

是日 县委召开纪念建党96周年暨“两学一做”学习教育典型事迹交流座谈会，县委书记董立群出席会议并讲话。县长张福林主持会议，县人大常委会主任安爱军、县政协主席张国勇等县四大班子领导出席。

是日 李大钊纪念馆联合省党史研究室、省档案局、省社会科学院、省委省直工委共同举办的《铁肩担道义——中国共产党的主要创始人之一李大钊档案文献展》在河北省博物院举办开展仪式，10月17日该展览在唐山档案馆展出。

30日 省卫计委一行35人瞻仰李大钊纪念馆并重温入党誓词。县政府相关领导陪同。

是日 县委、县政府组织广大共产党员走进社区，开展“党员学雷锋·城市更文明”环境卫生整治志愿服务活动，县人大常委会主任安爱军、县政协主席张国勇及县委、县人大常委会、县政府相关领导参加。

是月 由县广播电视台摄制的纪录片《吠商》入选河北省优秀纪录片奖励项目，获得奖金2.9万元。

7月

1日 国家卫计委统计信息中心党员干部53人瞻仰李大钊纪念馆并重温入党誓词。县委、县政府相关领导陪同。

是日 市委副书记、市长丁绣峰率全市第二季度重点项目建设观摩会议与会人员到乐亭县观摩重点项目建设情况，听取相关情况汇报。县委书记董立群、县长张福林、县人大常委会主任安爱军、县政协主席张国勇等县四大班子领导一同观摩。乐亭县在同类县（市、区）综合测评中排名第一。

是日 县妇幼保健院被确定为全县唯一一家唐氏免费筛查定点医疗机构。即日起，为全县所有妊娠15 ~ 20+6周的年龄在35周岁以下的孕妇（含流动人口）免费开展唐氏筛查工作。

5日 县长张福林到姜各庄镇圈里村就“两学一做”学习教育同党员干部交流学习体会，并慰问老党员和贫困户。

是日 中国少年先锋队乐亭县第一次代表大会在县第三实验小学报告厅召开，全县各中小学校的少先队员、少先队辅导员、少年儿童工作者103名代表参加。县委、县政府相关领导及团市委、县教育局、团县委相关负责人出席。

6日 国家旅游局政策法规司司长满宏卫一行瞻仰李大钊纪念馆和故居，市政府党组成员崔晗、县长张福林及县政府相关领导陪同。

是日　县政府办公室、县教育局在乐亭一中联合开展《乐亭县志》《乐亭年鉴》进校园活动发放仪式。县政府办公室、县教育局负责人及全县2所高中、20所初中、4所小学及2所民办学校校长参加仪式。

7日　国家贸促会副部长张伟一行深入中国（乐亭）拉美产业园考察项目建设进展情况，对中国（乐亭）拉美产业园建设给予充分肯定。省、市贸促会领导，县长张福林等县领导陪同。

是日　全市党委督查系统“四个干”抓落实机制经验交流会议在乐亭县召开，实地观摩乐亭县落实“四个干”抓落实机制成果，听取相关情况汇报。市委办公厅、县委相关领导及各县（市、区）开发区（管理区）分管党委督查工作的负责人参加会议。

是日　县委、县政府在福州市香格里拉大酒店举行河北·乐亭2017年（福州）投资环境说明会。福州市政协副主席、市工商联主席雷成才等相关领导、20余家福州当地相关企业负责人参加会议。县委书记董立群主持会议，县政府相关领导介绍乐亭县优越的投资环境。

是日　乐亭县在城区范围内试鸣空袭预先警报和空袭紧急警报。

8日　国家人社部人事考试中心主任范勇一行瞻仰李大钊纪念馆和故居，县长张福林及县委、县政府相关领导陪同。

11日　唐山师范学院教育实践基地揭牌仪式在县文化馆举行，县政府相关领导出席。

是日　县卫计局与乐安街道计生办联合开展“关心女性幸福·关爱妇幼健康”纪念第28个世界人口日暨“健康中国行·走进乐亭”计生宣传服务活动。现场发放宣传资料近1000份，接受咨询80余人次，义诊50余人次，发放避孕药具200多盒。同时，各乡镇也开展了不同形式的宣传服务活动。

13日　姜各庄供电所所属辖区作为乐亭县推广远程费控工作的试点，全镇2万余用户实现智能缴费全覆盖。

是日　县农村信用合作联社首台交通罚款自助缴费终端投入运行。

14日　县委书记董立群到乐亭镇以《践行“四个合格”、争做新农村建设排头兵》为题，为广大党员干部讲党课，并慰问老党员和贫困户。县委相关领导参加。

是日　河钢产业升级及宣钢产能转移项目通过省发改委立项审批。8月17日取得省环保厅批复，河钢项目正式落地乐亭。

15日　天津外国语大学2017雷锋团暑期社会实践支教团，到阎各庄镇初级中学和马头营镇初级中学开展暑期义务支教活动。

17日　县人社局、县财政局召开调整增加离退休人员基本养老金会议，从2017年1月1日起调整增加退休人员基本养老金。调整范围为2016年12月31日前已按规定办理退休手续的企业、机关事业单位的退休（含退职）人员。总体调整水平按照2016年退休人员月人均基本养老金水平的5.6%左右增加。

18日　唐山市德龙钢铁有限公司省级企业技术中心在省发改委组织召开的省级企业技术中心认定评审会上，通过专家评审，8月挂牌。

19日　县委、县政府召开重点项目观摩暨经济形势分析会议，总结上半年项目建设及经济运行情况，研究分析当前经济形势，安排部署下一步重点工作。县委书记董立群出席会议并讲话，县长张福林、县人大常委会主任安爱军、县政协主席张国勇等县四大班子领导参加。

27日　省“两个专项”工作督导组到县对“一问责八清理”专项行动暨基层“微腐败”专项整治情况进行督导。县委相关领导陪同。

28日　县委、县政府组织收听收看省委、省政府第十环保督察组督查唐山市环保工作动员电视电话会议。

29日　县长张福林深入河北乐亭经济开发区查看海堤工程、姜各庄二滦河阻水堤埝清除情况及茂源街与永安路交叉口城市防洪排涝工作，听取相关情况汇报。县政府相关领导参加。

31日　由团县委、县教育局、县文广新局和县广播电视台联合主办的“军民鱼水情·共筑中国梦”主题文艺演出在驻地部队举行，浓厚军民之间的鱼水深情。

是月　乐亭县在全市率先全面推行县级国库电子化支付自助柜面业务，为全市首家推行此业务的县区。

是月　县教育局抽调安全卫生专业人员组

成6个督导检查组，对全县126所学校进行安全卫生督导检查，确保全县学校安全形势持续稳定。

是月 位于河北乐亭经济开发区的北京京东科技有限公司年产3.5万套医疗器械易地整体搬迁项目开工建设，总投资3.1亿元，占地面积7.53公顷，建筑面积4.7万平方米。

是月 位于河北乐亭经济开发区的由唐山京宝有限公司投资建设的1.5万吨醇酸树脂及系列产品项目试生产，总投资1.5亿元，占地面积3.33公顷。

是月 《乐亭年鉴（2016）》由中国财富出版社出版发行。

是月 汤家河镇史庄村“史家大院”创办人史秉才入选全国2016年度“阳光工程”——中西部农村文化志愿者典型名单，为唐山市唯一入选者。

8月

1日 县委书记董立群、县长张福林、县委副书记孙自生、县人大常委会主任安爱军、县政协主席张国勇等县四大班子领导分5组，到驻地部队、武装部、军休所、光荣院等进行“八一”慰问，送上节日的祝福和问候。

是日 唐山市大型石化企业灭火救援综合演练观摩会在唐山境界实业有限公司举行，市政府应急办、市公安局、市消防支队等相关部门领导，县长张福林及县政府相关领导参加。

2日 省农业厅调研组实地调研现代农业发展及现代农业园区建设情况，认为乐亭县走在了全省各县区前列。县委书记董立群、县政府相关领导一同调研。

3日 民进河北省委副主委李建强一行到河北乐亭经济开发区参观考察，对项目建设予以肯定。李建强一行还瞻仰了李大钊纪念馆和故居。市政协副主席王福燕、县政协主席张国勇及县委、县政府、县政协相关领导陪同。

3—5日 县供销联社、县供销电子商务有限公司组织相关单位参加供销e家全国农产品交易博览会暨农村电商CEO论坛，县内高档裘皮及有QS认证的乐亭牌罐头、刘美烧鸡、罗锅香油、千村绿系列冻干食品、绿昕绿色农产品等10余种特色产品参加展览，发放各种宣传资料近1000份。

6日 副市长梁振江一行对唐山市德龙钢铁有限公司钢铁去产能工作、河钢乐亭精品钢铁基地等重点项目的进展情况和转型升级工作进行督导，给予充分肯定。县委书记董立群、县长张福林等县领导陪同。

7日 省农业厅纪检组长牛祯贵一行调研环城现代农业园区建设情况，听取相关情况汇报。县长张福林等县委、县政府相关领导一同调研。

8日 商务部公布电子商务进农村综合示范项目绩效评价结果，乐亭县被评定为良好，中央财政增拨支持资金150万元。

是日 由县群众文化艺术节组委会主办，县文广新局、县老年体协承办的“全民健身·你我同行”乐亭县2017年“全民健身日”活动在县青春广场举办。全县16个健身活动站的近1000名广场舞爱好者向群众展示了水兵舞、太极拳、健身操等全民健身活动项目。

9日 李大钊嫡孙、安徽省政协原副主席李宏塔一行瞻仰李大钊纪念馆。追忆先贤成长历程，缅怀祖父丰功伟绩。县政协主席张国勇、县委相关领导陪同。

是日 县政府召开2017年度消防工作暨高层建筑消防安全综合治理会议，县政府相关领导出席并讲话。

10日 市人大调研组到乐亭县检查指导整体推进小城镇建设情况，并召开座谈会。县人大常委会、县政府相关领导一同调研。

是日 县委、县政府在北京经济技术开发区举办河北·乐亭2017年（北京）投资环境说明会。县委书记董立群、县人大常委会主任安爱军、县政协主席张国勇及县委、县政府相关领导出席。中国侨联副主席、原北京市人大常委会副主任李昭玲，北京市工商业联合会副主席王报焕，北京市科学技术委员会副主任张光连，北京经济技术开发区管委会副主任沈永刚等应邀出席。京津冀钢铁行业节能减排产业技术创新联盟、中国开发区协会、北京华商会等20余家产业联盟、协会代表及中广核新能源、中节能新能源、国机集团等100余家北京企业负责人参会。县委书记董立群讲话，县政府相关领导主持会议、介绍乐亭县投资环境、推介重点招商项目。

是日 中国共产党早期卓越领导人、杰出的无产阶级革命家蔡和森、向警予的女婿洪戈（原名王瑞平，1921年3月24日生于王滩镇十家子村）在家人的陪同下参观乐亭英才馆。县人大常委会相关领导陪同。

11日 省第十环境保护督察组组长李宗民一行到乐亭县实地调研海洋生态环境保护和水产养殖等情况，并听取相关情况汇报。对乐亭县在海洋环境保护方面作出的努力给予肯定。市政府党组成员卢宏秋、县委书记董立群一同调研。

是日 县人大常委会相关领导率调研组对全县“一法一条例”落实情况进行专题调研，并听取相关情况汇报。县政府相关领导一同调研。

12日 全国第六次公共图书馆评估定级省级专家组一行对乐亭县图书馆“国家一级图书馆”进行评估验收，予以肯定，县政府相关领导陪同。

15日 县长张福林等县领导率县水产、安监、公安等相关部门负责人督导检查全县渔业安全生产工作。

是日 在全省市县预算管理改革培训班上，省财政厅通报了绩效预算管理改革示范县建设验收结果，全省有20个示范县通过验收，乐亭县位列其中。

是日 由团县委发起组织的唐人医药爱心捐助活动在古河中心小学举行。唐人医药为学校捐赠图书1615册，价值1.9万元，同时为古河乡贫困小学生代表发放助学金3600元。

是日 县法院配置的诉讼服务一体机投入使用。全方位、一站式的智能服务体系，实现了“让信息多跑路，群众少跑腿”的工作理念。

16日 县委召开全县农业农村战线重点工作汇报会，深入分析当前全县农业农村工作形势，就如何加快全县农业转型升级，实现农业农村工作新突破进行研究部署。县委书记董立群、县长张福林、县人大常委会主任安爱军、县政协主席张国勇及县委相关领导出席，县农村工作领导小组成员参加。

是日 李大钊纪念馆举办落成开馆20周年展览。

是日 县文化馆受甘肃省定西市美术馆邀请，派书画家代表团赴定西市与定西市美术馆共同举办“丝路抒怀”书画邀请展。遴选6人携其书画作品100余幅参展，至是月25日结束。

17日 省老科协副会长鲍继宏一行对乐亭县“河北省老科协科普示范基地”建设情况进行考察验收，听取相关情况汇报，对取得的成果予以肯定。市、县老科协相关负责人陪同。

19日 乐亭县青年演员周小岚演唱、王有军伴奏的乐亭大鼓《唱唱咱们的文明村》受邀参加在安徽省合肥市举办的第三届中国（合肥）青少年文化艺术展演活动暨全国青少年曲艺邀请赛，获得青年组二等奖。

21日 县委、县政府召开推进文明县城创建工作调度会，县长张福林出席并讲话，县委、县政府相关领导出席。

是日 县财政局被省财政厅确定为全省法治财政建设示范点，为全省19个示范点之一。

22日 中国侨联副主席、全国人大华侨委委员李昭玲一行实地考察乐亭县现代农业和高新技术产业发展情况，给予充分肯定。县主要领导和分管领导陪同。

是日 县长张福林率教育、财政、住建、公安、卫计等部门负责人深入乐亭一中、乐亭二中、高平中学、新戴河初中等学校，对全县秋季开学准备工作进行检查。县政府相关领导一同检查。

23日 县委政法委、县司法局、乐安街道办事处开展“打击非法集资·共创和谐社会”宣传活动。

24日 由省体育局主办，市体育局、县体育局承办的2017年河北省青少年羽毛球冠军赛在乐亭体育中心举办。赛事为期4天，全省15个代表队350余名运动员参赛。

是日 县人大常委会主任安爱军率人大常委会部分委员和人大代表，深入县城水韵名居、华光小区、城南三岔口地道桥等地，对人大代表建议办理情况进行调研。县人大常委会各位副主任参加。

26 日 市委、市政府举行 2017 年第三季度重点项目开工（亦为乐亭县第三季度重点项目集中开工）仪式，乐亭县 10 个项目开工建设，包括唐山康景建筑公司大型隧道桥梁液压爬升设备及建筑模板生产项目、河北瑞冠精细化工有限公司年产 4 万吨水性涂料助剂项目及唐山旭阳化工有限公司年产 4 万吨苯酐项目等，涉及装备制造、精细化工、生物医药、传统产业升级改造、农业产业化等多个领域，总投资 14.02 亿元，全部为亿元以上项目。市政府党组成员崔晗、县长张福林、县人大常委会主任安爱军、县政协主席张国勇等市、县领导出席。

31 日 县委、县政府召开集中整治“一区三边”（一区：县城建成区，三边：铁路沿线安全保护区、高速公路和国省干道沿线建筑控制区）违法建设专项行动动员会议。县委书记董立群、县长张福林、县人大常委会主任安爱军、县政协主席张国勇等县四大班子领导及其他副县级干部出席。

是月 经全国地方志优秀成果（年鉴类）终审委员会审核，《乐亭年鉴（2015）》被评为第四届全国地方志优秀成果（年鉴类）三等年鉴，位列第一名。

是月 县商务局、唐山境界实业有限公司被省委、省政府批准为 2016 年度文明单位，县第三实验小学为文明校园，汤家河镇为文明乡镇，毛庄镇何官营村、胡家坨镇港东村、庞各庄乡迎好村为文明村。

是月 县卫生监督所被省卫计委确定为“河北省卫生计生系统行政执法三项制度试点单位”，为全省 6 家县级试点之一。

是月 滦河姜各庄橡胶坝水质自动监测站建成并投入使用。

是月 县森林公安局与林业行政综合执法大队联合开展“清网护鸟”及集贸市场清理统一行动，收缴粘网 740 米，放飞野生鸟类 52 只。

9 月

1 日 县委书记董立群等县领导率县水产中心、县安监局、边防大队等相关部门（单位）负责人深入县中心渔港检查渔业安全生产工作。

4 日 国家海洋督察事项整改督导组对违法填海、违法用岛用海、污染海洋、海域整治项目等进行督导检查。县政府相关领导及相关部门负责人陪同。

是日 县政府召开集中整治“一区三边”违法建设专项行动调度会议，县长张福林出席并讲话，县政府相关领导出席。会上，县政府与各乡镇（街道）签订集中整治“一区三边”违法建设目标责任状。

5 日 县委召开县级干部“十个一”活动和招商引资“百日攻坚”行动开展情况汇报会议。县委书记董立群主持会议并讲话，县长张福林、县人大常委会主任安爱军、县政协主席张国勇等县四大班子领导出席。

6 日 县长张福林作为全省唯一县（市、区）代表在全省投资和项目建设推进会议上做典型发言，省长许勤对乐亭县推进民间投资增长、加强与各大院校合作等工作给予充分肯定。

8 日 县委、县政府召开 2017 年教师节表彰暨教育工作会议，全面贯彻落实中央、省、市教育工作会议精神。会上宣读了《关于表彰河北·乐亭 2017 年度优秀教育工作者和优秀教师的决定》，对优秀教育工作者和优秀教师进行了表彰。县委书记董立群出席会议并讲话，县长张福林主持会议。县人大常委会主任安爱军、县政协主席张国勇等县四大班子领导出席。

11 日 省商务厅《关于发布第三批河北省外贸品牌优势企业的通知》，乐亭县铸升金属制品厂获评第三批“河北省外贸品牌优势企业”。

12 日 县委、县政府在上海浦东新区举办河北·乐亭 2017 年（上海）投资环境说明会，谋求与上海在各领域的深度合作，实现互利共赢。县委书记董立群及县委、县政府相关领导出席，上海椒江商会会长林华及 17 家上海当地相关企业负责人参会。

是日 县政协组织部分政协委员就乐亭乡村旅游发展情况开展协商活动，实地视察后召开座谈会。县政协主席张国勇及县政府、县政协相关领导参加。

13 日 县委书记董立群及县委、县政府相关领导和相关部门负责人赴江苏省无锡市参观考察，深入惠山区玉祁工业聚集区、无锡宝众科技股份有限公司和天物集团展厅实地参观，并就相关问题进行探讨，加强两地深度交流与合作。当日，县委、县政府在天物钢联总督大厦举办河北·乐亭2017年（无锡）投资环境说明会。县委书记董立群及县委、县政府相关领导出席，无锡市钢铁协会会长、天津物产集团无锡公司总监裴晓春及20余家无锡当地相关企业负责人参会。

是日 县委召开打黑除恶专项斗争动员会议，县委、县人大常委会、县政府、县政协相关领导出席。

是日 中央电视台新闻频道记者到县文化馆，对乐亭地方传统文化进行系统采访，采访过程在央视新闻移动网络直播平台同步直播。

14日 县委、县政府在上海闵行区举办河北·乐亭2017年（上海）投资环境说明会，谋求与上海市在各领域的深度合作，实现互利共赢。县委书记董立群及县委、县政府相关领导出席，上海找钢网信息科技股份有限公司副总经理朱勇及10家当地相关企业负责人参会。

是日 县检察院联合团县委、县教育局到胡家坨初中、毛庄初中、新寨初中开展以“关爱成长、护航青春，检察官与你相伴同行”为主题的法治讲座，提高师生法制观念。

15日 由县委宣传部主办，县广播电视台、县文广新局承办的中国梦·乐亭篇章“喜迎党的十九大、助力创建文明城”——乐亭县“讲好赶考故事”暨第四期“365百姓故事汇”决赛在县电视台演播大厅举行。县委相关领导出席。

16日 乐亭县作为参展单位在第二十届唐山中国陶瓷博览会县域经济特色展乐亭展厅展出果菜、水产、皮影、刘美烧鸡、四季香月饼、孤竹国白酒、北京环卫集团新能源环保车辆模型、海德润药品和保健品、百德福肽保健品、德龙钢铁线材产品、上海电气风机模型、境界实业高清洁燃料等，展示乐亭经济发展的主要成果和突出亮点，借助陶博会平台系统宣传推介乐亭的发展环境和投资优势。

16—17日 县总工会在乐亭体育中心举办迎国庆职工乒乓球比赛，全县基层工会的35支队伍参赛。

18日 经过网络投票、省委宣传部各处室投票和专家集中评审，阎各庄镇宣传委员刘长存被评为省优秀宣传干部。

19—20日 在全国社会治安综合治理表彰大会上，乐亭县被评为“2013—2016全国平安建设先进县”，这是乐亭县自2005年后第三次获此荣誉。由于连续三次被评为“全国平安建设先进县”，此次会议上被授予全国社会治安综合治理最高奖——“长安杯”。

20日 省委常委、市委书记焦彦龙就进一步学习贯彻中共中央总书记习近平系列重要讲话精神和视察唐山时的重要指示，做好迎接宣传学习贯彻党的十九大精神，到乐亭县进行专题调研。深入河钢乐亭临港基地、燕化永乐新型环保型农药制剂、北京环卫集团装备制造基地、华阳公司乐亭区域能源中心、冀东国际农产品物流中心、绿昕公司果蔬育苗基地、海德润生物医药等项目现场，了解项目建设进展、企业生产经营、产品开发等情况。市委常委、秘书长付振波，副市长、市发改委主任梁振江，县委书记董立群，县长张福林等一同调研。

是日 市人大常委会副主任和春军率检查组对乐亭县环保法律法规贯彻落实情况进行实地考察，听取相关情况汇报。县长张福林、县人大常委会主任安爱军及县人大常委会、县政府相关领导陪同。

是日 县法院在全市基层法院中率先完成档案数字化工作，扫描录入馆藏档案15万册593万页，著录条目9.25万条。

21日 县人大常委会组织三级人大代表视察乐亭县重点产业项目，县人大常委会主任安爱军及人大常委会相关领导出席活动，县政府相关领导应邀参加。

22日 县委、县政府召开2017—2018年秋冬季大气污染综合治理攻坚行动动员大会，县委书记董立群出席会议并讲话，县人大常委会主任安爱军、县政协主席张国勇等县四大班子领导出席。

25日 全市突发重大动物疫情应急演练在乐亭县举办。副市长张月仙、省农业厅相关领导、县长张福林及县政府相关领导出席。

是日 乐亭皮影《火焰山》、广场舞《冀东三枝花》代表唐山市在河北省基层宣传工作交流推进会议期间展演。

26日 在第二十一届中国（廊坊）农产品交易会“红石沟杯”京津冀果王争霸赛赛事中，县农牧局选送的参赛果品获果王1个、金奖1个、银奖3个，县农牧局被省林业厅评为“组织奖”；乐亭县雷刚果树专业合作社在第二届河北省十大林果品牌评选中被评为“河北省十大林果龙头企业品牌”。

28日 县人大常委会领导班子召开“树立工作高标准、干出发展新业绩”专题民主生活会。县委书记董立群出席会议并讲话。县人大常委会主任安爱军，副主任王学兵、程兵、赵文忠、陈会峰出席，县委组织部、县纪委有关人员，县人大常委会各科室负责人列席。安爱军主持会议并带头做对照检查发言，各位副主任逐一对照检查，相互开展批评。

是日 县政协领导班子召开“树立工作高标准、干出发展新业绩”专题民主生活会，县委书记董立群出席会议并讲话。县政协主席张国勇，副主席景学文、赵恩生、边红玉、程春丽出席，县委组织部、县纪委有关人员，县政协各科室负责人列席。张国勇主持会议并带头进行个人对照检查，各位副主席逐一做对照检查，相互开展批评。

29日 省旅游委副巡视员杨军率省旅游行业安全生产督导检查组，对乐亭县旅游行业安全生产工作进行督导检查。市、县相关领导陪同。

是日 县党政领导班子在县委会议中心小会议室召开“树立工作高标准、干出发展新业绩”专题民主生活会。县委书记董立群，县委副书记、县长张福林，县委副书记孙自生，县委常委孙志东、姚清华、李亚峥、王剑秋、阚永康，副县长王学龙、杨冬梅、陈武、陈亮、马立存参加会议；市政府副市长梁振江出席会议并进行点评；市委督导组成员出席会议；县人大常委会主任安爱军、县政协主席张国勇列席会议。

是日 县工商业联合会（总商会）举行第十一次代表大会。县委书记董立群及县四大班子相关领导出席，市工商联领导应邀出席。

是日 “梦想正起航”乐亭县庆祝中华人民共和国成立68周年专场文艺演出在青春广场露天舞台举行。

30日 县委、县政府在县革命烈士纪念馆举行公祭活动。县委书记董立群、县长张福林、县人大常委会主任安爱军、县政协主席张国勇等县四大班子领导及其他在职副县级干部，县委县政府机关党员干部代表、烈属代表、老战士代表、解放军和武警官兵代表100余人参加。

是月 县质监局开展“质检利剑”行动，出动执法人员50余人次，对辖区内的车用燃油及加油机进行专项计量监督检查，加大违法行为打击力度。检查加油站27家，加油机58台。

是月 《乐亭年鉴（2015）》被河北省地方志编纂委员会办公室、河北省年鉴学会评为河北省地方志优秀成果（年鉴类）县级优秀年鉴。

是月 由国家互联网信息办公室指导、中国互联网发展基金会主办的2016年度“五个一百”网络正能量精品评选活动结果揭晓，由县委宣传部刘凤敏作词、于洋作曲的《百姓心》入选“百部网络正能量动漫音视频作品”。

是月 在“玩儿转唐山——唐山最美”2017大型旅游评选活动中，李大钊纪念馆景区被评为“十大最美景区”，尚谷农庄被评为“十大淳美乡村旅游点”，碧海渔家农家院被评为“十大恬美农家乡村酒店”。

10月

1日 县委、县政府在李大钊纪念馆举行“升国旗、唱国歌”仪式，县委书记董立群、县长张福林、县人大常委会主任安爱军、县政协主席张国勇等县四大班子领导及其他在职副县级干部；各乡镇（街道）党政主要负责人，县直各单位主要负责人，各界人士代表参加活动。董立群主持仪式。

10日 2017年河北省首届竞技柔力球公开赛在保定市安新县白洋淀文化广场举行，县柔力球队一行12人参加了本次赛事的网式男单、女单项目，取得了男单冠军、亚军、季军，女单亚军、季军的成绩。

12日 县妇联、县广播电视台联合县青年企业家协会、诚信房地产、张家口银行乐亭支行开展“献爱心、送温暖”活动，到新寨镇、大相各庄乡为困难家庭捐赠价值30余万元的爱心衣物。

12—13日　市政府通告：每日7时至19时，市中心区和各县（市）区、开发区（管理区）城区，实行非营运小型汽车单双号限行措施。

14日　由县创城办、县爱卫办发起的“创城总动员、全民在行动”清洁城乡志愿服务活动拉开序幕，县委书记董立群、县长张福林、县人大常委会主任安爱军、县政协主席张国勇等县四大班子领导与全县城乡干部群众一起参加义务劳动，推动文明县城创建工作的深入开展。

是日　团县委、县青年创业就业服务中心在青年中心服务大厅联合举办乐亭县2017年秋季大学生招聘会。唐山市德龙钢铁有限公司、唐山旭阳化工有限公司、唐山市通宝焦化有限公司、唐山鑫和盛实业有限公司等县内及周边地区50余家企业参会，提供就业岗位300多个，吸引600余名返乡大学生、青年务工人员应聘，当天促成100余名求职者与用人单位达成初步就业意向。

17日　2017年“千场大鼓进百村”活动启动仪式在县文广新局举行，全县20余名乐亭大鼓艺人组成10支演出队参加启动仪式并受领任务，签订演出协议。活动至11月9日结束。

17—18日　省政府教育督导评估组对乐亭县教育工作进行督导评估，分5组深入乡镇、部门、学校，通过听取汇报、查看资料、实地走访等方式，对各项指标进行全面、深入、细致的综合考评。经过两天的督导评估，乐亭县以优异成绩高标准通过省政府教育督导评估组的考核验收。县长张福林和县四大班子相关领导及市教育局相关负责人陪同。

18日　中国共产党第十九次全国代表大会在北京人民大会堂隆重开幕。县委书记董立群、县长张福林等县委理论学习中心组成员在县委会议中心通过电视直播收看党的十九大开幕盛况，聆听中共中央总书记习近平所作的工作报告。开幕会后董立群就贯彻落实会议精神讲了意见。

19日　副市长梁振江一行到乐亭县督导信访稳定、大气污染综合治理及安全生产工作，召开座谈会，听取县委、县政府工作汇报。县长张福林等县委、县政府相关领导参加。

20日　市委副书记、市长丁绣峰率唐山市第三季度重点项目建设观摩会与会人员到乐亭县观摩重点项目建设情况，听取相关工作汇报。县委书记董立群、县长张福林、县政协主席张国勇和县四大班子相关领导参加。乐亭县在全市第三季度重点项目观摩活动中，综合测评全市第一。

24日　县委理论学习中心组围绕学习贯彻中共中央总书记习近平关于塞罕坝林场的重要指示精神组织集中学习，并就乐亭县在第三季度全市重点项目观摩活动中的情况进行分析和部署。县委书记董立群、县长张福林、县人大常委会主任安爱军、县政协主席张国勇等县委理论学习中心组成员参加。

25日　县政协组织部分委员，就提高教育教学质量工作进行协商，县政协主席张国勇等政协领导参加活动。

是日　杭州九翎网络科技有限公司为姜各庄镇前营村捐助资金50万元，助力美丽乡村建设。县委、县政府相关领导出席捐款仪式。

27日　县委、县政府在河北乐亭经济开发区举行河北·乐亭投资环境说明会，市政府党组成员徐民、县委书记董立群、县人大常委会主任安爱军、县政协主席张国勇及县委、县政府相关领导出席，相关行业代表180余人参会。

是日　由团县委、县教育局、县文广新局、县电视台主办，庞各庄乡政府、乐亭舜丰村镇银行协办，“阳光青年”文艺志愿者服务队承办的“重阳陪伴、情暖夕阳”阳光青年文艺志愿者服务队慰问演出在庞各庄敬老院举行。

29日　李大钊纪念馆举行李大钊诞辰128周年纪念活动。

30日　县委理论学习中心组组织集中学习，传达和专题学习党的十九大精神，安排部署全县学习宣传贯彻工作。县委书记董立群主持会议并讲话。县长张福林、县人大常委会主任安爱军、县政协主席张国勇等理论学习中心组成员参加。

30—31日 省历史学科优质课大赛在承德二中举行，乐亭二中教师刘盼代表唐山市参赛，获高中优质课二等奖。

是月 位于河北乐亭经济开发区内的北京燕化永乐生物科技股份有限公司投资3.75亿元建设的乐亭研发生产基地竣工投产。该生产基地占地面积16公顷，有生产200余种农化产品的自动化生产线60条，年生产能力2.8万吨。

11月

1日 县人大常委会组织部分人大代表对全县科技工作进行视察。县人大常委会相关领导参加。

是日 县政协主席张国勇率视察组对全县卫生工作开展专题视察，县政府、县政协相关领导参加。

是日 即日起至2018年3月31日，在全市行政辖区范围内所有道路，包括城市（城区）道路和公路（高速公路除外）实行冬春季机动车限行管理措施，对非营运小（轻、微）型汽车（包括临时车牌和外地车牌）按车牌尾号每天禁行两个号码，禁行尾号与北京市保持一致。

3日 组建县级理论骨干宣讲团，以微党课的形式推动党的十九大精神进农村。

5日 县广播电视台举办“我心爱党、岗位建功”联欢会，庆祝第18个记者节。

6日 县检察院开展“一院一品护发展”活动，县委书记董立群及县委相关领导出席，市检察院及各县区检察院相关负责人对乐亭县检察院开展“一院一品护发展”活动进行点评，县内相关企业负责人参加。

是日 由县教育局、县文广新局共同举办的“宣传十九大·歌颂新时代”——戏曲文化进校园活动在县第三实验小学开幕。活动将在全县17所学校持续开展。

7日 县政府发布关于滨海公路（东段）姜各庄收费站正式收费的公告，收费起止时限为2017年11月9日至2032年11月9日。

是日 李大钊纪念馆宣讲团到燕山大学、河北科技师范学院进行大钊精神宣讲。宣讲中把大钊精神与党的十九大精神紧密结合，将党的奋斗历史与时代发展相融合，激励师生奋发前行。

9日 省政府安全生产第三巡查组对乐亭县安全生产工作进行实地巡查，组织召开安全生产工作汇报会议。县长张福林，县委（县纪委）、县政府相关领导参加。

是日 县委、县政府与中国银行唐山分行举行党建共建暨战略合作协议签约仪式，县委书记董立群、县长张福林和县委、县政府、县政协相关领导出席。县委常委、常务副县长王学龙，县委常委、县委办公室主任阚永康代表县委、县政府与中国银行唐山分行相关领导签约。中国银行唐山分行相关人员瞻仰了李大钊故居，并为姜各庄敬老院捐助慰问金2万元和棉服520套。

是日 县消防大队举行“关注消防·平安你我”为主题的消防安全月启动仪式，在大东方购物广场（东城店）广场开展消防应急疏散和实战灭火演练。县委、县人大常委会、县政府相关领导出席。

9—11日 由中国国际商会主办的中国—拉美国际博览会在珠海国际会展中心举行，乐亭县受邀组建专业招商团队参会，在博览会平行论坛“投资贸易交流会”上，县相关领导做了题为《合作共赢、共谋发展——中国（乐亭）拉美产业园欢迎你》的主题演讲，推介唐山市和乐亭县的投资环境及中国（乐亭）拉美产业园的具体情况。会上，乐亭县与巴西、乌拉圭等拉美国家相关机构、珠海市商务局、华发集团等部门和企业建立友好联系，与巴西华人协会就中拉产业园内企业唐山旭阳化工有限公司甘油项目原料供应等事项进行了深入协商，为双边和多边合作奠定了基础。

10日 中国航天科技集团相关负责人到乐亭县参观考察，并进行座谈。县委书记董立群、县长张福林和县委、县政府相关领导陪同。

是日 中国共产党乐亭县第十三届委员会第二次全体（扩大）会议在县文化中心礼堂召开。县委书记董立群，县委副书记、县长张福林，县委副书记孙自生，县委常委孙志东、姚清华、王学龙、石井满、李亚峥、王剑秋、阚永康出席。县人大常委会主任安爱军、县政协主席张国勇应邀出席。会议应出席委员51名，候补委员10名；实到委员48名，候补委员9名。县委书记董立群作题为《深入学习宣传贯彻党的十九大精神、奋力开创新时代全面建设沿海强县美丽乐亭新局面》的讲话。县委副书记、县长张福林主持会议。不是县委委员的县四大班子领导及其他在职副县级干部，曾任县级实职的离退休老干部、军休干部代表，县纪委全体委员，驻乐市党代表和部分县党代表，驻乐部队团级单位主要领导，重点企业主要负责人，不是县委委员、候补委员的各乡镇（街道）、县直各单位党政主要负责人及党员干部代表列席会议。

11日　省文联、市文联党的十九大精神文艺宣讲小分队到胡家坨镇大黑坨村用群众喜闻乐见的文艺形式宣讲党的十九大精神。省、市文联宣讲小分队一行还瞻仰了李大钊纪念馆。县委相关领导参加活动。

11—12日　省人居环境奖评估验收组对乐亭县人居环境有关工作进行检查考核，在听取汇报后深入实地现场查看，对全县基础设施建设、城市整体环境、城市管理水平、文明和谐程度和城市规划与住房保障等方面工作进行深入了解。县委书记董立群、县长张福林、县人大常委会主任安爱军、县政协主席张国勇和县四大班子相关领导及相关部门负责人陪同。

12日　县政府发布《关于开展广告及牌匾标识集中专项整治的通告》，决定在县城区范围内开展广告及牌匾标识集中专项整治工作。13日始，沿街商户对不符合规定的户外广告设施实施自行拆除。14日始，对拒不拆除的沿街商户，由城市管理部门依法强制拆除。到23日累计拆除890块，拆除率100%。

14日　县人大常委会召开县乡人大工作暨“人大代表之家（联络站）”建设推进会议。县人大常委会主任安爱军及相关副主任出席，县委相关领导应邀出席。

是日　县政协组织部分委员专题视察全县农村公路建设情况，并召开座谈会。县政协主席张国勇，县政府、县政协相关领导参加。

15日　县委书记董立群及县委、县政府相关领导率发改局、招商局负责人到安徽省合肥市、浙江省杭州市开展小团组精准招商，与安徽鸿路钢结构（集团）股份有限公司和浙江东南网架集团有限公司2家上市公司进行洽谈，并详细介绍了乐亭县的投资环境和发展优势，企业方表示将于近期派出考察团队到乐亭实地考察。

16日　唐山市女企业家协会乐亭分会成立暨学习交流会议在县巾帼创业基地举行。各乡镇妇联主席、唐山市女企业家协会部分成员及部分县区女企业家分会会长、唐山市女企业家协会乐亭分会会员100余人参加。

17日　在全国精神文明建设工作表彰大会上，乐亭镇韩坨村、毛庄镇何官营村、县第三实验小学被中央文明委分别授予“第五届全国文明村镇”“第一届全国文明校园”称号。

是日　乐亭县第五届道德模范颁奖典礼在县青少年活动中心举行，市委宣传部、文明办相关领导，县委、县人大常委会、县政府、县政协相关领导出席。本届道德模范评选活动评选出道德模范提名奖10名、道德模范10名、道德模范特别奖2名。

20日　23时30分，乐亭籍渔船冀乐渔03420和冀乐渔03389在航行途中紧急营救了一艘失火渔船上的7名船员。

21日　县长张福林等县领导率县卫计等相关部门负责人到毛庄镇卫生院、姜各庄镇董庄卫生分院、胡家坨镇卫生院调研指导乡镇卫生院建设情况。

是日　在姜各庄镇九间房村的一条乡村路上，一辆拉载渔网的货车翻进路旁的引水沟渠中，车内有7名群众被压在沟渠底部生死不明。唐山市边防支队九间房边防派出所接到群众报警后，迅速赶往事故地点与过往群众一起实施救援。经过30分钟的紧张抢救，7名被困渔民全部获救。

23日　县政府召开上市企业奖励表彰暨挂牌上市培训会议，县长张福林为河北诚成肥业股份有限公司、乐亭县鼎晖食品有限公司颁发奖励证书，恒泰证券相关人员就企业上市进行辅导培训。

23—24日　县政协对委员提案办理情况进

行视察，并召开2017年提案办理协商会议，县政协主席张国勇及各位副主席出席。

25日 唐山市2017年第四季度重点项目集中开工现场会在乐亭县设立分会场，市政府党组成员崔晗出席，县长张福林主持会议，县人大常委会主任安爱军、县政协主席张国勇等县四大班子领导出席。此次集中开工的12个项目，涉及总投资27亿元，其中亿元以上项目10个，涵盖装备制造、精细化工、战略新兴产业、传统产业升级改造、农业产业化等领域。

是日 根据市机构编制委员会办公室《关于同意乐亭县行政审批局组建方案的批复》组建乐亭县行政审批局，挂乐亭县政务服务中心管理委员会、乐亭县公共资源交易监督管理办公室双牌。

26—27日 在第十五届全国高中信息技术与教学融合优质课大赛上，乐亭一中教师侯爱玲的《正弦函数、余弦函数的图像》、刘洁的《定语从句在写作中的应用》优质课双获全国二等奖。

28日 县委书记董立群与县委相关领导深入胡家坨镇大黑坨村，向干部群众宣讲党的十九大精神。

是日 县政府召开2017年冬春火灾防控暨道路交通秩序大整治工作会议，宣读了《乐亭县道路交通秩序大整治工作实施方案》，县政府相关领导出席会议并讲话。

29日 县政府召开《河北省安全生产条例》和《河北省关于推进安全生产领域改革发展的实施意见》宣讲会议，省安监局领导做专题宣讲，县长张福林和县政府相关领导出席。

30日 县长张福林深入姜各庄镇向干部群众宣讲党的十九大精神。

30日—12月2日 县政府相关领导带队，县商务局、唐山旭阳化工有限公司负责人组团受邀参加在乌拉圭埃斯特角城举办的第十一届中国—拉美企业家高峰会，取得成效。

30日—2018年1月3日 由李大钊纪念馆、天津博物馆、天津李叔同故居纪念馆、北京李大钊故居管理处、中共西城区委党史工作办公室联合举办的《革命先驱廉洁丰碑——李大钊人格精神展》在天津博物馆展出。

是月 在县第三初级中学建设的环境空气质量自动监测站建成并投入运行。

12月

1日 县委书记董立群深入河钢乐亭临港基地和生态家园新型环保节能建材生产项目等17个在建项目现场调度进展情况。县长张福林参加。

是日 县政协主席张国勇深入汤家河镇向干部群众宣讲党的十九大精神。

是日 县委召开村“两委”换届会审会议。县委相关领导出席。会议听取了各乡镇（街道）党（工）委书记关于村“两委”换届准备情况的汇报。

是日 县供销社应邀出席全国人大常委会法制工作委员会关于《中华人民共和国农民专业合作社法》修订草案通过前专题评估会议。县德强果蔬专业合作社理事长王争强作为全国农民专业合作社6名代表之一出席专题会议并发言。

1—3日 乐亭一中教师张晓娟、阎各庄镇芦河小学教师高光跃代表唐山市参加在唐山市第一中学举行的由省教育厅组织的体育教师教学技能大赛，分获个人项目一等奖。

2—3日 县委在李大钊纪念馆报告厅举办全县党政主要领导干部学习宣传贯彻党的十九大精神专题研讨班。县四大班子领导及其他在职副县级干部，各乡镇（街道）、县直有关单位主要负责人，其他正科实职干部参加。

4日 乐亭县开展“12·4”国家宪法日暨全国法制宣传日宣传活动，县四大班子相关领导参加。

5日 全县科级干部学习贯彻党的十九大精神轮训班开班。采取集中授课与交流研讨、观看纪录片相结合的形式进行。共举办5期，每期2天。

6日 县委、县政府在廊坊市燕郊经济技术开发区举办河北·乐亭2017（燕郊）投资环境说明会，县长张福林等县委、县政府领导出席。

是日　县政协组织县文广新局、县医院、县妇幼保健院等单位的政协委员和医务工作者到胡家坨镇西黄口村，开展学习宣传党的十九大精神文艺、医疗下乡服务活动，县政协相关领导参加。

7日　县委召开全县重点工作大督查动员部署会议，县委书记董立群出席会议并讲话。县长张福林主持会议，市委第四督查组相关负责人、县四大班子相关领导出席。

是日　县法院档案目标管理工作以97分的成绩，顺利通过省档案工作目标管理认定考评组AAAAA级档案目标管理考评认定。

8日　县新华书店举行重装开业暨社会主义核心价值观涵育基地授牌仪式，县委相关领导出席活动并为新华书店授牌。

11日　县委书记董立群等县领导对全县安全生产、环保治理工程进行督导检查，并召开汇报会，听取县安监局和县环保局安全生产和大气污染防治工作情况的汇报。

12日　县人大常委会主任安爱军深入毛庄镇向干部群众宣讲党的十九大精神。

是日　乐亭籍革命家阎达开的手书捐赠仪式在县博物馆举行。仪式上，阎达开手书捐赠人王奇、王杏红父女向县博物馆捐赠了阎达开的亲笔手书。

13日　第一届河北省文明城市、文明城区、文明县城名单公布，乐亭县被确定为河北省文明县城，并向中央文明办申报“全国文明城市（县城）”。

14日　全市基本公共卫生服务项目现场观摩暨健康扶贫推进会在乐亭县召开。省、市卫计部门相关领导及各县区卫计系统代表200余人参加。县政府相关领导出席。

15日　县图书馆、大相各庄初级中学联合举办“让读书成为习惯、让书香启迪智慧、让书香浸润心田”系列读书活动，为大相各庄初级中学图书室捐赠学习类图书2000余册。

16日　乐亭县被省委、省政府、省军区命名为“河北省双拥模范县”。

18日　省委常委、市委书记王浩，市委副书记、市长丁绣峰，市人大常委会主任郭彦洪，市政协主席曹征平等市四大班子党员领导干部到李大钊纪念馆缅怀革命先烈，重温入党誓词，其间还参观了乐亭英才馆，考察了乐亭县城市建设和北京海德润生物医药、北京燕化永乐、唐山境界实业、河钢乐亭临港基地、北京环卫集团装备制造基地、唐山旭阳化工等企业和项目建设情况。县委书记董立群、县长张福林等县领导参加活动。

19日　乐亭县举办2017年重点项目集中签约仪式，签约项目32个，涉及总投资89.42亿元。县委书记董立群、县长张福林、县人大常委会主任安爱军、县政协主席张国勇等县四大班子相关领导和相关部门负责人及京津冀企业代表出席签约仪式。

是日　根据县机构编制委员会《关于乐亭县深化国家监察体制改革涉及机构调整和人员转隶有关问题的通知》，撤销县监察局和县检察院的反贪污贿赂局、反渎职侵权局、职务犯罪预防科，将县检察院的反贪污贿赂局、反渎职侵权局、职务犯罪预防科相关职责、人员编制和领导职数划转至县监察委员会，县监察委员会与县纪委合署办公，实行一套工作机构、两个机关名称，履行纪检、监察两项职能。

21日　县委、县政府举行2017年下半年重点项目观摩活动，与会人员观摩了全县18个重点项目建设现场，并对观摩项目进行实名制测评打分。随后召开会议，通报项目观摩情况，分析全县项目建设形势，安排部署下步工作任务。县委书记董立群出席活动并讲话。县长张福林主持，县人大常委会主任安爱军、县政协主席张国勇等县四大班子领导出席。

是日　按照上级统一部署，举行全县干部、公职人员、教师年度法律知识考试。县委书记董立群、县长张福林、县人大常委会主任安爱军、县政协主席张国勇等县四大班子领导参加。

是日　乐亭县中小学生乒乓球比赛在县青少年活动中心举行，全县68支代表队近200名运动员参赛。

24日　省卫计委健康扶贫督导组对乐亭县健康扶贫工作进行督导检查，给予充分肯定。

27日　北京大学原党委书记朱善璐受邀为全县党员干部作题为“学习贯彻党的十九大精神，不忘初心牢记使命”的专题辅导报告。县委书记董立群、县长张福林、县人大常委会主任安爱军、县政协主席张国勇等县四大班子领导参加。

是日 天津医科大学与李大钊纪念馆共建思想教育基地仪式在李大钊纪念馆举行，天津医科大学党委书记姚智、县委书记董立群及县委、县政府相关领导出席。

是日 天津医科大学、乐亭县医疗卫生协同发展座谈会在李大钊纪念馆会议室举行，天津医科大学党委书记姚智、县委书记董立群等领导出席。

是日 县第一实验小学被教育部确定为第二批全国中小学中华优秀文化艺术传承学校。

是日 县检察院档案目标管理工作经省档案工作目标管理认定考评组实地考察和综合评议，顺利通过AAAAA级认定。

28日 县政府与省农业信贷担保有限责任公司举行农业信贷担保合作协议签约仪式，县长张福林等县领导出席。张福林与省农业信贷担保有限公司相关负责人为代办处揭牌。县委常委、副县长兼农工委书记石井满代表县政府与河北省农业信贷担保有限公司签约。

29日 乐亭县被中国计划生育协会确认为“第一批全国计划生育基层群众自治示范县”，为河北省唯一。

是日 晚，由县新春文化活动办公室、县文广新局主办的美丽乐亭迎新年第七届原创文艺作品展演在县文化中心礼堂举办，县四大班子相关领导、县内文艺从业者、文艺爱好者及各界人士1000余人观看演出。

是月 县城发展大道（金融大街—茂源街段）被省住建厅评为“河北省园林式街道”，水悦华庭居住小区被评为“河北省园林式居住小区”。

是月 唐山中厚板材有限公司能源数据在线采集系统通过省、市专家组验收。

是年 河北乐亭经济开发区经济总量不断发展，在创新管理体制、运行模式、工作方法，规范政府管理水平方面取得长足进步，连续4年通过ISO9001质量管理体系认证和ISO14001环境管理体系认证。

是年 胡家坨镇卫生院被国家卫计委评为“2016—2017年度群众满意的乡镇卫生院”。

是年 全县实现地区生产总值357.88亿元，比上年增长7.5%，增速全市（14个县市区，以下同）排名第二，其中第三产业增加值160.26亿元，增长10.3%，增速排名第三；规模以上工业增加值比上年增长8%，增速排名第二；完成固定资产投资248.87亿元，增长18.5%，增速排名第一；社会消费品零售总额147.19亿元，增长10.8%，增速排名第二；公共财政预算收入13.71亿元，增长16.3%，增速排名第四；城镇居民人均可支配收入34078元，增长8.6%，增速排名第三；农村居民人均可支配收入16090元，增长8.8%，增速排名第一。

乐亭概况

建置沿革

【地理位置】 乐亭县地处唐山市东南部，北纬39° 05′ 46″ ~39° 34′ 38″，东经118° 40′ 48″ ~119° 18′ 37″ 。北、东北倚滦河与昌黎县相邻，东南濒临渤海，西北、西和西南与滦南县、曹妃甸区接壤。县境陆域呈倒挂三角扇形。县境东起姜各庄镇九间房村，西至古河乡丰台桥村，东西49千米。北起中堡镇后沙铺村，南至唐山海港经济开发区托管的捞鱼尖村，南北52千米。全境陆域面积1307.7平方千米，属河北省第一沿海大县。

县城位于陆域中部偏北、乐亭镇境内中心，西北距唐山市70千米，东北距秦皇岛市110千米，南距唐山港京唐港区25千米，西南距曹妃甸港区65千米，西距天津市154千米，西北距北京市230千米，距省会石家庄市411千米。

【历史沿革】 商汤（又称成汤、武汤，商代第一位王）十八年（公元前1582年），分封圣贤和功臣之后立诸侯国，冀、幽一带封为孤竹国，乐亭境域属孤竹国。

周惠王（姬阆）十三年（公元前664年），齐桓公为救燕北伐山戎、攻令支、灭孤竹后撤兵南归，是地属燕。周襄王（姬郑）十一年（公元前641年），是地属燕国辽西郡；周景王（姬贵）十五年（公元前530年），是地仍属辽西郡。

秦并六国后，划分天下为三十六郡，是地仍属辽西郡。

前（西）汉，汉景帝（刘启）四年（公元前153年），海阳侯绝国改为海阳县归辽西郡，是地为海阳县境域。

后（东）汉，辽西郡置五城，即阳乐、海阳、令支、肥如、临渝，是地属海阳。三国时期（220—280年）是地属魏，为乐安亭。

晋武帝（司马炎）咸宁五年（279年）分幽州置平州，海阳县仍属幽州。后赵石虎伐燕，海运军粮一千一百万斛（石）屯于乐安城，晋为乐安镇（今乐亭镇），实为赵（石虎）属地。

前燕，晋穆帝（司马聃）永和六年（350年），前燕伐后赵（石虎），赵将弃乐安镇逃走，是地又属前燕。

北魏，太武帝（拓跋焘）太延二年（436年）灭前燕，是地属北魏，乐安镇属海阳县。

北齐，文宣帝（高洋）天保七年（556年），省州县，是地属肥如县。

隋文帝（杨坚）开皇六年（586年）将肥如并入新昌，开皇十八年（598年）改新昌为卢龙县，是地又属卢龙县。

唐太宗（李世民）贞观十五年（641年）于临榆城置临渝县，武则天神功元年（697年）改临渝为石城县，是地属石城境域。唐玄宗（李隆基）开元二十八年（740年）建置马城县，乐安镇属之。

五代十国，契丹辽太祖（耶律阿保机）天赞二年（923年），契丹克平州，以平州为卢龙军节度使，乐安镇属之。

辽景宗（耶律贤）保宁二年（970年），置滦州领军，下辖义丰、马城、石城三县，乐安镇属马城。

金太宗（完颜晟）天会元年（1123年），置滦州节度使，领县四：义丰、石城、马城、乐亭（由马城县南部析出），为乐亭建县之始，治所在乐安镇。

元成宗（孛儿只斤·铁穆耳）大德四年（1300年）改平滦路为永平路，下辖义丰、石城、马城、乐亭四县。元惠宗（孛儿只斤·妥懽帖睦尔）至元三年（1337年）将石城并入乐亭，当年又将石城并入义丰。至元四年（1338 年）马城亦并入义丰，故永平路下辖义丰、乐亭二县。

明太祖（朱元璋）洪武二年（1369 年）改永平路为平滦府，洪武四年三月又改平滦府为永平府，下辖滦州，滦州下辖义丰、乐亭二县。

清代沿用明代制度，乐亭县仍属永平府滦州管辖。

1912 年民国建立，废府州设道，乐亭县属直隶省津海道（天津）。民国 17 年（1928 年）撤销津海道，改直隶省为河北省，乐亭县直属河北省。

1933 年，国民政府与日军签订《塘沽协定》，划冀东为特区，两年后又签订《何梅协定》，由汉奸殷汝耕成立的“冀东防共自治委员会”改为“冀东防共自治政府”，乐亭县即在冀东 22 县之内，属滦榆区。

1938 年“冀东防共自治政府”又迁至唐山，成立“冀东道尹公署”，乐亭县又属于冀东道。

1943 年 8 月建立昌乐联合县（抗日政府），属冀热辽行署第四专署。1945 年 11 月，昌乐联合县改为乐亭县政府，属冀热辽区第十七行政督察专员公署。1946 年属冀东区第十三行政督察专员公署。1949 年 3 月改属冀东行署第十二专员公署。

中华人民共和国成立后，乐亭县属河北省唐山地区管辖。1983 年 3 月，实行市管县体制，撤销唐山地区，乐亭县划归秦皇岛市。5 月，乐亭县又划归唐山市管辖至今。

【行政区划】 2017 年，全县有 10 个镇，3 个乡，1 个街道办事处，473 个行政村，12 个社区居委会。

自然环境

【地质地貌】 乐亭县地处燕山褶皱带南缘凹陷区，地层内部为中生界、新生界沉积层，基底由太古界和元古界变质岩组成。为滦河冲积、海相沉积平原，地势低平，自西北向东南缓缓倾斜，坡度为 1/6000 ~ 1/3000，海拔高度为 1 ~ 15 米。

地质　地壳结构。乐亭县地质构造属华北断块，地壳结构与整个华北断块地壳结构基本相同。华北地块是一个古老的地质块体，基底由太古界和元古界变质岩组成，其后的构造演化，深刻地受古老基底的控制。古生界为相对稳定阶段，进入中新生界后便转为强烈的活动发展阶段。新生界以来，华北地块区内发育了一系列不同方向、不同切割深度的活动断裂带。乐亭区域凹陷系断裂运动的产物。

中生界的晚侏罗系所产生的燕山运动波及整个华北地台，断裂运动成为这一时期构造运动主要形式，形成中国东部同生构造盆地。断裂不仅控制盆地边界，而且也是盆地内次一级构造单元的边界。地处燕山褶皱带南缘乐亭凹陷的发育和沉积，受着黄骅拗陷北部边界断层——昌黎断裂及滦河断裂的控制，因此，形成乐亭凹陷的位置：黄骅拗陷北部，北以昌黎断裂及燕山褶皱带相隔；东以滦河断裂与昌黎凹陷、姜各庄凸起相邻；南以超复关系与马头营凸起、柏各庄及柏各庄东潜山带相连；西端和老王庄凸起是断裂及超复关系，呈近东西走向。

凹陷特点。1964—1983 年大港油田地球物理勘探公司进行的地质钻探，钻遇地层有太古界花岗岩，得知凹陷内主要有中生界、新生界沉积层。

中生界。乐亭凹陷内中生界主要有侏罗系和白垩系。侏罗系沉积在凹陷西部较东部厚，其岩性以安山岩为主，覆盖在古老的温和岩、花岗岩上面。白垩系超复于侏罗系之上，其沉积因受断裂活动的控制，沉积厚度小于侏罗系，分布范围也不如侏罗系广。岩浆岩为花岗闪长岩、花岗岩、正长石。

新生界。中生代末，被抬升的中生界遭到剥蚀，凹陷下沉接受新生界的沉积，沉积范围仅 560 平方千米，较中生界小。它超复于中生界之上，其岩性为紫灰色泥岩和沙质泥岩。凹陷被抬升遭剥蚀，而后又整体下沉接受沉积，和整个华北盆地地层是一致的。

地貌　地貌形成。乐亭县地面为燕山褶皱带南缘、渤海北岸滨海平原。北部平原成土母质为滦河冲积物，上部为黄褐黄色的沙质黏土、下部为细沙。南部沿海平原为海相沉积物。二者之间淤积物呈交错沉积，基岩埋深 800 ~ 1000 米。

全新世后，滦河冲积扇三角洲的顶点两次下

移。首先下移到汀流河镇，此期间其沉积物主要分布于王滩镇以西的部位，使西部海岸线向海推进并形成岸外沙坝体系。当顶点下移到会里附近时，其沉积物主要分布于王滩镇以东，将海岸线向东南推进。在放大的卫星照片上，可看到王滩镇以西的离岸沙坝向陆延伸，以东的离岸沙坝发育在外侧，在小港附近两者斜交在一起，并在小港附近形成没有潟湖的岸段，岸外 7 千米即为 10 米等深线的深水区。

滦河古河道在地表似有河谷形态，有的留下一些浅洼地，常年芦苇丛生，低处有积水；有的已面目全非，只能在航线上有显示。1976 年发生地震时，从航片上观察，某些喷水冒沙的连线为河道的形迹。由此可见，除地表古河道外，地下亦有众多的埋藏古河道，故滦河冲积扇三角洲是滦河多次东西移动（改道）形成的。在海域内，为单调的水下三角洲，其边缘可达 20 米等深线。

地貌现状。乐亭县地貌单一，为平原类型，其微型地貌丰富。

坑塘洼地。乐亭县沿海地带有自然形成的洼地，多生长芦苇、黄蓿，后多数改造成稻田；村庄附近皆有坑塘，少数为天然形成，多数为建房取土所为，分布均匀。

沙丘。境内小沙丘较多，大部分在 20 世纪 70 年代发展农业，规划方田，平整土地中平掉，形成沙地。

滨外沙坝（离岸沙坝）。大网铺岗，位于董庄村南 8 千米处，为一长条形沙岗，长 2 千米，最宽处 0.5 千米，面积 1 平方千米。灯笼铺岗，位于董庄村东南 7 千米处，也是一长条形沙岗，长 3 千米，最宽处 0.5 千米，面积 1.5 平方千米，海拔高度 0.8 米。灰坨，在二排干渠西 2.5 千米处，为一椭圆形沙坨，长 1.5 千米，宽 0.5 千米，面积 0.75 平方千米，海拔高度 3.1 米。这些滨外沙坝现基本与陆地相连，无人居住。

潟湖。乐亭县海岸沙坝和滨外（离岸）沙坝，将沿岸分割成许多封闭、半封闭潟湖和海湾潟湖。胜利铺一带的封闭潟湖已转化成滨海沼泽。半封闭潟湖在滦河口、湖林河口一带发育成宽 2 千米左右的湖面，低潮潟湖大都出露，成为潮滩。

潮流通道。沿海潟湖与海水相通的渠道较多。其成因是离岸沙坝在发育过程中不连续，中断处成了海水出入的通道，如浪窝口与王八湾之间的通道；最多的是由于河流冲决沿岸沙堤或滨外沙坝后，形成的潮流通道，如稻子沟入海口、老米沟口、湖林河口、大清河口等。

河流。境域自西向东依次有骨干河流（不含滦河和小青河两条界河）：新河、盐场北侧渠、老滦河底（大清河）、石碑新河、新潮河、小河子、湖林新河、小长河、老米河、二滦河、老米沟、稻子沟 12 条，总长 366.8 千米，总集水面积 1133 平方千米（含滦南县汇入的 89.1 平方千米）；有重点排水渠：新河西支、新河东支、陈红渠等 17 条，总长 160.9 千米，流域面积为 407.28 平方千米。

【气　候】 乐亭县属滦河冲积平原，地势平坦开阔，北高南低，海拔 1 ~ 15 米。气候温和湿润，属暖温带滨海半湿润大陆性季风型气候，春夏秋冬四季分明，冬季受西伯利亚和蒙古冷空气影响，盛行偏北风，夏季受太平洋副热带高压影响，盛行偏南风。具有春季干燥多风、夏季闷热多雨、秋季昼暖夜寒、冬季寒冷少雪的特点。

2017 年，全年平均气温 13.2℃，比常年（11.1℃）偏高 2.1℃；年降水量 448.1 毫米，比常年（573.5 毫米）偏少 125.4 毫米；年日照时数 2684.2 小时，比常年（2527.8 小时）偏多 156.4 小时；年平均风速 2.2 米 / 秒；无霜期 215 天，终霜日为 3 月 29 日，初霜日为 10 月 30 日。

【温　度】 2017 年，年平均气温 13.2℃，比常年偏高 2.1℃。月平均气温 7 月最高，为 27.3℃，极端最高气温 36.8℃，出现在 6 月 15 日；月平均气温 1 月最低，为 –2.5℃，极端最低气温 –13.9℃，出现在 1 月 20 日（见表 1）。平均地面温度（0 厘米地温）15.1℃，平均地温 7 月最高，为 30.9℃，极端最高地面温度 61.7℃，出现在 7 月 14 日；平均地温 12 月最低，为 –2.6℃，极端最低地面温度 –14.3℃，出现在 12 月 17 日（见表 2）。

【降　水】 2017 年，全年降水量 448.1 毫米，比

表 1 乐亭县 2017 年气温情况

项目 / 数值 / 月份	月平均气温（℃）	极端最高气温（℃）	出现日期（日）	极端最低气温（℃）	出现日期（日）
1	-2.5	7.9	2	-13.9	20
2	1	16	28	-6.9	9、11
3	6.7	19.4	10	-3.9	7
4	14.9	32.9	29	3.8	1
5	20.5	32.8	24	11.7	7
6	23.9	36.8	15	11.3	3
7	27.3	35.6	11	20.1	30
8	26	33.5	4	16.8	30
9	23.2	31.5	8	11	28
10	13.3	25.2	1	1.2	30
11	4.8	20.8	1	-6.8	30
12	-0.8	10.7	22	-9.3	12

表 2 乐亭县 2017 年地温情况

项目 / 数值 / 月份	月平均地温（℃）	日最低≤ 0.0℃日数（天）	极端最高地面温度（℃）	出现日期（日）	极端最低地面温度（℃）	出现日期（日）
1	-2.5	31	10.3	6	-12.1	30
2	0.5	28	24.7	28	-11.1	1、11
3	8.9	23	38.7	31	-7.0	7
4	19.5	2	53.3	15	-1.3	2
5	26.9		57.9	20	6.8	7
6	27.8		60.1	16	7.8	3
7	30.9		61.7	14	18.2	30
8	27.6		52.1	26	14.8	30
9	26.4		53.8	8、17	5.8	28
10	13.6	5	38.2	6	-2.3	30
11	3.8	24	29.0	1	-9.2	30
12	-2.6	31	17.0	23	-14.3	17

常年偏少 21.87%。冬季（1—2 月）季降水量 19.7 毫米，比常年偏多 1.4 倍；春季（3—5 月）季降水量 39.7 毫米，比常年偏少 54%；夏季（6—8 月）季降水量 320.5 毫米，比常年偏少 17%；秋季（9—11 月）季降水量 68.0 毫米，比常年偏少 25%；12 月月降水量 0.2 毫米，比常年偏少 4.2 毫米。

【水　文】 水文地质。乐亭县可利用含水体系主要为新生界、古生界、元古界含水体系。

新生界含水体系　包括第四系、第三系含水体系。

第四系含水体系。第四系含水体系厚度一般小于 550 米；自上而下分为（Ⅰ、Ⅱ、Ⅲ、Ⅳ）

4 个含水层组，地质时代分别相当于 Q_4、Q_3、Q_2、Q_1（见表 3）；岩性主要为砂（亚砂土）、砂砾石、亚黏土等。

第四系为滦河冲洪积和海（湖）积相沉积形成。根据地下水成因及赋存条件，平面上依咸淡水分界线分为两个水文地质区：山前冲洪积倾斜平原全淡水水文地质区，滨海冲积、海（湖）积低平原有咸水水文地质区。阎楼坨、阎各庄、蔡庄、公官营、苇场一线以北为山前冲洪积倾斜平原全淡水水文地质区，以南为滨海冲积、海（湖）积低平原有咸水水文地质区。上部浅层水属潜水或微承压水，下部深层水属承压水。

表 3　　第四系含水层组厚度对照

含水层组	时代	底界埋深（米）	厚度（米）
Ⅰ	Q_4	15 ~ 20	15 ~ 20
Ⅱ	Q_3	120 ~ 200	105 ~ 180
Ⅲ	Q_2	400	200 ~ 280
Ⅳ	Q_1	550	150

山前冲洪积倾斜平原为全淡水水文地质区。全区面积 484 平方千米，区内全部为淡水。按开采深度分为浅层开采段及深层开采段。浅层开采段相当于第Ⅰ含水组和第Ⅱ含水组上段，赋存潜水及微承压水，为目前本区主要开采层。底板深度 80 ~ 100 米，含水层总厚度 50 ~ 70 米，单位涌水量 20 ~ 50 米 ^{3}/ 时 · 米，含水层岩性主要为中、粗砂及砂砾石。地下水流向由北向南。主要补给来源为大气降水，主要排泄为人工开采。区内地下水丰富，水质良好。水化学类型以重碳酸为主，矿化度小于 2 克 / 升。局部地区，如大相各庄乡、新寨镇的少数村庄浅层地下水中氟化物超标。深层开采段相当于Ⅱ组下段和Ⅲ组上段，含水层底板埋深 250 ~ 300 米，目前在乐亭县城、会里、徐家店水源地有所开采，其他地区开采较少。单位涌水量 10 米 ^{3}/ 时 · 米左右，含水层岩性以中细砂为主。水化学类型以重碳酸型为主，矿化度小于 2 克 / 升。第Ⅳ含水组开采较少。

滨海冲积、海（湖）积低平原为咸水水文地质区。全区面积 824 平方千米。区内地下水分布有 2 种形式：上部为咸水、下部为深层淡水的双层结构和上部为浅层淡水、中部为咸水、下部为深层淡水的 3 层结构。按开采深度分为浅层开采段及深层开采段。

浅层开采段（指由滦河近代沉积，在咸淡水界线以南覆盖于咸水体之上的 347.8 平方千米的浅层淡水）相当于第Ⅰ含水组或Ⅰ + Ⅱ含水组。含水层由细砂、粉砂、局部粗砂组成，底板深度 20 ~ 80 米，单位涌水量 5 ~ 10 米 ^{3}/ 时 · 米，水化学类型为重碳酸 · 氯化物型或氯化物 · 重碳酸型，是当地农业灌溉的主要开采层。局部地区氟化物超标。

浅层淡水以南至海岸线的浅层水，按矿化度分为微咸水（2 ~ 3 克 / 升）区、半咸水（3 ~ 5 克 / 升）区及咸水（大于 5 克 / 升）区，水化学类型为氯化物 · 重碳酸型至氯化物型，单位涌水量 10 米 ^{3}/ 时 · 米左右，目前基本未开采利用。微咸水区、半咸水区及咸水区的分布面积分别为 128.5 平方千米、87 平方千米和 260.7 平方千米。

深层开采段相当于第Ⅲ含水组或Ⅱ + Ⅲ含水组，含水层顶板埋深 80 ~ 200 米，底板埋深 259 ~ 271 米，含水层总厚度 103 ~ 167 米，岩性以细砂为主，单位涌水量 10 ~ 20 米 ^{3}/ 时·米。区内地下水由东北向西南流动。地下水的补给来源主要为侧向径流及越流补给，水化学类型以重碳酸 – 钠 · 钙、重碳酸 – 钠型为主，矿化度小于 0.5 克 / 升。古河—马头营一带由于超采，已形成地下水漏斗区。

第三系含（热）水体系。第三系含（热）水体系主要分布在西起乐亭与曹妃甸区界，东至海田村至南部海边；北起中石碑、东徐各庄、王各庄一线，南至南部海边，全区面积 335 平方千米的地热异常区内。该含水体系位于第四系之下，岩性以泥岩与各类砂岩为主，顶板埋深一般300～550米，底板埋深一般700～1900米；厚度1000～1327米，由北向南逐渐增加；热储层厚度520～690米。其底界温度一般为60～80℃。水化学类型为氯化物·重碳酸－钠型，矿化度小于2克/升。单井涌水量2000立方米/日左右，地热水主要用于冬季供暖、渔业养殖等。

古生界、元古界含（热）水体系　位于第三系之下，面积同第三系，岩性主要为碳酸盐岩。深度3000米以浅，热储层厚度541～858米，顶板埋深1400～2600米，最深可超过3000米，热水温度高（推测67.63～159.63℃），矿化度小于2克/升，水化学类型与第三系水化学类型一致。

自然资源

【矿产资源】乐亭县矿产资源主要有铁矿、海盐、油气、地热水和地下卤水。

铁矿　在中堡镇鲁家坨、毛庄镇于家坨磁异常查证中，鲁家坨工区2号异常钻探验证见106米磁铁矿，预计为亿吨以上的大型铁矿。未开采。

海盐　乐亭盐区地处渤海之滨，有取之不尽的海水，并且海水含盐量大，沙渍少，为县境内发展海盐生产提供了得天独厚的天然资源优势。海水是晒盐的原料，含有多种元素，海水的含盐量和海水浓度高低受盐场周围径流入海淡水及季节、气候影响较大。月份之间变化的一般规律是春、冬海水浓度较高，7月、8月最低，最高为1月、2月、12月。

油气　据大港油田物探公司钻探资料分析，乐亭凹陷内油气资源可能来自下第三系、中生界及石炭一二迭系。生油层研究资料表明，凹陷下第三系生油门限深度值为2800米。据此为标准，乐亭凹陷内第四系和第三系埋深超过这一深度的面积有21平方千米。地质钻探结果表明，下第三系中有暗色泥岩（如乐3井录井中下第三系分层井段有近140米厚的紫灰色泥岩和砂质泥岩），这些暗色泥岩有可能成为凹陷的生油母岩。

由于乐亭凹陷里沉积了巨厚的中生界和约500米厚的石炭一二迭系，据钻探证实这些地层中含有一定数量的煤层及煤系地层，寻找这些地层中的煤成气就成为凹陷内找气的又一领域。虽然石炭一二迭系及中生界曾遭到剥蚀，一次成气可能被破坏，但凹陷内后期又沉积了较厚的第三系、第四系（最厚达3000米），深部（埋深超过4000米）地层中的煤有条件转化成煤气。凹陷里埋深超过4000米的中生界和石炭一二迭系面积达180平方千米，是为凹陷里找煤成气的物质基础。

据钻井揭示，乐亭凹陷内砂、泥岩地层发育，为油气的储集和保存创造了条件；凹陷内下第三系和中生界大角度北倾及发育的数条断层又有利于油气的运移；凹陷中的局部构造又为油气的富集提供场所。因此，乐亭凹陷内找油找气（特别是煤成气）的地质条件是具备的。

地热水　地热水资源主要指上第三系地下热水资源，位于第四系之下，底板埋深小于1900米。地温异常中心位于长芦大清河盐化集团有限公司至翔云岛林场一带，地温梯度大于4℃/100米。

2000年冀东油田在长芦大清河盐化集团有限公司6工段施工井1185米，水温92℃。钻孔产水量1500～2000立方米/日，矿化度1.38～1.42克/升。2002年9月，长芦大清河盐化集团有限公司施工两眼地热井用于供暖，其中1号井1410米，井口温度70.1℃，供热后排水温度55℃；2号井1000米，井口温度68℃，供热后排水温度50℃。除此，在县水产养殖场、捞鱼尖孵化场、新戴河旅游公司等处，也有地热水的开发利用。

乐亭县地热水资源开发利用尚处起步阶段，工作程度较低，开采井缺少全面系统的地热地质资料，需进一步进行地热地质勘查工作，为开发利用地热资源提供地质依据。

地下卤水　含盐量高的咸水即称卤水。据《大清河盐场志》记载："盐区内地下表层有大量的咸水。经探查，深度在17.5米至42米，咸水浓度随坡降而异，距海岸线较远的北侧（二工段）浓度为11.5°Bé（波美度），距海岸线最近的南侧（老九工段）浓度低于海水浓度，仅为1.2°Bé。高于海水浓度的则可以汲取，用于晒盐。"另据县钻井队提供资料，乐亭沿海一带地下表层均有大量咸水。因凿井汲水制盐成本高，尚未开发利用。

【生物资源】 *农作物资源* 2017年，乐亭县农作物资源有粮食作物、经济作物、食用菌类、蔬菜类等。粮食作物主要有玉米、小麦、水稻、甘薯、马铃薯、豆类等。经济作物主要有花生、棉花、瓜类（西瓜、甜瓜）等。食用菌类主要有平菇、鸡腿菇、香菇、杏鲍菇、草菇、木耳、银耳、金针菇、羊肚菌、茶树菇等。蔬菜类主要有黄瓜、番茄、菜豆、茄子、辣椒、韭菜、白菜、甘蓝、萝卜、西葫芦、葱蒜等。中草药等也有零散分布。

果树资源 乐亭县处于果树适生区，2017年主要栽培树种有苹果、桃、葡萄、梨、大樱桃等，且品种资源丰富。苹果主要栽培品种有红富士、红嘎拉、黄嘎拉、王林、美国八号、藤牧一号、莫里斯、寒富、金冠、乔纳金、新红星等，澳洲青苹果少有栽培；梨的主要栽培品种有五九香梨、爱宕梨、黄金梨、黄冠梨、大果水晶梨、金花梨、爱甘水梨、圆黄梨、晚秋黄梨等；葡萄主要栽培品种有巨峰、玫瑰香，京亚，少有栽培的品种有藤稔、维多利亚、乍娜、夏黑、奥古斯特、摩尔多瓦等；桃主要栽培品种有春雪、金奥油桃、中油五油桃、中油四油桃、2020黄油桃、突围、大京红、早凤王、大红桃、早久保、久保、重阳红、绿化九、北京15、北京24等；大樱桃主要栽培品种有红灯、美早、拉宾斯、雷尼尔、艳阳、萨米脱、早大果、砂蜜豆、布鲁克斯、意大利早红等，另外有优质砧木吉塞拉5号、吉塞拉6号；杏主要栽培品种有金太阳、凯特；李子主要栽培品种有紫琥珀、黑宝石、尤萨李；其他树种如桑葚、山楂、枣、核桃等少有栽培。

花卉资源 乐亭县花卉的种类多，范围广泛。春季有迎春、连翘、玉兰、碧叶桃花、芍药、牡丹、丁香、榆叶梅、海棠、樱花等；夏季有凤仙花、荷花、石榴花、月季花、紫茉莉、茉莉花、睡莲、紫薇、扶桑、美人蕉、百合花等；秋季有昙花、木槿、菊花、鸡冠花、牵牛花等。

海洋植物资源 境内海域浮游植物24科37属67种，主要隶属于圆筛藻属、角毛藻属、根管藻属和菱形藻属等。其中硅藻类12科20属49种，甲藻类4科5属7种，绿藻类3科6属6种，蓝藻类2科2属2种，裸藻类1科2属2种，金藻类1科1属1种。优势种主要包括小球藻、条纹小环藻、密联角毛藻、中肋骨条藻、舟形藻、衣藻。

野生动物资源 野生鸟类。乐亭县濒临渤海湾，有着丰富的湿地资源，地处国内三大鸟道之一，是野生鸟类迁徙线上重要的落脚点，也是多种鸟类生息繁衍的重点区域。县内鸟类资源有雉、鸭、鹗、鸽、鹤、鹳、鸨、鸥、鹰、隼、雁、鸫、雀、莺、鹭、伯劳、杜鹃等。据统计，2017年有野生鸟类328种，包括国家重点保护野生鸟类有15目31科114种，其中国家一级重点保护野生鸟类有丹顶鹤、东方白鹳、白鹤、遗鸥等12种，国家二级重点保护野生鸟类有黄嘴白鹭、灰鹤、白尾鹞、苍鹰等47种，河北省重点保护野生鸟类有灰雁、苍鹭、夜鹭等55种。

陆地动物。有黄鼬（黄鼠狼）、兔、鼠、鼬鼠、刺猬、蝙蝠、龟、蟹、蚌、蠃、蚶、蛎、车螯、蛏、鳖、虾、蜗牛、蛤蜊、蚕、蜂、蝉、蛾、蛙、木虻、蚱蜢、蚯蚓、蜘蛛、蜣螂、蝼蛄、蛴螬、蝴蝶、螳螂、蟋蟀、蠓、蝎、蛇、蚰蜒、蜥蜴、蚂蟥等40多种。

海洋浮游动物。境内海域浮游动物12大类44种。其中水母类9种，桡足类7种，糠虾类1种，端足类1种，涟虫类1种，等足类1种，十足类1种，多毛类1种，线虫类1种，毛颚类1种，浮游幼虫14种，其他类6种。优势种有强壮箭虫、中华哲水蚤、双毛纺锤水蚤、小拟哲水蚤、真刺唇角水蚤、拟长腹剑水蚤。

海洋底栖动物。底栖动物约97种，分别隶属腔肠、纽形、环节、软体、节肢、棘皮、脊索7个动物门。其中环节动物29种，主要品种有异须沙蚕、锐足全刺沙蚕、长吻沙蚕等；软体动物23种，主要品种有长蛸、短蛸、青蛤、杂色蛤、文蛤、魁蚶、蛏等；节肢动物22种，主要品种有绒毛细足蟹、钩虾、中华近方蟹等；棘皮动物10种，主要品种有砂海星、棘刺猫参、沙矶子等；脊索动物9种，主要品种有鲻、牙鲆、虾虎鱼等；腔肠动物和纽形动物各2种。

海洋游泳动物。游泳动物43种，其中鱼类

29种，隶属16科29属，主要品种有鲈鱼、梭鱼、日本鲳鱼、尖尾虾虎鱼、小黄鱼、鲯鱼、鳀鱼、青鳞鱼、半滑舌鳎、黄盖鲽等；甲壳类10种，隶属6科10属，主要品种有中国对虾、日本对虾、鹰爪虾、三疣梭子蟹、虾姑等；头足类4种，隶属3科4属，主要品种有长蛸、短蛸、日本枪乌贼、双蜍耳乌贼等。

【水资源】 乐亭县水资源包括自产地表水资源和地下水资源。

乐亭县多年平均水资源总量1.39亿立方米（1956—2009年），其中地表水资源总量6852万立方米，地下水资源量1.34亿立方米，地表水与地下水重复计算量为6343万立方米。

全县多年平均年水资源可供量4.95亿立方米，其中自产地表水可供量3700万立方米，境外引水量2.49亿立方米，浅层地下水可采量9400万立方米，深层地下水可采量7400万立方米，污水处理可利用量1100万立方米，微咸水可利用量1000万立方米，海水淡化可利用量2000万立方米。

2017年全县供水量12965万立方米（地表水供水量3265万立方米，地下水供水量9700万立方米），其中农业用水量9410万立方米，林牧畜渔用水量1240万立方米，工业用水量1100万立方米，城镇公共用水量262万立方米，居民生活用水量898万立方米，生态环境用水量55万立方米。

【土地资源】 2017年，乐亭县土地总面积160742.63公顷（国土资源局调查数据）。其中，耕地面积67553.84公顷（含唐山海港经济开发区托管的王滩镇53个村，汤家河镇1个村，马头营镇4个村；翔云岛林场，唐山海港经济开发区等），占土地总面积的42.03%。在耕地面积中水田面积7810.6公顷，水浇地面积55312.72公顷，旱地面积4430.52公顷。园地面积8731.93公顷，占土地总面积的5.43%。在园地面积中果园面积8725.03公顷，其他园地面积6.9公顷。林地面积3576.6公顷，占土地总面积的2.23%。在林地面积中有林地面积2928.8公顷，灌木林地面积5.92公顷，其他林地面积641.88公顷。草地面积1455.29公顷，占土地总面积的0.91%。城镇村及工矿用地面积32392.46公顷，占土地总面积的20.15%。在城镇村及工矿用地面积中城市用地面积3110.74公顷，建制镇用地面积3804.03公顷，村庄用地面积13362.96公顷，采矿用地面积10934.02公顷，风景名胜及特殊用地面积1180.71公顷。交通运输用地面积5477.65公顷，占土地总面积的3.41%。在交通运输用地面积中铁路用地面积239.86公顷，公路用地面积2158.74公顷，农村道路用地面积2776.71公顷，港口码头用地面积302.34公顷。水域及水利设施用地面积39993.81公顷，占土地总面积的24.88%。在水域及水利设施用地面积中河流水面面积3112.86公顷，水库水面面积293.11公顷，坑塘水面面积9994.56公顷，沿海滩涂面积21530.93公顷，内陆滩涂面积771.85公顷，沟渠面积3340.4公顷，水工建筑用地面积950.1公顷。其他土地面积1561.05公顷，占土地总面积的0.97%。在其他土地面积中设施农用地面积706.98公顷，田坎面积1.9公顷，盐碱地面积851.63公顷，沙地面积0.33公顷，裸地面积0.21公顷。

自然灾害

【生物灾害】 2017年，全县主要农作物病、虫、草、鼠害较严重，发生面积约39.26万公顷·次，其中病虫害26.38万公顷·次，农田草害7.89万公顷·次，鼠害4.63万公顷·次，飞蝗2666.67公顷·次，螺害1000公顷·次。病虫害中玉米病虫害约9.84万公顷·次，蔬菜作物病虫害约9.44万公顷·次，小麦病虫害约2.47万公顷·次，水稻病虫害约2.34万公顷·次，花生病虫害约7493.33公顷·次，棉花病虫害约2753.33公顷·次，马铃薯病虫害约4680公顷·次，大豆病虫害约2966.67公顷·次，其他作物1100公顷·次，土蝗发生面积约3933.33公顷·次。其中，蔬菜病害偏重发生，小麦草害、玉米蓟马、玉米螟、蔬菜虫害、农田鼠害等中等发生。全县防治面积约54万公顷·次，其中专业化防治面积2.04万公顷·次。

林木病害主要包括杨腐烂病、溃疡病、杨花

叶病毒病、杨叶斑病、杨冠瘿病、柳瘿螨害、国槐扁枝病、白蜡白粉病、苹果轮纹病、苹果腐烂病、梨黑星病、梨干腐病、桃细菌性穿孔病、桃疮痂病、桃流胶病、葡萄霜霉病、葡萄炭疽病、葡萄穗轴褐枯病、葡萄白腐病、葡萄褐斑病。

林木虫害主要有美国白蛾、杨干象、杨扇舟蛾、白杨透翅蛾、柳瘿蚊、草履蚧、槐尺蠖、春尺蠖、大青叶蝉、光肩星天牛、桃红颈天牛、舞毒蛾、杨小舟蛾、天幕毛虫、苹果棉蚜、山楂红蜘蛛、金纹细蛾、金龟子、苹果小卷叶蛾、绿盲蝽、桃蛀螟、桑白蚧、桃蚜、桃潜叶蛾、梨星毛虫、梨黄粉虫、梨小食心虫、梨木虱、蝽象、刺蛾科昆虫、天蛾科昆虫。

【气象灾害】 2017年无重大气象灾害。

人　口

【人口总量】 *户籍户数、户籍人口及人口自然变动*　2017年，全县户籍户数13.92万户，比上年减少1396户。户籍人口42.66万人，减少4673人；其中男21.43万人，女21.23万人，男女性别比例为100.9：100。人口中城镇人口11.46万人，比上年增加7211人；乡村人口31.19万人，减少1.19万人。年内出生人口3561人，出生率为8.3‰；死亡人口7535人，死亡率为17.57‰；人口自然增长率为-9.27‰。

考核年度人口　考核年度（2016年10月1日—2017年9月30日。本分目以下条目同）全县人口41.91万人。

【人口分布】 乐安街道办事处总人口全县最多，为5.89万人；乡镇中姜各庄镇人口最多，为4.79万人；乐亭镇、阎各庄镇、中堡镇、毛庄镇总人口均在3万人以上；其他乡镇总人口为2万多人。

【人口构成】 人口构成分人口年龄结构、适龄上学人口、服兵役适龄人口、户口属性4个方面。

人口年龄结构　全县60岁以上人口为11.23万人，占全县总人口的26.8%；65岁以上人口为7.27万人，占17.35%。劳动人口为23.99万人，占57.24%；少年儿童为5.84万人，占13.93%，抚养比40.74%。

适龄上学人口　入托人口为1.1万人，小学适龄人口为1.89万人，初中适龄人口为1.13万人，高中适龄人口为1.1万人。

服兵役适龄人口　男性为7336人，女性为6982人。

户口属性　农业人口35.91万人，占全县总人口的85.68%；非农业人口5.99万人，占14.29%，其他人口122人，占0.03%。

【人口变动】 *人口自然变动*　2017年全县出生人数3358人，其中男性1715人，女性1643人，出生率7.95‰；死亡人数3183人，死亡率7.54‰；全年自然增长人数为175人，自然增长率0.41‰。

人口机械变动　2017年，县内人口的机械变动，主要以婚迁、升学和毕业回迁为主，部分为务工、经商定居。全年迁入人数1049人，迁出人数1784人。

中国共产党乐亭县委员会

综　述

【概　况】 2017年，中国共产党乐亭县委员会（简称县委）团结带领全县广大干部群众，以迎接、学习、宣传、贯彻党的十九大为主线，认真落实中央和省市委决策部署，紧紧围绕建设沿海强县美丽乐亭、在全省增比进位、在全国争创百强的奋斗目标，突出问题导向，树立实事思维，坚持以招商引资上项目为中心，大力实施“123348”战略，以争先创优的精神和攻坚克难的意志推进各项工作，实现经济发展稳中快进、社会事业全面进步。

【县域经济获得新增长】 全年完成地区生产总值357.88亿元，比上年增长7.5%；固定资产投资248.87亿元，增长18.53%；公共财政预算收入13.71亿元，增长16.3%；社会消费品零售总额147.19亿元，增长10.8%；规模以上工业增加值比上年增长8%；实际利用外资1.82亿美元，增长103.1%；进出口总额2.96亿美元；城镇居民人均可支配收入34078元，增长8.6%；农村居民人均可支配收入16090元，增长8.8%。

【开放招商打开新局面】 抢抓京津冀协同发展重大机遇，积极开展招商引资“双百攻坚”集中行动，吸引中国开发区协会等20余家产业联盟、协会及北京一轻控股有限责任公司等200余家企业与本县广泛对接。同时，向江浙沪、皖闽滇等地派驻9个招商小组、52名专业招商干部驻点招商，在北京、天津、上海、无锡、福州等地召开10场投资环境说明会。全年54个项目成功签约，其中京津项目35个；165个项目深入洽谈。同时，把中拉产业园作为对外开放的重要平台来打造，积极参加“中国—拉美国际博览会”等推介活动，已有13个产业项目入园发展。

【项目建设实现新突破】 扎实开展“重大产业支撑项目攻坚年”活动，河北钢铁集团乐亭临港基地、唐山腾龙再生科技有限公司资源利用、唐山境界实业有限公司二期工程等13个重大项目开工建设；北京燕化永乐生物科技股份有限公司新型环保农药制剂项目一期、唐山凯源实业有限公司镍铁合金项目一期已经试生产；北京环卫集团环卫装备生产基地、北京海德润生物医药产业园等项目具备生产条件。做强平台创优环境，河北乐亭经济开发区投产企业达到60家，在建55家，2017年完成固定资产投资156.2亿元、增长36.4%，税收10.6亿元、增长62.8%，主营业务收入566亿元、增长48%，迈入全市A类开发区行列。城区工业聚集区新建道路、天然气管网等基础工程顺利推进，园区功能不断完善。多方式加快“问题企业”处置。采取“主动对接、精准服务、换位式解决问题、作出廉政承诺”4项措施，在全县打响“求真、实干、担当、效率”的新时代乐亭干部作风品牌，营商环境持续优化。全年实施固定资产投资千万元以上重点项目132个，涉及总投资531.77亿元，其中亿元以上项目80个，续建47个、新开工85个。在全市重点项目观摩测评中年度总成绩排名第一。

【转型升级迈出新步伐】 认真贯彻新发展理念，大力推动新旧动能加速转换，相继引进中国航天科技集团704所航天电子传感与信息技术综合试验基地、200厂智能装备制造、中国航天万源电解液产业化等一批战略性新兴产业项目。完成唐山市德龙钢铁有限公司炼铁高炉等29个技改项目，工业技改投资130亿元、比上年增长

29.7%。深入实施“双创”工程和小微企业“登台阶”计划，新登记各类市场主体6736家，新增规模以上工业企业34家，新增科技型中小企业98家、高新技术企业2家。引入商贸服务新业态，开工建设汇乐城商贸综合体项目。大力发展旅游业，培育新的经济增长点，滦河口医疗养生度假中心、德龙钢铁工业旅游等项目积极推进。全县年内接待游客429.1万人次，旅游创收41.75亿元。全年新增规模以上服务业企业22家，完成服务业增加值157.4亿元，比上年增长8.5%。

【现代农业获得新提升】 以深化农业供给侧结构性改革为主线，推进农业标准化生产、品牌化建设和产业化经营。建成万事达、鸿春2个全国果菜绿色防控基地，“乐亭设施桃”以44.95亿元的品牌价值成功入选“全国区域公用品牌价值百强榜”，位居全省农业区域品牌榜首。新增市级龙头企业2家，市级农民专业合作社示范社5家，市级示范家庭农场4个，农民合作社达到989家，位居全市之首。全年实施投资千万元以上农业产业化项目19个，其中亿元以上项目5个，北京燕化永乐新型环保农药制剂项目入选全市农业产业化“十大优秀项目”，农业产业化经营率69.7%。

【城乡面貌发生新变化】 以加快新型城镇化为方向，协调推进城乡统筹发展。深入实施县城建设攻坚行动，古滦河东侧、金融街东延等道路工程竣工通车，宝丰街东延工程进场施工，县城集中供热改造全面完成，新水厂建设扎实推进。投资1738万元实施城区亮化提升工程，房地产处遗工作完成省挂账督办任务，“一区三边”违建集中整治实现“清零”，发展大路区域棚户区搬迁改造取得决定性胜利。城市精细化管理水平进一步提升，荣获河北省人居环境奖，水悦华庭居住小区获评“河北省园林式居住小区”，发展大路（金融大街—茂源街段）获评“河北省园林式街道”。美丽乡村建设步伐加快，30个省级重点村实施建设项目299个，261个村实现市场化保洁，改造农村公路201.67千米，获批河北省“四好农村路”创建示范县。

【民生事业取得新成就】 首届省级文明县城创建成功，获得全国文明县城创建提名资格。实施汤家河初中等一批危旧校舍改造，新增7所农村一日整托幼儿园，高标准通过河北省教育督导评估，被评为“全国农村艺术教育实验县”。在全省率先建成基层医疗管理与公共卫生信息化两个平台，被确定为全国首批计划生育基层群众自治示范县和唐山市首批健康素养促进试点县。建立乐亭大鼓、皮影非物质文化遗产教育传承基地，乐亭英才馆正式开放，县图书馆、档案馆新建工程扎实推进，李大钊干部学院启动建设。积极开展创业就业服务，全力推进社保扩面征缴，加快慈善事业发展，完成农村贫困人口建档立卡并实施精准扶贫，社会保障体系更加健全。

【平安乐亭呈现新气象】 加强和创新社会治理，党委领导、政府负责、社会协同、公众参与、法治保障的社会治理体制不断完善，圆满完成党的十九大安保等重大政治任务。加强社会治安综合治理，强化安全生产和食品药品安全监管，连续三次被评为“全国平安建设先进县”，获得全国社会治安综合治理领域最高奖“长安杯”。

【生态建设实现新进展】 坚持绿水青山就是金山银山的理念，加强生态治理和修复。强力推进大气污染综合防治，清理59台燃煤小锅炉，32家涉VOCs排放企业得到有效治理，完成年度钢铁去产能任务，中央和省环保督察交办问题全部整改销号，年度环境空气质量综合指数排名全市第三。统筹推进水污染治理和土壤污染防治，生态环境得到综合改善。开展全域绿化攻坚，全年造林面积807公顷，森林覆盖率达28.2%。

【党的建设得到新加强】 认真落实新时代党的建设总要求，强化党对意识形态工作的领导，宣传思想领域呈现出主阵地更加巩固、主旋律更加高昂、正能量更加强劲的良好态势。深入推进“两学一做”学习教育常态化、制度化，开展党的十九大精神集中轮训，全县广大党员干部“四个意识”树得更牢。圆满完成县乡党委换届，进一步规范选人用人机制，重实干、看实效、凭实绩的用人导向更加鲜明。基层党组织建设提升年行动成效显著，73个后进村全部实现转化，基层党组织战斗堡垒作用进一步增强。大力加强反腐倡廉建设，扎实推进县级监察体制改革，开展“一问责八清理”和基层“微腐败”专项整治，全县政治生态风清气正。

县委领导机构及工作机构

【县委领导机构及领导成员】 中共乐亭县第十三届委员会于2017年2月17日由中共乐亭县第十三次代表大会选举产生，由52名委员、10名候补委员组成。18日，召开中共乐亭县第十三届委员会第一次全体会议，以无记名投票方式差额选举常务委员会委员10名，等额选举书记1名，副书记2名。年末，县委设书记1名，副书记2名，常委7名（不含书记、副书记）。

县委书记 董立群
县委副书记 张福林
孙自生
县委常委 孙志东
姚清华（女，2月任）
王学龙（满族）
石井满（正县）
李亚峥
王剑秋
阚永康（2月任）

【县委工作部门】 2017年，县委工作部门9个：县纪律检查委员会（与监察局合署办公）、县委办公室（县委改革办）、县委组织部、县委宣传部、县委统战部（台湾工作办公室）、县委政法委、县委农工委（统筹委）、县直属机关党委、县机构编制委员会办公室。

县纪律检查委员会
书　记 孙志东
副书记、监察局局长 史贵宝（6月免）
郭印锋（6月任）
县委办公室（县委改革办）
主　任 阚永康
常务副主任 曹克新
县委组织部
部　长 李亚峥
常务副部长 陈会峰（1月免）
刘凤革（1月任）
县委宣传部
部　长 姚清华
常务副部长 王亦波（6月免）
张彦光（6月任）
县委统战部（台湾工作办公室）
部　长 李亚峥（兼）
常务副部长 康兴华
县委政法委
书　记 王剑秋
常务副书记、国安办主任 董双福
县委农工委（统筹委）
书　记 缺　职
石井满（4月兼任）
常务副书记 裴建忠
县直属机关党委
书　记 张继光
县机构编制委员会办公室
主　任 王利民

【县委直属事业机构】 2017年，县委直属事业机构3个：县委党史研究室、李大钊纪念馆（副县级）、县委党校。

县委党史研究室
主　任 王海静
李大钊纪念馆
馆　长 姚清华（兼）
县委党校
校　长 黄玉刚（1月免）
孙自生（1月兼任）
第一副校长 李亚峥（兼）
常务副校长 徐建富

【县委派出机构】 2017年，县委派出机构6个：河北乐亭经济开发区党工委、县城区工业聚集区党工委、乐安街道党工委、马头营物流园区党工委、汀流河工业园区党工委、县直属机关党工委（与县直属机关党委一个机构、两块牌子）。

河北乐亭经济开发区党工委
书　记 张丽杰（1月免）
董立群（1月兼任）

常务副书记　张丽杰（1月任）

县城区工业聚集区党工委

书　记　刘向东（1月免）
　　　　卢小松（1月任）

乐安街道党工委

书　记　缺　职
　　　　张宏伟（8月任）

马头营物流园区党工委

书　记　张永涛（1月免）
　　　　缺　职
　　　　刘向东（4月兼任）

汀流河工业园区党工委

书　记　吴万颖（1月免）
　　　　缺　职
　　　　苗建国（4月兼任）

县委重要会议

【县第十三次党代会】　2017年2月15日至18日，中国共产党第十三次代表大会（简称县第十三次党代会）在县文化中心礼堂召开，中国共产党第十三次代表大会代表参加会议，不是党代表的县级领导干部，县纪委常委或纪委常委候选人，党组织关系未在乐亭的垂直管理部门主要负责人列席会议。县委书记董立群代表十二届县委向大会做工作报告，全面总结回顾了过去5年的工作，确定了乐亭县未来五年工作的指导思想和发展蓝图。

【县委全委会议】　2017年，召开县委全委会议2次，收录2次。

2月18日，县委召开十三届一次全体（扩大）会议，全体县委委员、候补委员参加会议，不是县委委员、候补委员的县四大班子成员及其他在职副县级干部，不是县委委员、候补委员的各乡镇（街道）党政主要负责人、县直各单位主要负责人，十三届县纪委委员，重大产业支撑项目业主单位主要负责人列席会议。县委书记董立群作题为《加快转型升级，实现跨越提升，朝着建设沿海强县、美丽乐亭目标加速前进》的讲话，总结2016年工作，全面部署2017年工作。

11月10日，县委召开十三届二次全体（扩大）会议，全体县委委员、候补委员参加会议；不是县委委员、候补委员的县四大班子成员及其他在职副县级干部，县级离退休老干部和军休干部代表，县纪委委员，驻乐市党代表和部分县党代表，驻乐部队团级单位主要领导，规模企业主要负责人，不是县委委员、候补委员的各乡镇（街道）党政主要负责人、县直各单位主要负责人，各乡镇（街道）、县直各单位党员干部代表列席第一次全体会议；不是县委委员、候补委员的县四大班子成员及其他在职副县级干部，县纪委常委，驻乐市党代表和部分县党代表，驻乐部队团级单位主要领导，不是县委委员、候补委员的各乡镇（街道）党政主要负责人、县直各单位主要负责人列席第二次全体会议。县委书记董立群作题为《深入学习宣传贯彻党的十九大精神，奋力开创新时代全面建设沿海强县、美丽乐亭新局面》的讲话，就深入学习宣传贯彻党的十九大精神、省委九届五次全会和市委十届三次全会精神，进一步动员全县上下以习近平新时代中国特色社会主义思想为指引，增强“四个意识”、树牢“四个自信”，为决胜全面建成小康社会、奋力开创新时代全面建设沿海强县、美丽乐亭新局面而不懈奋斗讲了意见。

【县委常委会议】　2017年，县委召开常委（扩大）会议25次，收录6次。

2月12日，在县委会议中心小会议室召开县委十二届第一百三十次常委（扩大）会议，县委书记董立群主持。会议研究了县委十二届九次全会有关事宜，并议定县委十二届九次全会拟于2017年2月13日上午召开，对县第十三次党代会有关事项进行审议。会议研究了县第十三次党代会报告及决议草案、董立群在县委十三届一次全体（扩大）会议上的讲话、县纪委工作报告及决议草案、县第十三次党代会相关事宜。会议议定，县第十三次党代会拟于2017年2月15日下午至18日上午召开，会期3天。会议研究了《县委、县政府关于“重大产业支撑项目攻坚年”的实施意见》，并议定《县委、县政府关于“重大产业支撑项目攻坚年”的实施意见》要根据会议研究讨论的意见，做进一步修改完善后，在县委十三届一次全体（扩大）会议上印发全县各级各单位。

2月20日，在县委会议中心小会议室召开县委十三届第二次常委（扩大）会议，县委书记董立群主持。会议研究了拟提交县十六届人大一次会议审议的《政府工作报告（讨论稿）》《乐亭县2016年财政预算执行情况和2017年财政预算（草案）的报告（书面）》《乐亭县2016年国民经济和社会发展计划执行情况与2017年国民经济和社会发展计划（草案）的报告（书面）》，听取了县十六届人大一次会议筹备和《乐亭县人大常委会工作报告（讨论稿）》情况的汇报，听取了县法院关于《乐亭县人民法院工作报告（讨论稿）》、县检察院关于《乐亭县人民检察院工作报告（讨论稿）》情况的汇报。会议议定县十六届人大一次会议拟于2017年2月26日至28日召开，会期2天半。会议听取了县政协办公室关于县政协十届一次会议筹备和《政协乐亭县常务委员会工作报告（讨论稿）》情况的汇报，会议议定县政协十届一次会议于2017年2月26日至28日召开，会期2天半。县人大、政协"两会"筹备工作，由县委副书记孙自生牵头，分人大、政协两条战线按照时间任务节点加紧准备，确保会议如期顺利召开。会议还研究了《乐亭县2017年实事工程（讨论稿）》，议定于县人大、政协"两会"后下发全县各级各单位组织实施。

5月31日，在县委会议中心小会议室召开县委十三届第八次常委（扩大）会议，县委书记董立群主持。会议听取了县环保局关于全县贯彻落实省、市大气污染综合治理会议精神工作情况的汇报。会议强调，要牢固树立科学发展理念，坚决扭转加强环保会影响发展的错误认识，绝不能以牺牲环境为代价换取一时一地、不可持续、低质量的发展。会议听取了县安监局关于加强危险化学品安全生产相关情况的汇报。会议指出，安全生产工作不容疏忽，来不得半点麻痹大意，必须时刻紧绷安全生产这根弦，坚守安全生产红线和底线，全力以赴抓好各项工作监管和落实，确保人民群众生命财产安全和社会稳定。会议还就加强县委理论中心组学习进行了研究。

6月26日，在县委会议中心小会议室召开县委十三届第十次常委（扩大）会议，县委书记董立群主持。会议传达了市委书记焦彦龙在市委常委会听取遵化、玉田、迁西县（市）委书记工作汇报时的讲话精神，听取了各位县委常委就贯彻市委书记焦彦龙对乐亭的重要批示精神、以实干担当为主题加快建设沿海强县的发言，并就落实市委书记焦彦龙重要批示意见提出要求；会议研究了《中共乐亭县委全面深化改革领导小组成员名单》《中共乐亭县委全面深化改革领导小组2017年工作要点》《乐亭县全面深化改革工作考核办法》。会议指出，必须坚决贯彻中央和省市委全面深化改革的各项决策部署，坚持以全面深化改革统领经济社会发展全局，为加快建设沿海强县美丽乐亭、在全省增比进位、在全国争创百强提供强大动力；会议研究了房地产遗留问题相关情况，强调要把2017年作为解决房地产遗留问题的攻坚年，对房地产遗留问题相关情况进行全面梳理，分步骤、分阶段解决好。

11月6日，在县委会议中心小会议室召开县委十三届第十六次常委（扩大）会议，县委书记董立群主持。会议传达了省委九届五次全会精神，要求要按照省委九届五次全会部署，立足乐亭实际，迅速掀起学习宣传贯彻党的十九大精神热潮。会议议定：拟于近期召开县委十三届二次全会，对全县学习宣传贯彻党的十九大精神进行全面部署。会议还听取了卫生系统和食品药品安全监管工作汇报，并就做好相关工作做出安排。会议研究了《中共乐亭县委关于加强县乡人大工作和建设的指导意见（讨论稿）》。会议要求，一是县委要加强对人大工作的领导，全力支持人大在宪法和法律赋予的职责范围内开展好工作；二是要进一步加强人大工作的规范化建设；三是要加强人大的职能建设；四是要加强基层人大的能力建设。

11月8日，在县委会议中心小会议室召开县委十三届第十七次常委（扩大）会议，县委书记董立群主持。会议研究了《县委十三届二次全体（扩大）会议预案》和董立群在县委十三届二次全体（扩大）会议第一次全体会议上的讲话及县委十三届二次全体（扩大）会议决议（草案）。会议议定：县委十三届二次全体（扩大）会议拟于2017年11月10日在县文化中心礼堂召开，会期半天。会议还研究了《关于做好党的十九大精神学习宣传工作的实施意见》，强调要按照中央和省市委决策部署，以习近平新时代中国特色社会主义思想为统领，着力在学懂、弄通、做实上下功夫，切实把广大干部群众的思想和行动统一到党的十九大精神上来，在全县迅速兴起学习宣传贯彻党的十九大精神的行动热潮，并不断引向深入，取得实实在在的成效。

【县四大班子工作联席会议】 2017年，县委召开县四大班子工作联席会议22次，收录4次。

1月3日，在县委会议中心小会议室召开县四大班子工作联席会第一次会议，县委书记董立群主持。会议听取了县四大班子领导本周重点工作汇报，并就重点工作进行了安排部署。会议强调：一是狠抓项目建设；二是做好我县列入省直管县前期准备工作；三是抓好实事工程；四是做好各项会议组织筹备工作；五是科学安排好春节期间的各项工作；六是做好春节期间政策对接工作；七是抓好信访维稳工作；八是做好“九个一”任务分解工作；九是做好春节期间安全生产工作；十是做好年底考核工作；十一是安排好党群口工作汇报；十二是抓好年底市委各项考核工作；十三是做好春节期间党风廉政建设工作；十四是抓好换届工作。

4月1日，在县委会议中心小会议室召开县四大班子工作联席会第五次会议，县委书记董立群主持。会议就当前工作进行了安排部署。会议强调，县级干部要就分管的重点工作特别是省市委“要结果、要效果、要名次、要成绩”的工作认真准备，善于抓住主要矛盾，分清轻重缓急，弹好钢琴，久久为功，持之以恒推进各项工作再上新台阶。要抓紧和新选举产生的市四大班子分管领导以及市级对口部门搞好沟通对接，灵通工作信息，掌握工作动态，争取工作支持，为推进各项工作营造良好的工作环境。

5月31日，在县委会议中心小会议室召开县四大班子工作联席会第八次会议，县委书记董立群主持。会议听取了县四大班子领导近期工作完成情况的汇报，并就当前重点工作进行了安排部署。会议议定：一要把乐亭河钢临港基地项目作为全县的“一号工程”牢牢抓在手上，举全县之力全力推进；二要在本周组织召开重点项目调度会议，对唐山凯源镍铁合金生产及深加工、北京环卫集团新能源电动汽车等重点项目特别是重大产业支撑项目进行调度，确保重点项目建设进度；三要按照招商引资“百日攻坚”集中行动的安排部署，下周准备在天津组织第一场招商推介活动；四要做好全市第二季度项目观摩和全县上半年项目观摩各项准备工作；五要做好美丽乡村建设现场调度各项准备工作，全面分析存在问题，确保美丽乡村建设工作在省市取得较好位次；六要做好省委巡视组巡视整改工作，确保全县整改工作按照时间节点整改到位；七要严肃认真抓好高考各项准备工作，确保不出任何纰漏；八要对主要经济指标特别是财税指标进行调度，紧盯省市排名，采取超常措施，确保主要经济指标实现增比进位；九要就档案馆、图书馆、文化馆建设工作进行科学规划，分清轻重缓急，合理确定建设顺序，适时启动建设。

10月16日，在县委会议中心小会议室召开县四大班子工作联席会第十七次会议，县委书记董立群主持。会议听取了县四大班子领导近期工作完成情况的汇报，并就当前重点工作进行了安排部署。会议强调，县级领导干部要切实按照县委、县政府的工作部署，立足自身岗位，强化履职尽责，提振工作状态，加大落实力度，以钉钉子精神抓好工作落实，善始善终，善作善成，坚决杜绝虎头蛇尾。要强化大局意识、责任意识，把维护整体利益作为工作的出发点和落脚点，事出公心，敢于担当，敢啃“硬骨头”，确保敢打必胜。要牢固树立事不过夜、效率第一意识，进一步提升工作效率，加快工作进度。要切实提升执行力，不折不扣抓好会议议定事项的落实，和县委同心同力、同频共振，确保圆满完成各项目标任务。

【县委专题会议】 2017年，县委召开专题会议4次，收录4次。

3月20日，县委在县文化中心礼堂以“多会合一”的形式召开全县组织、宣传、政法暨创建首届省级文明县城工作会议。县委书记董立群和县委相关领导出席。各乡镇（街道）党（工）委书记、副书记、组织委员、宣传委员、综治办主任，县直各单位主要负责人，县委组织部、县委宣传部、李大钊纪念馆、县文广新局、县广播电视台、县文联班子成员，县委政法委、县法院、县检察院、县公安局、县司法局班子成员、中层正职，乐安街道各社区居委会党总支书记，城区规划区范围内各村（街）党支部书记、村（居）委会主任参加会议。会议全面总结了2016年组织、宣传、政法工作，对2017年组织、宣传、政法及首届省级文明县城创建工作进行安排部署。县委书记董立群讲话，就组织、宣传、政法及首届省级文明县城创建工作讲了意见。

5月19日，县委、县政府在县委会议中心大会议室召开乐亭县2017年招商引资“百日攻坚”集中行动动员大会。县四大班子领导及其他在职副县级干部出席会议。各乡镇（街道）党（工）委书记，县直各单位主要负责人参加会议。会议就开展招商引资“百日攻坚”集中行动和县四大班子领导分包前期项目进行全面安排部署。县委书记董立群就做好招商引资工作讲了意见。

6月13日，县委、县政府在县委会议中心大会议室召开全县大气污染综合治理大会。县委书记董立群、县长张福林、县人大常委会主任安爱军、县政协主席张国勇和县四大班子相关领导出席。各乡镇党政主要负责人、街道办事处主任，县直各单位主要负责人，重点企业负责人参加会议。会议就全县大气污染综合治理工作进行全面安排部署。县委书记董立群就做好大气污染综合治理工作讲了意见。

9月8日，县委、县政府在县文化中心礼堂召开教师节表彰暨教育工作会议。县委书记董立群、县长张福林、县人大常委会主任安爱军、县政协主席张国勇和县四大班子相关领导出席。各乡镇（街道）党政主要负责人、主管教育工作副职，县直各单位主要负责人，省市级优秀教师、县级优秀教育工作者、县级优秀教师，各乡镇教育组全体人员、成教校长、各级各类学校（含民办）校长（园长）、教育局机关全体人员、部分教师代表参加会议。会议对2017年度优秀教育工作者和优秀教师进行表彰，就做好全县教育工作进行安排部署。县委书记董立群讲话，就做好教育工作讲了意见。

县委办公室

【概　况】 县委办公室是县委的综合办事机构，县委改革办公室与县委办公室一个机构两块牌子，内设秘书科、国家保密局（与秘书科合署办公）、综合科、研究室（与综合科合署办公）、信息中心、督查室、社情民意办公室（与督查室合署办公）、机要局、国家密码管理局（与机要局合署办公）、网络管理中心（与机要局合署办公）、县委值班室、法规科，核定行政编制33人，事业编制11人。

2017年，县委办公室认真贯彻县第十三次党代会精神，落实县委“求真、实干、担当、效率”的新时代乐亭干部作风要求，不断创新工作方法，加强制度建设，推进规范管理，努力提升“三服务”水平，积极发挥参谋助手、综合协调、督促检查等职能，完成了各项目标任务，保障了县委工作的高效运转和重大部署的落实。

【综合文字】 努力吃透上级精神、领会县委意图，紧密结合乐亭实际，把握全县工作重点，高标准做好重要文稿起草工作。全年起草县第十三次党代会报告等大型会议讲话40多篇，起草省、市领导到县考察调研的汇报、发言、致辞30余篇，以客观全面的总结、科学求实的分析、操作性强的部署得到领导认可。

【调查研究】 坚持把调查研究作为服务领导决策、掌握基层实情、提升实践能力的重要手段，围绕全县工作重点、群众关心热点、工作推进难点，在京津冀协同发展、社会治安综合治理、优化营商环境等领域进行深入调研，形成一批高质量的调研成果，为县委领导决策提供参考。深度分析、总结对接京津冀协同发展的做法和成效，形成了《乐亭县借势京津冀协同发展推进项目建设大跨越的调查》，被省委政策研究室呈报省委、省政府有关领导，并在《政研与决策》全文刊载，得到县委主要领导的批示肯定。

【法规工作】 审核下发文件、通报、通知、会议纪要等150余件，审核上报公文33件，无差错。坚持以提升文件规范性为着眼点，报备公文16件，做到了无差错、无遗漏。组织全县各级各单位文字骨干开展公文培训活动，深入相关单位就公文制发中存在的问题进行座谈交流，各单位公文起草和处理水平得到提升。

【信息外宣】 加强对基层信息工作的指导，组织信息培训16次，努力拓宽信息渠道，增加信息来源，提高信息质量。及时收集动态性信息，为上级机关和领导了解下情提供及时、准确的信息服务。印发《县委快报》44期，为领导及时全面掌握重点工作开展情况提供了参考，为全县各单位工作交流提供了平台。围绕全县经济社会发展重点，捕捉工作亮点，总结发展经验，组织撰写了《增比进位求突破——建设沿海强县美丽乐亭》《突出“四个抓手”把开发区打造成县域经济的第一动力源》《改革引领创新驱动——乐亭迎来新形势下供销社发展的春天》《夯实主体责任——全面从严治党为建设沿海强县美丽乐亭提供坚强组织保障》等56篇外宣文章，被《河北发展》《河北经济》《新唐山》《唐山经济》《唐山快报》等刊物采用。反映新发展理念在乐亭县落地生根、生动实践的《新理念新路径新气象——大钊故乡扬帆远航》被收入红旗出版社编辑出版的《治国理政在郡县》一书，宣传了乐亭的工作亮点、典型做法和发展成就。

【督促检查】 紧盯县委重要会议精神抓落实，牵头制定县级干部“十个一”活动任务和2017年乡科级干部重点工作项目化管理清单。对县委常委会、县四大班子工作联席会、重点工作协调（调度）会和县委主要领导现场办公会等议定事项进行跟踪督导，及时分解任务，专人盯办落实，下发《督查专报》46期。建立对县委重要文件领导批示意见落实情况定期报告制度，对县委主要领导重要批示意见建立登记台账，盯办县委主要领导批示文件127件，向县委领导反馈落实情况12期。对县委主要领导批示的群众来信，全部建立台账，实行全程盯办，县委领导批示的66件信件全部办结，“要情况、要结果”的8件信件全部及时反馈。同时，认真抓好专项督查和各种临时督查任务。

【综合协调】 规范办文办会，处理公文2955件，做到零差错、零失误。全年组织筹备各类会议90余次，得到县委主要领导的肯定。改善后勤服务，严格财务管理，认真履行公务采购申报和审批手续，优化公共资产管理配置，保证机关日常办公需要。严格落实公车派车制度，加强各环节管控。做好群众来访接待工作，千方百计耐心疏导，化解矛盾，维护良好的机关办公秩序。

【机要保密】 机要工作继续保持省市先进地位。全力确保密码安全和密码通信畅通，明密电报传输零差错、零失误、零停留。按照县级保密工作实际进行自查督查，整合技术力量对全县20家重点涉密单位的所有计算机进行技术检查，彻底消除安全隐患。对全县各单位涉密人员进行集中培训，结合全县“12·4”法制宣传日系列宣传活动，印发保密宣传材料及保密提醒卡片2000余份。立足保密工作新形势，加强互联网网站和微信群保密工作，实现保密工作全覆盖。

【应急值班】 健全和完善一系列值班工作规章制度和值班工作运行机制。加强对值班工作的明察暗访、督导检查，针对重点时段、敏感时期，深入重点单位不定期进行点对点检查、面对面指导。严格落实特殊时期值班日报告制度，及时向市委值班室呈报值班报告7次，均无迟报漏报现象。

【全面深化改革】 起草了《中共乐亭县委全面深化改革领导小组2017年工作要点》和《中共乐亭县委全面深化改革领导小组2017年工作要点“四个干”运行图》，将103项改革任务分解到40家涉改单位。建立改革工作月报机制、改革信息报送机制、改革督察机制，制定了《乐亭县全面深化改革工作考核办法》《全面深化改革群众联络员反映事项办理工作暂行办法》，重新选聘全面深化改革群众联络员34名，并组织开展聘任培训。年内，接待国家级媒体采访调研2次，对40家涉改革单位进行了集中督察，3项改革试点工作扎实推进，对34名改革联络员进行逐一走访，征集改革联络员意见建议20余条，改革外宣文章被国家级媒体采用3篇，被省级媒体采用2篇，被市级媒体采用29篇。

县委机要局局长　孟庆莹
国家保密局局长　赵彦生
县委督查室主任　李宗军
县委研究室主任　缺　职
　　周智林（8月任）
国家密码管理局局长　马云丰

组　织

【概　况】 2017年，乐亭县有基层党（工）委23个，其中乡镇党委13个，党工委4个，县直单位党委1个，企业党委5个；有党组36个；党总支32个；党支部961个，其中农村党支部473个，机关党支部171个，企业党支部86个，事业单位党支部148个，其他类党支部83个。全县有党员33921名，其中在岗职工党员6080名（公有制经济单位中的党员5438名，非公有制经济单位中的党员642名），农村党员19516名，离退休党员4992名，其他党员3333名（含学生毕业未就业人员、军队退役未就业人员、下岗职工等）。县委组织部深入学习贯彻党的十八届六中全会、十九大精神和中共中央总书记习近平系列重要讲话精神，按照年初制定的总体工作思路和任务目标，以全面推进“两学一做”学习教育常态化、制度化为契机，围绕中心、服务大局，突出重点、狠抓落实，各项工作取得新进展，为全县经济社会发展提供坚强的组织保证。

【党员教育】 党员“两学一做”学习教育　全面推进“两学一做”学习教育常态化、制度化，以上率下，扎实推进学习教育深入开展。县四大班子和县级领导干部结合“十个一”（扶持1个重点企业、分包1个重点项目及责任单位、引进1个新项目、引进1个总部经济、培育1个上市企业、培育1个科技型中小企业、分包1个乡镇、联系1个后进村、分包1个信访案件、帮扶1个困难户）活动，带头开展理论中心组学习、带头到联系点讲党课、带头参加主题党日活动、带头召开高质量的专题民主生活会、带头建立问题整改清单；全县乡科级领导班子和各基层党组织分别召开专题民主生活会或组织生活会，开展主题党日和党组织书记讲党课等系列活动，推动“两学一做”融入日常、抓在经常。加大宣传力度，发挥典型示范带动作用。结合迎庆“七一”，组织召开全县纪念建党96周年暨“两学一做”学习教育先进典型事迹交流座谈会，邀请被评为全省优秀基层党委的乐亭镇和“千名好支书”的吴凤芹等组织和个人代表进行典型发言。在县电视台开办“两学一做”学习教育先进典型事迹展播，在全县营造比学赶超的氛围。创新载体，在省市率先推行党员先锋指数管理，通过科学设置党员先锋指数考评标准，对党员履职情况和党性状况进行量化考核，不断提升党员管理精细化、规范化水平。打造特色，开展在职党员进社区志愿服务活动。建立社区网格化管理体系，细化社区党建工作标准，结合文明城市创建，“七一”“十一”前夕先后组织2000多名在职党员进社区开展志愿服务活动。县卫计局、供电公司、县公安局、县司法局等部门（单位）结合自身职能特点开展特色服务活动，受到群众欢迎。

党员电化（远程）教育　2017年，全县488个党员电化（远程）教育终端基层站点全部完成改版升级，《农村党员干部现代远程教育工作手册》发放到位。年初对站点管理员进行培训，并印发明白纸。向市委组织部申报示范站点30个，有效强化了远程教育工作的开展。深挖典型模范，打造高质量电视片，《执着的追梦人》《永不退休的爷爷》《踏着伟人的足迹前进》等10部电视片在中央组织部和省委组织部平台播出。落实“星耀唐山”宣传活动工作任务，宣传报道先进典型23个，县内马晓波、湛昌义、王青海、刘美蓉、齐玉和、梁万臣先进典型事迹作品在全市展播。开通“乐亭组工”微信公众号，推送信息450篇，被唐山共产党员网采用35条，被“唐山先锋”微信公众号采用43条。

【基层组织建设】 2017年，县委组织部结合“基层党组织建设提升年”行动，深化基层党组织标准化、规范化建设。结合县域实际，分领域细化党组织建设提升标准，制定实施方案，推行党建亮点工程，组织各乡镇（街道）党委申报党建示范点69个、示范区12个，县直党委申报示范点12个，形成一批党建示范区（点），起到引领带动作用。在全县实施标准化建设集中攻坚月行动，将《唐山市基层党组织建设示范点十条标准执行细则》逐条细化，分类建立攻坚台账。投资13万元，为473个村统一配备规范的伟人像。9月初，在中堡镇召开全县后进村整顿集中观摩活动及农村党建标准化建设推进会议。9月中旬，组织各乡镇（街道）党委副书记、组织委员和71个后进村党组织书记到滦县、滦南县观摩学习基层党组织标准化建设。年内，有265个村达到标准化要求，占全县行政村总数的56%。以县、乡、村三级平台为抓手，推进基层服务型党组织建设，强化线上办件的督导和社情民意分析研判，与县商务局一起做好电子商务进农村示范工作的绩效考评，与县委政法委一起在农村综合信息服务平台增置综治中心功能，全年接待县内外参观考察30余次。

农村“三支队伍”建设　组织召开乡镇党委书记抓基层党建述职评议工作会议，并建立县、乡镇党委书记抓基层党建工作清单。开展“农村干部规范管理月”活动，为每个村印制《乡村干部值班日志》，并对村干部坐班加强督导检查，调阅各乡镇（街道）后进村《党支部工作手册》和《乡村干部值班工作日志》，严格落实农村党组织书记星级化管理，加强对农村干部的规范化管理。加强大学生村官管理，做好大学生村官考核、录用、分配、档案、工资管理等工作。年内，分9批次组织267名农村党组织书记赴省内外参加省级“万人示范培训班”。完善2795名致富带头人台账，从776名村级后备干部中选拔致富带头人506名，作为党支部书记后备人选进行重点培养。

后进村集中治理整顿　在全面摸底排查的基础上，按照倒排15%的比例确定73个后进村（社区）。4月29日，组织召开全县后进村集中治理整顿工作动员部署会议，明确整顿工作的目标任务、方法步骤和推进措施。结合县级干部开展的“十个一”活动，落实县级干部联系点制度，并抽调210名县、乡镇机关干部与市派工作队组成73个帮扶工作组，实行县级干部联村、县直部门工作组帮村、“第一书记”驻村、乡镇党委抓村“四位一体”的整顿转化模式，推进后进村（社区）转化升级。先后在庞各庄乡、中堡镇召开整顿转化工作现场会。9月初，组成5个督导检查组，对所有后进村整顿转化情况进行拉网式督查，并在通报检查结果的同时，点对点反馈检查中发现的问题。10月16日，《唐山组工信息》对乐亭县开展后进村整顿督查活动的做法予以刊发。到年底，全县73个后进村（社区）全部实现转化升级。

村“两委”换届前期准备工作　根据县委的统一部署，县委组织部积极做好村“两委”换届前期准备工作，提前做好农村干部经济责任审计。从9月起，与县监察局、县农牧局结合，对全县农村干部进行任期和离任经济责任审计，到年底完成472个村相关人员的审计工作。与县纪委、县政法委、县公安局、县检察院、县民政局等部门结合，组织开展村霸专项排查整治行动，并加强舆论宣传，营造稳定有序的换届环境。开展摸底调研活动，与县民政局联合制发调研方案，组成3个专题调研组，深入14个乡镇（街道）进行全面摸底调研，并撰写调研报告。同时，指导各乡镇（街道）建立村情选情台账和重点难点村监控台账，并对摸排出的28个重点难点村，选派得力工作组（人员）超前介入，坚持“一村一策”进行整改。

贫困户结对帮扶　2017年，县委组织部与县民政局联合印发《关于做好贫困户结对帮扶有关工作的通知》，并召开工作部署会议，抽调352名45岁以下科级干部与贫困户结成“一帮一”帮扶对子，建立帮扶台账，发放结对帮扶“连心卡”和记录本。10月17—19日，组织和督促帮扶责任人开展入户走访“暖心活动”。

非公企业与社会组织党组织建设　开展非公企业和社会组织“两个覆盖”（组织覆盖、工作覆盖）第二轮百日攻坚行动，建立非公经济和社会组织党建工作联席会议制度，多次组织召开调度会议，分解工作责任，传导工作压力。“两个覆盖”的比例分别达到92.8%和95.71%，实现稳中有升。对76个非公企业临时、特设党组织和37个社会组织临时、特设党组织按照先易后难的原则，分别采取村企联建、社企联建、企业联合及党委建立企业或社会组织党支部的组建方式，在9月底前全部如期转化，配齐党组织书记，转化进度位居全市前列，并参加省委组织部召开的调研座谈会（全市有乐亭、迁西、路北3个县区参加）。党群活动服务中心建设稳步推进，打造了唐山市德龙钢铁有限公司党委、乐亭县青年民营企业家协会党总支、唐山丞起汽车零部件有限公司党支部等示范点，市委组织部在集中检查督导中给予肯定。

【党员发展】 2017年，县委组织部严格按照党章规定的党员标准发展党员，坚持把政治标准放在首位，突出先进性，做到成熟一个发展一个。加强入党积极分子的培养教育，端正其入党动机。对预备党员的接收、教育考察、公示和转正每个环节，严格程序、严格把关。年内，以改善年龄、文化和从业结构为重点，发展优秀青年和一线人员入党，注重从致富能手、复员军人、村委会干部和后备干部、优秀妇女和非党大学生村官中的青年发展党员。举办全县发展党员工作业务培训班，培训党务干部260多人，制定《2017年发展党员工作实施意见》，解决3年以上未发展党员的村45个。全年发展新党员410名，其中女党员78名，占新发展党员总数的19.02%；少数民族党员1名，占0.24%；35岁以下党员221名，占53.9%；大专及以上学历党员158名，占38.54%；农牧渔民党员274名，占66.83%。

【党员管理】 2017年，县委组织部以党章和党内有关规定为依据，做好党员教育管理工作。健全党员能进能出机制，不断纯洁党员队伍。年内，对全县失联2年以上的19名党员全部停止党籍，另库管理。对全县军队退役人员党员身份进行核查，并建立信息台账。同时，对清理收缴党费工作按上级要求调整科目设置，实现专账管理，规范使用项目。实施重大节日县级领导对困难党员的走访慰问工作。历时3个月对全县1015个党组织、3.38万名党员的信息进行采集录入，先后协调县民政局、县教育局、人才市场等单位完成4000多名党员的查档工作。

【干部推荐选拔】 2017年，干部推荐选拔工作贯彻执行中共中央《党政领导干部选拔任用工作条例》，牢固树立党是最高政治领导力量的观点，贯彻落实中共中央总书记习近平提出的好干部20字标准，大力选拔“忠诚、干净、担当”的优秀干部，树立注重基层、注重实干的导向。坚持凭实绩用干部，坚持在一线发现、培养和使用干部，努力选拔会干事、干成事、不出事的干部，保证选拔的干部既能符合岗位要求，胜任工作，又具有良好的群众基础。年内，调整科级干部5批次，涉及干部343人。围绕县委、县政府工作中心，发挥组织部门职能作用，坚持在招商引资、项目建设、征地拆迁等重点工作一线培养锻炼干部，有力推进各项重点工作开展。全年选派55名干部赴北京、天津、江浙等经济发达地区挂职招商，抽调271名干部参加美丽乡村建设和后进村帮扶工作，抽调13名干部增加拆迁力量，参与拆迁工作的人员达到224名，选派45周岁以下科级干部352名参加扶贫工作。

【公务员管理】 2017年，县委组织部严格执行《中华人民共和国公务员法》，严把“入口”关，公务员队伍管理有序、队伍稳定。年内，通过省、市、县、乡四级联考录用公务员37名，安置省定向选调生5名，非定向选调生15名，从村党支部书记中公开招录1名，新批参照公务员管理1名。

【干部考评】 2017年，县委组织部不断完善干部考核考评工作体系，全面加强对党政班子和领导干部的考核考评工作。通过认真研究省、市考评办法，结合县内中心工作、重点任务，认真分析近5年的考评结果，对考核指标进行调整，确定《乐亭县乡科级领导班子综合考评办法》的总体指导思想，并组织各考评责任单位制定《乐亭县乡科级领导班子考评细则》，力求简便易行、可操作性强，经县委组织部逐项、逐条审核把关后印发全县。做好2016年度科级班子和干部的年度考察考核工作，坚持客观公正、注重实绩的原则，制定《乡科级领导班子及科级领导干部考核考察实施方案》，参与并组织协调对全县82家县直单位和街道办乡科级领导班子进行考核考察。对考核考察结果进行全面分析汇总，形成2016年度综合考察报告，为县委科学评价领导班子和领导干部个人提供重要参考和有效依据。在此基础上，完成领导班子成员及党群系统干部的年度考核。严格把握评优比例，通过民主推荐、座谈了解、党组织推荐等方式，对班子成员评优 166 名，党群系统科级以下人员评优 171 名，招商引资、信访维稳、征地拆迁等重点工作评优 52 名。根据有关规定和干部个人履职情况，对 24 名受党政纪处分、被诫勉谈话的干部考核等次进行评定。在建设沿海强县表彰工作中，组织县工会、县委政法委、县信访局、县发改局、县招商局、县房屋征收办公室等 12 家部门，推荐评选 2016 年度县级劳动模范 200 名。

【干部培训】　稳步落实干部调训工作，组织选派乡科级以上领导干部 96 人次参加省委、市委组织的各类调训班次。扎实推进网络培训工作，组织完成河北干部网络学院学员注册工作，注册学员 1502 名；组建乐亭干部网络学院联络员交流群成员 93 名，及时沟通学习情况。针对培训学习内容，先后组织专题考试 2 次。6 月、11 月市委组织部干部教育处先后 2 次通报各县区人均学时情况，乐亭县均位列前 5 名。统筹安排各类培训班次，举办党务干部党性教育专题培训等主体培训班 3 场次；开展"理想信念大提升、讲师下乡建课堂"专题培训活动，解决乡镇干部工学矛盾；组织开展"风险防控与突发事件应对"等素质提升大讲堂 3 场。12 月，举办正科级干部学习贯彻党的十九大精神专题研讨班；分期举办全县科级干部学习贯彻党的十九大精神轮训班。全年培训干部 4100 余人次。

【人才培育】　2017 年，县委组织部认真落实县委十三次党代会精神，扎实推进人才培育工作，不断提高人才科学化水平。积极助推科技创新，营造创新创业环境，借力京津冀协同发展，加大奖励力度，促进科技创新，发挥科技创新在推进县域经济社会发展中的支撑和引领作用，年内新认定高新技术企业 2 家，授权各类专利 17 项，获省名牌产品 3 项、著名商标 1 项、中小企业名牌产品 1 项。对接中心工作，打造高素质招商人才队伍，培养、历练年轻干部，为新时期乐亭经济社会发展选拔合格人才。加大挂职选派力度，新选派招商干部 55 人，分赴北京、天津、长三角地区开展驻点招商，对接浙江上虞经济开发区、北京朝阳区等地开展挂职招商工作。加大管理力度，对新选派挂职招商干部开展集中培训，强化工作督导考核，3 月对外派招商干部进行走访；6 月、10 月对挂职干部工作开展情况进行督导。深化载体建设，优化人才工作氛围，扎实开展"人才工作宣传月"活动，印发《习近平关于人才工作论述摘编》3000 余册；对接电商平台、农民专业合作社，培育新型农村致富带头人；对接县青年民营企业家协会、人才市场、中小企业服务中心，搭建企业与人才的交流平台；深入推进农村青年人才"金字塔"工程，在册农村青年实用人才 9000 余人。

【干部监督】2017 年，县委组织部坚持把严明党的政治纪律、政治规矩放在干部监督工作首位，提升干部素质，锻炼过硬队伍。健全完善干部监督工作联席会议制度，定期召集 16 家干部监督工作联席会议成员单位进行座谈交流，年内收集干部受处分信息 31 件。创建干部监督信息库，实行"一人一档"监管模式，通过多种途径对所收集到的信息进行整合，分类"入库"，动态管理，发挥信息库的"存储、筛选"作用。完善科级干部因私出国（境）管理制度，向全县制发《关于严格规范因私出国（境）管理工作的通知》，明确登记备案、审核审批、证件保管、责任追究等规范化管理制度。严格落实"一问责八清理"相关工作，根据省"一问责八清理"专项行动及巡视整改的相关要求，委托县工商部门对全县科级干部及其亲属工商注册信息进行查询，查询涉及 2900 余人。对科级干部本人存在工商注册信息的人员发放提醒函，已按要求完成整改；对亲属存在工商注册信息的 4 名科级干部下发函询通知，从回复及核实情况看，未发现违规情形。

【县乡换届工作】县委组织部严格按照省、市统一部署，认真落实责任、精心组织谋划，严格按照有关规定和程序稳步实施，确保县乡党委换届选举工作顺利完成。发挥党委的领导和把关作用，着力建设坚强有力的领导班子和干部队伍。县、乡新提名的干部均经过"两轮推荐"（会议推荐、个别座谈推荐）产生，绝大多数人选来自基层一线，树立奋勇争先、干事创业的良好导向。在乡镇领导班子人选酝酿环节，紧扣县委中心工作大局安排部署，坚持“好钢用在刀刃上”，着力选优配强乡镇党政正职，13个乡镇中的24名党政正职政治素质过硬，具有丰富的基层工作经验。加大对优秀年轻干部和高学历层次干部的推荐使用力度，“80后”乡镇班子成员人数由22名增加到33名，全日制大学以上学历人数由22名增加到31名，干部队伍结构明显优化。严格执行选举程序，确保换届体现组织意图。自觉强化执政意识，把代表的思想统一到县委的要求上来，确保县乡换届人事安排工作既符合上级党委意图又体现广大代表的意愿。经过周密安排，精心组织召开县第十三次党代会，全票选举产生县委委员52名、候补委员10名、纪委委员21名，全票选举产生“两委”书记、副书记及“两委”常委。把纪律挺在前面，确保换届风清气正。严肃政治纪律和政治规矩，严格执行干部工作程序，严守换届选举各项法律法规，环节一个不少，规矩一条不破，始终绷紧思想这根弦。严格执行中央换届纪律要求，与县纪委联合印发《严肃换届纪律公告》《严肃换届纪律文件选编》等文件2000余份，组织领导干部、各层次代表、委员和工作人员4000余人次学习收看《镜鉴》《警钟》警示教育片，成立督导组深入换届选举过程全程监督，确保换届选举风清气正。

【上级主要考核指标增比进位】 以建立省、市达指标责任清单工作机制为抓手，不断推动全县各项工作增比进位。将省、市考核县的58项指标进行任务分解，由33家县直相关部门承接，确定为指标责任单位，明确分管县级领导作为指标责任人。县委组织部制定印发《关于建立2017年度省市主要考核指标责任清单工作机制的实施办法（试行）》，明确了指标的调度、监控、督导及奖惩约束机制。3月始，指标责任单位每月按时统计指标运行情况，呈报县级领导。对完成较差的落后指标，如对《唐山劳动日报》每季度公布的落实全市12项重点工作排名，及时分析情况，责令有关单位查找原因，迅速整改。组织召开指标调度会5次，走访调度10余次。强有力的措施，保证了全县各项指标在省、市考核中取得优异成绩，为全县各项工作实现增比进位提供坚强的保证。2016年度，县委书记考核指标得分121.6分，在全省“工业发展推进县”类别34个县市中排第9位。县委书记被省委考核为“优秀”档次，这是自2013年明确对县委书记进行单独考核后，第一次被评定为“优秀”档次。同时，2016年度县委领导班子被市委考核为“优秀”档次，位居全市14个县市区第4位。

【筹建大钊干部学院】 2017年，县委组织部深入推进省委确定的“不忘初心”主题培训项目并着手筹建大钊干部学院。“不忘初心”培训项目由唐山市委承办，并确定以乐亭县李大钊纪念馆和李大钊故居为主要教学基地。县委组织部不断与省、市对接，按照要求细化、完善项目方案，多次召集县委党校、李大钊纪念馆等单位进行谋划研究，深入挖掘大钊精神，开发打造红色“初心”相关课程，培训内容框架初步形成。11月3日，县委组织部主要领导与市委组织部相关领导一道，赴省委进行专题汇报，得到省委的初步认可。以推进“不忘初心”培训项目为契机，立足县委确立的“高起点谋划、高标准培训、高水平建设”规划定位，实现党校招生办学、后勤保障的自主化。并将其作为“不忘初心”主题培训项目的基地，承担未来具体培训任务。多次组织县委党校、县住建局、县国土局等单位参加新党校筹建研讨，先后4次组织赴外地党校进行学习考察。经多次反复调研论证，新党校已选址于李大钊纪念馆西侧，设计方案初步确定，项目正式进入图纸设计阶段。

宣　传

【概　况】 2017年，乐亭县宣传思想文化工作围绕县委工作中心和决策部署，以全面学习宣传贯彻党的十九大精神为统领，以“四个干”抓落实机制推动宣传思想文化工作“干成事、出亮点”，强化责任担当，强化争先创优，持续兴起学习贯彻中共中央总书记习近平系列重要讲话精神的热潮，深化党的理论创新成果的学习宣传，深化社会主义核心价值观建设，打造强势对外宣传，深化文明县城创建，加快文化事业、文化产业发展，以强有力的思想引领、价值引领、舆论引领、文化引领，助力沿海强县、美丽乐亭建设。11月，在省委宣传部举办的第一批省级基层五大文化阵地评选活动中，乐亭镇韩坨村被评为第一批省级农村文化礼堂，乐安街道茂源社区被评为第一批省级社区文化家园，县历史文化博物馆广场被评为第一批省级城市文化广场。原创歌曲《百姓心》获全国2016年度“五个一百”网络正能量精品评选“百部动漫音视频作品”奖；《太行山上那棵树》获2017年度全国“平安中国建设”宣传系列征集评选“歌曲MV”二等奖。

【干部理论学习】 贯彻落实中共中央办公厅《中国共产党党委（党组）理论学习中心组学习规则》及省委办公厅《贯彻〈中国共产党党委（党组）理论学习中心组学习规则〉实施办法》，坚持以学习宣传贯彻中共中央总书记习近平系列重要讲话精神和党的十九大精神为主线和主要内容，发挥各级党委（党组）理论学习中心组的示范带动作用，推动各级中心组学习规范化、制度化。年内组织县委理论中心组集中学习17次，党员干部参与学习率100%，《“六学”联动激发党委理论学习中心组内在动力》等经验在全省推广。

【党员教育】 强化党员理想信念教育，关注使用“河北学习”微信公众号1800余人，依托“乐亭理论学习”微信群，指导党员干部学习中共中央总书记习近平系列重要讲话精神，认真学习党章党规；以大学习、大培训、大宣讲、大宣传、大调研、大讨论活动深入学习宣传贯彻党的十九大精神，切实在学懂、弄通、做实上下功夫；开展中国梦宣传教育、纪念李大钊同志英勇就义90周年大会、“升国旗、唱国歌，祖国在我心中”等主题实践活动，创新推进理论宣传、社会宣传、电视宣传、网络宣传、文艺宣传、典型宣传“六位一体”宣传模式，引导全县人民增强“四个意识”，积聚发展正能量。2月，在全市“转型筑梦、绿色逐梦、创业追梦”实践活动优秀案例及微电影、微视频征集活动评比中，县委宣传部、乐音影艺文化传媒公司选送的《第二次谎言》《与爱同行》被评为优秀微电影、微视频；胡家坨镇《文化传承融入“美丽乡村”》项目被评为优秀案例一等奖；县委宣传部《创新举办“百姓故事汇”汇聚圆梦正能量》项目被评为优秀案例三等奖，县委宣传部获优秀组织奖。8月，在全市“中国梦·唐山篇章——我为英雄城市添光彩”第四期诗词楹联颂党恩活动中，新戴河初级中学1名教师获诗词作品三等奖，烟草专卖局1名干部获诗词作品优秀奖；乐亭县第三初级中学、姜各庄镇王庄子初级中学、新戴河初级中学3名教师分别获楹联作品优秀奖。9月，在全市“迎庆十九大、担当有作为——微型党课大家讲、微型党课网上行”比赛中，县委宣传部1名干部获二等奖、县委党校3名教师获优秀奖。

【爱国主义教育及基地建设】 2017年，依托李大钊纪念馆、李大钊故居、革命烈士纪念馆等爱国主义教育基地，利用重要节日、纪念日，组织党员干部和青少年学生开展巡访巡学活动。县委办公室印发《关于组织开展“纪念李大钊同志英勇就义90周年”系列主题活动的通知》，赴爱国主义教育基地巡访巡学人数达2.2万人次，深入机关、农村、社区、学校、企业开展大钊精神基层宣讲50余场次，配合市委组织举办“李大钊同志英勇就义90周年纪念大会”，继承先辈遗志，弘扬大钊精神，激发全县党员干部干事创业热情。12月，在全市“我为英雄的城市添光彩”爱国主义教育基地讲解员比赛中，李大钊纪念馆2名讲解员获得一等奖。

【扫黄打非】 贯彻落实省、市“扫黄打非”行动部署，以净化出版物市场、清除网上有害信息、保护知识产权为工作主线，查缴政治性非法出版物和清除网上有害信息，围绕年度“扫黄打非”工作任务，制订行动方案，开展深化查堵反制反动出版物“清源”行动、网络淫秽色情信息专项治理“净网”行动、非法报刊专项治理“秋风”行动、查处非法少儿出版物“护苗”行动、打击侵权盗版行动等“扫黄打非”专项行动，推进“扫黄打非”进基层。至年底，全县出动执法人员1120人次，检查文化经营单位350家次，收缴非法图书音像制品 61 本（盘）、报刊 400 余张，责令改正 3 家，取缔出版物经营摊点 2 家，促进县内文化市场经营步入相对良性的轨道，营造未成年人健康成长的文化环境，维护了县域经济社会和谐稳定发展。

【对外宣传】 2017 年，新闻宣传工作围绕县委中心工作打造精品，国家、省级重点媒体发稿数量创历史新高。在国家、省、市各级各类重点通讯社、报刊、电视台、电台发表稿件 380 篇，其中新华社、《人民日报》《光明日报》《经济日报》《农民日报》等国家级媒体发稿 50 篇；《北京日报》《河北日报》《河北经济日报》等省级报刊发稿 110 篇，北京电视台、河北电视台、河北电台发稿 22 篇，居全市第二位；在《唐山劳动日报》发稿 220 篇，其中头版 52 篇，继续保持市级主流媒体领先地位。全力服务“招商引资百日攻坚行动”，制作完成《魅力热土、投资福地——中国乐亭》招商引资宣传片，取得良好宣传效果。圆满完成北京、天津招商推介会对外宣传工作，邀请近 30 家京津主流媒体参会报道，在《北京日报》《天津日报》等京津重点报刊和人民网、中国网、搜狐网、网易网、凤凰网、今日头条等重点门户网站发表相关稿件 200 余篇。在北京繁华地段公交站亭和京哈高速公路投放宣传广告，塑造全县良好的招商引资环境和外在形象。网络宣传紧跟时代步伐，在国家、省、市各级重点新闻网站及知名商业网站首发新闻稿件 166 篇。乐亭发布等新媒体宣传亮点频现，微信公众号、乐亭发布头条号发布信息量、阅读量均创新高。围绕社会主义核心价值观、文明城市创建、党的十九大宣传制作 H5 宣传片，获得各界认可，《网上践行群众路线·魅力乐亭》入围全省网上践行群众路线 H5 作品十强。网评及舆情监控处置工作取得突出成果。

【“365 百姓故事汇”群众宣讲活动】 组织举办乐亭县“讲好赶考故事”暨第四期“365 百姓故事汇”决赛。4 月，李大钊纪念馆左婷获河北省第四届“‘365 百姓故事汇’我心中最喜爱的故事网络选手”。5 月，在全市第四届“365 百姓故事汇”决赛中，李大钊纪念馆 1 人获二等奖，乐安街道、古河乡小学 2 人获优秀奖。6 月，乐安街道、县文广新局、县法院、县综合职业技术学校 4 人被评选为全市“中国梦·唐山篇章——我为英雄城市添光彩”“讲好赶考故事”暨“‘365 百姓故事汇’我心中最喜欢的选手”。

精神文明建设

【概　况】 2017 年，乐亭县精神文明建设工作坚持全面学习贯彻党的十九大精神，以习近平新时代中国特色社会主义思想为指引，贯彻落实中央、省、市文明办的工作部署，以人民为中心、以县城建成区为重点、以城乡共建为基础、以培育和践行社会主义核心价值观为根本，以创建首届省级文明县城为目标，提高市民文明素质、城市文明水平、社会文明程度，把县城建设成为创业之城、洁美之城、宜居之城，满足人民对美好生活的向往，为建设沿海强县、美丽乐亭营造良好的社会环境，提供强大的精神动力和道德支撑。乐亭镇韩坨村、毛庄镇何官营村获评第五届全国文明村镇，县第三实验小学获评第一届全国文明校园，乐安街道乐安社区黄玉珍家庭当选“全国最美家庭”，毛庄镇张任庄村村民康金侠、汤家河镇沙口村村民才春成获中国好人榜提名奖，10 人当选河北好人，6 人获唐山市道德模范或提名奖，105 人入选唐山市月评学雷锋十佳。

【首届省级文明县城创建】 2017 年，全面扎实推进首届省级文明县城创建工作，成立 10 个创建工作组，制定创建文明城市“四个干”运行图，县领导靠前指挥，各级各部门按照创城责任目标开展工作，形成强大工作合力。县创城办下发督办卡 800 余份，涉及问题 1400 多个，对发现的问题反复督导，直至达到标准和要求。开展公益宣传，营造创城氛围，在城区主次干道制作道旗广告 1700 多处，围挡公益广告近 1 万平方米。同时在社区、学校、窗口单位、公园广场、公交站亭、街牌灯箱等处设置各类公益宣传广告及其他宣传内容。在县电视台《文明让生活更美好》专栏、“乐亭发布”“乐亭文明网”等网络手机媒体对创城工作动态进行及时报道。在县电视台开设《曝光台》，安排记者紧跟创城办督导的脚步，对群众反映意见大的热点问题进行电视曝光。通过持续深化群众性精神文明创建活动，实施文明素质提升、文明村镇创建、典型示范引领、未成年人道德养成等行动，提升全民文明素质和社会文明程度，城乡环境面貌、社会公共秩序、公共服务水平、居民生活质量得到改善，城乡居民获得感、幸福感不断增强，嘉言善行的社会文明风尚日渐浓厚，为建设沿海强县、美丽乐亭提供强大的精神动力。12月，乐亭县高标准通过河北省首届省级文明县城创建验收，在全省114个县综合测评中名列第三，获得第一届“河北省文明县城”称号，并获得全国文明城市的提名资格。

【培育和践行社会主义核心价值观】 结合全国文明县城创建活动，县文明办组织各级各部门将社会主义核心价值观融入市民公约、居民公约、村规民约、学生守则、行业规范，做到核心价值观内容宣传全覆盖；要求各中小学师生熟练背诵社会主义核心价值观24字，做到入脑入心，深刻理解。按照省委宣传部、省文明办要求，组织35个省市级文明单位开展“精神扶贫、文化扶贫”活动，通过“科技、卫生、文化、法律”四下乡，让文明单位在扶贫攻坚行动中起到引领示范作用，努力做到扶贫先扶志（智），增强贫困户自强自立的意识和共同致富的信心和决心。利用县直单位、乡镇村（居）、中小学的“道德讲堂”“善行功德榜”广泛评树身边好人、道德楷模和新时代好少年。在全县建立新时代文明实践中心示范点11个。

在县城建成区、乡镇、学校、社区（村）、广场、公园、县城区工业聚集区等地设置公益广告，为学习宣传党的十九大精神和习近平新时代中国特色社会主义思想营造浓厚的社会舆论氛围，将党的十九大报告中的新思想、新论断、新提法、新举措与社会主义核心价值观、“经济强省、美丽河北”、中国梦等公益宣传相结合，公益广告图文并茂、平面与立体相结合，凝聚思想共识，汇聚精神力量。设置社会主义核心价值观、党的十九大精神、生态环境治理、扶贫攻坚、未成年人思想道德建设等宣传公益广告牌180个；公共场所、临街单位、宾馆饭店等150多处电子屏循环播出公益广告；14个乡镇（街道）驻地和各行政村设置宣传党的十九大精神公益广告宣传牌、道旗等1490块，设置公益广告宣传橱窗489个，社区、公园广场设置公益广告小品8处，县电视台、乐亭文明网等电视网络媒体在黄金时段和主页面高频次播出主题公益广告词。

【公民道德实践活动】 开展中国梦宣传教育、培育和践行社会主义核心价值观，诚信建设、志愿服务、文明餐饮，文明校园、文明单位、文明村镇、文明家庭创建及道德模范评选表彰等活动，让干部群众感知创建、参与创建、支持创建。城乡广大志愿者结合职业特点和自身特长开展医疗义诊、文明交通劝导、诚信经营、扶贫助困、心理慰藉、家电维修、法律科普宣传、“擦亮窗口、文明服务”“小手拉大手，文明路上一起走”等主题实践活动。在“燕赵云”志愿服务系统注册3.2万名志愿者。

开展我发现我推荐“身边好人”活动，组织开展第五届乐亭县道德模范评选表彰活动，评选出12名各类道德模范，组织开展道德模范基层宣讲活动20余场次；有11人获“河北好人”称号，15人入选唐山市月评学雷锋十佳，乐安社区黄玉珍家庭当选“全国最美家庭”，对于全县公民思想道德建设起到推动作用。

【农村精神文明创建】 县委宣传部按照“产业兴旺、生态宜居、乡风文明、治理有效、生活富裕”的总要求，坚持城乡统筹发展、“两轮驱动”促进乡风文明的原则，在创建文明县城的同时，组织文明村镇创建，倡导农村文明新风，提高农民素质，发展农村经济和改善村容村貌，提升农村精神文明建设水平和城乡一体化发展水平。

文明村镇创建，着眼农村的发展远景，立足当地的具体条件，注重农村精神文明创建的内涵，把基础设施、美化绿化、文化活动、民主管理、家庭美德、个人品德及传承优秀文化，作为文明村镇创建的重点指标，文明村创建与农村面貌改造提升工程、农村道德建设、经济发展、平安乡村建设等工作密切配合，把建设村民中心、文化广场、文明示范街、孝德讲堂、红白理事会、乡贤队伍建设及评选“十星级文明户”、制定乡规民约、开展志愿服务等“十个一”创建作为重点内容，动员农村干部群众参与各项创建活动，弘扬善行美德、引领乡风文明，共建共享文明村创建成果。同时，注重农村民俗文化的传承，利用“村史馆”、文化墙等形式，承载故乡风情，力求做到“留得住文脉，记得住乡愁”。注重文化与旅游融合发展，推进生态农业、生态旅游、生态文化特色乡村建设，形成一村一景、一村一业，一村一特色，打造“宜居、宜游”的美丽乡村。

2017 年创建文明村 75 个，50％以上的行政村达到县级及县级以上文明村标准。

【未成年人思想道德建设】 健全未成年人思想道德建设工作机制，各级各单位对未成年人思想道德建设工作重视程度逐步加强，做到有人管有人抓，分工明确，责任落实。不断壮大未成年人思想道德建设工作队伍，各中小学校都配备专职德育教师，形成一支为人师表、热心育人的学校德育工作者队伍。专门聘请校外辅导员、法制副校长，老干部、老战士、老专家、老教师、老模范组成关心下一代工作者队伍，为中小学生举办国防知识和革命传统知识讲座 23 场次，受教育学生达 2 万多人。

学校、家庭、社会三结合的教育网络初步形成。学校发挥教育网络中的主渠道作用，把德育贯穿于教育教学的全过程，注重学科渗透，丰富校园文化，优化育人环境，拓展德育渠道。家庭教育的基础作用受到重视，各中小学校普遍建立家长学校，并通过电话、网络、家访等形式密切家校联系，推广科学的家庭教育理念，家长素质和家教水平得到提高。各村镇、社区发挥文化综合服务站、农家书屋、市民学校、资源信息共享支中心等资源优势，开展文体活动和志愿服务等活动，成为未成年人思想道德建设社会化、开放性的新平台。

坚持依法打击与教育引导相结合，由文化、公安、市场监督、教育、城管等部门开展网吧、网络、荧屏声频、文化出版物市场、校园周边环境、文化娱乐场所等专项整治。从满足未成年人日益增长的精神文化需求入手，开展“我们的节日”、中华经典诵读、优秀童谣传唱、好书推介等活动，让未成年人受到良好的文化熏陶，其健康成长的社会文化环境得到净化。县城每个居民小区都建有活动广场，并安装体育健身设施。14 个乡镇（街道）建有文化站和文体广场。村建文化活动室和室外文体活动场所实现全覆盖，15 个乡村学校少年宫及县博物馆、图书馆、李大钊纪念馆、李大钊故居、烈士纪念馆发挥青少年教育基地作用。开展文明礼仪、文明知识进校园活动，以社会实践、道德实践活动为主的未成年人教育全面实施。利用多种形式开展共创文明校园行动；组织开展“扣好人生第一粒扣子”主题宣传、“新时代好少年”学习宣传、“善行河北、立德树人”“小手拉大手共创文明城”“诵华夏经典做美德少年”“爱心行动”等系列道德教育和关爱活动，未成年人的思想道德素质得到提升。

【文化产业加快发展】 2017 年，县委宣传部以公共文化服务体系建设为载体，以群众性文化活动为平台，以文化产业项目建设为重点，不断推动全县文化事业、文化产业上水平，为建设沿海强县、美丽乐亭营造良好的人文环境和坚实的文化支撑。抓住京津冀协同发展机遇，依托本地文化资源优势，制定出台《关于推动全县文化产业加快发展的意见》，并将文化产业发展纳入乡科级领导班子考核。全年新增文化市场主体 157 个，新增投资 1000 万元以上项目 14 个，谋划亿元以上文化产业项目 7 个，在全市名列前茅。培育乐亭博奥文化产业发展有限公司等 8 家规模以上文化企业。唐山实宝来游乐设备生产加工项目入选唐山市十大文化产业项目，丞起颐天园现代农业园生态餐厅、吠宴杂鱼饺子馆入选唐山市文化主题酒店。

纪检监察

【概　况】 2017 年，中共乐亭县纪律检查委员会（简称县纪委）在市纪委和县委的领导下，以学习宣传贯彻党的十九大精神为主线，以习近平新时代中国特色社会主义思想为指导，切实履行全面从严治党政治责任，坚定不移推动党风廉政建设和反腐败斗争，全县政治生态不断优化，干事创业氛围更加浓厚，为建设沿海强县美丽乐亭、在全省增比进位、在全国争创百强提供了坚强保证。

【县纪检监察机构改革】 2017年1月，根据县委办公室关于印发《乐亭县纪检监察机构改革和县委巡察机构建设工作方案》的通知精神，适应纪检监察机关“转职能、转方式、转作风”的工作需要和新形势、新任务的要求，立足县纪检监察机关工作实际，本着有利于整合资源力量、有利于聚焦中心任务、有利于履行监督职责的原则，以“机构设置扁平化、职责任务清晰化、监督管理网格化、履职尽责规范化、队伍建设专业化”为目标，统筹纪委监督、派驻监督、巡察监督，全面推进县纪委机关内设机构改革、派驻（派出）机构改革、乡镇纪委建设和县委巡察机构建设，优化县级纪委机关机构设置和人员配置。

县纪委（监察局）改革前内设机构　县纪委（监察局）领导班子职数8名，其中书记1名、副书记2名（其中1名兼任监察局局长）、监察局副局长2名、其他常委3名。内设机构9个：办公室、干部管理室、执法和效能监督科、党风政风监督科（县政府纠正行业不正之风办公室）、纪检监察一科、纪检监察二科、审理科、信访科（县监察局举报中心）、教育调研科，内设机构规格均为副科级。

县纪委（监察局）改革前派出（派驻）机构　县纪委（监察局）派出纪工委（监察分局）7个。

调整县纪委（监察局）机关内设机构　撤销教育调研科、执法和效能监督科；保留办公室；干部管理室更名为组织部，党风政风监督科（县政府纠正行业不正之风办公室）更名为党风政风监督室（县政府纠正行业不正之风办公室），信访科（县监察局举报中心）更名为信访室，审理科更名为案件审理室，纪检监察一科更名为第一纪检监察室，纪检监察二科更名为第二纪检监察室；增设第三纪检监察室、案件监督管理室、第一监督室、第二监督室、第三监督室、第四监督室。

调整派出机构和县直单位纪委（纪检组）　撤销7个派出纪工委（监察分局），撤销设在县法院、县检察院、县公安局、县国土资源局的纪委（纪检组）。保留河北乐亭经济开发区管理委员会纪工委。设立县直机关纪工委，领导县直机关党的纪律检查工作，为县纪委派出机构，机构规格为副科级，设纪工委书记1名，编制占县直机关党工委行政编，办公地点设在县直机关党工委。

组建县委巡察机构　设立县委巡察工作领导小组办公室，作为县委巡察工作领导小组的日常办事机构，设在县纪委，负责巡察的日常工作。设立县委第一巡察组、第二巡察组、第三巡察组、第四巡察组，分别在县纪委第一监督室、第二监督室、第三监督室、第四监督室加挂牌子，实行一套人马、两个牌子的管理体制。

县纪委（监察局）改革后机构编制和领导职数　县纪检监察机构改革和组建县委巡察机构后，县纪委常委领导成员7名，其中书记1名，副书记2名（其中1名兼任监察局局长），常委4名（其中1名兼任监察局副局长），另设1名民主人士副局长。

县纪委（监察局）机关内设机构13个：办公室、组织部、党风政风监督室（县政府纠正行业不正之风办公室）、信访室、案件监督管理室、第一纪检监察室、第二纪检监察室、第三纪检监察室、案件审理室，机构规格为副科级；第一监督室（县委第一巡察组）、第二监督室（县委第二巡察组）、第三监督室（县委第三巡察组）、第四监督室（县委第四巡察组），机构规格为正科级。另设县委巡察工作领导小组办公室1个，规格为正科级。

加强乡镇（街道）纪委（纪工委）建设　健全完善乡镇（街道）纪委（纪工委）组织，每个乡镇（街道）纪委（纪工委）委员3～5名，设纪委（纪工委）书记1名，副书记1名。实行乡镇（街道）纪委（纪工委）书记、副书记的提名和考察以县纪委会同县委组织部为主，日常管理统一由县纪委负责。乡镇（街道）纪委（纪工委）书记考核由县纪委负责，统一纳入县纪委考核。乡镇（街道）纪委（纪工委）办案经费纳入财政预算，由县纪委统一管理拨付，切实增强乡镇（街道）纪委（纪工委）监督权的相对独立性和权威性。

明确乡科级单位党风廉政建设工作机构　各

乡科级单位必须明确一个机构负责落实党风廉政建设主体责任和日常工作，同时明确一名班子成员分管此项工作。

【县纪律检查委员会会议】 2017年2月18日，在县委五楼会议室召开中国共产党乐亭县第十三届纪律检查委员会第一次全体会议，县纪委委员参加会议。会议选举产生县纪委第十三届领导机构，其中书记1名，副书记2名（其中1名兼任县监察局局长），常委4名（其中1名兼任监察局副局长）。县纪委与县监察局合署办公。

【党性党风党纪教育】 *分层因岗施教* 以加强全县党员干部特别是领导干部的思想政治教育为重点，将“两准则四条例”（《关于新形势下党内政治生活的若干准则》《中国共产党廉洁自律准则》《中国共产党纪律处分条例》《中国共产党问责条例》《中国共产党党内监督条例》《中国共产党巡视工作条例》）等党纪条规纳入全县各级党委（党组）理论中心组学习重要内容，列入党校培训必修课程，狠抓领导干部的理想信念和党纪党规教育；组织全县党员干部开展“读廉书、上廉课、学廉文、看廉片”教育活动，实现廉政教育规范化、制度化、常态化；坚持开展对拟任职干部党纪政纪法规知识考试，全年有5批次74名拟任职干部通过考试。

拓展宣传平台 打造乐亭县纪检监察网、“风清乐亭”微信公众号和“清廉乐亭”工作交流群的“一网一微一群”信息宣传平台，通过“三个平台”明确宣传教育的内容，开展网络题材讨论，发布信息宣传动态，增强正面舆论引导，打造“互联网+”时代反腐倡廉宣传新阵地。

创建廉政品牌 利用县内红色资源优势，不断深化“李大钊廉洁风范”品牌创建，开展“学廉、思廉、考廉”系列教育活动。

【落实党风廉政建设责任制】 县纪委以政治建设为统领，不断提高政治站位，全面从严治党政治责任进一步落实。县纪委常委会牢固树立“四个意识”，牵牢全面从严治党主体责任“牛鼻子”，紧盯领导干部“关键少数”，协助县委制定《2017年度党风廉政建设主体责任清单》，实化细化25项主体责任，采取重点任务督导、发放提示函、约谈提醒等方式，督促各级党组织切实担负起管党治党的政治责任。组织落实“两个责任”和新形势下党内政治生活若干准则、党内监督条例执行情况监督检查，强化压力传导、倒逼责任落实。深入开展“一问责八清理”专项行动，下面查问题、上面追责任，全年清理问题1285件，问责党组织66个、领导干部10名，形成了以问责促履责的新常态。开展换届纪律监督检查，回复党风廉政意见1435人次，9人被建议取消候选人资格，保证了换届风清气正。

【助推高质量发展】 *发挥监督专责机关职能* 围绕“建设沿海强县、美丽乐亭”中心任务，助力“重大产业项目攻坚年”活动，为县委、县政府重大决策部署的贯彻落实提供纪律保障。组织开展营商环境问卷调查、“四最”（审批事项最少、收费标准最低、办事效率最快、服务水平最优）营商环境座谈会、第三方明察暗访，查纠不作为、乱作为、慢作为问题233个，推动发展环境持续优化。强化“互联网+监督”工作机制，对3909件审批事项进行了网上监察，启动网上预警92次，打通行政审批“绿色通道”。

配合重点工作大督查 对各单位学习贯彻党的十九大精神，落实省、市重点工作部署及开展大气污染防治、“一区三边”集中整治、农村贫困人口建档立卡、棚户区改造征收、重点工程招投标、安全生产、信访维稳等工作情况进行监督问效。全年问责落实工作不力的党员领导干部52名，确保了政令畅通。

【纠正“四风”】 坚持在常和长、严和实、深和细上下功夫，盯住重点、狠抓节点，打出作风建设“组合拳”，持续释放越往后执纪越严的强烈信号。组织高频次、常态化的监督检查，开通党风政风监督网络微信举报平台，公布投诉举报热线。特别是紧盯春节、端午、中秋等重要时间节点，向全县各单位发放《党风廉政建设提示函》，组织专项检查12批次，查纠违反党中央八项规定精神及“四风”问题45个；严查违反工作纪律、会风会纪问题11个，批评教育37人。认真分析“四风”问题新表现，查找制度建设“短板”，督促职能部门严格执行公务接待、公务用车、办公用房等规章制度，结合“一问责八清理”专项行动，清废改立制度326项。

【“两个专项”行动开展】 深入开展“一问责八清理”专项行动　下面查问题、上面追责任，清理问题1285件，问责党组织66个、领导干部10名，形成了以问责促履责的新常态。

扎实开展基层“微腐败”专项整治　聚焦以权谋私、处事不公、作风不实、滥用职权问题，查实问题线索1346件，纪律处分90人，移送司法机关3人。利用查处的重大典型案件，印发案例通报和忏悔录，开展警示教育，发挥治本功能。

【违纪案件查处】 科学运用“四种形态”　坚持把纪律和规矩挺在前面，用足用好第一种形态，“四种形态”比例分别为61%、32%、4%和3%，体现抓早抓小、治病救人的要求。

构建反腐败体系　发挥反腐败协调小组作用，完善责任分包、线索排查、管理考核工作机制，开展信访积案清仓、洁净型煤问题审查、扶贫领域督查、人防工程治理等专项行动，持续保持高压反腐。

强化监督执纪问责　全县纪检监察系统受理信访举报案件743件次，按期处置率100%。全年立案137件（涉及162人），结案140件（含上年度结转5件），党政纪处分149人，其中处分科级干部28人，比上年分别增长28%、23.9%、39.3%和115%。

【巡视巡察工作】 扎实做好省委巡视组巡视整改“回头看”暨换届风气专项巡视整改工作，制定了《整改工作方案》、清单运行图和进度安排表，实行“挂图作战、限时办结、销号管理”，全面优质完成巡视反馈的3方面7大类19个问题的整改任务，严查快结省委巡视组移交问题线索，给予违纪人员党纪处分并在县电视台通报曝光，整改工作受到省委巡视组肯定。认真贯彻落实新修订的《中国共产党巡视工作条例》，研究制定巡察工作五年规划和年度计划，组建巡察机构和巡察人才库，建立巡察人员“十二个不准”系列制度规定，保证巡察工作的专业化、科学化和规范化。全年完成2轮次12个党组织的常规巡察和1次专项巡察，发现问题120件，移交问题线索19件。

【纪检监察干部队伍建设】 在全县485个村（社区）级党组织中配备纪检委员，制发工作证，构建县乡村三级互动、上下配合的纪检监察组织体系。深入开展“塑形工程”，扎实推进“两学一做”学习教育常态化、制度化，坚持周五业务学习，选派业务骨干，配合上级纪委办案，参加省、市知识培训39人次，全县纪检监察干部履职能力得到提升。开展班子成员带头调研、带案下访，机关干部“一助一”结对帮扶及党员干部“走基层”活动，锤炼“求真、实干、担当、效率”的干部作风。积极宣传县内党风廉政建设的先进经验，选树监督执纪问责的先进典型，在“中国纪检监察网”等中央、省、市宣传平台刊发经验类信息文章169篇，在县内外产生良好反响。

农村工作

【概　况】 2017年，乐亭县农村工作坚持新发展理念，以农业供给侧结构性改革为主线，以建设沿海强县美丽乐亭、在全省增比进位、在全国争创百强为总目标，以现代农业园区、美丽乡村建设、农业龙头培育、乡村旅游“四位一体”的发展模式为抓手，探索用现代工业理念做大农业、用现代流通方式做活农业、用现代金融手段做强农业、用现代生态理念做精农业、用现代文化内涵做美农村的基本路径，推进农业增效、农民增收、农村增绿。

【落实农村政策】 2017年，乐亭县按照省、市的安排部署，在农村土地承包经营权确权登记颁证工作推进中，注重处理好“确权颁证与农村改革”“工作质量与工作进度”“政策引导与农民自主”的关系，通过精心组织、精准督导、严格考核等具体措施，确保工作实效。全县涉及13个乡镇、449个村，应确权面积5.35万公顷。8月初完成档案装具采购并发放到位，9月中旬完成县级自查，10月底农村土地承包经营权证印制完成。到年底，完成二次公示无异议的村430个，确权面积5.34万公顷，占应确权面积的99.81%。完善合同、建立登记簿、数据录入、资料归档等工作同步推进。

全年受理有关农村土地承包方面信访案件134件。信访内容集中在承包家庭消亡，亲属要求继续经营其原承包土地问题；二轮延包后新生人口户要求补地问题；婚嫁妇女土地承包权益问题；机动地超标问题；土地补偿款分配问题；批准农转非及本县有偿办理农转非户口人员的土地分配问题；土地确权登记中要求分户、并户及其他相关政策问题。在办理农村土地信访案件中，以《中华人民共和国农村土地承包法》《河北省农村土地承包条例》及有关农村政策为依据，坚持以法服人、以理服人原则。对上访人所提出的问题，实行“点对点”即时反馈，使各乡镇及时、准确掌握情况，密切关注群众动态，有针对性地做好群众工作。同时注重实地调查、实情掌握，对苗头性、倾向性、潜在性问题及时发现、疏导，将问题化解在萌芽状态，确保农村社会稳定。

【农村民主政治建设】 围绕“保证人民群众依法直接行使民主权利”这一中心，不断加强自治组织和民主管理制度建设。深入推进“五规范一满意”（规范公开内容、规范公开时间、规范公开形式、规范公开阵地、规范公开管理，公开效果群众满意）活动，村务公开工作基本实现电子信息化，农民群众满意率、制度健全率达98%以上。

【美丽乡村建设】 围绕“红、绿、蓝”三大生态文化旅游田园综合体目标，坚持以项目带整治、促发展，推进省级中心村、省级重点村、重点片区建设和农村环境卫生整治工作。累计投资8116.6万元，完成30个省级重点村建设项目299个，启动阎各庄镇小石庄村省级中心社区建设项目，建成以八里桥村、南王庄子村、湾坨村、下马坨村4个节点村为重点的芦花渡美丽乡村片区。集中开展以“幸福家园·美丽乡村”建设为主题的两改一清一拆整治行动，全县261个村实现卫生保洁市场化运作，农村环境面貌得到明显改善。

统一战线

【概　况】 2017年，乐亭县统一战线工作在县委的领导及上级统战部门的指导下，贯彻落实中央、省、市、县委关于统战工作的一系列方针、政策，充分发挥统一战线的优势作用，不断增强建设沿海强县、美丽乐亭的责任感和使命感，创新工作思路，夯实工作基础，提升统一战线工作科学化水平。年内，联系民建唐山市委开展爱心捐助活动，为新寨镇中心小学20名贫困学生每人捐助400元；为乐亭一中15名贫困学生每人捐助2000元。

【非党干部培养推荐】 2017年，县委统战部贯彻落实中国共产党党外（简称党外）代表人士安排、使用的有关规定，加强非党干部的培养推荐工作，使一批优秀党外干部走上领导岗位。在县第十六届人民代表大会第一次会议上，选举党外人士代表74名、党外人大常委会委员9名。在政协乐亭县第十届委员会第一次会议上，经推荐的110名党外政协委员参加会议，选举党外政协常委24名。年内有县级党外干部4名，党外科级干部32名。在县政府工作部门领导班子中配备党外干部11名，在人民团体中有2个单位配备党外干部2名。党外干部的教育培养，实行党内外干部统一领导、统一研究、统一部署、统一落实。年内举办党外干部和党外知识分子代表参加的座谈会1次，拓宽党外干部参政议政的平台和渠道。

【经济工作统战】 2017年，县委统战部把握“两个健康”（非公有制经济健康发展、非公有制经济人士健康成长）的工作主题，坚持团结、服务、引导、教育的方针，在非公企业中广泛开展以守法诚信经营为重点的理想信念教育实践活动，引导非公有制经济人士争做政治上自信、守法上自觉、发展上自强的合格企业家。联系邀请县内外民营企业家、海外成功华人、台商到乐亭县参观考察，投资置业。5月，全国人大华侨委员会委员、中国侨联副主席李昭玲率侨联部分企业家到河北乐亭经济开发区燕化永乐项目、境界实业项目、北京环卫集团项目，滦河口生态旅游区及县城区工业聚集区参观考察。同月，唐山市各民主党派负责人由市委统战部领导带队，深入县城区工业聚集区调研，对乐亭县良好的地理人文资源和经济发展、投资置业环境给予充分肯定。年内组织青年企业家代表座谈会1次，引导青年企业家在自身经济事业发展的同时，投身光彩事业和慈善公益事业，县青年企业家协会捐款2万元为胡家坨镇胡家坨村修缮村庄道路。

【民族宗教工作】 县委统战部重视姜各庄清真寺的民主管理创新工作，维护少数民族的宗教信仰和风俗习惯，形成民族间相互理解、相互尊重、相互帮助、和谐共建的浓厚氛围，实现宗教活动场所环境优美、制度健全、管理规范、稳定和谐的目标。6月26日，穆斯林传统节日——开斋节之际，县委统战部为清真寺拨款5000元，代表县委为回族群众送去温暖和关怀。组织县宗教工作领导小组成员单位到重点乡镇走访调研2次，与当地党委政府领导、统战委员、村级联络员进行座谈，了解少数民族同胞和信教群众的生产生活现状及应对宗教突发事件的“三级”防控网络运行情况，及时有效排查调处存在的矛盾纠纷和不稳定因素。协调公安、质监等部门，并邀请部分县人大代表、政协委员，联合检查县内经营清真食品的网点和餐饮点2次。经检查责令停业整改违规餐饮点1家，查处违法违规行为，确保清真必清。

【海外统战】 强化海内外并重的工作理念，加强海外统战工作。通过电话、电子邮件等方式联系海内外有一定影响的专家学者5人次到乐亭县考察调研。坚持海外统战工作以台办、侨联为主体开展宣传活动，推进全县海外统战工作创新发展。贯彻落实市委台办对台工作会议精神，开展对台宣传、涉台教育等活动，引导台湾同胞及眷属投身县域经济建设。年内组织座谈、调研2次，参与人员150余人，发放宣传介绍乐亭情况的画册和信件60份；通过台属以电话、信函等形式向台胞介绍乐亭发展现状的信息10余条。在春节、端午节、中秋节、重阳节之际，对归侨、侨眷、空巢老人开展送温暖慰问活动4次，慰问15户。年内，复制发放《河北省归侨侨眷权益保护法》1500份，接待群众咨询20人次，为6户贫困归侨、侨眷争取省、市帮扶资金9000元。

政法工作

【概　况】 2017年，全县政法机关和综治维稳单位贯彻落实上级决策部署，勇于担当，履职尽责，以确保政治安全、社会安定、人民安宁为目标，扎实推进平安乐亭建设、法治乐亭建设和政法队伍建设，积极服务经济社会发展、维护社会大局稳定、保障人民安居乐业、促进社会公平正义，为全县经济社会发展创造安全稳定的社会环境、公平正义的法治环境和优质高效的服务环境。是年，再次获评“全国平安建设先进县”。由于连续三次获评“全国平安建设先进县”，被中央综治委授予全国社会治安综合治理最高奖——“长安杯”。

【全力维护社会大局稳定】 努力维护社会政治稳定　健全维护社会稳定工作领导小组，落实稳定工作分析会商制度，定期召开领导小组会议研究部署，制定维护稳定工作方案和工作措施，确保各项工作落到实处。推进社会矛盾源头预防，落实重大事项、重大决策社会稳定风险评估制度，防止决策不当引发社会矛盾。广泛收集发布涉稳信息，强化专项研判，积极应对处置网络舆情。着力加强矛盾纠纷排查化解，完善台账，落实包案责任和稳控措施。完善各类应急处置预案，建立健全应急机制，完善信息预警、预案运作、应急救援、装备保障等工作体系。加强应急演练，提高处理群体性事件和突发事件的能力，社会稳定指数长期位居全市前三。

强化综治维稳责任制　县委办公室、县政府办公室印发《乐亭县健全落实综治维稳领导责任制办法（试行）》，县委政法委印发《乐亭县镇乡、街道平安建设工作考核评比实施细则》和《乐亭县县直单位平安建设工作考核评比实施细则》，完善综治考评体系。落实领导责任，综合运用评估、督导、考核、激励、惩戒等措施，构建一级抓一级、层层抓落实的工作格局。强化经费保障，落实综治经费，确保综治维稳工作顺利开展。

做好重点时期安保维稳工作　在全国“两会”“一带一路”高峰论坛、党的十九大等重要时间节点，精心安排部署，深入排查化解，确保全面覆盖。组织开展信访积案集中化解攻坚行动，认真开展非正常进京访整治，加强“三道防线”建设，圆满完成各项安保任务。

大力化解涉法涉诉信访案件，加大“非访”治理力度　县委政法委制定印发《2017年全县政法机关涉法涉诉信访积案化解攻坚行动实施方案》，加快推进涉法涉诉信访积案化解。至年底，息诉罢访5件，县法院办结7件，县公安局办结17件。合理利用国家司法救助专项资金，及时救助3名涉法涉诉人员，促进社会和谐稳定。制定印发《乐亭县依法规范信访秩序专项工作实施方案》，依法处置重点领域重点地区涉访、缠访闹访、集体访组织者等“非访”行为，规范了信访秩序。

开展《中华人民共和国国家安全法》《中华人民共和国反间谍法》宣传教育活动　营造浓厚的社会宣传氛围，切实增强广大干部群众对国家安全工作和相关法律法规的了解，增强防范意识。

【全力推进平安乐亭建设】　坚持打防结合，强化社会面治安防控　深入开展严打整治专项行动，组织开展打黑除恶、打击“黄赌毒”、打击“两抢一盗”、打击电信网络诈骗、打击非法集资、打击危害食品药品安全及生产安全等专项行动，年内破获各类刑事案件384起，抓获犯罪嫌疑人353人；查处行政案件1121起，打掉痞霸团伙4个，行政拘留违法人员278人。发挥群防群治队伍和平安志愿者队伍作用，加强农村、社区巡逻防范。加强重点单位、部位安保工作，完善门卫执勤、政务值班、巡逻防范等制度，加大对重点单位督导检查力度和密度，提升各级各单位处置突发事件的能力。加强危爆物品、消防安全管理和道路交通安全管理，大力排查整治枪支弹药、涉危涉爆从业单位运营情况，消除安全隐患。巩固“全国平安畅通县”成果，大力开展静态交通秩序整治、酒后驾驶专项整治、涉牌涉证违法行为专项整治、校车专项整治等活动，确保道路交通安全。

健全完善多元化解机制，深入开展矛盾隐患排查化解工作　健全完善社会风险评估机制、责任追究和监督制约机制，建立全方位、常态化社会矛盾预警体系。发挥基层排调组织基础作用，全县626个调委会全年调解各类矛盾纠纷602起，调解率100%，调解成功率96%。在矛盾纠纷相对集中的多发领域建立专业性、行业性调解组织7个，企业调解委员会8个。健全完善人民调解、行政调解、司法调解三大调解多元化解机制，积极化解民间矛盾纠纷。完善平安村（居）等创建标准和考评奖励机制，推动平安乡镇（街道）、平安村居、平安校园、平安市场、平安医院、平安企业、平安家庭等创建活动持续有效开展。县综治办制定印发《社会矛盾纠纷动态排查全面化解攻坚行动实施方案》，组织开展矛盾纠纷“三无三百”（全县无集体进京上访和重大群体性事件发生，乡镇、街道无重大“民转刑”命案发生，村居无“民转刑”命案发生；矛盾纠纷排查率、化解率、高危当事人管控率三个100%）创建活动，从源头预防和减少刑事命案特别是“民转刑”命案的发生。

发挥专项工作组作用，深化专项治理　建立流动人口动态管理信息库，完善以房管人、以证管人、以业管人管理体系，流动人口登记率、办证率达95%以上。开展流动人口、出租房屋清查行动，清查出租房屋2126间，暂住人员3527人次，行业场所266家，责令整改17家，停业整顿6家，破获刑事案件3起。加强刑释解教人员、社区矫正对象、不良行为青少年、吸毒人员、严重精神障碍患者等特殊人群的服务管理，为1437名精神障碍患者监护人入投责任险，对272名严重精神障碍患者监护人落实以奖代补措施，有效降低了肇事肇祸风险。加大校园及周边安全隐患排查治理力度，维护校园安全稳定。加强铁路沿线管理和治安问题整治，确保境内铁路运输安全畅通。加强网吧、非经营性上网服务场所安全管理，建成公共场所无线上网安全管控系统35处，筹备建设终端特征采集前端50处。深入开展“平安在身边”主题宣传活动，以平安印象征文、平安瞬间摄影、平安记录微视频、平安歌曲MV作品征集等形式展示平安建设者风采，营造平安建设氛围。

【深入开展普法宣传教育】 开展“六五”普法表彰和“七五”普法启动工作　县司法局印发《乐亭县普法依法治县第七个五年普法规划》和《2017年普法依法治县工作要点》。开展全县“六五”普法总结表扬活动，通报表扬“六五”普法期间涌现的71个先进集体、139名先进个人和15名先进工作者。汤家河镇史庄村史秉才被评为“河北省2016年度十大法治人物”。对“七五”普法工作进行安排部署，督导各单位落实“七五”普法启动开展情况，“七五”普法顺利开局。

围绕全县中心工作，深入开展主题法治宣传　组织开展“3·8”妇女维权法治宣传、“3·15”消费者权益保护法治宣传、“4·26”世界知识产权法律法规宣传和关爱农民工法律志愿服务，“律师党员在身边、法律服务惠民生”义务法律咨询周，“防灾减灾”法治宣传月等活动，广泛开展行业普法工作。通过“三下乡”“法律赶大集”等形式，推进农村普法、企业普法、社区普法、机关单位学法。开展“安全生产月”法治宣传活动，促进安全生产措施落实，助推安全生产体系建设。年内，对12块社区法治宣传栏内容适时更新，发放法治宣传书籍3000余本、法治宣传材料1.5万份。

【扎实推进基层综治中心规范化建设】 高标准打造县级综治中心平台　依托县群众工作中心提升改造（三层楼房建筑面积近700平方米）。设200平方米群众接待厅，组织公安、司法、法院、检察、综治委专项组组长及多发性矛盾纠纷主责部门集中入驻。设80平方米矛盾纠纷调解室，为协调有关部门多元化解重大矛盾纠纷提供场所，建立社会力量资源库和7支行业性、专业性调解队伍，为化解重大矛盾提供专业力量支持。设100平方米公共安全视频监控研判室，对社会形势进行分析研判、社会治安状况实时动态监测。

坚持试点先行，推进乡村综治中心建设　确定4个乡镇（街道）、31个村为试点单位，先行推进乡、村基层综治中心规范化建设。引导各乡镇、街道在既有便民服务中心（群众工作中心）的基础上按照综治中心规范化建设要求提升完善。整合司法、信访、民政、国土、教育、妇联等基层力量集中入驻，依托综治信息系统、综治视联网系统开展工作。发展壮大辖区内老党员、老干部、老教师、“两代表一委员”等社会力量和现任村主任、村支书组成调解小组，为群众答疑解惑、化解矛盾。试点乡镇视联网已和县综治中心实现互联互通，村级试点按照规范标准稳步推进。

推进网格化管理和综治信息化建设　将全县14个乡镇（街道）、485个行政村（居）划分为649个网格，组织综治“9+X”系统基础数据采集录入，至年底已采集房屋信息9万余条，人口信息近25万条，录入率60%。

【加强政法队伍建设】 深入推进“两学一做”学习教育　建立学习园地和手机微信群，引导广大政法干警坚定理想信念，保持政治定力，强化政治意识、大局意识、核心意识、看齐意识，强化道路自信、理论自信、制度自信、文化自信。全面加强作风建设，强化目标责任考核和日常量化管理，层层传导压力，形成干事创业合力。

激发政法队伍内部活力　坚持以树立崇高的职业理想、恪守高尚的职业道德、培养精湛的职业能力、奉行规范的职业行为、执行严明的职业纪律为衡量标准，立足打基础、抓重点、攻难点，以深入推进政法队伍职业化建设为突破口，强化队伍教育管理，引导广大政法干警比学习、比作风、比创新、比业绩、比奉献，树立鲜明用人导向。

以新常态思维抓好队伍日常管理　引导广大政法干警牢固树立新常态意识，努力在优化细节上下功夫，着力提高做好新形势下群众工作的能力、维护社会稳定的能力、服务经济发展的能力及创新社会治理的能力。组织开展政法干部培训，组织政法各部门收听收看“政法网络大讲堂”和“政法干部学习讲座”，提升全员素质。从关心民警生活着手，做好特困干警资助资金申报工作。坚持定期分析政法队伍现状，大力加强对司法权力运行的监督，努力支持审判机关、检察机关依法独立公正行使审判权、检察权，支持政法各部门依照宪法和法律独立负责、协调一致地开展工作，督促政法各部门细化规章制度，健全廉政风险提醒机制，强化督导检查、明察暗访，营造良好的政治生态。

努力提升政法队伍建设与业务水平　县检察院坚持“高点定位、科学推进、实现检察工作跨越式发展”的总体思路，积极查办职务犯罪，强化法律监督，推进规范执法，多项业务工作取得新进展。县法院坚持把调解工作贯穿审判、执行的全过程，最大限度地以调解的方式结案，努力减少不稳定因素。县公安局以勇于担当、奋勇向前的气魄，持续开展严打斗争，不断推进治安防控体系建设，稳妥处置群体性事件，有力维护了社会治安秩序。县司法局努力强化基层基础工作，扎实搞好普法宣传和法制教育，为全县经济社会发展提供优质高效的法律服务。通过上下共同努力，政法各部门队伍建设形成了同频共振、协同发展的良好局面。

县直机关党建

【概　况】 县委县直机关工作委员会（简称县直机关党工委）是县委的工作部门。主要承担县直党政群机关党的组织建设、党员教育管理和党建业务指导工作。2017年，所属党总支部9个，支部47个，党员1708名。年内，组织完成了各总支部、支部的换届工作，13名年富力强的党员骨干进入领导班子。县内9个非公企业和社会组织全部建立了党组织，实现“两新”（新经济组织、新社会组织）组织全覆盖。

【思想政治建设】 学习宣传党的十九大精神　推进“两学一做”学习教育常态化、长效化，深化“爱唐山、做贡献”活动，组织县直机关1700余名党员参加全省党员干部网络平台学习，全年学习时间在80小时以上。10月18日，县直各机关党组织组织党员干部集中收看党的十九大开幕盛况，聆听中共中央总书记习近平在大会上所做的报告。实现学习教育与日常工作有机融合、互促并进，搭建“微信、党建公众号、党建App”等“三微”新媒体学习平台46个。因地制宜、因材施教，开展“见缝插针式”学习教育，让“微党课”成为学习教育的有效载体，切实做到学深悟透、知行合一，党员干部的“四个意识”（政治意识、大局意识、核心意识、看齐意识）不断增强，“四个自信”（道路自信、理论自信、制度自信、文化自信）更加坚定，筑牢理想信念的基础。

开展社会主义核心价值观教育　唱响主旋律，弘扬正能量、树立新风尚。5月中旬，在李大钊纪念馆组织召开乐亭县道德模范先进事迹报告会，县直机关400余名党员聆听了道德模范的先进事迹。发挥机关文化的教育功能，县直各单位通过微信、机关网站、宣传册、机关文化长廊等形式宣传社会主义核心价值观。县广播电视台、县文广新局发挥宣传文化战线的优势，以弘扬大钊文化为核心，开展形式多样“中国梦”主题文化活动，传播社会主义核心价值观。

实施党员先锋指数管理　提升党员的荣誉感、责任感，解决党员“工作一般化”“只求过得去”的问题，以党支部为单位实施党员先锋指数管理，结合岗位分工和职业特点，围绕党内生活、履行职责、遵规守纪、工作效率、模范作用、社会评价6个方面，科学设置30项考评标准，对党员履职情况和党性状况进行量化考核，根据党员先锋分值评出先锋党员、优秀党员、合格党员、警示党员和不合格党员，实现了党员考核模式由主观印象评价向科学量化评价的转变。县法院党总支把党员先锋指数考核与工作业绩考核有机结合，把考核结果作为评优评先的重要条件。

【县直机关基层组织建设】 按照县委要求，组织召开县直机关党员代表大会，选举产生76名党代表参加县委第十三届党代会。贯彻落实《中国共产党党和国家机关基层组织工作条例》，切实加强机关基层组织建设，对所属的9个总支部、47个支部按期完成组织换届，按照“五个好”的标准，选好支部书记，配强班子成员，13名党性强、作风实、群众威信高的党员经选举充实到各党支部。审批20名预备党员按期转为正式党员，18名优秀年轻干部加入党组织，120名入党积极分子经过党的基础知识、党的理想信念教育，入党动机理念和思想政治素养明显提高。适应形势的发展要求，县直机关党工委所属9个非公企业和社会组织全部建立党组织，实现了“两新”组织的全覆盖，党的基层组织建设进一步加强。

【县直机关作风建设】 2017年，县直机关党工委督导县直各单位开展以“四个意识”专题教育为主要内容的深化机关作风整顿，认真解决机关干部在思想作风、学风、工作作风、领导作风和生活作风等方面存在的突出问题。10月，各机关党组织全部召开领导班子民主生活会和组织生活会，党员领导干部带头对照“四个意识”，围绕“履职标准是什么，工作差距有什么，整改提高干什么”等方面进行深入查摆，制订整改方案，建立整改清单，从严从实推进整改，确保整改成效。坚持学用结合，强化忠诚敬业的职业道德，开设学习市委书记焦彦龙《做一个“把信送给加西亚”的人》主题讲座，开展“争做把信送给加西亚的人”征文活动，收到征文142篇。开展“不作为、慢作为、乱作为”专项整治活动，各单位通过发放调查问卷，走访服务对象等形式对“不作为、慢作为、乱作为”问题进行全面自查。在查找共性问题的基础上，结合部门的工作职能查找个性问题，明确整改重点，彻底清理“微腐败”。机关党员干部工作作风明显改善，党员干部队伍的精神风貌不断提升。“树立工作高标准，干出发展新业绩”成为县直机关党员干部的普遍追求和自觉行动。

党　校

【干部理论培训】 2017年，县委党校加大开展主体班培训和党员干部理论培训工作力度。全年举办风险防控与突发事件大讲堂、青年干部学习中共中央总书记习近平系列重要讲话精神、招商引资业务培训班等主体培训8期，培训学员2000人。

开展“理想信念大提升、讲师下乡建课堂”活动，把理论服务送上门。授课内容以党的十八届六中全会精神和习近平系列重要讲话为重点，精心设计送课专题，通过试讲、评审等环节严格筛选，确定最佳送课人。由骨干教师组成4个辅导团队，分别对接各乡镇，分期分批到各乡镇授课，实现全县14个乡镇（街道）全覆盖，送课到村117个，培训党员干部4320名。同时到县政协、县委老干部局、县直机关党工委等10家县直单位送课。

【科学研究】 县委党校围绕经济社会发展中的现实问题和县委中心工作，发扬理论联系实际的优良作风，积极开展科学研究活动，取得一定成绩。把5月作为调研月，党校教师组成4个调研组，围绕工业园区建设、美丽乡村建设、基层组织建设和新能源发展等课题，采取挂职、蹲点的形式，分别到县直、乡镇和企业开展调研，形成有价值的调研报告4篇并上报市委党校市情研究中心。

组织教师参加优秀论文、教案评比活动，提升党校科研水平。参加省委党校第四届有奖书评活动，投稿6篇；参加市委党校第三届优秀科研成果奖评选和决策参考类调研报告征集，投稿15篇；择优选送4名教师的教案参加唐山市国防教育课优质教案评选；选派3名骨干教师参加全市宣传系统的“迎庆十九大、担当有作为”微党课比赛。在省、市党校系统的论文比赛中，获得省级二等奖1名、三等奖1名，市级二等奖3名、纪念奖5名。县委党校与县文联合作，在《潮音》杂志上开设“党校论坛”专栏，组织教师、学员撰写精品文章，宣传党的理论知识、县委决策部署，弘扬正气，传播正能量，年内出刊4期。

【新党校建设】 2017年，省委组织部确定在乐亭建设“双育工程”（党性教育、技能培育）基地，县委、县政府领导高度重视，对“双育工程”基地建设提出明确要求，县委党校与相关部门密切配合，加快推进新党校建设进程。年内，县委党校班子成员在县委相关领导率领下，先后赴上海浦东干部学院、井冈山干部学院、邯郸市委党校、涉县和正定县委党校参观考察，学习其建筑设计、大规模办学管理和课程体系建设等方面经验。结合乐亭实际，确定新党校的功能定位和建设规模，着手谋划未来党校培训管理外联事项，协调办理有关手续，为建设高标准“双育工程”基地奠定基础。

党史研究

【概 况】2017年，县委党史研究室深入学习贯彻落实党的十九大精神，把握深化党史研究第一要务，以服务县委、县政府中心工作、助推建设沿海强县、美丽乐亭为己任，圆满完成各项目标任务。县委党史研究室被省委党史研究室评为2017年《党史博采》组织宣传工作先进单位；综合工作在全市党史系统“四个干”抓落实工作机制综合考评中获评第一名。

【党史编研】1月始《中国共产党乐亭历史》（第一卷）启动编写，至年底完成初稿，全书25万字。年初《中国共产党乐亭历史》（第二卷）经过县委、县政府主要领导，县党史工作领导小组成员、市委党史研究室及中央党史研究室的层层把关审定，于党的十九大召开前夕出版发行，全书36万字，发行5000册，被市委党史研究室评价为一部质量较高的县区党史（二卷）著作。4月完成《乐亭党史文苑》第五辑编纂和出版发行工作，全书10万字。《中共乐亭年鉴（2016年卷）》7月初出版发行，全书70万字；编纂《中共乐亭年鉴（2017年卷）》，11月底完成近70万字的送审稿。年底前完成《乐亭党史文苑》第六辑定稿工作，全书8万字。启动编纂《信念的力量》，搜集整理重点党史人物事迹材料50万字。启动编纂《中国共产党乐亭历史大事记》，已征集历史资料100万字。重视《乐亭县革命老区发展史》启动编纂工作，做到提早谋划、人员到位、资金到位、办公地点到位，制定实施方案，完成大纲的编撰工作，资料收集和文字撰写在进行中。完成市委党史研究室编纂《中共唐山年鉴（2017年卷）》乐亭县2016年工作概况的撰写上报任务。

【党史宣传教育】2017年6月28日至10月底，县委党史研究室联合县委宣传部举办“铭记抗战历史、传承红色基因、迎庆十九大”纪念中国人民抗日战争全面爆发80周年大型展览活动，设展牌27块，内容分为日军暴行、同仇敌忾、抗日志士3部分，先后在青春广场、文园、乐安广场、茂源社区展出，各乡镇、县直机关党员干部、青少年学生2000余人参观展览，该活动被唐山党史网、河北党史网刊载。李大钊英勇就义90周年纪念活动期间，县委党史研究室联合胡家坨镇党委举办纪念李大钊英勇就义90周年报告会暨英烈事迹巡展活动，深入大黑坨小学、胡家坨小学、胡家坨初中、北九小学宣讲李大钊事迹和大钊精神，巡展先烈事迹，受教育师生1200余人，该活动被河北党史网、唐山党史网等网站转载。

组织开展党史宣讲团义务宣讲活动。清明节前夕，在李大钊故居举办“大钊故里英烈事迹展”，展出胡家坨镇21位英烈的事迹，该活动被新华社以《清明节前祭英烈》为题发通稿，被河北电视台、唐山电视台新闻联播播出，被中国政府网、中国农业新闻网、河北党史网、唐山党史网等网站转载。组织县委党史宣讲团深入乐亭县革命烈士纪念馆为国网冀北乐亭县供电公司、乐亭一中、乐亭二中等近10个单位的党员干部、中小学师生宣讲李大钊、赵先有等先烈的事迹。结合党的十九大报告、“两学一做”学习教育及县委、县政府的决策部署，深入县直机关、乡镇、学校、革命烈士纪念馆、企业、农村等开展宣讲活动，全年宣讲20余场（次），受教育人数1万余人，宣讲材料《全面把握中国特色社会主义进入新时代》作为微型党课材料上报市委宣传部。发放党史书籍及影像资料进行宣传，为县级领导购买并发放《中国共产党的九十年》30册；向各级领导、县直机关、乡镇（街道）等单位及老区村、农家书屋发放《乐亭党史文苑》第五辑800册，《中共乐亭年鉴（2016年卷）》800册，《中国共产党乐亭历史（第二卷）》5000册。刻录市委党史研究室为纪念唐山地方党组织成立95周年录制的《唐山党史大讲堂》系列影像资料50份，发放至机关党委、部分重点中小学校。7月28日，县委党史研究室联合县委组织部、宣传部等部门制定印发《关于在全县党员干部群众和青少年中深入开展“学党史、感党恩、跟党走”主题教育的意见》，部署全县党史主题教育活动。

老干部工作

【概　况】 2017年，县委老干部局按照县委、县政府的安排部署，立足本职，切实落实“四个干”抓落实机制，不断创新、扎实工作，圆满完成全年各项目标任务。至年底，全县离退休干部总数4936人。其中离休干部202人（含易地安置在县内的14人），在离休干部中享受县级待遇的68人（含县级实职6人），一般待遇的134人；退休干部4734人，其中行政机关退休干部1542人，事业退休干部2672人，企业退休干部520人；在退休干部中享受县级待遇的51人（含县级实职39人），一般待遇的4683人。

【老干部政治、生活待遇全面落实】 2017年，县委老干部局坚持重大节日走访慰问、有病探望等各项政治制度。春节、重阳节期间组织全县各单位采取多种形式对离退休干部进行慰问，特别是对因病住院、家庭困难和易地安置的离退休干部进行重点走访慰问。召开座谈会、通报会等向离退休干部通报本地区、本部门的经济社会发展情况，增进与老干部的感情。坚持每月11日组织县级实职老领导上站学习，每2个月1次组织基层老干部党支部学习制度，组织老干部学习新政策、新精神，并适时通报当前县内形势发展，使老干部及时了解政策，更新观念；坚持按规定订阅报刊。对全县所属财政开支的离退休干部书报费及时足额发放，满足老干部订阅报刊的需求，各企业及自筹资金事业单位离退休干部的书报费由老干部所在单位或主管部门按要求也全部按标准发放到位。年内为生活不能自理的离休干部发放护理费84人次，5月初为全县248名离休干部和享受县级待遇的退休干部进行健康体检，9—11月组织各单位为全县4200多名退休干部进行健康体检，11月为63名身患重大疾病且生活困难的离退休干部发放特困帮扶资金8万元。继续编辑出版《保健文摘》，每月一期，发放到全县各老干部党支部。

【完善老干部党组织建设】 2017年，县委老干部局深入贯彻落实中央《关于进一步加强和改进离退休干部工作的意见》及省《关于进一步加强和改进离退休干部工作的实施意见》精神，加强离退休干部党建工作的领导，加强两个阵地建设，配齐配强老干部专管员，落实党员专管员兼任离退休干部党支部副书记制度，筑牢老干部工作的思想阵地。指导乐安街道办抓好乐安和宏光2个离退休干部党支部试点社区建设工作。4月13日，组织召开老干部党支部书记培训工作会议，邀请县委党校教师进行支部建设和业务素质培训，提高支部书记素质，发挥老干部支部的战斗堡垒作用，维护老干部群体的整体稳定。12月7日，邀请县委宣传部相关领导宣讲党的十九大精神，加强支部书记政治理论学习，并发放党的十九大学习资料2500余册。至年底，全县有离退休干部党支部54个。

【开展老干部畅谈、展望活动】 开展以“畅谈十八大以来变化、展望十九大胜利召开”为主题的深化正能量系列活动。4月初，推动全县各单位迅速启动、扎实开展“畅谈、展望”活动，通过座谈、访谈、调研、征文等形式，畅谈党的十八大召开后的发展变化，为党的十九大胜利召开营造良好氛围。召开座谈会24场，参加人数400余人次；开展“看发展，说变化”征文活动，征集优秀作品32篇，其中18篇在市委老干部局开展的“畅谈、展望”征文活动中获奖；在市关工委组织的“我的好家风”主题征文活动中有34篇优秀作品收入《我的好家风》一书。开展“倡孝道、重家风、促和谐”优秀家庭评选活动，弘扬社会主义核心价值观，引导老干部积极培育、传承好家风、好家训，发挥家庭教育在青少年成长中的重要作用，促进青少年健康成长和全面发展，共同塑造社会好风气，21个家庭被市关工委评为优秀家庭。组织开展献计献策活动，发挥老干部党组织和老年团体协会等老年群众组织的作用，通过发放征求意见表、座谈、微信群等听取老干部的意见和心声，及时把老干部对重大决策部署、重要改革措施的意见和建议反映出来；开展“建言十九大”专题调研活动，征集建议52条报市委老干部局。

【完善老干部活动阵地建设】 2017年，县委老干部局积极筹措资金，改善县老年大学、老干部活动中心环境和条件。投资4万余元，维修老干部活动中心门球场，新建演出更衣室及活动用具储藏室，修缮球场遮雨棚，粉刷围墙等。投资3万余元修缮老年大学教室、购置教学器材，为老干部提供良好的学习、活动环境。汤家河镇、大相各庄乡新建高标准活动中心，阎各庄镇、古河乡、乐安街道等对原有活动中心进行修缮，添置部分文体设施。4月举办离退休干部春季运动会，参加人数1300多人。9月中旬举办钓鱼比赛，9月底举办“晚霞满天，不忘初心，以优异成绩喜迎十九大”文艺联欢会，10月26日举办“学习宣传贯彻党的十九大精神暨夕阳红艺术团成立20周年”专题演出活动，丰富全县老干部的精神文化生活。县老年大学开设计算机、电子琴、二胡、舞蹈、书画、评剧、京剧、大鼓等学习班，在校学员200余人。书画班2人申报省国画协会会员，20人申报市国画协会会员，7人参加市举办的庆祝建党96周年书画作品展。中堡镇、汀流河镇、大相各庄乡、阎各庄镇、马头营镇等基层老年学校均确立有自己的特色文体活动，老干部的文化生活丰富充实。

【老干部正能量活动有亮点】 5月，组织成立由60多人参加的乐亭县“夕阳红”文明志愿者巡查团，团长、政委分别由一名原县级老领导担任，下设年龄在60周岁以上的10个小分队，围绕文明县城创建工作的重点、难点和群众反映的热点问题开展经常性巡访活动。巡查团为创建省级文明城市发挥宣传和带动作用，搭建了“上情下达”和“下情上达”的桥梁，为县委、县政府创建文明县城代言，为居民群众参与文明县城创建代话。乐安社区老年活动中心成立文明志愿巡查团，为全县文明建设增添正能量。发挥“五老”（老干部、老战士、老专家、老教师、老模范）关心教育下一代、弘扬社会主义核心价值观的积极作用，组织“五老”报告团深入各中小学校做爱国主义、革命传统、文明礼仪、法制宣传等报告15场次。5月，组织开展“春雨行动，爱心老区行”活动，为革命老区古河乡西阁楼坨村、汀流河镇丰庄村12名家庭贫困且品学兼优的小学生捐助5000元的助学金和学习用品。“六一”前夕，县关工委组织“五老”志愿者开展“传递爱心，播撒希望，庆‘六一’助学圆梦”活动，为全县30名贫困学生资助2万余元的助学金和学习用品。各基层关工委组织捐资助学活动，累计捐款2.7万元，资助贫困生300名，奖励优等生50名。6月15日，省人大常委会原副主任、省关工委常务副主任杨新农及市委老干部局有关领导到乐亭调研，考察汀流河镇和中堡镇关工委，对乐亭县的工作给予肯定。在乐亭手机台开辟“宣传老区、建设老区、发展老区”专栏，通过图文并茂的形式，宣传老区精神、老区建设成就、老区建设先进事迹和老区建设新动态、新举措、新经验，引导老区村干部群众解放思想，更新观念，树立科学发展观，继承和弘扬老区精神，自力更生，艰苦奋斗。县老促会为老区群众引进帮扶资金280万元，改善老区村的生产生活条件。

县委老干部局
局　长　钱静辉

信　访

【概　况】 2017年，县信访局针对信访稳定工作的新形势、新任务，在县委、县政府的领导下，认真贯彻落实省、市一系列决策部署，以敢于碰硬、敢打必胜的决心和勇气，勠力同心、攻坚克难，全县信访形势总体稳定，北京重点地区涉访量、进京赴省到市访量均保持低位运行。在全国“两会”、党的十九大等重要敏感时期，实现了北京重点地区访、进京集体访“零”发生。年内，乐亭县在全市信访维稳攻坚工作排名中位居第二位。

【群众来信来访】 2017年，全县发生进京访148批次180人次，其中集体访5批次30人次；发生赴省访86批次109人次，未发生赴省集体访；发生到市访109批次199人次，其中集体访10批次70人次。县信访局受理群众来访1328批次4902人次，通过热情接待、认真协调，全部妥善处置。承办国家、省、市交办案件19件，承办上级转送案件231件，办理网上信访案件526件，按期结案率全部达到100%。

【信访基层基础工作】 2017年，县信访工作围绕重点问题、重点领域、重点群体，发挥乡镇、村两级干部及民情信息员作用，坚持集中排查和有针对性地排查相结合的动态排查机制，对排查出的信访隐患立即明确包案领导和化解时限，确保全覆盖、无疏漏。

严格落实农村干部信访工作责任制　各乡镇（街道）严格实行乡镇、村两级干部轮流坐班接访制度，发挥农村干部做群众工作的优势，将大量矛盾隐患化解在基层、化解在萌芽状态。县委办公室、县政府办公室制定印发《乐亭县信访工作责任制实施办法》，规定信访工作考核评分占农村干部工资的20%以上，不断调动农村干部做好信访工作的积极性、主动性。

强化信访隐患源头化解　县信访局制定印发《关于开展信访隐患排查化解工作实施方案》，要求各单位每月2次向县联席办公室报送排查情况，并将这项工作纳入年终考核，通过排查做到底数清、情况明，形成横向到边、纵向到底的排查网络。

着力提升信访事项办理“三率”指标　年内，先后4次组织全县信访干部业务培训，并深入各责任单位进行业务指导，不断提升信访事项办理质量。引导信访人参与评价，通过发送短信、电话告知、座谈沟通、上门评价、约请评价、委托代评等灵活多样的措施，为信访人参与评价提供便利条件，赢得信访人的理解支持，不断提高信访事项办理“三率”（信访事项及时受理率、按期办结率、群众满意率）指标。

【信访协调督办】 县委、县政府定期研究信访工作　2017年，县委常委会、县四大班子联席会先后8次专题研究信访工作，先后6次召开所有县级领导干部及各部门主要负责人参加的会议，对军队退役人员信访问题进行调度安排。县委、县政府一次性拨付信访工作经费435万元，为信访工作的开展提供有力保障。

主要领导以身作则、率先垂范　县委、县政府多次对军队退役人员信访问题进行安排部署，研究制定政策落实、疏导稳控等工作措施；先后对信达集资，启星合作社、圣大物流拖欠工资，通达楼供暖等一批疑难复杂信访案件进行调度，协调推进案件妥善化解。县长张福林多次接待军队退役人员代表，多次协调化解重点信访案件，在重要敏感时期，多次连夜深入相关单位进行督导检查，有力地推动了信访工作的安排部署落实到位。

县级领导干部坚持“一岗双责”、守土有责　县级领导全员参与接访，公开接访实行“双人双岗”制度；认真落实分包乡镇（街道）、分管县直部门工作责任，坚持深入基层一线督导工作、化解问题，分管领域、分管系统出现信访问题靠前指挥、亲自协调解决，全县构建起县联席会议牵头抓总，各部门各单位各司其职、各负其责，协调联动、齐抓共管的大信访工作格局。

【信访日常化解】 强化初信初访办理。对新产生的信访问题，严格落实首办责任制，全程做好案件登记、交办、办理、回复及督促落实等工作，做到发生一起、受理一起、办结一起，避免简单问题升级为复杂问题、初信初访演变为重信重访。坚持陪访、代访制度。对越级访倾向明显的信访人，通过相关责任单位陪访、代访等形式打消信访人疑虑，有效避免越级访发生。年内，信访及相关部门先后5次陪同原县第二化工厂人员、原“八一”农机站人员到国家及省、市有关部门咨询政策、了解情况，促进了此类群体的总体稳定。

【信访依法处置】 深入贯彻落实《中华人民共和国治安管理处罚法》和省高级人民法院、省人民检察院、省公安厅、省司法厅《关于依法处理信访活动中有关违法犯罪行为的指导意见》，对重点地区涉访、缠访闹访、集体访组织者严格依法处置。年内，对违法上访人员依法行政拘留52人，教育训诫109人次，并通过适当方式公开曝光，有效震慑了违法上访行为，全县信访秩序进一步规范。

【重要时期信访】 在重要敏感节点，由县级领导任总指挥，相关部门由科级干部带队，抽调精干力量驻京值班，妥善做好接劝返工作。在敏感时期，县公安局50人的应急处置工作队常备不懈，相关单位也成立应急工作队，随时待命，快速反应。在全国“两会”、党的十九大等重要敏感时期，实现了军队退役人员访、北京重点地区访、进京集体访“零”发生。

【推进群众工作站室建设】 2017年，县信访工作联席会议先后3次对群众工作站室建设进行安排部署，印发《关于进一步加强群众工作站室建设的意见》，提出明确要求。深入各乡镇（街道）对站室建设情况进行督导检查，有针对性地提出改进建议。群众工作站室建设制定统一标准和规范，统筹协调各方面力量，织密群众工作网络。建立完善了群众工作站室岗位职责等一系列权责明确、上下联动、运转高效的群众工作制度。到年底，全县群众工作站室已全部建成并挂牌使用。群众工作站室工作人员认真履行代理员职责，实行“全程代理”“全程服务”，直到问题彻底解决。年内，群众工作站室为群众提供政策咨询185次，代办事项264件，逐步赢得群众的信任和满意。

县信访局

局　长 颜广君

机关事务管理

【办公区基础设施维护】 2017年，县机关事务管理局与县城管局联合，对县委、县政府楼体亮化进行升级改造；投资5万元完成机关事务管理局房顶更换彩钢瓦工程，更换面积960平方米；投资4万元修缮机关大院铁栅栏700延长米；投资1万元对堵塞、漏水的暖气管道、下水井进行维修更换；投资3万元种植各类花草树木，更换法桐，实施草坪维护；投资3万元对东侧煤棚进行改造，建成车库2间；投资2万余元对县委楼、县政府楼和县纪委楼楼顶防水进行维修，维修面积445平方米；实施暖心工程，及时更换机关事务管理局及会议室开水房热水器滤芯，保证开水质量。

【财务管理】 2017年，按照河北财政管理信息一体化平台系统要求进行升级，实现日常公用经费和公务用车运行维护费由财政直接支付向授权支付的转换；联合财政和代理银行做好机关公务卡的推行工作，安装银行自助柜面系统，加速报账进程，为院内各单位做好财务基础性工作。在金算盘软件中，增设项目支出会计科目提高会计核算的准确度，为年终决算打下基础。对县委、县政府等21家预算单位的账务按时进行结账、对账，对各单位收入、支出及资金情况及时编制财务决算报表，推进财务工作高效化、规范化运行。

【安保工作】 县机关事务管理局不断完善安全保卫工作制度，强化内保工作管理力度，对机关大院、县信访局楼、县纪委楼的消防设施进行全面检查，更换、添加灭火器45个，并向各单位发放“消防安全明白纸”100张。加强与公安、信访等部门的配合，对来访人员严格实行登记制度，及时进行引导分流并做好疏导解释工作。加强大院机关的安全防护，实行24小时监控，夜间不定时巡逻，门卫值班室24小时值班，确保安全无事故；为维护车辆停放秩序，重新划定行车路线及停车位；投资6000余元对门禁系统进行了升级。

【会议中心管理】 县机关事务管理局严格执行机关会议中心使用管理制度，高标准对各类会议进行精心筹备，从细节抓起，保重点、提档次、抓质量，做好会前、会中的服务工作，确保会议按时、正常召开。全年承办各种会议360多场次，参会总人数2.6万人次。

【机关膳食管理】 投资1万元对机关食堂进行维修，完善了食堂硬件设施。落实食品配送制度，严把食品质量关，确保膳食安全。确定专人进行食材采购，保证食材价廉物美。针对机关食堂用餐人员流动大的特点，实施动态管理，把好成本管理关。食堂后厨按批次炒菜，严格控制剩菜剩饭，减少浪费、降低成本。加强食堂环境卫生管理，为机关干部职工创造一个整洁安全的就餐环境。

【公务用车管理】 根据乐亭县公务用车制度改革领导小组办公室《关于乐亭县公务用车信息化管理平台建设的通知》的要求，对经批准保留的应急用车、机要通信车辆等车辆逐一登记造册，建立与省市联网的公务用车信息化管理平台，对全县335辆公务用车加装北斗定位设备和标识喷涂，完成各单位车辆平台信息录入工作，促进公务用车规范化管理。

【保洁管理】 做好机关大院环境保洁和卫生管理工作，不断完善保洁卫生制度。对保洁员分区定岗，轮流值班，确保院内干净、整洁、无卫生死角。加强绿化管护，做好树木的浇水、施肥、防病治虫、修剪、杂草清除等工作，营造环境优美、心情舒畅的办公环境。

【节能管理】 县机关事务管理局协调推进公共机构节能工作宣传，增强各公共机构的节能意识，倡导采用节能新技术，推进机关节水、节电节能降耗，杜绝“长流水”“长明灯”现象，在全县节能减排工作中发挥示范带头作用。制定印发《乐亭县公共机构贯彻落实市2017年公共机构节能工作安排实施方案》《乐亭县公共机构能源审计实施方案》《乐亭县公共机构节能工作联席会议制度》，做好全县公共机构的能源消耗统计分析，推动公共机构节能工作深入开展。

【公务接待】 县机关事务管理局严格落实八项规定，强化接待费用管理，有效控制开支，杜绝浪费，做到“一提一降”（提高接待质量，降低接待费用），全年接待费比上年下降6%。主动适应全县经济跨越发展、增比进位形势要求，在各级领导考察调研和投资客商日益增多的形势下，把接待工作作为展示乐亭形象、优化发展环境、提升对外知名度和影响力的重要环节，规范接待工作，提升精细化服务水平。实行重要公务接待呈批制度，认真落实领导批示意见，科学安排接待活动，简化接待程序，做到热情周到。

县机关事务管理局

局　长　周东明

机构编制管理

【概　况】 2017年，乐亭县机构编制委员会办公室（简称县编办）按照县委、县政府和市编办的工作部署，切实履行自身职责，加强机构编制管理，着力推进控编减编工作，深化行政审批制度改革，开展事业单位清理规范工作，加快推进云上编办建设，规范做好事业单位登记管理工作，全面推进机关群团统一信用代码办理和机关事业单位网站名称规范化管理工作，较好地完成了年初确定的目标任务。

【编制管理】 *严格控编减编* 建立全县行政事业单位超缺编情况台账，对全县行政事业单位人员底数进行梳理，按照编制及实有人员数、现超缺编人数、预测到2017年年底自然减员人数，编制化解全县行政事业单位超编情况台账，对各单位发生的人员变化情况及时更新台账。与县教育、卫生部门结合，对全县教学单位中小学编制及部分医疗单位的编制进行重新核定。联合县组织、人事部门制定全县行政、事业单位系统内部调剂工作方案及《跨部门消化超编人员方案》，完成43个事业单位160人的内部调剂及18个事业单位118人的内部调剂编制工作任务，跨部门调剂编制284人，完成了消化超编任务。严格执行编制使用核准制度，严禁超编制进人、超编制配备领导干部。

开展事业单位清理规范工作 2017年，县编办以全面清理事业单位职责和分类为基础，以“两减、一补、两结合”对县直事业单位进行清理规范。全面清理职责和分类，科学界定事业单位名称和职责范围，对承担行政职能、职能交叉重叠事业单位的职能进行清理，能取消的取消，能转移的转移，能下放的下放，逐步实现行政职能回归行政机构。年内减少事业单位6家，撤销事业单位6家。其中，财政性资金基本保证事业单位2家（乐安街道办事处社区建设办公室、县农牧局林业行政综合执法队）、财政性资金定额或定项补助1家（县农牧局农业综合执法大队）、财政性资金零补助3家（县交通运输局水运管理站、路政一中队、路政二中队）。核减事业单位编制，由从事生产经营活动事业单位一次性核减空编，人员只出不进、编制只减不增，在编人员退休或调出的及时核减编制，全县涉及12家事业单位，收回企业化管理事业单位编制123人，由县统一调剂使用。补充加强重点领域，规范机构编制管理工作，优化资源配置，把机构编制资

源向重点领域倾斜，该补充的补充、该加强的加强，做大做强公益服务事业，提高公益服务水平，补充重点领域事业编制73人。做好“两个结合”，与机构编制实名制管理相结合，规范事业单位机构编制，重点解决部分事业单位由于历史、改革等原因造成的机构编制不规范问题；与消化超编人员相结合，按照市机构编制委员会提出的在2017年前消化超编人员的目标要求，对于不能通过自然减员和人员调整消化超编人员的事业单位，在本系统事业编制总量内，合理调剂事业编制139人，涉及财政性资金基本保证事业编制96人、财政性资金定额或定项补助事业编制30人、财政资金零补助事业单位编制13人。

推进综合行政执法改革试点工作进程　根据中央、省、市关于《开展综合行政执法改革试点工作实施方案》要求，《乐亭县开展综合行政执法改革试点工作实施方案》已经市编办批复。县编办根据市编办批准的实施方案，印发《乐亭县城市管理行政执法局更名和职责调整的通知》《关于调整乐亭县城市管理综合执法局机关内设机构和人员编制的通知》《关于调整乐亭县交通运输局内设机构和人员编制的通知》及《关于调整乐亭县农牧局（林业局）内设机构和人员编制的通知》并向市编办备案。同时，县政府制定印发《乐亭县综合行政执法责任追究暂行办法》《关于加强综合行政执法协作配合的意见（试行）》及《乐亭县综合行政执法责任追究暂行办法》3项制度。随着改革进程的深入推进，全县综合行政执法改革试点工作取得明显成效。

机构编制调整　2017年，县编办围绕县域经济社会发展，做好机构编制工作。建立编制动态调整机制，积极稳妥做好机构调整工作，对职能加强或新增职能的机构，整合资源、挖掘潜力相应调整。年内，完成县纪检监察机构改革和县委巡察机构设立工作；明确河北乐亭经济开发区主体责任并规范了河北乐亭经济开发区内设机构设置工作；完成乐亭县公共资源交易平台设置工作；完成县内部分事业单位设置变更工作。

加强机构编制问题整改，推进审批联动　根据中央编办、市编办《关于加强机构编制问题整改推进审批联动的意见》精神，结合实际，认真抓好文件精神的贯彻落实，切实加强全县机构编制问题整改，推进审批联动工作，及时上报了问题台账。同时，县编办严格落实省委巡视整改“回头看”暨换届风气专项巡视意见和“四个干”工作机制，整改工作取得阶段性成效。

【行政审批制度改革】　组建行政审批局　按照省委、省政府2017年所有市、县都要设立行政审批局的要求，县编办制定《乐亭县行政审批局组建方案》，并经市编办批复。根据市编办批复的组建方案，制定《乐亭县行政审批局组建实施方案》《乐亭县行政审批局主要职责内设机构和人员编制规定》等文件。至年底完成机构组建。

做好上级取消和下放行政审批事项的衔接落实工作　针对上级取消和下放的行政审批事项制定相关接收方案和管理措施，实现承接到位，做到接得住、接得好，确保承接与下放审批事项“无缝对接”。县政府办公室制定印发《关于衔接落实国务院第三批取消中央指定地方实施行政许可事项的通知》，衔接调整涉及9个部门，取消行政许可事项14项；衔接落实市政府办公厅《2017年第一批向县（市、区）下放设区市行政权力事项和取消调整市政府部门行政权力事项的通知》，其中衔接下放17项，衔接取消9项。通过县政府门户网站、乐亭县机构编制委员会网络红页及时公开调整后的行政许可事项清单。

《乐亭县（2016年版）县级行政许可事项通用目录》梳理编制工作完成　根据上级指示精神，县级行政许可事项通用目录衔接调整工作针对所有县直部门、单位的全部行政许可事项，年内完成对通用目录全部366项行政许可事项的衔接工作，经拆分、整合、调整后涉及27个部门252项行政许可事项。县政府在门户网站、县编办在乐亭县机构编制网及时公开公布了通用目录。同时，县直各单位及时将行政许可事项纳入《河北省行政许可事项通用目录管理系统》，积极推进政府部门行政许可标准化，从行政许可的事项管理、办事流程、审批服务、受理场所、监督检查等方面，构建“全事项、全过程、各环节”相互配套协调的标准体系，全面规范行政许可行为。

“两个清单”管理建设加强　2017年，县编办及时对“两个清单”（县级政府部门行政权力清单和责任清单）进行修订，实现“法无授权不可为”与“法定职责必须为”的有机统一。对“两个清单”进行梳理汇总，其中行政权力清单涉及36个部门和单位1850项；责任清单涉及35个部门和单位，部门主要职责437条、具体工作事项1729条，职责边界事项166项，建立事中事后监管制度212项，公共服务316项。及时在县政府门户网站和机构编制网向社会公开，并建立动态管理机制，及时更新发布。结合“互联网＋政务服务”，对县级政务服务事项目录清单进行梳理汇总工作，形成《乐亭县县级政务服务事项目录清单（2017年版）》，涉及39个县直部门、单位642项。

开展简化优化公共服务流程工作　全面梳理县级公共服务事项目录，梳理包括公共教育、劳动就业、社会保障、医疗卫生等与群众生产生活密切相关的公共服务事项316项涉及38个部门和单位，县政府办公室及时向社会公开，并建立公共服务清单动态管理机制，进一步提高公共服务质量和效率，优化公共服务流程工作。

开展减证便民专项行动　2017年，县编办对第一批民生领域证明材料进行了清理规范，保留涉公证类、民政类、公安类、卫生和计生类、住建类等16项民生领域证明材料。

【衔接取消行政审批中介服务事项】　根据国务院清理规范行政审批中介服务事项的通知要求，县政府办公室制定印发《关于衔接落实国务院第三批清理规范17项行政审批中介服务事项的通知》，对应县政府部门行政许可中介服务事项2项，衔接取消1项，衔接调整1项。县行政审批制度改革工作领导小组办公室制定印发《关于2017年第二批衔接取消中央指定地方实施行政审批中介服务事项的通知》和《衔接落实国务院审改办等11部门取消中央指定地方实施行政审批中介服务和证明材料的通知》，对2017年衔接取消中央指定地方实施行政审批中介服务事项进行衔接，同步衔接取消中央指定地方实施行政审批中介服务事项36项，衔接取消行政审批证明材料17项，均在时限内完成衔接落实工作，并通过县政府门户网站、县机构编制委员会网络红页及时公开调整后的中介服务事项清单。

【事业单位管理】　2017年，县编办认真部署、多措并举，按时完成事业单位法人年度报告公示工作。到3月底，全县办理事业单位法人年度报告250家，合格率100%。开展县直机关、群众团体统一社会信用代码赋码发证工作。6月底，全县已领取统一信用代码证书机构64家，其中县直机关55家，群众团体8家，垂直管理单位1家。

【“一问责八清理”专项整治行动】　2017年，按照省、市、县“一问责八清理”的工作部署，县编办承担两项工作任务：对“放管服”改革不到位问题进行清理，重点内容是简政放权改革不到位、清单管理制度改革不到位两方面问题；对“政事政企政会”不分问题进行清理，重点是政事政企不分问题。县编办制订实施方案，组织召开培训会议，对“两个问题”清理进行安排部署，实行周报告制度。在各单位自查和深入基层部门对重点单位、重点岗位进行抽查的基础上，深入发现问题，通过自查自纠，经省相关部门最终审核，发现“放管服”改革不到位问题59个，均为清单管理制度改革不到位方面问题；“政事政企政会”不分问题之“政事”不分问题50个，根据县统一安排部署，各单位均已整改完成。对照问题清单提出分类处理意见，做到问题整改与处理形态相对应。按照应查尽查的原则，对整改完成的问题进行抽查，查实率100%。针对自查中发现的问题，及时深化整改，制定规章制度8项，其中“放管服”改革不到位问题7项，政事不分问题1项；修改政事不分问题文件9件，理顺相关科室职责，进一步规范了事业单位设置。

表 4 **中共乐亭县县委 2017 年重要文件一览表**

文　号	文件名称	发文单位	发文日期
乐发〔2017〕1 号	转发《乐亭县普法依法治县领导小组关于在全县公民中开展法治宣传教育的第七个五年规划（2016—2020 年）》的通知	县委 县政府	2 月 3 日
乐发〔2017〕2 号	关于“重大产业支撑项目攻坚年”的实施意见	县委 县政府	2 月 19 日
乐发〔2017〕3 号	关于印发董立群同志在中国共产党乐亭县第十三次代表大会上的报告的通知	县委	2 月 19 日
乐发〔2017〕4 号	关于印发孙志东同志代表乐亭县纪律检查委员会向县第十三次代表大会所作报告的通知	县委	3 月 8 日
乐发〔2017〕5 号	关于印发《乐亭县乡科级领导班子综合考评办法》的通知	县委	5 月 4 日
乐发〔2017〕8 号	关于印发《中国共产党乐亭县委员会工作规则》的通知	县委	5 月 9 日
乐发〔2017〕9 号	关于深入学习贯彻习近平总书记系列重要讲话精神持续兴起学习贯彻热潮的意见	县委	5 月 15 日
乐发〔2017〕10 号	关于印发《乐亭县 2017 年招商引资“百日攻坚”集中行动实施方案》的通知	县委 县政府	5 月 19 日
乐发〔2017〕11 号	关于强力推进大气污染综合治理的意见	县委 县政府	6 月 13 日
乐发〔2017〕12 号	关于印发县四大班子领导分包前期项目的通知	县委 县政府	10 月 19 日
乐发〔2017〕13 号	关于认真学习宣传贯彻党的十九大精神的通知	县委	11 月 9 日
乐发〔2017〕14 号	关于加强县乡人大工作和建设的指导意见	县委	11 月 14 日
乐字〔2017〕2 号	关于认真学习宣传贯彻县第十三次党代会和县委十三届一次全体（扩大）会议精神的通知	县委	2 月 19 日
乐字〔2017〕7 号	关于印发《2017 年县委县政府为群众办的 10 件实事》的通知	县委 县政府	4 月 19 日
乐字〔2017〕8 号	关于印发《2016 年度建设沿海强县表彰奖励办法》的通知	县委 县政府	5 月 2 日
乐字〔2017〕9 号	关于通报表扬 2016 年度建设沿海强县先进单位和先进个人的决定	县委 县政府	5 月 19 日
乐字〔2017〕11 号	关于印发《2017 年度县委常委、县人大常委会主任、县政协主席、县人武部政委、县政府副县长党风廉政建设职责范围及工作要求》的通知	县委 县政府	6 月 28 日
乐字〔2017〕13 号	关于表扬 2017 年度优秀教育工作者和优秀教师的决定	县委 县政府	9 月 5 日
乐字〔2017〕14 号	关于推进防灾减灾救灾体制机制改革全面提升综合减灾能力的实施意见	县委 县政府	10 月 30 日
乐字〔2017〕18 号	关于开展“学习贯彻党的十九大精神全面建设沿海强县美丽乐亭”调研月活动的意见	县委	12 月 12 日

表 5 **中共乐亭县县委办公室 2017 年重要文件一览表**

文　号	文件名称	发文单位	发文日期
乐办发〔2017〕2 号	关于印发《乐亭县 2017 年创建河北省首届文明城市（县城）实施方案》《乐亭县 2017 年未成年人思想道德建设工作实施方案》的通知	县委办公室 县政府办公室	3 月 20 日
乐办发〔2017〕3 号	关于印发《中共乐亭县委 2017 年重点任务“四个干”运行图》的通知	县委办公室	4 月 19 日
乐办发〔2017〕4 号	印发《关于推进“两学一做”学习教育常态化制度化的实施方案》的通知	县委办公室	5 月 9 日

续　表

文　号	文件名称	发文单位	发文日期
乐办发〔2017〕5号	关于印发《2017年乐亭县深化机关作风整顿推进方案》的通知	县委办公室 县政府办公室	5月9日
乐办发〔2017〕6号	印发《关于推动全县文化产业加快发展的实施意见》的通知	县委办公室 县政府办公室	5月15日
乐办发〔2017〕9号	关于认真组织学习《习近平谈治国理政》第二卷的通知	县委办公室	12月22日
乐办字〔2017〕1号	印发《关于推动移风易俗树立文明乡风的实施方案》的通知	县委办公室 县政府办公室	1月4日
乐办字〔2017〕7号	关于印发乐亭县2017年农业农村工作要点的通知	县委办公室 县政府办公室	4月5日
乐办字〔2017〕8号	关于印发《乐亭县2017年度美丽乡村建设实施方案》的通知	县委办公室 县政府办公室	4月5日
乐办字〔2017〕10号	关于下达2017年乐亭经济开发区和城区工业园区主要经济指标目标任务的通知	县委办公室 县政府办公室	4月6日
乐办字〔2017〕11号	关于下达2017年产业项目目标任务的通知	县委办公室 县政府办公室	4月6日
乐办字〔2017〕12号	关于组织开展“纪念李大钊同志英勇就义90周年”系列主题活动的通知	县委办公室	4月19日
乐办字〔2017〕13号	关于成立县委巡察工作领导小组的通知	县委办公室	5月10日
乐办字〔2017〕14号	关于印发《乐亭县健全落实综治维稳领导责任制办法（试行）》的通知	县委办公室 县政府办公室	5月23日
乐办字〔2017〕15号	关于印发《乐亭县河长制工作方案》的通知	县委办公室 县政府办公室	6月27日
乐办字〔2017〕17号	关于进一步开展县直事业单位清理规范工作的意见	县委办公室 县政府办公室	7月21日
乐办字〔2017〕19号	关于成立乐亭县生态环境保护委员会的通知	县委办公室 县政府办公室	9月18日
乐办字〔2017〕20号	关于印发《乐亭县2017—2018年秋冬季大气污染综合治理攻坚行动方案》的通知	县委办公室 县政府办公室	9月22日
乐办字〔2017〕21号	关于印发《乐亭县2017—2018年秋冬季大气污染综合治理攻坚行动“四个干”运行图》的通知	县委办公室 县政府办公室	9月22日
乐办字〔2017〕23号	关于印发《乐亭县深化农村低保精准认定精准核查机制改革实施方案》的通知	县委办公室 县政府办公室	11月29日
乐办字〔2017〕25号	成立大督查协调小组及办公室的通知	县委办公室 县政府办公室	12月12日
乐办字〔2017〕26号	印发《乐亭县开展扶贫领域专项整治行动方案》的通知	县委办公室 县政府办公室	12月12日

乐亭县人民代表大会

综 述

2017年是乐亭县第十五届人民代表大会常务委员会和乐亭县第十六届人民代表大会常务委员会（简称县人大常委会）交替之年，是乐亭县第十六届人大常委会履职的起始之年。县人大常委会在县委的领导下，围绕全县工作大局，依法履行职责，各项工作迈出坚实步伐，实现本届常委会工作良好开局。乐亭县第十六届人民代表大会第一次会议后，县人大常委会举行会议8次，听取和审议专项工作报告13项，开展执法检查、调研视察、专题询问等活动17次，任免国家机关工作人员31人次，保障和推进了全县经济社会的发展。

县人大常委会领导机构及工作机构

【县人大常委会领导机构及领导成员】 乐亭县第十五届人大常委会是由乐亭县第十五届人民代表大会第一次会议选举产生的，由主任1名、副主任4名、委员18名组成。2017年2月27—28日，乐亭县第十六届人民代表大会第一次会议召开，选举产生乐亭县第十六届人大常委会，由主任1名、副主任4名、委员27名组成。到年底有主任1名，副主任4名，委员27名。

县十五届人大常委会

主　任　孟宪福

副主任　王凤亭

程　兵

王剑秋（1月免）

赵文忠

县十六届人大常委会

主　任　安爱军

副主任　王学兵

程　兵

赵文忠

陈会峰

【县人大常委会工作机构及主要负责人】 2017年，乐亭县人大常委会工作机构设办公室、财经科、法制科、代表科、文卫科。

办公室主任　陈巧敏

财经科科长　刘润才（6月免）

缺　职

法制科科长　鲁德海（6月免）

贾英伟（6月任）

代表科科长　裴树平（8月免）

缺　职

文卫科科长　宋敬武

县人大重要会议

【县人民代表大会】 2017年2月27—28日，乐亭县第十六届人民代表大会第一次会议召开，大会应到代表210名，实到203名。会议听取和审议县政府工作报告、县人大常委会工作报告、县法院工作报告和县检察院工作报告；审议《乐亭县2016年国民经济和社会发展计划执行情况与2017年国民经济和社会发展计划（草案）》的报告（书面报告），审查批准《乐亭县2016年国民经济和社会发展计划执行情况与2017年国民经济和社会发展计划》；审议《乐亭县2016年财政预算执行情况和2017年财政预算（草案）的报告》（书面报告），审查批准《乐亭县2016年财政预算执行情况和2017年财政预算》，并对以上6个报告做出相应决议。会议选举安爱军为县十六届人大常委会主任，王学兵、程兵、赵文忠、陈会峰为副主任，陈巧敏等27人为常委会委员；选举张福林为县政府县长，王学龙、石井满、杨冬梅、陈武、陈亮、马立存为县政府副县长；选举姚凌峰为县法院院长；选举张世新为县检察院检察长；选举丁荣进等35人为县出席市十五届人大代表。当选人向《中华人民共和国宪法》宣誓。县委书记董立群在闭幕式上讲话。

【县人大常委会会议】 2017年，县第十五届人大常委会举行会议3次，收录3次。县第十六届人大常委会举行会议8次，收录6次。

1月10日，县第十五届人大常委会举行第三十三次会议，县人大常委会主任孟宪福，副主任王凤亭、程兵、赵文忠和委员共20人出席会议。县人大常委会党组书记安爱军，县委常委、县政府党组副书记王学龙，县人大常委会党组副书记王学兵、党组成员陈会峰，县委组织部、县政府、县法院、县检察院负责人列席会议。会议审议通过乐亭县人大常委会代表资格审查委员会关于县第十六届人民代表大会代表资格的审查报告，对代表资格进行了确认。会议还进行了人事任免。会议由县人大常委会主任孟宪福主持。

2月21日，县第十五届人大常委会举行第三十四次会议，县人大常委会主任孟宪福，副主任王凤亭、程兵、赵文忠和委员共17人出席会议。县人大常委会党组书记安爱军，县委常委、县政府党组成员石井满，县人大常委会党组副书记王学兵、党组成员陈会峰，县法院代院长姚凌峰，县检察院检察长张世新，县政府办公室负责人列席会议。会议根据有关法律规定，做出关于召开县第十六届人大一次会议的决定，审议通过乐亭县人大常委会代表资格审查委员会关于补选县第十六届人民代表大会代表的代表资格审查报告，乐亭县第十六届人民代表大会第一次会议议程草案，乐亭县第十六届人民代表大会第一次会议主席团和秘书长名单草案，乐亭县第十六届人民代表大会第一次会议议案审查委员会主任委员、副主任委员、委员名单草案，乐亭县第十六届人民代表大会第一次会议计划预算审查委员会主任委员、副主任委员、委员名单草案，乐亭县人大常委会关于乐亭县第十六届人民代表大会第一次会议列席人员的决定，乐亭县人大常委会工作报告。县第十五届人大常委会即将届满。县人大常委会主任孟宪福在本次会议即将结束时讲话。会议由县人大常委会主任孟宪福主持。

2月24日，县第十五届人大常委会举行第三十五次会议，县人大常委会主任孟宪福，副主任王凤亭、程兵、赵文忠和委员共15人出席会议。县人大常委会党组书记安爱军、党组副书记王学兵、党组成员陈会峰列席会议。会议审议通过乐亭县人大常委会代表资格审查委员会代表资格审查的报告。会议还进行了其他事项。会议由县人大常委会主任孟宪福主持。

3月22日，县第十六届人大常委会举行第一次会议，县人大常委会主任安爱军，副主任王学兵、程兵、赵文忠、陈会峰和委员共28人出席会议。县委常委、常务副县长王学龙，县法院院长姚凌峰，县政府、县检察院相关部门负责人，各乡镇人大主席、街道人大联络办主任和部分特邀人大代表列席会议。会议审议修正了县人大常委会议事规则、任免国家机关工作人员暂行办法，审议通过县人大常委会2017年工作要点，表决通过县十六届人大常委会代表资格审查委员会组成人员。会议由县人大常委会主任安爱军主持。

6月23日，县第十六届人大常委会举行第二次会议，县人大常委会主任安爱军，副主任王学兵、程兵、赵文忠、陈会峰和委员共29人出席会议。县政府县长张福林，县委常委、组织部部长李亚峥，县政府副县长徐利，县法院院长姚凌峰，县检察院检察长张世新，县政府、县检察院相关部门负责人，各乡镇人大主席、街道人大联络办主任和部分特邀人大代表及被提请任命人员列席会议。会议表决通过人事任免议案，审议通过县政府关于《中华人民共和国审计法》贯彻执行情况的报告、县检察院关于侦查监督工作的报告。会议由县人大常委会主任安爱军主持。

8月17日，县第十六届人大常委会举行第三次会议，县人大常委会主任安爱军，副主任王学兵、程兵、赵文忠、陈会峰和委员共27人出席会议。县委常委、常务副县长王学龙，县检察院检察长张世新，县政府、县法院相关部门负责人，各乡镇人大主席、街道人大联络办主任、部分特邀人大代表列席会议。会议审议通过县政府关于2017年上半年国民经济和社会发展计划执行情况的报告、关于2017年上半年财政预算执行情况的报告、关于2016年度财政预算执行和其他财政收支的审计工作报告、县人大常委会执法检查组关于检查《中华人民共和国食品安全法》实施情况的报告，审议批准县政府关于乐亭县政府性债务风险化解规划的报告，听取和审议县人大常委会主任会议关于提请撤销县人大常委会4个决定的议案，并做出了关于撤销4个决定的决定。会议由县人大常委会主任安爱军主持。

9月7日，县第十六届人大常委会举行第四次会议，县人大常委会主任安爱军，副主任王学兵、程兵、赵文忠和委员共19人出席会议。县委常委、常务副县长王学龙，县政府、县法院相关部门负责人列席会议。会议表决通过了相关人事事宜。会议由县人大常委会主任安爱军主持。

9月28日，县第十六届人大常委会举行第五次会议，县人大常委会主任安爱军，副主任王学兵、赵文忠、陈会峰和委员共28人出席会议。县委常委、常务副县长王学龙，县法院院长姚凌峰，县检察院检察长张世新，县政府、县法院相关部门负责人，各乡镇人大主席、街道人大联络办主任、部分特邀人大代表及被提请任命人员列席会议。会议表决通过人事任免议案，审议通过县政府关于“僵尸企业”清理处置专项工作的报告，审议通过县人大常委会执法检查组关于检查县法院贯彻执行《中华人民共和国刑事诉讼法》情况的报告。会上，县人大常委会相关人员对县内“僵尸企业”清理处置工作进行了专题询问。9名委员围绕加快盘活处置剩余“僵尸企业”，推动企业技术改造、科技创新，促进产业结构转型升级，为项目建设超前服务、跟踪服务、全程服务，严把项目准入关，实施精准招商、确保引进项目质量和档次，防止税源流失，确保国有资产保值增值等方面提问，县政府办、河北乐亭经济开发区、县城区工业聚集区、县市场监督管理局、县工信局、县国土资源局、县住建局、县环保局、县财政局、县招商局、县发改局等县政府组成部门及县法院相关负责人应询。会议由县人大常委会主任安爱军主持。

11月30日，县第十六届人大常委会举行第六次会议，县人大常委会主任安爱军，副主任王学兵、程兵、赵文忠、陈会峰和其他常委会组成人员出席会议。县政府副县长马立存，县法院、县检察院、县政府有关部门负责人，各乡镇人大主席、街道人大联络办主任和部分特邀人大代表列席会议。会议审议通过县政府关于县十六届人大一次会议代表建议、批评和意见办理情况的报告并开展专项工作评议，审查和批准乐亭县2016年财政决算，审议通过县政府关于乐亭县2017年财政预算调整方案的报告，审议通过县政府关于贯彻执行《中华人民共和国科学技术进步法》和《河北省科学技术进步条例》情况的报告，听取县政府有关组成部门主要负责人述职报告并进行测评。会上，县人大常委会组成人员及特邀人大代表对县政府相关部门承办的33件人大代表建议办理情况进行测评。县人大常委会对县交通运输局、县公安局、县城管局、县住建局、县市场建设服务中心、县文广新局、县发改局、县财政局、县水务局、县农牧局、县市场监督管理局、县国土资源局、汀流河镇政府、县政府金融办、县红十字会15个承办单位测评结果为满意。县人大常委会对县民政局、县国土资源局、环境保护乐亭县分局、县交通运输局、县文广新局、县安监局6个政府组成部门主要负责人履职情况测评结果为满意。会议由县人大常委会主任安爱军主持。

县人大常委会重要活动

【审议重大事项】 县人大常委会依法听取和审议2016年财政决算、决算审计，2017年计划预算执行情况等报告，审查批准2016年财政决算和2017年财政预算调整方案。注重会前审查和审前调研，督促县政府和有关部门提高预算编制的科学化水平，强化预算执行管理，保障重要民生支出，做好重大项目资金监管，有效防范和化解债务风险，确保收支平衡、可持续发展。支持审计部门依法审计，推动问题整改落实。

【开展专题询问】 县人大常委会组织常委会委员及人大代表对县内35家“问题企业（项目）”进行实地调研，听取审议县政府专项工作报告，对县政府及10个相关部门面对面进行专题询问，提出分类施策、依法处置、严把准入、加强监管、优化服务等方面的审议意见，督促县政府强化工作措施，加大盘活力度，加快处置进度。

【代表建议办理】 县第十六届人大一次会议上，人大代表站在全县改革、发展、稳定大局的高度，围绕保障改善民生、提升新型城镇化水平等方面建言献策，提出建议34件，其中经济发展类2件，农业农村类12件，城建交电类13件，其他7件，涉及29个承办部门和单位。人大代表的建议涵盖面广、重点突出、可操作性强。人大代表建议是政府了解民生的重要渠道，也是民愿诉求的集中反映。为促进民愿落实，县人大常委会、县政府不断完善办理机制，保证人大代表建议办理工作的法律性、政策性、时效性。建立健全主要负责人负总责、分管负责人直接抓、承办科室和承办人员具体办、办公室总协调的“3+1”承办工作责任机制，形成一级抓一级、一级对一级负责的工作格局。对具体办理工作中的交办、催办、审核、协调等环节予以规范，形成上下衔接、左右沟通的承办工作体系。县政府主要领导多次召开会议进行安排部署，各位副县长按照分管战线加强研究调度。各部门和单位在承办工作中，严密组织，坚持制度，规范程序，注重实效，增强承办工作的责任感、使命感。县人大常委会确定5件重点建议分别由5位主任、副主任分包。对代表建议办理工作进行深度调研，组织召开建议办理工作汇报会，开展代表建议办理工作专项评议，评选优秀代表建议和先进代表建议承办单位，提升代表建议质量，促进代表建议办理工作的开展。

年内，建议所提问题已解决和基本解决的19件，占总数的56%；列入规划逐步解决的12件，占35%；暂难解决的3件，占9%。

【视察、调研和执法检查】 2017年，县人大常委会坚持把保证《中华人民共和国宪法》和法律法规不折不扣地贯彻实施作为全面推进依法治县的重要抓手，着眼全县改革发展，回应社会关切，7次开展调研和执法检查。

从助力产业转型升级出发，对全县贯彻执行科技进步“一法一条例”情况进行视察，听取审议县政府专项工作报告，围绕加大科技投入、招商引技引智、完善政策机制、实施品牌战略等方面提出有针对性的意见建议，推动传统产业提质升级，助力新兴产业培育。

组织开展人口和计划生育“一法一条例”执行情况和基层社会养老状况2次专题调研，组织城乡居民养老意愿问卷调查，了解掌握全县社会养老服务的现状、城乡居民养老需求，向县政府提出与人口老龄化程度相适应，与经济社会发展相协调，以社区居家养老为主要形式，建立政府主导、社会参与、适度普惠、覆盖城乡的社会养老保障体系，满足人民群众日益增长的社会养老服务需求的思路和建议。

围绕人民群众所需，开展农田水利建设专题调研。通过认真梳理调研、检查中发现的问题，广泛听取代表意见，向县政府提出大力推进高标准农田水利设施建设、完善防洪体系、强化全民水资源保护意识的建议。县政府高度重视，以落实省委、省政府实行“河长制”工作方案为契机，全面加强监管责任和执法力度，将妥善解决县域中南部地区农业用水问题列入政府工作议程。

围绕社会关注，持续开展食品安全执法检查，听取县政府专题汇报，深入生产企业、农贸市场、超市饭店、学校食堂，对《中华人民共和国食品安全法》实施情况进行实地检查，推动政府及相关职能部门强化责任落实，完善监管体系，严厉打击食品安全违法行为，确保全县食品安全形势稳定。

【参与法律监督】 2017年，县人大常委会围绕提高司法公信力，推进公正司法，对县法院《中华人民共和国刑事诉讼法》实施情况进行执法检查，对县检察院侦查监督工作进行视察，通过听取“两院”汇报、现场观摩办案、查阅案件卷宗等方式，对改进侦查监督、提升办案质量、加强队伍建设提出意见、建议，促进司法机关能力建设和司法公开，提升公正司法水平。年内还组织开展了《中华人民共和国审计法》执行、社区矫正、基层公安派出所建设专题调研和执法监督工作。

【服务代表履职】 县人大常委会把发挥代表作用作为增强人大工作的重要环节，创新服务载体，完善保障机制，不断深化和拓展代表工作。

认真督办代表建议办理 县人大常委会认真对待代表建议，对县第十六届人大一次会议和闭

会期间代表提出的建议，责任到人，跟踪督办。对5件重点建议实行常委会领导领衔督办。两次专题听取相关部门办理情况报告，多次深入一线调研督导，组织提建议代表参与建议办理和专项工作评议，强化政府各部门对代表建议的认识和办理责任。县政府常务会议专题进行安排部署，主要领导亲自调度办理进度，层层落实责任。在各方共同努力下，本届代表提出的34件建议中，问题得到解决或基本解决的19件，列入规划逐步解决的12件。其中27名代表提出的6件建议被评为优秀代表建议，县交通运输局、县城管局、乐安街道办3个单位被评为先进承办单位。

推动乡镇人大代表之家建设 县人大常委会按照省、市人大常委会统一部署和工作要求，全力推进乡镇人大代表之家和农村人大代表联络站建设。各乡镇党委高度重视，大力支持，保证了代表家、站建设高效实施。全县建成乡镇、街道人大代表之家15个（含王滩镇），在各乡镇中心村建立代表联络站56个，为闭会期间代表学习交流、依法履职、联系选民、服务群众搭建了平台，乐亭镇、毛庄镇在全市人大代表之家建设工作会议上做典型发言。

组织代表视察重点项目建设 县人大常委会组织省、市、县三级人大代表深入项目建设一线，对唐山凯源实业有限公司镍铁合金生产及深加工一期项目、燕化永乐（乐亭）生物科技有限公司等12个重点项目进行集中视察，了解掌握全县产业项目发展态势，听取县政府和河北乐亭经济开发区关于全县招商引资、项目建设和项目入园等情况汇报。各位代表围绕抢抓发展机遇、加大招商力度、精准对接服务、优化营商环境等方面提出建设性意见，进一步浓厚重大产业支撑项目攻坚的社会氛围。

深入开展“双联”活动 举办人大代表全员学习培训，着力提升代表履职能力。邀请人大代表97人次列席县人大常委会会议，组织人大代表196人次参加常委会开展的各项视察调研、执法检查活动，为人大代表知情知政、履行职责创造条件。引导代表广泛参与重点工作、重大活动，为人大工作注入生机与活力。

县人大常委会办公室

【概　况】 2017年，县人大常委会办公室强化服务举措，围绕“123348”战略实施和县级领导干部“十个一”任务落实，主动参与项目建设、信访维稳、棚户区改造、大气污染治理、“一区三边”违建整治等全县重点工作，特别是在“重大产业支撑项目攻坚年”活动中，积极开展招商引资活动，持之以恒抓项目推进。分包的唐山实宝来游乐设备生产项目纳入全市十大文化产业项目，北京海德润生物医药项目具备生产条件，河北东启精华环保型油墨生产线、唐山康景建筑起重设备等引进项目扎实推进。各位代表在各条战线以扎实有效的工作，发挥示范引领作用，弘扬和传递着“求真、实干、担当、效率”的社会正能量。县人大办公室精心组织省、市、县三级人大代表深入项目建设一线，对重点项目进行集中视察，浓厚重大产业支撑项目攻坚的社会氛围。组织县人大常委会委员、人大代表对全县贯彻执行科技进步“一法一条例”情况进行视察，推动传统产业提质升级，助力新兴产业培育。

【加强自身建设】 *加强思想政治建设* 坚持把学习宣传贯彻党的十九大精神作为首要政治任务，组织机关干部兴起学习宣传贯彻热潮。落实理论学习制度，履行党建主体责任。扎实开展“树立工作高标准、干出发展新业绩”专题民主生活会，推进“两学一做”学习教育常态化、制度化。

加强机关能力建设 组织修订常委会议事规则、任免国家机关工作人员暂行办法、机关建设等制度机制，制定依法监督、建议办理等11项工作流程的起草工作，有效促进人大工作规范开展。加强学习交流，广泛开展调研，着力提升县人大常委会组成人员履职能力。积极推进人大工作信息化建设，在全市率先开通乐亭县人大门户网站。

【强化对外宣传】 *宣传阵地建设* 《人大之窗》增设“学习园地”新版块，设立“两学一做”专题教育和解放思想大讨论专栏，内容进一步丰富，知识性、可读性进一步增强。全年共编辑出版6期，发驻乐亭县省、市人大代表和全体县人大代表及各乡镇、县直各单位赠阅3000余份，在宣传人大制度、推进依法治县、保障人大代表知情权等方面发挥了重要作用。

强化信息报送　通过明确工作责任、定期汇总通报等措施，激发机关人员积极性，形成全员办信息的工作格局。2017年，共编辑出版《人大之窗》6期，在国家、省、市刊物上发表宣传乐亭人大工作信息30余篇。

县人大常委会财经科

【预决算审查监督】 把好预决算审查关　提前介入县政府财政预算编制，深入县财政部门听取上半年财政预算执行情况、2016年财政决算报告和2016年度财政预算执行和其他财政收支的审计工作报告，要求县财政局定期向县人大常委会报送收支项目情况表，使监督工作经常化。还通过专题调研的形式，审查财政收支金额的准确性和合理性，提高财政资金的使用效益，强化对预算的刚性监督，实现全方位实质性监督。对财政运行中存在的问题提出整改意见，并形成调研报告，为县委、县政府当好参谋，使财政资金有效保障全县经济发展大局。

把好预算调整关　县人大常委会财经科就县财政预算调整有关事项到财政部门进行调研，形成《关于乐亭县2017年财政预算调整方案的审查报告》。在调研的基础上，结合县财政实际情况，从依法组织税收，确保重点支出和提高预算执行的可行性等方面提出建议，在第十六届六次人大常委会会议上进行了汇报，使之形成相关决议。

加强计划的审查监督　7月，深入县发改局进行调研座谈，听取全县2017年上半年国民经济和社会发展执行情况的汇报。针对存在问题，从优化产业结构、加大招商力度、推进城乡一体化建设和提高人民群众幸福指数等方面提出意见建议，并形成审议意见。

【开展视察调研】 9月，县人大常委会财经科会同其他科室相关人员组成调研组，通过听取汇报、查阅资料、走访座谈、实地查看等方式对35家“僵尸企业”进行专题调研，并召开会议进行专题询问，形成《关于县政府对“僵尸企业（项目）”清理处置情况报告的审议意见》，交县政府办公室办理。

10月，为进一步掌握全县农田水利建设基本情况，县人大常委会组成专题调研组，深入县农牧局、县水务局、县国土资源局等相关部门，对近年全县农田水利建设情况开展专题调研，就农田水利建设中存在的问题提出整改意见，形成《关于全县农田水利建设情况的调研报告》，提交县委、县政府及相关部门，为推进高标准基本农田建设工作提供参考。

【配合上级监督检查】 5月，县人大常委会财经科配合市人大常委会执法检查组开展防洪法律法规贯彻落实情况进行执法检查，市人大常委会执法检查组对乐亭县贯彻落实防洪“一法一办法”工作给予肯定，同时要求树立防大洪的思想和决心，补齐短板，确保防洪工程、物资、人员、执法四到位。6月，配合省人大常委会执法检查组对全县贯彻落实《河北省国土保护和治理条例》情况进行执法检查，省人大常委会执法检查组在肯定工作的同时对乐亭县国土资源保护和治理工作提出意见和建议。9月，配合市人大常委会调研组对乐亭县贯彻实施《河北省湿地保护条例》情况开展调研，对县政府强化湿地保护、依法打击破坏湿地的行为及健全湿地保护专业机构、不断充实力量等做法给予肯定。

【加强自身建设】 4月，县人大常委会财经科组织开展《中华人民共和国审计法》专题培训，从审计的产生和发展、审计法主要内容及贯彻落实情况进行讲解，增强县人大常委会机关干部及人大代表对《中华人民共和国审计法》的认识和了解，提升新形势下依法履行经济监督的能力。7月，参加市人大常委会财经委组织的2017年度财经干部培训班，县人大财经干部的综合素质和专业能力得到提升。

县人大常委会法制科

【加强司法监督】 县人大常委会法制科坚持从群众关注的热点难点问题入手，有针对性地开展调研、视察、执法检查活动，有效促进各司法职能部门工作的开展。

视察县检察院侦查监督工作　4月，县人大常委会法制科对县检察院侦查监督工作情况进行视察，实地察看了侦查监督办案卷宗等，听取了县检察院关于侦查监督工作情况的汇报，召开了由县公安局、县信访局主要负责人及律师参加的座谈会，对侦查监督工作提出意见和建议。县检察院按照意见和建议，提出构建“互联网+检务”的模式，让人民群众更好地了解侦查监督工作，自觉接受监督；强化对侦查活动的监督，加强冤错案件源头预防，推进司法公正，提升司法公信力，让人民群众在每一件司法案件中都能感受到公平正义。

调研县公安局基层派出所建设　6月，组织部分县人大常委会委员、县人大代表组成调研组，对县公安局基层派出所建设情况进行调研。调研组先后深入城关派出所、胡家坨派出所、姜各庄派出所，查看基层派出所基础设施建设、信息化建设和采取的便民利民措施等情况，听取县公安局关于派出所维护社会稳定工作情况的报告，并进行座谈交流和总结评议。根据调研组建议，县政府采取推进资源整合，警力下沉，以缓解基层用警压力的举措予以落实。另外，根据全县设施农业规模大的实际，由属地派出所组织农村党员、干部带头开展义务巡逻活动，加强对温室大棚、珍稀毛皮动物养殖集中区和其他重点部位的防范工作，努力做到监巡合一、立体防控，切实提高农村的自防能力，使人民群众的安全感和满意度得到提升。

开展执法检查，保障法律法规的贯彻实施　成立由县人大常委会相关领导任组长的执法检查组，从8月初开始，利用2个月的时间，对县法院贯彻执行《中华人民共和国刑事诉讼法》的情况进行检查。为保证执法检查取得实效，首先对检查组成员进行《中华人民共和国刑事诉讼法》培训，之后展开检查工作。通过旁听案件庭审，查阅案卷资料，听取县法院的汇报，座谈交流等检查活动，检查组指出了公众对《中华人民共和国刑事诉讼法》的认知度不高、刑事诉讼制度改革有待深化、刑事审判力量不足等问题。建议县法院要深化《中华人民共和国刑事诉讼法》的宣传和普及，提高社会知晓率，引导公民懂法守法用法；推行案件繁简分流机制，扩大简易程序适用范围，做到繁案精审、简案快审，缩短办案周期；推进刑事诉讼制度改革和庭审实质化改革；加强刑事审判队伍建设，不断提升法官政治素质和业务能力。

调研社区矫正工作　10月，县人大常委会法制科组织调研组，以实地查看、查阅档案、走访矫正人员、听取汇报、座谈交流等形式，深入县司法局及胡家坨、汤家河司法所，对社区矫正工作进行专题调研。之后撰写调研报告，提交常委会审议，报告中指出了社区矫正力量薄弱、刚性手段不足、矫正质效有待提升等问题；提出了整合多方力量，充实矫正队伍；探析有效对策，破解实际难题；增强工作举措，提升矫正质量等建议，促进相关工作的开展，维护社会和谐稳定。

【办理涉法涉诉信访】 2017年，县人大常委会法制科接待群众来访30余人次，受理群众来信10余件次、来电20余次，本着“热心接待来访群众、耐心做好思想工作、用心处理信访问题”的要求，努力实现群众“委屈而来、释怀而去”，信访问题得到有效化解。

【配合市人大常委会立法调研】 为市人大常委会五年立法规划提供建议　根据市立法项目建议征集工作要求，通知相关单位及乡镇结合实际、统筹规划，确定立法项目建议。经综合分析，提出了《食品安全监督管理办法》《道路交通安全管理实施办法》两个立法建议，其中《食品安全监督管理办法》被市人大常委会采纳，列入五年立法规划；《道路交通安全管理实施办法》被省人大常委会采纳，列入立法规划。

承办全市信访工作座谈会　7月，市人大信访工作观摩座谈会在乐亭县召开，全市信访工作相关人员60余人参加会议。与会人员现场观摩了乐亭镇代表之家、群众工作室、司法所建设，了解基层人大代表参与处置基层信访工作的情况，受到好评，会议圆满成功。

配合市人大常委会调研组调研　5月，配合市人大常委会调研组就依法履行社会治安管理职责情况调研，实地察看了城关派出所、110指挥中心，观看了110指挥中心电了演示系统，了解乐亭县社会治安管理工作情况，给予肯定，并对日后工作提出了意见和建议。

县人大常委会代表科

【依法完成换届选举】 按照中央和省、市关于换届选举工作的要求，结合县域实际，精心组织、依法依规圆满完成换届选举工作任务。同时，以换届选举为契机，落实专门委员会设置，推动了人大工作和建设的进程。

【夯实代表履职基础】 4月19日，县人大常委会代表科组织举办省、市、县三级人大代表、各乡镇（街道）人大干部、县人大常委会机关全体干部等200多人参加的培训班，人大代表和人大干部的基本素质得到提升，依法履职的能力和水平得到提高。

【提高建议办理实效】 县十六届政府第一次全会对代表提出的建议进行了交办，要求强化办理责任，明确答复时限；规范办理行为，提高办理质量。召开主任会议，对县第十六届人大一次会议期间收到的代表建议进行综合分析，从中确定5件重点建议作为2017年度重点督办件，落实“四个一”督办机制，分别由县人大常委会主任、副主任分包，并明确督办科室和责任人员进行重点督办。8月24—25日，县人大常委会分2个调研组，对13个代表建议办理情况进行实地调研。召开代表建议办理工作汇报会，听取和审议县政府关于代表建议办理工作的专项报告，并对代表建议承办单位进行满意度测评，评议结果向社会公布，并形成审议意见交县政府及相关部门整改落实。

【搭建人大代表履职平台】 全市人大代表之家推进会后，县人大代表科加大代表之家、代表联络站建设力度。7月，县人大常委会制定印发《关于加强人大代表之家建设的指导意见（试行）》，召开会议进行部署。县人大常委会主任安爱军和分管主任在10月12—27日，逐乡镇、街道检查人大代表之家建设情况。同时，统一为代表之家、代表联络站制作了标牌，为代表之家购买400多册图书资料，为每个乡镇、街道提供1万元经费支持，还制作了统一的记录本、规章制度的格式模版，有效保证了工作开展。到年底，全县15个乡镇、街道（含王滩镇）全部建成人大代表之家，建成代表联络站56个。

深入开展县人大常委会组成人员联系代表、代表联系选民“双联”活动，以走访为主，电话、微信等联系形式为辅，进行点对点双向交流沟通，密切人大代表同人民群众的联系。9月21日，围绕“重大产业支撑项目攻坚年”活动参与市人大代表视察活动，实地视察唐山凯源实业有限公司镍铁合金等12个项目建设情况，听取各项目负责人现场汇报，了解项目进展等有关情况，使代表充分了解全县经济发展的良好态势。

县人大常委会文卫科

【法律监督和工作监督】 2017年开展监督活动4次。

4月，开展全县基层养老工作专题调研。成立调研组，采取调查问卷、实地调研等形式对全县基层养老工作开展专题调研，对5个村（社区）发放调查问卷近300份；县人大常委会主任安爱军及相关领导率调研组深入汤家河镇大杨庄村居家养老服务站、乐亭镇三合庄村夕阳红老年公寓、庞各庄敬老院进行实地调研，听取县民政部门关于全县基层养老工作的汇报，之后进行了总结评议。

5—7月，开展《中华人民共和国食品安全法》执法检查。成立由县人大常委会相关领导任组长，部分县人大常委会委员和市、县人大代表为成员的执法检查组，对县政府贯彻执行《中华人民共和国食品安全法》情况进行执法检查。此次执法检查分为前期准备、自查自纠和重点检查3个阶段。在组织开展《中华人民共和国食品安全法》专题培训、相关部门自查自纠的基础上，执法检查组于6月21日深入唐山绿昕农业开发有限公司、河北省刘美实业有限公司、富强街农贸市场、夏日超市、高平中学学生食堂等8家食品生产流通餐饮企业进行实地检查，之后听取县政府专题汇报，并进行了总结评议。

8月，开展《中华人民共和国人口与计划生育法》和《河北省人口与计划生育条例》贯彻执行情况调研，推进“一法一条例”在全县更好地贯彻实施。调研组深入县妇幼保健院、乐亭镇、县计划生育技术服务站和新寨镇等单位进行实地查看，听取相关部门的专题汇报，之后进行了总结评议。

11月，视察全县贯彻《中华人民共和国科学技术进步法》和《河北省科学技术进步条例》情况。成立由县人大常委会相关领导任组长，部分县人大常委会委员和市、县人大代表为成员的视察领导小组，采取现场查看、听取汇报与座谈评议相结合的方法，现场查看了唐山高达科技有限公司、乐亭丞起现代农业发展有限公司、唐山境界实业有限公司和唐山宝航机械制造公司等企业在技术革新和科技成果应用等方面的情况，听取县政府关于贯彻“一法一条例”情况的汇报，之后进行了总结评议。

【会议宣传报道】 县人大常委会文卫科在十六届人大一次会议期间，负责大会宣传报道工作。针对宣传报道工作时间紧、任务重的特点，制订宣传报道工作计划，积极协调相关部门，精心谋划，提前运作，严格落实。通过全科人员的共同努力，圆满完成了会前、会中和会后的各项宣传报道工作，保证了县人民代表大会宣传报道工作的准确性和时效性。

【配合省、市人大常委会开展活动】 3月，配合省人大常委会民侨外工委调研旅游发展工作情况。调研组在对李大钊纪念馆、李大钊故居现场调研之后，听取了县旅游发展情况的汇报，在对旅游发展工作给予肯定的同时，提出了指导性的意见和建议。4月，配合市人大常委会完成社会科学研究课题，撰写了《乐亭县基层养老工作的调查与思考》调研文章上报市人大常委会。5月，配合市人大常委会开展创建国家食品安全城市调研。由县人大常委会主任安爱军及相关领导率相关部门负责人，陪同市人大常委会调研组对向光海水养殖厂、鸿春农业发展有限公司、宝兴奶牛专业合作社进行现场调研，并召开座谈会。9月，配合省、市人大常委会做好迎接党的十九大胜利召开书画作品征集工作，组织上报书画作品8件。

表6　乐亭县人大常委会2017年重要文件一览表

文号	文件名称	发文单位	发文时间
乐人常〔2017〕1号	关于王学龙等同志任职的通知	县十五届人大常委会	1月10日
乐人常〔2017〕2号	关于姚凌峰同志任职的通知	县十五届人大常委会	1月10日
乐人常〔2017〕3号	关于姚凌峰同志为县人民法院代理院长的决定	县十五届人大常委会	1月10日
乐人常〔2017〕4号	关于接受王剑秋同志辞去县十五届人大常委会副主任职务请求的决定	县十五届人大常委会	1月10日
乐人常〔2017〕5号	关于接受张国勇等同志辞去县人民政府副县长职务请求的决定	县十五届人大常委会	1月10日
乐人常〔2017〕6号	关于接受李月臣同志辞去县人民法院院长职务请求的决定	县十五届人大常委会	1月10日
乐人常〔2017〕9号	关于常委会主任、副主任分工的通知	县十六届人大常委会	3月16日
乐人常〔2017〕11号	关于印发《乐亭县人民代表大会常务委员会议事规则》的通知	县十六届人大常委会	3月23日
乐人常〔2017〕12号	关于印发《乐亭县人民代表大会常务委员会任免国家机关工作人员暂行办法》的通知	县十六届人大常委会	3月23日
乐人常〔2017〕14号	关于印发《乐亭县人民代表大会常务委员会实施宪法宣誓制度操作规程（试行）》的通知	县十六届人大常委会	4月10日
乐人常〔2017〕20号	关于《乐亭县贯彻落实〈中华人民共和国审计法〉工作情况报告》的审议意见	县十六届人大常委会	6月30日
乐人常〔2017〕21号	关于《县检察院侦查监督工作报告》的审议意见	县十六届人大常委会	7月10日
乐人常〔2017〕23号	关于印发《乐亭县人大常委会关于批准〈乐亭县政府关于乐亭县政府性债务风险化解规划的报告〉的决定》的通知	县十六届人大常委会	8月4日
乐人常〔2017〕24号	关于印发《乐亭县人大常委会关于撤销四个决定的决定》的通知	县十六届人大常委会	8月4日
乐人常〔2017〕25号	关于检查《中华人民共和国食品安全法》实施情况报告的审议意见	县十六届人大常委会	8月21日
乐人常〔2017〕27号	关于《乐亭县2017年上半年财政预算执行情况的报告》的审议意见	县十六届人大常委会	8月21日
乐人常〔2017〕28号	关于《乐亭县2017年上半年国民经济与社会发展计划执行情况的报告》的审议意见	县十六届人大常委会	8月21日

续　表

文号	文件名称	发文单位	发文时间
乐人常〔2017〕29号	关于《乐亭县2016年财政预算执行和其他财政收支的审计工作报告》的审议意见	县十六届人大常委会	8月21日
乐人常〔2017〕30号	关于印发人大工作流程的通知	县十六届人大常委会	8月21日
乐人常〔2017〕36号	关于批准乐亭县2016年财政决算的决议	县十六届人大常委会	11月10日
乐人常〔2017〕37号	关于乐亭县政府“僵尸企业（项目）”清理处置情况的报告的审议意见	县十六届人大常委会	11月27日
乐人常〔2017〕39号	关于人大代表建议办理工作的评议意见	县十六届人大常委会	12月5日
乐人常〔2017〕40号	关于批准乐亭县2017年财政预算调整方案的决定	县十六届人大常委会	12月5日
乐人常〔2017〕42号	关于《乐亭县2016年财政决算的报告》的审议意见	县十六届人大常委会	12月4日
乐人常〔2017〕43号	关于《乐亭县2017年财政预算调整方案的报告》的审议意见	县十六届人大常委会	12月4日

乐亭县人民政府

综 述

乐亭县人民政府（简称县政府）辖10个镇政府和3个乡政府，1个街道办事处，473个行政村，12个社区居委会。全县总面积1307.7平方千米，耕地面积5.48万公顷（不含唐山海港经济开发区托管的王滩镇53个村、汤家河镇1个村、马头营镇4个村，唐山国际旅游岛托管的翔云岛林场等），户籍人口42.66万人。

2017年是实施“十三五”规划的重要一年，也是全面落实县第十三次党代会精神的开局之年。县政府紧密团结和依靠全县人民，继续开展“两学一做”学习教育，并实现常态化、制度化，严格落实中央“八项规定”，贯彻市委、市政府“四个干”抓落实机制，牢固树立问题导向和实事思维，认真贯彻落实上级各项决策部署，唱响“求真、实干、担当、效率”主旋律，坚定不移实施“123348”战略，抓重点、破难题、抢速度、促发展，在应对新挑战中开创新局面，在把握新机遇中展现新作为，实现经济增比进位和各项事业全面进步，主要经济指标增幅保持全市前列。全县有8项主要经济指标增速在全市（14个县市区）排名2个第一、3个第二、2个第三、1个第四。其中，实现地区生产总值357.88亿元，比上年增长7.5%，增速全市排名第二；第一产业增加值73.1亿元，增长4%；第二产业增加值124.51亿元，增长5.9%；第三产业增加值160.26亿元，增长10.3%，增速全市排名第三。全社会固定资产投资262.67亿元，增长17.5%，其中固定资产投资248.87亿元，增长18.53%，增速全市排名第一。公共财政预算收入13.71亿元，增长16.3%，增速全市排名第四；社会消费品零售总额147.19亿元，增长10.8%，增速全市排名第二；规模以上工业增加值增长8%，增速全市排名第二；实际利用外资1.82亿美元，增长103.1%；进出口总额2.96亿美元；城镇居民人均可支配收入34078元，增长8.6%，增速全市排名第三；农村居民人均可支配收入16090元，增长8.8%，增速全市排名第一。全县金融机构各项存款余额337.86亿元，增长9.2%。作为全省唯一县区在河北省投资和项目建设推进工作会议上做典型发言；入选全国农产品质量安全县；获全国社会治安综合治理最高奖“长安杯”；被确定为全市唯一的“全国平安农机示范县”；被确定为“河北省‘四好农村路’创建示范县”。

【项目建设全面推进】 2017年，乐亭县坚持龙头带动，深入实施“重大产业支撑项目攻坚年”活动，项目建设全市领先。举全县之力推进17个重大产业支撑项目，形成了“大中小项目一起上、一二三产项目一起抓、内外资项目一起引”的生动局面，经济发展的产业支撑持续增强。全年县政府主要领导召开项目建设会议（含县政府常务会议、县长办公会议、专题会议、现场办公会议、专题调研等）110余次，督导项目进度，解决项目施工建设、手续办理中的实际问题，研究制定推进项目建设的措施，部署重点项目建设。河北钢铁集团乐亭临港基地、唐山腾龙再生科技有限公司唐山乐亭县二次资源一期锌项目、唐山境界实业有限公司年产50万吨甲醇制稳定轻烃（二期）工程、唐山旭阳化工有限公司年产3万吨工业萘法制苯酐项目（二期）等13个项目开工建设；北京燕化永乐生物科技股份有限公司年产2.8万吨新型环保型农药复配制剂项目、唐山凯源实业有限公司镍铁合金生产及深加工一期项目、唐山中厚板材有限公司3号高炉试生产中；北京环卫集团环卫装备生产基地等项目具备投产条件。以龙头为引领，全县实施千万元以上重点项目132个，涉及总投资531.77亿元，其中亿元以上项目80个、续建项目47个、新开工项目85个。成功申报省重点项目3个、市重点项目23个，申报数量居全市首位。在全市重点项目观摩测评中，年度总成绩排名第一。

【招商引资成效明显】 2017年，乐亭县委、县政府坚持全员上阵，合力推进“双百攻坚”集中行动，招商引资成效明显。坚定招商引资核心地位不动摇，久久为功，持续发力。县级干部带头招商，县直部门、乡镇（街道）与北京市朝阳区、大兴区、通州区、房山区、昌平区等地，点对点招商；在北京市、天津市、上海市和江浙等地派驻9个招商小组、52名专业招商干部，划片分区招商；全民招商热潮更加高涨，乐亭对外影响力和美誉度持续提升。先后与中国开发区协会、巴西华人协会等20余家产业联盟、协会及北京一轻控股有限责任公司、中广核新能源投资（深圳）有限公司等200多家企业建立对接联系。在北京、天津、上海、无锡、福州、厦门等地成功举办投资环境说明会10场。全县储备项目达到219个，成功签约54个，其中京津项目35个；深入洽谈项目165个。借势“中国—拉美国际博览会”“中国拉美商贸峰会”等平台，广领域、多角度推介“中国（乐亭）拉美产业园”，13个项目成功入驻。注重招商质量和效益，设立科技、生态、税收“三个准入门槛”，拒绝“三高一低”项目。

【园区发展上规模、提档次】 2017年，乐亭县坚持集群发展，强化园区五大职能，平台集聚优势更加凸显。河北乐亭经济开发区管理机构、投融资平台建设、人事薪酬及行政审批制度改革有序推进，管理体制机制更加完善。创业园220千伏变电站基本建成，北京华阳新能源投资有限公司河北乐亭区域能源中心项目、东区路网等重点基础工程加快实施。投产企业达到60家，在建55家，完成固定资产投资157亿元，比上年增长37.1%；主营业务收入566亿元，比上年增长48.1%；税收11亿元，比上年增长69.2%，跻身全市A类开发区行列。县城区工业聚集区坚持与河北乐亭经济开发区互动互补发展，道路、天然气管网等基础工程顺利推进，在建项目2个、签约项目8个、洽谈项目19个，入驻企业达到49家；完成固定资产投资23.22亿元，比上年增长35.5%；主营业务收入10.58亿元，比上年增长32.58%；税收5819.09万元，比上年增长157.5%。

【经济结构优化升级】 2017年，乐亭县坚持转换动能，深化供给侧结构性改革，经济转型呈现新变化。新产业、新技术发展迅速，中国航天科技集团公司第九研究院704所航天电子传感与信息技术综合试验基地、北京航天光华电子技术有限公司（中国航天科技集团公司第九研究院200厂）智能装备制造、中国航天万源国际（集团）有限公司电解液等一批战略新兴产业项目相继落户；与京津等地高端院校和科研院所的对接合作全面加强，促进成果转化，44家规模以上工业企业建立了研发机构，占总数的60%以上；申报认定科技型中小企业98家、高新技术企业2家。传统产业活力增强，完成技改项目29个，工业技改投资130亿元，比上年增长29.7%；13家“问题企业”成功实现“扭僵化活”。市场主体增势强劲，新登记市场主体6736户，新增规模以上工业企业34家、规模以上服务业企业22家。年末，全县规模以上工业企业主营业务收入388.97亿元，利润总额24.35亿元。规模以上工业企业用电量21.47亿千瓦·时，比上年增长4.27%。

坚持融合发展，着力构建农业现代化新格局，比较优势进一步扩大。省级环城现代农业园区积极申报国家级现代农业园区。建成高标准直供京津蔬菜基地1333.33公顷、全国果菜绿色防控基地2个，无公害农产品基地达到15个。农产品质量和品牌建设全面加强，抽检合格率达到98.5%以上，认证无公害农产品21个、绿色食品26个，申报河北名牌产品9个，顺利通过“省级农产品质量安全县”验收；“乐亭设施桃”以44.95亿元的品牌价值成功入选“全国区域品牌价值百强榜”，位居全省农业区域品牌价值榜首。谋划实施千万元以上农业产业化项目19个，规模以上农业深加工企业达到31家，新增市级龙头企业2家、专业合作社5家、示范家庭农场4个，合作社总数达到989家，规模居全市之首。北京燕化永乐新型环保农药制剂项目入选全市农业产业化“十大优秀项目”。被评为全市唯一的“全国平安农机示范县”。建成高标准农田面积1.1万公顷，耕地占补平衡200公顷。农业产业化经营率达到76.3%。农村综合改革不断深化，土地规模流转率达到61.9%，圆满完成全国供销社综合改革试点县任务，农村金融改革走在全市前列。全县粮食总产量26.98万吨，比上年增长2.12%；蔬菜（含果用瓜）总产量162.02万吨；果品总产量33.13万吨；肉类总产量2.82万吨；水产品总产量13.59万吨。

第三产业繁荣发展，汇乐城商贸综合体项目开工建设；滦河口生态旅游区医疗养生度假中心、唐山市德龙钢铁有限公司工业旅游等项目积极推进，全年接待游客429.1万人，旅游创收41.75亿元；高标准通过“国家级电子商务进农村综合示范项目”验收，“农村淘宝”等电商平台良性运营。完成服务业增加值157.4亿元，比上年增长8.5%；民营经济增加值326.5亿元，比上年增长8%。

【城乡面貌提档升级】 2017年，县委、县政府带领全县人民坚持统筹发展，高质量推进县城攻坚和美丽乡村建设，城乡面貌提档升级。完成控制性详细规划、绿地系统等规划编制，规划体系更加健全。振兴路维修、大钊路罩面等工程顺利完工，宝丰街东延工程进场施工，启动发展大道、腾飞西街等10余条道路勘察设计，棚户区搬迁改造取得突破性进展，基本完成发展大道区域拆迁任务。县城集中供热改造、重点街区雨污分流改造和城南集贸市场、新北新路批发市场搬迁全面完成，新水厂建设扎实推进，城市公共空间更加优化。“一区三边”违法建设集中整治、违法占用耕地实现全部清零，被评为全省整治“一区三边”违法建设先进县。房地产处遗工作深入开展，圆满完成省挂账督办任务。加强城市精细化管理，不断丰富历史人文元素，提升绿化美化亮化水平，县城更加宜居宜业，获得“省级文明县城”称号，顺利通过“河北省人居环境奖”验收，发展大道（金融大街—茂源街段）获评“河北省园林式街道”，水悦华庭居住小区获评“河北省园林式居住小区”。小城镇和美丽乡村建设成效显著，阎各庄镇被列为全省重点培育的特色小城镇，3个省级精品村全部通过省级初验，30个省级重点村实施建设项目299个，261个村实现市场化保洁。改造农村危旧平房430户，实施1258户气代煤改造，建设农村公路201.67千米，被评为全省“四好农村路”创建示范县。

【社会事业全面进步】 2017年，乐亭县坚持普惠共享，深入落实惠民工程，群众幸福感、获得感、安全感不断增强。实施了一批学校改扩建项目，建成一日整托幼儿园25所。高标准通过省教育督导评估，被确定为“全国农村艺术教育实验县”，乐亭县第三实验小学被评为“全国文明校园”，教育协同发展取得重要成果。深化医药卫生体制改革，加快三级医疗卫生服务体系建设，在全省率先建成基层医疗卫生、公共卫生信息化2个平台，被确定为全市首批“健康素养促进试点县”。积极落实计生政策，被授予全国首批、全省唯一的“国家级计生基层群众自治示范县”。建立乐亭大鼓、皮影非物质文化遗产传承基地，启动李大钊干部学院建设，乐亭英才馆正式开放。《乐亭年鉴（2015）》荣获全国奖项，成为全省获此荣誉的5个县区之一。县图书馆通过“国家一级馆”省级复验，建成6个乡镇分馆。承办河北省青少年羽毛球冠军赛。扎实推进精准扶贫，统筹发展社保就业、城乡低保、慈善救助等各项事业，社会保障体系更加健全。以总分第一的成绩通过“省级双拥模范县”验收，成功实现“六连创”。深入开展“打黑除恶”、打击“盗抢骗”“黄赌毒”等专项行动，始终保持严打高压态势，全县社会治安大局稳定，连续三次被评为“全国平安建设先进县”，获得全国最高奖“长安杯”。全面做好以群众工作为统揽的信访工作和安全生产、食品药品安全、打击假冒伪劣、知识产权保护等各领域工作，社会大局和谐稳定，人民群众安居乐业。

【发展环境和生态环境取得新成效】 2017年，县委、县政府坚持绿色发展，大力优化营商环境，发展软实力显著增强。唱响“求真、实干、担当、效率”主旋律，深入开展县级干部“十个一”活动和乡科级单位重点工作任务项目化管理，全县上下形成夙兴夜寐、激情工作的干事环境。坚持“法无禁止即可为”，深化商事制度改革，放宽市场准入。严格执行领办代办等制度，为投资者提供全方位、保姆式服务。强力推进大气污染综合防治，深入落实“1+13”行动方案，完成市达钢铁产能压减、工业源达标治理、32家工业挥发性有机物治理、燃煤锅炉整治、73家“散乱污”企业改造提升和“两断三清”工作。国家和省巡查督察交办问题全部整改到位。年度环境空气质量综合指数排名全市第三。积极落实“水十条”“土十条”，清理改造纳污坑塘20个，水污染治理和土壤污染防治取得实效。扎实推进全域绿化攻坚，造林面积807公顷，森林覆盖率达到28.2%。进一步强化环保执法，环境违法行为得到有效遏制。

【入选全国农产品质量安全县】 2017年3月10日，农业部印发《关于认定第二批国家农产品质量安全县（市）创建试点单位的通知》，乐亭县名列其中。此次创建活动，全国遴选推荐了204个质量安全县和11个质量安全市作为创建试点单位，县级试点中唐山市仅乐亭县入选。

为全面提升全县农产品质量安全检测服务水平和监管能力，强化市场监管，确保人民群众“舌尖上的安全”，乐亭县在建设省级农产品质量安全县的基础上，扎实推进“国家农产品质量安全县”创建工作，积极构筑农产品质量安全防线。积极培育优质安全农产品品牌，在政策和资金上加大支持力度，先后培育“雷刚”牌鲜桃、“乐亭”牌甜瓜等7个河北名牌产品，其中“乐亭”牌甜瓜被国家质量监督检验检疫总局批准为地理标志保护产品。不断加强农业投入品监管，进一步规范农资经营市场，严厉打击生产、销售和使用假冒伪劣农资的违法行为，从源头确保农产品质量安全。同时，深入进行农产品检验检测，2016—2017年全县完成农产品检验检测5621份，合格率达98%以上。

【获批“河北省‘四好农村路’创建示范县”】 2017年4月11日，省交通运输厅、省财政厅联合印发《关于通报表扬2016年“四好农村路”示范县的通知》，乐亭县位列其中。获批“河北省‘四好农村路’创建示范县”，标志着乐亭县农村公路的建、管、养、运跨入一个新阶段。

2016年4月，省交通运输厅启动以政府购买服务推进全省农村公路建设3年会战工作，乐亭县抓住机遇，顺时应势，全方位介入。成立以县长为组长的农村公路改造提升工程领导小组，县政府领导全力以赴盯办跑办项目，同时逐乡镇调查筛选建设项目。从项目上报入库到发改委批复再到通过省农发行评审，前后历时仅半年时间，从而使乐亭成为唐山市唯一获得省农发行提供贷款实施政府购买服务的县（市）区。最终确定建设线路230条，全长390.9千米，桥梁拆除重建10座，安保工程50千米，工程总投资估算为4亿多元，申请省农发行贷款3.1亿元。至2017年4月，农村公路改造提升工程完成路基处理95.1千米，完成路面施工48.1千米。在13个乡镇成立农村公路养护管理所，与280余名养护人员签订养护承包合同，实行定期和不定期抽查的方式进行考核，按实际成绩兑现养护报酬。按照年初印发的《“四好农村路”建设实施方案》要求，重点打造以县城为中心，贯通东、南、西、北4个方向的4条农村公路样板线路，形成李大钊故居红色人文旅游特色线路和精品果菜种植线路、高标准日光温室线路、规模稻田线路等区域农业特色公路，对农村公路两侧的景观美化进行了新的尝试。

自创建始，全县累计投资300余万元，在县道乐新公路、汀李公路、西曾公路设置护坡护栏，在9处农村公路沿线学校车辆密集路段设置减速带，在急弯陡坡、临水临坑、班车通行线等重点路段，加强排查管护，已排查整治安全隐患188处、49.8千米，设置安全警示标志278块。

县政府领导机构及工作机构

【县政府领导机构及领导成员】 2017年，乐亭县经历两届人民政府，1月1日至2月28日为第十五届人民政府，由第十五届人民代表大会第一次会议选举产生，5名成员组成，其中县长1名，副县长4名，另有挂职副县长2名。2017

年1月10日，县十五届人大常委会第三十三次会议，决定接受张国勇、董志毅、闫利民、孙磊辞去县政府副县长职务；根据县政府代理县长张福林的提请，决定任命王学龙、石井满、陈亮、徐利（挂职）为县政府副县长。2月28日，县十六届人民代表大会第一次会议在县文化中心礼堂召开，选举产生第十六届人民政府，由7名成员组成，其中县长1名，副县长6名，另有挂职副县长2名。至年末，县政府有县长1名，副县长6名，另有挂职副县长1名。

第十五届县政府领导成员

代县长 张福林

常务副县长 张福林

副县长 张国勇（1月10日辞）
王学龙（1月10日任）
石井满（1月10日任）
杨冬梅
董志毅（1月10日辞）
陈　武
陈　亮（1月10日任）
孙　磊（挂职，1月10日辞）
闫利民（挂职，1月10日辞）
王书平（挂职）
徐　利（挂职，1月10日任）

第十六届县政府领导成员

县　长 张福林（2月28日选）

常务副县长 张福林（2月28日届满）
王学龙（2月28日选）

副县长 石井满（2月28日选）
杨冬梅（2月28日选）
陈　武（2月28日选）
陈　亮（2月28日选）
马立存（2月28日选）
王书平（11月15日挂职到期）
徐　利（挂职）

【县政府工作部门】 2017年年初，县政府工作部门24个。5月25日，根据市机构编制委员会《关于市县环保机构监测监察执法垂直管理制度改革有关机构编制调整事宜的通知》，县环保局为市环保局的派出机构，由市环保局直接管理，更名为市环保局乐亭县分局。11月25日，根据县委办公室、县政府办公室印发《〈乐亭县行政审批局组建方案〉的通知》，组建乐亭县行政审批局，挂乐亭县政务服务中心管理委员会、乐亭县公共资源交易监督管理办公室双牌，为县政府工作部门。至年底，县政府工作部门24个：县政府办公室（档案局、爱卫会办公室、人防办公室）、县发展改革局（物价局、粮食局）、县教育局、县工业和信息化局（科学技术局）、县公安局、县民政局（民宗局）、县司法局、县财政局、县人力资源和社会保障局、县国土资源局（海洋局、地理信息局）、县住房和城乡规划建设局、县交通运输局、县水务局、县农牧局（林业局）、县商务局（招商局）、县文化广播电视新闻出版局（体育局、版权局）、县卫生和计划生育局、县市场监督管理局（食品药品监督管理局、工商行政管理局、食品安全委员会办公室）、县审计局、县统计局、县安全生产监督管理局、县质量技术监督局、县旅游局、县行政审批局（政务服务中心管理委员会、公共资源交易监督管理办公室）。县监察局与县委纪律检查委员会合署办公，未计入。

县政府办公室

主　任 阚永康（1月免）
郑洪涛（1月任、6月免）
苏　华（6月任）

县发展改革局

局　长 马立存（1月免）
吴万颖（1月任）

县教育局

局　长 郑洪涛（1月免）
张永涛（1月任）

县工业和信息化局

局　长 袁凤祥

县公安局

局　长 张海民

县监察局

局　长 史贵宝（6月免）
郭印峰（6月任）

县民政局

局　长 艾锡宏

县司法局

局　长 张乐群（6月免）

赵大明（6月任）

县财政局

局　长　付　兴

县人力资源和社会保障局

局　长　张永超

县国土资源局

局　长　刘志强

县环境保护局

局　长　郭印峰（6月免）

县住房和城乡规划建设局

局　长　吴春利（6月免）
　　　　李耀明（6月任）

县交通运输局

局　长　骆建永

县水务局

局　长　高应宽（6月免）
　　　　刘志强（6月任）

县农牧局

局　长　王蕴超

县商务局

局　长　陈利勤（6月免）
　　　　缺　职
　　　　左大陆（8月任）

县文化广播电视新闻出版局

局　长　白玉奇

县卫生和计划生育局

局　长　马振一（6月免）
　　　　王亦波（6月任）

县市场监督管理局

局　长　郭政祥

县审计局

局　长　杨学勇

县统计局

局　长　韩志强

县安全生产监督管理局

局　长　边志功（6月免）
　　　　史　宁（6月任）

县质量技术监督局

局　长　王秀元

县旅游局

局　长　白建新

县行政审批局

局　长　薛晓东

【县政府直属事业机构】 2017年，县政府直属事业机构1个：县城市管理行政执法局。

县城市管理行政执法局

局　长　高　绪

【上级垂直管理部门】 2017年年初，上级垂直管理部门7个。5月25日，根据市机构编制委员会《关于市县环保机构监测监察执法垂直管理制度改革有关机构编制调整事宜的通知》，县环保局调整为市环保局的派出机构，由市环保局直接管理，更名为市环保局乐亭县分局。至年底，上级垂直管理部门8个：县国家税务局、县地方税务局、国网冀北乐亭县供电公司、县烟草专卖局、县气象局、县邮政分公司、中国人民银行乐亭县支行、市环保局乐亭县分局。

县国家税务局

局　长　夏　珂

县地方税务局

局　长　李　存

国网冀北乐亭县供电公司

经　理　卢昌宏

县烟草专卖局

局　长　杨志勇

县气象局

局　长　龚　宇

县邮政分公司

经　理　王文涛

中国人民银行乐亭县支行

行　长　史长文

市环保局乐亭县分局

局　长　徐少坚（6月任）

【县政府派出机构】 2017年，县政府派出机构2个：河北乐亭经济开发区管理委员会、县城区工业聚集区管理委员会。

河北乐亭经济开发区管理委员会

主　任　张福林（1月兼任）

副主任　张丽杰（1月任）

县城区工业聚集区管理委员会

主　任　朱永红

【市批县政府所属事业单位】 2017年，市批县政府所属事业单位2个：县滦河口生态旅游区开发办公室、县房屋征收办公室。

县滦河口生态旅游区开发办公室

主　任　赵东锋

县房屋征收办公室

主　任　王孝杰

县政府重要会议

【县政府全体（扩大）会议】 2017年，召开县政府全体（扩大）会议1次，收录1次。

3月17日下午，县十六届人民政府召开第一次全体(扩大)会议暨廉政工作会议。县长张福林，县委常委、常务副县长王学龙，县委常委、副县长兼农工委书记石井满，副县长杨冬梅、陈武、陈亮、马立存、徐利（挂职），河北乐亭经济开发区党工委副书记、管委会副主任张丽杰，县政府党组成员、县政府办公室主任郑洪涛，县政府党组成员、县公安局局长张海民及县政府组成部门领导班子成员，县直其他有关单位行政一把手，各乡（镇）长、街道办主任，规模工商企业负责人参加会议，县人大常委会副主任王学兵、县政协副主席景学文应邀列席会议。张福林主持会议并讲话，各位副县长就分管战线工作进行安排部署。会议印发2017年实事工程、重点工作任务分解和关于承办工作的两个通知。会议的主要任务是围绕县第十三次党代会、县委十三届一次全会和县“两会”确定的大政方针，按照“四个干”机制，对全年各项工作细化分解、传导压力、压实责任，真正把“干什么、谁来干、怎么干、什么时间干成”的问题解决好，并对以廉政建设为重点的政府自身建设进行全面安排部署，充分调动各级各部门和全县上下真抓实干、务实担当，在新的起点上奋力开创各项工作的新局面。

【县政府常务会议】 2017年，召开县政府常务会议4次，收录4次。

2月18日上午，在县委会议中心小会议室召开十五届人民政府第十次常务会议。县委副书记、代县长张福林主持会议。县委常委、县政府党组副书记、副县长王学龙，县委常委、县政府党组成员、副县长石井满，副县长陈武、陈亮，县政府党组成员马立存，县政府党组成员、县公安局局长张海民，县政府党组成员、县政府办公室主任郑洪涛出席会议。县人大常委会副主任王学兵、县政协副主席景学文应邀列席会议。县监察局、县委农工委、县发改局、县财政局、县统计局、县工信局、县环保局、县国土局、县司法局、县审计局、县安监局、县住建局、县交通运输局、县城管局、县旅游局、县人社局、县教育局、县民政局、县卫计局、县科技局、县农牧局、县水务局、县水产中心、县畜牧兽医局、县市场监督管理局、县商务局、县招商局、县爱卫办、县城投公司、国网冀北乐亭县供电公司、县政务中心、县房屋征收办、县供销社、河北乐亭经济开发区、县城区工业聚集区、冀东果菜批发市场管委会、县文广新局、县滦河口开发办、县人防办、县档案馆等相关单位负责人50人参加会议。会议研究了《政府工作报告（讨论稿）》，听取县政府办公室情况汇报，征求各部门、各单位负责人的意见，并进行深入研究讨论。会议指出，《政府工作报告（讨论稿）》(以下简称《报告》)要坚持通篇贯彻上级精神，特别是县第十三次党代会、县委十三届一次全体（扩大）会议精神，充分体现统一性、全面性、准确性、可操作性。会议责成县政府办公室按照研究的意见，对《报告》进一步修改完善，提交县委常委会议研究。

3月27日上午，在县委会议中心小会议室召开十六届人民政府第一次常务会议。县长张福林主持会议。县委常委、常务副县长王学龙，县委常委、副县长石井满，副县长陈武、陈亮、王书平（挂职）、徐利（挂职），县政府党组成员、县公安局局长张海民，县政府党组成员、县政府办公室主任郑洪涛，县政府党组成员、县监察局局长史贵宝出席会议。县人大常委会副主任王学兵、县政协副主席程春丽应邀列席会议。县政府督查室、县委组织部、县监察局、县委农工委、县妇联、县发改局、县财政局、县农牧局、县畜牧兽医局、县水产中心、县环保局、县国土局、县住建局、县供销联社、县商务局、县质监局、县市场监督管理局、县交通运输局、县旅游局、县水务局、县民政局、县教育局、县文广新局、县人社局、县新能源办、冀东果菜批发市场管委会、县爱卫办、县市场建设服务中心、国网冀北乐亭县供电公司、农行乐亭县支行，各乡镇、街道等相关单位负责人 53 人参加会议。会议研究了《乐亭县 2017 年农业农村工作要点》和《乐亭县 2017 年度美丽乡村建设实施方案》。听取县政府办公室农业办公室、县委农工委情况汇报，充分征求各有关部门和单位负责人的意见，并进行深入研究讨论，原则同意这两个文件。会议指出，“三农”工作是党治国理政的重中之重，是确保社会和谐稳定的基础，也是县级党委政府义不容辞的责任，必须牢牢抓在手上，大力度推进。这两个文件高度契合中央一号文件和省市要求，尤其是县党代会、县委全会以及县“两会”精神，各级各部门务必要抓好贯彻落实。

8 月 7 日上午，在县委会议中心小会议室召开十六届人民政府第二次常务会议，县长张福林主持会议。县委常委、常务副县长王学龙，县委常委、副县长兼农工委书记石井满，副县长杨冬梅、陈武、陈亮、马立存，县政府党组成员、县公安局局长张海民，县政府党组成员、县政府办公室主任苏华，县政府党组成员、县监察局局长郭印锋出席会议。县人大常委会副主任赵文忠、县政协副主席景学文应邀列席会议。县政府督查室、县监察局、县发改局、县财政局、县国土局、县住建局、县人社局、县民政局、县卫计局、县社保局、县编办、县医院、县中医医院及各乡镇（街道）负责人 41 人参加会议。会议研究了提高全县特困人员救助供养标准事宜。听取县民政局情况汇报，充分征求各相关部门和单位负责人的意见，并进行研究讨论。原则同意《乐亭县民政局关于提高全县特困人员救助供养标准的报告》，将农村集中供养标准上调至每人每年 6600 元，农村分散供养人员标准上调至每人每年 5600 元，城市特困人员供养标准上调至每人每年 9900 元；将部分丧失生活自理能力的特困人员照料标准上调至每人每月 165 元，完全丧失生活自理能力的特困人员照料标准上调至每人每月 247.5 元。资金发放从 1 月 1 日起执行。会议要求整个工作必须严守公平正义“底线”，坚决将好事办好，让特困群体从内心感受到党和政府的关怀和温暖。

会议研究了《乐亭县医疗卫生服务体系规划（2016—2020 年）》（以下简称《规划》）。听取县卫计局情况汇报，充分征求各相关部门和单位负责人的意见，并进行深入研究讨论，原则通过该《规划》。

会议听取县政府办公室关于 2017 年政府系统人大代表建议、政协提案承办工作情况的汇报。会议指出，做好人大代表建议和政协提案办理，是政府必须履行的政治责任，是全面做好政府工作、推动更好更快发展的客观要求，更是密切联系群众的重要途径。在建议、提案数量多、任务重的情况下，通过各承办单位的积极努力，工作进展顺利，所有承办件于 7 月底前已全部办结，走访率、答复率、满意率均达到 100%。

9 月 13 日下午，在县委会议中心小会议室召开十六届人民政府第三次常务会议，县长张福林主持会议。县委常委、常务副县长王学龙，县委常委、副县长兼农工委书记石井满，副县长陈武、陈亮，县政府党组成员、县公安局局长张海民，县政府党组成员、县政府办公室主任苏华出席会议。县人大常委会副主任陈会峰、县政协副主席程春丽应邀列席会议。县发改局、县教育局、县工信局、县公安局、县民政局、县司法局、县财政局、县人社局、县国土局、市环保局乐亭县分局、县住建局、县交通运输局、县水务局、县农牧局、县商务局、县文广新局、县卫计局、县市场监督管理局、县审计局、县统计局、县安监局、县质监局、县旅游局、县城管局、县社保局、县水产中心、县总工会、县残联、县消防大队、河北乐亭经济开发区、县城区工业集聚区及各乡镇（街道）负责人 59 人参加会议。会议研究了《乐亭县人民政府工作规则（讨论稿）》（以下简称《工作规则》），听取县政府办公室情况汇报，征求与会单位负责人的意见，并进行认真研究讨论，原则通过该《工作规则》，并责成政府办公室会后印发执行。会议要求，县政府各部门务必要牢固树立实事思维，真正做到“干实事、实在干事”。要认真遵循《工作规则》，切实把纪律和规矩挺在前面，持续规范行政行为，全面推进依法行政，全力提高行政效能，不断提升政府工作规范化、制度化、法制化、效能化水平，着力打造为民、务实、清廉、高效政府。

会议研究了《乐亭县重特大疾病贫困患者医

疗救助实施办法》(以下简称《实施办法》),听取了县民政局情况汇报,充分征求各与会单位负责人的意见,并进行深入研究讨论,原则同意该《实施办法》。

会议听取了2017—2018年秋冬季大气污染综合治理攻坚行动情况报告和市环保局乐亭县分局情况汇报,征求相关单位负责人的意见,并进行深入研究讨论。会议要求,各级各部门要切实提高认识,充分认清做好大气污染综合治理工作的重要性,落实好“1+13”工作方案,不折不扣完成燃煤锅炉淘汰、“散乱污”企业整治、环境违法查处、网格化监管等各项既定重点任务。特别是各单位“一把手”,要严格按照求真、实干、担当、效率的要求,坚持问题导向,树立实事思维,靠前指挥,亲自部署,确保秋冬季大气污染综合治理攻坚行动取得实实在在的成效。

【县长办公会议】 2017年,召开县长办公会议10次,收录9次。

1月9日上午,在县政府230会议室召开县长办公会议。县委副书记、代县长张福林主持会议。县委常委、县政府党组副书记王学龙,县委常委、县政府党组成员石井满,副县长杨冬梅、陈武,县政府党组成员陈亮、马立存,挂职副县长王书平,拟挂职副县长徐利,县政府办公室主任郑洪涛及有关部门负责人12人参加会议。会上县政府班子成员集中学习市委书记焦彦龙《做一个“把信送给加西亚”的人》文章和市长丁绣峰重要批示,并就争做“把信送给加西亚”的人发挥带头作用、狠抓工作落实、推进全县经济社会发展进行深入交流研讨。会议指出,市委书记焦彦龙十几年前发表的《做一个“把信送给加西亚”的人》,至今读后仍给人强烈的震撼与启迪,文章总结的六条成功定律集中体现了主动担当、主动作为的干事精神,高度契合中共中央总书记习近平对广大党员干部提出的忠诚、干净、干事、担当的要求,是进一步提升政府系统执行力的动力源泉,是每名政府班子成员和干部职工立足岗位、干好本职的行动指南。会议责成政府办及时将县政府班子和政府系统学习市委书记焦彦龙文章和市长丁绣峰重要批示情况向市反馈。

会议听取各位副县长的工作汇报,就下一阶段重点任务进行安排部署。一是全面做好市项目观摩各项准备。二是全力抓好招商引资工作。三是抓实抓好环保工作。四是切实保证生产安全。五是全方位落实各项节日期间保障。六是抓好城建交通重点工作。七是扎实推进“三农”工作。八是进一步加强国土工作。九是密切关注上级考核指标。十是妥善处理农民工工资拖欠问题。十一是切实抓好实事工程。

1月24日下午,在县政府230会议室召开县长办公会议。县委副书记、代县长张福林主持会议。县委常委、副县长王学龙、石井满,副县长杨冬梅、陈武、陈亮,县政府党组成员马立存,县政府办公室主任郑洪涛及有关部门负责人18人参加会议。会议研究了乐亭县诚信地产公司挂牌土地存在的相关问题。听取县住建局情况汇报,充分征求县国土局、县财政局、县发改局、县城投公司、街道办等单位主要负责人的意见,并进行认真研究讨论。会议议定解决办法和责任分工。

会议研究完善办理相关地块“两证”问题,听取县住建局情况汇报,充分征求县国土局、县财政局、县发改局、县城投公司、县国税局、街道办等单位主要负责人的意见,并进行认真研究讨论,原则同意县住建局提出的解决方案。会议要求,县住建局、县国土局、县城投公司、县国税局要结合不动产登记管理办法,按照尊重历史、特事特办、繁事简办、解决问题的原则,做好县国税局家属院、一期安置房、商业回迁楼“两证”手续办理等工作,并按相关法律规定收缴税费。

1月25日上午,在县政府230会议室召开县长办公会议。县委副书记、代县长张福林主持会议。县委常委、副县长王学龙、石井满,副县长杨冬梅、陈武、陈亮,县政府党组成员马立存,县政府办公室主任郑洪涛及有关部门负责人15人参加会议。会议研究了调整环卫一体化作业经费事宜。听取县城管局情况汇报,充分征求县财政局、县人社局、县住建局、县城区工业聚集区等单位主要负责人的意见,并进行认真研究讨论,原则同意对环卫一体化作业经费进行相应调整。

5月17日下午,在县政府230会议室召开县长办公会议。县长张福林主持会议。县委常委、常务副县长王学龙，县委常委、副县长兼农工委书记石井满，副县长杨冬梅、陈武、陈亮，县政府党组成员、县监察局局长史贵宝及有关部门负责人49人参加会议。会议研究了乐亭县耕地占补平衡工作实施意见，听取县国土局情况汇报，充分征求县监察局、县财政局、县审计局等相关部门以及各乡镇（街道）主要负责人意见，并进行认真研究讨论，原则同意县国土局拟定的方案。

会议研究了乐亭县图书馆迎接第六次全国县级图书馆评估定级事宜，听取县文广新局有关情况汇报，充分征求与会人员意见，原则同意县文广新局拟定的意见。

会议研究了乐亭县相关规划编制工作，听取县住建局、县旅游局相关情况汇报，充分征求县发改局、县财政局、县国土局等相关单位主要负责人的意见，并进行认真研究讨论，原则同意县住建局、县旅游局拟定的方案。

会议研究了拨付丞起生态园开发建设资金事宜，听取县委农工委有关情况汇报，充分征求县监察局、县财政局、县国土局、县农牧局、县审计局、乐亭镇等单位主要负责人的意见，并进行认真研究讨论，原则同意解决历史遗留问题。

7月12日上午，在县政府230会议室召开县长办公会议。县长张福林主持会议。县委常委、副县长兼农工委书记石井满，副县长杨冬梅、陈武、陈亮、马立存、王书平（挂职），县法院院长姚凌峰、县政府办公室主任苏华及有关部门负责人25人参加会议。会议研究了丞起生态园相关遗留问题，听取县住建局情况汇报，充分征求县委农工委、县发改局、县财政局、县国土局、市环保局乐亭县分局、县科技局、县人防办、县消防大队主要负责人的意见，并进行认真研究讨论，原则同意县住建局拟定的方案。

会议研究了垃圾渗滤液和大罗庄垃圾填埋场相关问题，听取县城管局有关情况汇报，充分征求县发改局、县住建局、县国土局、市环保局乐亭县分局、县财政局、县城投公司、阎各庄镇主要负责人的意见。关于垃圾渗滤液处理问题，同意按照BOT模式运作。关于垃圾填埋场问题，同意当前采取堆山的办法解决。

会议研究了阎各庄法庭建设相关问题，听取县法院相关情况汇报，充分征求县发改局、县财政局、县国土局、县住建局、阎各庄镇主要负责人的意见，并进行认真研究讨论，同意建设新阎各庄法庭。

8月16日下午，在县委会议中心大会议室召开县长办公会议。县长张福林主持会议。县委常委、常务副县长王学龙，县委常委、副县长兼农工委书记石井满，副县长杨冬梅、陈武、陈亮、马立存、徐利（挂职），县政府办公室主任苏华及有关部门负责人80人参加会议。会议研究了取消城市附加费用后城市照明费用问题，听取国网冀北乐亭县供电公司情况汇报，充分征求县财政局、县住建局、县城管局、县公安局、街道办、县政务中心负责人的意见，并进行认真研究讨论，原则通过国网冀北乐亭县供电公司《关于解决城区路灯专项经费的报告》。

会议听取县政府2017年重点工作任务进展情况汇报，听取县政府办有关情况汇报，相关副县长就抓好重点工作落实提出明确要求。2017年是新一届政府履新之年，按照年初《政府工作报告》的安排部署，分解确定了9大方面、95项重点工作任务。在各级各部门的积极努力和协同配合下，目前9项工作提前完成，79项工作按时间进度有序开展，7项工作因政策变化等因素进展较慢，各责任单位要认真查找原因，采取有效措施加以推进。

会议听取了“气代煤”清洁取暖工作情况汇报，听取县住建局相关情况汇报，充分征求县发改局、县财政局、县国土局、县安监局、县质监局、市环保局乐亭县分局、县交通运输局、各乡镇（街道）主要负责人的意见，并进行认真研究讨论，原则同意县住建局意见。

会议研究了《关于解决房地产开发遗留问题的指导意见》（以下简称《指导意见》），听取县住建局有关情况汇报，充分征求县国土局、县人防办、县地税局、县消防大队主要负责人的意见，并进行认真研究讨论，原则同意县住建局拟定的《指导意见》。会议责成县住建局根据会议研究的意见，对《指导意见》做进一步修改完善，会后按照有关程序要求印发。

会议研究了政府专职消防员岗位设置、待遇及消防经费保障，县消防大队事业单位法人登记问题，听取县消防大队有关情况汇报，充分征求县监察局、县财政局、县公安局、县人社局、县社保局、县编办、三赢公司主要负责人的意见，并进行认真研究讨论。会议指出，必须紧密结合全县实际，全面加强消防队伍能力建设，进一步提高消防专业化、现代化水平。

会议听取2018年农村客运站候车亭（牌）建设情况汇报，听取县交通运输局有关情况汇报，充分征求县监察局、县财政局、县国土局、县农牧局、县审计局、乐亭镇主要负责人的意见，并进行认真研究讨论，原则同意县交通运输局的意见。

会议听取了茂源街雨污分流工程情况汇报，听取县城管局有关情况汇报，充分征求县住建局、县发改局、县财政局、县城投公司主要负责人的意见，并进行认真研究讨论，原则同意县城管局的意见。

会议听取县城区工业集聚区完善新建道路工程监理手续情况汇报，听取县城区工业集聚区有关情况汇报，充分征求县财政局、县交通运输局、县城投公司、县通达公司主要负责人的意见，并进行认真研究讨论，议定要依法依规抓好相关问题的处置。

9月13日下午，在县委会议中心小会议室召开县长办公会议。县长张福林主持会议。县委常委、常务副县长王学龙，县委常委、副县长兼农工委书记石井满，副县长陈武、陈亮，县政府党组成员、县政府办公室主任苏华及有关部门负责人64人参加会议。会议研究了《乐亭县突发重大动物疫情应急预案》《乐亭县高致病性禽流感应急预案》《乐亭县口蹄疫防控应急预案》及调整乐亭县防治重大动物疫病指挥部成员事宜，听取县畜牧兽医局情况汇报，充分征求各与会单位负责人意见，并进行深入研究讨论，原则同意县畜牧兽医局意见。

会议听取了县法院赴温州、杭州考察“僵尸”企业处置情况汇报，听取县法院有关情况汇报，并进行深入研究讨论，要求千方百计消除不利因素影响，促进企业健康发展。

会议研究了2017年滦河治理工程相关工作，听取县水务局相关情况汇报，充分征求相关单位负责人的意见，并进行认真研究讨论，要求确保高质量、快节奏完成设计，确保整体工程质量。

会议研究了《乐亭县环境保护税改革工作方案》《乐亭县环境保护税改革联席会议制度》，听取县财政局相关情况汇报，充分征求相关部门负责人的意见，并进行认真研究讨论，原则通过县财政局意见。会议议定，《乐亭县环境保护税改革工作方案》从翌年1月1日起施行。

会议研究了《乐亭县现代渔业产业园区总体建设规划》（以下简称《建设规划》），听取县水产中心有关情况汇报，充分征求相关单位负责人的意见，并进行认真研究讨论，原则上暂不通过该《建设规划》。要求9月底前由县政府办督导县水产中心，组织行业专家及相关部门召开论证会，如论证通过，根据论证意见进一步修改完善该《建设规划》，再次提交县政府常务会议研究。

会议研究核定公安消防岗位设置、人员待遇、经费保障标准相关事宜，听取县消防大队情况汇报，充分征求相关单位负责人的意见，并进行认真研究讨论，原则同意县消防大队拟定的意见。

会议听取万佳信用担保公司相关情况汇报，听取县工信局有关情况汇报，充分征求相关单位负责人的意见，并进行认真研究讨论，原则同意县工信局拟定的万佳信用担保公司的保证金由县城投公司注入的第二套方案。

10月13日下午，在县政府230会议室召开县长办公会议。县长张福林主持会议。县委常委、常务副县长王学龙，副县长杨冬梅、陈武、马立存，县政府办公室主任苏华及有关部门负责人45人参加会议。会议研究了县城主城区无线局域网（Wi-Fi）建设和免费开放项目实施方案，听取县工信局情况汇报，充分征求各与会单位负责人意见，并进行深入研究讨论，原则同意实施该项目。

会议研究了乡镇小型空气站建设事宜，听取市环保局乐亭县分局情况汇报，充分征求各与会单位负责人的意见，并进行深入研究讨论，原则同意实施乡镇小型空气站建设工程，使之形成整体反映全县空气状况的监测网络，为日后全县科学、合理开展大气质量综合治理工作打下良好基础。

会议听取了环境空气质量影响分析情况汇

报，听取市环保局乐亭县分局情况汇报，充分征求各与会单位负责人的意见，并进行深入研究讨论，原则同意采取政府购买服务方式实施。

会议研究了成立大气污染防治指挥中心事宜，听取市环保局乐亭县分局情况汇报，充分征求各与会单位负责人的意见，并进行深入研究讨论，原则同意建立大气污染防治会商机制。

会议研究了《乐亭县人民政府关于〈乐亭县人大常委会关于乐亭县2017年上半年财政预算执行情况的报告的审议意见〉落实情况的报告》（以下简称《报告》），听取县财政局情况汇报，充分征求各与会单位负责人的意见，并进行深入研究讨论，原则同意该《报告》。

11月20日下午，在县委会议中心小会议室召开县长办公会议。县长张福林主持会议。县委常委、常务副县长王学龙，县委常委、副县长兼农工委书记石井满，副县长杨冬梅、陈武、陈亮、马立存，县政府党组成员、县政府办公室主任苏华，县政府党组成员、县监察局局长郭印锋及有关部门负责人53人参加会议。会议研究了《乐亭县国有林场改革实施方案》（以下简称《方案》），听取县滦河口开发办情况汇报，充分征求县政府办、县监察局、县农牧局、县财政局、县国土局、县编办、县人社局、县发改局、县住建局、县交通运输局、县水务局的意见，并进行认真研究讨论。会议要求，县滦河口开发办要继续征求、汇总相关单位意见，尽快将修改完善后的《方案》报县政府提请县委研究。

会议研究了《乐亭县大面积停电事件应急预案》（以下简称《应急预案》），听取县工信局有关汇报，充分征求相关部门主要负责人的意见，并进行认真研究讨论。会议责成县工信局按照研究的意见，进一步修改完善《应急预案》，并按程序印发执行。

会议就近期工作进行安排部署。

【县政府专题会议】 2017年，召开县政府专题会议45次，收录12次。

1月13日下午，在县政府230会议室召开研究停产、半停产企业处置工作会议。县委副书记、代县长张福林主持会议。县委常委、县政府党组副书记王学龙，县政府党组成员马立存，河北乐亭经济开发区党工委副书记、管委会副主任张丽杰，县政府党组成员、县政府办公室主任郑洪涛及县工信局、县发改局、县财政局、县国土局、县统计局、河北乐亭经济开发区、县城区工业聚集区、汀流河工业园、马头营物流园负责人参加会议。会议首先听取县工信局关于全县规模以上工业企业停产、半停产情况的汇报，分别听取河北乐亭经济开发区、县城区工业聚集区、汀流河工业园、马头营物流园相关情况的汇报，对全县停产、半停产企业的现状进行总结分析，对清理和扶持工作进行讨论研究。会议要求：一是高度重视停产、半停产企业处置工作。二是千方百计帮助停产、半停产企业复产达产。三是加强组织领导，确保处置效果。

2月14日上午，在县委会议中心大会议室召开全县安全生产工作会议。县政府主要领导、主管领导和县安委会成员单位主要负责人、各乡（镇）长、街道办事处主任、园区主要负责人以及重点监管企业负责人参加会议。会议总结了2016年全县安全生产工作，安排部署了2017年重点工作，5家单位（企业）代表做了表态发言，县委副书记、代县长张福林代表县政府与责任单位签订2017年度安全生产目标管理责任书。会议要求，各部门、各单位要及时贯彻落实这次会议精神，并结合实际对本地区、本行业和本企业的安全生产工作进行全面部署，确保完成各项目标任务。

3月9日下午，在县政府230会议室召开研究部署2017年建交系统重点项目暨棚户区改造工作会议。县长张福林主持会议。副县长陈武，县政府党组成员、县政府办公室主任郑洪涛及县财政局、县城管局、县交通运输局、县住建局、县国土局、县城区工业聚集区、县房屋征收办、县城投公司、乐亭镇、街道办等单位主要负责人参加会议。县人大常委会副主任赵文忠、县政协副主席景学文应邀列席会议。会议分别听取县住建局、县城管局、县交通运输局、县房屋征收办关于2017年重点项目及棚户区改造工作进展情况的汇报。在充分征询与会人员意见的基础上，对下步工作进行安排部署。

3月11日上午，在县政府230会议室召开研究2017年城市维护管理重点项目工作会议。县长张福林主持会议。县委常委、常务副县长王学龙，县政府党组成员、县政府办公室主任郑洪涛及县城管局、县财政局等部门负责人参加会议。会议听取县城管局关于2017年城市维护管理重点项目工作计划情况的汇报。在充分征询与会人员意见的基础上，对下步工作进行安排部署。

同日上午，在县委会议中心大会议室召开2017年财税工作会议，县长张福林出席会议并讲话，县委常委、常务副县长王学龙出席并总结2016年财税工作，安排部署2017年财税金融工作。县人大常委会副主任王学兵、县政协副主席赵恩生应邀列席会议。县政府党组成员、县政府办公室主任郑洪涛主持会议。各乡镇（街道）党委书记及分管财税工作的副职、财政所长，县国税局、县地税局、县财政局班子成员、主要业务科室负责人、基层分局长，县综合治税领导小组成员单位、非税收入单位及其他相关单位主要负责人，2016年重点纳税企业负责人，金融保险机构负责人参加会议。会上，县财政局主要负责人宣读《乐亭县2017年综合治税工作实施方案》，县国税局、县地税局、乐亭镇、汤家河镇、汀流河镇、唐山境界实业有限公司主要负责人做表态发言。

6月6日下午，在县政府223会议室召开研究河北乐亭经济开发区易燃易爆危化车辆乱停乱放整治工作会议。副县长马立存主持会议。县政府办公室、河北乐亭经济开发区、县公安局、市环保局乐亭县分局、县交通运输局、县交警大队等单位负责人参加会议。会议听取河北乐亭经济开发区、县交通运输局、县交警大队、兴乐边防派出所关于在河北乐亭经济开发区辖区内易燃易爆危化车辆乱停乱放整治工作的汇报，对下步工作开展进行安排部署。

6月9日上午，在县政府230会议室召开研究看守所、拘留所迁建事宜工作会议。县长张福林主持会议。县委常委、政法委书记王剑秋，副县长陈武，县政府党组成员、县公安局局长张海民，公安局政委武前来及县政府办公室、县公安局、县发改局、县住建局、县国土局、县监察局、县科技局、县审计局等相关部门负责人参加会议。会议听取县公安局关于看守所、拘留所迁建项目的汇报，充分征求与会人员的意见，对下步工作进行安排部署。会议议定原则同意县公安局拟定的方案。

7月14日下午，在县政府230会议室召开新档案馆、图书馆项目资金跑办相关事宜工作会议。县长张福林主持会议。县委常委、宣传部部长姚清华，副县长杨冬梅，县政府党组成员、县政府办公室主任苏华及县委宣传部、县发改局、县财政局、县文广新局、县档案馆等相关部门（单位）负责人参加会议。会议分别听取县文广新局、县档案馆、县发改局、县财政局关于项目资金跑办情况的汇报，充分肯定相关部门积极向上级争取资金的成绩，并对新档案馆、图书馆项目资金跑办工作进行再安排、再部署。

7月26日下午，在县政府230会议室召开奎星化工品供应链项目调度会议。县长张福林主持会议。县委常委、常务副县长王学龙出席会议，河北乐亭经济开发区党工委副书记、管委会副主任张丽杰，县政府党组成员、县政府办公室主任苏华及河北乐亭经济开发区、县发改局、县国土局、市环保局乐亭县分局、县住建局、县安监局等部门（单位），企业负责人参加会议。会议听取唐山奎星实业公司关于奎星化工品供应链项目有关情况、下步安排和存在问题的汇报，充分征求与会人员意见，并就加快推进该项目建设进行进一步安排部署。

7月29日上午，在县政府230会议室召开防汛重点工作调度会议。县长张福林主持会议。县委常委、副县长兼农工委书记石井满，副县长陈武出席会议，县政府党组成员、县政府办公室主任苏华及姜各庄镇、县水务局、县国土局、县城管局、县住建局、县发改局、县财政局、河北乐亭经济开发区等部门（单位）负责人参加会议。会议听取县水务局、县城管局关于防汛准备工作情况的汇报，并就确保安全度汛进行再动员、再部署。会议要求，县防汛指挥部要立足滦河、二滦河、沿海防潮、城市内涝四条主线，围绕预案、人员、物资、工程等多维度开展工作，确保全县防汛工作万无一失。

10月8日上午，在县政府230会议室召开研究城区“禁煤区”散煤禁烧工作会议。县长张福林主持会议。县委常委、常务副县长王学龙，副县长陈武出席会议。县政府党组成员、县政府办公室主任苏华及县委农工委、县发改局、县住建局、县交通运输局、县财政局、县质监局、县公安局、县市场监督管理局、市环保局乐亭县分局、县新能源办公室、县城区工业聚集区等部门、单位负责人参加会议。会议首先听取各相关部门关于城区建成区设立"禁煤区"散煤禁烧工作汇报，对相关工作进行深入研究，要求确保此项工作取得实效。

11月3日下午，在县委会议中心小会议室召开研究腾龙再生资源利用等7个在建项目相关事宜工作会议。县长张福林主持会议。县委常委、常务副县长王学龙，河北乐亭经济开发区党工委副书记、管委会副主任张丽杰出席会议。县政府党组成员、县政府办公室主任苏华及县发改局、河北乐亭经济开发区、县国土局、市环保局乐亭县分局、县住建局、县安监局、县工信局、县质监局、县政务中心、国网冀北乐亭县供电公司、县消防大队、汤家河镇、胡家坨镇、阎各庄镇、古河乡、汀流河镇、姜各庄镇等部门（单位）和企业负责人参加会议。会议听取唐山腾龙再生资源利用、北京环卫集团新能源环卫电动汽车、宝磊板带及裕宁实业、北京航天万源电解液、榕泽金属表面制品处理、北京绿百灵绿色杀虫剂、华阳区域能源中心7个在建项目推进情况汇报，充分征求与会人员意见，并对下步工作进行研究部署。

县政府办公室

【概　况】 2017年，县政府办公室深入学习贯彻党的十九大精神，全面落实中央和省、市、县委一系列重大决策部署，按照"求真、实干、担当、效率"的要求，干实事、实在干事，服务大局、服务领导、服务基层、服务群众的能力和水平不断提高，为推动全县经济社会全面发展做出积极贡献。

【文秘工作】 县政府办公室按照"求真、实干、担当、效率"的要求，围绕县政府中心工作，充分发挥秘书服务职能，圆满完成各项工作任务。对17项规章制度进行修订和完善，辑印《工作制度汇编》。在全市保密大联查中获评优秀等次，经验在全市推广。完善公文运转流程，制发《关于规范发文运转流程及审批程序的通知》，全年办理上级公文2100余件、县内公文1848件、县委办批转上级公文653件、请示报告374件、文件归档率100%，按时办结率100%。严格按照公文会签手续是否完善、附件材料是否齐全、公文用词用字是否规范等要求进行公文审核，并逐字逐句进行校对，确保不出任何纰漏，年内审核校对制发公文854件，其中正式公文581件，各类通知、公告、快报类公文273件。每天整理汇总《各位县长明日工作安排》，周末统一汇总《各位县长下周工作安排》，为各位领导决策提供参考。规范会务组织流程，制发"会议安排"规范化例样，从会议通知、会场布置、会议材料印制、桌牌及议题表制作到会场服务均按相关规定严格执行，年内组织县政府全体会议、县政府常务会议、县政府党组会议、县长办公会议及电视电话会议、专题会议等140余场次。

【综合文字】 2017年，县政府办公室注重全员综合文字水平的提升，增强责任意识，领会领导意图，严格质量观念，确保起草的文稿观点明、立意新、质量高。县政府办公室综合科先后完成《2017年政府工作报告》《政府全会讲话》等综合及单项会议材料20余篇；起草《在省投促会上的发言》《全省推进新型城镇化暨县城建设攻坚行动领导干部专题培训会上的发言》《省委九届五次全会列席发言》《学习十九大精神专题研讨发言》等各类汇报发言材料40余篇；起草《乐亭县做好党的十九大期间信访稳定、安全生产暨文明城创建工作会议主持词》《航天科技集团领导来乐对接洽谈会致辞》等会议主持词、致辞20余篇。高质量完成县政府常务会议、党组会议、县长办公会议记录和纪要的整理、编发工作，全年形成各类会议纪要20余篇；按时保质完成《乐亭县县长张福林开展信访稳定工作周报》《福林县长工作事记》等各类周报、月报100余篇，有效促进县政府决策部署的贯彻落实。

【信息外宣】 信息外宣工作成果丰硕　县政府办公室信息工作围绕县政府工作中心，及时总结提炼全县经济发展的新做法、新亮点，政务信息、外宣工作成效显著，连续3年获评全市政务信息工作优胜单位。全年采写上报政务信息300余条。《北方首个海上风电项目在乐亭县开工建设》等4篇信息被省政府刊发，《乐亭县深入落实许勤省长讲话精神以优质投资助力经济社会持续健康发展》以专报形式呈省政府主要领导。《河北省唐山市首创藻礁生态系统探索渤海环境恢复有效模式》被省政府上报国务院办公厅。涉及项目建设、招商引资、城市发展、深化改革、体制创新等多领域内容的信息被市政府刊发33篇，专报信息《乐亭县创新思路、主动作为、为在建项目解决临时生产厂房破解项目落地难题》得到市长丁绣峰和主管副市长的充分肯定，并分别作出批示。不断改进《政府快报》模式和内容，充分体现县委、县政府各项决策部署落实，创造性地开辟《求真、实干、担当、效率》专栏，本着精简高效的原则编发《政府快报》30期。

扁平化平台建设加强 高标准做好“县长信息”微信直报工作，认真总结凝练全县工作亮点和成效，为县政府主要领导呈报优质信息128条。创新《乐亭县政务调度群》管理模式，实行信息赋分、周通报、月排名制度，全年印发《政务调度群月排名》11期，《政务信息一周反馈情况通报》42期，处理各类政务信息9000余条，有效推进政务工作全面落实，确保政令畅通。

门户网站作用加强 县政府办公室围绕县委、县政府重点工作任务运行安排创造性地开展工作，全力推进政府门户网站的维护建设和政府门户网站信息的采集等工作，及时做好政务活动、项目建设、两会报道及文明城创建等重大信息的发布，积极宣传推介乐亭。全年在“中国乐亭”县政府网站新发各类信息1500多条；在市政府门户网站和市政府信息公开平台发布信息2000多条。在县门户网站和“中国唐山”市政府网站、市政府信息公开平台采编发布信息比上年增长10%。在“中国乐亭”门户网站新增财政预决算公开、电子商务专栏、网上办事、行政执法公开、“一问责八清理”、创建文明城宣传口号等栏目；按上级要求在网站主页链接了国务要闻、国务院客户端、省机关作风评议平台等相关链接，“不作为、乱作为、慢作为”问题公开举报平台，河北省营商环境集中整治行动征集问题和建议专栏；按照国家标准升级Logo标志。做好机关办公网络设备的维护，对办公室每台电脑进行IP固定设置及登统，对机房每月定期进行一次网络安全检查，努力保障办公网络的安全运行。配合文卫科做好正版化检查工作。对办公室47台电脑进行计算机软件安装检查并填写计算机软件安装情况汇总表。

【调查研究】 县政府办公室坚持研究在领导决策之前、参谋在领导思想之中，努力为领导掌握全局、谋划工作、科学决策提供参考依据，调研文章在省、市内参刊发实现全覆盖。重点围绕农业供给侧结构性改革、降低企业成本、加快技能人才队伍建设、扶持退役军人就业创业、招商引资等方面组织专题调研，形成《创新方式，突出重点，优化服务，全力开创乐亭招商工作新局面》《乐亭县不断加快统筹城乡发展，持续推进新型城镇化进程》等调研文章12篇，全部在《河北经济》《河北经济研究》《新唐山》《唐山经济》等省、市主要内参刊发，刊发范围实现全覆盖，刊发率100%。高标准完成县主要领导点题课题——《乐亭县招投标工作调研报告》。

【督查协调】 2017年，县政府办公室督查工作围绕县委、县政府中心工作、重点工作扎实开展，坚持“一竿子插到底”，避免流于形式，对政府工作报告和10件实事工程等重点任务进行目标分解，明确起止时限和责任单位、责任人。围绕环保、发展大道区域拆迁、建档立卡、安全生产、宝丰街东延征地、滦河治理工程建设征地补偿、冀东国际农产品物流中心改制后遗留问题、“一区三边”治理、土地违法清零等工作全力做好督导检查。全年承办市政府督查室交办件61件，下发督办单35份，形成督查专报9期，办理县领导信访批示件22件，市政府督查室交办信访件10件，做到件件有着落，事事有回音。

【提案建议办理】 2017年，县政府系统承办市以上人大代表建议、政协提案19件，县人大代表建议33件、县政协提案104件，涉及经济发展、城建交电、农业农村和社会事业等方面。承办工作严格落实主要负责人负总责、分管负责人直接抓、承办机构和承办人员具体办、办公室总协调的“3+1”承办工作机制，实现承办工作法制化、规范化、程序化健康发展。年内，人大代表建议、政协提案全部按时办结，答复率、走访率、代表委员满意率均达100%，承办工作按时高效完成，赢得人大代表、政协委员对政府工作的认可。

【应急管理、处置】 2017年，县政府办公室应急管理、处置工作体制机制逐步建立健全，保障公共安全和处置突发事件的能力不断提高，自然灾害、事故灾害、公共安全和社会安全事件造成的损失得到有效预防和减少。按照省、市应急管理部门的要求积极做好河北省应急管理舆情监测处置平台日常监管工作。组织开展“5·12”防灾减灾宣传周活动。对全县各单位值班应急工作进行督导检查。8月1日，与唐山消防支队联合在唐山境界实业有限公司开展大型石化企业灭火救援综合演练活动。9月25日，与县畜牧局联合在县冀东国际皮毛交易市场活体交易大厅承办唐山市突发重大动物疫情应急演练活动，省、市、县领导及各县区主管部门负责人204人参加演练。参演人员从实战出发，按照各自职能分工，完整演示疫情报告与现场诊断、先期处置与应急准备、应急响应与应急处置、终止响应与善后处理4个科目，演练活动取得圆满成功。年内组织协调相关部门启动（解除）重污染天气一级红色预警响应1次、二级橙色预警响应5次。

【农业农村工作协调服务】 2017年，县政府办公室农业农村工作协调服务围绕全县总体工作部署和重点工作，以当好领导参谋、搞好协调服务为重要职责，在文稿起草、综合协调、办文办会、行政接待等重点工作上，坚持高标准、高质量、出精品、创一流，努力提升服务水平。全年完成全县农业农村工作和全县消防工作会议领导讲话、工作汇报、典型发言等综合材料100多篇。做好综合协调服务工作，加强与上级农业农村工作部门的联系，强化与各乡镇、各部门的合作，稳妥处理各种关系，保证各项工作的周密细致、高效有序。认真筹划、精心组织会务、活动，做到不出纰漏、细致圆满，年内组织全县农业农村工作会议、全县防汛工作会议等各类会议40多场次；接待省部级以上领导、上级检查督导组、参观考察团20多批次和招商考察团队10余个。组织县内刘美烧鸡、罗锅香油、中雍农业、绿昕农业的30多个农产品参加第二十一届中国（廊坊）农产品交易会，部分高端产品成功打入北京市场，全面打响乐亭品牌，销售额大幅提升。切实发挥政策性农业保险联办共保领导小组办公室作用，在全县全面推进政策性农业保险。积极推进农村金融体制改革创新，与省担保公司签订战略合作协议，作为全市唯一试点县，着力打造农村金融服务平台，形成健全完善的农业担保贷款体制机制。

【重点项目协调服务】 2017年，县政府办公室重点项目协调服务工作按照审批事项最少、收费标准最低、办事效率最快、服务水平最优的品牌要求，为项目单位提供全方位优质服务。多次召开河钢乐亭钢铁项目对接会，协调解决项目用地、手续办理等方面问题；协调河北乐亭经济开发区收回唐山旭阳化工有限公司闲置土地，为唐山东日新能源材料有限公司年产30万吨新能源材料及配套建设项目提供用地保障；帮助唐山市榕泽钢材加工有限公司金属表面处理制品项目申请省重点项目，解决能耗指标问题；协调帮助唐山石勇机械设备制造有限公司重型机械配件研发加工、河北若琦电气设备有限公司中低压配电柜及变电箱生产项目办理规划许可、施工许可等相关手续；多次联合县发改局、县住建局、县安监局、市环保局乐亭县分局、县消防大队等相关单位深入华北康港钢构有限公司新型模板、华北易安德脚手架制造有限公司新型脚手架制造、北京环卫集团环卫装备乐亭有限公司装备车辆制造、北京燕化永乐新型环保农药制剂等项目现场与企业进行无缝对接，帮助企业完善竣工验收手续。

【科教文卫协调服务】 2017年，县政府办公室科教文卫协调服务工作围绕全县社会事业发展大局，积极谋划，认真履行参谋、服务、协调、督办职能，确保各项工作顺利推进。先后起草完成分管副县长讲话、汇报等文稿40余篇，办理分管领导批件和交办事项60余件，答复反馈率100%。在会务工作中，紧扣“会前预案、会中协调、会后总结”3个环节，认真细致地做好会前、会中、会后的各项服务工作，努力做到“人员、责任、服务”3个到位，实现“零差错”。年内组织教师节庆祝大会、高考工作协调会、国家卫生县城复审推进会、校园及周边安全稳定工作会等各类会议20余次。组织活动既热情周到，又注重提升档次，当好地方形象的展示员、经济发展的宣传员、资源产品的推销员。成功组织华北理工大学考察团到乐亭县调研、2018京津冀运动休闲体验季——唐山·乐亭站活动，圆满完成市民主促进会到乐亭县调研等接待工作，树立乐亭良好形象。全力推进社会事业项目建设，认真落实进度周报制度，按照工期安排，把握好时间节点，认真组织好现场办公、定期调度等会议，保障工程质量和进度。完成百善学校二期、乐亭一中宿舍楼、高甸小学、芦河小学等建设工程及乐亭县综合职业技术学校、乐亭三中塑胶操场项目；县医院新建病房楼、县第五实验小学年底前完成地基基础建设。

【财税金融协调服务】 2017年，县政府财税金融办公室坚持高站位、勤谋划、高效率、快执行、聚合力的工作要求，脚踏实地、真抓实干，发挥参谋、协调、服务、督办、落实职能。承办财税工作、财税调度、财税分析会议以及清缴欠税专题、非税收入专题等会议24次。督导县国税、地税、财政等相关部门加大税收征收力度，做好排查分类工作，杜绝税源跑冒滴漏，确保财税收入的稳定增长。协调乐亭县信用联社改制工作，乐亭县信用联社9月底向省联社和省联社唐山审计中心呈报河北乐亭农村商业银行股份有限公司筹建工作的请示，均获得批准。引导金融机构支持县域经济发展，协调各商业银行加大对项目建设的支持和关注力度，县域14家金融机构从支持重点项目、骨干企业、小微企业、基础设施建设、农业农村发展等方面，为县域经济社会发展提供信贷支持。结合相关部门从重点后备企业筛选、联系专家、入企指导、跟踪服务等方面推进上市工作。唐山境界实业有限公司就上市有关事项谈判取得明显进展，具体工作已步入正轨。唐山龙泰辰股份有限公司于9月18日与恒泰证券签约，券商团队、会计师事务所、律师事务所正在驻企开展工作。唐山德物精密制品有限公司符合上市条件，县政府财税金融办公室正在会同券商恒泰证券大力推进。严格落实国家、省、市关于从源头化解非法集资风险的工作部署，年内组织开展非法集资专项整治、非法集资风险排查、防范打击非法集资集中宣传月、农村地区非法集资风险排查、非法集资广告资讯信息排查清理、交易场所排查清理等专项行动，在全县形成打击非法集资的高压态势。

【城乡建设管理协调服务】 2017年，县政府办公室城乡建设管理协调服务工作针对重点项目建设、县城精细化管理、棚户区改造等重点进行，及时与责任单位沟通协调，督导落实。全年完成调研、迎查、典礼等会务组织30余次，起草各种文字材料100多篇。协调城建相关单位全力推进县城建设重点项目进展，按照既定时间节点完成建设任务。投资2.8亿元的城南新供热站建设全部完工，今冬正式供暖运营；乐府一期、水悦华苑一期两项重点房地产项目主体全部完工；振兴路北段、茂源街北侧雨污分流改造完工。按照中央及省、市的安排部署，做好城市管理综合执法体制改革工作，认真学习相关文件精神，起草制定《乐亭县城市管理综合执法体制改革实施方案》，确保执法权该放的放到位，该接的接到位。推进洁净城市建设，结合文明城、人居环境奖等创建工作、“一区三边”集中整治行动，协调相关单位开展环境卫生、交通秩序、市场秩序专项整治行动，着力改善县城居住环境，提高县城的宜居度。督导相关单位做好生态修复和城市修补工作，提升县城整体形象。对大钊路等城区部分破损道路进行修补、修复和破损辅道砖的更换，保证居民出行安全；完成古滦河生态公园、青春广场等节点4万余平方米新增绿量工作，实现全县绿廊绿道建设累计达到20千米以上的目标。协助分管县领导督导相关单位及工作组加快棚户区改造工作进展。每日为领导上报工作进度，汇总拆迁中遇到的特殊问题，提出解决意见，为领导决策提供依据，年内2301户棚户区改造户已评估收量2177户，占总量的94.61%；签订协议

1813户，占总量的78.79%。

【市场监管、民政工作协调服务】 2017年，县政府办公室市场监管、民政工作协调服务围绕“服务大局、服务领导、服务部门、服务项目、服务群众”的务实工作，协调推进质量提升、食药安全、市场监管、民政建设等工作，年内组织完成春节、“八一”慰问工作。推进1978年后符合政府安置条件的军队退役人员的信息登统、政策落实和宣讲解读，帮扶上公益岗位270人、救助83人；组织开展农村贫困人口建档立卡和精准帮扶工作，对纳入范围的352户674人落实结对帮扶；协调完成“省级‘双拥’模范县”创建工作，为实现“全国‘双拥’模范县”“六连创”目标奠定基础；督导完成城南批发市场、集贸市场搬迁并投入运营；组织制定对口帮扶兴隆县工作计划并协调推进落实；健全“双随机一公开”监管、“多证合一”协调机制，依法依规公布乐亭县市场主体行政审批事项后续监管清单（2017年版）；推进基层民政服务能力建设，创新发展“互联网+”民政服务模式；加强防灾减灾救灾体系建设，印发《关于推进防灾减灾救灾体制机制改革全面提升综合减灾能力的实施意见》；配合开展《中华人民共和国食品安全法》执法检查活动并督导整改落实；协调推进食药安全监管、质量强县建设、特种设备监管、救助帮扶机制建设、地名普查、村委会换届选举等工作。通过不懈努力，联系服务部门先后获评“河北省特种设备安全保障工作先进单位”，全市质量工作考核结果A类，全市申报“省级双拥模范县”4个县区中以总分第一的成绩通过省考评组验收。

【电子政务】 2017年，县政府办公室电子政务工作坚持“关注民生、体察民情、反映民意、服务民众”的服务理念，着力解决群众生产、生活中的具体问题，市民公共服务热线办理市、县两级群众诉求7251件，其中现场解答3772件，落实交办件3479件，按期结案率100%；县长信箱受理信件121件，全部落实交办，对涉及面较广的信件公开予以答复。持续加强城市巡查管理，动态调整巡查区域，做到城区巡查无死角。抓好巡查检查、总结工作，不断提高巡查质量和效果。全年发现上报部事件298件，全部交办处置到位，及时消除安全隐患。做好电子政务外网定期管理和维护，为业务单位做好运行环境配置，确保入网单位网络安全平稳运行。年内电子政务外网用户新接入1家，达到96家；新增业务应用系统3个，通过电子政务外网运行应用系统达到8个。政府信息公开平台开通后，将60家责任单位纳入公开范围，督促其完善公开栏目内容，及时发布政务信息，全年发布各类政务信息499条。依托政务微博、微信等发布政务信息，开展政策解读，发布政务信息及解读1496条。同时，配合相关单位推进“放管服”改革、农业供给侧结构性改革、财税体制改革等重点领域信息公开。

【招商引资、安全生产协调服务与法制建设】 2017年，县政府办公室深入开展“招商引资年”活动，向北京、天津、“长三角”地区等重点区域派驻挂职招商人员52人。组织开展投资环境说明会9场，取得良好成效。超额完成实际利用外资、引进省外资金和“凤还巢”等市达任务指标。全年储备项目203个，其中洽谈项目149个，签约项目54个。年内引进京津冀项目53个，投资10亿元以上京津冀项目4个，分别为河钢产业升级及宣钢产能转移项目、国电电力月坨岛海上风电项目、北京环卫集团新能源环卫电动汽车项目及华阳乐亭区域能源中心项目。

在全县各领域持续开展安全生产大检查，检查生产经营单位864家，查出事故隐患1039项，整改962条，缴纳罚款61.81万元。扎实开展隐患排查和诚信体系、标准化建设。按照省、市、县关于安全生产隐患排查整治的要求，组成153个执法检查组深入各个行业，检查企业864家，查出隐患625条，完成整改548条。企业开展自查自纠，查找隐患或问题414处，全部整改到位。20家企业完成标准化创建，2家企业完成诚信等级评定，唐山境界实业有限公司、乐亭同乐化工有限公司2家企业诚信体系建设进行中。认真执行风险辨识分级管控，冶金、建材、危险化学品、烟花爆竹等重点行业73家企业按照风险辨识和评估的内容、方法、程序和标准，对2775项安全风险进行有效辨识、科学分析和全面评估，全部进行分类分级和标志标识，并建档立卡，落实管控措施。

认真做好规范性文件审查工作，对县政府、县政府办公室制定的现行有效的规范性文件进行全面衔接清理，并兼顾清理与现行上位法不一致、已被新规定涵盖或替代、调整对象已消失、工作任务已完成、适用期或有效期已过等文件，累计清理失效文件11件，并将清理结果向社会公布。对生态文明建设和环境保护规范性文件进行专项清理，清理失效文件5件。高标准推进行政执法三项制度建设，成立由县长任组长，常务副县长任副组长，县政府法制办等有关部门主要负责人为成员的推行“三项制度”试点工作领导小组，印发《乐亭县推行行政执法公示制度执法全过程记录制度重大执法决定法制审核制度试点方案》《乐亭县行政执法公示办法》《乐亭县行政执法全过程记录实施办法》《乐亭县行政机关重大行政执法决定法制审核办法》，组织召开全县“三项制度”培训工作会议和行政执法公示专题培训会议，对执法信息及时进行动态调整，确保公开透明，随时接受群众监督。在县政府门户网站“中国乐亭”设立“行政执法公示”专栏，并与市政府行政执法公示专栏实现链接。加强行政执法人员培训和证件核发工作，全面实行持证上岗和资格管理制度，衔接省行政执法信息管理系统，建立执法人员管理数据库，实现执法人员网上审批和注销，并实行动态管理。对行政执法部门撤销，行政执法人员、行政执法监督人员调离、退休或者因故不能履行职责的一律取消资格，证件统一进行注销。全年新增执法人员48人，依法行政水平得到提高。推进政府法律顾问制度建设，不断强化法律风险防控和化解，聘请法律顾问5名，参与审核合同、政府法律事务等文件51件，代理诉讼22次。开展行政复议工作，完善行政诉讼办理程序，全年参与行政诉讼案件23起，受理行政复议案件5起，调解行政复议案件1起。规范国土审批事项审核，审核国土案卷446件次。

人事劳动管理

【人事人才管理】 2017年，乐亭县人事人才管理工作紧扣县域经济发展大局，创新载体，强化职能，为经济社会快速发展构筑坚实的人才保障和智力支撑。完成县政府系统21个部门、22个事业单位9099名工作人员的年度考核工作，考核确定优秀等次998名；推进股级干部任免工作，呈报任免股级干部402名。为县内符合解困条件的企业军转干部发放健康体检费，发放标准为每人每年500元；为纳入县内解困范围的困难企业退休军转干部增发医疗补贴，发放标准为1953年以前入伍的每人每月增发80元，之后入伍的每人每月增发50元，发放时间从2017年1月执行。

完成企事业单位专业技术人员2016年度考核工作，考核人数7102名，其中优秀等次726名；按照《河北省专业技术人员继续教育暂行规定》要求，完成2016年继续教育验证工作，验证6453名。组织卫生专业资格考试报名及二级建造师、监理工程师、计量师、社会工作者等考试考务工作。完成2017年度“三三三人才工程”第三层次的选拔和“省政府津贴专家”的选拔申报工作。

按照冀人社发〔2016〕11号、〔2015〕34号文件精神，对符合要求和晋升档次的乡镇工作人员进行兑现审批工作。完成620名机关企事业单位退休人员审批工作，完成事业单位8892名工作人员的正常晋升工资工作，完成企事业单位1.66万名退休人员基本养老金的调整工作。为机关事业单位中的新参加工作（含军转）及工作调动人员，及时履行工资变动手续。加强对企业工资分配的指导，及时为各类人员兑现工资福利待遇。

【就业再就业】 2017年，乐亭县社会保障部门把促进就业作为重大政治责任和政治任务，不断健全完善就业政策体系，优化就业创业公共服务水平，正确处理扩大就业与经济发展的关系，促进充分就业，稳定就业局势的连续性。全年实现城镇新增就业8356人，城镇失业人员再就业

3645 人，其中困难人员 1044 人，分别完成年度目标任务的 165.5%、165.7%、165.7%；城镇登记失业率控制在 2.5%，低于目标任务的 1.7%；农村劳动力转移就业 5487 人，为年度目标任务的 137.2%。

推进各类群体就业　研究制定《乐亭县下岗失业军队退役人员公益性岗位安置方案》，加强与民政、财政及各安置单位协调配合，形成工作合力，有力保障军队退役人员安置工作的开展。全年开发公益性岗位 410 个，涉及县直及乡镇 44 个单位，安置军队退役人员 601 人次，已上岗并签订合同的 326 人。针对原国有集体企业下岗失业人员就业困难问题，到街道办、县机关事务管理局等单位进行调研，开发公益性岗位 201 个，安置符合条件的困难人员 123 人。推进高校毕业生就业见习工作，认定县教育局、县社保局、乐成绽放幼儿园等 18 家企事业单位为就业见习基地，征集见习岗位 554 个，就业见习的高校毕业生 395 名。设立专门服务窗口，为高校毕业生提供就业服务，全年接收高校毕业生 700 余名，促进就业 600 余名。完善服务举措，加强区域劳务合作，不断开发县内外劳务市场，积极组织劳动者走出去就业。全年实现农村劳动力转移就业 5487 名。

提升劳动者就业创业能力　县人力资源和社会保障部门通过公开招标的方式确定县综合职业技术学校、乐亭县宏远职业技能培训学校等 8 家培训学校为定点培训机构，责成各培训学校加强软硬件设施建设，把可实现远程监控的客户端软件、网络、摄像头和指纹式考勤机作为开展培训的必要条件之一，夯实培训工作基础，加大培训监管力度。开展政策宣传，营造培训氛围。通过召开会议、印发文件、上门调研等方式，将培训政策传达到培训机构。组织开展“就业创业政策宣传周”活动，联合培训学校、商业银行等相关单位到城关集贸市场、城区人流密集区及招聘会进行现场宣传，其间发放政策宣传材料 2000 多份，解答咨询 500 余人次。根据社会需求调整专业设置，不断加大家政服务、育婴员、面点师等培训硬件及师资投入力度，引导培训学校加强与家政服务企业的联系沟通，提升学员就业质量。全年开展育婴员、面点师、起重机等工种培训 253 人。征集创业项目，按照政策规定落实税费减免、创业补贴发放、创业担保贷款等扶持政策，推进创业带动就业工作开展。年内参加创业培训的 234 人，发放个人及小微企业创业担保贷款 1035 万元。

提升公共就业服务水平　全面实施县人力资源市场搬迁改造项目，新建成的人力资源市场设置电子显示屏、叫号机等信息设备，同时设立休息区、咨询台等便民服务设施，服务环境得到改善，服务水平提升。畅通就业渠道，搭建供求对接平台。以办好“逢八”市场招聘会及各类专场招聘会为抓手，将人力资源市场日招聘与日常求职招聘相结合，用工单位招聘信息通过微信平台及时向社会公布，实现供求对接动态化、常态化。全年组织各类招聘会 36 场次，1 万余人次与会洽谈，达成就业意向 2000 余人。切实做好社会保险代收缴、档案保管、职称评定、工资调整、退休手续办理等各项人事代理服务。年内，为 3800 人代收养老、医疗、生育保险 3600 余万元，保管人事档案 3 万余本，办理调整退休费、职称评定、退休手续等 6000 余人。

【执法维权】　2017 年，县人力资源和社会保障部门深入落实各项劳动法规和政策，努力构建和谐稳定的劳动关系，维护劳动者合法权益。

落实劳动法规和政策　深入开展劳动合同的签订、解除和劳动用工备案工作，合同备案系统实现全覆盖。到年底，全县有 531 家企业使用劳动用工备案系统，简化了备案程序，提高了备案质量。各用人单位备案劳动合同 1.66 万份，其中年内新增用工备案 3593 份，解除、终止合同备案 2663 份。劳动合同的签订率 95% 以上。完成机关事业单位工人初级工、中级工、高级工、技师 390 人的考试报名工作和 284 人的组卷报名工作。行政许可审批严格按照相关规定进行网上申报及审批，做到信用、信息双公示。全县取得行政许可的劳务派遣单位 27 家。按照市人力资源和社会保障局文件要求，全县工勤技能岗位采取随来随聘的方式，方便应聘人员。

劳动争议案件处理　加大劳动人事争议调解仲裁工作力度，年内受理调解各类劳动争议案件 175 起，其中已调解结案 151 件，按时结案率100%，调解结案率86%，涉案标的533万元。规范工伤认定程序，完成了108名受伤害职工的材料审查、工伤受理、初审、组卷上报及结论送达工作。

执法检查　发挥劳动监察职能，开展日常巡查和专项检查，妥善调处劳资纠纷，依法受理投诉、举报案件，全年审查用人单位210家，受理各类投诉案件53起，追讨工资288.65万元。

【社会保障体系建设】2017年，县人力资源和社会保障部门以县政府年度内为群众办实事为契机，发挥社会保险作用，采取得力措施，打造普惠全民的社会保障体系。

社保扩面　制定社会保险扩面征缴工作实施方案，完善社保扩面征缴工作机制，强力推进工作开展。到年底，全县企业养老保险、失业保险、工伤保险、医疗保险、生育保险、城乡居民养老保险参保人数分别为5.23万人、2.71万人、3.02万人、39.66万人、2.94万人、26.39万人，分别完成全年任务指标的100%、100%、100%、100.5%、103.5%和99.7%。

社保费征缴　到年底，征缴企业养老、失业、工伤、职工医疗、生育保险费分别为2.26亿元、1428万元、1767万元、1.6亿元、545万元，分别完成全年任务指标的100%、119%、102.1%、109.1%、120.3%。

医疗保险　严格落实省、市医保政策，积极推进各项工作。2017年医疗保险覆盖人数39.66万人，职工医疗保险费征缴1.6亿元，圆满完成市达任务指标。加强"两定点"管理工作。根据上级工作安排，开展2017年医疗保险基金管理集中整治工作，对18家定点医疗机构和83家定点药店进行专项检查，有效预防利用不正当手段骗取医疗保险费现象的发生。及时足额为参保职工和居民支付医疗费用。到年底，支付城镇职工医疗保险费1.11亿元，支付城乡居民医疗保险费1.55亿元。

城乡居民社会养老保险　组织开展全县城乡居民社会养老保险2017年度续保缴费工作，参保人数26.39万人，全县综合参保率保持在98%以上，当年征缴入库城乡居民社会养老保险费1916万元。根据冀人社发〔2016〕3号文件精神，及时调整城乡居民基础养老金最低标准，由每人每月95元提高到105元，城乡居民基础养老金调标工作落实到位。

失业保险　充分发挥失业保险金稳定就业岗位的作用，2017年为唐山市德龙钢铁有限公司争取援企稳岗资金801.89万元，为参保企业中的26名拥有职业资格证书或职业技能等级证书的职工按规定发放技能补贴5.05万元，为1150名享受失业待遇人员发放失业保险金1232.05万元，有效缓解企业资金的压力，保障失业人员相关待遇。

民政管理

【概　况】2017年，县民政局按照县委、县政府的工作部署，大力实施"123348"战略，创新工作内容和工作方法，察民情、达民意、解民忧、顺民心，推动民政工作的创新与发展。局设办公室等行政职能科室6个，区划地名办公室等直属事业单位4个，县光荣院等下属事业机构9个。民政系统在职干部职工134人，其中行政17人，事业117人。

【社区管理】县民政局按照市民政局要求，结合县域实际，在调查研究的基础上，确定马头营镇马头营村、汤家河镇大杨庄村、大相各庄乡刘火烧佛村开展农村社区试点建设。根据省民政厅、省财政厅《关于做好2018年省级社区建设补助经费项目申报工作的通知》精神，申报省级社区建设补助经费124万元。

【拥军优抚】2017年，全县有优抚对象6529人，其中伤残人员411人，"三属"（烈属、病故军人家属、因公牺牲军人家属）137人，老复员军人296人，带病还乡退伍军人1401人，参战、涉核人员510人，60周岁农村籍退役士兵3502人，60周岁烈士子女272人。按照上级文件要求落实各项抚恤标准，完成各类优抚对象抚恤补助标准调标工作，优待抚恤金全部发放到位。

完善优抚保障体系　优抚资金纳入县财政年度预算，及时足额兑现，各类优抚资金按月社会化发放。优抚医疗一站式结算平台服务工作水平的提高，优抚对象看病难题得到有效缓解，年内为优抚对象减免各项医疗费近80万元。

开展慰问活动　春节、“八一”建军节期间安排资金近80万元对全县驻地部队、优抚事业单位和80名烈属、重点伤残军人进行走访慰问，送去慰问品、慰问金和节日的祝福。

烈士纪念设施发挥教育功能　在清明前夕，为新上报的3座散葬烈士墓进行维护修缮，建立档案并树立烈士纪念碑。做好清明节期间革命烈士纪念馆祭扫和“9·30”烈士纪念日公祭活动，发挥爱国主义教育基地作用，教育引导全县人民牢记今天的美好生活是革命先烈用鲜血和生命换来的，要发扬革命传统，建设好幸福家园。年内革命烈士纪念馆接待祭扫、瞻仰的烈士亲属、中小学生、机关团体及社会各界人士5000余人。

开展省级双拥模范县创建工作　2017年，在开展创建活动的基础上，迎接省级双拥模范县验收。工作中重点对基础卷宗档案、音像图片资料、实地考察点进行逐项对标自查。由于准备充分、创建工作扎实，在9月省验收组验收中得到充分肯定，在全市4个申报创建省级双拥模范县的县区中，得分排名第一，顺利通过验收，再次被授予“省级双拥模范县”称号，赢得第六次争创“全国双拥模范县”资格。

【退役士兵与军休干部安置】　*退役士兵接收安置*　完成2016年度14名符合安置政策的转业士官的安置工作，为2016年度秋冬季退役士兵发放自主择业一次性经济补助资金728万元；完成89名2017年秋季退役士兵的档案接收、报到、落户等工作。

军休干部安置　2017年，全县有军队离休退休老干部68名，其中离休6名，退休62名，由县军队离退休干部休养所负责管理与服务工作。为增强老干部的身心健康，县民政局不仅带领老干部参加县组织开展的各项活动，而且举办春、秋两季运动会、“八一”门球联谊赛，为老干部购置健康保健知识图书、运动器械等，1年1次为离休退休干部进行体检。每年的“七一”“八一”“十一”等节日，组织召开各种类型的座谈会，忆党史、颂党恩，不忘艰苦岁月，增强爱国热情。在“八一”、重阳节、春节等节日，深入军休干部家中走访慰问。凡80周岁以上的离休干部过生日，均到家中进行祝寿慰问；及时探望生病住院的老干部，并为其安排住院和治疗事宜；对病故的老干部，筹备主持葬礼，料理善后工作，解除老干部的后顾之忧。

军队退役人员落实政策　完成1978年后的2996名退役士兵原始信息、户籍信息、就业参保信息录入和核查，初步建立起退役人员信息库，与公安、社保等单位实现资源共享。开展军队退役人员困难帮扶活动，对生活、生产中存在实际困难的人员，采取灵活方式，落实各项帮扶救助政策，涉及帮扶资金413万元；全县公益性岗位安排就业270人，临时救助69人，纳入低保3人，解决住房困难11人。按照省、市统一部署，为47户烈属悬挂“光荣烈属”牌，为2774户伤残军人、在乡老复员军人等家庭悬挂“光荣之家”牌，为690户军属家庭悬挂“光荣军属”牌。

民族宗教管理

【概　况】　2017年，乐亭县民族宗教工作以中共中央总书记习近平系列重要讲话为指针，贯彻落实中央民族工作会议和全国宗教工作会议精神，贯彻执行党和国家的民族政策，尊重少数民族的风俗习惯和信仰，团结境内少数民族同胞共同建设自己的家园。扎实推进民族团结进步创建、宗教活动场所内涵式发展等重点工作，民族团结进步事业进一步发展，依法管理宗教事务的力度不断加大，维护全县各民族团结进步、宗教领域和谐稳定的良好局面。

全县有满族、回族、蒙古族、壮族、朝鲜族、侗族、哈尼族、仫佬族、鄂伦春族、彝族、塔塔尔族、苗族、藏族、土家族、羌族、锡伯族、布依族、瑶族、水族、拉祜族、黎族、珞巴族、景颇族、佤族、高山族、保安族、俄罗斯族、柯尔克孜族、傈僳族29个少数民族，人口6000人。姜各庄镇一村、三村是少数民族聚居村，均为回族。

【宣传教育活动】　乐亭县民族宗教事务局（简称县民宗局）开展民族团结进步创建工作进机关、

进企业、进社区、进乡镇、进学校、进宗教活动场所的“六进”活动。采用张贴标语、悬挂条幅、LED显示屏、橱窗展示、发放宣传材料、组织文艺演出、电视广播等形式，宣传中共中央总书记习近平重要讲话精神，宣传党的民族工作政策；利用微信朋友圈、美篇、QQ群等新媒体进行宣传，扩大宣传层面和影响力，增进各民族之间的团结进步。

开展第22个“民族团结月”活动。上好“民族团结第一课”，采用诗朗诵、少数民族风俗展演等形式开展民族团结教育，让“中华民族是一家”的种子在孩子们的心灵中扎根；开展医疗下乡活动，与县卫计局联合，派出医疗小组，利用乡镇卫生院平台，免费为少数民族群众测血压、测血糖、心电图检查、白内障检查、视力检查等，给予预防和治疗建议，并回答健康咨询；组织开展“中华民族一家亲，同心共筑中国梦”为主题的文艺演出活动，县第四实验小学发挥“省民族团结进步示范单位”的作用，师生演出精彩的文艺节目，并发放各类宣传单（册）300余份；组织“小手牵大手，共写民族情”的百人签名活动，学生与爸爸妈妈、爷爷奶奶一起在民族团结进步的横幅上写下自己的名字，表达对各民族团结进步、早日实现中国梦的期盼。

【推进民族工作】 助力民族村经济社会发展　省民政厅拨付少数民族村项目建设资金到位后，县民宗局要求乡镇按照《少数民族发展资金使用规定》《少数民族发展资金申报需提交材料》和《项目档案主要参考内容》的规定，规范操作程序，严格专项资金使用，项目的建成使民族村生产生活条件得到切实改善。

重视民族宗教事务工作人员素质的提升　组织机关、乡镇、社区的民宗工作人员，系统学习党的民族宗教理论、政策，使各级工作人员熟练掌握党的民族宗教政策，更好地服务少数民族群众。

注重社区民族工作　社区成立民族工作领导小组，建立健全各种制度，以“建立相互嵌入的社会结构和社区环境”为着力点，多形式开展宣传活动，鼓励少数民族居民参与社区管理，对生活困难的少数民族居民进行帮扶；社区成立外来少数民族流动人口服务站，走访县城区域内的清真企业和清真食品经营摊点，了解外来少数民族流动人口的所思所想，解决其生产生活中的困难，同时成立少数民族群众法律援助中心，为外来少数民族群众提供免费法律援助，维护其合法权益。

行政审批服务

【概　况】 2017年11月，根据县委办公室、县政府办公室印发《乐亭县行政审批局组建方案》的通知，组建乐亭县行政审批局，挂县政务服务中心管理委员会、县公共资源交易监督管理办公室牌子，为县政府工作部门。县行政审批局以“便民、高效、廉洁、规范”服务为宗旨，推进“放管服”改革，规范审批行为，加强公共资源交易管理，打造法制型、服务型、效能型、诚信型、责任型机关新形象。年内，受理各类事项1.32万件，办结1.32万件，按时办结率100%，群众满意率99%。

【完善“互联网+政务服务”体系】 2017年，县行政审批局加强网上审批基础性工作，规范操作行为，解决网上审批系统出现的突发问题，提升工作效率和服务水平。规范编制网上政务服务事项目录清单和实施清单，对清单中事项名称、受理范围、设立依据、实施机关、申办条件、申请材料、工作时限和流程、监督检查等要素细化量化裁量基准，逐步做到“同一事项、同一标准、同一编码”。规范大厅办事指南，明确所办事项需提交材料的名称、依据、格式、份数、签名签章等要求，并提供规范表格、填写说明和示范文本。对全县36家单位的80名网上审批管理员进行业务培训2批次，提高其业务素质，推动“互联网+政务服务”工作向纵深发展。

【深化“放管服”改革】 2017年，县行政审批局按照省“放管服”改革不到位问题专项清理工作要求，对存在的擅自增加审批事项、审批环节、中报材料和中介服务、超时限审批等突出问题进行清理，编制公开政务服务事项目录清单和审批流程图，彻底解决“‘放管服’改革不到位”的问题。印发《政务大厅“放管服”改革不到位事项清理表》，重点查找取消和承接下放事项、权责清单制度落实情况、重大产业支撑项目方面和网上审批运行5个方面问题，自查出各类问题38项。6月，县行政审批局对大厅22个窗口单位的行政许可案卷进行集中检查，对发现的25个卷内问题建立问题台账，并限时整改。通过深入剖析原因、分类施治、对症下药，制定切实可行的整改计划，对涉及的问题逐项标明整改措施、整改目标、整改时限、责任人，对发现的问题全部整改到位。

【为重大产业支撑项目提供特色服务】 2017年，县行政审批局明确职责、压实责任、创新服务方式，为全县重大产业支撑项目的实施提供方便、快捷、优质的特色服务。编制重点项目审批流程图，把项目规划许可、施工许可和竣工验收三个阶段的各个环节进行细致编排，使跑办人员对每步审批流程胸中有数，避免走弯路。加强与企业的联系沟通，随时掌握项目进展情况。与项目负责人及跑办人员建立重大产业项目微信群，对项目单位遇到的问题和困难，及时进行解答解决。能平行办理的手续，提醒项目单位同时进行。年内，先后为唐山腾龙再生科技有限公司再生资源利用项目、东方恒远钢结构制造有限公司钢构件项目和河北博拓科技有限公司工程机械配件生产加工项目等16家重点项目单位组织召开调度协调会议。通过采取延伸服务、主动服务等方式，进园区、入企业，全力帮助企业解决项目审批、生产经营中遇到的困难和问题，推动重点项目早日落地开工。

【加强作风建设】 2017年，县行政审批局注重加强作风建设，采取行之有效的措施强化大厅窗口管理，不断提升服务水平。转变工作作风，实现便民服务“零阻碍”。以治理“慵、懒、散、软”等上班病为抓手，落实日巡查制度，采取1日固定4次巡查与不定期巡查相结合的方式开展监督检查，重点巡查窗口人员工作纪律、工作状态、业务办理、服务质量等情况，指导窗口人员规范办件，协助处理窗口事务，解决群众投诉和突发事件，对巡查出的问题做好记录，及时警示窗口工作人员，杜绝违纪违规现象发生。加强考勤考核管理，坚持窗口工作人员上下班指纹考勤制度，离开窗口履行请销假制度，由B岗人员顶替，以保证窗口业务正常开展。每季进行一次“优秀服务之星”评选，并将窗口工作人员的考勤、评先、办件等情况以文件的形式向窗口单位通报，并要求各窗口单位从源头杜绝不作为、慢作为现象。坚持依法行政，实现有法不依“零发生”。对审批事项的办事程序、办事条件、承诺时限、收费标准和政策依据等内容进行严格复核和多渠道公开，切实做到依法办事，通过全面清理，原有审批事项办理时间缩短70%以上。加强廉政建设，实现廉政从政“零投诉”。以治理服务过程中“吃、拿、卡、要”等现象为抓手，认真落实“两个责任”，公开窗口单位权力清单，积极营造阳光透明、健康有序的办事环境，树立“为官有为、勤政廉政”的良好形象。加大监督管理力度，实现机关效能大提升。

【公共资源交易服务效能提升】 县公共资源交易监督管理办公室按照省、市公共资源交易管理办公室统一部署，将政府采购活动全部纳入省、市、县一体化综合信息平台系统，实现受理、组织、评审、见证全部网上同步操作，实现市场主体（投标人）网上报名、网上下载文件的功能。划转后县公共资源交易监督管理办公室组织政府采购项目141起，涉及金额7414万元，节约资金1272万元，节约率14.64%；完成组织产权交易13起，为全县范围内（包括驻乐央、国企）公共资源交易活动提供服务131起，涉及金额8.19亿元，节约资金6431万元，节约率7.28%。开标、评审过程监控录像及档案资料保存规范。

表 7 乐亭县人民政府 2017 年重要文件一览表

文号	文件名称	发文单位	发文时间
乐政发〔2017〕8 号	关于印发《乐亭县加强困境儿童保障工作实施方案》的通知	县政府	2017 年 9 月 19 日
乐政发〔2017〕9 号	关于印发《乐亭县人民政府工作规则》的通知	县政府	2017 年 9 月 15 日
乐政发〔2017〕12 号	关于印发《乐亭县重特大疾病贫困患者医疗救助实施办法》的通知	县政府	2017 年 9 月 28 日
乐政函〔2017〕17 号	关于广泛开展为烈属、军属家庭等悬挂光荣牌活动的通知	县政府	2017 年 3 月 29 日
乐政函〔2017〕26 号	关于印发《乐亭县推行行政执法公示制度执法全过程记录制度重大执法决定法制审核制度试点实施方案》的通知	县政府	2017 年 4 月 20 日
乐政函〔2017〕70 号	关于印发《乐亭县 2017—2018 年秋冬季重点行业错峰生产方案》的通知	县政府	2017 年 10 月 11 日
乐政函〔2017〕74 号	关于宣布失效一批规范性文件的通知	县政府	2017 年 10 月 17 日
乐政函〔2017〕81 号	关于开展《乐亭县县城区广告及牌匾标识集中整治工作的实施方案》的通知	县政府	2017 年 11 月 13 日

表 8 乐亭县人民政府办公室 2017 年重要文件一览表

文号	文件名称	发文单位	发文时间
乐政办函〔2017〕18 号	关于做好春季火灾防控工作的通知	县政府办公室	2017 年 3 月 13 日
乐政办函〔2017〕21 号	关于印发《2017 年县人大代表建议政协提案办理要求》的通知	县政府办公室	2017 年 3 月 14 日
乐政办函〔2017〕23 号	关于印发《乐亭县重大气象灾害应急预案（修订稿）》的通知	县政府办公室	2017 年 3 月 13 日
乐政办函〔2017〕25 号	关于印发《乐亭县 2017 年春季绿化工作实施方案》的通知	县政府办公室	2017 年 3 月 23 日
乐政办函〔2017〕27 号	关于印发《乐亭县高标准基本农田建设实施方案》的通知	县政府办公室	2017 年 4 月 1 日
乐政办函〔2017〕28 号	关于印发《乐亭县营商环境集中整治行动工作方案》的通知	县政府办公室	2017 年 4 月 1 日
乐政办函〔2017〕29 号	关于在全县危险化学品和烟花爆竹行业开展合法性审查的通知	县政府办公室	2017 年 4 月 7 日
乐政办函〔2017〕31 号	关于印发《乐亭县市场主体“双随机一公开”联合抽查工作细则》的通知	县政府办公室	2017 年 4 月 10 日
乐政办函〔2017〕34 号	关于做好国务院第三批取消中央指定地方实施行政审批事项衔接工作的通知	县政府办公室	2017 年 4 月 18 日
乐政办函〔2017〕40 号	关于衔接落实国务院第三批清理规范 17 项国务院部门行政审批中介服务事项的通知	县政府办公室	2017 年 5 月 2 日
乐政办函〔2017〕41 号	关于衔接落实国务院第三批取消中央指定地方实施行政许可事项的通知	县政府办公室	2017 年 5 月 2 日
乐政办函〔2017〕52 号	关于开展防范和打击非法集资集中宣传月活动的通知	县政府办公室	2017 年 5 月 24 日
乐政办函〔2017〕53 号	关于印发《乐亭县突发环境事件应急预案》的通知	县政府办公室	2017 年 5 月 25 日
乐政办函〔2017〕56 号	关于印发《乐亭县 2017 年防治美国白蛾工作实施方案》的通知	县政府办公室	2017 年 5 月 27 日
乐政办函〔2017〕62 号	关于做好 2017 年“三夏”生产工作的通知	县政府办公室	2017 年 6 月 12 日
乐政办函〔2017〕63 号	关于印发《乐亭县成品油领域安全生产专项集中整治实施方案》的通知	县政府办公室	2017 年 6 月 13 日

续　表

文号	文件名称	发文单位	发文时间
乐政办函〔2017〕65 号	关于印发《乐亭县公共机构节能工作联席会议制度》的通知	县政府办公室	2017 年 6 月 22 日
乐政办函〔2017〕66 号	关于印发《乐亭县公共机构能源审计实施方案》的通知	县政府办公室	2017 年 6 月 22 日
乐政办函〔2017〕67 号	关于印发《乐亭县 2017 年农机购置补贴实施方案》的通知	县政府办公室	2017 年 6 月 14 日
乐政办函〔2017〕71 号	关于印发《乐亭县政策性农业保险联办共保实施方案》的通知	县政府办公室	2017 年 6 月 22 日
乐政办函〔2017〕73 号	关于印发《乐亭县行政执法公示办法》的通知	县政府办公室	2017 年 6 月 25 日
乐政办函〔2017〕74 号	关于印发《乐亭县行政执法全过程记录实施办法》的通知	县政府办公室	2017 年 6 月 25 日
乐政办函〔2017〕75 号	关于印发《乐亭县行政机关重大行政执法决定法制审核办法》的通知	县政府办公室	2017 年 6 月 25 日
乐政办函〔2017〕76 号	关于开展打击非法倾倒处置危险废物和危化副产品雷霆行动的通知	县政府办公室	2017 年 6 月 26 日
乐政办函〔2017〕87 号	关于贯彻落实 2017 年唐山市气象防灾减灾绩效管理工作方案的通知	县政府办公室	2017 年 7 月 17 日
乐政办函〔2017〕90 号	关于印发《关于做好加油站地下油罐防渗改造工作的实施方案》的通知	县政府办公室	2017 年 7 月 24 日
乐政办函〔2017〕96 号	关于强化大气污染综合治理督导问责的通知	县政府办公室	2017 年 8 月 9 日
乐政办函〔2017〕101 号	关于建立商事制度改革“多证合一”部门协调工作机制的通知	县政府办公室	2017 年 8 月 22 日
乐政办函〔2017〕102 号	关于印发《乐亭县推进“八证合一、一照一码”登记制度改革工作实施方案》的通知	县政府办公室	2017 年 8 月 22 日
乐政办函〔2017〕153 号	关于印发《乐亭县强化食品药品安全地方政府属地责任全面贯彻落实“四有两责”的意见》的通知	县政府办公室	2017 年 11 月 30 日

中国人民政治协商会议乐亭县委员会

综 述

2017年，中国人民政治协商会议乐亭县委员会（简称县政协）在县委的领导下，认真学习、宣传、贯彻党的十九大精神和中央、省、市、县委决策部署，始终牢牢把握团结和民主两大主题，团结带领政协委员，立足新起点、履行新使命，紧扣县委、县政府中心工作，聚焦经济社会发展重点，积极履行政治协商、民主监督、参政议政职能，为助推乐亭经济社会跨越发展做出贡献，实现十届政协的良好开局。

县政协领导机构及工作机构

【县政协领导机构及领导成员】 县政协第九届委员会是由县政协第九届委员会第一次会议选举产生的，领导机构由主席1名、副主席4名、秘书长1名组成。2017年2月26—28日，县政协第十届委员会第一次会议召开，选举产生县政协第十届委员会，任期5年。县政协领导机构由主席1名、副主席4名、秘书长1名组成。2017年3月，按照县委常委会提名，调整秘书长1名。到年底，县政协领导机构由主席1名、副主席4名、秘书长1名组成。

县政协九届常委会

主　席　于　红

副主席　王学兵

景学文

赵恩生

边红玉

秘书长　李大海

县政协十届常委会

主　席　张国勇

副主席　景学文

赵恩生

边红玉

程春丽

秘书长　李大海（3月辞）

王久业（3月选）

【县政协工作机构及主要负责人】 2017年，县政协下设办公室、经济建设科和宣教科，行政编制15人。

办公室主任　曹正宏

经济建设科科长　汪力平

宣教科科长　安景刚

县政协重要会议

【县政协委员会会议】 每年召开1次。2017年2月26—28日，政协乐亭县第十届委员会第一次会议在县文化中心礼堂召开，全县15个界别的183名新一届政协委员参加会议。县委书记董立群，县委副书记、代县长张福林，县人大常委会党组书记安爱军和其他县级领导及曾担任过县政协主席的老领导，驻乐市政协委员，各乡镇、街道办和县直单位的主要负责人，不是政协委员的乡镇党委副书记出席会议。会议听取并审议了县政协副主席景学文代表政协乐亭县第九届委员会常务委员会所作的工作报告，听取并审议了县政协副主席边红玉代表政协乐亭县第九届委员会常务委员会所作的提案工作报告；列席县人大第十六届一次会议，听取并讨论县委副书记、代县长张福林所做的政府工作报告；选举产生了新一届县政协主席、副主席、秘书长和常务委员会委员。会议在县委的领导和与会人员的努力下，取得圆满成功，达到预期目的。会议选举张国勇为政协乐亭县第十届委员会主席，景学文、赵恩生、边红玉、程春丽为副主席，李大海为秘书长，王乐民等36人为县政协十届委员会常务委员。县委书记董立群在会上讲话，祝贺新一届县政协领导班子产生，对新一届县政协工作提出殷切期望。县政协主席张国勇代表新一届县政协领导班子讲话，表示在县委的领导下，团结带领广大政协委员，主动适应新常态，积极抢抓新机遇，以进取之志、担当之气、成事之才，同心同德、群策群力，同唱争创全国百强一首歌、汇集民心民生正能量、营造和衷共济大氛围、展示履职尽责新形象，朝着建设沿海强县美丽乐亭、在全省增比进位、在全国争创百强目标加速前进，以优异成绩向党的十九大献礼！会上，大会秘书处收到提案123件。大会闭幕后，根据《中国人民政治协商会议全国委员会提案工作条例》的有关规定，县政协十届一次会议提案审查委员会对会上的提案进行审查、整理和分类。确定收到委员提案123件均符合立案条件，立案率100%。

【县政协常委会会议】 2017年，召开县政协九届常委会会议1次，收录1次。召开县政协十届常委会会议3次，收录3次。

2月21日上午，县政协在县委五楼会议室召开九届三十一次常委会议，县政协主席于红，副主席景学文、赵恩生、边红玉，秘书长李大海，县政协党组书记、十届主席候选人张国勇，十届副主席候选人程春丽出席会议；32名县政协常委参加会议；县政协机关副科级以上干部列席会议。会议传达了市纪委机关、市委组织部《关于加强换届风气监督，确保换届风清气正的通知》精神；听取审议县委统战部关于政协乐亭县第十届委员会委员人选的说明；审议通过政协乐亭县第十届委员会第一次会议相关事项：审议通过《关于召开政协乐亭县第十届委员会第一次会议的决定（草案）》《政协乐亭县第十届委员会第一次会议议程（草案）》《政协乐亭县第十届委员会第一次会议日程（草案）》《政协乐亭县第十届委员会第一次会议主席团、主席团会议主持人和秘书长建议名单（草案）》《政协乐亭县第十届委员会第一次会议提案审查委员会建议名单（草案）》《政协乐亭县第十届委员会第一次会议选举办法（草案）》《政协乐亭县第十届委员会第一次会议列席单位名单（草案）》《政协乐亭县第十届委员会第一次会议委员编组和小组召集人建议名单（草案）》《在会议期间不作提案审查报告的决定（草案）》；审议通过《政协乐亭县第九届委员会常务委员会工作报告（草案）》《政协乐亭县第九届委员会常务委员会提案工作报告（草案）》，分别推举县政协副主席景学文、边红玉为报告人。会议由县政协主席于红主持。

3月14日上午，县政协在县委五楼会议室召开十届一次常委会议，县政协常委会组成人员参加会议。会议审议通过《县政协十届一次全会提案审查情况的报告》《2017年县政协工作要点及全年工作计划安排》《十届县政协各专委会设置及工作职责与组成人员名单》，通报县政协主席、副主席分工。会议由县政协主席张国勇主持。

7月25日上午，县政协在县委五楼会议室召开十届二次常委会议，县政协主席张国勇，副主席景学文、赵恩生、边红玉、程春丽，秘书长王久业出席会议。县政府副县长陈亮应邀参加会议，县委办、县政府办、县发改局、县工信局等部门负责人也应邀参加会议，县政协部分委员列席会议。会议听取审议县政府关于2017年上半年经济社会发展及招商引资“百日攻坚”工作开展情况的通报，县委办、县政府办关于县政协十届一次全会提案办理情况的通报，审议《政协乐亭县委员会常务委员会工作规则（讨论稿）》《政协乐亭县委员会委员管理暂行办法（讨论稿）》《政协乐亭县委员会2017年度协商工作计划（讨论稿）》3个文件，通报人事任免事项，县政协主席张国勇做总结讲话。常委、委员围绕全县上半年经济社会发展及招商引资“百日攻坚”工作情况、提案办理情况及制订的制度文件发言，展开讨论，提出意见和建议。县政协领导就相关议题进行发言。会议由县政协副主席景学文主持。

11月10日上午，县政协在县委五楼会议室召开十届三次常委会议，县政协主席张国勇，副主席景学文、赵恩生、边红玉、程春丽，秘书长王久业，县政协常委，科教文卫委员会、文史委员会两个专委会全体成员及部分委员代表列席会议。县政府副县长杨冬梅，县政府办、县教育局、县卫计局、县发改局、县财政局、县人社局、县编办、县社会保险局8个相关部门负责人应邀参加会议。会议听取县教育局、县卫计局关于教育、医疗卫生事业发展情况的汇报，协商讨论教育、医疗两个议题，部分委员代表发言，提出意见和建议，县政府副县长杨冬梅代表县政府讲话，就贯彻落实党的十九大精神，加强教育、卫生工作讲了意见。县政协主席张国勇以落实县委十三届二次全会要求，学习宣传贯彻党的十九大精神为主线，代表县政协党组讲话，要求县政协组织和全体政协委员要切实把思想和行动统一到党的十九大报告上来，统一到习近平新时代中国特色社会主义思想上来，以学习宣传贯彻党的十九大精神为动力，做好新时代政协各项工作。同时，张国勇结合大家的发言，对如何进一步深入推进教育和医疗卫生工作，提高教学和医疗卫生服务水平，从五个方面做了总结，进行了深刻阐述，提出指导意见。要求大家多荐睿智之言，多献精良之策，促进全县教育、卫生及其他各项事业更上新台阶，为实现建设沿海强县美丽乐亭、在全省增比进位、在全国争创百强宏伟目标做出新的更大贡献。会议由县政协副主席边红玉主持。

县政协重要活动

【政治协商】 创新协商方式，精选协商议题　县政协根据县委、县政府中心工作安排，确定政协年度协商计划并报县委审批，保证协商内容与县委、县政府工作中心同频共振。对全年重点工作，探索实践经常性协商；对阶段性中心工作，按照轻重缓急适时开展常委会议协商、主席会议协商、专委会议协商。

坚持问题导向，提高协商质量　县政协在协商前组成相关界别委员参加的专题调研组，由主席和副主席分别带队，深入基层，走访群众，询策问计，做到情况明、问题清、建议准。协商中邀请县委、县政府及相关责任单位负责人参会，听取相关部门情况通报，安排委员与责任单位进行协商互动、讨论交流，提出具有针对性、前瞻性和可操作性的意见和建议，提升协商的质量和效果。全年围绕全县经济社会发展、民生工程改善等中心工作开展专题协商10余次，形成发展壮大乡村旅游产业、处置“问题企业”、优化招商政策、推进教育和卫生事业全面发展、加强安全生产等专题调研、协商报告，报送县委、县政府主要领导及相关责任部门。

巩固协商成果，推动工作落实　县政协在积极开展协商议政的基础上，注重协商成果的转化。采取加强委员提案督办、组织委员视察调研等形式，强化民主监督，督导问题整改，推动工作落实。同时，配合省、市政协组织就构建“亲”“清”新型政商关系，深化“放管服”改革、优化营商环境，发展临港产业，推进清洁能源利用、改善大气环境质量等专题到乐亭开展视察调研，推动全县工作开展。

【民主监督】 县政协组织部分委员参加县法院庭审、县“检察开放日”，让委员了解县政法系统工作的同时，对如何进一步做好工作提出建议，助力营造安全稳定的社会环境、公平正义的法制环境，助推政法系统工作不断取得新成果。先后4次组织部分委员参与市中级人民法院执行局乐亭执行大队的百日执行攻坚系列专项活动、新闻发布会等，切实维护法律权威，保护当事人的合法权益。组织开展基层社会养老、农村公路建设、提升教育教学和医疗卫生服务水平、食品药品安全等事关群众切身利益的民生问题专项视察，提出有针对性的意见和建议，推动相关问题的解决。

【参政议政】 主动融入全县重点工作攻坚战　县政协领导班子成员主动承担县委、县政府中心工作任务，按照县委的统一安排部署，参与县级领导分包“十个一”工作，做好招商引资项目建设、棚户区改造和分包乡镇（街道）等中心工作的攻坚行动，深入分包单位，现场解决实际问题。同时，发挥政协组织优势，在全体政协委员中开展招商引资“百日攻坚·建功建言”系列活动，引导政协委员尤其是经济界委员在加快自身企业发展的同时，主动开展以商招商，积极投身全县招商引资、项目建设的主战场，体现政协委员的责任担当。

引导服务委员企业做大做强　围绕推进全县“重大产业项目攻坚年”工作，县政协领导班子成员带领机关科室工作人员，深入委员和委员企业调研走访，了解企业的发展现状、存在问题，面对面听取委员对全县经济发展的意见和建议，指导委员企业解放思想、挖潜增效、转型升级，实现自身更好发展。同时组织开展“银企”“校企”对接活动，搭建企业发展平台，帮助解决实际问题，实现互利双赢。

参与扶贫助困，助力民生改善　县政协紧扣县委扶贫工作部署，加强对分包乡镇的联系指导，全力助推精准扶贫工作。引导广大委员积极参加结对帮扶贫困户、捐资助教、救助困难群体等社会公益活动。在县农业、文化、卫生部门的大力支持下，组织相关界别政协委员和科技医疗专家、文艺骨干，积极开展送科技、文化、卫生“三下乡”活动，受到群众欢迎。

【提案办理】　县政协十届一次会议收到委员提案123件，经审查立案123件，提案数量和质量均有新的提高。县委、县政府高度重视提案承办工作，各承办、会办单位及时办理，通过采取政协领导督办重点提案、跟踪热点提案、分包难点提案的方法，召开提案办理协商会，开展委员与承办单位“四见面”活动，对52家主要提案承办单位进行满意度测评等，把协商理念、创新思维贯穿提案工作全过程，把提案办理与为民办实事、办好事结合起来，从实际、实效出发，使办理工作的方式、办法更具有针对性，促进提案在规定时间内办结，解决一批事关群众生产生活的热点难点问题。

【文史编研】　县政协组织召开文史委员会第一次会议暨乐亭文史研究座谈会，通报文史委员会组成人员，就乐亭文史研究进行座谈。尝试启动乐亭县恢复高考制度后的优秀学子整编活动，准备建立乐亭籍在外人士人才库，引导其争做促进招商引资、项目建设的实践者、推动者，服务全县经济社会发展。

县政协办公室

【加强提案督办】　县政协十届一次会议期间，收到委员提案123件，涉及全县经济建设、城市建设和交通管理、社会事业、“三农”、党群工作等方面。县政协办公室坚持“围绕中心、服务大局、提高质量、讲求实效”的提案工作方针，推动提案工作深入开展。

把握三个关键环节，夯实提案质量基础　县政协十届一次全会前，向全体委员印发提案征集函，列出参考题目，提出撰写要求，引导委员围绕县委、县政府中心工作和群众关心的热点难点问题开展调研，掌握第一手资料，增强提案提出问题的针对性。采取会中初审、会后集中复审的方法，对符合条件的提案予以立案；对只有情况而无具体建议的，引导委员补充完善后再立案；对一案多事的实行分类处理，保证提案整体质量。

运用三种督办方法，增强提案办理实效　主席领衔督办。确定10件重点提案，由县政协主席、副主席领衔督办，深入各提案承办单位开展“四见面”走访座谈活动，促进提案办理工作落实。联合检查督办。会同县委、县政府督查室，组织重点提案人和有关承办单位参加，开展提案办理专题协商，对全县52个提案承办单位进行满意度测评，对河北乐亭经济开发区、县公安局等单位提案办理工作进行视察，提高提案办理实效。媒体跟踪督办。通过《乐亭政协》报和县广播电视台，对提案及提案人进行宣传报道，提高承办单位的重视程度，加快提案办理进度，扩大社会影响。

实施三项有力举措，提升提案工作效能　建立健全组织。成立提案委员会，建立提案委员会成员联系委员制度，指导全体政协委员撰写高质量提案。搭建协商沟通平台。组织开展协商办案、带案视察、上门走访等活动，推动“提”“办”双方加强沟通，达成共识；提案答复后，对于委员不满意的，及时与承办单位取得联系，要求重新办理；对一时难以解决的问题，协助承办单位做好解释说明工作，形成县政协与各方在提案工作中积极互动的良好氛围。强化表彰激励机制。按照政协委员履职考核办法，将委员撰写提交提案情况列为委员履职考核的重要内容，年终评选出优秀提案和优秀提案人予以表彰，调动政协委员履职建言的积极性和主动性。围绕促进全县教育事业发展、建设无公害果菜基地、加强医疗卫生人才队伍建设、加强农村公路建设管护等提案，集中组织委员开展调研、视察、协商活动，形成《贯彻共享理念，增进民生福祉，推进教育和医疗卫生事业全面发展》《关于发展壮大乡村旅游产业的调研报告》等4篇调研、协商报告，报送县委、县政府主要领导，部分意见、建议被采纳，促进了相关工作的开展。

【参与中心工作】 县政协办公室助力县委、县政府招商引资“百日攻坚”集中行动，向全体政协委员印发《关于开展招商引资“百日攻坚·建功建言”活动的一封信》，组织动员政协委员通过各种形式宣传乐亭，利用各种信息平台和人脉、资源等优势，广交朋友，加强合作，将县政协的资源、信息优势转化为项目建设优势。注重发挥经济界委员的作用，在挖潜增效、转型升级、做大做强自身产业的同时，开展以商招商活动，引项目、引资金，为建设沿海强县、美丽乐亭做贡献。

【协助省、市政协调研】 协助市政协完成省政协关于“推进清洁取暖，改善大气环境质量”专题调研活动；协助省政协文史委员会调研总结乐亭县建设农村综合服务中心、创新基层党组织服务模式的经验做法；协助市政协围绕“深化‘放管服’改革，构建更优营商环境”到乐亭专题调研。全年接待省、市政协及兄弟县区政协到乐亭县调研考察20批次，宣传和推介乐亭县的发展环境和综合优势，扩大乐亭在外知名度。

【加强委员队伍建设】 县政协制定印发《关于进一步加强政协委员队伍建设的意见》等规章制度，使委员队伍建设走上制度化、规范化和程序化轨道。依照《关于进一步加强政协委员队伍建设的意见》要求，组织开展评选表彰“四个十佳”政协委员活动，引导和激励委员履职创业有作为，对标赶超做贡献。

【加强思想建设】 县政协办公室利用政协机关党支部会议、机关全体会议和“政协邀请日”等活动，认真学习党的十九大和中共中央总书记习近平系列重要讲话精神，省、市、县委会议和文件精神及《中国共产党党员领导干部廉洁从政若干准则》，加强党员干部的理想信念教育、权力观教育和党纪国法教育，强化主体责任落实。

坚持高标准、严要求，推进机关“两学一做”学习教育常态化、制度化建设。强化责任意识，量化工作目标，培育事争一流、严谨、细致、高效的工作作风。坚持把党风廉政建设放在首要位置，自觉做到守纪律、讲规矩、知敬畏、存戒惧，切实提升工作实效。

县政协经济建设科

【开展银企、校企对接活动】 组织银企对接座谈会 7月5日，县政协组织部分政协委员及县工商联会员与6家地方商业银行，召开银企对接座谈会，县政协相关领导主持会议。会上银企双方介绍了供求情况后，进行讨论发言，双方就申请贷款抵押物问题、“三农”贷款优惠政策、简化贷款审批手续等进行充分交流。县政协相关领导做总结讲话，希望银企双方认真研究供需关系，互通信息，积极对接，让银行产品在委员企业落地生根，实现银企双方互惠共赢。

开展校企对接活动 5月26日，县政协与县综合职业技术学校联合开展2017年学生就业招聘会，当日有500多名学生与90家县内外企业（其中委员企业18家）参加此次活动，县政协相关领导出席。参加招聘的企业为学生提供用人岗位1500余个，现场签订就业意向570余人次，推进学生、学校、企业三赢发展。

【组织开展视察活动】 组织委员对安全生产工作进行视察 10月17日，县政协组织部分委员对乐亭县中心渔港、唐山境界实业有限公司、唐山市德龙钢铁有限公司安全生产情况进行视察。视察后召开座谈会，听取县安监局、县水产中心、唐山市德龙钢铁有限公司安全生产情况通报，县政协相关领导主持会议并讲了意见，参会委员进行交流发言，提出了意见和建议。

对农村公路建设工作进行视察 11月14日，县政协组织部分委员对农村公路建设情况进行视察，县政协主席张国勇及其他副主席参加活动。参加活动的委员实地观摩汀会毛公路、胡汤公路、滨海公路建设情况，听取相关情况介绍。实地视察后召开座谈会，参会委员对农村公路建设和管护提出建议。县政协主席张国勇讲了意见，县政府相关领导参加活动。

对食品药品安全工作进行视察　12月27日，县政协组织部分委员对乐亭县四季香糕点厂等企业的食品药品安全生产工作进行视察，县政协相关领导参加并主持活动。视察后召开座谈会，听取县市场监督管理局对全县食品药品安全监管情况的通报，参会委员进行座谈发言，对全县食品药品安全工作提出建议。县政协相关领导讲了意见。

【组织开展调研活动】　对海上风电项目建设情况进行调研　6月15日，县政协组织部分经济界委员由主席张国勇及相关领导带队，深入石臼坨岛（菩提岛）海上风电场示范工程现场进行调研。调研后召开座谈会进行交流发言，县政协相关领导主持会议，县发改局、河北建投公司负责人对风电开发石臼坨岛风电项目建设情况进行通报，上海电气风电设备河北有限公司负责人从知识普及和技术发展的角度进行讲解。

对现代农业园区建设情况进行调研　6—10月，县政协由相关领导带队，组织部分政协委员、协调相关单位负责人对全县现代农业园区建设情况进行调研，其间参观迁西县花乡果巷田园综合体项目和遵化市尚禾源农业文化生态旅游景区建设情况，分析了县内园区发展中的制约瓶颈，为提升现代农业园区发展水平提出建议。

【组织开展科技下乡活动】4月19日，县政协相关领导带队，组织农林水牧界委员及相关专家到汤家河镇集市进行科技下乡活动。活动中，委员和农业专家就群众提出的果树栽培和病虫害防治、品种改良、种植管理技术及珍稀皮毛动物养殖、水产养殖方面的问题进行认真解答，发放《畜牧业主导品种和主推技术》《貂狐貉饲养管理及常见疾病防治》《对虾健康养殖技术手册》《海水养殖实用新技术》《扇贝高效生态养殖新技术》《优质苹果高效栽培使用手册》等七类技术手册800余册，发放宣传材料300余份，接待群众咨询110人次。

县政协宣教科

【县政协官方网站、微信公众号上线运行】　2017年7月，县政协官方网站（http：//www.ltzx.gov.cn）、微信公众号（乐亭政协）在相继搭建的基础上，开发手机微信登录、手机网站；在微信公众平台配置网站栏目菜单，使政协工作的重要内容通过微信及时群发到政协委员群。这一模式实现政协信息发布、政协委员动态发布双向互动，使政协委员及时了解政协工作动态和有关精神，政协机关随时掌握委员动态、建议和呼声。采用分类信息的方式，开发政协委员提案网上提交模块，打通政协机关、政协委员双向沟通的渠道，活跃了政协工作局面。

【组织政协委员培训】　2017年4月7日，县政协举办十届政协委员培训班。培训班由县政协主席张国勇主持并作开班动员，市委党校教授做辅导讲座，县政协各位副主席及秘书长出席，新当选的十届政协委员150余人参加培训。

【开展调研活动】　开展基层社会养老工作调查　4月25日，县人大常委会、县政协联合开展全县基层养老工作现状调查。县人大常委会、县政府、县政协相关领导，部分县人大代表、县政协委员参加活动，相继深入汤家河镇大杨庄村居家养老服务站、乐亭镇三合庄村夕阳红老年公寓和庞各庄敬老院实地查看，听取县民政局负责人对全县基层养老工作基本情况的介绍，县人大代表、政协委员进行现场交流，对处在人口老龄化大环境中如何做好全县养老保障服务等工作，提出意见和建议。

开展相关招商政策调研　按照县委、县政府深入推进“重大产业支撑项目攻坚年”活动要求，由县人大、县政协组成专题调研组，会同县招商局、县工商联、县地税局、县发改局、河北乐亭经济开发区等部门、单位，就招商引资政策涉及的具体情况进行为期一个半月的调研活动，通过外出考察、现场观摩、组织座谈，全面了解和掌握全县招商引资工作的现状和存在问题，围绕打造良好的营商环境，提出有针对性的意见和建议，为加快沿海强县建设提供科学参考。

【开展民主协商活动】 *开展乡村旅游主席协商活动* 9月，按照年度协商计划安排，县政协组织部分委员视察独幽城生态观光园、大黑坨村及黄口村、滦河口渔乐园、尚谷农庄、碧海渔家农家院、碧海浴场（星星湾浴场）、丞起现代农业产业园等乡村旅游景点，听取县旅游局关于全县乡村旅游发展情况的介绍，随后进行座谈交流。县政协主席张国勇及相关领导参加协商活动并讲了意见，县政协部分委员参加活动并进行座谈交流。

开展提高教育教学质量和医疗服务水平常委协商活动 按照县委书记董立群在县政协年度协商工作计划上的批示意见，自7月起，县政协组织开展提高教育教学质量和医疗服务水平民主协商活动，召开科教文卫专委会座谈会议，走访科教文卫界委员，征询其对教育、卫生工作的意见建议；组织政协委员对教育教学和医疗卫生工作进行视察；召开政协乐亭县第十届常务委员会第三次会议，听取县教育、卫生系统相关工作的汇报，进行常委会协商，县政协主席张国勇、县政府相关领导讲了意见。县政协其他副主席出席会议，部分政协常委和委员代表进行交流发言。

人民团体

县总工会

【概　况】2017年，县总工会认真贯彻落实县委、市总工会决策部署，以规范化建设创优工作为统领，不断创新服务模式和机制，依托职工服务中心平台，强力推进劳动竞赛、困难帮扶、普惠服务、职工维权、网上工会等重点工作再上新台阶。年内，县总工会被省总工会评为“县级工会规范化建设优秀单位”。

【基层组织建设】 2017年，县总工会按照依法建会、依法管会、依法履职、依法维权和改革创新目标要求，强化工会组织规范化建设，不断夯实各级工会干事创业、创新发展的工作基础，举全工会之力实现“达标县”向“优秀县”的转变。印发《关于加强基层工会组织建设的意见》，动员指导非公企业主动建会、依法建会，实行建企与建会、入会同步运作，确保工会组建率和职工入会率大幅度提高，逐步实现全覆盖。年内，全县基层工会组织1000个，其中非公企业工会组织565个，机关事业单位工会组织147个，其他工会组织288个。有工会会员12.28万人。县总工会始终把“建家”贯穿于建会、建制等各项工作之中，以规范化建设为目标，不断创新建家思路，丰富建家内容，拓宽建家领域，工会组织活力进一步增强。加强对工会干部的培训，除按要求参加省、市组织的工会干部培训外，县总工会举办工会干部培训班4次，参训200人次，提高了工会干部依法决策、依法维权、依法治会的能力，使工会工作步入法制化、规范化轨道。按照省、市验收标准要求，认真规范档案资料，做好“达标县”向“优秀县”转变的各项工作，经省总工会验收组评估验收，县总工会以113.5分的成绩通过验收，获全省县级工会达标创优优秀单位。

【开展劳动竞赛】 2017年，县总工会继续以“当好主力军、建功十三五，推动转型升级”为主题，围绕企业节能降耗、职工技术创新，实现劳动竞赛向“智力型”“效益型”转变，参赛单位覆盖面和职工参与率达85%以上。5月，县总工会联合团县委、县人社局举办2017年全县职工职业技能大赛，包括电工、钳工、焊工、天车工4个工种，全县10个企业的130名“能工巧匠”参赛。大赛授予各比赛工种成绩第一名的选手为技术状元，第二名、第三名的选手为优秀技术能手，第四名、第五名、第六名的选手为技术能手。经市总工会推荐、市人社局鉴定，8名获奖选手直接晋级为高级工、中级工。组织全县职工开展“小革新、小发明、小改造、小设计、小建议”的“五小”创新活动，企业积极参与，职工踊跃参加，取得技术创新成果26项。唐山境界实业有限公司职工创新工作室被评为市级创新工作室。

开展职工文化活动，与县老年体协联合举办庆“三八”妇女节门球赛，丰富退休职工生活；“五一”“十一”前夕，组织全县职工乒乓球比赛2次，丰富职工业余文体生活；组织参加市级比赛，获主题演讲比赛、安全生产知识竞赛优秀组织单位。开展“读书·明理·圆梦”职工网络读书征文活动，收到职工征文95篇，评选出一、二、三等奖。以“创建学习型企业，争做知识型职工”为主题，开展“精益管理”职工读书活动，县总工会向唐山市德龙钢铁有限公司赠送价值1.5万元的精选管理类图书500册。通过活动开展，激发职工读书乐趣，营造崇尚知识、自觉学习的氛围，提升职工队伍的整体素质，为企业发展提供人才保证和智力支撑。购置河北工人报社出版的新闻佳作类图书150册赠发各基层工会。

弘扬劳模精神，关爱劳模生活。年内，为23名患病全国、省部级、市级劳模申请困难救助33.21万元；为47名市级退休劳模发放荣誉补贴6.76万元；对17名市级以上企业退休职工劳模进行春节慰问，发放慰问金及物资价值3500元。参与省社会化推荐“五一劳动奖章”竞选活动，国网冀北电力有限公司乐亭县供电分公司唐洁获河北省“五一劳动奖章”，唐山市德龙钢铁有限公司炼铁车间被评为“河北省工人先锋号”。

【完善困难救助体系】 2017年，县总工会在完成全省达标型职工服务中心建设的基础上，对机关办公楼一层（面积150平方米）及办公楼东侧（临街）二层门市楼（面积350平方米）进行改造升级，新建书画活动室、摄影活动室、心理咨询室、棋类活动室、音乐活动室、钓鱼俱乐部、瑜伽健身室，同时对服务中心门前及西侧停车场进行改造扩建，改造提升后的职工服务中心总面积680平方米，功能更加完善。12月，通过省总工会验收，成为全省示范性职工服务中心。

县总工会以职工服务中心为平台，切实为职工群众做好事、解难事，竭力为困难群体提供帮扶。完善县、乡镇（街道）、村（社区）三级帮扶工作网络，开展特困、困难职工的调查摸底工作，实行特困、困难职工档案动态管理和帮扶工作信息网络化管理。年内走访慰问特困职工125户、困难职工569户，发放慰问金63.57万元。为6名尿毒症肾透析困难职工发放困难救助金3万元；对28户脱困无望职工进行生活救助，每户每季发放救助金900元，合计10.08万元。全县118个单位的1.95万名职工参加第八期职工重大疾病医疗互助活动，职工参与面实现突破，年内补助、救助211人次，发放补助、救助金56.08万元。开展助学救助活动，为24名新考入大学的困难（特困）职工子女发放“入学救助金”3.35万元；为110名困难（特困）职工子女发放“大学在读全程救助金”35万元。为13名困难单亲女职工发放救助金6500元；组织全县89个基层单位3573名女职工参加“安康团体互助保险”，为女职工筑起抵御疾病的坚强后盾；联合县医院为唐山市德龙钢铁有限公司100名一线女职工体检。“三八”妇女节期间，对全县21个优秀女职工集体，87名优秀女职工进行表彰；完善县汽车站、县图书馆、唐山市德龙钢铁有限公司、唐山境界实业有限公司4个单位的“爱心妈妈小屋”，推动全社会呵护关心职业女性。

【社会化普惠项目开发】 县总工会积极推进会员卡发放工作，通过各种渠道与商家进行洽谈沟通，鼓励并引导商家成为特约商户。经过严格筛选，已与佳惠超市、动岚健身、青春理发、三元汽车维修、亚信文体、夕阳红茶庄、中逵国际钓具、卡米亚陶瓷、汽车饰界9个商家签订合作协议，成为工会会员卡特约商户。职工凭“工会会员卡”在佳惠超市购物享3%优惠，凭“工会会员卡”办理动岚健身“年卡”享受8.5折优惠。普惠项目实施后，近1万人受惠。

【精准创业就业扶持】 2017年，县总工会把“输血式”救助与“造血式”帮扶相结合，在坚持做好“救急救穷”“输血式”帮扶救助的同时，积极寻找“造血式”帮扶的有效途径，把帮扶的重点转向帮智扶志，引导帮助有创业能力、有发展信心的困难职工、失业下岗所致困难职工、困难农民工三类人员创业就业。从项目前期谋划、实地考察、可行性评估，到项目确定、实施运行、指导、监管等各个环节全程把关。年内，扶持3名困难职工、3名困难农民工、3名困难下岗职工9个创业项目，根据项目规模、困难程度、资金需求等各自特点，向市总工会申报1万元物资、30万元无息借款、20万元贴息贷款扶持。

【职工权益维护】 2017年，县总工会接待法律援助信访案件19起，涉及60人次，其中办结工伤、欠薪案件10起，处理法律咨询来电、来访案件9起，为职工挽回经济损失243.08万元。

县总工会

主　席　孙自生

常务副主席　苗振刚

团县委

【概　况】2017 年，中国共产主义青年团唐山市乐亭县委员会（简称团县委）学习贯彻中共中央《关于加强和改进党的群团工作的意见》文件精神，认真落实县委十三届一次、二次全会和团市委十七届七次全会精神，发扬“党有号召，团有行动”的优良传统，围绕全县工作大局，解放思想，锐意进取，共青团和青年工作取得新进展。

【青少年思想道德建设】2017 年，团县委重视青少年思想道德建设，利用李大钊纪念馆、革命烈士纪念馆等革命教育基地，以“清明”“五四”“六一”等时间节点为契机，在全县少先队员和学生青年中开展“喜迎十九大——向习爷爷说句心里话”“我为英雄城市添绿色”“我的青春我的梦”“青春喜迎十九大 · 不忘初心跟党走”“回味经典 · 为你朗读”“嘉言善行 · 文明乐亭”迎双节、“我是光荣的少先队员”建队日、14 岁集体生日、18 岁成人礼以及入队仪式、入团仪式等主题活动 130 余场，将道德教育具体化，培养良好的行为习惯。

【青年志愿者行动】县“两会”期间，团县委从各乡镇（街道）、县直单位选拔 20 余名青年志愿者，为“两会”提供志愿服务；3 月 4 日，团县委组织 10 余名青年志愿者在茂源社区广场开展“志青春 · 青年志愿者在你身边”学雷锋志愿服务活动，为社区居民提供免费理发和眼镜清洗、眼镜维修等服务。4 月 8 日，组织 32 名青年志愿者在平大公路汀流河镇陶瓷厂（丰庄路口）至薛家铺村北段道路两侧开展春季植树活动。组织“阳光青年”文艺志愿者服务队于 5 月 1 日、7 月 31 日、10 月 27 日开展向劳动者致敬——慰问唐山市德龙钢铁有限公司青年职工，“军民鱼水情 · 共筑中国梦”——慰问驻地官兵，“重阳陪伴 · 情暖夕阳”——“阳光青年”走进庞各庄敬老院等系列文艺演出活动。6 月 29 日、8 月 31 日两次走进县光荣院走访慰问老革命、老党员，带去糕点、牛奶等慰问品，放映军事史电影《大会师》并陪同观看。7 月，经联系，天津外国语大学 2017 雷锋团暑期社会实践支教团一行 12 人，到阎各庄镇初级中学和马头营镇初级中学开展暑期义务支教活动。9 月 23—24 日，组织 40 名青年志愿者，分编为综合信息和物资保障两个方队，完成县政府承办的唐山市重大动物疫情应急演练活动。12 月 4 日，团县委、县卫计局联合组织 16 名青年志愿者走进乐安社区，开展“学习贯彻十九大 · 小唐园在行动”志愿服务活动，为社区居民提供义诊咨询、免费理发服务。

【青年志愿者文明出行劝导活动】3 月 27 日，团县委组织县综合职业技术学校 26 名青年志愿者在县城区北大桥等 2 个主要路口，集中开展文明出行劝导志愿服务活动。10 月下旬，组织近 100 名青年志愿者在城区各主要交通路口，协助交警维护道路交通秩序，耐心说服欲闯红灯的行人或车辆，劝导不走斑马线的行人，对乱穿马路的行人、争抢道路的电动车和随意掉头的机动车驾驶员进行劝导和说服教育，倡导文明出行，安全驾驶。

【青工青农活动】团县委注重加强青年职工技能培训和农村青年创业就业工作。1 月 8 日，举行乐亭县青年电商创业 · 年货节开幕仪式。3 月 21 日，举办青年之声——青年电子商务创业培训。4 月 21 日，启动京冀青年协同创新创业云平台 · 北京大学创业训练营网络公益课程活动。“五一”劳动节期间，举办职工职业技能大赛，提高青年职工职业技能。8 月 26 日，举办“美丽青春 · 只为遇见你”第四届相亲交友公益活动，为青年搭建拓宽交际、相亲交友的健康平台。联合县就业服务局发放青年创业小额无息贷款，帮扶创业青年 30 人，发放贷款 278.7 万元。举办服务青年就业免费技能培训 3 场次，培训待业青年 200 余人。先后组织服务青年就业专场招聘会 30 余场次，促成 820 余名求职者与用人单位达成就业意向。12 月 7 日，举办乐亭县农村青年创业就业培训交流会，引领 540 余名青年从被动就业走向主动创业。

【希望工程活动开展】2017 年，团县委向唐山市希望工程办公室争取资助名额，为50名贫困学生发放助学金3.83万元。在帮助大学新生的“圆梦行动”中，为8名贫困学子申请助学金3.9万元。5月27日，与县关工委、县教育局联合举办“传递爱心·播散希望”庆“六一”助学圆梦活动，为30名学生发放近2万元的助学金及爱心物资。唐山市机场路小学与姜各庄镇团委联合开展“大手拉小手·成长路上一起走”爱心帮扶互助学习活动，结对贫困学生6名，捐助爱心资金3000余元。动员社会爱心企业和爱心人士资助学生31人，资助金额2.45万元。为大相各庄乡中心小学和古河乡中心小学联系爱心企业，争取到价值3.1万元爱心物资，帮助学校完善图书室。全年资助贫困学生306人，帮助2所学校改善办学条件，助学金额达到29.37万元。

【团组织建设】 2017年，团县委把握为实现中华民族伟大复兴中国梦而奋斗的时代主题，从严治团，推进共青团改革步伐，团结带领青年发挥生力军和突击队作用，肩负起中国共产党赋予的光荣使命。7月底，经过充分调研和常委会讨论，依据共青团各级改革方案，结合实际，制定《共青团乐亭县委改革方案（初稿）》，并向县委、团市委主管领导进行汇报，预计于翌年1月初正式出台。

【少先队工作】 2017年，团县委联合县文明办、县教育局、县城管局，与县城区4所实验小学共同开展“小手拉大手·文明一起走”主题实践活动，4月7日在县青少年校外活动中心举行启动仪式，各学校红领巾文明环保志愿服务队成立。4—10月，县城区4所实验小学按照县精神文明办公室、县委组织部、县教育局、县城管局《“小手拉大手·文明一起走”主题实践活动的实施方案》要求，以集中和个人行动相结合的形式，动员1200余名少先队员利用上下学的时间，在学校及周边范围开展捡拾垃圾、校内扫除、清洁道路、擦拭公共设施、清除垃圾死角等活动，并通过少先队员带动家长及全体市民参与到文明环保志愿服务中来，共同创造良好的人居环境，助力文明县城创建工作。

【纪念五四运动98周年主题团日活动】 4月，团县委在全县范围开展“乐亭县第十二届十大杰出青年”评选活动，综合评定出“十大杰出青年”和“十大优秀青年”。5月4日，在李大钊纪念馆报告厅举行纪念五四运动98周年主题团日活动暨“争创百强·青年当先”先进集体、先进个人表彰会，县委、县人大常委会、县政协相关领导出席，全县各条战线的团干部和优秀青年代表260余人参加活动，会上对“‘五四’红旗团委”等先进集体代表和优秀团干部、“十大杰出青年”等先进个人代表进行表彰。

【乐亭县少先队工作委员会成立】 2017年，团县委加强对少先队工作的领导，从思想、组织、工作、队伍上带好少先队。依照《中国少年先锋队乐亭县第一次代表大会代表名额分配方案》要求，发扬民主，推举产生出席县少代会正式代表103名。7月5日，召开县少代会第一次会议，选举产生第一届少代会领导班子。

【预防青少年违法犯罪】 2017年，团县委高度重视青少年法制教育，筑牢预防青少年违法犯罪法治防线。启动预防校园欺凌专项活动，维护青少年合法权益。6月5日，团县委与县公安局、县检察院、县法院、县综治委、县教育局联合启动“预防校园欺凌”专项行动。9月，组织县预防青少年违法犯罪专项工作组成员单位召开校园欺凌与违法犯罪专题形势分析会议，引导各成员单位发挥自身职能，开展预防青少年违法犯罪工作。在县第三初级中学、大相各庄初级中学、胡家坨初级中学、毛庄初级中学、新寨初级中学、汀流河初级中学开展法制教育系列活动，近6000名师生及部分学生家长参与活动受到教育。

【举办“创青春·创富中国行”事迹分享会】 6月27日，团县委举办“创青春·创富中国行”事迹分享会，邀请新华社等12家新闻媒体，通过全媒体手段和平台传播青年创业创新正能量，展现青年的精神风貌，浓厚“大众创业、万众创新”的氛围。

【举办乐亭投资环境说明会】 6月27日，团县委举办“百日攻坚·青年当先”乐亭投资环境说明会，向青年商会会员推介乐亭县经济发展和投资环境情况，组织参观县内重点企业，展现乐亭县优质营商环境，搭建市青年商会会员企业家与乐亭县沟通的桥梁，为招商引资“百日攻坚”集中行动贡献青年力量。

中国共产主义青年团唐山市乐亭县委员会

书　记　李振升（4月免）

　　　　　刘荣华（4月任）

县妇女联合会

【概　况】 2017年，乐亭县妇女联合会（简称县妇联）围绕县委、县政府的中心工作，立足“党政所急、妇女所需、妇联所能”的工作定位，不忘初心，牢记使命，扎实推进妇女工作各项任务，全力助推沿海强县、美丽乐亭建设。年内，争取市以上各类资金109.35万元。获得市级以上荣誉71个，其中国家级1个、省级27个、市级43个。

【妇女之家建设】 县妇联不断加强“妇女之家”建设，使之成为妇女心目中常惦念、感情上可依托、平时找得到、遇事用得上的“有形的家”。年内，争取河北省妇联专项资金30万元，用于乐亭镇韩坨村、新寨镇大港村、马头营镇黄坨村3个河北省“示范妇女之家”建设，并顺利通过省妇联验收。11月13日，马头营镇黄坨村妇女之家成功接待全市“妇女之家”观摩。至年底，建成河北省“示范妇女之家”9个。

【村（社区）妇代会改建妇联】 2017年，县妇联以完善基层妇女网络、壮大基层妇联力量为主要内容，以河北省示范妇女之家所在村为试点，以点带面，开展农村（社区）妇代会改建妇联工作，进一步提升基层妇联组织建设科学化水平，为妇联组织改革创新提供组织保障。6月底，马头营镇黄坨村、胡家坨镇大黑坨村、乐安街道蔡各庄村、新寨镇大港村等9个试点村（社区）全部完成“会改联”工作。在总结试点成功经验的基础上，将村（社区）“会改联”工作在全县推广。各村（社区）妇联设执行委员7～13人，其中主席1人、专兼职副主席1～3人，村（社区）妇联下设妇女小组，每个妇女小组设组长1名，有效解决妇联工作力量上面大、下面小的“倒金字塔”问题，形成群众工作群众做的局面，打通妇联组织联系和服务妇女群众的“最后一公里”。

【基层组织区域化建设】 县妇联从区域化的视角审视和谋划基层妇联组织建设，敞开大门建组织，纵向将触角向村民小组等妇女生活的最小单元延伸；横向把妇联组织拓展到各乡镇信用社、卫生院、学校等单位及专业合作社、志愿服务队等“两新”组织，形成各个单位、各个组织、各个领域的女性共同参与、开放互动、全面覆盖的妇联组织建设和妇女工作新格局。建立区域化妇联工作联席会议、妇联轮值主席、分线包片、学习培训、联系妇女儿童社会组织等制度。通过妇联组织区域化建设，实现妇女工作全面发力，整体提升。年内，古河乡区域化建设顺利通过省妇联验收，获得价值2万余元的物品支持。姜各庄镇妇联及新寨镇大港村妇代会、马头营镇活庄子村妇代会、毛庄镇何官营村妇代会等7个村妇代会被评为河北省妇联“三有两突出”（有人干事、有阵地做事、有钱办事，服务基层妇女作用突出、参与和谐社会建设能力突出）基层妇联示范组织。

【巾帼建功工程】 县妇联发挥巾帼创业基地“播种机”“孵化器”的作用，推进建立政府主导、妇联管理、妇女受益、市场运作的运营机制，制定《巾帼创业基地管理办法》，明确管理职责和入驻条件、申请程序、优惠政策等。年内，吸引电子商务、手工制作、巾帼家政等11家企业入驻巾帼创业基地，先后组织开展各类培训30余期；在引领妇女创业就业的同时，为入驻企业汇集大量技能人才，带动150名妇女创业就业。面向农村妇女、女大学生、女致富带头人等不同群体，开展多门类多层次多级别的培训40余场次，“巧姐”手工艺品借助“互联网+”融入“网姐”店铺；依托农村妇女专业合作社、农业科技示范基地，打造“大姐”农业和家政服务品牌。县妇联引领妇女创业就业的做法先后被《唐山劳动日报》、环渤海新闻网、“唐山改革”微信公众号等媒体刊发。在省文明办等单位组织的河北省第三届“寻找今日织女星”活动中，参赛选手勇芳商贸有限公司苑英芳获二等奖。

11月16日，在县巾帼创业基地举行“学习十九大，巾帼建新功”唐山市女企业家协会乐亭分会成立暨学习交流大会，选举产生唐山市女企业家协会乐亭分会组织机构。召开“巾帼建新功、共筑乐亭梦”全县妇女干部座谈会，各乡镇及公安、教育、卫生等行业10名优秀妇女干部代表结合自己的成长历程和学习、工作实际发言。开展“做红旗标兵，献巾帼力量，助乐亭发展”主题活动，面向全县寻找、宣传、展示乐亭女性立足岗位、争做贡献、开拓创新、争创一流的先进事迹。通过组织评比、层层推选等方式征集88名优秀妇女的先进事迹，从中评选出乐亭县“三八”红旗手10名、乐亭县巾帼建功标兵30名，在县内主流媒体宣传展示。

【文明家庭评选活动】 2017年，县妇联倡导注重家庭、注重家教、注重家风，以“传家训、立家规、扬家风”为宗旨，深化文明家庭创建，助力乐亭全国文明县城建设，县文明办、县妇联在全县联合开展“文明家庭”及“十星级文明户”评选活动。各基层妇联开展形式多样的活动50余场次，推荐上报文明家庭100余户。县妇联承担为唐山市推荐文明家庭工作，上报文明家庭5户，其中乐安街道的黄玉珍家庭被评选为全国“最美家庭”；在唐山市妇联“十佳母亲”“十佳孝老敬亲好儿媳”评选活动中，各有1人获评。

【妇女信访代理】 2017年，县妇联在茂源社区广场、富强社区、5个乡村集贸市场开展以“反对家庭暴力·携手共建平安家庭”为主题的《中华人民共和国反家庭暴力法》宣传活动，发放宣传资料4000余份，由专业律师为70余名群众进行现场答疑，公众法律意识得到提高。通过以会代训的形式，对妇女干部、妇女信访代理员进行《中华人民共和国妇女权益保障法》《中华人民共和国未成年人保护法》《中华人民共和国反家庭暴力法》等相关法律和土地承包、劳动争议等热点问题的培训，举办培训班9场次，培训妇联干部、妇女信访代理员1000余人次。加强与公安、法院、司法、民政等相关机关和部门之间的沟通与协调，以法律援助为重点，为妇女儿童提供便利、直接、优质的维权服务。落实法院、妇联联席会议制度，在预防、制止和处理妇女儿童维权等重点难点问题上，协调沟通，探索方法，争取上级妇联信访代理补贴案件25件，获得案件补贴5500元；申报河北省法律援助案件6件，获得补贴1.1万元，建立乐亭镇三合庄村、乐安街道蔡各庄村等反家暴示范点6个。

【妇女儿童发展环境新提升】 2017年，县妇联加大对贫困母亲、大病妇女、贫困学生等的救助力度，在“两节”、母亲节期间，开展关爱贫困妇女、情暖革命母亲救助活动，救助贫困妇女38名，发放救助金1.14万元；走访慰问革命母亲19名，发放慰问金5700元。10月12日，联合县广播电视台、县青年企业家协会、诚信房地产有限公司、张家口银行乐亭支行开展“献爱心，送温暖”活动，为全县贫困家庭捐赠500件御寒衣物，价值30余万元。不断拓宽爱心资金筹集渠道，与县青年企业家协会、阿里巴巴农村淘宝乐亭事业部等社会组织和企业联系，发动更多的爱心企业和爱心人士加入捐资助学队伍中来，年内救助贫困学生394人次，救助金21.6万元。“六一”儿童节期间，动员巾帼志愿者、社会爱心人士和各类爱心单位、爱心组织与留守流动儿童结对，开展“五个一”（到结对儿童家中走访一次，谈心一次，与班主任联系一次，与监护人沟通一次，给受助儿童写一封信）关爱活动，使留守儿童感受到家的温暖，用爱心撑起留守儿童的蓝天。与妇幼保健院联合开展适龄农村妇女“两癌”（宫颈癌、乳腺癌）免费筛查，为2000余名妇女进行免费检查，帮助70余名患病妇女申请资金救助，为患病妇女争取救助资金20多万元。开展儿童先心病、孤独症等健康公益筛查、救助项目和困境儿童危难救急行动，帮助8名重大疾病患儿减免治疗费用3万余元。继续实施家庭教育公益大讲堂活动，全年举办家庭教育公益讲座16场次，惠及城乡家长近2万名。组织开展家庭教育“三进”（进学校、进社区、进机关厂企）活动，广泛宣传科学教育理念和方法，弘扬社会主义核心价值观，促进家庭文明和谐。

县妇女联合会

主　席　李　敏

县工商业联合会

【概　况】 2017年，乐亭县工商业联合会（简称县工商联）为促进非公经济的健康发展，承担全县非公企业的入会组织调研工作，开展经济、技术、经贸交流，提供法律、法规、政策信息咨询，为乐亭经济在全省增比进位、在全国争创百强和建设沿海强县、美丽乐亭做出贡献。至年底，全县有会员541个（人）。

【县工商联招商引资】 2017年，县工商联立足自身优势，发挥商会平台作用，以商招商，为全县招商引资加快经济发展做出贡献。抢抓京津冀协调发展的战略机遇，积极推动与北京非首都功能产业对接。先后邀请北京青年人力资源服务商会、莆田市北京商会、北京市朝阳区福湄市场行业商会等企业到乐亭县实地考察投资项目。促成上海市河北商会执行会长王立奇一行到乐亭县参观考察。邀请10余个省的河北商会会长、秘书长到乐亭县考察调研。这些活动的举办，为促进招商引资工作打下坚实基础。

【银企对接】 2017年，县工商联通过走访调研，了解到一些中小企业融资难、融资贵的问题比较突出，为帮助企业解决实际困难，与县政协共同组织由县内6家商业银行和15家工商联会员企业参加的银企对接会议。会上各商业银行负责人介绍了本行的产品特色，会员企业介绍了各自的融资需求及企业的生产、经营情况。双方就贷款抵押物问题、三农贷款优惠政策、如何简化贷款审批手续等问题进行讨论和交流。通过银企对接活动的开展，促进各相关银行融入乐亭经济发展之中，为解决中小企业资金困难发挥积极作用。

【精准扶贫】 县工商联积极配合市工商联开展“百企帮百村”精准扶贫活动。通过对县内非公企业摸排和筛选，确定唐山市德龙钢铁有限公司、河北夏日实业集团有限公司、河北明盛实业集团有限公司、唐山龙泰辰实业股份有限公司、唐山圣大农业科技有限公司、唐山老米沟农业发展有限公司6家企业为扶贫单位，对口帮扶承德市宽城县宽城镇九虎岭村、罗家沟村、蒋杖子村，龙须门镇柳树底下村、东李杖子村、榆树沟村。各企业在市、县工商联的统一领导和安排下，发挥自身优势、因地制宜的推进扶贫活动的开展。唐山市德龙钢铁有限公司出资1万元、河北明盛实业集团有限公司出资1万元、唐山龙泰辰实业股份有限公司出资3000元、唐山老米沟农业发展有限公司出资5000元、唐山圣大农业科技有限公司出资3000元对所帮扶的村开展捐资助学活动。河北夏日实业集团有限公司聘请农业技术专家，对所帮扶村及周边村进行种养殖科普培训。唐山市德龙钢铁有限公司、唐山圣大农业科技有限公司结合企业的自身生产需求，从所帮扶村、镇招收工人50名。

【培训服务】 县工商联在全县工商联系统通过学习会、宣讲会、座谈会、专题培训会等形式，扎实开展“两学一做”学习教育，学习党的十八大、十九大及全国统战工作会议精神和省、市、县委系列决策要求，准确把握非公有制经济领域统战工作的理论观点、政策要求和工作部署，深入开展以“守法诚信”为重点的非公有制经济人士理想信念教育实践活动。召开动员部署会，向全县非公有制经济人士发出“崇尚依法经营、打造诚信企业”倡议。通过开展典型事迹征文、企业家演讲、媒体进企业、讲“守法诚信好故事”等特色活动，加强教育引导。围绕促进非公有制经济人士健康成长主题，坚持“团结、服务、引导、教育”方针，实施非公有制经济人士素质提升培训工程。全年组织举办金融与创新管理研修、新形势下商会规范化建设等讲座3次，培训企业家90名。

【光彩事业】 2017年，县工商联大力引导民营企业投身光彩事业，服务社会。为会员企业搭建爱心平台，鼓励会员企业家参与救灾、扶贫、助学等公益事业，自觉践行社会主义核心价值体系，发扬“一方有难、八方支援”的社会风尚，不断增强会员企业的社会服务意识，积极推进县内非公有制经济的健康发展和非公有制经济人士的健康成长。年内，县工商联与团县委、县教育局、县青年民营企业家协会共同组织向贫困学生献爱心救助活动，帮助贫困学生100人，帮扶资金20万元。

【**人才服务与行业商会建设**】 2017年，县工商联与县就业服务局、县青年民营企业家协会合作，以青年就业创业服务中心为平台，组织举办春季和秋季人才招聘会2次，提升全县就业率，为企业发展提供人才保障，受到会员企业的好评。

11月，县工商联指导组建乐亭企业家商会并举行成立仪式，县委、县人大常委会、县政协相关领导出席指导工作。乐亭企业家商会的成立，标志着全县“四有商会”（有健全完善的商会班子、有相对固定的办公地点、有一定数量的经费来源、有较为完善的工作制度）建设迈上新台阶。

【**换届选举**】 2017年，县工商联在县委、县政府及市工商联的领导下，经过精心准备、认真组织，于9月29日完成换届工作，选举产生新一届工商联（总商会）领导班子，选举产生工商联主席、副主席16人，会长、副会长16人，常委47人、执委86人。通过换届吸纳了一批有活力的企业为会员，把一批政治坚定、思想解放、勇于担当、热爱工商联工作的非公经济人士充实到工商联领导班子中，班子成员的年龄结构、知识层次更加合理，干部队伍的整体素质得到提高。

县工商业联合会

主　席　边红玉

第一副主席　任万平

县科学技术协会

【**概　况**】 2017年，乐亭县科学技术协会（简称县科协）按照县委、县政府工作部署，结合县科协实际，贯彻实施《全民科学素质行动计划纲要》，整合各类科普资源，打造科普活动品牌，强化协作与联系，团结、依靠广大科技工作者，积极开展科普宣传、科技培训、完善科普基础设施、加强科普人才队伍建设，全面推动科普工作深入发展。

【**科普培训**】 2017年，县科协注重科技培训工作，组织精干力量协同农、林、牧等相关部门，组成专家服务团，深入基层开展科普培训活动。年内，在乐亭万事达科普示范基地、乐亭县佳丰果蔬专业合作社、古河乡小捞鱼庄村等地组织各类科普培训12场次，培训1500人次。活动中，农业专家现场答疑解惑，就土壤的施肥与改良、新品种引进与示范、病虫害防治、农业新技术的集成示范等问题与群众互动，现场解答农民群众生产中遇到的技术难题80余条，发放各类科普书籍4000余册、科普宣传材料8000余份。

【**科普宣传**】 *开展“三进三送”科技文化卫生三下乡活动*　县科协与相关农口、科技部门配合，开展内容丰富、形式多样的科普宣传活动。从群众需求出发，组织各乡镇农技人员、协会负责人、科普带头人组成专家服务团，与农户结对子，实行对口帮扶，有重点、有针对性地解决农民群众生产中的问题。利用农村大集、农闲时间到汤家河集贸市场、大杨庄集贸市场、乐亭县佳丰果蔬专业合作社等地开展送科技下乡科普宣传活动，面对面解答群众生产中遇到的问题，发放《无公害果树栽培》《唐山科普》《中老年保健手册》《偏方秘方》《全民健身知识手册》等科普书籍9000余册及农业生产新技术、新模式科普宣传材料逾1.2万份，展出科普展板80余块，现场服务群众1800余人次。

参加“学雷锋志愿服务统一行动”志愿服务活动　3月4日，县科协组织科普志愿者参加县委宣传部“学雷锋志愿服务统一行动”志愿服务活动，在茂源社区的活动现场悬挂志愿服务条幅，设置低碳生活常识展板，为社区群众提供低碳生活知识宣传材料、答疑解惑等服务，向群众宣传低碳生活理念、节能减排的意义，发放《唐山科普》《中老年保健手册》《科普知识读本》《食品鉴别知识手册》等800余册，低碳生活宣传材料2800余份，接待群众咨询200余人次。

参加“节能有我、绿色共享”主题节能宣传

周活动　6月16日，组织人员参加“节能有我、绿色共享”公共机构节能宣传周活动，设置科普展板20块，以节约能源、合理使用资源为主线，弘扬勤俭节约好传统，反对铺张浪费，倡导合理使用资源，全面提升节能意识。邀请专家现场讲解和演示节水节电妙招、低碳烹调法、家电保养小知识等，让群众零距离接触低碳生活。发放《唐山科普》《节水手册》《科普知识手册》《中老年保健手册》等1200余册，低碳生活常识宣传材料1800余份，受益群众900余人次。

组织开展“创新驱动发展、科学破除愚昧”科普日宣传活动　9月19日，县科协与县老科协、县科技局等单位，在文园广场开展“创新驱动发展、科学破除愚昧”为主题的科普系列宣传活动。活动中，展出节能减排、低碳家庭、饮食与健康、科学健身等方面内容的科普展板20块，现场解答群众咨询200多人次，发放《唐山科普》《偏方秘方》《健康保健》《果树无公害栽培》《老年人保健方法》等科普图书1500余册，节约水资源、低碳经济、卫生保健、农业科技介绍等科普宣传资料3000余份，受教育群众1000余人次。

【科普基础设施建设】2017年，县科协加大资金投入力度，完善科普教育基地和农村科普示范基地服务功能。挂牌建立新寨镇、庞各庄乡2个“市级科普e站”，乐亭万事达科普示范基地等12个县级“乡村科普e站”，中堡镇初级中学、中堡镇东罗各庄小学2个“校园科普e站”。投资5万元在新寨镇、大相各庄乡、庞各庄乡、古河乡小捞鱼庄果菜专业合作社、乐亭县佳丰果蔬专业合作社建立科普画廊，内容涉及生产技术、健康卫生、生活百科、食品安全等丰富群众的文化生活。

【科普人才队伍建设】2017年，县科协不断加大科普人才队伍建设力度，确定10名在县域内有一定影响力的科技带头人并进行重点培养，根据所在行业确定科技实践课题，经测评，均在各自领域发挥重要作用。姜各庄镇东南庄村齐玉和牵头成立姜各庄镇东南庄村食用菌协会，先后进行食用菌技术培训、讲座12场次，培训人员700人次，代表乐亭县参加河北省农技协第四届代表大会，被评为河北省优秀科普带头人。

县科学技术协会

主　席　肖仲学

县文学艺术界联合会

【概　况】2017年，乐亭县文学艺术界联合会（简称县文联）围绕“出人才、出作品”的工作目标，创新工作理念、工作机制、工作方式、工作载体，履行“团结引导、联络协调、服务管理、自律维权”基本职能，组织开展各种文艺活动和各类文艺创作，各项工作再上新台阶。年内发展市级以上各级会员18名，涉及文学、书法、美术、音乐、摄影等各艺术门类。举办县文联机关刊物双月刊《潮音》发行50期庆祝会。

【文学艺术创作】　2017年，县文联坚持以人民为中心的创作导向，深入社区、农村体验生活，创作出各类文艺精品。刘玉平创作的鼓词《仁义胡同》获河北省“歌唱祖国·礼赞英雄”曲艺征文评选一等奖；青年演员鲁宗瑶、曹美慧演唱的乐亭大鼓《大老田的烦心事》获中国曲艺家协会、深圳市文联等联合主办的第四届“南山杯”全国曲艺新人新作展演活动创作、表演三等奖；张旭武报送的专著《乐亭大鼓说唱艺术》获河北省第五届非物质文化遗产保护理论成果一等奖；县第一实验小学音乐教师张剑英获评“中国曲艺之乡”全国优秀基层曲艺工作者；县民间文艺家协会理事苗兴忠被评为第一届河北省工美行业雕塑专业艺术大师；乐安街道河东社区被确定为“河北省书法示范村”；诗词集《吟啸徐行》，小说《望雪》《傻妻》，作品集《凝望天边狂想曲》，散文专辑《香落尘外》，史料集《乐亭县书画史料初编》等出版发行。

【文学艺术活动】2017年，县文联学习宣传贯彻党的十九大精神，围绕建设“沿海强县、美丽乐亭”的主题，组织开展各种文艺活动，发挥文艺服务人民、服务社会的作用。成立李大钊书画院，以书画为平台，举办迎国庆大型书画展览。举办第四届“我们的节日·端午”经典诵读专场和3场评剧专场演出活动。组织先进文化进企业（唐山市德龙钢铁有限公司）庆“七一”笔会、进学校（大黑坨小学）红色文化笔会、进军营（庆祝建军节）笔会等活动，营造积极向上的文艺氛围。开展多种形式的“送文艺、下基层”惠民文化系列公益活动。春节期间开展的春联笔会，将举办地点由县城区扩展到农村和企业单位。举办第五届全国农民摄影大赛获奖作品巡展乐亭站的展览，邀请摄影专家为县内摄影爱好者进行摄影技能培训。组织各协会深入基层，实施文化繁荣工程，创新模式，打造亮点，把丰富多彩的艺术产品送到群众身边，丰富民众文化生活，促进文化事业发展。

【文学艺术交流】 2017年，县文联重视文学艺术交流，推介文艺人才参加各种培训及会议活动，组织传统艺术走出国门。国家级非遗传承人、乐亭大鼓演员张近平参加全国曲艺工作者第八次代表大会；青年陶艺从业者董壮壮赴孟加拉国参加“中孟陶瓷艺术交流会暨中孟陶瓷艺术家作品展”。举办“我们的节日”系列活动，在春节、元宵节、清明节、端午节、重阳节开展诗会、谜语竞猜、敬老慰问、诗文祭奠等文学艺术活动，以其独具特色的公益形式，对民族传统节日习俗进行坚守和传承。开展各种形式的文化交流活动，展示乐亭文艺作品的魅力和风采，提升乐亭的知名度和美誉度。在“旭日中国·善行天下”北京市昌平区第二届和谐之春文化艺术节活动期间，乐亭大鼓团队受邀参加近一个月的专场演出；县内6名书画家参加在甘肃省定西市举办的“丝路抒怀”乐亭书画家邀请展；举办乐亭县“文学大讲堂”第四期“散文·陪伴人生的美好”，邀请著名散文作家、高级编辑李培禹以其自身创作实践和写作历程作了讲解。

县文学艺术界联合会

主　席　孟庆忠

县残疾人联合会

【概　况】 2017年，乐亭县残疾人联合会（简称县残联）围绕县委、县政府中心工作及市残联工作要点，以“树立工作高标准、干出发展新业绩”为标准，履职担当，主动作为，秉持“送百万资金，让万人受益”工作理念，在继承中发展残疾人事业，在发展中创新残疾人工作，全县残疾人事业不断迈上新台阶。到年底，全县领取残疾人证的12566名，其中农村11716名，城镇850名。持证残疾人中，视力残疾1667名，听力残疾680名，言语残疾241名，肢体残疾7873名，精神残疾771名，智力残疾917名，多重残疾417名。

【残疾人创业就业】 2017年，县残联不断强化残疾人劳动就业工作，向企业推荐有劳动能力的残疾人就业35名。县残联对达不到安置就业比例的用人单位依法征缴就业保障金，全年征缴就业保障金146万元。稳定农村有劳动能力的残疾人发展生产和就业，农村从事劳动就业的残疾人4204名。根据残疾人不同类别、就业需求、自身特点，举办残疾人职业技能培训。年内有700名残疾人参加县残联组织的职业技能实用技术培训。筛选10名身残志坚的个体创业典型参加市“百名残疾人个体创业”行动。

【残疾人康复服务】 2017年，县残联对全县残疾人进行入户摸底调查，登记入册，对1580名有康复需求的残疾人提供康复服务，超额完成上级下达的服务率任务（指标）。开展“送教育、送康复上门”活动，输送14名残疾儿童到市参加康复训练，为重度听力残疾人免费验配助听器69例，为贫困精神残疾人免费提供实用性药物437例、住院无偿治疗17例，减轻残疾人家属的经济负担，消除社会隐患。根据残疾人的不同需求，通过组织开展“阳光出行”活动，投资13万元为23名肢体缺失人员安装假肢，发放轮椅1000余台，帮助残疾人走出户外，享受阳光，走向社会；推进无障碍设施走进家庭、走进社区、走进农村的进程，让残疾人平等享有社会公共资源，同步小康目标，生活质量得到明显改善。

【残疾人扶贫救助】 2017年，县残联重视残疾人扶贫救助工作，对1234名困难残疾人进行审核，发放生活补贴78.03万元；对7870名重度残疾人进行审核，发放护理补贴477.65万元。

县政府残工委印发《关于扶持贫困残疾人从事生产经营贷款贴息的实施办法》，为7名从事种植业、养殖业的残疾人户兑现贷款贴息资金1.31万元。集中资金重点扶持从事蔬菜、大棚种植的贫困残疾人家庭，为其提供价值12万元的有机复合肥1051袋。落实省政府《关于完善城乡居民基本养老保险的实施意见》，对重度残疾人参保给予减免，全县残疾人参保率98.8%。通过入户摸底调查，确定155户为残疾人建档立卡贫困户，全县科级以上干部采取“一助一”方式结对帮扶，开展精准扶贫。配合县教育部门完善特殊教育体系，保障残疾学生和残疾人子女免费接受义务教育。对高中及高等教育贫困的残疾学生和残疾人子女给予资金扶助，年内为14名贫困残疾学生发放助学金4.1万元。

【残疾人组织联络】 县残联依托机关“服务大厅”，坚持开门办公，每天由一名班子成员坐班，接受残疾人咨询，为残疾人提供贴心服务，密切与残疾人的关系。简化残疾人办证工作程序，完善办证制度，坚持服务上门和现场办公，年内办理残疾人证1463个，全县累计办证1.25万个。发放残疾人用品用具102件，解决残疾人生活障碍，提高残疾人生活质量。全面落实残疾人乘坐市内公交车优惠政策，缓解残疾人经济压力，解决残疾人出行难问题，为残疾人办理公交车爱心助残卡12张，为9名符合条件的残疾人机动轮椅车发放燃油补贴。

【“全国助残日”活动开展】 5月21日是第27个“全国助残日”，县残联联合县特教学校在大东方购物广场（西城店）门前开展“关爱残疾儿童·奉献一片爱心”助残捐助活动。同时，面向全县机关事业单位开展“献爱心·一元捐”扶残助残捐助活动，增强社会各界人士的慈善意识和社会责任感，全县收到助残捐款逾12.5万元。开展以“温暖2017”为主题的慰问走访活动，为937户困难残疾人家庭送去米、面、慰问金等物品，表达党和政府对残疾人的关爱。

【残疾人康复托养中心项目建设】 2017年，乐亭县残疾人康复托养中心项目被列为全县重点建设项目，由县残联承建。年初通过立项和审批程序，2月动工兴建，10月底主体工程完工。项目投资317万元，占地面积0.33公顷，建筑面积1402平方米，是集介助、介护、医疗、康复为一体的高标准托养机构。残疾人康复托养中心位于县中医医院内，主楼3层，主要用于残疾人康复训练与住院，将配备康复器材、床位及专业医护人员。残疾人康复托养中心的建成，填补了县康复托养机构的空白，被市残联确定为示范机构。

县残疾人联合会

理事长 郁永良

县红十字会

【概　况】 2017年，乐亭县红十字会以“改善最易受损害群体的境况”为出发点，本着为企业服务、为群众解难题的原则，实施“救护关爱生命”工程，开展应急救护知识培训进社区、进机关、进校园活动；心系特困群体，广泛筹集资金，开展救助关爱及下社区、到农村、进老区帮扶活动，全年为特困群众发放各类救助款、物7.22万元；开展“春雨行动”，实施红十字“蓓蕾计划”；开展具有红十字特色的志愿服务，弘扬红十字和志愿服务精神。通过各项活动的开展，县红十字会社会认知度得到提升。

【红十字“博爱送万家”活动】 县红十字会对129户重大疾病和特困家庭进行救助，发放救助款物11.1万元，其中中国红十字会总会下发的价值3.5万元的“家庭大礼包”100件，县级救助资金7.6万元。通过开展“博爱一日捐”活动，县红十字会筹集资金10万元，用于特困群体的救助。6月，救助7户特困家庭，发放救助金8000元。

【春雨行动】 4月，县红十字会同县委老干部局一起开展春雨行动“爱心老区行”活动，走进革命老区——古河乡西阁楼坨村和汀流河镇丰庄村，为1500余名村民提供义诊、健康咨询、送医送药，并救助特困老党员、小学生、大病患者和老年人18人，发放救助款物7880元。

【“下社区、到农村、进社区”帮扶】 8月，县红十字会联合县爱卫办、乐亭佑安医院先后2次组织医护人员到庞各庄乡、乐安街道曙光社区、城关集贸市场和文园，开展医疗义诊和送医送药宣传咨询活动，为800多名群众进行义诊和防病知识宣传咨询，发放治疗药品及宣传材料。

【实施红十字“天使计划”“蓓蕾计划”】 2017年，县红十字会为4名白血病患儿申报中国红十字基金会大病救助项目，有3名患儿通过专家评审，接受9万元的救助，另外1名患儿在接受专家评审中。年底，县红十字会在县教师进修学校会议室举行第六期“蓓蕾计划”助学金发放仪式，为75名特困学生发放4.73万元救助款和学习用品，县文明办、县教育局、县红十字会及各乡镇（街道）主管领导、教育组长、受助学生及家长，学生所在学校校长、教师，部分企业负责人及红十字会文化志愿者200余人参加发放仪式。

【奉献爱心】 1月，造血干细胞捐献志愿者招募27人成功加入中华骨髓库。12月，汀流河镇1名孤寡老人申请遗体器官捐献，办理捐献登记手续。

【公民无偿献血活动】 1月13—23日，由县红十字会及相关部门组织开展公民无偿献血活动，献血人数3100人，献血量108万毫升，连续3年保持在90万毫升以上，保障全县患者的临床用血。

【红十字志愿服务】 2017年，县红十字会分别在富强社区、驻地部队、特教学校、县光荣院为居民、官兵、残疾儿童和住光荣院老人进行文艺演出。5月27日，县红十字会与红十字文化志愿者到特殊教育学校，与孩子们一起欢度“六一”儿童节，并为孩子们送上价值7050元的学习用品。10月25日，县红十字文化志愿者服务队的10余名志愿者与县光荣院的老人们共度重阳佳节，并赠送价值2000元的爱心锤和水杯。12月，成立红十字佑安志愿者服务队，开展“6+1”模式为主要内容的“邻里守望、关爱空巢老人”志愿服务活动。

【应急救护知识培训】 2017年，县红十字会创新应急救护培训模式，举办第一期“红十字会生命安全体验夏令营”。县第二实验小学52名学生到路南区红十字会生命安全体验教室，进行安全知识培训、紧急避险和逃生体验，让学生们既学到知识又学到逃生、消防、应急救护等安全技能，这一活动得到省委相关领导的肯定，并在全省文明办主任微信群内签发意见要求在全省推广。年内，对乐亭碧海浴场（星星湾浴场）、华能乐亭风力发电有限公司、中煤华润、唐山市汉唐工具制造有限公司等企业的高危作业人员800余人进行应急救护知识培训。

【多种形式宣传】 5月5日，举行纪念第70个世界红十字日和新修订的《中华人民共和国红十字会法》实施宣传活动，有40余名志愿者参加活动，10名志愿者走上献血车献血，发放宣传材料5000余份。县红十字文化志愿者服务队为群众进行公益演出，传播红十字文化，宣传红十字政策，传播“人道、博爱、奉献”的红十字精神。积极参加文明县城创建工作。开展小学生“小手拉大手，文明献血政策知识进校园、进家庭”活动，普及文明献血知识。

县红十字会

会　长　杨冬梅（兼）

军　事

驻地武装

【人民武装部】 乐亭县人民武装部（简称县人武部），编制等级为县（团）级，设部长1名，政治委员1员，副部长1名。2017年9月1日后勤科改编为保障科，代管民兵训练基地、国防教育办公室。

2017年，县人武部贯彻执行国防动员部、省军区和唐山军分区党委扩大会议精神，在县委、县政府的支持下，以全面推进强军目标为统领，按照“传承渐进打基础、盯着问题做工作、严格标准抓落实、全面建设创特色”的总体思路，迎难而上、扎实苦干，全面建设保持稳步推进、持续攀升的态势。

【驻军单位】 乐亭县境内有中部战区确山训练基地乐亭综合训练场，乐亭县公安边防大队，乐亭县消防大队，乐亭县武警中队等驻军单位。

兵员征集

2017年，县人武部按照市征兵办公室的要求，本着“公平公正、公开透明”的原则，圆满完成新兵征集任务。

【征集对象】 *征集对象和范围* 应征青年必须为乐亭县常住户口，具备初中以上文化程度，企事业单位具有高中毕业以上文化程度的青年职工，普通高校毕业生、在校生和高校新生也在征集之列。

征集年龄 男青年为2017年12月31日前年满18周岁至20周岁，大学毕业生放宽到24周岁。女青年为普通高中应届毕业生年满17周岁至20周岁，普通高校应届毕业生放宽到22周岁。

【兵员征集条件】 *政治条件* 拥护党的路线、方针、政策，坚持四项基本原则、热爱中国共产党、热爱社会主义、热爱人民军队，政治历史清楚，遵纪守法，品德优良，乐于奉献，全心全意为人民服务的适龄青年。

身体条件 男性身高160厘米以上，女性身高158厘米以上。男性体重不超过标准体重［标准体重（千克）= 身高（厘米）-110］的30%，不低于标准体重的15%。右眼裸眼视力不低于4.6，左眼裸眼视力不低于4.5。应征青年要经过基层武装部目测和县人武部开设的体验站、心理检测站检查。

【兵员组织领导】 为完成上级交给的征兵任务，县成立征兵工作领导小组，由县长任组长，县人武部政委、分管武装工作的副县长和县人武部部长为副组长，工作人员由县委宣传部、县民政局、县公安局、县卫计局、县教育局、县纪委等部门相关人员组成，明确责任分工，细化工作措施，为征兵工作整体推进奠定坚强的领导基础。

【兵员征集有序开展】 2017年，县委、县政府、县人武部站在强国梦、强军梦的高度，强化组织领导，突出工作重点，狠抓工作落实，把完成征兵工作摆在突出位置，有序开展。

宣传发动 采取悬挂宣传条幅、发送手机短信、发放宣传材料、录制电视讲话、组织征兵宣传日活动等方式，全方位、多领域宣传发动。同时，深入基层与适龄青年和家长座谈；深入乐亭一中、乐亭二中、县综合职业技术学校，与高中应届毕业生座谈宣传，解疑释惑，回应关切，了

解入伍意愿，讲清相关待遇，营造全社会关心支持国防建设的浓厚氛围，激发适龄青年参军入伍的政治热情。

上站体检 科学设置征兵体检站，实施“一站式”体检。开通大学生体检绿色通道，确保随时报名、随时上站体检。

廉洁征兵 县征兵工作领导小组贯彻执行上级关于廉洁征兵的指示精神，全程公布廉洁征兵举报电话，向每名应征青年发放廉洁征兵监督卡，确保征兵工作公平、公正、公开。

回访跟踪 根据唐山军分区新兵回访计划安排，9月16—29日，县人武部指派现役干部和专武部长分两组对乐亭籍新兵主要入伍方向进行跟踪回访，为新兵消除想家怕苦思想、迈好军营第一步奠定坚实基础。

民兵组织建设

【民兵整组】 县人武部按照唐山军分区2017年度民兵整组工作方案要求，结合实际细化整组工作方案，于3月12日召开全县民兵整组工作会议。在民兵编组工作中，严格按照上级编组任务数编配基干民兵。县人武部分组深入基层检查指导，针对基层武装部基础偏弱、设施落后、人员素质有待提高的实际情况，组织新任职专武干部进行能力集训，督导基层人武部完善硬件设施建设，补充整组资料，组织拉动点验，既提高了基层人武部建设层次，又强化了专武干部履职尽责意识。

【民兵训练】 县人武部以探索筹建海上民兵应急力量为契机，着眼应急应战的实际需要，切实编实配强队伍，配齐装备器材，提高民兵队伍应急、维稳、处突能力。6月21日至7月10日，利用20天时间，组织县民兵应急分队进行反恐维稳、抗震救灾、森林扑火、抗洪抢险4个专业的集中训练。针对乐亭县地处滦河下游入海口地带、“七下八上”汛期任务重的实际，突出抗洪抢险训练，协调组织驻地部队、民兵预备役人员进行军地联合抗洪抢险演练，为应对汛期自然灾害、保护人民群众生命财产安全奠定坚实基础。

【战备值班】 县人武部按照上级要求，严格落实战备值班制度，值班首长和值班干部坚持24小时在位，各种预案准备充分、演练经常，在上级随机抽点检查及省军区、军分区明察暗访组检查中均能保持在岗在位。

【专武干部队伍建设】 2017年春季，县人武部为加强国防后备力量建设，选定现役人武干部1名和基层专武部长6名参加军分区组织的民兵应急骨干能力素质集训，培养懂业务、胜任本职工作的现役人武干部和基层专武干部，为拉得出、战得胜，为民兵训练奠定基础。4月，县人武部组织基层专武部长到县人武部机关进行代职锻炼，培养专武干部的军事素养和协调指挥能力。

【参加地方建设】 2017年，县人武部按照上级《关于驻冀部队参与扶贫开发的实施意见》的要求，为把部队优势转化为扶贫强势，结合党的群众路线教育实践活动，确定大相各庄乡刘火烧佛村为扶贫开发示范村及帮扶村，部领导多次到村调研了解情况，协调农村道路、村容村貌整治和文化、体育、卫生等民生工程建设，制定切合实际的脱贫帮扶计划，增强了该村村民自我“造血”功能，扶贫开发工作取得阶段性成果。

国防教育

【全民国防教育】 2017年4月，乐亭县国防教育办公室（简称县国教办）组织开展《中华人民共和国国防教育法》颁布16周年纪念活动，制作《中华人民共和国国防教育法》宣传展板16块，在县武装部门前及各乡镇（街道）展出；发放国防法规书籍100册，印制《中华人民共和国国防教育法》纪念活动试卷2万份，发放至全县中小学校、乡镇（街道），通过组织答卷活动使中小学生、干部职工系统学习《中华人民共和国国防教育法》，掌握国防知识，增强国防观念。

参加市“先进国防教育基地、国防教育先进村”“国防教育好家庭”评选活动，乐亭县革命烈士纪念馆被评为“唐山市先进国防教育基地”，乐亭镇韩坨村被评为“唐山市国防教育先进村”。1个家庭获评“唐山市国防教育好家庭”。

组织举办纪念中国人民解放军建军90周年答题活动，县国教办为县直单位、乡镇（街道）、中小学校提供试卷2万份，有效保证县直单位干部职工、中小学生、预备役民兵参加答题活动。

9月16日，县国教办联合县教育局、李大钊纪念馆以“赞颂辉煌成就，赓续红色基因，支持改革强军”为主题，组织开展第17个全民国防教育日宣传活动。各中小学、乡镇（街道）等单位根据自身实际，利用各种方式开展丰富多彩的教育活动。

县国教办组织国防教育讲师团进机关、进学校、进农村、进社区开展宣讲活动30余场。通过全民国防教育网站下载编辑拷贝国防教育系列光盘100套，发放到各中小学及乡镇（街道）等单位，组织学生、干部职工观看，接受国防教育和爱国主义教育。

【学校国防教育】 2017年，县国教办以培养青少年树立国防意识为中心，把国防教育的重点放在中小学。与县教育局结合，组织全县中小学参加《中华人民共和国国防教育法》颁布16周年纪念活动和第17个全民“国防教育日”系列活动，对中小学生开展国防形势教育。新学期开学之际，组织相关部队官兵对县内4所高中新生进行军训，同时接受国防教育。各学校以专题报告会、知识竞赛、演讲会、征文、文艺演出、参观爱国主义教育基地等形式开展国防教育活动，国防教育的普及使青少年学生德智体能得到全面发展。年内，县第一实验小学、县第三实验小学获评“唐山市国防教育示范学校”。

【通过征兵宣传国防教育】 县国教办按照县人武部的安排，承担本年度征兵宣传、政审工作。工作人员深入乐亭一中、乐亭二中集中宣传，发放征兵宣传材料，与有入伍意愿的青年学生面对面互动，进行国防知识宣传教育，解答学生提出的热点话题，加强学生对军营生活和征兵工作的了解。在分包胡家坨镇、乐安街道办征兵工作中开展国防教育，营造报名参军光荣、保家卫国人人有责的氛围，激发适龄青年报名参军、献身国防的自觉性、积极性。与县公安局、县教育局共同组织各乡镇（街道）武装部完成全县新兵政治考核任务，确保入伍新兵政治合格。

县国教办

主　任　程志新

人民防空

【概　况】 2017年，乐亭县人民防空办公室（简称县人防办）贯彻落实县委、县政府及上级人防工作会议精神，以人防建设全面融入经济社会发展体系为主线，以提高基于信息系统的人防体系能力为重点，开拓创新、拼搏进取、立足本职、狠抓落实，全力推进人防各项工作，助力“沿海强县、美丽乐亭”建设取得明显成效。

【人防宣传教育】 2017年，县人防办坚持组织开展以普及人民防空基本法律、法规和防空防灾基础知识为重点的宣传教育活动，不断提升全社会防空、防灾意识。5月10日，在县城文园广场开展“‘5·12’全国防灾减灾日”宣传咨询活动，集中宣传防空防灾知识，发放《防空防灾知识宣传手册》200余册、人民防空宣传材料500余张，解答群众咨询100余人次，悬挂横幅标语，发送公益短信等，宣传防空防灾知识，增强群众的防空防灾意识和自救互救能力。开展人防宣传教育进企业、进校园、进社区活动，有5000余人接受人防教育。投入5万元维修乐安广场宣传橱窗25平方米，在古河初级中学新建人防宣传橱窗30平方米，发挥人防阵地宣传教育作用。

【行政执法和行政审批】 2017年，县人防办加强人防行政执法工作，实现执法主体、执法程序、执法用语、执法文书和行政处罚案件制作“五规范”，建立并落实人民防空行政处罚自由裁量权基准制度，行政执法行为得到规范。与县发改、住建等部门联合，落实人防各项法规政策，共同把好结建（结合城市新建民用建筑，修建战时可用于防空的地下室）关。加强对执法人员的学习培训，提高执法人员的执法能力和水平。推行一线工作法，先后3次深入基层，发现建设项目提前介入，即进行现场服务。实行阳光政务，所有行政审批事项全部进入行政服务中心，实现一个窗口办理、一条龙服务，最大限度方便群众办理人防审批事项。坚持“县内手续一日办结、县内问题一日解决”，按时办结率、服务满意率100%。实行事项首问责任制、限时办结制，自觉接受社会监督。全年办理结建审批事项44件，收取易地建设费1453万元。

【通信建设】 2017年，县人防办维护现有警报器9台，新增防空警报器2台，投资10.2万元完成县城区人防警报系统改频升级工作，扩大了音响覆盖面。年内，完成防空警报器的检查、保养、测试。高效完成“7·7”防空警报试鸣工作，群众国防意识得到提高。针对现代局部战争的特点，结合乐亭所处的战略地位和作用，对《乐亭县人民防空方案》进行修改完善。5月24—26日赴承德市参加唐山市人防办组织的春季大练兵应急拉动演练，实现了机动指挥所与人防固定站指挥中心卫星链路的对接、音频的沟通、卫星电话的使用、无线电短波电台的沟通联络，达到了检验设备和对操作人员训练的目的。强化短波电台通信、指挥车对接、设备电池每3个月1次的深度充放电等常态化训练，使人员、设备等应急处置能力得到提高。

县人防办

主　任　张海燕（6月免）

6月起，由县政府办公室一名副主任分管人民防空工作。

政　法

综　述

2017 年，全县政法机关和综治维稳战线各单位在县委、县政府的领导下，坚持以维护稳定为核心，以服务发展为根本，以队伍建设为保障，牢记维护稳定第一责任，扎实推进平安乐亭建设、法治乐亭建设和政法队伍建设，各项工作取得新的进步。县法院推行“调、改、活、缩、严、警”“六字”工作法，构建全方位、多角度、立体式审判管理体系，有效提升管理效能和审判质效。第一、第三季度结案率在全市法院系统位居第二，第二季度在全市法院系统排名第一。“六字”工作法被《唐山劳动日报》刊发报道。县检察院忠实履行宪法法律赋予的职责，不断强化检察监督、自身监督和队伍建设，全面推进司法体制改革和司法公信力建设，为乐亭经济社会高质量发展提供有力司法保障。县公安局认真贯彻落实中央和省、市、县政法、公安工作会议精神，按照“四句话、十六字”总要求，以党的十九大安保为主线，深入推进信访维稳、严打整治、社会管理、队伍建设等工作，圆满完成各项工作任务。县司法局积极参与河北省 2016 年度“十大法治人物、十大法治事件、十大法治成果”评选活动，汤家河镇史庄村史秉才被评为“河北省 2016 年度十大法治人物”。县委防范办及时上报工作信息和工作经验性信息 20 篇，被上级（报刊）采纳刊登 18 篇，位列全市前列，并被省委防范办评为“县级防范办信息工作先进单位”。

公　安

【概　况】 2017 年，乐亭县公安系统认真贯彻落实中央和省市县政法、公安工作会议精神，按照“四句话、十六字”（对党忠诚、服务人民、执法公正、纪律严明）总要求，以党的十九大安保为主线，深入推进信访维稳、严打整治、社会管理、队伍建设等工作，圆满完成各项安保工作任务。全年破获刑事案件 399 起，比上年上升 6.4%；抓获犯罪嫌疑人 376 人，比上年上升 9.3%；查获行政案件 2247 起，处罚 567 人，其中行政拘留 382 人。年内未发生有影响的重特大道路交通、火灾、爆炸事故，全县大局稳定、社会安定。

【重大活动时期安保】 县公安局围绕“两节”“两会”，党的十九大、暑期安保等重大活动时期，投入 182 名警力在全县设置 7 个警务站（姜各庄大桥、沿海高速公路乐亭东出入口、沿海高速公路乐亭南出入口、唐港高速公路乐亭出入口、唐港高速公路独幽城出入口、唐港高速公路海田出入口、乐亭汽车客运站），对进京、赴省、入秦车辆、人员 24 小时不间断安检查控，确保从县内流出的车干净、物干净、人干净。核查车辆 12.67 万辆，人员 27.48 万人次，抓获网上逃犯 3 人，查获肇事肇祸精神病人 4 人，核查涉毒人员 196 人，查处吸毒人员 8 人，劝返涉访人员 20 人，查获仿真枪 2 把，管制刀具 3 把，电棍 1 根等。安保期间，无一名重点人、一件危险物品从县内流出。

【命案侦破】 2017 年县内新发命案 7 起，侦破率 100%。命案侦破是公安机关侦破能力的重要体现。充分依靠技术力量和视频监控资源获取直接证据。4 月 7 日，乐安街道辖区一理发店女老板被人杀死在店内，办案民警利用案发地周边监控录像初步锁定犯罪嫌疑人，并在市公安局技侦支队的支持帮助下，刑事技术民警从犯罪嫌疑人的电动车电瓶上提取到被害人血迹。在确凿的证据面前，犯罪嫌疑人交代了故意杀人的犯罪事实。快速反应，抓住命案侦破的黄金72小时，在案发后领导上案，集中刑侦、巡特警、派出所等多警种合力攻坚、昼夜奋战，力争最短时间破案。5月4日晚，新寨镇艾台庄子村发生一起命案，局主要领导亲自率领民警快速行动，仅用2小时就将犯罪嫌疑人抓获归案。依靠群众，充分利用基层干部和群众人熟地熟的优势，深入排查，最快掌握案件情况和犯罪嫌疑人线索，为侦破案件奠定基础。9月7日下午，毛庄镇何官营村一村民与人发生纠纷后被打身亡。因案发地为偏僻农田，现场缺乏直接有力证据。办案民警通过大量走访调查，在村干部和群众的指证下，取得人证物证，迅速确定犯罪嫌疑人，并将其抓获归案。

【办理涉众型案件】 涉众型案件涉及人员广、资金大，调查取证难度大，但办案时间过长极易引发群众性事件，公安机关面临着破案和维稳的双重压力。年内，县公安局立案涉众案件5起。侦破中，局主要领导高度重视、亲自督导，调集经侦、刑侦、治安等部门精干警力，协作攻坚，快速侦破，先后将6名犯罪嫌疑人抓获，并通过思想工作让犯罪嫌疑人筹款、及时扣押犯罪嫌疑人财产等方式，为群众挽回经济损失5000余万元，得到上级领导和群众的肯定。

【打击黑恶势力违法犯罪】 2017年，县公安机关对黑恶势力违法犯罪实施严厉打击，特别是对以不正当手段干预果菜市场交易的违法犯罪行为严惩不贷，年内破案69起，打掉痞霸团伙4个，抓获犯罪嫌疑人58名，分别比上年上升72.5%、33.3%、45%。11月4日，县公安局集中刑侦大队和城关派出所警力，打掉1个涉嫌强迫交易犯罪团伙，将3名犯罪嫌疑人全部抓获归案，当地群众拍手称快。

【打击多发性犯罪】 按照市公安局的统一安排部署，先后组织开展了“2017凤城百日攻坚会战”、严打整治会战、缉毒执法百日会战、秋季百日攻坚会战等专项行动，破获刑事案件384起，查获行政案件1121起，行政拘留248人。10月10日，在市公安局网络安全保卫支队的支持下，县公安局开展了集中打击涉枪违法犯罪专项行动，收缴气枪14支，气枪散件152件，铅弹197发；钢珠枪1支，钢珠15千克；仿真枪7支；管制刀具9把；小口径步枪1支，子弹30发；弩2支；五四式手枪弹83发，六四式手枪弹35发；查获涉枪案件3起，治安拘留3人。与民政、统战部门配合，在全县开展了“敲门行动”，加大对邪教组织的打击处理力度。搜集上报情报信息1330条，被上级机关采纳150余条。

【信访维稳】 县公安局始终站在讲政治、讲大局的高度，坚持多措并举，全警维稳，保持了全县社会大局稳定。坚持严厉打击的态势，震慑非法上访分子，对组织、串联、煽动非法上访的骨干分子，始终保持严打态势，打击处理率100%，年内行政拘留非法上访人员16名。坚持快速接访、快速控制，有效防止事态发展。与县信访局结合，发现上访人员迅速接回，快速处置。同时，加强“三道防线”安检查控工作，通过“三道防线”截返上访人员45人次。

【矛盾纠纷排查化解】 2017年，县公安机关密切关注征地拆迁、劳资纠纷、环境污染、涉法涉诉、民间纠纷等领域不稳定因素，密切关注下岗失业等特定利益群体，会同有关部门深入开展排查化解，积极推动源头治理，提高对群体性事件的预测预警预防能力，严防发生规模性非法聚集事件和集体进京访，努力实现安全有保障，出事可控可化。全年排查矛盾纠纷299起，其中化解268起，可化解29起，可稳控2起；成功处置了部分老上访户非法进京访、“善心会”部分成员、涉众性非法集资受害户等各类非法上访事件23起，行政拘留17人，治安罚款1人。

【道路交通安全隐患治理】 2017年，继续保持全面平安畅通县区创建标准，不断深化道路交通管理。

动态交通秩序整治 投资216万元在沿海公路、东外环路段，设置交通信号灯5组，区间测速设备1套，卡口测速设备1套，反向抓拍设备

3套，电子警察设备1套，8月启用。同时，组织开展了无牌无证、遮挡号牌、超员超载、违反限行措施等道路交通专项行动，查处各类交通违法行为10万余起，其中涉牌涉证815起，超员782起，大货车野蛮驾驶3150起，通过查缉布控查处严重交通违法行为330起，查扣汽车273辆，农用车62辆，摩托车135辆，电三轮、四轮18辆，查处酒后驾驶210起，醉酒驾驶24起，行政拘留违法人员23人，全县道路通行秩序得到改善，交通事故比上年下降5.6%。

静态交通秩序管理　投资360万元对县城区所有道路交通标线重新施划，对不按规定停车入位、乱停乱放车辆严格处罚，为全县经济建设和群众出行营造了安全畅通的交通环境。

【消防安全整治】 2017年，组织开展高层建筑、电气火灾、人员密集场所专项治理工作，检查社会单位1671家次，发现并整改火灾隐患3690处，下发行政处罚决定书24份，下发临时查封决定书10份，责令“三停”单位9家，罚款67.93万元，完成45家重点单位、9个社区微型消防站建设，提高了火灾自救能力。

【出租房屋、流动人口、行业场所管理】 对全县出租房屋、流动人口、旅馆、娱乐场所、寄递物流业等开展了不间断清查，清查出租房屋2126间、暂住人口3527人次、行业场所266家，责令整改17家，停业整顿6家，发现并剔除隐患12处。从中破获刑事案件3起，抓获犯罪嫌疑人3人（其中逃犯2人）；查处治安案件23起，行政拘留7人，社会治安环境得到净化。

【重点单位安全管理】 2017年，县公安机关进一步加强全县党政机关、校园、医院、银行业金融机构、油、水、电、气、广电、通信等重点单位的安全管理，强化校园、医院安全防范主体责任，深入开展严厉打击涉医违法犯罪专项行动，全面推进平安医院创建活动，组织开展校园安全防范工作。指导重点单位、要害部位等建立健全安全保卫工作制度，加大人防、物防、技防设施建设投入，全面排查各类安全隐患，做到“盯得住、守得好、不漏管、不出事”。全年检查重点单位249家次，重点部位201处，检查学校382所次。

【重点人口专项排查管控】 不断加大对重点人员的摸排力度，特别是对有严重暴力刑事犯罪前科及对社会严重不满扬言报复社会人员、治安类非访人员、可能铤而走险的治安重点人员和肇事肇祸精神病人进行全面细致的摸排，摸排出重点人员332人，其中三级以上精神障碍人员255人，非正常访77人，录入全国非正常访信息库22人，力争不漏一人，全部纳入视线范围之内。严格落实乡镇政府（街道办事处）、村（居）委会、公安派出所三级管控措施，一人一档，24小时动态跟踪，确保暑期、“两节”、党的十九大期间重点人员管控工作的万无一失。

【户籍管理】 2017年，县公安局贯彻执行各项便民利民措施，不断深化户籍制度改革，为民服务的能力和质量得到提高。全年办理准迁业务803人，办理二代身份证2.3万人，办理临时身份证3089人，省内异地办理身份证323人，办理省外身份证188人，变更更正业务3259人，补录户口66人，解决无户口人员149人。

【出入境管理】 2017年，开通港澳通行证二次签注受理权限，增添二次签注制证设备，方便群众就近办理港澳二次签注。年内办理护照2654次、港澳通行证1462次、大陆证265次、港澳通行证二次签注73次。严格落实一次性告知、首问负责制，方便群众办事。

【重点行业和新兴行业管理】 2017年，县公安局进一步推进和完善开锁业信息系统建设，对已备案的13家开锁业集中安装信息系统，安装率100%，并全部签订治安管理责任书。严格落实寄递业安全管理规定，全面落实开包验收、实名收寄、X光机安检三个100%制度，共检查寄递企业61家次，物流企业156家次。在重点时期加强“低慢小”航空器专项整治行动，摸排持有无人机3人4架次，全部与之签订《低慢小飞行器管理责任状》，在重点时段落实禁飞规定。

【网络安全管理】 2017年，县公安机关下大力加强网吧、非经营性上网服务场所安全管理工作，建成公共场所无线上网安全管控系统141处，筹备建设终端特征采集前端50处。对涉乐亭网站、微博、QQ群、论坛等实行24小时网上巡查，删除有害信息400条。同时，先后配合有关单位查处各类案件32起，发挥网侦支撑实战的作用。

【执法规范化建设】 *执法场所实现全景式在线审核监督* 投资100余万元，完成县公安局和各派出所（队）执法办案中心升级改造工作，完成高清审讯系统、轨迹追踪系统、执法音视频管理系统建设任务，建立健全《执法办案区使用管理规定》《执法音视频管理规定》《执法办案区应急处置预案》等制度，实现对办案过程的全程可视化监督。

执法奖惩机制更加完善 完善建立《执法过错责任追究规定》《执法岗位责任制和案件质量终身负责制工作规定》和《执法工作奖惩办法》，对案件办理、涉案财物管理、逢警必录等重点执法事项，采取日通报、季考核、年度总评督查考核机制，并将各单位执法办案情况与经费划拨、评先评优挂钩。年内，奖励办案单位办案经费10.3万元，调动了各单位执法办案的工作积极性。

执法能力得到提升 以执法问题为导向，利用集中学习、案例讲评、召开座谈会、到法院旁听庭审等方式，组织民警和辅警培训8批次，全警平均接受法制培训2场次，全警执法素质和能力得到提升，因执法问题引发信访问题比上年下降33%。

【派出所建设】 2017年，每月为每个公安派出所拨付经费6000元，并由县公安局统一保障公用车辆修车、加油经费，对公安派出所办理重大案件、重大事项实行一事一议，全额保障，为派出所工作解除后顾之忧。完成兴乐边防派出所、胡家坨派出所2个试点单位勤务指挥室建设。勤务指挥室集值班接警、警情分析、指挥调度、信息研判、勤务管理、视频巡控、服务群众等功能于一体，2个公安派出所路面巡控、社区防范、场所管理、案件侦破工作的能力和水平得到提高。

【公安队伍建设】 2017年，县公安机关深入开展“两学一做”学习教育和正风肃纪活动，把学习贯彻中共中央总书记习近平系列重要讲话精神、党的十八大、十九大会议精神贯穿始终，把从严治警、正风肃纪贯穿始终，激发队伍活力，为完成各项工作任务奠定坚实基础。以“春训秋考”活动为契机，加强体能素质、业务素质教育训练，全警整体战斗力得到提升，在全国“两会”“暑期安保”“党的十九大安保”等工作中，有4个单位荣记集体三等功，6人记个人三等功，12人被市公安局记个人嘉奖，营造了风清气正的良好氛围。

【县公安局刑事科学技术室通过评审】 2017年4月7—9日，省质量技术监督局现场评审组一行7人对县公安局刑事科学技术室资质认定申报工作进行现场评审。评审组观看了技术室专题汇报片，实地察看了技术室各实验室，对人员档案、设备档案、体系文件的建立和运行情况进行现场评审，对县公安局刑事科学技术室工作给予充分肯定，通过评审。评审组表示，乐亭县公安局刑事科学技术工作水平有了进一步提高，但对评审中发现的问题要迅速整改，不断提升刑事科学技术水平。县公安局主要领导表示，一定以此次现场评审工作为契机，按照评审组的要求，发扬成绩，弥补不足，进一步提升刑事科学技术室工作的规范化水平，更好地服务和支持全县公安工作。

【县公安局“全国示范刑事科学技术室”通过考核验收】 2017年12月10日，公安部考核组一行3人对县公安局“全国示范刑事科学技术室”进行考核验收。考核组实地察看了刑事科学技术室设施、资料和台账，听取了县公安局关于刑事科学技术室建设、使用情况的汇报，给予充分肯定。考核组认为，乐亭县公安局刑事科学技术室领导重视、工作扎实，在软硬件建设上均走在了全国前列，在侦查破案中发挥了积极作用。在以后的工作中，要继续严格遵守刑事科学技术室建设、使用规范要求，高站位、高标准，严要求，在进一步规范技术装备使用，加强勘查器材管理、提高人员勘查技术水平和能力上下力气，求实效，为全国刑事科学技术室建设提供示范带头作用。县公安局主要领导表示，一定以此次考核验收为契机，按照考核组的要求，发扬成绩，弥补不足，进一步提升刑事科学技术室工作的规范化水平，更好地服务和支持全县公安工作。

检　察

【概　况】 2017 年，乐亭县检察机关围绕全县工作大局，忠实履行宪法和法律赋予的职责，强化法律监督，深化司法体制改革，狠抓队伍建设，为经济社会发展提供坚强有力的司法保障。全年依法批准逮捕 125 件 139 人，提起公诉 201 件 237 人；立案侦查各类职务犯罪案件 6 件 11 人，其中贪污贿赂案 5 件 6 人，渎职侵权案 1 件 5 人，为国家挽回经济损失 60 余万元。

【检察队伍建设】 2017 年，县检察机关加强思想政治建设，坚持用中共中央总书记习近平系列重要讲话精神武装头脑，不断强化“四个意识”（政治意识、大局意识、核心意识、看齐意识），坚定“四个自信”（道路自信、理论自信、制度自信、文化自信）。积极推进“两学一做”学习教育制度化、常态化，引导干警保持政治清醒，坚定理想信念。加强素质能力建设，组织干警参加省检察机关业务学习考试网上答题、河北干部网络学院在线学习以及“2017 年政法干部学习讲座”视频培训，干警素质和能力得到全面提升。加强纪律作风建设，坚决落实《中国共产党廉洁自律准则》《中国共产党纪律处分条例》，持续开展“一问责八清理”专项整治，教育引导干警自觉坚守纪律底线。年内，涌现出以“省检察机关个人二等功”“全市政法系统金牌调解员”“县十大优秀青年”为代表的一批先进典型，先后有 3 个集体、21 名个人受到县级以上表彰。

【审查批捕】 县检察机关紧紧围绕平安乐亭建设，依法履行审查批捕职能，严厉打击各类刑事犯罪，全力维护社会稳定。完善审查逮捕必要性条件证明机制，强化证据意识。坚持宽严相济，对符合法定条件的轻微刑事案件、过失犯罪案件，犯罪嫌疑人真诚悔罪并获得被害人谅解，双方达成和解协议的，依法从宽处理。全年决定批准逮捕 125 件 139 人，不批准逮捕 24 件 24 人。

【刑事立案监督】 2017 年，县检察机关坚持“规范监督、突出重点、注重实效”，加强立案监督工作，提高监督水平，强化监督效果。注重加强对审查逮捕案件细节的审查，从中发现立案监督线索。与公安机关建立刑事案件信息共享机制，通过查看公安机关的办案系统和到基层派出所实地查阅案卷等方式，监督公安机关立案活动。加强检察机关内部各职能部门的有效衔接与协作，拓展立案监督渠道。开展“破坏环境资源和危害食品药品安全犯罪专项立案监督活动”，监督行政机关向公安机关移送涉嫌犯罪案件线索。全年监督公安机关立案 9 件、撤案 7 件。

【侦查活动监督】 县检察机关积极开展侦查活动监督工作，加大对侦查活动的监督力度，有效提升侦查活动规范化水平。在办案中发现侦查活动存在不规范现象，及时提出监督纠正意见。加大追捕力度，严审细查，深挖漏犯，对应当逮捕而未报捕的坚决依法追捕，提高追捕质量。全年向侦查机关提出监督纠正意见 37 件，追捕 4 人。

【审查起诉】 2017 年，县检察机关坚持以审判为中心，强化证据审查，准确高效打击刑事犯罪，维护社会稳定。全年提起公诉 201 件 237 人，不起诉 42 件 53 人。把质量作为案件的生命，强化证据意识，提高审查、核实、判断证据的能力。把化解社会矛盾贯穿执法办案全过程，做好轻微刑事案件相对不起诉工作，有效促进社会和谐。

【刑事审判监督】 县检察机关认真贯彻证据裁判规则，在办案中强化监督、在监督中确保质量，推动刑事审判监督工作深入开展。工作中，定期组织开展法律监督相关内容的系列培训，加强对审判监督典型案例的学习，引导公诉干警更新司法理念，牢固树立监督意识。全年出庭支持公诉

223件次，对审判活动提出监督纠正意见22件。

【刑事执行监督】 2017年，县检察机关以“强化法律监督、维护公平正义”为主题，坚持把维护正常的监管秩序和保障人权统一起来，切实维护刑罚执行的严肃性和权威性。积极开展社区矫正和财产刑执行专项检察监督活动，加强对监管场所的日常监督，提出监督纠正意见28件。清理纠正审前未羁押、审后判实刑未交付执行22人。组织羁押必要性审查并提出变更强制措施建议14件。

【反贪污贿赂】 县检察机关认真落实上级关于反腐败工作的安排部署，坚持“有腐必反、有案必办”的工作方针，保持惩治腐败高压态势。全年立案侦查贪污贿赂犯罪案件5件6人，为国家挽回直接经济损失60余万元。在执法办案中，运用“系统抓、抓系统”的工作方法，重点查办发生在群众身边的占地补偿、国土资源管理、路政管理等领域损害群众利益的职务犯罪案件，深挖窝案、串案，提高办案效率和质量。

【反渎职侵权】 2017年，县检察机关认真落实上级关于查办渎职犯罪案件的精神，坚持标本兼治，深入推进职务犯罪预防，持续开展预防宣传和警示教育，举办廉政宣传讲座8场次，受教育人数1200多人。开展上街宣传活动4次，发放宣传材料2100余份，受教育群众近2000人，取得良好效果。全年查办上级指定管辖的渎职侵权犯罪案件1件5人，涉案金额2000余万元。在案件办理过程中，调动全院干警力量，加强与侦监、公诉等部门的沟通与协调，形成工作合力。组织召开案件讨论会，研讨办案工作中遇到的难题，第一时间达成解决方案并执行，确保办案质量。

【控告申诉检察】 县检察机关从保持全县社会和谐稳定的大局出发，坚持排查化解稳控相结合，完善信访接待机制，畅通信访受理渠道，主动做好释法说理工作，依法妥善处理群众合理诉求，全面推进控告申诉各项检察工作。全年接待和受理各类信访301件365人次，均做到妥善处理，保持了连续20年无进京涉检访。

【民事行政检察】 县检察机关坚持以强化监督为导向、以规范执法为主线、以拓宽监督领域为突破点、以提升监督质量为目标，不断完善法律监督工作机制，认真开展民事行政检察工作。全年完成市检察院协办案件2件，督促行政机关依法履职26件，对民事审判和执行活动提出监督纠正意见32件。

【刑事技术检察】 2017年，县检察机关严格落实全市检察技术、信息化工作会议精神，全力开展技术保障工作，取得良好成效。严把技术性证据审查质量关，受理并完成法医技术性证据审查18件次，出具技术性证据审查意见书18份。加强办案技术支持，对自侦案件进行讯问犯罪嫌疑人时的全程同步录音录像，对未成年人犯罪完成不起诉宣告环节全程同步录音录像等工作，全年办理同步录音录像案件34件，时长75小时。加强检务公开技术保障及日常网络维护等技术工作，完成技术协助150余次，文件刻录导出32次，调试视频会议系统56次，保障了各项检察工作的顺利开展。

【法律政策研究】 县检察机关以服务检察中心和业务建设为方向，强化检察实务研究，加强检委会规范化建设，有序开展人民监督工作。年内完成课题撰稿2篇，在《河北检察》《唐山检察》《检察理论与工作研究》等期刊、杂志上发表理论调研文章11篇。召开检察委员会会议7次，讨论案件7件。编辑《检察季刊》4期。

【法治进校园活动】 县检察机关始终坚持从爱心出发，从帮教入手，努力做好未成年人的教育、挽救和维权工作。年内，开展以“关爱成长、护航青春，检察官与你相伴同行”为主题的法治巡讲活动13场次，赠送法律书籍170余册，发放宣传材料600余份，努力提高在校学生的法律意识和自我保护能力，得到教育部门的支持和响应。

【坚持服务大局，促进经济社会发展】 2017年，县检察机关找准检察工作服务大局切入点，主动作为，不断增强服务经济社会发展的自觉性，提升工作实效。

开展“一院一品护发展”活动　结合县域经济发展实际，深入组织开展“发挥检察职能、护航项目建设”精准服务年活动，成立服务项目建设领导小组，制定《乐亭县人民检察院“发挥检察职能、护航项目建设”实施方案》，得到县委、县人大常委会、县政府领导的肯定。主动对接河钢乐亭钢铁有限公司项目，实时跟进项目进度，对立项、环评、征地等各个环节全程提供法律服务，拟定预防职务犯罪工作方案，组织召开座谈会3次，走访调研项目施工现场2次，有效保障了重点建设项目的顺利实施。立足园区建设，先后在河北乐亭经济开发区、县城区工业聚集区设立检察工作室，深化法律服务、治理服务、监督服务、预防咨询服务，开展宣传活动14次，法制培训3次，提供法律咨询27次，发放宣传材料1200余份，收到良好预防效果。

依法维护市场经济秩序　严厉打击经济领域犯罪行为，依法批捕非法集资、合同诈骗等经济犯罪12件15人，提起公诉10件13人，努力营造法治化市场环境。深化商业贿赂源头治理，提供行贿犯罪档案查询475件，从源头堵塞违法经营漏洞，促进社会诚信体系建设。主动服务“僵尸”企业治理，为相关合同文书把关、核定，提供法律咨询3次，努力提升园区的经济总量和生产活力。

注重服务和保障民生　走访、调研县城区工业聚集区食品企业，与市场监督管理局会签《关于加强食品药品安全行政执法与检察监督衔接配合的意见》，推动食品药品监管和打击违法犯罪工作有效开展，切实保障人民群众饮食、用药安全。高度重视非法集资等涉众型案件的办理，坚持把维护稳定放在首位，强化效果意识，提前介入，引导侦查，深挖犯罪事实，加大追赃力度，最大限度保护人民群众财产安全。立足乐亭农业大县的实际，将涉农检察工作作为民心工程，严厉打击侵害农民权益、危害农业发展、影响农村稳定的犯罪活动，办理涉农刑事案件11件11人，全力维护农村社会治安稳定。

审　判

【概　况】　2017年，乐亭县人民法院（简称县法院）深入学习贯彻党的十九大精神，坚持司法为民、公正司法工作主线，唱响“求真、实干、担当、效率”主旋律，充分发挥审判职能，努力完成“维护社会大局稳定，促进社会公平正义，保障人民安居乐业”任务目标，各项工作取得新进展。全年受理民事、刑事、行政、执行异议案件4937件（其中民事案件4450件，刑事案件350件，行政案件63件，执行异议案件74件），审结4751件（其中民事案件4301件，刑事案件316件，行政案件60件，执行异议案件74件），结案率96.23%，调撤率55.32%，分别比上年上升3.15%、1.27%。年内，1名干警荣记个人二等功，1名干警被评为全省综治工作先进个人，2名干警被省高院评为全员读书活动先进个人。

【审判队伍建设】　县法院按照审判领域相对专业化、案件数量适当均衡化、工作任务整体区别化的原则，分析近3年的案件量，通过调研测算、外出交流学习、借鉴成功经验，结合自身司法辅助人员短缺的实际状况，依托原有审判庭，采取大不动小调整、个人意愿和组织安排相结合的方法，最大限度地发挥全体审判人员的积极性和潜能，突出员额法官主体地位，按照“1+1+1”基本模式和“1+1”“1+N+N”“N+N+N”多种模式，初步组建了5个大审判团队计14个审判小组，其中民事行政审判团队2个（员额法官8名、法官助理6名、书记员3名），刑事审判团队1个（员额法官6名、法官助理5名、书记员2名），立案审监团队1个（员额法官3名、法官助理3名、书记员2名），基层法庭团队1个（员额法官9名、法官助理7名、书记员10名）。以审判团队为基本架构的新型办案机制初步形成。

【刑事案件审判】　县法院发挥刑事审判职能，推进平安乐亭建设。全年受理刑事案件350件，审结316件，对375名刑事被告人作出有罪判决。其中，保护人民群众的生命财产安全，审结故意伤害、抢劫、强奸等暴力犯罪案件78起，审结盗窃、诈骗、敲诈勒索等侵财犯罪案件45件；深入推进反腐败斗争，审结贪污、受贿等职务犯罪案件10件；审结交通肇事、危险驾驶等危害公共安全犯罪案件90件；维护金融安全，审结金融犯罪案件4件；严惩黑恶势力，审结寻衅滋事、聚众斗殴等犯罪案件36件；严惩恶意欠薪行为，审结拒不支付劳动报酬犯罪案件4件；坚持“教育、感化、挽救”的方针，审结未成年人犯罪案件5件；全力支持深化审执分离执行体制改革，协力攻坚“基本解决执行难”，审结拒不执行判决裁定犯罪案件3件。坚持宽严相济刑事政策，对164名被告人适用非监禁刑，最大限度减少社会对立面，促进社会和谐稳定。

【民事案件审判】 县法院依法妥善审理民事案件，促进和谐乐亭建设。全年受理民事案件4450件，审结4301件。坚持“调解优先，调判结合”的原则，调撤率51.02%。依法平等保护市场主体合法权益，审结买卖、借贷、租赁等合同纠纷案件1705件；推进家事审判方式改革，审结婚姻、继承、赡养、抚养关系等案件929件；依法保障民生权益，审结农民工追索劳动报酬、农村土地承包、宅基地使用权纠纷等涉农案件60件，审结交通事故、医疗纠纷、劳动争议、损害赔偿等侵权纠纷案件810件。调解涉及军队全面停止有偿服务活动的案件1件。

【行政案件审判】 2017年，县法院以《中华人民共和国行政诉讼法》为依据，依法化解行政纠纷，助力法治乐亭建设。全年受理行政案件46件，非诉行政执行案件17件，审结60件，结案率95.23%。坚持保护行政相对人合法权益与监督行政机关依法行政并重，化解行政争议。推动行政机关负责人出庭应诉，全年出庭17人次。加大土地征收、房屋拆迁、社会保障等纠纷协调处理力度，促进行政争议实质性解决。审慎处理系列土地征用行政诉讼案件，助推重点项目建设顺利进行。

【审判监督】 2017年，县法院自觉接受县人大及其常委会的监督，认真接受县人大常委会的执法检查，对发现的问题积极采取措施加以整改。主动加强与人大代表、政协委员的联系，征求人大代表和政协委员对法院工作的意见和建议，对重大案件和有影响的案件，邀请人大代表和政协委员参加旁听，接受社会各界的监督。邀请人大代表、政协委员视察、座谈、旁听庭审169人次。为县人大代表订阅《人民法院报》。主动走访人大代表52人次，相关做法被县人大常委会《代表之家》刊发。依法接受检察机关法律监督，共同维护司法权威。及时发布法院工作信息89篇，虚心接受新闻媒体和社会各界监督，弘扬传递司法正能量。

【审判信访处理】 2017年，县法院健全信访工作机制，细化压实责任，狠抓涉诉信访工作。坚持“诉访分离、分类管理、依法治访”工作模式，抓好源头防控，圆满完成党的十九大等重大活动期间的涉诉维稳任务。实行院领导接访、包案常态化，压实工作责任，一案一策，分化攻坚。8起涉农群体性案件、3起重大信访积案息诉罢访。对51起涉诉信访积案细化稳控措施，对6名连续上访3年以上的信访老户进行了约访和下访。为1名符合条件的困难上访人发放司法救助款8万元。对7名恶意非访当事人判处刑罚。新发涉诉信访量继续保持全市法院最低。

【推进家事审判】 2017年，县法院积极推进家事审判改革，坚持诉前、诉中调解优先，试行“冷静期”，采取1名审判员、2名陪审员组成合议庭审理家事案件，由分配财产、确定人身关系向促进家庭亲情关系的修复转化。

【审判管理】 2017年，县法院加强审判管理，强化管理意识，加大管理工作力度，坚持“调、改、活、缩、严、警”的“六字秘诀”，“调”，定期调度提高质效意识；“改”，深化落实司法体制改革；“活”，立案庭动态调控各入额法官收案数量，结案率高的人员适当多分案，均衡各入额法官的结案率，实行动态调控的灵活立案机制；“缩”，繁简分流缩短办案周期；“严”，严控审限延长范围及数量；“警”，审限监督预警化解双管齐下。以提升管理效能为目标，建立全方位、多角度、立体式审判管理体系，有效提升审判质效。全年受理各类案件4937件，结案4751件，结案率96.23%，位居全市法院前列，服判息诉率等多项指标也均位居全市前列。

【护航项目建设】 2017年，县法院认真落实县委工作部署，积极与产业园区对接，对20余家问题企业（项目）因企施策，协助成功处置5家，实现闲置资产有效重整利用；编发《企业防范经营法律风险和诉讼服务提示指导手册》，为企业预防和化解经营中的法律风险提供依据；开展走访服务企业活动50余次，妥善审理涉及重点项目建设、重点企业合同纠纷案件45件，对被诉重点企业慎用保全措施，坚持调解优先原则，为全县“重大产业支撑项目攻坚年”活动创造良好法治环境和营商环境。

【推进基层治理】 县法院根据基层法庭辖区不同情况，因地制宜，打造“服务企业特色法庭”“亲民调解法庭”“服务农业特色法庭”“综治平安法庭”。以家事纠纷、农村土地承包合同纠纷、相邻关系纠纷、劳动争议纠纷、涉及项目建设纠纷为重点，开展“用良心塑造公平、用责任托起天平”专项巡回审判活动，以案释法，搭建社会参与联动解决案件纠纷的服务平台，全年巡回审判300余件次。相关做法被《民生周刊》《唐山劳动日报》刊载。

【打造“智慧法院”】 县法院积极促进审判能力和服务手段现代化，购置诉讼服务一体机，实现当事人自助诉讼服务。深化应用公、检、法“三方远程庭审”办案系统。开通网上诉讼服务平台，启用智能审判辅助系统，配备审判文书自动输出设备，全面推进电子卷宗随案同步生成。完成全部馆藏档案数字化扫描，提供高效便捷利用服务，并以全市最高分通过省档案局档案目标管理AAAAA级认定。2个基层法庭审判用房项目竣工，整体硬件建设水平持续提升。

【深化司法公开】 县法院依托现代网络技术，深入推进审判流程公开、庭审直播公开、裁判文书公开、执行信息公开“四大平台”建设，由事后监督向事前预防、同步监督转变；开通法院官网、微博、微信公众号，回应当事人和社会关切。全年公开裁判文书1844件，受理网上立案申请2007件，庭审直播484件，录播1132件，案件流程公开率、开庭公告公开率、电子卷宗录入率、当事人信息录入率均为100%，全市法院领先。

司法行政

【概　况】 2017年，县司法局充分发挥司法行政的服务保障职能，带领全局干警和律师、法律服务工作者，紧跟县委、县政府和上级司法行政部门决策部署，坚持“围绕中心、服务大局、服务民生、服务群众、创新服务理念、改进服务方式”的工作宗旨，深入推进平安乐亭、法治乐亭和过硬队伍建设，司法行政工作水平和能力得到提升，为建设沿海强县、美丽乐亭发挥了应有作用。

【法治宣传教育多元化】 县司法局结合全县普法实际制订印发《乐亭县普法依法治县第七个五年普法规划》和《2017年普法依法治县工作要点》，创新宣传方式，提高法治宣传的针对性、时效性，为全县经济社会发展营造良好的法治环境。5月5日，县普法依法治县领导小组通报表彰了全县“六五”普法期间涌现的71个先进集体、139名先进个人和15名先进工作者。年内，汤家河镇史庄村史家大院史秉才被评为“河北省2016年度十大法治人物”。

开展“法律九进”活动　县司法局联合团县委、县市场监督管理局等12家单位及志愿服务队伍90余人，在茂源社区文化广场集中开展“法治进社区”在职党员普法宣传活动。通过“三下乡”“法律赶大集”等形式，推进农村普法；通过送法律书籍、法治讲座等形式，推进企业普法；通过开展法治征文、以案说法报告会等形式，进行青少年法治教育；通过举办法治文艺演唱会等形式，开展社区普法；通过推行“周五”学法一课时制度，推进机关单位学法普法；通过张贴法律标语、更新法治宣传橱窗、专项治理和综合治理等形式，推进景区法治宣传。通过深入开展普法活动，不断掀起普法高潮，选树普

法典型，实施公职人员、教师年度法律知识合格证考试等，全县干部群众、青少年等法治观念得到提高。

加强法治宣传阵地建设　年内，更新社区法治宣传栏12块，印发法治宣传材料1万余份，发放法治宣传书籍3000余本。

加强普法对外宣传工作　网络普法进一步发展，依托河北省新媒体普法矩阵群和唐山普法手机网，开展网上普法。年内，在今日头条发布普法宣传帖子44篇，点击量超过13万次。

【人民调解】　加强矛盾纠纷排查调处　开展“大排查、大调处、大防控”活动，做好重点时期、重大活动期间矛盾纠纷排查调处工作，使矛盾纠纷早发现、早化解、早处置，及时将社会不稳定因素化解在基层，消除在萌芽状态。

完善调解组织建设　建立健全行业性、专业性人民调解组织，构建便民矛盾纠纷化解平台。巩固提升医疗纠纷、交通事故等行业性调委会，稳步推进矛盾纠纷相对集中的物业、环保、劳资等领域调解组织，重点强化消费者权益、食品药品、保险等行业性人民调解组织，构建“一站式”“一条龙”化解矛盾纠纷平台。全县有调委会620个，其中乡镇调委会14个，村（居）调委会485个，学校调委会103个，专业性、行业性调委会10个，企业调委会8个。调解各类矛盾纠纷1302件，调解成功1224件，调解率100%，调解成功率94%，没有发生因调解不及时、不到位而引发的矛盾升级和民转刑案件，维护了全县社会的和谐稳定。

加强档案管理　不断完善调解案件评查和档案规范化管理机制，年内对全县人民调解档案进行督导检查2次，并作为落实“以案定补”的依据。对调解档案进行梳理和装订，整理调解档案214件，其中一般案件176件，疑难案件18件，重大案件20件。

【社区矫正】　县司法局自2010年开展矫正工作后，共接收社区矫正人员687人，解除矫正人员439人。年内纳入监管的社区矫正人员248人，其中暂与监外执行7人、假释3人、缓刑236人、管制2人。实行社区矫正人员监管情况日报告制度，制定维稳方案和应急措施，加强对重点人员走访工作，并要求各司法所在重大活动前组织矫正人员集中学习。同时，定期由专人抽查矫正人员重大活动期间的活动轨迹。

开展社区矫正检查　联合县检察院组织开展社区矫正工作执法检查活动，对全县14个乡镇（街道）司法所进行检查，重点对社区矫正人员审前社会调查评估案卷、集中学习开展情况、社区矫正人员档案规范化、社区矫正信息平台等方面进行详细查看。全年对违反社区矫正管理规定的进行警告处分9人次，严肃社区矫正刑罚的执行。通过开展社区矫正检查，查找并及时改进存在问题，进一步推进了社区矫正工作规范化。

对矫正对象实施人性化监管　在司法部原有20类文书的基础上，根据工作需要新补充手机定位监控、案件督办、调查评估报备等相关措施，细化执法环节，使整个执法活动更加严谨。发挥手机定位系统作用，随时掌握社区矫正人员的活动情况，实行24小时全程监控，实现“区域监管、人员定位、警示告知、动态考核、决策分析”的人性化电子监管，提升监管质量。县司法局对社区矫正对象进行集中法治道德教育，制定个人矫正方案，从思想上、心态上、认罪伏法上帮助矫正，进行心理疏导，生活上给予帮扶温暖，帮助矫正人员顺利回归社会。

安置帮教　加强刑满释放人员的信息核查、信息衔接和管控、帮扶工作。推进基地建设，发挥基地的功能作用，完善信息联通。建立唐山丞起汽车零部件有限公司、唐山港诚信劳务服务公司安置帮教基地2个。年内接收回归人员59人，帮教率100%。

【公共法律服务普惠民生】　窗口建设　2017年，在全市率先将县综合法律服务中心升级为县公共法律服务中心，打造“一个大门进来，集中受理，分头办理，一揽子解决问题”的综合性服务平台。大力推进便民服务窗口规范化、标准化建设，不断强化功能设置，完善内部设施，严格落实服务承诺制、首问负责制、限时办结制和援助公开制，让群众“寻求帮助顺心、解决问题放心”。

律师工作　推进律师制度改革，开展公职律

师试点工作。年内，全县新增公职律师试点单位3家，公职律师试点单位达到4家，公职律师4名。

全面拓展律师服务领域，推进法律顾问工作。整合法律服务资源，努力满足政府机关、企事业单位、农村基层组织和广大群众日益增长的法律服务需求。年内，全县律师为19家政府部门和企事业单位担任法律顾问，为顾问单位代理各类案件35件，审查经济合同120余份，接待咨询292人次，维护了顾问单位的合法权益。全面加强法律顾问工作，村（居）法律顾问工作不断完善，全县485个村（居）全部落实法律顾问制度，实现了全覆盖。

开展律师参与化解和代理涉法涉诉信访案件工作，建立全县律师人才库和名录库。支持律师开展调查核实等工作，确保律师参与化解和代理涉法涉诉信访案件工作规范有序、良性运行。

组织引导律师参与服务小微企业发展，助力小微企业创业创新基地建设。选调6名政治素质高、业务能力强的律师组成乐亭县小微企业律师服务团，并在县城区工业聚集区挂牌。同时，推荐1名优秀律师进入市小微企业律师专家库，为市小微企业提供法律保障。引导律师深入走访小微企业，对企业实施“法律体检”，为企业注册、清费减负、简化审批、融资引资等提供法律咨询与服务，推行快结快处机制，提升服务质量。定期为创业实体提供上门法律服务，宣传维护创业者合法权益的政策法规，帮助其规范规章制度、合同文本；组织律师承担小微企业创业创新中的法律援助案件，做好农村和外来务工人员的法律援助工作，帮助引导其依法表达诉求，维护合法权益。年内，全县律师为县内小微企业代理诉讼15件，组织各类法律知识培训16场次，免费解答法律咨询55人次，出具法律风险意见书13件，开展专项小微企业法律服务3次；为小微企业减免服务费用5.56万元。至2017年年底，全县律师代理各类案件265件，办理非诉讼事务5件，代写法律文书422件，解答群众法律咨询1040人次。

基层法律服务　县司法局基层法律服务工作坚持以“维护当事人的合法权益，维护法律的正确实施”为宗旨，依法开展法律服务工作。全年接受当事人咨询2000余次，其中诉讼代理316件，非诉讼调解45件，代书772件，审查经济合同59件，法律援助18件。

法律援助　强化服务，保障到位，积极服务县委、县政府中心工作。畅通重大项目建设中涉及土地征用、拆迁安置、农民工工资等申请法律援助的“绿色通道”，简化审批手续。积极办理重大建设项目投资中，因土地征用而涉及赔偿、安置等纠纷的法律援助事项，对此类法律援助申请实行“零等待”制度，在申报资料齐全的前提下，即时受理，即时审批。对重大建设项目投资中，务工人员申请支付劳动报酬和工伤赔偿法律援助的，可凭有效身份证明，免除经济困难条件审查，只要符合受援条件，即刻办理。根据县域实际，将项目建设领域中职工权益维护问题列入援助范围，对即将超过仲裁、诉讼时效，需要采取诉前财产保全或者立即提起劳动仲裁、诉讼等具有紧急情况的案件特事特办，可先受理、后审查，避免因处理不及时导致当事人权益受损。将在县内参加项目建设的外地施工人员，全部纳入援助范围，加强与异地法援中心协作办案，方便当事人，提高办案效率。适时放宽法律援助经济困难标准，降低法律援助门槛，重点做好农民工、下岗职工、农村留守人员的法律援助工作。

扩大法律援助覆盖面。在已建立15个法律援助站的基础上，向劳动保障、民政、残联、总工会、妇联、学校和村居延伸。至年末，合计建有援助站21个，方便群众就近获得法律援助服务。

县法律援助中心全年为农民工、老年人、妇女等弱势群体解答法律问题2578人次，办理法律援助案件245件，其中刑事案件20件，民事案件225件，均已归档，无一起投诉案件发生，法律援助办案质量得到提升。

【司法公证】　*发挥公证职能，服务县委、县政府中心工作*　为棚户区改造和“一区三边”拆违集中行动、保障性住房分配、军转人员公益性岗位分配、滦河护岸堤坝水利工程建设、国有土地使用权挂牌出让、重点企业公证等提供了法律服务，预防和化解了一些矛盾纠纷，为县委、县政府中心工作的顺利进行和社会和谐稳定提供了法律保障。

加强基础设施投入，提高公证执业标准化水平　建立健全和完善了26项内部管理制度，制定公开公示制度，实施阳光服务。加强公证处硬件建设，新购置身份证识别仪2台、高速扫描仪2台、照相机1台，安装、培训公证办证软件系统，全面改善办公条件和办公环境，公证服务标准化水平得到提升。

实施便民、利民、惠民工程，发挥公证在协调社会关系、规范社会行为、化解社会矛盾中的作用　积极介入征地搬迁、招投标和公益活动，开展民生及三农领域公证服务，依托各乡镇（街道）司法所建立覆盖全县的公证服务网络平台14个，在12个居委会144个行政村建立公证信息员队伍，设信息员166名。加大公证服务困难群体的力度，使公证服务惠及更多群众，更好地保障和改善民生。开启公证“绿色通道”，为孕妇、年老、残疾或其他行动困难的特殊群体提供上门服务。年内，受理公证事项372件，办结360件；代书255份，受理法律咨询2865次，法律援助2件，上门办证49次。无一起投诉、上访事件发生，在维护社会稳定、促进县域经济发展等方面发挥了积极作用。

【加强司法行政队伍建设】　*加强业务和政治理论学习，提升业务素质和履职能力*　深入学习贯彻党的十九大精神，学习领会上级司法行政工作会议精神，在学懂、弄通、做实上下功夫，确立司法行政工作正确的政治方向。在全体司法行政干部中形成积极学习业务、理论知识的良好风气，业务素质和履职能力得到提升，优质、高效服务水平不断增强。

加强党风廉政建设，确保司法干部队伍纯洁　严明政治纪律，落实中央八项规定，建立健全班子成员率先垂范、全局上下遵纪守法的长效机制，坚持司法行政工作服务大局、服务民生的宗旨，切实维护群众利益。

【史秉才被评为2016年度河北省“十大法治人物”】　2017年3月28日，在全省政法宣传培训班开班仪式上举行了河北省2016年度“十大法治人物、十大法治事件、十大法治成果”颁奖仪式，汤家河镇史庄村史家大院史秉才被评为“河北省2016年度十大法治人物”。

史秉才在2011—2015年（“六五”普法）期间，以饱满的热情和主动作为，依托其自办的史家大院，积极开展群众法治宣传教育工作。通过开设家庭法律图书角，建设农民家庭学法图书馆和集中学法阅览室；通过开设法治教育大课堂，开展村民和青少年法律专项学习教育；通过对接县“送法下乡”活动，把“史家大院”建设成为农村法律宣传常设站点。史秉才探索实施的“史家劝和”民间矛盾纠纷调解新机制，以在县城常设调解点、乡村流动普法调解等形式，实现人民调解和法律服务的有机结合。5年中接待咨询和调解纠纷350余起；其汇总的全县各涉农涉法部门电话服务热线，搭建起农村便民服务平台；组建的法治文艺宣传队，编演倡树法律新风、遵纪守法的法治文艺节目，丰富了农民群众的精神生活。史秉才以创新的普法和法律服务，为新农村建设做出自己的贡献，成为群众支持和参与法治建设的典范。

社会治安综合治理

【概　况】　2017年，县委、县政府把平安建设置于经济社会发展全局统筹谋划、统筹部署实施，深化平安乐亭建设，持续提升人民群众的安全感和满意度，以理念、体制机制、方法措施创新为动力，以实现现代化科学技术为引领，以基层基础建设为支撑，完善立体化社会治安防控体系，有效防范、化解、管控影响社会稳定的突出问题，不断提升平安乐亭建设的能力和水平。

【开展严打整治专项行动】　县委、县政府深入开展打黑除恶灭霸扫痞、打击黄赌毒、打击“两抢一盗”、打击电信网络诈骗、打击非法集资、打击危害食品药品安全和生产安全等专项行动，保持了对犯罪分子的高压态势。年内，破获刑事案件384起，比上年上升6.4%；抓获犯罪嫌疑人353人，比上年上升9.3%；查获行政案件1121起，行政拘留278人。强化社会面防控，组织巡警、交警、派出所警力采用车巡、步巡相结合的方式上街巡逻，最大限度地压缩违法犯罪行为的空间和时间。发挥群防群治队伍和平安志愿者队伍作用，加强农村、社区巡逻防范，及时掌握收集社情民意，及时发现治安隐患，把问题化解在萌芽状态。经过严打整治专项行动的开展，人民群众的安全感、满意度大幅提升。

【推进矛盾纠纷调处】 *强化源头治理，完善工作机制* 县委综合治理部门严格落实“日排查、周调度、月汇总、季分析”工作机制，完善社会风险评估机制、责任追究和监督制约机制，建立全方位、常态化社会矛盾预警体系。发挥基层排调组织的基础作用，定期排查、收集、汇总、分析、研判各类社会矛盾纠纷，做到早发现、早报告、早控制、早化解。全县有调委会626个，其中乡镇调委会14个，村（居）调委会482个，其他调委会130个（其中学校调委会115个），年内调解各类矛盾纠纷602起，调解率100%，调解成功率96%。协同相关部门在矛盾纠纷相对集中的多发领域建立专业性、行业性调解组织7个，企业调委会8个。注重完善人民调解、行政调解、司法调解三大调解有机衔接、协调联动的多元化解机制，构建“一站式”“一条龙”化解平台，把大量民间矛盾纠纷化解在基层，实现“小事不出村、大事不出乡、难事不出县”的目标。

深入开展基层平安创建和矛盾纠纷“三无三百”创建活动 县委综合治理部门进一步完善平安村（居）创建标准和考评奖励机制，推动平安乡镇（街道）、平安村居、平安校园、平安市场、平安医院、平安企业、平安家庭等创建活动持续有效开展。制定印发《社会矛盾纠纷动态排查全面化解攻坚行动实施方案》，在全县组织开展矛盾纠纷“三无三百”创建活动，从源头预防和减少刑事命案特别是“民转刑”命案的发生，切实形成平安建设人人参与，平安结果人人共享的局面。

【社会管理创新探索】 *加强重点单位、部位安保* 县委综合治理部门督促指导内部单位完善门卫执勤、政务值班、巡逻防范等项制度，重要部位视频监控安装率达到100%。对重点单位加大督导检查的力度和密度，重点检查人防、物防、技防落实情况，特别是防突发事件预案及职工处置突发事件的能力。

加强危爆物品、消防安全管理和道路交通安全管理 县委综合治理部门对枪支弹药、涉危涉爆从业单位反复、滚动开展隐患排查整治，全力消除安全隐患。以创建省级文明城为载体，继续巩固保持、不断完善“全国平安畅通县”创建成果及措施，大力开展静态交通秩序整治、酒后驾驶专项整治、涉牌涉证违法行为专项整治、校车专项整治等活动，先后查处各类交通违法行为6万余起，保障了道路交通安全。

强化流动人群、重点人群和特殊人群的管理、管控 县委综合治理部门建立流动人口动态管理信息库，完善以房管人、以证管人、以业管人管理体系，确保流动人口、出租房屋管理到位，年内流动人口登记率、办证率达到95%以上。开展流动人口、出租房屋清查行动，检查旅馆92家次，足浴28家次，处罚不按规定登记住宿旅客的旅馆7家，取缔无证旅馆2家，停业整顿歌厅1家，清查流动人口1680人次，出租房屋2126间。通过广泛摸排，获取大量违法犯罪线索，打掉卖淫窝点4个，侦办黄赌毒刑事案件5起、治安案件14起，刑事拘留6人，行政拘留19人。查处吸毒人员46人次，强制隔离戒毒10人，社会风气得到净化。加强特殊人群服务管理，对刑释解教人员、社区矫正对象、不良行为青少年、吸毒人员、严重精神障碍患者等特殊人群，以底数准、动态清、管得住、服务好为目标，加大源头治理力度，建立动态管理信息库，全面排查及时掌握其活动轨迹，最大限度地预防、减少其违法犯罪活动，有效防止民转刑案件发生。健全政府、社会、家庭三位一体的关怀帮扶体系，注重民生保障和教育管理相衔接，最大限度地帮助其解决生产生活中的实际困难。年内为1437名精神障碍患者监护人入投了责任险，对272名严重精神障碍患者监护人落实了以奖代补措施，有效降低了肇事肇祸风险。

加大校园及周边安全隐患排查治理力度 县委综合治理部门按照“全覆盖、零容忍”的要求，组织县公安局、县消防大队、县环保局、县卫计局、县市场监督管理局、县城管局等单位开展校园食堂及周边食品安全专项整治活动和学校及周边安全隐患排查活动，查出校园及周边安全

隐患72项，全部整改。6月始，开展“护校安园”专项治理活动，强化校园内部安全防范、校园安全风险排查整改、校园周边巡逻防控、涉校违法犯罪打击处理、警校联动机制、校园法制宣传教育6项工作措施，切实保护在校师生人身安全，严防校园安全事故及治安刑事案件发生，维护校园安全稳定。组织县公安局、县法院、县检察院干警为学校师生进行法律知识及自身安全救护培训100余场次。以防范消防安全事故、拥挤踩踏事故、不法分子袭扰校园事件、食品安全事故、自然地质灾害、交通安全事故、疫情突发事件、学生溺水事故等为重点，进行应急演练300余次，达到了“护校安园”的目的。

组织开展护路联防工作 县委综合治理部门组织护路联防成员单位和沿线乡镇开展排查活动，加强铁路沿线管理和治安问题整治，做好重点时期的铁路护路工作，确保境内铁路运输安全畅通。组织铁路沿线乡镇（街道）、县民政局、县教育局、县市场监督管理局、县公安局、县国土资源局、县住建局、县城管局、国网冀北乐亭供电公司等部门进行《铁路安全管理条例》学习培训，开展“爱路护路、安全出行”“爱我铁路、建我家乡”主题实践活动，重点对铁路沿线中小学学生进行宣传教育，收到良好成效。

加强网络管理 县委综合治理部门加强网吧、非经营性上网服务场所安全管理，建成公共场所无线上网安全管控系统35处，筹备建设终端特征采集前端50处。对涉乐亭网站、微博、QQ群、论坛等实行24小时网上巡查，确保网络安全。

高标准打造县级综治中心平台 作为全省综治中心规范化建设试点县，坚持高站位、高标准打造县委、县政府社会治理的“一号指挥中心”。依托县群众工作中心进行提升改造，为社会治安和社会形势分析研判、社会治安状况实时动态监测提供场所。至年底，视频监控室建设已近尾声，综治视联网端口已接入，“雪亮工程”系统建设，公安视频、城管视频端口已接入。

坚持试点先行，推进乡、村综治中心建设 按照省综治中心建设“三三三人才工程”要求，4个乡镇（街道）、31个村为试点单位，先行推进乡、村基层综治中心规范化建设。试点乡镇视联网已和县综治中心实现互联互通，试点村按照规范标准稳步推进。

推进网格化管理和综治信息化建设 坚持科技引领、信息支撑深化网格化管理服务，在全县14个乡镇（街道）、485个行政村（居）划分649个网格，组织进行综治“9+X”系统基础数据采集录入，至年底已采集房屋信息9万多条，人口信息近25万条，录入率60%。

【乐亭县获全国社会治安综合治理最高奖“长安杯”】 2017年9月19—20日，在全国社会治安综合治理表彰大会上，乐亭县被评为“2013—2016全国平安建设先进县”，同时被授予全国社会治安综合治理最高奖“长安杯”。此荣誉的获得标志着乐亭县在更高起点、更高层次上推进平安建设取得了新的突破，社会治理水平达到了一个新的阶段。

“长安杯”是党中央对一个城市平安建设、社会治理创新、和谐社会建设及发展软环境等综合水平的最高褒奖，只有连续3届（每4年1届，即连续12年）被评为“全国社会治安综合治理先进集体、综治优秀市或者平安建设先进县”才有参评资格，是国家综治领域时间跨度最长、涵盖内容最多的一项综合考评。

乐亭县委、县政府始终把社会综合治理牢牢抓在手上，通过健全矛盾纠纷排查体系，运用专业调解组织和民间调解组织相结合的措施，实现调解组织全覆盖，使民间矛盾纠纷调解率保持在95%以上，调解成功率90%以上。通过整合基层社会服务管理资源，建成社会治理县级综治中心，组织公安、司法、法院、检察等13家矛盾纠纷主责部门入驻，搭建起基层综合服务管理平台，最大限度实现群众“进一扇门、办所有事”，同时在全县14个乡镇（街道），485个行政村（居）划分649个网格，综治信息化系统、综治视联网系统、“雪亮工程”系统分别接入综治中心，“9+X”综治基础信息数据全面录入，实现互联互通。通过建立“天网”监控和地面巡逻结合、公安民警与群防力量结合的治安防控体系，坚持把社会治理触角延伸到末梢，构筑全方位的治安防控体系，城乡综治得到全面加强。

城乡建设

基础设施建设

【规划编制】 城区规划　2017年，乐亭县住房和城乡规划建设局（简称县住建局）按照《河北省全面提升县城建设层次和水平工作方案》要求，依据《乐亭县城乡总体规划（2013—2030）》和《乐亭县中心城区控制性详细规划》，创新规划理念，改进规划方法，坚持以人为本、着重自然、传统历史、绿色低碳等理念，优化提升城乡总体规划，完善总体城市设计，制定完善专项规划，开展总体规划实施评估，委托河北城乡规划设计研究院和唐山市规划建筑设计研究院编制了综合防灾规划、公共服务设施规划、地下空间规划、海绵城市规划、停车设施规划、地下综合管廊规划、中心城区城市设计、热力工程规划、给水工程及节水工程规划、排水工程规划、燃气工程规划等13项专项规划，11月底完成初步方案。第三季度组织完成绿地系统专项规划、环境卫生专项规划、马头营物流园及汀流河工业园区控制性详细规划、河北乐亭经济开发区控制性详细规划的专家评审，保持了规划的前瞻性、严肃性和连续性。

镇村规划　县住建局根据省住建厅《2017年全省城乡规划和村镇建设工作要点》和市美丽乡村建设领导小组《2017年唐山市美丽乡村建设实施方案》要求，协助各相关乡镇对30个村进行美丽乡村规划的编制，年内完成郭董村、庙上村、香道村3个村庄的规划编制。根据住建部《关于开展绿色村庄创建工作的指导意见》，在2016年创建23个绿色村庄的基础上，补充完善了年度计划，2017年达到67个村。

【城乡一体化建设】 2017年，县住建局按照《乐亭县城乡总体规划（2013—2030）》的要求，加快城乡一体化建设步伐。

县城建设攻坚行动　全县持续开展县城建设攻坚行动，以完善路网结构、增强路网连续性为重点，推进棚户区改造等10条道路的基础配套设施建设工作；推进城中村的小区和旧厂房的改造工作，涉及2047户，温庄、柏庄、蒙庄棚户区改造项目16栋楼已进场打桩，乐兴家园（乐亭二中北侧）完成勘察设计招标，规划设计方案已审议通过。原城关集贸市场安置进行前期谋划。

城乡统筹发展　2017年，突出重点镇建设，带动一般乡镇村建设发展，推进汀流河、姜各庄、阎各庄重点镇基础设施建设挂账督办项目，全年累计完成投资259.1万元。阎各庄镇被列为省重点培育的特色小城镇后，县住建局对其城镇的规划发展提供了技术支持和指导。同时协调各乡镇、街道围绕净化、绿化、美化、亮化，推进以道路、通信、改厕等为重点的基础设施建设，人民群众的居住条件和生活环境得到改善。姜各庄镇投资20万元，修建污水管网5千米，生活污水处理能力得到增强。

农村“气代煤”工作　县住建局按照市气代煤、电代煤工作领导小组办公室《唐山市2017年气代煤电代煤工作实施方案》要求，积极稳妥启动以治理燃煤散煤为气代煤、电代煤工程。2017年县确定1258户气代煤改造计划，涉及乐亭镇三丁庄村、刘李庄村、前葛庄村、后葛庄村4个村庄，年底前管道施工结束，基本达到供气条件，待验收后运营。同时谋划2018年城区959户禁煤区清洁供暖工作。

【房屋征收】 2017年，乐亭县房屋征收办公室（简称县征收办）贯彻落实国家、省、市、县关于房屋征收的法律法规和相关政策，围绕县城区建设需要，科学制定征收工作实施方案，分解落实各项工作目标任务，加强统筹协调，牵头组织实施棚户区改造攻坚专项行动，以人为本，扎实推进征收工作，确保全县项目建设的顺利实施。

2016年棚户区改造征收　2016年6月，县委、县政府启动2016年棚户区改造工作，任务包括发展大道南延（东大街至规划中的景乐街段）、腾飞街以北乐港公路与滨河路围合区域、温柏蒙庄、大吕庄4个区域，总占地面积123.87公顷（国有土地面积25.47公顷、集体建设用地面积98.4公顷），涉及被征收户1964户（住宅户1842户、工商企业户118户、行政事业单位户4户），总建筑面积34.45万平方米。2017年1月，棚户区改造工作进入协议签订阶段，县征收办全体工作人员及抽调的220名工作队员，发扬“五加二，白加黑”的工作精神，拓思路、想办法强力推进征收工作。至年底，完成评估收量1952户，占总量的99.39%；签订协议1702户，占总量的86.66%。

2017年棚户区改造征收　2017年5月，县委、县政府启动发展大道南延安置区集体建设用地使用权征收工作，任务包括发展大道以东、规划中的嘉祥路以西、人民街以南、景乐街以北，总占地面积21.34公顷，涉及被征收户144户，建筑面积1.6万平方米。7月，启动发展大道以东、富康路以西、人民街以北、王庄上集体宅基地以南集体建设用地使用权征收工作，总占地面积10公顷，涉及被征收户95户，建筑面积1.3万平方米；启动乐亭二中家属院98户的房屋征收工作，占地面积0.61公顷，建筑面积0.79万平方米。至年底，完成评估收量265户，占总量的78.64%；签订协议110户，占总量的32.64%。

棚户区改造咨询及信访维稳　2017年，县征收办设立政策咨询组，确定专人接待来电来访群众500余人次，宣传解答群众关心的政策性问题。自2008年县征收办成立后，全县征收工作历史遗留问题29个，经组织力量进行分析研究，加大解决征收历史遗留问题的工作力度，到年底成功解决历史遗留问题6户。

征收档案审核整理　县征收办在征收工作中，以补偿政策为红线，坚持“一把尺子量到底”，及时纠正工作人员的不当行为，保证补偿工作公开透明、公平公正，最大限度保障群众利益不受减损。对档案材料严格审核，力求档案完整、详细、清楚。到年底，完成审核档案1325户，占总量的62%。

房屋征收综合协调处理　县征收办作为县房屋征收指挥部的综合组织，承担着大量的上传下达任务，针对2017年征收区域广、户数多的特点，克服人员不足等困难，不分节假日，每天坚持报送征收进度、公职人员进度、倒排工期表，并定期形成文字材料报县相关领导和各相关部门，做好补偿协议的发放、管理和各类证明材料格式的定制工作。为各工作组提供后勤服务，提供各种支持。对指挥部领导临时交办的各种紧急事件，采取相应措施，第一时间果断处理，保障政令及时上传下达，使紧急突发事件得到妥善解决。

【电力供应设施建设】 2017年，国网冀北电力有限公司乐亭县供电分公司（简称县供电公司）牢固树立“电网是经济发展生命线”的理念，坚持以用户需求为核心，建立重点项目协调、督办机制，统筹解决征地、拆迁、青苗赔偿等问题，规划建设取得明显成果，形成了政企共同推动电网发展的良好局面。河北乐亭经济开发区220千伏输变电工程、庞各庄220千伏变电站和代张庄110千伏变电站建设写入政府工作报告，成为县领导高度关注和大力推进的重点项目。组织第三方规划公司为乐亭县城区、唐山国际旅游岛、河北乐亭经济开发区电网进行规划设计，方案纳入地方总体规划，为服务经济发展提供强力支撑。农村配电网升级改造工程纳入县十大惠民实事工程，改造10千伏线路72千米，增容改造变压器85台，完成522眼机井通电工程，确保电网建设和地方规划协调发展。年内，县供电公司被省政府评为“支援革命老区建设先进单位”，被国网冀北电力有限公司评为“‘两年攻坚战’工程建设先进集体”。

【供水设施建设】 城南供水厂建设　为满足城区生产、生活供水增长的需求，增强水资源的承载能力，完善城区集中供水网络，积极推进城南（发展大道以东、富康路以西、鹏程街以南、规划中的滦水街以北）供水厂建设，占地面积6.67公顷，预计总投资2.07亿元，日供水能力5.5万吨。一期工程投资1.3亿元，土建工程按5.5万吨（规模）建设，设备按3万吨（规模）设计安装。一期建成后，主要满足县城区工业聚集区工业用水及县中医医院、汽车站、冀东国际农产品物流中心及周边住宅区用水，形成南北呼应环状供水的集中供水格局，缓解城区供水压力。2017年底已完成可行性研究报告、环境评估报告、社会稳定风险评估报告；完成项目征地工作；协调县财政局、县国土局、县水务局办理相关手续；已完成立项和工程施工、监理招标等事项。

管网建设　计划敷设管网5377.5米，解决乐府小区供水问题，工程造价254.5万元，2017年已完成小区一期上水工程。在茂源街东延至城区工业聚集区之间新敷设DN500PE管580米，解决县城区工业聚集区关停自备井后的用水问题，工程造价145万元。至年底，县城区有水厂2座，日供水能力2.7万吨，供水管网总长度202.19千米，用水户5.2万户。

【城区景观】 2017年，投资34.8万元对县城区主要街道、广场公园进行亮化，安装悬挂灯笼1万串、“流星雨”1662个、小红灯笼3055盏、灯带1690米，对滨河路桥、茂源街桥进行了装饰。通过招商的方式对县城区主要街道路灯杆安装灯笼杆870根、灯笼1740盏。投资1738.4万元，对县城区县委、县政府办公楼等16个单体建筑，民俗风情街、水岸星城等4条商业街，盛世景湾、水悦华庭2个住宅小区，古滦河河道共23组单元工程实施亮化，县城品位得到提升。

【排水设施建设】 投资309.1万元，沿振兴路北段单向铺设D800钢筋混凝土雨水管道450米、改造污水管道465米，5月9日开工7月3日完工。投资405万元，沿茂源街（大钊路—小长河）机动车道铺设雨水管道1100米，8月18日开工10月8日完工。督导污水处理厂实现达标排放、在线监测，污水处理达到一级A标准。全年处理污水1277.94万吨，COD减排量3324.7吨，氨氮减排量245.11吨，无害化处置污泥8323吨。

【供热设施建设】 城南供热站建设　城南供热站自2016年5月开始筹建，9月组织施工，2017年1月管网工程和1、2号锅炉竣工并投入使用；3、4号锅炉本体及脱硫、除尘、脱硝系统3月底完工；锅炉房室内装修、办公楼建设、厂区道路及附属路面建设8月完工。8月18日城市供热有限公司由原新城热力供应所旧址搬迁至新址（城南供热站院内）。

城南供热站的建成取代了原有锅炉房5座、小型锅炉17台，供热能力达600万平方米；提升了供热质量，供热4台锅炉采取3备1运行方式，供热平稳均衡，锅炉供热量290.3万吉焦；节省资金，消耗指标科学，环比下降，供热季消耗标准煤7.07万吨、水61.2万吨、电1739.13万千瓦·时；符合环保要求，新建锅炉严格执行排放限制和排放减量控制要求，安装高效除尘、脱硫设施，采取低碳燃烧与脱硝技术、环保系统采用布袋除尘、脱硫、脱硝方式，一炉一套系统，达到河北省现行排放标准（颗粒物排放限值50毫克/立方米，二氧化硫限值200毫克/立方米，氮氧化合物限值200毫克/立方米）。

热网建设、维护　2017年热网建设投资205万元，敷设各种型号管线1686米。其中，投资35万元，在大钊路西侧敷设DN100管网200米，在金融大街南侧敷设DN125管网343米；投资90万元，在滨河路东侧、腾飞街北侧敷设DN250管网358米，敷设DN125管网325米；投资80万元，在乐港公路西侧敷设DN350管网460米。全年外网维护检修投资100万元，检修换热站44座，热力井3700余座，换热机组40组，循环泵109个，补水泵98个，更换阀门878个。

换热站建设　2017年，县城区新建换热站3座，以提高供热效果，满足居民供热需求，其中通达楼换热站，位于郁庄上通达楼南侧；汽车站换热站，位于新汽车站院内；冀东果菜批发市场换热站，位于冀东果菜批发市场院内。至年底，县城区供热设施有供热站1座，锅炉总吨位400吨，换热站44座，供热入网总面积708万平方米，实际供热面积约400万平方米，当年冬季新增并网户数2000余户，总供热户数达4.6万户。管网总长度301.93千米，其中一次线48

千米，二次线253.93千米。

【燃气设施建设】 2017年，全县已取得燃气许可证的燃气企业12家（未含负责管道输送项目施工的唐山市天然气有限公司），其中管道燃气公司3家，液化石油气站7家，取得燃气经营许可证并投入运营的汽车加气站2家。

城区管道燃气设施建设 2017年，乐亭县中燃翔科燃气有限公司为满足城区企业、居民日益增长的用气需要，投资36万元，由县委老干部局至县总工会间敷设中压管线600米，解决工会家属院及南大街两侧燃气采暖需求和交通运输局家属楼燃气需求，辐射南后巷—南新街—南大街—文化街沿线。年内投资420.22万元，敷设供气管线1.14万米，其中市政中压管线1347.6米，庭院中压管线1377米，庭院低压管线8629.6米。对供气设施进行维修改造，以保证原有供气设施安全运行，其中富强街气站维修调压器4次，富强街气站维修流量计1次，城区管网抢修5次。至年底县城区敷设燃气管网总长度17.51万米，民用户累计安装4.4万户，当年新增民用户2593户，年用气量451.85万立方米。

城镇天然气管道输送项目建设 在2016年城镇天然气管道敷设基本完工的基础上，2017年唐山市天然气有限公司承建的天然气门站项目开工建设，项目位于乐亭镇三丁庄村东，投资1300万元，占地面积0.67公顷，建筑面积2700平方米，站房主体已完工，工艺外网安装完毕，待验收后启用。

唐山市乐亭燃气有限公司承建的供气项目建设 唐山市乐亭燃气有限公司于2012年挂牌成立，取得河北乐亭经济开发区焦炉煤气特许经营权和县城区工业聚集区天然气特许经营权。2017年年底，在河北乐亭经济开发区投资1.02亿元，建成燃气门站及燃气管网，敷设天然气管道8.3千米，供应焦炉煤气8000万立方米/年。为河北瑞联化工有限公司、唐山助钢炉料有限公司、唐山旭阳化工有限公司、乐亭前进钢结构有限公司、乐亭县东冶实业有限公司、乐亭县铭扬实业有限公司供应焦炉煤气，日供气量2万余立方米。在县城区工业聚集区投资2049万元，建成LNG气化设备一套，为上海航天集团多元化能源项目一期工程供应天然气，供应能力3000万立方米/年。

河北省天然气有限责任公司乐亭分公司承建的供气项目建设 公司成立于2011年11月，取得河北乐亭经济开发区天然气特许经营权。2017年建成LNG气化站1座，LNG100立方米储罐2个，汽化器3个，调压计量橇1个，为河北乐亭经济开发区8家用气单位供气，供气量40万立方米/年。

液化石油气供气站建设 2017年，全县液化石油气站7家，分别为乐亭县天建液化气有限公司、乐亭县华乐油气公司液化气站、乐亭县永强液化气站、乐亭县利民液化气站、乐亭县汀流河国发合液化气站、乐亭县八里桥液化气站、乐亭县东荒液化气站。全年供气量约3150吨。

天然气汽车加气站建设 2017年，经县住建局、国土局初审，经市住建局批复，在县域内建设天然气汽车加气站14个，设计用气规模29.36万标准立方米/天。在天然气汽车加气站中，乐亭县华乐天然气加气站、乐亭县成昌燃气公司投入运营，乐亭县友硕加气站、乐亭县益发合加气站、乐亭县圆江加气站、乐亭县卓创天然气有限公司加气站基本建成，燃气经营许可证在办理中，其余各站在积极筹建中。

【照明设施建设】 2017年，县供电公司加强照明设施日常运维管理，维修路灯2800余盏次、线路30千米，维修更换路灯专用变压器24台次，开展路灯专用控制箱除尘、电器元件维护保养37次，排除外力破坏（施工、雷、雨、风等）造成路灯主电缆及路灯设备故障33次，整修恢复高杆灯97基。年内设备完好率95%，亮灯率98%；主要节日和重要活动期间主要道路亮灯率99%。

年末，城区范围内有路灯2409基8607盏，其中金融大街和大钊路中华灯343基5145盏，乐港公路（收费站以北）LED节能灯201基603盏，唐港高速公路连接线12米单、双头灯111基222盏，西外环路195基390盏，茂源街东段154基308盏，发展大道84基168盏，其他街道路灯1321基1771盏。

【城区绿化及绿化设施建设】 投资33.65万元，对古滦河生态公园乐湖及水系两侧护栏进行维修、刷油，更换防腐木实木立柱600根，维修护栏60空，维修木栈道2500米，刷油1.6万平方米。完成古滦河生态公园智山文化墙北路面硬化及绿化工程。投资14.1万元维修破损亮化设施、公园北边界围挡、新增警示牌48块、维修警示牌30块，打磨粉刷茂源街东延桥。投资27万元实施古滦河生态水系城区段、小长河城区段、文园湖底清淤工程。投资9.1万元，对古滦河生态公园乐湖湖北侧铺砖300平方米，古滦河生态公园及水系两侧维修破损路面200平方米，修建公园道路2000米。

【唐山万事达市政园林绿化有限公司】 唐山万事达市政园林绿化有限公司为园林绿化二级资质、市政公用工程施工总承包三级资质、环保工程专业承包三级资质企业，注册资金1000万元，净资产2800万元。有员工280人，其中高级工程师2人、建造师8人、工程师16人、助理工程师30人，专业技术工人50人。拥有生产设备87台，苗木基地面积66.67公顷，主要生产侧柏、国槐、垂柳等苗木。公司与中国农业大学、河北农业大学合作，具备丰富的市政、环保、园林绿化工程设计、施工经验和承揽大型工程施工的能力。可承接城乡道路工程、给排水工程、燃气工程、桥梁工程、绿化景观工程、公共广场工程、市政配套工程、禽畜粪便沼气工程、厌氧生化处理池工程、火电机组燃煤脱硫工程、工业及集中供热工程、小型工业项目噪声、有害气体、粉尘、污水、工业废料的综合利用处理工程，医院医疗污水处理工程等。公司严格执行质量管理体系，严格按国务院《建设工程安全生产管理条例》要求组织施工，工程质量合格率100%，优良率98%。

2017年，公司积极参与工程招投标，先后完成汤家河镇大李庄、麦港等11个村高标准基本农田建设项目、文明县城迎查工程——茂北街工程、承德市宽城县药王庙大桥两岸绿色廊道绿化工程四标段、滦县福州路拓宽景观绿化等23项工程，总投资8000万元。

【成功创建“河北省人居环境奖”】 2016—2017年，县委、县政府以建设沿海强县、美丽乐亭为目标，以开展滨海生态宜居城市创建为抓手，把加快人居环境建设作为发展经济、改善民生的重要举措，坚持高起点规划、高标准建设、高效能管理，以大投入促进大建设、大治理、大提升，全力实施硬化、绿化、亮化、净化、美化提升工程，全面推进城市环境综合整治，城市综合承载能力明显增强，城市功能不断完善，居民生活质量、幸福指数明显提高，城市形象全面提升。2017年11月11—12日，河北省人居环境奖评选领导小组办公室在省住建厅相关领导带领下组成评验组，依据《河北省人居环境奖（进步奖）指标体系与评分标准》，对乐亭县创建活动进行验收（全省人居环境奖（进步奖）备选城市14个）。2018年1月26日，乐亭县被省政府授予“2016—2017年度河北省人居环境奖”称号，全省有滦平县、乐亭县、肃宁县、枣强县、涉县获此荣誉，唐山市仅乐亭县一家。

【发展大道（金融大街—茂源街段）获评“河北省园林式街道”】 发展大道位于县城区中东部。在道路建设的同时，本着“因路制宜、适地适树”的原则实施绿化，提高道路绿化水平，提升县城建设品位。发展大道的绿化以北方乡土树种为主，乔灌结合，花草结合，针叶树与阔叶树结合，落叶树种与常绿树种结合，使之达到三季有花、四季常绿的景观效果，栽植行道树法国梧桐、油松、香花槐、五角枫等500余株，中层搭配太阳李、丁香等花灌木，低层栽植大花萱草、大叶黄杨、紫叶小檗、鸢尾等9000余平方米，绿地率达32.56%，绿化覆盖率达34.45%。2017年12月，发展大道被省住建厅授予“河北省园林式街道”称号。

城乡建设管理

【规划管理】 依法进行规划管控 以《中华人民共和国城乡规划法》为依据，制定规划时严控人口规模和城镇开发强度、居住用地容积率原则不超2.0；建立健全城乡规划委员会制度、规划执法巡查制度，坚持规划条件核发和核实标准；加强对建设项目全过程管理，容积率、绿地率、建筑密度等指标从规划条件至竣工验收保持一致。

严格规划审批 县住建局进一步规范规划编制和管理，严格按照报批程序对规划进行审查，全年出具规划设计条件54份；组织项目总平面图评审22次；严格执行“一书两证”办理，核发《建设项目选址意见书》5份、建设用地规划许可证30份；组织完成20个项目规划专项验收，总建筑面积136.55万平方米。做好水悦华苑、乐府、鼎秀家园等房地产项目的规划管理及发展大道修建、棚户区建设等项目的审批，积极推行规划审批制度。

加强批后管理 多部门协调联动，深入施工现场开展规划执行情况核查，严格监督建设规划实施，强化房地产项目监管，严防房地产开发项目擅自变更规划、调整容积率等违法违规问题的发生，规范日常巡查、批后管理、违法案件查处的行为，提高城乡规划管理水平。

【城区综合治理】 2017年，县城管局按照网格化管理模式，采取“疏、堵”结合、集中整治与日常监管相结合等方式，下大力治理流动摊点、门店外溢、马路市场、露天烧烤和门店牌匾。治理门店外溢2800余起，治理流动摊点1000余个；出动执法人员500余人次，车辆50余辆次，治理烧烤摊点10余处，查扣小烧烤炉具10余套，全部予以销毁，根治露天烧烤乱象，建立长效机制，实行长效管理，为大气污染防治工作奠定了基础；按照“四统一”（统一位置、统一尺寸、统一材质、统一审批）要求，严格审批安装牌匾，开展广告牌匾集中整治行动，拆除不规范牌匾1029块，拆除乐兴路（金融大街—茂源街段）汽车销售区域西侧设立的大型竖式广告牌8块。投资68万元在县城区发展大道、院士街、滨河路等处增设限高架4处，有效防止大车进城现象；对出入县城区的大型车严格审批管理，按照上级要求规范渣土车管理，所有大型车运输全部进行苫盖，杜绝飘洒、漏撒现象。与县交警大队配合，分新城、老城两片整治非法营运三轮车，全年查扣拆解非法营运三轮车30余辆，非法营运现象得到遏制，城区交通环境显著改观。按照县委、县政府的安排部署，强化对曙光街市场、张楼市场、城关集贸市场的整治。对张楼市场占道经营户发放告知书150余份，严禁占道摆摊，促使经营户进入市场规范经营；对城关集贸市场周边批发货物时间段秩序较乱现象，每逢集日安排执法车辆和人员，早5点到岗进行值守，整治流动摊点和乱停乱放车辆，交易秩序、道路通行环境明显改善。

【环境卫生管理】 2017年，县城管局加大对城区环境卫生的督查管理力度，督导唐山京环环境服务有限公司动用小广告清洗车清除城区灯杆、电表箱等处乱张贴的小广告2000余处。督导环卫工人采取错时上班方式，增加夜间清扫人员，采取早晚普扫、中间保洁的做法，确保城区保洁全覆盖，保洁面积达396.53万平方米。出动洒水车4辆清洗道路，日洒水量200余吨，有效抑制扬尘，确保空气质量达标。加大机械化清扫保洁和垃圾清运力度，实现生活垃圾日产日清，全年处理生活垃圾4.7万吨。8月，大罗庄垃圾填埋场堆山开始运营，到年底处理生活垃圾2.5万吨。完成大罗庄垃圾填埋场临时性渗滤液处理设施建设并实现达标处理，处理渗滤液3249.18立方米。

【绿化管理】 投资25万元，在古滦河生态公园栽植杨树3000株，花灌木2000株；在李大钊纪念馆西侧空地栽植苗木2000余株；两处新增绿化面积13.33公顷。实施茂源街两侧绿化工程，栽植法国梧桐190余株。实施幽园绿化工程，栽植乔灌木1000余株。投资8.5万元完成发展大道以西、茂源街以北至宝丰街荒地绿化2400余平方米。投资24.2万元完成乐兴路东侧绿化7200余平方米。投资48.2万元建设幽园历史浮雕广场南侧健身广场300平方米、唐港高速公路连接线绿廊绿道园路两侧镶嵌大理石路缘石2000米，实现了县城区绿廊绿道建设累计达到20千米以上的目标。

【市政管理】 投资33.6万元实施小长河沿线出水口拍门改造工程，拆除小长河原有出水口拍门 6 处（院士街、金融大街各 2 处，富强街、光明桥各 1 处），重新修建闸门 6 座。投资 37.8 万元完成北外环桥闸门维修工程。投资 33 万元进行县城区 20 座桥梁结构检测和荷载检测。投资 113.31 万元县城区道路灌缝 9.3 万延长米。投资 25.8 万元对县城区交通信号灯、电子警察、视频监控进行修复。投资 103.59 万元更换维修茂源街两侧辅道砖 8000 平方米。投资 171.07 万元，沿乐兴路两侧安装单臂式 LED 路灯 61 基、高杆灯 9 基，安装 100 千伏安变压器 2 台。投资 145.03 万元完成县城区道路坑槽修补 9000 余平方米及滨河路与南新街交叉口塌陷处维修。投资 30 万元维修污水井、检查井 512 个。投资 24.44 万元维修县城区破损辅道砖 9300 平方米、火烧板 147 平方米、路缘石 445 米、雨污水井 217 座。投资 654.72 万元实施大钊路路面维修工程，铺设沥青混凝土路面 7.9 万平方米，拆除并重新镶砌辅道砖 4480 平方米，拆除并修砌收水口 349 个，拆除并安砌路缘石 2700 米，施划标线 5374 平方米。

【县城区形象建设与管理】 2017 年，县城管局深入做好创建文明县城、迎国家园林县城复审基础设施建设管理工作。通过广场电子屏宣传 2800 余条次，城区道路路灯杆设置道旗 1548 个，设置金融大街护栏公益公告 1700 米。投资 24 万元在县城区发展大道、滨河路、乐兴路、北外环路等处设置公益广告围挡。投资 62 万元完成城区道路、广场、公园树木刷白 2.6 万株，设置公益广告 47 块，增设北外环路水泥隔离墩 160 个，油化城区道路灯杆 2600 个，完成乐新公路地道桥、北外环路水泥隔离墩粉刷。投资 20.3 万元对唐港高速公路连接线地道桥进行粉刷。投资 16.44 万元实施西大桥栏杆改造工程。投资 18.84 万元完成西大桥河堤护坡、清淤工程。投资 510.92 万元，维修南新街、南北大路、东西大街、富强街、院士街、文化街、宝丰街、御景巷、永兴路、中华路、将军路、永安路、西北外环等路段辅道砖 2.6 万平方米，维修路缘石 3244 延长米、路面 1.4 万平方米、树池 1760 个、雨污水井 235 座，栽植绿化带 1100 平方米、法国梧桐 21 株，改造无障碍坡道 27 个。

【数字城管建设】 数字城管指挥调度中心对辖区实施网格化管理，在各网格发现的问题现场拍照后通过网络自动传输到数字化城管指挥中心，由指挥中心将问题交由相关单位在规定时限内处理。2017 年上报案件 2 万件，结案 1.97 万件，结案率 98.5%，及时派发率 100%。

【“一区三边”违建集中整治行动】 2017 年，县城管局认真落实县委、县政府及上级主管部门的安排部署，开展集中整治“一区三边”违法建设专项行动，持续攻坚，向社会公开 12319 监督举报电话，发放宣传材料 2 万余份，悬挂横幅 500 余条，张贴县政府《关于开展集中整治“一区三边”违法建设的通告》300 余张，安排 5 辆宣传车进行巡回宣传，多角度、全方位营造舆论氛围，引导群众主动支持配合。行动中摸排违建 1327 处，面积 29.23 万平方米（“一区”22.86 万平方米，“三边”6.37 万平方米），摸排违建面积列全市 7 个县（市）第二位，全部按期拆除，拆除率 100%。乐亭县被省住建厅评为“河北省整治‘一区三边’违法建设先进县”。

【供水管理】 县自来水公司遵循“安全优质供水、真情服务社会”的理念，突出供水服务标准化和安全供水，多措并举狠抓供水管理。从执行制度入手，严格履行岗位职责，与市环保局乐亭县分局、县卫计局紧密配合，对水源地落实保护措施，不定期对水质进行抽检，每月委托省水质检验检测中心唐山站定期进行水质化验，确保饮水安全。增强服务意识，设立供水服务热线和维修队伍，坚持 24 小时值班制度，严格按承诺服务，全年为用水户维修服务 660 余次，强化消费收缴管理，解决水费问题 280 余件，收费率比上年大幅提高。

【供热管理】 强化服务措施　县供热公司为方便居民交纳采暖费和维修求助方便，进行组织机构改革，设置综合办公室、计划财务部、收费计量部、安全运营部、计划发展部和事务管理部 6 个职能部门，事务管理部下设东部、南部、中部、北部 4 个分部，确保安全生产，提高供热质量，保障居民供热设施故障在第一时间得到抢修。县供热公司为方便交费与建行乐亭支行合作开通电子缴费平台，居民可用手机微信登录“建设银行河北省分行”公众号进行交费，既方便居民，又提高公司的收费效率。开通24小时服务热线，热情、主动、耐心、周到接待群众信访，认真实行“首问责任制”“限时办结”“服务承诺”“岗位监督台”等措施，接受居民监督。同时组织力量进行违规用热集中清理，规范用热市场秩序，全面提升管理水平。

提高人员素质 县供热公司为更好地适应供热管理、锅炉操作、生产运行的需要，坚持以人为本原则，严格制度、强化责任，加强部门之间的联动、协作、沟通，对司炉人员、运营人员、巡站人员进行业务培训，全面提高其政治、业务素质，使之全部达到持证上岗的要求。

完善监控中心建设 县供热公司为更直观、准确地得到供热数据，更好地调整城区供暖温度，在原信息监控中心的基础上完善了远程数据监控设备，做到无人值守夜行。

制定应急措施 县供热公司不断克服设备新、科技含量高、安全系数大不易出错的麻痹松劲思想，制定供热事故应急救援预案，加强新建锅炉设备的使用和检修，一旦锅炉出现突发事故，及时启用4号备用炉，确保正常供暖。同时还制定了室外气温预警机制，对室外温度进行24小时监测，依据室外气温变化，调整各项供热运行参数，确保用户家中温度不受室外温度影响。

【燃气管理】 燃气管理由县住建局督导监管，各供气单位分别负责日常管理。

建立健全机制 2017年，县住建局逐步完善规范监督备案程序，健全监督机制，按照《河北省安全生产条例》从严对燃气企业经营许可证进行年审，不符合条件的取消生产经营许可资格。

突出重点细节 易燃易爆是燃气企业的特点，也是燃气管理的重点，管道泄漏、烟火管理、车辆运输等环节是易发事故的关键环节和引发事故的导火索，各燃气企业坚持小事大抓，强化日常管理，保证细节不出问题，确保燃气安全。

集中专项整治 2017年，县住建局召开燃气安全工作会议5次，对全县燃气企业进行检查和专项整治5次，发现事故隐患95项，下发限期整改通知单19份并督导整改，有效避免了燃气事故的发生。

强化管理责任 县住建局针对全县燃气企业点多、面广、线长、经营分散、气源不同、设施各异等特点，与各燃气企业分别签订安全生产管理目标责任书，强调各负其责，督导各企业落实安全生产主体责任，对安全生产管理目标进行考核，严格责任追究。由于各单位强化燃气安全管理，年内燃气生产安全无事故。

【供电管理】 2017年，县供电公司强化本质安全工程建设，以稳定促发展，到年底连续实现安全生产10875天。落实“五个最”（最高的标准、最有效的组织保障、最可靠的技术措施、最饱满的精神状态、最严明的工作纪律）、“五个杜绝”（杜绝大面积停电事故、杜绝重大设备事故、杜绝人身伤亡事故、杜绝重大舆情事件、杜绝影响社会稳定的群体性事件）要求，加强组织领导，统筹各方力量，健全防控体系，全面实现“四个零”（设备零故障、客户零闪动、工作零差错、服务零投诉）保电目标，高质量完成党的十九大期间保电任务。按照“一岗双责、党政同责、失职追责”的要求，不断深化各领域各层级安全管理。坚持把用户满意作为做好行风建设和优质服务工作的出发点和落脚点，深化“互联网+”营销服务应用，扎实推进远程费控、手机App接收处理工单等新业务，智能交费用户达到8.4万户。国网工单派单及时率、停送电信息报送及时率均为100%，供电服务逐渐向精准匹配、开放智能的方向转变。推广星级供电所创建经验，扎实开展“全能型”供电所建设，汤家河、新寨供电所高标准通过验收，县供电公司率先实现“四星级”供电所全覆盖。苦练不停电作业硬功，开展带电作业18次，减少停电时间96.1小时。深化“心连心、光明行”特色活动，提供系列增值服务。通过“五进”（进社区、进企业、进学校、进家庭、进农村）方式，普及安全用电、科学用电相关知识，累计发放宣传材料2.6万份。社会责任根植项目获国网冀北电力有限公司最佳实践项目；胡家坨供电所获国网冀北电力有限公司“工人先锋号”称号。加大市场开拓力度，紧密衔接县域“四大园区”建设，严格业扩报装节点时限，加快结存大用户接电速度，完成报装接电3544份，新增容量7.32兆伏安，增加售电量4200万千瓦·时，高压业扩平均接电时间缩短2天。加强营销基础管理，实现21.3万用户智能电表安装全覆盖，采集成功率98.68%；把握数据和台区（变压器的供电范围或区域）治理两个关键点，开展智能表上线率综合整治，打赢同期线损治理攻坚战。构建高风险企业“一户一策”电费管控体系，强化警企联动机制，开展用电检查123次。挖掘电能替代市场，以“碧海蓝天电能替代服务队”为依托，积极推动燃煤锅炉改造、充电站等项目进程，建成充电站1座，充电桩8台；完成电能替代3500万千瓦·时，超额完成年度指标任务。

【农村道路建设与管理】 2017年，全县列养农村公路1754千米，其中县道75千米，乡道566千米，村道1113千米；桥梁141座。全年累计清扫路面1.37万千米，清运垃圾1.06万立方米，整修路肩、边坡、平台1713千米，疏通边沟、排水沟1430千米，清理塌方、零星填方6000立方米；雨季及时疏通张楼地道桥、三义庙地道桥积水15次，没有因积水而影响道路通行。县交通运输管理部门积极开展“四好农村路”创建工作，提升服务水平。4月，乐亭县被省交通运输厅、省财政厅批准为“河北省‘四好农村路’创建示范县”。投资120万元，实施县道乐新公路、西曾公路、汀李公路、乡道丁陶史公路、汀会毛公路等线路路域环境治理。投资20万元，实施西曾公路、汀李公路、丁陶史公路沥青路面灌缝工程。投资100万元，实施县道及重要乡道1.25万平方米小修工程。投资60万元，实施泗沟港桥、崔石潘各庄桥维修加固工程。投资100万元，实施县道汀李公路庞各庄段3千米沥青路面中修工程。投资20万元，实施乐新公路11千米严重破碎板裂缝冷补料修补工程。投资20万元，实施西曾公路、汀李公路、乐新公路、丁陶史公路、汀会毛公路安全标志设置及维护工程。投资215万元，实施九间房至滦河口道路改建工程，全长6.14千米。

【农村饮水安全工程建设与管理】 利用2014年农村饮水安全结余资金136万元，更新部分村的老化水源井。经农田小型水利设施产权制度改革，饮水安全工程建成后移交收益村自行管护，水务局提供技术支持。

【农村危房改造】 根据市政府安排部署，2016年全县农村危房改造任务360户，实际完成374户，其中翻建283户，修缮91户，至2017年8月补助资金全部发放到户。

2017年市政府下达乐亭县农村危房改造任务430户，其中翻建215户，修缮215户，对象为建档立卡贫困户、农村分散供养特困户、低保户、贫困残疾人家庭4类人群。8月23日、10月10日县政府召开农村危房改造工作调度会及培训会。至年底危房改造开工217户，竣工37户，预计2018年5月全部完成。

房地产业

【概　况】 2017年，县内房地产开发企业20家，其中二级资质企业为乐亭县荣泰房地产开发有限公司、乐亭县诚信房地产开发有限公司、唐山博宏房地产开发有限公司3家，三级资质企业为乐亭县广厦房地产开发有限公司、唐山海港乐硕房地产开发有限公司、乐亭县圣雅房地产开发有限公司、乐亭县凯隆房地产开发有限公司、唐山隆泰房地产开发有限公司5家，四级资质企业为唐山丰泽房地产开发有限公司、乐亭县华磊房地产开发有限公司、乐亭县睿诚房地产开发有限公司、乐亭县圣鑫房地产开发有限公司、乐亭县合晨房地产开发有限公司、唐山中南国际旅游岛房地产投资开发有限公司6家，暂定资质企业为乐亭县腾骥房地产开发有限公司、乐亭县奇意房地产开发公司、唐山神合房地产开发有限公司、乐亭县嘉迎房地产开发有限公司、河北夏日房地产有限公司、唐山龙居房地产开发有限公司6家。20家房地产企业注册资金合计4.25亿元。

【保障性安居工程建设】 工程审计 2016年12月至2017年2月，县住建局与县发改局、县财政局、县国土局、县民政局、县市场监督管理局等单位对2016年保障性安居工程（保障性住房和棚户区改造）的计划、投资、建设、分配、运营、目标任务的完成情况进行审计，发现3户公共租赁租金未能及时收取，涉及租金1.45万元，经整改于2017年8月追缴到位。

公租房分配及维修 2017年，分配县城区工业聚集区管委会移交的公租房236套，并对县城区工业聚集区90户租房户及时办理续期租赁手续。与施工单位协调对公租房隐蔽工程如漏水及其他损坏部位进行维修，对违规享受住房保障的家庭户予以清退。

棚户区改造 2017年，市政府下达乐亭县城市棚户区改造任务1077套，完成开工任务500套，全部为货币化安置。至年底，已签订拆迁协议1029户。

办理安置房土地手续 2017年，一、二、三期安置房49.33公顷土地出让合同办理完毕，后续确权发证及相关资料已移交县城投公司。

公租房申报 2017年，县住建局按照政策规定于10月10日印发《保障性住房申请通知》，10月30日前申请报名175人，实际报名169人，大部分为农村进城务工人员和外来务工人员，其中一、二、三类报名26人，四类报名143人。在申请报名的人员中，复转军人19人，已解决6人；孤老病残17人。年底全部配租入住。

【房地产市场管理】 2017年，发放商品房预售许可证10件，预售面积40.92万平方米；办理商品房买卖合同备案3157份，签约面积39.69万平方米；办理存量房网上签约650份，签约面积7.72万平方米；办理法院查封45份；办理租赁合同备案121份。

商品房预售资金监管 县住建局为杜绝房地产企业违规变相收取预订款问题，更好地落实商品房预售资金监管，申请资金22.8万元实施电子系统安装，实现与商品房网签系统联网，并组织业务人员、各房地产开发企业相关人员和有关银行相关人员的培训，年内完成6个房地产开发项目的商品房预售资金网上监管。为减轻企业和个人经济负担，根据财政部、国家发展改革委《关于清理规范一批行政事业性收费有关政策的通知》要求，于2017年4月1日起取消房屋转让手续费。

新建商品房销售价格审报和明码标价 根据市政府办公厅《关于进一步促进房地产市场平稳健康发展的实施意见》，商品住房项目预售前必须向价格主管部门申报并备案，严格执行商品房销售明码标价“一套一标”“一房一价”制度。

对非法集资和房地产中介机构专项整治 2017年，县住建局为净化、规范房地产市场秩序，根据市政府有关要求，认真开展房地产领域非法集资专项整治，按既定方案逐一排查房地产企业，要求各房地产开发企业自查自纠；对房地产中介机构进行专项整治，规范房地产中介市场秩序，提高中介服务水平，促进房地产市场健康有序发展。

解决房地产项目办证遗留问题 2017年，县住建局对2014年12月31日前开工的房地产项目进行全面摸底调查，发现存在办证难问题的房地产项目52个，占地面积230.59公顷、2.91万户。完成省、市挂账督办的宁馨嘉苑（泰和盛景）一期和水悦华庭（乐安家园）二期办证问题。

【物业管理】 2017年，通过深入贯彻《唐山市物业管理条例》等法规，以文明县城创建活动为契机，以提高物业管理服务水平为重点，严格检查物业管理工作中存在的侵害业主合法权益、高层消防安全、“一区三边”违法建筑等问题，不断强化物业服务行业管理，规范物业管理服务事项和市场秩序，促进物业管理健康持续发展。年内组织物业服务企业负责人参加唐山市物业管理大讲堂活动，引导物业服务企业规范管理服务；举办高层住宅小区消防演习，增强公众消防安全意识，对高层建筑重点进行排查，消除安全隐患；与其他部门一起，按照县政府对“一区三边”违法建筑的整治要求，大力度开展工作，确保“一区三边”违法建筑整治到位，排查违法建筑115处，违建面积1424.85平方米，并全部拆除；加大对业主投诉事项的办理力度，解决业主电话、信访投诉890人次，做好业主与物业服务企业的协调和沟通工作。

12 月，县住建局按照住建部办公厅《关于做好取消物业服务企业资质核定相关工作的通知》精神，自当月起取消物业企业资质审查和资质等级确认，在县内从事物业服务的企业经县市场监督管理局办理营业执照即可。至年底，入区服务的物业服务企业有唐山乐邦物业服务有限公司、唐山海港天泽物业服务有限公司、乐亭县佳明物业服务有限公司、唐山御尚物业服务公司、乐亭县盛方源物业服务有限公司、乐亭县欣佳缘物业服务公司、唐山海港诚和物业服务有限公司、乐亭县卓胜物业服务公司、乐亭县汇镕物业服务有限公司、乐亭县恒诚物业服务有限公司、乐亭县新日物业服务有限公司、唐山众择物业服务有限公司 12 家，服务于 20 个居民小区，服务建筑面积 349.54 万平方米，应住户数 3.23 万户，常住人口 6.72 万人。

是年，健康家园 201 ~ 213 栋选举产生新的业主委员会，至此县城区有 14 个生活小区选举产生了业主委员会。业主委员会把本生活小区的建设、管理、服务有机结合，促进物业和社区建设的良性互动，使物业管理水平得到提高。

按照有关政策，至年底累计收缴住宅专项维修资金 2.37 亿元，增值 255.59 万元，支出 1090.7 万元，其中当年收缴专项维修资金 5978.49 万元，增值 39.55 万元，支出 196.76 万元。账户余额 2.26 亿元（不含增值金额）。

房地产企业选介

【乐亭县荣泰房地产开发有限公司】 2003 年 6 月成立，隶属于河北明盛实业集团，房地产开发二级资质，注册资金 4000 万元。公司拥有高素质的房地产开发经营专业人才和技术过硬的施工建设管理队伍，拥有从规划设计、施工管理到市场营销等全程开发的能力，可承揽大中型住宅小区及公共设施的开发建设业务。

公司以“打造精品社区，引领住宅潮流”为产品理念和市场定位，以“管理创品牌，品牌促发展，诚信赢顾客”为经营理念，“追求卓越、力臻完善”为质量方针，开发建设的主要项目有健康家园住宅楼、东方嘉园住宅楼、宏光住宅楼、范庄村平改住宅楼、御景嘉园东西区、玉泉家园、商业广场步行街、唐山润港嘉苑、海景怡园等。开发建设总面积近 100 万平方米。连续 3 年缴纳税金亿元以上，取得良好的经济效益和社会效益。

【乐亭县诚信房地产开发有限公司】 2004 年 7 月成立，注册资金 500 万元，房地产开发四级资质。2009 年 4 月资质升为三级，注册资金 900 万元。2013 年 1 月资质升为二级，注册资金 2000 万元。公司为房地产开发与经营、建筑材料营销的综合性房地产开发企业，性质为有限责任公司。采取现代企业管理模式，设工程部、财务部、市场调研部、销售部、行政部 5 个部门，下辖 2 个子公司。拥有一支技术专业、团结合作、开拓上进的优秀员工队伍。2017 年有管理人员 60 名，其中高级工程师 6 名，工程师 25 名，会计师 2 名，统计师 2 名，管理人员 10 名，财务人员 5 名，销售人员 10 名。

公司以“用心做事、诚信待人、以质为本、服务社会”为宗旨，以“做大做强”为目标，坚持重合同、保质量、保工期，工程合格率 100%。2017 年公司开发建设的水悦华苑项目，规划用地面积 11.16 公顷，建筑面积 22.33 万平方米。其中地上建筑面积 21.45 万平方米，地下建筑面积 8823.48 平方米；规划居住户数 1722 户。水悦华苑楼盘 39 栋，其中水悦华苑（A 区）25 栋 1040 户，已全部售出，并交房入住；水悦华苑（B 区）14 栋 682 户，已完成主体建设的二分之一，并全部售完。2017 年向国家缴纳税金 6673 万元。

【唐山隆泰房地产开发有限公司】 2004 年 12 月成立，注册资金 2000 万元，经营范围为房地产开发，具有房地产开发三级资质和独立法人资格。2017 年有员工 22 名，其中高级工程师 1 名，初级以上技术职称及管理人员 8 名。

公司秉承“诚信为本、质量第一、服务至上”的管理理念，追求卓越、真诚服务、以人为本、奉献社会，努力打造精品。公司先后开发建设了宏泰家园、玉泉家园、阎各庄镇商贸楼、隆泰商贸楼、宁馨家苑等项目。开发建设的宁馨嘉苑项目，规划用地面积133.33公顷，建筑面积20.2万平方米，其中地上建筑面积19.96万平方米，地下建筑面积2391.82平方米；规划居住户数1556户。宁馨嘉苑楼盘共59栋，开盘销售1556户，已售出1446户，占92.93%。

环境保护

综　述

【概　况】 按照中央、省关于环保机构监测监察执法实行垂直管理制度的精神，2017年5月25日唐山市机构编制委员会印发《关于市县环保机构监测监察执法垂直管理制度改革有关机构编制调整事宜的通知》，5月底唐山市环境保护局乐亭县分局、唐山市乐亭县环境监控中心、唐山市乐亭县环境执法大队正式挂牌，涉及编内在职人员59人，离退休人员15人。

2017年，是京津冀打赢大气污染攻坚战的关键年，国家环保部和省、市环保部门连续督查、巡查，给县环保部门的工作以极大的激励，唐山市环境保护局乐亭县分局（简称环保乐亭县分局）以县域经济发展和环境改善并举为目标，全力贯彻县委、县政府关于环保工作的决策部署，各项工作扎实推进。

大气环境质量持续改善　2017年，空气质量综合指数7.04，全省排位第60名，全市排位第3名，比上年上升0.28%；空气质量改善率全省排位第149名，全市排位第13名；PM2.5浓度均值为64微克/立方米，全省排位第48名，全市排位第4名，比上年下降3.03%，PM2.5下降率全省排位第135名，全市排位第12名。

水环境质量保持稳定　姜各庄断面水质达到Ⅲ类标准，小长河入海口断面水质达到Ⅴ类标准，2个水质断面考核结果全部达标，全市排名第三，乐亭县是全市10个被考核县区中未被扣缴生态补偿金的2个县区之一。

【总量减排】 工业源达标治理稳步推进　按照市政府“1+16”方案和县政府“1+13”方案要求，唐山中厚板材有限公司和唐山市德龙钢铁有限公司2家钢铁企业2017年提标改造工程共涉及32项，其中唐山中厚板材有限公司涉及焦炭料场增设雾炮、竖炉尾部电振簸箕除尘管道改造、2#烧结环冷下料点密封、料厂出入口设置洗车平台等8项工程，唐山市德龙钢铁有限公司涉及石灰窑顶密闭、烧结机机尾环冷落料点除尘方案优化、烧结配料室白灰消化系统无组织排放治理、烧结机筛分无组织排放治理、烧结机一混增设水除尘、烧结机成品落料点增设集尘罩、球团膨润土下料口球团成品落料口增加除尘罩、炼铁槽下各皮带落料点集尘罩优化、高炉焦炭上料矿槽集尘罩、钢渣处理车间封闭工程、烧结红泥料场封闭工程、连铸机钢包增设集尘管线及集尘罩项目等24项工程，2家企业各自制定了精细化管理方案，环保乐亭县分局分别对2家企业下发督办函，并加大日常督导频次，要求在完成除尘改造项目专家论证的基础上，按照方案倒排工期，逐项落实治理任务。至年底，2家钢铁企业32项提升改造工程全部完成。

工业挥发性有机物治理超额完成　深入贯彻落实《河北省大气污染防治行动计划实施方案》，加快推进挥发性有机物污染治理，年内市达乐亭县治理任务的金玉塑料箱厂、乐亭县欣荣塑料制品厂、乐亭县新奥胶乳有限公司、乐亭县兴军农具制造有限公司、乐亭县铸升金属制品厂、唐山朝盛农具制造有限公司等11家企业和在市达任务基础上自我加压增加的乐亭县顺鼎装饰工程有限公司、唐山美方家具有限公司、长庚商贸有限公司、乐亭县泰一商贸有限公司、乐亭县同乐化工有限公司、乐亭县森绿木业有限公司等21家企业治理任务，在摸排VOCs排放情况的基础上，主动作为，召开企业和VOCs治理单位参加的技术推介会，督导企业进行治理，32家VOCs治理任务全部完成。

燃煤锅炉整治任务完成 制定印发《乐亭县2017年燃煤锅炉整治工作实施方案》，明确整治任务、工作要求、方法步骤、时间安排、保障措施，明确每台锅炉整治任务的责任部门，对尚未淘汰的锅炉列为“一问责八清理”落实治霾措施不力问题线索，加大督办力度。全县燃煤锅炉整治工作任务量为59台，包括“1+13”方案中的38台和自我摸排的21台。经过不懈努力，全县所有燃煤小锅炉全部清零，同时完成了唐山繁弱供热有限公司2台、乐亭县城市供热有限公司4台燃煤锅炉的脱硝设施升级改造。

环境治理

【大气污染防治】 *各项制度日渐健全* 环保乐亭县分局参与制定了《中共乐亭县委、乐亭县人民政府关于强力推进大气污染综合治理“1+13”方案》《乐亭县人民政府关于划定县主城区高污染燃料禁燃区通告》《乐亭县2017—2018秋冬季大气污染综合治理攻坚行动方案》《乐亭县人民政府办公室关于明确大气污染防治重点工作部门分工方案》《乐亭县深化精准治霾六个专项整治行动实施方案》《乐亭县改善空气质量攻坚月行动方案》等，为2017年大气污染防治工作确立了规定依据，各项工作得到顺利开展。

“散乱污”企业整治 开展了“散乱污”企业整治攻坚行动，在乡镇上报“散乱污”企业名单的基础上，环保部门组织专人逐乡镇进行再摸排，确保“散乱污”企业名单的真实性和全面性。全县共摸排出“散乱污”企业73家。由于这些企业环保治理水平良莠不齐，为避免“一刀切”，本着分类施治的原则，对具备整改提升条件的，限期进行提升改造，不具备整改空间的，果断关停取缔。通过采取调度、排名、督导等措施，全面推进整治进度，年内关停取缔“散乱污”企业64家，完成整改9家。

监测点周边1.5千米环境综合整治 县政府办公室印发《乐亭县环境空气质量监测点周边综合整治强化措施的通知》，制定了涉及监测点周边1.5千米环境综合整治范围及措施，包括3家加油站、13家汽修厂、35个服装干洗店、17个机关事业单位食堂58个灶头。按照通知要求，各单位分别制定了实施计划，并全部按时间节点完成整治任务。对于县综合职业技术学校监测点核心区域环境保障工作，经环保与教育部门共同研究，制定了详细的环境整治工作方案，并成立专项工作组，明确了包括铺设塑胶跑道、电焊教室位置搬迁、洒水抑尘等6项保障措施，确保监测点核心区域综合整治的效果。经过综合整治，环境质量得到净化。

对治霾措施不力问题进行专项清理 按照省、市、县治霾专项办公室要求，由环保乐亭县分局牵头负责“一问责八清理”治霾措施不力问题清理工作。经过深入自查自纠，清理出问题261件，其中上级交办43件，群众举报13件，自查自纠205件，整改完成率100%。处罚环境污染问题29起，罚款76.1万元。按照省环保厅印发的《关于落实治霾措施不力问题分类处理意见》，经治霾措施不力问题专项清理工作领导小组研究，对清理出问题的相关责任人予以追责，其中10件涉及10人由县政府给予通报批评（组织处理）；移交纪委4件涉及4人（党员，建议党纪处分）；121件涉及包片领导、相关网格监管员、企业负责人153人进行批评教育；移交公安机关处理1人。

强化重污染天气应急工作 编制有《乐亭县重污染天气应急响应操作方案》，并在市环保局备案。指导全县105家工业企业编制了《重污染天气应急响应“一厂一策”》，并在环保乐亭县分局、县工信局、县安监局备案，逐企业明确和细化停限产基本条件，指导各企业在何种条件下可以生产，何种条件下需要限产，何种条件下需要停产，既坚持大原则不变，又突出各企业具体实际，方便企业更有操作性，应对重污染天气应急响应更精准。

【水环境治理】 在确保县城区污水处理厂和河北乐亭经济开发区污水处理厂稳定达标运行的基础上，按照县政府印发的《乐亭县2017年水污染防治方案》，加强对境内滦河、小长河2个水系的保护工作，严把河流沿线审批关，强化河流沿线监察执法，2个水系水质达标率保持稳定。经唐山市城管局监测，乐亭县水厂出水水质达标。

加强对滦河 29 个“傍水村”的管理，坚决杜绝农村垃圾、农村污水进入河道。加强纳污坑塘整治，20 个纳污坑塘整治到位，并通过验收。

【土壤污染防治】 全面落实国务院《土壤污染防治行动计划》《河北省“净土行动”土壤污染防治工作方案》和《唐山市土壤污染防治工作方案》精神，编制了《乐亭县土壤污染防治工作方案》，以保护和改善土壤环境质量为核心，对境内 2 个垃圾填埋场土壤环境质量进行全面调查，落实“土十条”，坚持源头严控，实行分级分类管理，加强土壤监测能力，严厉打击危害土壤质量的环境违法行为，推广土壤质量改善的治理技术，土壤污染问题得到有效防控。

【项目审批】 环保乐亭县分局以县域经济发展为重点，主动衔接省、市环保部门审批权限的下放工作，全面落实县委、县政府网上审批制度，确保各项行政审批事项进驻审批大厅，建立健全学习制度，全面提升环保人员素质、业务能力和技术水平，加强行政审批人员配置，优化办事程序，落实“5 日办结制”，畅通“绿色通道”快速审批，为全县经济发展、项目建设保驾护航。2017 年办结环评审批项目 39 件，其中报告书 20 件、报告表 19 件。

环境监管

【环境监测】 2017 年，新建滦河姜各庄入海口水环境质量自动监测站，实现了对滦河水水质断面的在线连续监控；在原有乐亭县综合职业技术学校大气环境监测点的基础上，新建乐亭县第三初级中学省控自动监测站；新建全省传输通道上 13 个乡镇小型空气站。

根据唐山市环境监测工作方案，县环保部门制定了 2017 年环境监测工作方案，切实履行环境监测的政府职能，为环境决策、环境管理提供科学依据。

大气环境监测　确保乐亭县综合职业技术学校省控环境空气质量六参数自动监测系统正常有效运行，并对县内环境质量情况做相应分析；实施了唐山中厚板材有限公司、唐山市德龙钢铁有限公司国控源 57 个高架源及 27 台在线设备的比对监测分析、数据采集系统填报；实施了唐山旭阳化工有限公司、唐山繁弱供热有限公司等 4 家新增高架源企业前三季度在线比对监测分析。

水环境监测　实施了滦河姜各庄橡胶坝、张王庄村北地表水省控出入境断面每个月月初水样的测试及市站监测项目样品采集报送；小长河海田防潮闸入海口地表水生态补偿金市控断面水样采集分析测试、报送；乐亭县污水处理厂和河北乐亭经济开发区污水处理厂废水重点源进出口 12 台在线设备的比对监测及市站承担监测项目水样的采集报送。完成了全县 11 个乡镇 20 个纳污坑塘现场采样、化验室分析工作；完成了阎各庄镇、胡家坨镇及县城区 3 个饮用水源地样品采集点位现场经纬度的确认，5 月、11 月 2 批次水样采集报送；完成了 5 月、8 月、10 月 3 次县内近岸海域 124.9 千米海岸线 5 个监测点位海水的水质采样、送样分析工作；完成了河北乐亭经济开发区化工企业唐山旭阳化工有限公司、唐山境界实业有限公司 4 批次外排生产废水和河北乐亭经济开发区污水处理厂进出水的采样分析。

噪声监测　4 月完成了县政府、乐亭县卫协医院、乐亭县邮政公司等 8 个点位的交通噪声常规监测任务，6 月完成了县住建局、原环保局及原海惠织造有限公司院内 3 个点位环境功能区噪声监测，获取了等效 A 声级基础数据 74 个。

【环境保护大检查】 2017 年，环保部及省环保督察组交办问题 155 件，全部按时限完成整改并销号。在收到上级交办件后，均由一把手亲自督办，组织执法人员进行现场核实，经核实对违反环境保护法律法规的案件，立案查处，同时下达限期整改通知单限期整改。企业整改完成后，环保乐亭县分局第一时间对整改项目进行核验，验收达到标准的，进行销号处理。全年立案 92 起，罚款 373.49 万元，关停取缔问题企业 94 家。

【排污费征收】 2017 年，按照排污费提标征收文件要求，对应缴费户逐家进行核算，做到应收尽收，以此提高企业（单位）的环保意识。年内征收排污费 3384.75 万元，完成率 217%。

环保宣教及应急防范措施落实

【环保宣教】 县环保部门按照环保宣传教育工作要点，印发《做好 2017 年“6·5 世界环境日”宣传工作的通知》，提出全年宣教工作思路、重点工作内容和详细工作部署，加强环保宣教工作的组织领导，形成一把手亲自抓、分管领导具体抓的工作格局。大力宣传环境保护法律法规、省市有关规定，宣传县委、县政府关于加强环境保护工作的决策部署，宣传环保工作取得的新进展和新成效；宣传“在发展中保护、在保护中发展”的环保基本方针，宣传生态县、环保模范城市创建的意义，以及饮用水源保护、污染减排、农村环境连片整治、环保执法等环保工作的重要性，环保宣教工作有序开展，社会各界、广大群众的环保意识得到提高。

【环境应急防范措施落实】 严格执行环保部《突发环境事件应急预案管理暂行办法》《关于编制和完善各类环境应急预案的通知》，规范突发环境事件应急预案编制、评审、备案、演练及监督管理的全过程，督促辖区重点环境安全隐患企业进行应急预案更新、修订、评审和备案，确保应急物资的完备和应急人员的及时到位。修订了《乐亭县突发环境事件应急预案》，并报送市环境保护局备案。完善了环保乐亭县分局各科室应急管理协调机制，在环评审查、审批和环保“三同时”验收时对环境风险防范提出明确要求并督促落实；规范环境应急预警、调查、监测及数据报送工作；在应对突发环境事件中，环保乐亭县分局各科室各司其职，密切配合、通力协作，环境应急防范措施落地生效。

建立和完善与安监、交通、公安、海事、国土、农业等相关部门的风险防范和应急处置联动机制，减少和降低各类灾害、事故发生，防范次生污染事件发生。完善和落实会商制度，组织突发事件趋势分析，提高研判能力。

定期开展重点企业环境应急演练，按应急响应、应急处置、应急配合、应急终止 4 个科目进行，从接到事故报告，到启动应急程序，再到事故处理，参演人员都认真按照整个程序的安排逐一进行演习，为发生环境事件后实际操作提供有效的借鉴，增强相关单位、企业的防范意识和应急自救能力。

【环境信访稳定】 环境信访工作做到思想认识到位，工作要细上加细，严上加严，对群众反映的热点、难点问题，高度重视，平息群众的情绪，化解社会矛盾；行动到位，对信访苗头和有可能因污染问题导致群体事件的隐患进行排查，出现信访纠纷，及时调查处理并进行协调，防止形成积案；组织、人员到位，信访接待，登记、调查等项工作分工明确，落实专管人员；工作措施到位，把握每一个工作环节，制订工作计划，明确排查重点，做到“四个到位”。

全年受理各类环境信访案件 163 件，其中省级交办件 6 件、市长公开电话 39 件、网络和微信 17 件、媒体 3 件、三级平台 32 件、来电 66 件，办结率、反馈率、上访排查率等指标均达 100%，错案率、出访、越级访率分别为零。

综合管理

计　划

【概　况】 2017年，县发改局认真贯彻落实县委、县政府决策部署，努力克服宏观经济不利因素的影响，主动适应经济新常态，按照“四个干”抓落实机制要求，深入实施“123348”战略，全力助推经济发展和项目建设，努力完成县委、县政府交办的各项工作任务。

加强经济运行监测　加强国民经济计划执行情况的监测，对经济运行过程中存在的问题，有针对性地提出意见和建议。对固定资产投资等主要经济指标完成情况实施月通报制度，为确保全年目标任务的完成奠定基础。2017年全县实现地区生产总值357.88亿元，比上年增长7.5%，增速全市（14个县市区，下同）排名第二。其中，第一产业增加值73.1亿元，增长4%；第二产业增加值124.51亿元，增长5.9%；第三产业增加值160.26亿元，增长10.3%，增速全市排名第三。规模以上工业增加值比上年增长8%，增速全市排名第二。实现农林牧渔业总产值106.83亿元。固定资产投资248.87亿元，比上年增长18.53%，增速全市排名第一。社会消费品零售总额147.19亿元，比上年增长10.8%，增速全市排名第二。进出口总额2.96亿美元。实际利用外资1.82亿美元，比上年增长103.1%。公共财政预算收入13.71亿元，比上年增长16.3%，增速全市排名第四。城镇居民人均可支配收入34078元，比上年增长8.6%，增速全市排名第三；农村居民人均可支配收入16090元，增长8.8%，增速全市排名第一。

争取上级支持资金再上新台阶　立足本职，为项目单位提供优质服务，与上级部门搞好沟通协调。全年争取上级支持资金项目5项，争取到位上级支持资金9360万元。其中社会事业领域争取到位中央预算内资金2360万元，为全县项目建设提供了有力的资金支持。同时，协助县城投公司跑办债券发行工作，于是年5月经国家发展改革委批复，发行公司债券10亿元，债券期限7年，所筹资金8亿元用于县内中小企业产业园项目，2亿元用于补充营运资金，为县内中小企业产业园发展建设提供了有力的资金保障。

节能减排取得新实效　全面落实节能减排目标任务，执行项目节能审查制度，严控新上高耗能项目，加强对耗能企业的监督检查。2017年市达化解钢铁过剩产能任务为，压减炼铁22万吨，压减炼钢29万吨。全县钢铁企业只涉及唐山市德龙钢铁有限公司一家企业，唐山市德龙钢铁有限公司结合德龙集团内部实际情况，从德龙集团内部保定奥宇公司置换产能炼铁22万吨，炼钢29万吨，该方案经省发改委认可。11月14日保定奥宇公司通过采取断水、断电、拆除动力设备、拆除冶炼设备等不能复产措施，顺利通过验收，标志乐亭县年内钢铁产能压减任务全部完成。

创优环境，依法行政取得新成效　坚决贯彻上级简政放权相关政策，严格执行网络一体化审批规范，把服务项目建设作为工作的重中之重，优化行政服务，规范行政行为，提高行政效率。全年审批、核准和备案各类项目144项，总投资173.2亿元。其中，审批项目11项，总投资14.2亿元；核准项目10项，总投资9.8亿元；备案项目123项，总投资149.2亿元。完成固定资产投资项目节能评估审查或备案登记15项，年能源消费量0.98万吨标准煤；做好招投标管理工作，核准招标方案和不招标申请24个。

【年度计划编制与实施】 县发改局根据县委十三

届一次全会精神，在充分调研、论证的基础上，结合县域发展实际，科学编制《2017年全县国民经济和社会发展计划（草案）》，明确了全县经济社会发展目标，经县十六届人大一次会议审议通过，印发各乡镇、街道及相关部门，要求各单位结合自身实际，尽快将计划预期指标落实到基层，确保圆满完成。2017年全县国民经济和社会发展主要预期目标为地区生产总值369亿元，比上年增长7.5%以上。其中，第一产业增加值98.9亿元，增长5.3%；第二产业增加值113.5亿元，增长8%以上；第三产业增加值156.6亿元，增长8.5%以上。农业总产值144亿元，增长5%。工业总产值359亿元，增长8%以上。全部财政收入25.6亿元，增长24.7%。公共财政预算收入12.96亿元，增长10%。固定资产投资262亿元，增长25%以上。社会消费品零售总额146亿元，增长10%。进出口总额3.7亿美元，增长5%。实际利用外资9430万美元，增长5%。城镇居民人均可支配收入34050元，增长8.5%；农村居民人均可支配收入16050元，增长8.5%。节能减排指标以市达计划为准。为此，全县人民在县委、县政府的领导下，深入贯彻落实中央、省、市、县委决策部署，深入实施“123348”战略，强力抓好项目建设，调整和优化产业结构，全面深化改革开放，促进传统产业转型升级；加快推进城镇化进程，构建现代城镇体系；加强生态环境建设，持续保障和改善民生，促进经济社会持续健康发展和社会和谐稳定（见表9—表13）。

表9　　2017年乐亭县续建项目情况

序号	项目名称	建设单位	建设地点	总投资（万元）	占地面积（公顷）	建设内容及规模	进展情况	责任单位
1	年产100万吨300系列不锈钢生产基地项目	唐山凯源实业有限公司	河北乐亭经济开发区	1100000	213.33	建设镍铁合金净化提纯及连铸车间、热轧车间、冷轧车间、加工车间、110千伏区域变电站及化验中心等公辅配套设施	第一条生产线已投产，第二条生产线设备安装中	河北乐亭经济开发区
2	唐山乐亭菩提岛海上风电场300兆瓦示范工程	乐亭建投风能有限公司	乐亭沿海	584452	—	建设75台4兆瓦海上风力发电机及22千伏海上升压站一座	测风塔建设完成，海上桩基施工中	县发改局
3	年产50万吨甲醇制高清洁燃料项目	唐山境界实业有限公司	河北乐亭经济开发区	189000	33.33	建设年产50万吨甲醇制高清洁燃料装置区、配套储罐区、装卸车站台等配套设施	厂区道路山皮石路基、中间罐区桩基、生产办公楼主体框架、综合罐区基础、装卸站台基础、主装置区桩基、地下管网建设完成，成套设备订货完成	古河乡
4	120万立方米液体化工品仓储物流项目	唐山境界仓储有限公司	河北乐亭经济开发区	127877.83	38.33	建设储存甲醇、芳香烃、成品油（汽、柴）、燃料油、乙烯、丙烯、酯类、石脑油、LPG、沥青等10余种化工产品设施	项目部分完工投产	古河乡
5	唐钢炼铁北区1#高炉异地搬迁改造项目	河北钢铁集团	唐山中厚板材有限公司院内	117628	—	拆除唐山市主城区的唐钢公司炼铁北区1#高炉及烧结机1座，依托唐山中厚板材有限公司，易地改造为1580立方米高炉1座及供料、喷煤、高炉循环等系统	已完工	河北乐亭经济开发区

续 表

序号	项目名称	建设单位	建设地点	总投资（万元）	占地面积（公顷）	建设内容及规模	进展情况	责任单位
6	东区路网及配套设施建设工程	—	河北乐亭经济开发区	111175	—	建设道路11条，全部是主干路，计43.2千米，桥梁2座，各条路附带给排水、电力、供热等各种管线计231.18千米	黄海路东延4千米路基已完成，道路北侧已铺设沥青；秦皇岛道、渤海东路的3.9千米路基建设中	河北乐亭经济开发区
7	专用工程机械底盘制造项目	唐山炳旭实业有限公司	河北乐亭经济开发区	100000	26.67	建设专用工程机械底盘制造生产线及办公楼、宿舍楼等配套设施	铸造车间基本完工，部分设备安装到位；机加工车间主体完工，办公楼内外装修基本完工	汤家河镇
8	年产30万吨煤焦油综合深加工项目	唐山腾驰石化科技发展有限公司	河北乐亭经济开发区	78000	20.4	建设200立方米甲醇制氢的装置单元1套，1万吨尾氢精制加氢中试装置单元1套，30万吨常压精制装置单元1套	1万吨加氢装置已订购，维修车间全部完工，原料罐区、天然气罐区基础已完成，办公楼、宿舍楼已投入使用，因资金问题主车间建设停滞	乐亭镇
9	乐亭县中心渔港综合项目一期工程	唐山庆义港务有限公司	二滦河口	77887	海域48.9公顷	建设卸鱼泊位、冷藏船泊位、渔船加冰泊位、防波堤、护岸、围埝；后方陆域建设综合楼、候工楼、水产品交易市场、冻结间、理鱼车间、冷藏间、制冰间、贮冰间、变电所等工程及辅助设施	东、西防波堤已修建完成，码头后方吹填工程已完工，码头主体基础施工中	县发改局
10	乐亭县鼎秀嘉园项目南区工程	唐山海港开发区丞起房地产开发有限公司	原冀东果菜批发市场区域	60000	12.18	南区建设住宅楼、商业建筑、地上储藏室、地上车库等，建设住宅27栋；北区建设住宅楼、商业、幼儿园等配套公建、地上储藏室、地上车库及地下公建等，建设住宅26栋	已完工	县发改局
11	乐亭县集中供热改造项目	乐亭县城市供热有限公司	西外环路（规划中）东侧	48685	7.71	建筑面积1.72万平方米。新建热源厂1座，规模为4×70兆瓦热水锅炉（1台备用），取代现有热源3座。铺设管网总长16.05千米	已完工	乐安街道办
12	宜居商贸综合体项目	唐山龙居地产有限公司	乐亭镇关帝庙村	48000	14.93	建筑面积15.45万平方米，建设电梯洋房23栋；联排住宅22栋；双拼住宅17栋；商业楼6栋	已完工	乐亭镇古河乡
13	乐亭县城区工业聚集区天然气分布式能源项目	唐山航天智慧能源有限公司	县城区工业聚集区	45000	2	分三期实施，主要产品为电和蒸汽。一期建设2台20蒸吨燃气蒸汽锅炉，满足园区现有蒸汽需求。二期、三期建设20兆瓦天然气分布式能源，可产生20兆瓦电量，烟气余热可产蒸汽约45蒸吨	一期锅炉和管网已建成并正常运行，屋顶光伏发电项目，一期装机容量230千瓦，已具备并网条件	乐亭镇县城区工业聚集区

续 表

序号	项目名称	建设单位	建设地点	总投资（万元）	占地面积（公顷）	建设内容及规模	进展情况	责任单位
14	生物医药保健品医疗器械生产项目	北京海德润制药乐亭有限公司	县城区工业聚集区	38000	7.74	建设生产车间，动力车间，污水处理站及附属设施	一、二、三号车间具备试产条件，项目二期在试桩中	乐安街道办县城区工业聚集区
15	年产2.8万吨新型环保型农药复配制剂项目	北京燕化永乐生物科技股份有限公司	河北乐亭经济开发区	37557	10	建设新型环保农药制剂生产线、办公楼、研发中心等附属设施	已完工	汀流河镇
16	洁净型煤生产线及包装项目	河北布鲁弗雷新能源科技有限公司	河北乐亭经济开发区	35000	8.02	建设60万吨洁净型煤生产线，生物质黏合剂及包装袋生产线	办公楼、食堂、主厂房已完工，一条生产线具备试产条件	马头营镇
17	乐亭县奇意商务酒店项目	唐山奇意商贸有限公司	县城腾飞街与乐港公路交会处东南角	33245	4.69	酒店及裙房、商业楼、商业网点、宿舍楼、办公楼、宴会厅、贵宾楼及附属设施	项目基本完工	县招商局
18	特戊酰氯项目	河北澳航实业有限公司	河北乐亭经济开发区	29000	6.67	建设特戊酰氯生产线、办公楼及附属设施	已进行叶面肥试生产。与北京北农天风公司签约，准备进行合作生产	姜各庄镇县招商局
19	年产2万吨新型涂料项目	唐山元展涂料有限公司	河北乐亭经济开发区	28000	6.67	建设生产厂房、堆场、库房、贮罐区、办公楼及配套设施	项目整体全部完工，待取得生产许可证即可生产	县招商局
20	手机外壳体金属漆项目	河北韩特涂料有限公司	河北乐亭经济开发区	25000	3.81	一期租赁唐山诚佑科技有限公司两间厂房，年产1000吨手机漆；二期占地面积3.81公顷，年产9000吨手机漆和工业漆	一期已与唐山诚佑科技有限公司签订租赁合同，厂房消防设施改造已完成，进展缓慢	马头营镇胡家坨镇
21	5.1万吨中式肉食品深加工项目	唐山粹芳鲜食品有限公司	汀流河镇	20270	8.67	建设熟食加工车间、化验中心、科研办公楼、职工食堂、宿舍等配套设施	二号车间，综合楼、研发中心已完工，因资金短缺项目停滞	汀流河镇胡家坨镇
22	六和馨美滋熟食加工及肉鸡屠宰项目	六和馨美滋食品有限公司	县城区工业聚集区	20000	8	建设屠宰加工车间、熟食加工车间、冷库、锅炉房及附属设施、污水处理场、综合办公楼、食堂、宿舍楼等	肉鸡屠宰项目已投入生产	新寨镇
23	超快冷改造项目、增上预热矫直机、冷矫直机及配套公辅设施项目	唐山中厚板材有限公司	唐山中厚板材有限公司院内	19335.9	—	超快冷改造项目、增上预热矫直机、冷矫直机、压平机、增上即时温度控制项目、配套厂房延长、配套公辅设施、消防设施建设	正在完善厂房，设备已订购	县工信局
24	农业生态观光园项目	唐山老米沟农业发展有限公司	姜各庄镇	16000	200	建设“三色旅游”，通过一、二、三产（种植—加工生产—销售服务）融合，一站式工作方式，打造自己的品牌——富乐泰	采摘园已基本完工，附属设施建设中	姜各庄镇

续 表

序号	项目名称	建设单位	建设地点	总投资（万元）	占地面积（公顷）	建设内容及规模	进展情况	责任单位
25	河北乐亭经济开发区220千伏输变电工程	国网冀北电力有限公司唐山供电公司	河北乐亭经济开发区	16000	1	建设220千伏出线8回、110千伏出线14回、10千伏出线30回。线路由乐亭500千伏变电站向南出线，至河北乐亭经济开发区220千伏变电站双回220千伏送电线路，线路长度6.32千米	变电站主体已完工	河北乐亭经济开发区
26	仓储物流项目	乐亭县金硕物流有限公司	姜各庄镇圈里村原滨海公路指挥部	15800	5.2	总建筑面积4万平方米，建设仓储物流及车辆维修设施等	厂房、库房、办公楼主体基本完工	姜各庄镇
27	年产8000套高低压集成配电设备	河北清越电器设备有限公司	河北乐亭经济开发区	15000	2.67	建设高低压集成配电设备生产线，车间、成品库、办公楼	厂房主体完工，部分设备已进场	胡家坨镇
28	乳化柴油项目	唐山泰岳化工有限公司	河北乐亭经济开发区	15000	3.67	建设生产车间2座，综合办公楼，9个粗苯、甲醇储存罐及配套设施	工程已完工，具备试产条件	大相各庄乡县招商局
29	年产1万吨醇酸树脂及系列产品项目	唐山京宝涂料有限公司	河北乐亭经济开发区	15000	3.33	建设生产厂房、堆场、库房、贮罐区、办公楼及配套设施	项目整体全部完工，待取得生产许可证即可生产	县招商局
30	新型农业生态观光园项目	唐山绿昕林木种植有限公司	姜各庄镇柳林村	14520	200	建设旅游观光农业，采摘、垂钓、家禽养殖、淡水养殖、农家院住宿、农家饭庄	水、电、路已完工，珍贵苗木已栽植22公顷，温室大棚已种植瓜果，老米沟大桥已修建完工	姜各庄镇
31	乐亭疏港公路服务区项目	乐亭县地诚实业有限公司	河北乐亭经济开发区	13500	4.44	建设商务中心、停车场、加油加气站、汽车维修区及污水处理和垃圾处理等设施	加油、加气设备安装完毕，办公楼、商业用房及配套设施完工，内部装修中	古河乡
32	40兆瓦煤气发电工程	唐山市德龙钢铁有限公司	唐山市德龙钢铁有限公司院内	12689	0.8	建设1×130蒸吨高温超高压再热煤气锅炉＋1×N40兆瓦高温超高压再热凝汽式汽轮发电机组及配套系统	投入使用	县工信局中堡镇
33	游乐设备生产加工项目	北京实宝来游乐设备有限公司	河北乐亭经济开发区	12000	2	利用唐山源达锅炉金属制品有限公司场地、原有办公楼、生产厂房等设施；新增生产线2条，新建厂房1座	完工投产	毛庄镇
34	建设生物提取富硒保健食品项目	唐山硒普生物科技有限公司	县城区工业聚集区	12000	0.31	建筑面积4748.6平方米，年可生产植物提取富硒蛋白粉1.5吨，1500万支富硒蛋白饮品，年产果蔬富硒食品2450吨	已完成设备安装调试，具备试产条件	乐安街道办
35	年产2000千克超氧化物歧化酶（SOD）项目	北京中科国发科学技术有限公司	县城区工业聚集区	11200	3.33	按照年产超氧化物歧化酶系列产品2000千克的规模进行规划，前期占用玛多咖公司标准厂房（二层）2400平方米	厂房装修已完成，设备已订购	乐亭镇乐安街道办县城区工业聚集区

续 表

序号	项目名称	建设单位	建设地点	总投资（万元）	占地面积（公顷）	建设内容及规模	进展情况	责任单位
36	年产18万吨饲料添加剂及饲料项目	唐山仟客莱生物科技有限公司	县城区工业聚集区	10950	2.85	建设生产车间、办公宿舍楼、年产10万吨饲料添加剂生产线1条、年产14万吨配合饲料生产线1条	正式生产	阎各庄镇县招商局
37	自动化及信息化建设项目	唐山中厚板材有限公司	唐山中厚板材有限公司院内	10729	—	本公司生产自动化信息化控制，完善一级、二级、三级、四级控制系统	设备安装调试中	县工信局
38	铁水预处理、RH精炼炉、恢复轧钢热处理项目	唐山中厚板材有限公司	唐山中厚板材有限公司院内	6406.58	—	铁水预处理、RH精炼炉、恢复轧钢热处理	厂房完善中，设备已订购	县工信局
39	三座转炉增加副枪系统（自动炼钢）及配套设施建设项目	唐山中厚板材有限公司	唐山中厚板材有限公司院内	6287.54	—	三座转炉增加副枪系统（自动炼钢）及配套设施	厂房完善中，设备已订购	县工信局
40	平青乐汽车服务区项目	乐亭县逸隆汽车服务公司	汀流河工业园区	6188	1.35	建设汽车服务区及附属设施	汽车服务区、维修区等4个建筑主体已完工，内外装修中	汀流河镇
41	年产6000万块页岩砖项目	乐亭县江明新型建材厂	毛庄镇南常坨村	5500	2.67	建设生产车间、原料库、陈化库、隧道窑、修配车间及公辅设施	厂房、隧道窑主体完工，部分设备已订购	毛庄镇
42	中储粮乐亭分库建仓项目	中央储备粮秦皇岛直属库	胡家坨镇胡家坨村	5100	2.93	一期建设高大罩棚仓1栋，仓容1万吨；二期建设高大平房仓4栋，仓容4万吨粮食储备平房仓4栋及附属设施	粮库主体工程完工，达到储粮条件，等待验收	胡家坨镇
43	年加工50万吨废弃钢渣项目	乐亭县文盛钢渣加工有限公司	汀流河工业园区	4012	3	建设加工废弃钢渣生产线3条及配套的7个生产车间、7个原料棚	厂房主体完工，设备安装完成	汀流河镇
44	直属库粮食仓储设施建设工程项目	县粮食局	新寨镇二村	3331.9	2.47	建设年可存储1.3万吨县级储备粮、2万吨国家储备粮、周转经营6.5万吨储备库	4月投入使用	新寨镇
45	肉鸡养殖项目	乐亭县开力家禽养殖有限公司	汀流河镇狼窝村	2800	4.6	建筑面积9000平方米，建设鸡舍12栋	鸡舍主体完工，设备安装中	汀流河镇
46	润泽商贸30万吨配煤项目	乐亭润泽商贸有限公司	汀流河工业园区	2600	1.33	建设生产车间、办公楼及配套设施	已完工	汀流河镇
47	瑞康保健食品生产与研发项目	乐亭县瑞康药用生物研究所	县城区工业聚集区	2000	占用一栋两层标准厂房	添置药用海洋生物制品、保健食品、营养食品的研发、生产与销售设备	厂房装修完成，设备购置中	县城区工业聚集区

表 10

2017 年乐亭县新开工项目情况

序号	项目名称	建设单位	建设地点	总投资（万元）	占地面积（公顷）	建设内容及规模	进展情况	责任单位
1	月坨岛海上风电项目	国电电力河北新能源开发有限公司	乐亭海域	546000	—	建设 5 兆瓦海上风力发电机 60 台及海上升压站 1 座，场址距岸 15 ~ 20 千米，水深 15 ~ 20 米	开工前准备工作进行中	县发改局
2	华北综合再生资源环保基地项目	云南祥云飞龙再生科技股份有限公司	河北乐亭经济开发区	272000	50.27	建设年产 15 万吨电锌生产线及年产 10 万吨电铅生产线	围墙及部分厂房、办公楼桩基施工中	古河乡汤家河镇
3	新能源环卫电动汽车项目	北京环卫集团	河北乐亭经济开发区	152000	33.33	建设环卫专用车零部件、整车底盘生产及组装生产线、研发中心、检验中心、办公楼及配套设施	涂装车间钢构主体、综合车间钢构主体完工	汤家河镇县工信局
4	钢材加工项目	唐山市榕泽钢材加工有限公司	河北乐亭经济开发区	101000	17.4	建设年产 80 万吨热镀锌带钢生产线，包括 6 套冷轧机组、7 条酸洗生产线、8 条镀锌生产线、原料成品仓储区、机修车间、办公楼、生活楼等	准备进行地勘	汤家河镇
5	华阳乐亭区域能源中心项目	北京华阳新能源投资有限公司	河北乐亭经济开发区	68900	13.33	一期建设容量为 2×130 蒸吨 +1×240 蒸吨高温高压燃煤汽包锅炉，配 1×15 兆瓦 +1×25 兆瓦背压式供热机组，同步建设脱硫、脱硝装置，采用湿法脱硫工艺和高效电袋除尘设备	主厂房已封顶，实验室、化水车间主体完工；办公楼完成一层，汽轮发电机组等安装中，外蒸汽管网施工中	姜各庄镇河北乐亭经济开发区
6	河北乐亭滦河口风电场工程项目	河北龙源风力发电有限公司	滦河口	55392	12	安装 30 台 2 兆瓦机组，容量共 60 兆瓦，年发电 14 亿千瓦·时	接入线路图（滦河口—胡家坨变电站）已完成并定点	县发改局姜各庄镇
7	化工品供应链项目	唐山市奎星实业有限责任公司	河北乐亭经济开发区	55000	16.13	建设商务中心、化工油品交易平台、仓储交割区及配套设施	办公楼主体工程完工	古河乡
8	新能源汽车配套基地项目	北京莱比德模具科技股份有限公司	河北乐亭经济开发区	45000	12	建设大型汽车内饰件模具，医疗、电子、排水设备模具研发中心、生产线及注塑件生产线；新能源汽车充电桩研发中心、充电桩生产及组装，汽车充电桩项目检测线、高低压开关柜生产线；新能源专用汽车配件研发中心及生产线	场地已回填，围墙桩完成	马头营镇
9	浩昌杰污油回收再综合开发利用项目	唐山浩昌杰环保科技发展有限公司	河北乐亭经济开发区	40000	8	建设焚烧炉车间、分料车间、再生车间、固体废物仓库、灌装车间、导热油炉房、罐区及配套设施、循环水装置、污水处理区域、消防设施区域、综合楼、办公室、厂区道路及绿化等	已完工，待验收	姜各庄镇
10	新能源电解液产业化项目	乐亭航天万源新能源有限公司	河北乐亭经济开发区	35000	6.41	一期工程建设年产 1 万吨锂离子电池电解液生产线，建设 3 个 7000 平方米的生产车间和办公楼；二期扩建 2 万吨电解液生产线和年产 2000 吨石墨烯导电液生产线	地勘和临时水、电施工完成，厂内临时道路铺设中，待设计院出设计图纸后进行办公楼、厂房打桩	胡家坨镇

续 表

序号	项目名称	建设单位	建设地点	总投资（万元）	占地面积（公顷）	建设内容及规模	进展情况	责任单位
11	年产4万吨均四甲苯项目	唐山境界实业有限公司	河北乐亭经济开发区	33425.26	8.27	建设1#精馏装置，2#精馏装置和原料库、成品库及办公楼等	地下管网铺设、办公楼主体工程完工，设备基础施工中	古河乡
12	医疗器械制造项目	北京京东科技有限公司	河北乐亭经济开发区	30500	7.53	建设以护理产品、消毒器械、手术产品为主导，集设计、研发、生产、营销为一体的综合医疗器械企业	厂房、办公楼基础浇筑进行中	新寨镇
13	高等重交道路沥青项目	宸烁新能源有限公司	河北乐亭经济开发区	29300	6.67	建设加工储存车间、实验研发厂房及附属设施	项目已备案，可研报告编制中	大相各庄乡
14	新能源汽车充电桩及高低压配电柜研发中心项目	唐山宇能科技有限公司	河北乐亭经济开发区	25000	6.67	建设新能源汽车充电桩及高低压配电柜研发中心，年产直流充电桩2万台、交流充电桩3万台、配套高低压配电开关柜1万套生产线	场地已回填，土地勘测中	马头营镇
15	康港大型隧道桥梁液压爬升大型钢构及特种模板项目	华北康港钢结构有限公司	河北乐亭经济开发区	24000	5.67	建设办公楼、厂房及配套设施，购置切割机、焊接机、折弯机及数控机床等加工设备	主厂房主体完工	县招商局
16	年产30万吨光伏支架生产线项目	唐山港科实业有限公司	河北乐亭经济开发区	23033.4	2.67	建设电力与光伏支架生产线6条、金属表面处理生产线6条及配套设施	主厂房钢结构完工，办公楼主体基本完工	汀流河镇
17	年加工36万吨电力与光伏支架项目	唐山裕宁实业有限公司	河北乐亭经济开发区	22032.45	5.33	新建金属表面防腐处理车间、加工车间、仓库、污水处理站及配套建筑；租用原钢材加工车间1栋，宿办楼1栋等；建设电力支架生产线3条、光伏支架生产线4条、金属表面防腐处理生产线4条；购置设备92台	一、二车间建设完工，设备已安装；三、四车间建设中	阎各庄镇
18	易安德盘扣式、轮扣式、碗扣式等新型脚手架项目	华北易安德脚手架制造有限公司	河北乐亭经济开发区	21000	5.07	建设办公楼、厂房及配套设施，购置切割机、焊接机、冲压机及数控机床等设备	试生产中，厂房外部地面硬化施工中	县招商局
19	环保节能建材生产基地项目	北京生态家园科技发展有限公司	河北乐亭经济开发区	20000	5	建设生产车间3栋，包括腻子粉/干粉砂浆生产车间，水溶性（环保型）胶黏剂生产车间，水性涂料生产车间	土地平整并完成50%打桩；环评和安评手续完成批复，施工许可办理中	县招商局
20	储焦储矿系统污染治理升级改造工程	唐山中厚板材有限公司	唐山中厚板材有限公司院内	19870.66	0.19	新建高架贮仓10座，新建汽车受料槽及贮仓、汽车受料槽向高炉方向供料的传输系统，含转运站16座，通廊25条；购置除尘器4套	高架贮仓8座建成，传输系统建设完工，购置除尘器4套	县工信局
21	东方恒远钢结构及板材配套加工项目	东方恒远钢结构有限公司	河北乐亭经济开发区	19000	4.87	建设办公楼、厂房及配套设施，购置切割机、焊接机、矫直机、折弯机及数控机床等加工设备	打桩完毕，院墙地梁完工，建设厂房用钢材已采购	中堡镇
22	海参生态养殖项目	河北八福岛养殖科技有限公司	姜各庄镇二节村南	19000	180	建设2万立方米水体育苗室和48个养殖池塘，主要养殖斑节对虾和刺参	2万立方米水体育苗室、48个养殖池建成	姜各庄镇

续 表

序号	项目名称	建设单位	建设地点	总投资（万元）	占地面积（公顷）	建设内容及规模	进展情况	责任单位
23	煤气利用工程	河钢股份有限公司唐山分公司	唐山中厚板材有限公司厂区	18400	0.83	新建厂区煤气管道、煤气加压站、煤压站配电室、煤气净化低压配电室及控制室、煤气加热设施、循环水泵站等设施	煤气管道和高炉管道铺设完工，煤气加压站、配电室等设施建设中	汤家河镇
24	海参加工项目	河北八福岛养殖科技有限公司	姜各庄镇二节村南	18000	3.33	建设海参加工厂 1 座	厂房建设中	姜各庄镇
25	新型模板支撑体系生产项目	中匠华湄模板制造有限公司	河北乐亭经济开发区	18000	4	建设办公楼、厂房及配套设施，购置切割机、焊接机及数控机床等设备	厂房基础框架完工，厂房内部装修中	乐安街道办县招商局
26	年产 4 万吨苯酐项目	唐山旭阳化工有限公司	河北乐亭经济开发区	17000	1.33	建设年产 4 万吨苯酐生产装置及公辅设施等	主装置精制单元主体完工，界区内管廊、循环水泵房及鼓风机厂房等基本完工	河北乐亭经济开发区
27	万事达生态农业观光采摘项目	乐亭县万事达农业发展有限公司	中堡镇	16000	66.67	建设高标准日光温室 760 座、育苗室 5 座、高标准精品苗木及育种繁育中心 1 座，购置自动卷帘机、自动化温控机、自动通风设备 800 台	已建成温室 500 座，购置设备 800 台（套）	中堡镇
28	天津艾格福农药科技有限公司异地搬迁项目	天津艾格福农药科技有限公司	河北乐亭经济开发区	15000	4.67	建设杀虫剂、杀菌剂、除草剂及生物制剂生产线及配套设施	土地回填完成，地勘完成，施工道路修建中	县工信局
29	年产 5000 吨环保油墨项目	河北东启精华印刷包装材料有限公司	河北乐亭经济开发区	15000	2.3	建设甲类车间、丙类车间、甲类仓库、丙类仓库、备件库、宿舍楼、消防水泵房、消防水罐、污水处理设备、事故水池、综合楼等	一期租用诚佑科技有限公司厂房已建成投产，二期场地回填、地勘完成，施工图纸设计中	中堡镇
30	进口种牛检疫隔离场扩建项目	唐山雄特种畜进出口有限公司	中堡镇	13500	14.67	建设办公用房、职工宿舍、精料库、干草棚、饲料加工间、牛舍、青贮饲料窖、病牛隔离区等	已投入运营	中堡镇
31	生态农业休闲观光采摘项目	乐亭县昊大农业发展有限公司	—	13500	—	建设采摘区（温室桃、桑葚、葡萄、甜瓜等）、休闲观光区、农事体验区、科技示范区等设施	建成部分高标准温室、高标准大棚，道路硬化和设备购置中	胡家坨镇
32	年产 15 万吨金属结构件（脚手架）生产线项目	乐亭铭扬实业有限公司	河北乐亭经济开发区	13000	1.33	建设机加工车间、金属结构件（脚手架）生产线及配套设施	主厂房建设完工，设备安装完毕	汀流河镇
33	年产 5 万吨废旧机油再生项目	乐亭县友华化工有限公司	河北乐亭经济开发区	13000	3.33	建设年产 5 万吨废旧机油再生生产线，建设厂房、仓库、办公楼和购置相应设备	厂房、办公楼建成，已购置安装设备 2 套	毛庄镇
34	机械配件精密制造供应基地项目	河北博拓科技有限公司（原威斯特）	河北乐亭经济开发区	12500	2.67	建设生产车间、办公楼及配套设施，购置切割机、焊接机等加工设备	土地回填和地勘完成	新寨镇

续 表

序号	项目名称	建设单位	建设地点	总投资（万元）	占地面积（公顷）	建设内容及规模	进展情况	责任单位
35	瓜果蔬菜种植项目	河北雷刚农业开发有限公司	汤家河镇杨家庄村西曾公路以北	12000	66.67	建设智能温室10栋，日光温室40栋及配套设施	智能温室建设中	汤家河镇
36	大型隧道桥梁液压爬升设备及建筑模板生产项目（天津金拓丰）	唐山康景建筑科技有限公司	河北乐亭经济开发区	12000	2.67	建设生产车间、组装车间、办公楼及配套设施，购置切割机、焊接机、折弯机及数控机床等	围墙、警卫室建设完工，车间、办公楼打桩中	街道办招商局
37	钢结构制品及特种模板项目	唐山康峻钢构有限公司（北京钰坤张建）	河北乐亭经济开发区	12000	2.67	建设厂房、办公楼及配套设施，购置数控切割机、漆膜测厚仪、LD单双梁起重机等	地勘、打桩及院墙基础建设完成，厂房钢结构建设中	乐亭镇县招商局
38	北京曙光制药项目	北京曙光药业有限公司	县城区工业聚集区	12000	2.67	建设办公楼，生产车间及附属设施	办公楼、生产厂房基础完成	毛庄镇
39	中低压配电柜及变电箱生产项目	河北若琦电气设备有限公司	河北乐亭经济开发区	12000	2.67	建设办公楼1幢、多层车间1幢、生产车间2座，购置数控冲床、数控折弯机、焊接机器人、开关柜悬吊系统、室内起重机及检测设备等	土地回填及地勘完成，厂房已开槽	乐亭镇
40	绿百灵生物微肥杀虫剂项目	北京绿百灵生物有限公司	河北乐亭经济开发区	11200	2	建设生产车间、成品仓库、罐区、办公室等	厂区道路回填完毕，厂房基础施工中	汀流河镇
41	新能源专用汽车配件生产及研发项目	唐山石勇机械制造有限公司	河北乐亭经济开发区	11000	2.67	建设专用汽车零部件研发中心及生产线	场地已回填，土地勘测中	马头营镇
42	料场污染治理综合改造项目	唐山中厚板材有限公司	唐山中厚板材有限公司院内	10398.11	13.14	采用单层压型钢板封闭形式，对西料场一、西料场二、西料场三、三期燃料料场、矿石地仓料场、竖炉料场进行封闭改造，新增23台固定式远程射雾器对料场内部进行抑尘改造	料场四周主体施工基本完工，封闭处理进行中	县工信局
43	果蔬种植及采摘观光项目	乐亭县锦达果蔬专业合作社	汤家河镇	10000	—	建设日光温室6栋，钢塑温室大棚15栋，果菜仓储、加工钢结构房6栋及水电、喷滴灌等配套设施	大棚建设中	汤家河镇
44	年产5万吨水性涂料助剂项目	河北禾日精细化工有限公司（北京东方禾日工贸有限公司）	河北乐亭经济开发区	9135	2	建设年产4.5万吨环保型建筑黏合剂和乳液生产线及配套设施	施工中	阎各庄镇

续 表

序号	项目名称	建设单位	建设地点	总投资（万元）	占地面积（公顷）	建设内容及规模	进展情况	责任单位
45	年产2万吨工业助剂项目	唐山帮协化工有限公司	河北乐亭经济开发区	8000	2.8	建设阴离子表面活性剂、非离子表面活性剂和农用混合型乳化剂生产线及配套设施	土地回填完成，地勘完成，施工道路修建中	县工信局
46	年产4万吨水性涂料助剂项目	河北瑞冠精细化工有限公司（北京金源恒泰精细化工有限公司）	河北乐亭经济开发区	7562	1.67	建设成品仓库、主车间、备件库、宿办楼及附属设施	土地平整、围墙打桩完成	胡家坨镇
47	年产4万吨水性涂料助剂项目	唐山市宝辰化学科技有限公司	河北乐亭经济开发区	7562	1.7	建设年产4万吨水性丙烯酸及聚氨酯聚合物生产线及配套设施	生产设备已订购，围墙打桩完成，场地已回填	马头营镇
48	环境综合治理项目	唐山市德龙钢铁有限公司	唐山市德龙钢铁有限公司院内	7200	—	建设环境综合治理技改设施	仓库建设中	汀流河镇
49	2017年升级改造项目	唐山中厚板材有限公司	唐山中厚板材有限公司院内	6000	—	炼钢转炉低压氮气系统改造，锅炉给水泵节能改造，产学研配套，转炉浊环水系统改造，智能制造，钢区设备隐患治理和小型技改	低压氮气系统改造、锅炉给水泵节能改造工程建设中	汤家河镇
50	北京通州张家湾裘皮服装加工项目	北京通州张家湾裘皮服装有限公司	姜各庄镇	5200	—	建设裘皮服装、羽绒服加工厂房，购置加工设备	厂房建设中	姜各庄镇
51	乐亭分散式风电工程项目	乐亭县祥瑞风力发电有限公司	姜各庄镇北海滨村稻子沟北侧	5166.15	1.33	安装2台3兆瓦风机，建设规模6兆瓦分散式风电项目	已注册，完成固定资产投资核准	姜各庄镇
52	年产20万吨废旧塑料回收加工项目	乐亭县东信再生物资回收有限公司	河北乐亭经济开发区	5122	1.31	建设第一生产车间、第二生产车间、原料库房、成品库房、办公及职工住宿用房及场区道路	土地已平整	马头营镇
53	佰康佳品"呼叫服务中心"项目	北京佰康佳品电子商务有限公司	县城区工业聚集区	5000	1.33	建设厂房、办公区、仓储区、药品展示中心和呼叫服务中心	已投入生产	县城区工业聚集区
54	皮毛制品、皮毛服装、纺织品加工项目	乐亭县恒协聚服服饰制造有限公司	乐亭金太阳大药房三楼	4986	0.47	建设设计室、批量生产流水线车间、量体定做单件裁缝车间、精品缝制车间、整衣熨烫车间、成衣包装车间、检验车间，大型仓库2个	已完工	马头营镇
55	善信农业合作社项目	乐亭县善信农业发展有限公司	乐亭镇	4890	—	建设生产棚33个，实验棚15个，水果园6.67公顷，蔬菜园6.67公顷，植物园6.67公顷	已完工	乐亭镇

续 表

序号	项目名称	建设单位	建设地点	总投资（万元）	占地面积（公顷）	建设内容及规模	进展情况	责任单位
56	年产5000吨无纺布项目	乐亭县鑫宝无纺布厂	阎各庄镇阎各庄村	4875.34	1.2	车间改造、生产设备购进	已完工	阎各庄镇
57	技术改造项目	哈斯科（唐山）冶金材料有限公司乐亭分公司	河北乐亭经济开发区	4800	5.33	淘汰原有钢渣处理生产线、新建钢渣处理生产线1座，将现有办公室改造为库房，新建3层办公楼1座，保留原有选铁车间，新建压球车间及机修车间	完工投产	汤家河镇
58	年产5000吨复合材料耐磨钢板项目	唐山宝航科技有限公司	河北乐亭经济开发区	4800	—	建设成品库、生产车间2000平方米，购入机器设备50台（套）	投入生产	中堡镇
59	建设国仙院生态农业示范基地项目	乐亭县鸿乐门家庭农场	阎各庄镇	4630.6	—	建设温室、育苗室及配套设施	已完工	阎各庄镇
60	仓储物流项目	河北千村绿食品有限公司	冀东国际农产品物流中心	4500	0.8	建设电子商务及综合调度办公楼、物业保障楼、高标准物流周转库，购置冷链配送车20辆，厂区路面硬化、绿化等	仓库主体建设完成	乐安街道办
61	气调技改项目	唐山冀东果菜有限公司	唐山冀东果菜有限公司	4450	—	将原有20间高温贮藏库改造为高低温两用贮藏库，改造贮藏车间；淘汰燃煤锅炉2台，新上燃气锅炉1套，增加用电设施2套，增加制冷设备1组，淘汰旧玉米生产线1套新上2套	已完工	乐亭镇
62	节能环保设备制造项目	唐山天蓝环保机械设备有限公司	大相各庄乡大相各庄村	3500	0.67	建设环保设备制造生产线、试验车间、厂房、库房及附属设施	产品专利申请中，厂房改造设计中	大相各庄乡
63	电动车制造项目	唐山海港力王机械厂	阎各庄镇陈渡口村	3500	1	租用旧厂地及厂房，建设电动车生产线	已完工，试组装中	阎各庄镇
64	年产5万条大棚保温被及其他保温材料项目	乐亭县兴农保温材料厂	阎各庄镇区北侧，平青大公路东侧	3500	1	建设大棚保温被及保温材料生产线及配套设施	厂房建设中	阎各庄镇
65	环保技改项目	乐亭县铸升金属制品厂	汀流河工业园区	3500	2.67	拆除煤气发生炉，加热炉改用天然气，按环保要求改造成型、辊锻、喷涂生产线	天然气改造完成，成型、辊锻、喷涂生产线改造中	汀流河镇
66	年产3万吨铁路轨道垫板项目	唐山钢铁集团有限责任公司惠唐乐港金属科技分公司	河北乐亭经济开发区	3287	—	建设年产3万吨铁路垫板加工生产线1条	已完工	汤家河镇
67	年出栏5000头生猪养殖项目	乐亭县源升畜禽养殖专业合作社	中堡镇	3200	4	建设猪舍、化粪池、饲料库、消毒室及配套设施	已投入运营	中堡镇

续　表

序号	项目名称	建设单位	建设地点	总投资（万元）	占地面积（公顷）	建设内容及规模	进展情况	责任单位
68	肉牛标准化养殖项目	唐山景勇养殖有限公司	姜各庄镇	3100	—	建设建筑面积2万平方米养殖场	建设中	姜各庄镇
69	生物有机肥项目	京台四(唐山）生物科技有限公司	阎各庄镇前何新庄村	2800	2.67	建设生物有机肥生产车间，设备购置	试生产中	阎各庄镇
70	乡村旅游观光项目	乐亭杨家埝昊天旅游服务有限公司	阎各庄镇杨家埝村	2376	—	农家乐餐饮住宿、垂钓休闲景观鱼池、民俗村史展览馆、采摘园及配套设施	部分建设项目投入使用	阎各庄镇
71	乐亭县讯通物流有限公司搬迁扩建项目	乐亭县讯通物流有限公司	乐亭县冀东国际农产品物流中心	2300	0.8	建设办公楼、仓库及配套设施	地基处理中	乐安街道办
72	机械零部件加工制造项目	北京王健工贸有限公司（唐山瑞诺机械制造有限公司）	县城区工业聚集区	2200	0.43	车间改造、购进生产设备	已完工	阎各庄镇
73	年产2万吨蔬菜、果品冷储项目	乐亭县赢顺冷储有限公司	汀流河镇西徐家房子村	2200	0.85	建设冷库、办公室、职工休息室、警卫室等	冷库主体施工中	汀流河镇
74	高达智能自动售货（药）机生产项目	唐山高达科技有限公司	县城区工业聚集区	2100	3层标准厂房	租用标准厂房1座，建设下料车间、成型车间、精工车间、电子组装车间及原料库房、成品库房等	样机调试中	县城区工业聚集区
75	真空镀膜靶材的生产线及钛合金精密件加工项目	涿州市凯莱金属材料有限公司	县城区工业聚集区	2000	0.49	建设真空熔炼车间、机械加工车间、钛铝合金精密件生产线车间、理化检测实验室、办公楼等，主要设备30余台	已完工，试生产中	古河乡
76	彩钢瓦生产线项目	乐亭县新寨彬彬彩钢复合瓦厂	新寨镇二村	1550	0.33	建设厂房、宿舍、办公室、仓库，购置生产设备	主体建筑已完工	新寨镇
77	生猪标准化养殖项目	乐亭县颖程畜禽养殖专业合作社	庞各庄乡	1516	1.33	建设办公生活区和饲养生产区。生产区包括猪舍、隔离舍、消毒室、治疗室、饲料加工间、仓库及水电、污水处理设施等	主要设施建设完工	庞各庄乡
78	唐山朝盛农具制造有限公司环保技改项目	唐山朝盛农具制造有限公司	汀流河工业园区	1500	1.33	拆除煤气发生炉，加热炉改用天然气，按环保要求改造成型、喷涂生产线	天然气改造完成，成型、喷涂生产线改造中	汀流河镇
79	年产1亿个瓜果网套生产线项目	乐亭县新寨黎明网套厂	新寨镇二村	1350	0.33	建设厂房、宿舍、办公室、仓库，购置生产设备	主体建筑完工	新寨镇

续 表

序号	项目名称	建设单位	建设地点	总投资（万元）	占地面积（公顷）	建设内容及规模	进展情况	责任单位
80	唐山日粮畜禽养殖有限公司标准化养殖项目	唐山日粮畜禽养殖有限公司	汀流河镇东石各庄村	1300	0.7	建设标准化猪舍14栋、综合管理用房及附属设施，购置饲喂设备、环境控制设备、兽用诊断仪器及附属设备	猪舍主体施工完成	汀流河镇
81	乐亭县佑安医院、医养康复中心项目	乐亭县佑安医院	金融大街	1290	0.35	医院楼1550平方米改造、装修，室外工程，绿化工程等	二楼、三楼病房装修完成，医用设备安装完毕	古河乡
82	卷钉生产线技改扩建项目	唐山伟高五金有限公司	姜各庄镇	1147	—	建设卷钉生产线及配套设施	已完工	姜各庄镇
83	乐亭县重症残疾人托养中心改造工程	乐亭县残疾人联合会	乐亭县中医医院院内	1120	0.33	改造县中医医院3层药剂楼为重症残疾人托养楼，绿化、地面硬化及配套设施	已完工	汤家河镇
84	小磨香油精加工项目	唐山市乐亭县星程香油加工厂	庞各庄乡	1080	6.61	建设生产车间、检验室、办公用房等，主要设备电炒锅、电动磨、电动振动筛、晃锅等机器设备26台（套）	主体厂房建设中，设备采购中	庞各庄乡
85	唐山农商银行建设乐亭农商行分支机构	唐山农商银行	乐亭县城	1000	—	建设银行机构	已完工	汤家河镇

表11　　2017年乐亭县列入省市重点续建项目情况

序号	项目单位及名称	建设年限	建设规模与内容	总投资（亿元）	截至2016年年底累计完成投资（亿元）	2017年计划投资（亿元）	用地面积（公顷）	进展情况	行业	备注
1	北京海德润制药有限公司生物医药产业园项目	2016.05—2017.05	年产中药提取物1万吨，生产药品100亿粒、保健食品200亿粒、消毒制剂500吨、各类医疗器械12万台；建设生物制药生产基地、研发中心及附属设施。总建筑面积10.7万平方米	3.9	1.8	1.1	7.8	消毒制剂车间、药品制剂车间、保健食品车间和医疗器械车间均已封顶，内外装修中；4栋办公楼主体完工；保健食品车间设备已订购	战略新兴产业	省重点
2	唐山惠唐新事业科技发展有限公司调质高炉渣成纤循环科技示范项目	2016.05—2017.05	年产各种调质高炉成纤矿渣棉制品4万吨；主要新建生产厂房、办公区、电气室、化验室、配电控制室、除尘系统、循环水泵站等；总建筑面积4929平方米	3.5	1.1	2.4	1.47	生产车间、除尘系统等主体工程施工中	传统产业升级	市重点

续 表

序号	项目单位及名称	建设年限	建设规模与内容	总投资（亿元）	截至2016年年底累计完成投资（亿元）	2017年计划投资（亿元）	用地面积（公顷）	进展情况	行业	备注
3	唐山航天智慧能源有限公司天分布式能源项目	2016.05—2017.12	年可发电3.2亿度，提供蒸汽81万吨；主要新建光伏发电设备、办公楼、运行机组、管网、动力车间及附属设施	5	1.2	3.8	3.33	一期2台20蒸吨锅炉已投入使用	战略新兴产业	市重点
4	唐山境界实业有限公司甲醇制高清洁燃料项目	2016.03—2018.05	年产50万吨甲醇制高清洁燃料；新建装置区、配套储罐区、装卸车站台等配套设施	19	4	10	36.13	已完成32个储罐基础，主设备区打桩中	传统产业升级	市重点
5	北京燕化永乐生物科技股份有限公司年产2.8万吨新型环保型农药复配制剂项目	2016.05—2017.12	新建高效环保农药研发中心、生产基地及公辅设施，总建筑面积11万平方米	10	3.8	6.2	16.13	杀虫剂1#、2#、3#车间，除草剂2#、3#车间均已封顶，仓库钢结构安装完毕，主要设备已制作完成	传统产业升级	市重点
6	河北钢铁集团唐钢炼铁北区1#高炉异地搬迁改造项目	2016.03—2017.05	拆除位于唐山市主城区的唐钢公司炼铁北区1#高炉及烧结机1座，依托唐山中厚板材有限公司，易地改造为1580立方米高炉1座；建设240平方米烧结机1台及脱硫、除尘、环冷、余热发电等系统	11.8	5.8	6	—	主体施工中	传统产业升级	市重点
7	唐山钢铁集团有限公司惠唐乐港金属科技公司金属科技项目	2016.03—2017.08	年加工金属制品60万吨；新建精密金属配件、机械配件生产基地及配套设施	3.5	1.3	2.2	7.33	主厂房已完工，设备基础已完成	传统产业升级	市重点
8	河北布鲁弗雷新能源科技有限公司环保洁净型煤项目	2016.03—2017.03	年产环保洁净型煤60万吨，日产型煤黏合剂50吨、包装袋15万条；新建型煤生产车间、成品库、原料库、办公楼等配套设施；总建筑面积8.7万平方米	3.5	1.8	1.7	8.33	1条生产线已完成，办公楼、厂房主体完工	传统产业升级	市重点
9	唐山仟客莱生物科技有限公司预混及配合饲料项目	2016.05—2017.05	年产10万吨预混饲料、14万吨配合饲料；新建年产10万吨预混饲料生产线和年产14万吨配合饲料生产线，建设生产车间、车库、办公楼等配套设施及购置机械设备	3.2	1	2.2	2.87	2个生产车间基础和设备基础完工，办公楼主体工程完工	传统产业升级	市重点

续 表

序号	项目单位及名称	建设年限	建设规模与内容	总投资（亿元）	截至2016年年底累计完成投资（亿元）	2017年计划投资（亿元）	用地面积（公顷）	进展情况	行业	备注
10	唐山庆义港务有限公司乐亭县中心渔港综合项目	2013.06—2018.10	年吞吐量9万吨；新建350HP卸鱼泊位550米，1000吨级冷藏船舶位270米，及渔船加冰泊位220米；同时建设护岸、围埝、防波堤；陆域建设办公楼、机修库、水产品交易市场、理鱼车间、冻结间、冷藏间、制冰间、贮冰间、变电所及宿舍楼等附属设施	7.8	3.3	4.5	—	3339米防波堤抛石工程完成，航道清淤及码头地块吹填施工中	现代服务业	市重点

表12　2017年乐亭县列入省市重点建设项目情况

序号	项目单位及名称	建设年限	建设规模与内容	总投资（亿元）	当年计划投资（亿元）	用地面积（公顷）	进展情况	行业	备注
1	河钢集团产品升级结构调整（乐亭基地）一期项目	2017.06—2020.06	年产精品钢1000万吨；建设机械化综合料场，700平方米烧结机2台、240万吨链篦机回转窑2台、7米焦炉6座、4300立方米高炉3座、240吨转炉3座、115吨转炉3座及配套热轧、冷轧、公用辅助设施等	680	40	—	项目建议书已报省发改委，环评报告编制中，其他前期工作进行中	传统产业升级	省重点
2	北京环卫集团环卫装备乐亭生产基地项目	2017.02—2018.10	年产专用车辆及设备1.5万台（套）；新建环卫车辆专用车间厂房、库房、办公及服务用房、设备用房及公辅设施；总建筑面积18.48万平方米	15.5	5	33.33	基础打桩中	传统产业升级	省重点
3	唐山腾龙再生科技有限公司华北综合再生资源环保基地项目	2017.05—2019.05	年产15.7万吨锌；新建原料储矿仓、配料及制粒厂房、回转窑车间（含余热锅炉、电收尘系统、排风机房）、回转窑尾气脱硫（含烟囱）、回转窑冲渣循环水、熔铸车间（含成品库）、锌浮渣处理等设施；总建筑面积19.28万平方米	27.2	6	66.67	选址已确定，前期手续办理中	传统产业升级	市重点
4	北京曙光制药乐亭有限公司生物医药、保健品、医疗器械生产项目	2017.02—2018.05	年产各类片剂、散剂、胶囊剂、颗粒剂、酊剂、搽剂和软膏剂七大剂型、120余个品种规格、850吨；建设办公楼、生产车间、动力车间、储藏库、污水处理站及附属设施；总建筑面积2万平方米	3.2	2.5	7.73	选址已确定，前期手续办理中	战略新兴产业	市重点

续 表

序号	项目单位及名称	建设年限	建设规模与内容	总投资（亿元）	当年计划投资（亿元）	用地面积（公顷）	进展情况	行业	备注
5	唐山浩昌杰环保科技发展有限公司废旧物资循环再利用项目	2017.05—2018.05	年实现废旧物资循环再利用17万吨；新建油水分离系统、废油再生系统、废料焚烧系统、储运系统及配套设施	4	2.8	8	立项、土地证等手续办理中	战略新兴产业	市重点
6	北京京东科技（乐亭）有限公司医疗设备加工项目	2017.06—2018.12	主要生产医疗器械、护理产品、消毒器械产品、手术室产品及消毒供应室产品；新建办公楼、厂房及配套设施	4.2	1.8	7.53	立项、土地证等手续办理中	战略新兴产业	市重点
7	北京建材产业园项目	2017.02—2018.02	建设北京康港大型隧道桥梁液压爬升设备及特种模板生产项目、北京易安德新型脚手架生产项目、北京峰庆盛世钢结构及板材配套加工项目、北京华湄世贸新型模板支撑体系生产项目	8.3	4	19.6	备案等前期手续办理完毕，土地回填及场地平整完成	传统产业升级	市重点
8	天津韩特涂料有限公司手机外壳体金属漆项目	2017.01—2017.12	年生产手机漆9000吨；新建生产车间、库房、办公用房、宿舍、道路及绿化，生产设置、附属设备及运输车辆的购置；总建筑面积1.8万平方米	3.5	3	3.8	一期已完成前期手续	传统产业升级	市重点
9	北京华阳新能源投资有限公司华阳能源中心项目	2017.02—2018.12	供热面积约1600万平方米；新建1×15兆瓦抽背机+1×25兆瓦背压式汽轮发电机组，配2×130蒸吨+1×240蒸吨高温高压煤粉炉；2×25兆瓦背压式汽轮发电机组，配2×240蒸吨高温高压煤粉炉等	5.8	3.2	30.07	3台主锅炉已签订订货合同，场地平整、基础打桩中	基础设施	市重点

表13　　2017年乐亭县列入市重点前期项目情况

序号	项目单位及名称	建设年限	总投资（亿元）	建设规模与内容	进展情况	当年工作目标	行业
1	龙源（北京）风电工程设计咨询有限公司乐亭滦河口风电场项目	2018—2020	5.5	安装30台单机容量2兆瓦风机，总装机容量60兆瓦，年均发电量1.56亿千瓦·时	已完成规划审批，测风塔2座建成运营，风机主设备已选定，施工前准备工作进行中	力争年底前完成招标等开工前准备工作	战略新兴产业
2	中船重工海上风电安装船、重装码头及运营服务中心项目	2018—2019	15	建成后可形成年施工110套海上风机，100套海上风机塔筒及导管架建造能力，主要包括海上风电安装船项目、重装码头项目和海上风电设备运输安装及后期运营维护服务项目	在乐亭县注册风电施工工程公司	前期手续完成	传统产业升级

续 表

序号	项目单位及名称	建设年限	总投资（亿元）	建设规模与内容	进展情况	当年工作目标	行业
3	天津（河北）化工产业园项目	2018—2019	5.2	年产各类农药5.5万吨；新建天津艾格福农药异地搬迁项目、唐山帮协化工有限公司新建2万吨工业助剂项目、河北宣农农药有限责任公司等农药企业搬迁项目	场地平整中	—	传统产业升级
4	天津瞻望世纪集团有限公司年产5万吨工业涂料项目	2018—2019	5.2	年产水性丙烯酸防锈防腐涂料1万吨，水性环氧丙烯酸防锈防腐涂料1万吨，PE不饱和树脂生产6000吨，PU聚氨酯树脂生产6000吨，丙希酸树脂生产6000吨，醇酸树脂生产6000吨，UV树脂生产6000吨；新建生产车间、库房、化验室、综合办公楼、员工宿舍、食堂及辅助用房等；总建筑面积15万平方米	项目立项、土地证等手续办理中	—	传统产业升级

统　计

【概　况】 2017年，全县统计工作按照县委、县政府中心工作和省、市统计部门的总体部署，创新思路，担当实干，深耕细作，努力开创基础工作扎实有效、经济指标增比进位、数据质量不断提高、服务能力全面提升的新局面。年内被省第三次全国农业普查领导小组办公室、省统计局评为“第三次全国农业普查先进集体”；被省统计局、省人力资源和社会保障厅评为“河北省统计系统先进集体”。

【统计内容】 专业定期统计　农村统计。统计内容有农业生产条件、农林牧渔业生产情况、农林牧渔业总产值、农业增加值、县（市）社会经济基本情况、乡（镇）社会经济基本情况统计，粮食大县产量调查、新型农业经营主体调查、农业产业化调查等，比较全面地反映农村经济社会发展状况。上报方式分为年报、半年报、季报和季节性报表。

工业统计。统计内容有法人单位基本情况、工业企业成本费用调查、规模以上工业法人单位主要工业产品生产能力、信息化和电子商务应用情况、工业企业战略性新兴产业总产值、工业企业财务状况、工业产销总值及主要产品产量，主要工业产品销售、库存、订货、工业企业生产经营及景气状况调查、规模以下个体工业调查、工业企业调查、非目录企业核查等。统计方法为规模以上企业全面调查，规模以下企业抽样调查。

能源统计。统计内容有能源购进、消费与库存，能源加工转换与回收利用，能源生产、销售与库存，工业企业用水情况，主要耗能工业企业单位产品能源消耗情况，重点能源商品经销情况，非工业重点耗能单位能源消费情况，主要能源调入调出，规模以下工业主要能源产品产量，县级全社会能源消耗核算。

服务业、贸易业统计。统计内容有规模以上服务业法人单位联网直报、规模以下服务业企业抽样调查、非企业法人单位财务状况、服务业个体户经营情况、重点物流企业经营状况；限额以上批发和零售业企业财务状况、限额以上批发和零售业经营情况、重要商品购进销售和库存情况、法人基本单位情况、限额以下批发零售住宿餐饮抽样调查、社会商品零售总额、限额以上住宿和餐饮业财务状况、经营情况；利用外资、外资企业经营情况统计。

固定资产投资统计。主要内容有新入库项目申请审批、固定资产投资完成情况，工业、技改投资，文化产业投资；房地产开发项目经营情况、房地产开发企业资金和土地情况、房地产企业财务状况；建筑业企业财务状况、企业生产经营情况等。

综合统计。主要内容有劳动工资统计、全面建成小康社会监测统计、地区生产总值核算、研发统计、高新技术统计、企业创新调查、文化产业统计、民营经济增加值核算、现代服务业增加值核算等。同时收集整理各专业与部门的业务报表，为领导宏观决策提供依据。

普查、专项调查统计　在进行全面调查的同时，还要开展定期或不定期的各种普查、专项调查和重点调查等。

人口普查。国务院2010年颁布的《全国人口普查条例》规定，人口普查每10年进行一次，位数逢“0”年份为普查年度。中华人民共和国成立后，乐亭县先后进行了6次人口普查。其中第六次人口普查标准时点为2010年11月1日零时。普查结束后，编印了《乐亭县人口普查资料汇编》。在两次人口普查之间逢“5”的年份开展一次较大规模的人口调查，也就是1%人口抽样调查，又称为“小普查”。其余年份进行人口变动情况抽样调查，每年一次，标准时点为11月1日零时。抽取城乡有代表性的村、居开展调查，以此了解人口普查之后人口在数量、素质、结构、分布及居住等方面的变化情况。

全国月度劳动力调查。乐亭县在2013年、2014年进行了大城市月度劳动力调查。2015年、2016年进行了全国月度劳动力调查。调查范围为城镇和乡村16周岁及以上人口，以反映城乡劳动力资源、就业、失业人口及城镇化率。2017年，县统计部门完成月度劳动力调查工作，实现了调查方案、调查流程、调查制度、档案管理四个规范化，建立健全了调查员培训、回访、调查员奖励机制等10项制度。《以乐亭县为例谈基层劳动力调查的若干问题及做法》在国家统计局内网推广，并得到国家、省、市统计局的高度认可。

经济普查。经济普查是为了全面掌握辖区内第二产业、第三产业的发展规模、结构和效益等情况，建立健全基本单位名录库及其数据库系统，为研究制定国民经济和社会发展规划、提高决策和管理水平奠定基础所进行的全面性调查。经济普查每5年进行一次，标准时点为普查年份的12月31日，除2004年条例发布的第一次经济普查为2004年外，以后逢3和逢8的年份为经济普查年。乐亭县于2004年、2008年、2013年进行了3次经济普查。

农业普查。逢“6”的年份进行农业普查，每10年一次。乐亭县于1996年首次进行农业普查，2006年进行第二次农业普查，2016年进行第三次农业普查。

投入产出普查。按着国家统一部署，乐亭县于1987年首次进行投入产出普查，每5年普查一次。统计用区划代码和城乡划分工作与城镇化率测算工作相辅相成，城乡划分的行政区划是测算城镇化率的依据。此2项工作每年一次。

【统计服务】　2017年，县统计部门注重强化统计服务工作，全年撰写统计分析48篇，统计公报1篇，统计研究2篇，汇报材料6篇，统计信息125篇，为领导决策提供了参考依据，为相关部门、各乡镇安排工作提供了基础信息。在年初、年中和年末，及时整理发布国民经济和社会发展数据，为县委、县政府撰写《县委全会报告》《政府工作报告》提供数据。在日常工作中，配合各级党委、政府的调研、文秘等工作，为各级各单位提供各类统计数据。坚持围绕全县经济形势发展，每月组织力量围绕服务业、固定资产等课题进行调研，加强对主要经济指标的监测，实时反映经济走势和动态，对完成情况与时间进度差距过大的指标及时预警，为领导提供分析和建议。编印《乐亭县统计年鉴》200余册，编发《乐亭经济月报》11期，完成全面小康社会监测报告，为加快第二产业、第三产业发展提供了决策参考。协同县工信局、县招商局、市环保局乐亭县分局、河北乐亭经济开发区等部门、单位，围绕争先进位，对固定资产、工业优化升级、节能减排、对外开放、第三产业发展等重点工作目标，进行具体分析，谋划方案，制定措施，确保按时间节点完成工作任务。协助县工信、商务等部门做好新增及规模以下转规模以上企业的审核、上报、入库工作。年内全县新增规模以上工业企业34家、服务业企业22家。

【统计调查】 高水平完成第三次全国农业普查 组织1900名普查员，对11.94万农户、2596户规模户、1518家农业经营单位、14个乡镇（街道）和473个行政村进行现场登记。先后3次代表唐山市接受省统计局验收，均得到肯定。

人口变动调查 在全市率先完成7个乡镇9个调查点754户的入户登记、数据上传工作。

基本单位名录库建设 新增“四上”（规模以上工业企业、资质等级建筑业企业、限额以上批零住餐企业、限额以上服务业企业）单位审批通过率100%，季报特殊处理率始终控制在3%以内，先后得到省、市统计局的肯定。12月，在全市名录库建设工作阶段总结会议上作为2个县区之一进行典型发言。

【统计监督】 2017年，县统计部门贯彻落实统计基层工作规范、业务流程规定，以实施规范化牵动统计调查“双基”（基层统计网络、基层基础工作）建设。完善以专业评估为基础、以GDP评估为核心的数据质量控制体系，提升业务工作的制度化、规范化、科学化水平。加强数据质量督查工作，采取电话查询、清单反馈、现场核查、机表核对等方式，加强对企业、基层统计机构、部门数据的核查力度。为推进全县统计基层基础工作规范化建设、提高统计数据质量提升统计能力。

扎实开展一套表核查工作。在全省率先完成涉及158家“四上”企业和84家投资项目的核查任务，并代表唐山市接受省统计局验收。

【统计基层基础工作】 抓培训，提高基层统计人员的业务水平 年内举办乡镇（街道）、“四上”企业统计人员培训班4次，对全县统计人员进行统计法规、专业知识和基础工作培训，涉及“四上”企业联网直报操作流程，统计执法工作，农业、工业、能源、投资、服务业、劳资、文化产业和国民经济核算等统计业务报表技术要领、指标逻辑实例释疑等。

抓督导，提高基层基础工作规范化建设 2017年10月，县统计局印发《关于开展基层基础工作检查的通知》，明确检查范围、检查期别、检查内容、检查方法和时间安排。11月，组成由农业、工业、投资、服务业、劳资等专业人员参加的调查组，制定乐亭县乡级统计机构基础工作规范化评定赋分标准，对全县14个乡镇（街道）进行为期一周的统计业务工作规范化检查，对检查结果当场分专业评定赋分，同时将检查结果反馈乡镇（街道）主要领导。对统计力量薄弱、规范化程度不高的乡镇，要求限期完善，县统计局在规定的时间进行复查，力争各乡镇（街道）的基础工作全部达到规范化标准。

【住户收支与生活状况调查】 依照《中华人民共和国统计法》规定开展住户收支与生活状况调查（简称住户调查），主要包括居民现金和实物收支情况、住户成员及劳动力从业情况、居民家庭食品和能源消费情况、住房和耐用消费品拥有情况、家庭经营和生产投资情况、社区基本情况及其他民生状况等。住户调查采用抽样调查方法，以2016年国家统计局《统计用区划代码和城乡划分代码库》为基础，匹配2015年全国1%人口抽样调查抽样框资料中的信息，编制抽样框资料，采取分层、多阶段、与人口规模大小成比例和随机等距抽样相结合的方法，抽选村级单位、调查小区和调查户，实现地域和人群不交叉、全覆盖。2017年全县抽取调查样本12个村（居）委会，其中城镇居委会3个，农村村委会9个；每个村（居）委会各抽取10个调查户，合计120户。上报方式为季报和年报。

是年，全县城镇居民人均可支配收入34078元，比上年增长8.6%；农村居民人均可支配收入16090元，比上年增长8.8%。城镇居民人均消费性支出19147元，农村居民人均消费性支出10638元。

物　价

【价费监督检查】 2017年，县物价管理部门发挥价格检查等职能，规范价格行为、整顿价格秩序、清费减负，做好依法行政、依法治价工作，保护经营者和消费者的合法权益，维护市场秩序和社会安定。

日常市场价格监管 开展地毯式拉网检查，检查对象为县城内各大商场、超市、药品销售店铺及金融大街和茂源街商铺、西大街的手机店铺等，检查内容为商品是否明码标价、是否存在价格欺诈等行为，检查目的为规范市场行为，同时发放价格政策材料，使经营者全面了解价格政策，文明经商，做到行业自律、群众参与、舆论监督，共同维护县域良好的市场价格秩序，营造放心消费环境。

节假日市场价格监管　元旦、春节、“五一”、中秋、“十一”等节日期间开展市场专项检查，深入各大商场、超市、综合市场、洗车店、理发店等场所实地检查，检查节日期间商家销售的商品是否明码标价；广告宣传是否属实，是否存在虚假打折、虚构原价等欺诈或诱导消费者的价格欺诈行为，同时发放明码标价警示函80多份，发放《中华人民共和国价格法》、国家发展改革委《关于商品和服务实行明码标价的规定》和《河北省商业零售业价格行为管理规定》等宣传材料440余份。与县市场建设服务中心一起对富强集贸市场和北新路市场内的摊点商户发放市场价格秩序整顿通知和警示函等政策宣传材料80余份，在市场醒目处张贴市场价格秩序整顿通知。检查过程中发现个别洗车店和百货商店存在明码标价不规范的行为，执法人员及时进行教育与惩戒，当场监督整改。

专项检查　6月初，开展旅游收费专项检查，对碧海浴场（星星湾浴场）、尚古农庄2处旅游景点的收费情况进行检查。通过查看景区门票价格公示、停车收费公示和商品销售明码标价情况，宣传收费价格政策，要求景区落实对老人、军人、学生等特殊群体的门票减免优惠政策；对景点内的餐饮、购物场所进行市场价格检查，要求经营商户不得哄抬价格，不得价格欺诈。

7月，开展商品房销售价格行为专项检查，对全县11家在售房地产开发项目和房地产中介机构进行全面检查，检查重点为销售商品房未明码标价，未在交易场所醒目位置明码标价；未按规定实行“一套一标”；标示信息不全，没有按规定内容明码标价，未标明房源销售状态，已售房源所标示价格不是实际成交价格；商品房交易及产权转移等代收代办的收费未标明由消费者自愿选择；通过虚假价格承诺、虚假价格促销等手段，诱骗消费者进行交易；以捆绑或者附加条件等限定方式，强制提供商品或服务并捆绑收费；捂盘惜售，炒卖房号，操纵市场价格；为交易当事人规避房屋交易税费等非法行为，就同一房屋签订不同交易价款的合同提供便利。其他违反国家发展改革委《商品房销售明码标价规定》、建设部《商品房销售管理办法》、住房城乡建设部等部委《房地产经纪管理办法》的行为。要求存在问题的企业需在规定期限内按规定整改，规范商品房销售市场价格行为，营造公开、透明的房地产市场价格秩序。对标价不规范的房地产项目进行警示，并要求限期整改。

11月21日至12月13日，开展教育收费专项检查，对县内13所乡镇中小学、3所高中、1所私立中学及15所私立幼儿园的收费进行检查，对义务教育阶段的中小学校违反自愿原则强制收取服务费用，以择校为目的的违反规定收取赞助费、择校费、借读费和转学费等，以及违反规定收取补课费、代收代办费不予结算、组织学生统一购教辅材料并收费和高中阶段违法“三限”政策乱收费的行为进行严格检查，公办学校无违反规定的收费行为，7所民办学校和1所私立幼儿园存在超范围及自定标准收费问题。

“12358”价格举报受理　发挥“12358”全国价格举报管理系统网络平台作用，认真受理群众投诉、举报、咨询。全年受理价格举报和价格咨询17件（市长热线9件，三级平台3件，“12358”举报来电5件），办结件数17件，办结率100%。

【价格管理】　2017年，县物价管理部门全面落实农业水价综合改革政策，配合县水务局完成全县农业水价综合改革实施方案及工作预案制定。完成乐亭高平中学高中部收费标准的上报及转发和初中部学费收费标准的核定。对县医院、县中医医院的医疗服务价格进行回访调研，按照市物价局部署，重点对医疗服务价格改革前后（2014年、2016年两个年度）的经营情况进行对比分析。及时转发上级相关文件13件，涉及医疗卫生、水、暖、行政收费等。

完成上级部署的各项监测任务，对30种生活必需品的价格和20种主要农产品和农资价格重点监测，对106种重点商品市场价格进行监测，同时每月整理编辑县内价格监测月报，呈上级主管部门和县领导参阅。

【收费管理】 县物价管理部门继续完善全县行政事业性收费的动态监管系统，完成2016年的年度审核，涉及146个收费单位、47项收费项目，收费金额1.4亿元。加强对涉企经营服务性收费管理的清理规范，完成全县各涉企收费单位的摸底调查工作，上报取消收费项目2项，涉及金额99.74万元；放开管理的收费项目7项，涉及金额419.13万元；下放权限1项，涉及金额30万元。对全县物业收费进行全面调研，提出县内普通住宅物业收费标准。

【价格服务】 2017年，县物价管理部门完成农户购买农资调查、农户存粮调查和冬小麦成本收益调查汇总工作。完成宁馨嘉苑、鼎秀家园项目商品楼成本审核及价格备案工作。完成对河北乐亭经济开发区唐山乐亭浩淼供水有限公司的供水成本的初步审核。

办结涉案物品价格认定110件，其中盗窃案38件，故意毁坏财物案42件，寻衅滋事案17件，诈骗案13件，标的总额196.7万元。高效、高标准完成了涉案物品价格认定，实现了“价格认定零复议、零投诉”目标。

审　计

【概　况】 2017年，乐亭县审计工作贯彻落实国家、省、市审计工作会议精神，突出主旋律，找准着力点，加大审计力度，提高审计效率。全年实施审计和审计调查项目55个，出具审计报告（结果）97份，累计审计资金50多亿元，查处违规及管理不规范资金2亿多元，发现并移送违法违纪问题线索12条。加强行业、部门内部监督，规范资金使用管理，全县有行业、部门内部审计机构13个，专职内部审计人员27人；兼职内部审计机构33个，兼职审计人员123人。年内，县审计局信息工作分别被中国时代经济出版社、中国审计编辑部和河北省审计厅评为“2017年度审计通联宣传工作先进单位”。

【重大政策落实审计】 2017年，县审计部门把贯彻落实中央、省、市、县重大决策部署作为重中之重，贯穿全年审计工作之中。按照审计署、省审计厅统一部署，及时调整审计计划，统筹全局审计力量，对稳增长等政策落实情况持续进行跟踪审计，促进稳增长等政策的有效落实。站在讲政治、顾大局的高度，加强全县电代煤、气代煤“双代”项目审计监督，确保项目资金安全使用、工程规范管理、项目落地见效。对全县“三去一降一补”及大气污染防治资金政策措施落实情况进行跟踪审计。以大气污染防治各项政策贯彻落实情况为切入点，对秸秆能源化利用项目、农村清洁能源开发利用、民营企业油气回收治理等7个专项进行重点审计，关注各级责任主体单位职责履行情况和政策落实情况，揭示大气污染防治实施过程中存在的突出问题，提出审计建议，助力生态文明建设。

【财政审计】 2017年，县审计部门全力开展县本级2016年财政预算执行情况的审计，在审查财政预算的编制、执行及其他财政收支的真实、合法、效益性的基础上，分析预算编制、执行和决算的总体情况，揭示财政管理中存在的突出问题，促进预算安排更加适应供给侧结构性改革、降低企业税费、保障民生兜底的需要，推动财政政策更加积极有效运行和财税体制改革进一步深化。在做好县财政本级预算执行审计的同时，着重安排了县地税局、县检察院、县交通警察大队、县第三中学、县第一实验小学5个预算执行单位的审计和马头营镇、庞各庄乡2个乡镇的财政决算审计，对部分重点企业纳税情况进行了延伸审计，确保财政资金安全有效运行。

【政府投资项目审计】 县审计部门把服务全县项目建设作为主要工作方向，积极探索政府投资项目审计新思路，找准目标，突出重点。年内，对耕地占补平衡、高标准农田建设、土地开发整理项目的45个分项工程开展了跟踪审计，审计资金总额达2亿元，出具审计结果56份。工作中，从建设项目招投标、合同签订、施工设计变更，到竣工验收决算实施全过程审计监督，除继续关注建设资金跑冒滴漏外，更加注重加强对政策落实、权力运行和履职尽责情况的审计监督，不断强化各主管部门和参建单位在项目建设中的主体责任，促进相关单位健全完善投资项目监管办法和问责机制。

【经济责任审计】 县委、县政府注重健全完善经济责任审计联席会议机制，对成员单位及时进行增补；加强组织、纪检部门提前沟通机制，做到信息互通；进一步强化审计结果运用，建立审计整改督查制度，推动审计问题的整改落实。全年对35个单位的47名乡科级领导干部开展经济责任履行情况的审计监督。经济责任审计不断扩面、提质、增效，为党组织考核和使用干部提供依据，提高领导干部依法理财、依法管理、依法行政的自觉性，为预防和治理腐败起到积极作用。

【民生项目审计】 2017年，县审计部门以促进惠民政策贯彻落实，推动完善社会保障制度为目标，掌握政策推进落实的总体情况和主要成效。年内，对全县近3年扶贫专项资金进行了审计，连续5年对全县保障性安居工程进行了跟踪审计，重点对影响惠民政策落实的体制机制问题进行揭示，提出完善保障制度和加强管理的建议，并督促整改，力保民生资金安全运行和项目顺利实施。

【其他审计】 县审计部门克服人员少、工作量大的矛盾，精心组织力量，在完成好重点审计工作任务的同时，派出6名审计人员，配合市审计局开展邢台市新河县2015—2016年扶贫政策措施落实和扶贫资金分配管理使用情况的专项审计、河北科技大学校长孙鹤旭和乐亭县原县长董立群经济责任审计；抽派20余人次开展县招商引资项目验收、农村改厕验收、县医院医保患者报销补录复核，全县“小金库”、三公经费专项检查，“一问责八清理”专项治理等县委、县政府交办的工作任务和多个案件协查任务，均取得良好成效。

市场监督管理

【概　况】 2017年，乐亭县市场监督管理局围绕县委、县政府中心工作，以全面深化改革为统领，以巩固省级食品药品安全示范县和国家食品安全城市为抓手，履职尽责，强化监管，服务发展，依法开展清理无照经营、打击传销、规范直销、查处违法广告、打击商标侵权和假冒伪劣商品、强化食品药品安全和医疗器械监管，开展药品药械不良反应检测、打击坑农害农行为、受理消费纠纷，开展大气污染防治等活动，优化发展环境，落实商事登记制度改革，激发市场主体活力，为全县经济发展助力加油。

【服务项目（企业）建设】 2017年，县市场监督管理局围绕县域经济发展大局，以服务项目建设为重点，以“四个专项行动”为抓手，深入开展市场主体帮扶专项行动、市场秩序优化专项行动、企业信用监管专项行动、“12315护民生”专项行动；以深化商事制度改革、创新服务体制机制、扶持小微企业发展为重点，加强商标行政指导、驰名商标培育、商标培训宣传工作，发挥股权出质登记、动产抵押登记、注册商标专用权质押登记的职能作用，千方百计帮助企业实现融资，积极推进双创双服工作。落实市场主体“多证合一”，放宽住所（经营场所）登记条件，推进工商登记全程电子化，推进企业简易注销改革工作，优化审批流程，大力实施商标品牌战略，不断优化营商环境，加大服务力度。年内采取“一产一策”“一企一策”服务措施，开辟绿色通道和特殊窗口，落实特事特办、急事急办、要事先办、大事跟办以及预约服务、上门服务、延时服务、跟踪服务等便企便民举措，为50余家企业在登记过程中提供全程服务。

【服务小微企业融资】 2017年，县市场监督管理局按照唐山市工商行政管理局（简称市工商局）《市场主体帮扶专项行动方案》要求，利用各种媒体采取多种方式向各类市场主体和银行、信用社、贷款公司等有融资业务的单位宣传股权质押、流动质押、商标专用权登记融资的政策，及时深入企业了解情况，帮助中小微企业解决融资难问题。全年办理股权出质登记8户，办理动产抵押登记28份，帮助企业融资31亿多元。

【企业年报】 2017年1月9日起，县市场监督管理局按照国家工商总局和河北省工商行政管理局（简称省工商局）、市工商局《关于做好2016年度年报公示工作的通知》精神，结合县内实际，全面安排部署2016年度年报公示工作。在年报工作中，对全系统年报工作进行细化分解，明确责任分工，并严格定期督导，成立由局长任组长、主管副局长任副组长、企管科和基层分局负责人为成员的年报工作领导小组。通过印发年度报告报送公示帮助卡和企业即时信息报送公示指南、微信群发、短信提醒等形式组织引导全县市场主体开展年报工作。2016年度完成内资企业年报2552户，年报率89.86%；完成个体工商户年报1.24万户，年报率75.95%；完成农民专业合作社年报763户，年报率81.92%。

【商标战略实施】 2017年4月13日，县市场监督管理局制定印发《开展保护商标专用权专项行动工作方案》，要求全县市场监督管理系统按方案要求，以检查商标使用为重点，规范合法使用商标标识；以保护商标专用权为重点，打击侵犯商标专用权违法行为，主要包括严厉打击食品、药品、保健品领域商标侵权违法行为；严厉打击侵犯驰名、著名和知名商标专用权行为；严厉打击侵犯涉农商标和地理标志商标专用权行为，开展保护迪士尼注册商标专用权专项行动；严厉打击非法印制及购买使用假包装、假标识、假商标的违法行为。加大对驰名、著名和知名商标的保护力度。

12月5日，县市场监督管理局按照市政府办公厅《关于开展工业“三品”专项行动营造良好市场环境的实施意见》要求，在发展地方特色产品上下功夫，扶持传统特色食品多样化开发；按照“一县一品”或“一县多品”的发展思路，加快有自主知识产权的产品品牌和特色产业集群品牌培育，推动地理标志产品、地理标志证明商标认定工作的开展。全年注册商标130个，推荐乐亭桃、乐亭扇贝、乐亭甜瓜地理标志商标申报工作，对15家新登记注册商标的企业进行奖励。

【违法广告治理】 2017年4月12日，县市场监督管理局印发《2017年整治虚假违法广告专项行动方案》，成立由局长任组长、主管副局长任副组长、相关科室负责人为成员的领导小组，从4月12日至12月31日，分动员部署、集中检查、检查验收3个阶段，组织相应人员对辖区各类媒体广告发布情况进行监测检查，对发布严重违法广告的，依法进行立案查处，严惩违法责任主体。年内，县领导小组对违法广告查处情况进行3次抽查，加强督导考核。

7月，按照唐山市食品药品监督管理局（简称市食药监局）《关于对畅维康胶囊等发布违法广告的保健食品实施暂停销售行政措施的通知》要求，县市场监督管理局将通知中涉5种保健食品的具体情况通报到辖区各保健食品经营单位，并加强监督检查，确保相关产品暂停销售执行到位。

8月，县市场监督管理局按照国家工商总局《关于落实政府工作报告要求进一步严肃查处虚假违法广告行为的通知》，对辖区虚假违法广告行为进行严肃查处，对屡禁不止和造成严重不良社会影响的从重处罚。加强广告的导向监管，对含有“特供”“专供”国家机关内容的广告进行专项整治，对事关人民群众重大利益的虚假广告加大整治力度，确保实效。

9月，县市场监督管理局按照省工商局《关于开展2017年涉嫌非法集资广告资讯信息排查清理活动的通知》要求，对通知中涉及的8种涉嫌非法集资广告资讯信息进行排查清理，未发现违法广告行为。

11月21日，县市场监督管理局印发《严肃查处虚假违法广告维护良好广告市场秩序工作方案》，组织全系统加大对含有不良影响内容广告的查处力度；继续严肃查处在广告宣传、商品包装上使用“专供”“特供”国家机关内容的广告；加强对药品、医疗器械、保健食品、医疗服务等事关人民群众生命安全、社会高度关切、群众反映强烈的重点领域广告的监管；加大对互联网金融广告的监管力度，就广告中所涉金融机构、金融产品和金融服务的真实性、合法性等问题，通报金融管理部门进行甄别处理；加大对电视、电台、报纸等重点媒体的监管力度，对责任主体加强行政指导、约谈告诫、行政处罚和纪律处分等综合治理；切实督促广告发布者履行广告审查责任，督促经营者、发布者健全管理制度，严格履行审查义务和审查责任，加大违法广告的监督检查力度。

在广告监测工作中，对城区街道两侧的广告、户外电子屏、重点街道两侧的广告牌等加强监督监测，公开“12315”举报投诉电话，鼓励群众对非法集资和虚假广告宣传等违法行为进行举报。全年出动执法人员158人次，检查各类广告经营者、发布者19家，检查广告98个，监测各类广告和资讯信息310条次，约谈、行政指导11次。对乐亭县乐创电子商务有限公司、唐山鼎和广告有限公司、乐亭县城关展鸿广告部3家，以及乐亭县广播电视台、乐亭县城关盛美广告部、乐亭县城关诚辉广告部、唐山创意达广告有限公司、乐亭县鹭霖广告有限公司、乐亭县应龙文化传媒有限公司、唐山市连线广告有限公司、唐山市方德广告有限公司等8家主流媒体公共媒介印发行政指导建议书。

【农资市场监管】 2017年，县市场监督管理局贯彻落实市工商局《2017年红盾护农行动方案》通知要求，组织全系统在全县范围内开展查处销售不合格农资商品、损害农民利益的违法行为，并结合辖区实际，探索“宽进严管”的新路子，不断探索新的监管方式，做到“既要放活放宽准入条件，又要管好管住市场秩序”。根据农时特点和市场状况，以化肥、农膜、农机具及零配件、农用柴油等农资为重点品种，以农资经营聚集区、区域交界处等为重点区域，以农资批发市场、农村集贸市场和农资集散地、仓储集中地及运销大户和乡村流动商贩为重点对象，开展“红盾护农”保春耕、促夏种、保秋播专项整治行动，同时不断加大农资抽检工作力度，加大宣传引导，督促经营者健全农资自律制度，建立健全农资经销台账，确保监管到位，规范执法。全年出动执法人员120余人次，检查农资经营户1800余户次，发放宣传材料2万份，抽检农膜29批次、成品油97批次、化肥310批次。

【成品油市场整治】 2017年4月，县市场监督管理局按照市工商局《成品油市场专项执法行动实施方案》要求，组织执法人员对成品油市场进行专项执法检查。加强宣传，动员全县广大群众广泛参与、监督举报违法行为；与成品油经营企业逐一签订责任书，督促企业落实索证索票等自律制度，严格落实企业主体责任，严把进货关；加大执法检查，重点查处国家明令淘汰并停止销售的油品，未以真实名称和标记销售的油品，以假充真、以次充好、以不合格油品冒充合格油品，侵犯他人注册商标专用权的油品，伪造或者冒用认证标志、名优标志等质量标志的油品，对油品的质量、标准、用途、牌号、等级、价格、供应、市场信息等作虚假或者引人误解的宣传违法行为；强化质量抽检，对不合格油品进行立案查处。按照市工商局《劣质散煤和成品油专项整治行动实施方案》要求，对全县成品油经营企业进行监管和抽检，确保成品油抽检覆盖率达到50%以上。5月，按照省工商局《劣质散煤和成品油专项整治行动实施方案》的通知要求，对成品油经营单位建立动态监管台账，对经营企业实施分类监管。

6月，按照省委、省政府《河北省强化油品质量和重型柴油车监管专项行动方案》和县政府《成品油领域安全生产专项集中整治实施方案》要求，重点对未获得商务、规划、国土资源等部门许可，未通过建设项目“三同时”审查擅自建设加油站（点）的行为，未经消防部门审核、验收合格擅自经营的行为，未按照加油站（点）有关技术规范要求进行操作等违规经营行为进行整治；对未取得成品油零售经营批准证书和工商营业执照，擅自通过加油站（点）、流动加油车辆、储油罐等销售成品油的行为，无证、无牌、套牌或证照不全、非法从事成品油运输的行为，未获得危险化学品经营许可证以及在安全生产方面存在重大隐患的自用储油罐等非法经营、储存、运输的行为进行整治；对省内高速公路、国道、省道沿线的加油站（点）的油品质量加大监管力度，依法查处劣质油品和车用尿素的违法行为。

9月，按照市政府办公厅《成品油市场专项整治实施方案》的通知要求，重点对存在重大安全隐患的油库和加油站（点），以及未批先建加油站、擅自改扩建超越经营范围、假冒商标及标识的行为进行监督管理，加强流通领域车用柴油油品质量的抽检。10月，按照市工商局《2017—2018年秋冬季成品油质量专项整治行动方案》的要求，以监测为主要手段，严把成品油质量关，严厉打击销售假劣车用燃油行为，确保上市油品不低于国Ⅵ标准。

全年抽检成品油97个批次，对经营不合格成品油的行为进行了立案查处。

【**打击非法传销**】2017年，县市场监督管理局按照省、市打击传销办公室工作部署，开展打击非法传销、规范直销专项执法行动。通过与公安部门合作，在全县范围内全面排查，采取多种方式拓宽和畅通社会举报渠道，广泛收集、准确研判、及时掌握有关非法传销的重要信息，形成严厉打击非法传销的高压态势。年内组织开展“打击传销、规范直销”大型宣传活动2次，发放《打击非法传销，维护和谐乐亭》《禁传销、反欺诈，构建和谐社会》《打击传销、规范直销》宣传材料2000份，接待群众咨询30余人次。

【**无照经营专项整治行动**】2017年4月23日，县市场监督管理局印发《2017年查处无照经营专项行动实施方案》，在全县开展查处无照经营专项行动，成立查处无照经营专项行动领导小组，召开会议进行动员部署。组织全县市场监管系统以建立公平、有序、规范、安全的市场秩序为目标，依法查处无照经营，引导符合条件的无照经营户（者）办理营业执照，有效维护市场秩序。行动中，以集贸（专业）市场、生产经营特色村镇、旅游景区、工业园区、车站码头、校园周边、城乡接合部等经营集中区为重点区域，将辖区较为突出、集中的无照经营行为及危害严重的无照经营行为作为查处重点，通过排查、受理举报等，掌握辖区无照经营的状况，建立工作台账，实施集中查处规范。10月，按照市政府办公厅《关于印发唐山市清理整治海洋涉渔“三无”船舶专项行动实施方案的通知》要求，对辖区海洋涉渔船舶进行排查，未发现无照经营的行为。

全年查处无照经营39起，引导办照36户。

【**维护消费者合法权益**】2017年，县市场监督管理局认真落实市工商局《关于做好2017年“3·15”国际消费者权益日纪念活动的通知》《“12315”护民生专项行动》等文件要求，以维护人民群众切身利益为出发点和落脚点，加大维权服务工作力度，提高维权服务质量，增强维权服务效果。组织开展“3·15”消费者权益日座谈会和大型宣传活动，发放宣传资料1万份；严格落实“12315”值班电话24小时畅通，接到申诉、举报和发现突发事件及时汇报，确保举报、申诉和突发事件得到及时妥善处理；推进“12315”“五进”（进商场、进超市、进市场、进企业、进景区）工程，健全城乡消费维权组织网络，组织网络和维权网络覆盖率达90%以上；完善“12315”系统功能，利用该系统进行统计分析，梳理消费者反映的问题，找出成因，对内进行行政约谈，对违法经营者予以警示；开展“12315”护民生专项执法行动和商品质量抽检，年内检查经营主体1200余户，抽检商品65个批次，受理投诉举报509起，接受群众咨询220余次。

【**开展“3·15”国际消费者权益日宣传活动**】2017年3月10日，县市场监督管理局印发《2017年“3·15”国际消费者权益日宣传活动方案》，开展系列宣传活动。

3月13日，在县市场监督管理局会议室召开有理事单位代表、部分企业代表、消费者代表42人参加的纪念“3·15”国际消费者权益日座谈会。3月15日，在大东方购物广场门前举办大型宣传活动，参加宣传活动的有15个执法及理事单位，县人大常委会、县政府相关领导及市场监督管理局主要负责人等亲临现场指导。活动当天发放宣传材料2000余份，现场受理投诉4件，当场解决3件。各基层分局、分会及“两站”在农村大集开展活动。“3·15”期间，印制“3·15”专刊1万余册，发至各机关单位、各乡镇（街道）、企业、个体经营门店。

【**工商注册登记制度改革**】2017年，县市场监督管理局以强化“四个意识”为统领，以优化营商环境为工作重点，不断深化商事登记制度改革，主动站位，为乐亭经济发展做出积极贡献。

2月，县市场监督管理局按照国家工商总局《关于全面推进企业简易注销登记改革的指导意见》的要求，自2017年3月1日起，在全县范围内实施企业简易注销登记改革，企业在申请简易注销登记时只需提交申请书、指定代表或者共同委托代理人授权委托书、全体投资人承诺书（强制清算终结的企业提交人民法院终结强制清算程序的裁定，破产程序终结的企业提交人民法院终结破产程序的裁定）、营业执照正副本即可，不再提交清算报告、投资人决议、清税证明、清算组备案证明、刊登公告的报纸等材料。

3月，根据省工商局、省公安厅《关于全面推行公章刻制备案纳入“多证合一、一照一码”登记制度改革的通知》的要求，自2017年2月1日起，按照“信息共享互认、流程简化优化、服务便捷高效”的原则，全面推进公章刻制备案纳入“多证合一、一照一码”登记制度改革，简化企业公章刻制手续，为企业提供便利化服务，推进大众创新、万众创业。

7月，根据省政府办公厅《关于加快推进“多证合一”改革的实施意见》的要求，全面实施企业营业执照、组织机构代码证、税务登记证、统计登记证、公章刻制备案、社会保险登记证、对外贸易经营者备案登记表、出口货物原产地证明书登记证“八证合一、一照一码”，以及个体工商户营业执照、税务登记证、对外贸易经营者备案登记表、出口货物原产地证明书登记证“四证合一、一照一码”的基础上，将涉及企业登记、备案等有关事项和各类证照整合到营业执照上，实施更大范围的“多证合一、一照一码”。

8月，县市场监督管理局根据市工商局《关于印发全面推进落实“八证合一、一照一码”登记制度改革工作实施方案的通知》精神，制定《乐亭县推进“八证合一、一照一码”登记制度改革工作实施方案》，要求在企业和农民专业合作社全面实施“六证合一、一照一码”的基础上，整合商务部门和贸促部门的对外贸易经营者备案登记表和出口货物原产地证明书登记证，由工商部门负责核发加载法人和其他组织统一社会信用代码的营业执照，商务和贸促部门的以上两证不再发放，实现“八证合一、一照一码”，从2018年1月1日起，所有企业须一律使用加载统一社会信用代码的营业执照，原证照不再发放。

根据省政府办公厅《关于加快推进“多证合一”改革的实施意见》的要求，在企业和农民专业合作社“八证合一、一照一码”和个体工商户“四证合一、一照一码”的基础上，将涉及企业（包括个体工商户、农民专业合作社）登记、备案等有关事项和各类证照进一步整合到营业执照上。实施更大范围的“多证合一、一照一码”。企业只需到登记部门办理加载统一社会信用代码的营业执照，不再另行办理相关证照事项，相关部门通过信息共享满足管理需要，共享信息不能满足需要的，相关部门应在开展业务工作时补充采集。同时，根据省工商局、省商务局、省文化厅、省旅游局《关于将再生资源回收经营者备案登记等四项涉企证照纳入“多证合一”改革的通知》精神，将商务部门的再生资源回收经营者备案登记、文化部门的艺术品经营单位备案、旅游部门的旅行社备案登记证明和旅行社服务网点备案登记证明纳入“多证合一”改革。

9月，县市场监督管理局作为县改革试点单位，按照市工商局《关于开展个体工商户登记制度改革试点工作的通知》要求，自9月起至年底，在全县范围内开展了个体工商户登记制度改革试点工作。试行名称自主选择、经营场所自主申报、经营范围自主决定，降低提交材料要求，精简填报事项，制定个体工商户简易登记文书和登记流程，全面推行审核合一、当场登记、网上登记、全程电子化登记和电子营业执照，推行仅需申请人对申请材料签名确认的口头申报，努力实现让群众“最多跑一次”的改革目标。针对季节性、流动性个体经营行为，可颁发经营期限不超过6个月的临时性营业执照。扩大免登范围，对从事某些行业和领域的个体经营实行豁免登记。按照省工商局《关于调整基金类企业注册登记有关政策的通知》的要求，对于基金类（含基金管理、股权投资基金、创业投资基金、私募基金）注册登记，按照国家法律法规政策、工商登记制度办理，不再要求有关部门批复同意。

10月，按照省工商局、省编办、省交通厅、省商务局、省机关事务管理局联合印发的《关于深入推进“多证合一”改革进一步优化发展环境的通知》要求，将住房资金管理中心的企业住房公积金缴存登记、商务部门的汽车供应商备案、汽车经销商备案、二手车经营主体（含二手车经销、经纪、拍卖、鉴定评估企业）和二手车交易市场备案、交通部门的道路运输普通货运分公司设立备案、道路货运代理（代办）经营备案、道路客运经营者设立分公司备案、船舶代理和水路旅客运输代理及水路货物运输代理业务备案8项涉企证照纳入“多证合一”改革。按照省工商局等三部门《关于将出入境检验检疫报检企业备案等三项涉企证照纳入“多证合一”改革的通知》要求，自2017年9月30日起，将出入境检验检疫报检企业备案、出口货物原产地证申领企业备案、商务部门的单用途商业预付卡备案3项涉企证照纳入“多证合一”改革。

县市场监督管理局按照国家工商总局《关于做好“多证合一”改革工作的指导意见》要求，认真落实五项改革意见。精准把握“多证合一”证照整合范围，确保依法合规改革；加大省级统筹力度，坚持全省“一盘棋”；加强信息化支撑，加快推进信息共享；加强“多证合一”信息公示，推进“一照一码”营业执照互通互认；持续深化改革，推进更大范围的“多证合一”。同时按照河北省“多证合一”整合证照事项信息表，对23项证照事项落实“多证合一”整合。

11月，县市场监督管理局根据市工商局《关于进一步推进企业“多证合一”换照工作的通知》要求，制定印发《关于进一步推进企业“多证合一”换照工作的通知》，采取调查摸底、分期分批、加强宣传、协调配合等方式，组织全县各类企业开展“多证合一”换照工作，当年新登记各类市场主体6687户，全县各类市场主体达到2.63万户，核发“多证合一”执照1.99万户。

【“四个专项行动”开展】 2017年，县市场监督管理局按照省、市工商局开展“四个专项行动”的工作部署，把“四个专项行动”作为全局工作重点认真落实，成立由局主要负责人任组长的“四个专项行动”领导小组，制定《四个专项行动实施方案》，召开会议进行动员部署。按照省、市工商局要求，结合县域实际，把握时间节点，明确各时间段的具体行动任务，形成上下联动的工作格局，扎实推进各个阶段、各个环节工作落实到位。

开展市场主体帮扶行动　开展市场主体增量活动，全系统通过严格落实“多证合一、一照一码”、企业登记全程电子化、简易注销为主要内容的工商登记“全流程便利化”服务，放宽企业名称、住所、经营范围登记管制，为市场主体快速发展搭建快车道，年内全县各类市场主体达到2.63万户，新登记市场主体6687户，比上年净增5168户，增长24.43%。实施商标兴企战略，加大商标宣传力度，引导企业和个体工商户积极注册使用商标，并对新登记的注册商标实施奖励政策。全年新申请注册商标130件，对15家新注册的商标给予每家2000元的奖励。搭建企业融资渠道，发挥工商职能作用，千方百计为企业融资搭建桥梁，指导帮助企业利用股权出质、动产抵押等形式，开展融资活动，全年办理股权出质登记8户，办理动产抵押登记28份，帮助企业融资31亿多元。

开展企业信用监管行动　全面推进年报公示工作，在广泛做好宣传的同时，局领导带队深入基层加强督促指导，定期对全县年报工作进度进行通报。全年完成2016年度企业年报公示2552户，年报率89.86%；完成个体工商户年报公示1.24万户，年报率75.95%；农业专业合作社年报公示763户，年报率81.92%。开展企业信息检查，按照省工商局《关于开展2017年市场主体公示信息“双随机”抽查工作通知》要求，规范“一单两库一细则”（“双随机”抽查事项清单，市场主体名录库、执法检查人员名录库，抽查工作细则）机制，开展3次联合抽查，全年抽查市场主体499家，其中174家列入经营异常主体，市场主体信息公示率100%。

开展市场秩序优化行动　宣传开展市场秩序优化专项行动的目的意义，宣传整治重点和有关改革方法，增强经营者诚信守法、远离违法的自律意识。以查处商标侵权、无照经营、不正当竞争、虚假违法广告等为重点，对违法违规行为进行严厉查处。全年出动执法人员148人次，检查市场24家次，检查经营户2400余户，发放宣传资料5000份，查处一批假冒伪劣商品。

开展“12315”护民生行动　开展“3·15”

消费者权益日大型宣传活动和“3·15”座谈会，发放宣传资料近1万份；推进“12315”“五进”工程，健全城乡消费维权组织网络；开展“12315”护民生专项执法行动，检查经营主体1200余户，抽检商品65个批次，受理投诉举报509起，咨询220余次。

【食品安全日常监管】 2017年，县市场监督管理局贯彻落实党中央、国务院、省市政府关于食品安全工作的决策部署，严格落实属地监管责任，把加强食品安全工作作为重大政治任务抓紧抓实，将食品安全工作纳入重要议事日程和本地区经济社会发展规划，切实落实监管有责、有岗、有人、有手段。6月21日，配合县人大常委会开展《中华人民共和国食品安全法》执法检查活动，从生产、流通、餐饮等环节检查《中华人民共和国食品安全法》落实情况。全县食品药品安全工作在全市14个县区中综合排名第四。

建立食品安全网格化监管体系 食品安全监管工作从县城延伸到农村，形成横向到边、纵向到底、监督有力、运转顺畅的三级监管体系。县成立食品安全委员会及其办公室，14个乡镇、街道成立乡镇（街道）食品安全监管办公室，把乡镇635名包村干部、公安派出机构和畜牧监管机构人员纳入其中；建设农村（社区）食品安全协管员队伍，配备食品安全协管员625名。

加强重要时期、节点的食品安全监管 加强“春节”“五一”劳动节、中高考、暑期、“十一”国庆节、党的十九大期间的食品安全监管，分阶段制定工作方案，明确工作任务和推进措施，确保重大节日和重要活动期间食品安全。

加强联合执法和检验检测工作 县食品安全委员会办公室牵头集中开展食品质量安全专项整治活动，出动执法人员28人次，执法车辆6辆次；联合教育、城管等部门对县城内所有学校及其周边小卖部、食堂、小吃部、食品摊贩、食品加工小作坊进行全面排查整治，出动执法人员65人次，执法车辆19辆次，检查校园周边食品经营户327户，规范食品经营户8户；开展食品安全进校园活动，在校门、教学楼、饭堂等区域悬挂横幅、张贴标语15条，发放食品安全知识宣传材料8500余份，同时开设健康教育课、“食品安全”专题讲座，营造良好的校园氛围；加强检验检测工作指导，建有农产品质量监测站、疾控中心检验科、畜禽产品质量安全检测站和食品药品检验检测中心，其中农产品质量检测站和疾控中心具有检验资质。

开展食品安全宣传和培训活动 结合创建国家食品安全城市工作，在县电视台开设创建“国家食品安全城市”专栏，开展集中宣传活动，粉刷食品安全墙533块，制作各类宣传条幅1300余条，食品安全橱窗34块，各类展板36个，制作科普安全宣传片3期；组织食品药品安全应急小组、县教育局及全县幼儿园园长、中小学校校长观看2017年邢台市食品安全突发事件（Ⅳ级）应急演练视频，提高应急处置意识和能力，最大限度降低事故危害。

【食品安全专项整治】 2017年，县市场监督管理局按照市政府办公厅印发的《唐山市2017年食品药品安全重点工作安排》，深入贯彻“四个最严”的总体要求，坚持问题导向，认真查找和梳理食品安全方面存在的突出问题和风险隐患，坚持以风险管控为核心，强化重点区域、重点业态、重点时段的专项治理。组织开展校园周边、暑期食品安全专项整治、“三小行业”综合治理、农村食品安全专项整治以及重大节日和重要活动期间的专项行动，加大市场巡查力度，严厉打击各种违法行为，全面排查食品安全隐患，提升全县食品质量安全。

1月，县市场监督管理局按照省、市食药监局《关于进一步加强中小学校和幼儿园食品安全监督管理工作的通知》的要求，对全县所有学校食堂开展监督检查，重点检查索证索票制度、台账登记制度、留样制度、快检制度和食品添加剂管理“五专”（专店采购、专柜存放、专人负责、专用工具、专用台账）制度落实情况，保障全县中小学生的用餐安全。2月，按照市食药监局《关于迅速组织开展食品药品安全监督检查工作的通知》要求，组织执法人员开展为期一个月的执法检查，重点检查承办“两会”酒店、农村、城乡接合部、旅游景区、高速公路服务区、校园周边等区域，突出乳制品、肉及肉制品、食用油、酒类、凉菜、烧烤食品、食品添加剂等重点品种，加大对食品生产经营户、批发市场、集贸市场的集中整治和专项监督检查力度，严厉打击无证无照经营、销售过期变质假冒伪劣等不合格食品药品行为，做好春季学校食堂和群体性农村自办宴席食品安全监管工作，有效预防食物中毒事件发生。

6月，按照市政府食品安全委员会办公室（简称市食安办，县同）《2017年暑期食品安全专项整治工作方案》要求，县食安办组织各相关单位食品安全监管员到食品销售点进行检查，尤其是对学校周边、社区进行检查，严防安全事故发生。其间，开展联合检查2次，专项检查10余次，检查食品经营单位280家，发放宣传材料550份。7月，按照市食安办《关于对畜禽水产品专项整治行动进行联合督导检查的通知》要求，对全县畜禽水产品进行联合检查，检查兽药店104户次、大中型养殖场595个次、散养集中区域128个次、屠宰企业16个次、集中交易市场11个次、经营户680家，抽检313批次。

9月，县市场监督管理局按照省、市食安办《关于加强中秋国庆和十九大期间食品药品安全监管工作的通知》安排，开展为期2个月的食品药品专项执法检查，以节日市场消费量大、消费者投诉举报多的食品药品为重点品种，以大型超市、集贸市场、承办节日聚餐活动较多的餐饮服务单位、节供食品生产企业、旅游景区、高速公路沿线服务区食品药品生产经营单位为重点领域，加大执法力度，消除各类安全隐患，严惩违法违规行为，同时重点对肉及肉制品、水产品、果菜、米面、食用油、酒类、调味品、糖果、糕点和小食品等节日热销食品进行抽检，提高抽检频次，对抽检中发现的有安全隐患的食品依法进行处置，严防问题食品再次流入市场。

【食品安全诚信】 2017年，县市场监督管理局按照“地方政府负总责、有关部门各负其责、企业履行主体责任”的要求，坚持预防为主、源头控制、全程监管原则，实施食品安全放心工程。以保障和改善民生为出发点，以创建食品安全示范城市为抓手，推进食品安全诚信建设。制定食品经营者诚信示范标准，督促食品经营户建立健全各项自律制度，教育引导食品经营户合法合规、诚实守信经营，实行不合格食品退市制度，严把食品进货关，实行食品质量承诺制度，严格落实进货索证索票和查验记录制度等。为推动全县食品安全诚信工作的有效开展，发挥典型示范作用，促进全县食品安全管理水平的提高；与食品生产经营企业签订食品企业诚信协议书，重点做好制度、档案和平台运行工作；组织全县食品企业诚信体系人员培训，完善诚信管理体系行业标准；组织开展诚信管理体系对标达标工作，推动企业建立并运行诚信管理体系。推荐夏日超市、大东方购物广场东城店、大东方购物广场西城店3家超市为唐山市“放心肉菜”示范超市。年内，县内13家企业被市政府食安办评为“唐山市第四批食品安全诚信示范单位”，并颁发标牌。

【药品和医疗器械流通、使用环节监管】 2017年，县市场监督管理局以创建食品药品安全示范县为契机，做好药品、医疗器械的日常监管，重点加强药品和医疗器械流通使用环节的监管，确保药品安全无事故。6月15日起，按照市食药监局《开展打击使用非法诊断用第三类医疗器械“亮剑行动”实施方案》要求，开展打击使用非法诊断用第三类医疗器械“亮剑行动”。对辖区县级医院、乡镇卫生院、民营医院在用的CT扫描机、核磁共振、B超等大型医疗设备进行检查，检查相关医疗机构28家，未发现违法违规行为。开展医用耗材专项整治，对辖区唯一一家医疗器械生产企业定制式义齿生产企业进行全项目监督检查，未发现该企业有违法违规行为。督促医疗器械经营企业和使用单位全面落实国家食药监总局《医疗器械经营质量管理规范》《医疗器械使用质量监督管理办法》，要求医疗器械经营企业建立相关档案，完善各种制度、记录、台账，对销售人员进行岗前培训，严格按照规范要求进行经营；要求医疗器械使用单位填报《医疗器械使用质量自查表》，并采取医疗机构自查及监管部门检查相结合方式进行监督检查。全年立案2起。

8月18日起，利用5个月时间加强药品零售使用环节的质量安全监管。县市场监督管理局按照国家、省、市食药监局安排，制定印发《开展药店、城乡接合部和农村地区诊所药品质量安全集中整治实施方案》，全县145家药店及5家乡镇诊所按要求完成自查，自查出问题271条，已整改到位；按照实施方案要求执法人员对全县药品经营使用单位进行全覆盖检查，对检查中发现的问题立案1起。

【药械不良反应监测】 2017年，县市场监督管理局贯彻落实省食药监局《河北省药械不良反应监测工作考核评价指导意见》和市食药监局药品、医疗器械不良反应监测工作的总体要求，通过健全组织、完善措施、建立网点、强化督导，确保监测工作顺利开展。制定《乐亭县药品药械不良反应监测工作计划》，制定工作目标。建立监测网络管理制度，以药械生产、经营企业及二级以上医疗机构为主，全面推动药械不良反应监测网络建设，建立药械不良反应监测哨点管理制度，选择有条件、有技术、有能力的单位建立监测哨点。严格落实药品生产企业安全性监测主体责任，确保辖区药品制剂企业全部入网，构建不良反应报告和监测体系制度，按规定及时上报药品不良反应事件。发挥乐亭县ADR微信交流群作用，由县市场监督管理局工作人员在群内发布不良反应知识和学习信息，为各单位业务人员提供学习交流平台。

按照市食药监局、市卫计委《唐山市化妆品不良反应监测工作实施方案（试行）》要求，全县设监测哨点3个，并建立覆盖全县的化妆品不良反应监测网络，采取被动监测和主动监测相结合的方式实施监测工作。全年上报医疗器械不良事件63例，上报药品不良反应报告220例。

【药品违法广告宣传监管】 2017年，县市场监督管理局高度重视药品违法广告治理工作，重点对通过产品说明书、标签标识、广告等方式进行虚假宣传、夸大功效的欺诈行为，加大监管和查处力度，严厉打击发布违法医疗药品广告行为，保障人民群众的身体健康和生命安全。为规范药品、医疗器械、保健食品广告的宣传行为，本着教育规范为主的原则，向乐亭医药、南元医药、永和医药、唐人医药等单位印发广告自查告知书，并教育引导药店执业人员坚持诚信经营、文明服务，杜绝虚假宣传和误导消费者的违法行为，确保全县医疗药品经营企业的文明规范。

【药品安全专项整治】 2017年，县市场监督管理局按照市食药监局《关于印发〈全市食药监系统2017年食品药品安全重点工作安排〉的通知》要求，牢固树立以人民为中心的发展理念，落实"四个最严"（最严谨的标准、最严格的监管、最严厉的处罚、最严肃的问责）和"四有两责"（基层监管有责、有岗、有人、有手段，日常监管责任、监督抽检责任）的要求，以"四个干"抓落实机制为保障，扎实开展药品安全专项整治行动。

组织对疫苗安全的专项检查。主要从疫苗储存、运输等方面开展全面、细致的监督检查，对县疾病预防控制中心及16家接种单位进行监督检查。

组织对处方药销售的专项检查。主要从处方药是否开架销售，购进陈列是否符合规定；需要凭处方销售的药品，是否凭处方销售；驻店药师是否有效履职，对处方的审核签字是否完整齐全；销售处方药处方是否按相关规定保存等方面进行检查。同时加大对违法违规销售处方药行为的查处力度，对于药品零售企业违反规定销售处方药的，一经查实，严格按照相关法律法规予以处罚。

组织对药品购进渠道的专项检查。范围为辖区的药品批发企业及零售药店，重点为药品经营企业采购药品的渠道是否合法，是否验明其合法资质并建立符合GSP要求的相关记录；购进的药品是否索要供货方税票或销售凭证，并建立购进药品验收记录；药品购销中发生的购销税票及票据，是否按有关规定保存等。通过专项整治，加强药品经营企业药品购进渠道的管理，规范辖区药品经营单位的经营行为。

年内完成对21家新开办药品零售企业的验收、发放药品经营许可证工作，并督促其完成GSP认证材料报送工作。全年出动执法人员2025人次，执法车辆675台次，立案8起，结案8起。

【回收过期失效药品活动】 2017年，县市场监督管理局以对人民群众身体健康和生命安全负责的责任感，开展“清理家庭小药箱、回收过期失效药品”活动，回收过期失效药品1300种批。

【保健食品、化妆品监管】 2017年，县市场监督管理局依据国家、省、市有关法律法规和规定，开展保健食品、化妆品日常监督管理工作，重点检查生活美容机构、专业批发市场、专卖店、直销店等单位，检查是否建立进货查验制度、索证索票制度及进货台账制度，从事批发业务的经营企业是否建立购销台账制度等；国产特殊用途化妆品、进口化妆品的批准文号或备案号是否真实有效，产品标签标识是否符合相关规定。

县市场监督管理局按照市食药监局《关于加强节日期间保健食品、化妆品安全监管工作的通知》要求，将以会议营销方式销售保健食品的企业作为检查重点，以商场、超市、化妆品专营店为重点区域，对化妆品销售的合法性、进货渠道、说明书等进行检查，严防不合格产品流入市场。

5月25日，在大东方购物广场西城店广场开展主题为“5·25护肤日关爱肌肤、关爱健康”化妆品安全使用知识宣传活动，发放宣传材料500份。6月20日，组织执法人员对市场上不合格祛痘类化妆品进行检查，对国家通告的31个批次不合格祛痘类化妆品进行抽查。12月18—20日，会同市食药监局海港分局对化妆品、保健食品进行双随机抽查，并将抽查结果进行公示。

【食品药品安全宣传教育】 2017年，县市场监督管理局为巩固食品药品安全县创建成果，把食品药品安全宣传教育工作作为一项重要的“充电工程”，发挥舆论监督、社会监督和群众监督的作用，动员公众关注、支持、参与食品安全日常监管，全方位、无缝隙打击食品安全违法行为。通过多种形式宣传食品安全相关知识，提高群众对食品药品安全的知晓率。

3月15日，在大东方购物广场西城店广场组织开展食品安全大型宣传活动，发放宣传材料2000份。6月30日至7月13日，组织开展以“尚德守法、共治共享食品安全”为主题的食品安全宣传周活动，宣传《中华人民共和国食品安全法》《河北省食品小作坊小餐饮小摊点管理条例》及县委、县政府关于加强食品安全工作的决策部署，引导食品企业和从业人员学法、知法、守法、用法，强化责任主体意识，宣传遵法重信典型，推进食品行业诚信体系建设，弘扬尚德守法的行业风气，宣传食品安全知识，引导公众积极参与社会监督，营造人人关心食品安全的浓厚氛围，促进食品安全共治共享。活动中发放宣传材料8000余份，群众满意度问卷调查300余份，展出宣传展板6块。10月25日，县市场监督管理局与县教育局联合组织40余名学生及食品生产企业、食品行业协会、食品安全执法人员、消费者代表100余人参加“食品安全知识竞赛”活动，并到食品生产企业进行参观。

【毛皮动物酮体肉监管】 2017年1月，县市场监督管理局按照市食安办《关于开展“瘦肉精”监督抽检工作的通知》要求，对全县猪肉、牛肉、羊肉市场进行监督检查，对猪肉、牛肉、羊肉进行抽样监测，抽检200多个批次，未发现水分超标、“瘦肉精”问题。

12月起，县市场监督管理局根据省农业厅、省食药监局《关于组织开展严厉打击危害肉品质量安全违法违规行为“百日行动”的通知》要求，组织开展肉品质量检查，严把畜禽肉品市场准入关，加大执法检查力度，与县畜牧主管部门配合，深入屠宰企业、批发市场、农村集贸市场等地，查找私屠乱宰和危害肉品质量安全案件线索，重点检查生猪产品无“两章、两证”，牛、羊、鸡无动物检疫合格证明或证物不符的经营行为，确保全县畜禽肉品质量安全。同时畅通12331投诉举报电话，鼓励群众对违法行为进行举报、投诉。

质量技术监督

【概　况】 2017年，县质量技术监督局（简称县质监局）以“服务发展、质量共治、重点监管、确保安全”为主线，以实施“123348”战略为统揽，不断创新工作思路，完善工作机制，提升服务能力，全面履行质监职能。按照“四个干”抓落实的要求，各项工作有序推进。

【特种设备安全监管】 2017年，县质监局先后开展安全隐患排查治理、危险化学品领域专项整治、“安全生产月”活动、标本兼治遏制重特大事故、打非治违专项整治、“两节”及党的十九大期间特种设备安全生产大检查、涉氨制冷企业液氨使用专项治理、彻底普查锅炉信息和燃煤锅炉节能减排综合治理等活动。全年检查企业193家，检查特种设备782台，出动执法人员579人次。现场检查率97.47%，重点单位检查率、重点设备检查率均为100%，保障了特种设备安全运行，实现了全县特种设备安全零事故。同时，组织对各乡镇（街道）、园区新增特种设备安全员培训考试及持证上岗再培训工作，完成全县基层特种设备安全监管网络建设任务。县质监局被省质监局评为党的十九大期间特种设备安全保障工作先进单位。

【名牌战略实施】 年内，县质监局开展质量兴县工作，促进县域产品质量、建筑质量、服务质量稳步提升，在省、市政府对乐亭县2016年度质量工作考核中，考核结果为A类。在全市质监系统21项重点工作、十大类工作考核中，各项工作均名列前茅，其中稽查执法和“12365”工作获得第一名。申报乐亭县铸升金属制品厂的蜻蜓牌钢锹、唐山旭阳化工有限公司的焦化苯等10个名牌产品，唐山鼎晖食品股份有限公司的鼎晖牌速冻玉米1个优质产品，乐亭丞起现代农业发展有限公司的颐天源服务品牌1家，已通过初步审核。3月21日，在北京市召开的全国知名品牌创建示范区建设暨2016年区域品牌价值评价结果发布会上，“乐亭设施桃”以品牌价值44.95亿元，荣登“区域品牌价值百强榜”。同时，积极申报“乐亭设施桃”全国知名品牌创建示范区，发挥县域设施桃的引领优势，打造全国知名的区域品牌，加快全县农业现代化进程。年内争取省、市标准化专项资金5万元、名牌企业资助经费30万元。

【标准化促产业转型升级】 年内，县质监局加强标准制修订工作，继续推进农业综合标准化示范县建设，重点加强县内优势农产品标准的制定，完成《加苫棚室建造技术规范》等2项唐山市地方标准的审定工作。推进企业“双采”（采用国际标准和国外先进标准）工作，指导唐山市德龙钢铁有限公司完成优质碳素结构钢热轧带钢采用国外先进标准等2项采用国际标准和国外先进标准的项目。4月，县质监局代表省接受国家标准委第三调研小组对全县农业标准化工作的调研，通过现场考察、召开座谈会、重点访谈、调研问卷、收集资料等方式调研，对全县农业标准化项目建设给予肯定。

【计量惠民】 2017年，县质监局开展计量进社区、进农贸市场等惠民活动，免费检定电子秤369台件，对全县61家加油站进行专项检查，对20家企业的42台定量灌装机设备进行检定。按照财政部、国家发展改革委《关于清理规范一批行政事业性收费有关规定》要求，自4月1日停征强检计量收费后，免费检定压力表、加油机、衡器等强检计量器具9186台件，免收费用60.65万元。

【“乐亭甜瓜”国家地理标志保护产品专用标志推广使用】 年内，县质监局积极督导乐亭县万事达生态农业发展有限公司对“乐亭甜瓜”地理标志产品专用标志的使用推广，指导其建立标识管理使用登记台账，并将台账纳入地理标志产品档案。同时，利用各种媒体，加大宣传推广力度，把“乐亭甜瓜”打造成乐亭一张亮丽名片，确保“乐亭甜瓜”国家地理标志产品专用标志的合理有效使用。

【大气污染防治专项治理】 2017年，县质监局重点加大煤炭生产环节的煤质管控力度。按照上级部门要求，配合承检单位做好全县洁净型煤产品的省级、市级监督抽查工作，完善、更新、健全煤炭单位监管台账，确保洁净型煤产品质量的提高。

【继续深化行政审批改革】 2017年，县质监局与县市场监督管理局、县机构编制委员会办公室等部门（单位）一起，做好存量组织机构代码向社会信用代码的转换工作。在特种设备使用登记业务、特种设备作业人员证复审等4项审批事项工作中，优化办事流程，压缩审批时限，落实“5日办结制”，全部实施网上审批，为企业提供优质服务。全年办理特种设备使用登记新增、停用、变更业务592项，特种设备复审人员证446人次。

土地资源管理

【项目用地管理】 2017年，乐亭县国土资源局（简称县国土局）严格落实经营性土地招拍挂（招标、拍卖、挂牌）制度，做好项目供地工作，所有出让和收储土地项目全部由县土地管理委员会研究议定。年内获得省政府批复6个批次和2个单独选址项目，总面积126.79公顷，49宗地块，涉及33个项目，保障了河钢集团乐亭临港基地、唐山东方轧钢有限公司等重点项目的用地。完成北京京东科技有限公司、唐山腾龙再生科技有限公司等14宗土地收储，面积207.45公顷；完成河钢集团乐亭临港基地项目、乐亭县诚信房地产开发有限公司项目等土地出让41宗，面积375.73公顷，收取土地出让金6.74亿元。完成电力变电站、乐亭县第六幼儿园、乐亭高平中学等土地划拨12宗，面积56.11公顷，土地划拨款5003.79万元。

【强化用海服务】 2017年，县国土局对唐山境界实业有限公司二期项目用海手续进行完善，由于国家政策所限，办理工作处于暂停阶段。完成唐山浪窝口中心渔港有限公司乐亭县中心渔港综合项目一期工程（经营性部分）海域使用权转让报批工作，这是县内首例海域不动产登记发证。为河钢产业升级、宣钢搬迁项目的前期手续联系省国土资源厅，协调相关工作。

加强开放式养殖用海出让工作，确认成交开放式养殖用海53宗，面积3424.55公顷，收缴海域使用金1151万元，缴纳信息全部录入海域动态监视监测系统。

全年完成海域使用权初始登记84宗，变更登记11宗。对2016年未及时缴纳海域使用金、经多次催缴仍不缴纳的48宗2210.62公顷开放式养殖用海，报请县政府批准，收回海域使用权，注销海域使用权证书。

9月，国家海洋督察组进驻河北省到乐亭县，开展首次全国海洋督察工作。按照县政府的统一安排，县国土局配合督察组和上级部门开展工作，督察期间累计上报督查资料37批次77份。配合上级开展海域动态监测县级节点建设。配合开展第一次全国海洋经济调查工作，数据采集处理工作进行中。

【高标准基本农田建设与基本农田保护】 *推进高标准基本农田建设* 2015年度高标准基本农田建设任务1万公顷，总投资1.1亿元，涉及10个乡镇107个行政村。到2017年年底，姜各庄镇王秀士村等9个村、阎各庄镇西双坨村等5个村、马头营镇马头营村等4个村、新寨镇和古河乡10个村、古河乡刘庄子村等5个村、汤家河镇甘草坨村等5个村、汤家河镇麦港村等5个村、汤家河镇大李庄村等6个村（2个村重复）、胡家坨镇东走马浮村等8个村、胡家坨镇孙马庄村等6个村、大相各庄乡和庞各庄乡9个村、姜各庄镇母强庄村等16个村、大相各庄乡张火烧佛村等6个村高标准基本农田项目已通过市国土局验收，毛庄镇前黑王庄村等10个村基本农田项目已通过县级验收，毛庄镇马神庙村等7个村（2个村重复）基本农田项目正在变更测量。

基本农田保护 2017年永久基本农田划定工作数据成果已上报国土部，划定面积4.69万公顷，地块落实工作已完成，签订基本农田保护责任书898份，标志牌已更新完成，11月通过市国土局验收。市国土局下达乐亭县耕地保有量面积5.24万公顷，永久基本农田保护面积4.69万公顷，全县实有耕地面积5.48万公顷，基本农田划定面积4.69万公顷。县国土局根据各乡（镇）耕地情况进行了指标分解，与各乡（镇）政府分别签订《耕地保护目标责任书》26份，《基本农田保护责任书》898份，层层落实责任，使耕地保有量、基本农田保护得到落实。

【土地开发整理】 2017年，县国土局实施耕地占补平衡项目18个，其中已下达验收批复的项目 14 个，新增耕地面积 148.3 公顷；市国土局已验收，待下达验收批复的项目 2 个，新增耕地面积 28.17 公顷；正在实施的占补平衡项目 1 个，新增耕地面积 26.93 公顷；已下达立项批复的项目 1 个，新增耕地面积 12.31 公顷。

【地籍管理】 2017 年，县国土局积极完善地籍管理制度，认真把握有关法律法规政策界限，严格工作程序，各项工作有序开展。全年办理地籍会审 95 宗，权属调查 323 宗，实现对每宗土地的认真审核，逐宗实地查看。上半年办理集体土地登记 130 宗，其中变更登记 71 宗，面积 1.18 公顷。装订集体土地登记档案 2000 余宗。按照省国土资源厅、省财政厅、省住房和城乡建设厅、省农业厅、省林业厅《关于调整农村集体土地确权登记发证工作的通知》要求，增加农房等集体建设用地上的建筑物、构筑物的产权状况调查，房屋测量，数据入库和面积量算等工作内容。结合县域实际对下步工作进行安排。至年底，县两权工作应开展权籍调查 15.05 万宗，已开展 15.05 万宗，占全部任务的 100%，入库完成 15.05 万宗，占全部任务量的 100%。开展年度变更调查工作，2016 年国家下发乐亭县监测影像图斑 346 个，监测面积 152.93 公顷，其中耕地面积 80.25 公顷。县国土局对国土资源部返回的 2014 年 228 个设施农用地及 2 个临时用地图斑进行了逐个现场核实，数据于 2 月 24 日整理汇总上报。

【土地监察】 2016 年度省国土资源厅下发涉及乐亭县新增建设用地疑似违法用地图斑 66 个，面积 18.12 公顷，其中耕地面积 9.36 公顷。对于需要整改的违法图斑，县国土局按照 2016 年度卫片执法检查工作的要求，组织整改查处，本着既处理人又处理事，该拆除的拆除、该没收的没收、该追究的追究的原则，分别对县城区工业聚集区管委会非法占地案和唐山中厚板材有限公司非法占地案进行了处罚，处罚面积 9.64 公顷，缴纳罚款 157.06 万元，移交纪检监察机关 2 人，移送公安机关 1 人。全县图斑已全部整改到位，并完成了卫片系统的录入工作，录入图斑 5 个，录入图斑地块总面积 5.29 公顷，等待上级部门审核。

2017 年全天候遥感监测涉及乐亭县图斑 47 个，涉及土地面积 80.02 公顷，其中耕地面积 32.52 公顷。至年底，已经全部整改到位，整改到位率 100%，提前实现违法占地清零目标。

县政府为顺利完成 2017 年土地违法“清零”工作，先后召开专题会议进行安排部署，建立“国土主导、乡镇主体、部门协同”的土地违法专项整治机制。全年土地违法“清零”工作任务 133 宗，其中涉及乡镇整改的 129 宗，面积 27.82 公顷；涉及相关部门整改的 4 宗，面积 7.32 公顷。至年底，乡镇整改到位图斑 86 个，整改到位比例 100%。

北京督察局在对接疑似违法图斑的核查工作中，第一次下发 2016 年度疑似违法图斑 20 个，第二次下发 2016 年度疑似违法图斑 21 个，第三次下发 2015 年度疑似违法图斑 10 个，合计 51 个（其中“大图斑”2 个）。到年底，2015 年度图斑已经全部消除违法状态，2016 年度整改图斑中仅有 3 个图斑未消除违法状态（面积 9.97 公顷，其中耕地面积 5.86 公顷），未整改到位的图斑属于持续整改类图斑，按照工作要求在 2018 年 11 月前整改到位。

【海域管理】 按照上级海监机构的统一部署，分别制定乐亭县“碧海 2017”“海盾 2017”专项执法行动方案，并配合上级海监机构实施专项执法检查。依照定期巡查制度开展日常陆岸巡查，同时加强对县域所辖海岛、水域的巡航监视，对巡查过程进行影像记录，填写巡查工作日志。对辖区内重点区域和重点时期加大执法巡查频率，年内陆域巡查 81 次，行程 8600 千米；海域巡航 32 次，航时 128 小时，航程 1900 海里。通过开展专项执法工作，加强了用海项目监督，维护了海域使用良好秩序，加大了海岛保护工作力度。

【优化土地利用空间】 2017 年 7 月，县国土局开展全县土地利用总体规划调整完善工作，第一批获得省政府批复，本次规划调整完善涉及建设规模面积 410.07 公顷，将河北乐亭经济开发区扩区面积调整为 72.39 平方千米。同时，开展乐亭县城镇低效建设用地再开发专项规划和乐亭镇韩坨村的规划编制工作，使县内土地利用空间进一步优化，满足重点项目和民生工程需求。

【推进不动产登记中心整合】 2017年，县国土局以不动产登记中心为窗口，以“亮身份、展风采”为抓手，树立品牌，优化形象，使窗口服务质量有效提升。房地产开发遗留问题省挂账督办的2个房地产开发项目发证工作全部完成，其他房地产开发项目和安置房办证工作在进行中。全年发放不动产产权证书3093本，不动产登记证明732本。

【数字乐亭地理空间框架项目建设】 2017年12月25日，数字乐亭地理空间框架建设项目完成市级初验，建立了全县权威的、唯一的、通用的地理信息公共平台，为政府部门和社会公众提供便捷、优质的地理信息服务。

【日常动态巡查】 2017年，县国土局组织执法大队、海监大队和各国土所对城乡接合部、公路沿线、工业聚集区等违法行为多发区域，开展全天候动态巡查，全年对各乡镇动态巡查140余次，填写巡查日志140余份。发现并制止非法取土、私自挖建养鱼池行为20余次，下达《责令停止违法行为通知书》10余份、《责令改正违法行为通知书》8份，暂扣车辆8台，立案查处违法案件10宗。

安全生产监管

【概　况】 2017年，乐亭县安全生产工作贯彻落实中共中央总书记习近平系列重要讲话精神，坚持“安全第一、预防为主、综合治理”方针，以全国“安全生产月”活动为载体，以实现安全发展和构建和谐社会为目标，深入开展重点行业领域的安全生产专项整治，加强制度机制建设，加强综合协调监督，明确行业监管职责，落实行业监管责任，较好地完成了上级下达的安全生产控制指标和管理目标，全县工、商、贸、企未发生一次生产安全责任事故、影响恶劣的重大恶性事故，有力地促进了全县安全生产形势的持续稳定向好。

【安全生产大检查】 2017年，乐亭县安全生产监督管理局（简称县安监局）多次召开安全生产专题会议，印发活动方案，安排部署“两节”“两会”“五一”劳动节、“安全月”、暑期、汛期及党的十九大期间等重点时段安全生产工作，特别对安全生产攻坚行动进行专题部署。县政府为确保工作取得实效，从相关责任单位抽调精干力量组成联合执法检查组，在全县各领域持续开展安全生产大检查。

液氨制冷领域，开展了液氨制冷企业专项整治，与市安全生产专家库专家，质监、消防、电力等部门和各乡镇政府安监人员组成联合执法检查组，对有工商营业执照的46家企业进行隐患排查。

在危险化学品和烟花爆竹领域，由县安全生产委员会办公室牵头，县市场监督管理局、县商务局、县安监局、县公安局、县质监局、县交通运输局、县住建局、县供销联社等负有危险化学品和烟花爆竹安全生产监管职责的部门为成员，采取联合审查与分头审查相结合的形式，开展合法性审查工作，聘请唐山市危化专家对全县所有危化品生产企业和烟花爆竹批发经营企业进行检查核查。

在商贸领域和人员密集场所，利用近一个月时间，集中力量对生产经营单位逐一进行排查，对存在的安全隐患督促其按期整改，对违法违规行为进行严厉处罚。烟花爆竹、冶金建材、交通运输、人员密集场所、建筑工地、特种设备、学校医院养老院、液氨制冷等重点行业领域，持续开展安全生产大检查活动，确保全县安全形势持续稳定。至年底，检查生产经营单位864家，查出事故隐患1039项，整改962条，缴纳罚款61.81万元。

【安全生产基础工作】 开展隐患排查工作　按照省、市、县政府关于安全生产隐患排查整治的要求，县安全生产委员会办公室组成153个执法检查组，检查企业864家，查出隐患625条，完成整改548条。企业开展自查自纠，查找隐患或问题414处，全部整改到位。

安全教育培训　2017年，县安监局根据省安监局《2017年全省工贸行业有限空间作业专项整治工作方案》要求，于8月15日组织召开有限空间作业生产经营单位安全教育培训会议，督促企业提高防范有限空间作业风险和事故的能力，从而改善县内工贸行业企业有限空间作业的安全基础，近100家相关企业主要负责人和安全管理人员参会。年内全县高危行业生产经营单位负责人、安全管理人员参加培训160人次，特种作业人员参加培训850人次，非危化行业安全管理人员参加培训140人次，安全监管监察人员100%持证上岗。

【安全生产应急管理】 2017年，县安监局督导企业和单位开展应急演练，完善应急预案，提高企业和员工的应急反应和处置能力，落实救援队伍、物资和装备；组织开展应急比武活动，危化、冶金企业100余人参加比赛和观摩，使高危企业员工应急处置能力得到提高。按照市安监局《关于〈生产经营单位应急预案评审备案工作的方案〉的通知》要求，组织督导唐山昌旭建材有限公司、乐亭县同乐化工有限公司、乐亭新奥胶乳有限公司等14家企业应急救援预案的专家评审备案工作。加强应急管理的组织领导和应急准备工作，受邀参加由唐山旭阳化工有限公司、唐山境界实业有限公司、乐亭岸线旅游服务有限公司等单位组织的应急演练活动，并进行现场指导。

【建设项目安全设施“三同时”工作】 2017年，县安监局贯彻落实《中华人民共和国安全生产法》等有关法律法规和各级有关文件精神，加强对危化、冶金、机械等6个行业新建、改建、扩建工程项目安全设施在可行性研究、初步设计、安全设施竣工验收等环节的监督管理，督导北京燕化永乐生物科技股份有限公司、北京环卫集团环卫装备乐亭有限公司、唐山京宝涂料有限公司、唐山元展涂料有限公司、唐山旭阳化工有限公司等13家企业建设项目的安全设施“三同时”制度落实情况。至年底，有唐山帮协精细助剂有限公司、唐山境界仓储有限公司、唐山元展涂料有限公司等7家企业完成安全预评价报告或安全现状评价报告；唐山元展涂料有限公司、唐山京宝涂料有限公司等5家企业完成安全设施设计报告评审；唐山京宝涂料有限公司进行了试生产专家论证，唐山天普石油化工有限公司、唐山境界实业有限公司、唐山旭阳化工有限公司取得危险化学品经营许可证；其他企业“三同时”工作在进行中。

【安全风险辨识管控】 县安监局认真执行风险辨识分级管控制度，按照市安监局专项整治方案要求，在2016年安全生产风险辨识工作的基础上，落实相关企业较大风险作业岗位和危险部位管控措施，确保不留死角和盲区。2017年冶金、建材、危险化学品、烟花爆竹等重点行业73家企业按照风险辨识和评估的内容、方法、程序和标准，对2775项安全风险进行有效辨识、科学分析和全面评估，全部进行分类分级和标志标识，并建档立卡，落实管控措施。坚持风险管控与隐患排查同部署、同推动。督导企业按照省安监局要求，在“智慧安监综合监管系统”网络上，每周按时进行隐患排查上报，并及时整改。利用各科室智慧安监政府端手机，每月入企排查隐患，使企业将风险管控体系建设与隐患排查治理体系建设有机结合，找准企业重大风险点及重大危险源，建立安全隐患记录台账，及时制定并落实相关管控整改措施，逐步建立完善企业安全管理“双控”机制，有效遏制各类事故的发生。

【标准化创建和诚信体系建设】 2017年，县安监局贯彻落实河北省企业安全生产标准化创建工作会议精神，按照市安监局《关于印发〈2017年全市企业安全生产标准化创建工作实施方案〉的通知》和省安委会关于印发《河北省企业安全生产诚信管理实施方案》的通知要求，召开安全生产标准化和诚信体系建设会议，推进县内企业安全生产标准化创建和诚信体系建设。年内，全县20家企业完成标准化创建，2家企业完成诚信等级评定，2家企业诚信体系建设中。

【职业卫生管理】 县安监局制定印发《2017年乐亭县职业卫生工作要点》和《关于开展职业病危害项目申报复核“回头看”活动的通知》，对申报复核、检测评价、健康检查、“两个档案”、评估等工作进行安排部署。7月19日、9月8日分别召开职业病危害防治评估考核迎查准备会议。县政府办公室印发《乐亭县职业卫生监督管理工作分工方案》，组织县内相关企业对《中华人民共和国职业病防治法》《河北省作业场所职业卫生监督管理办法》，以及国家安监总局发布的《作业场所职业健康监督管理暂行规定》等相关法律法规和上级文件精神进行学习和贯彻落实。开展职业病危害项目申报复核“回头看”活动，督导完成上海电气风电设备（河北）有限公司、唐山宝航机械制造有限公司等6家企业的职业病危害因素安全评价。配合市安监局对职业卫生监督管理执法检查、复核、审查、备案，出具检测回执表32份、评价回执表23份。

【“安全生产月”活动开展】 2017年，县安监局以安全生产月为契机，宣传贯彻《河北省安全生产条例》等安全生产法律法规，召开专题会议并印发安全生产月活动方案，全面布置安全生产月工作。6月16日，在大东方购物广场（东城店）广场举行安全生产月咨询日宣传活动，县政府相关领导出席，县安监局、县公安局（交警大队、消防大队）、县质监局、县交通运输局、县住建局、县旅游局、县教育局、县卫计局、县气象局、县人社局、县城区工业聚集区、供电公司、燃气公司14家单位在现场设立咨询台，悬挂条幅，向过往群众发放用电、交通、旅行、防疫和使用电梯、燃气等安全常识材料，宣传和普及安全常识与自救互救知识，发放宣传资料2万余份，营造“以人为本，安全第一”的社会氛围。“安全进万家、幸福你我他”主题志愿服务活动同时启动。

粮食经营管理

【概　况】 2017年，县粮食管理部门适应经济发展新常态，注重加强粮食供给侧结构性改革和粮食流通转型升级。以保障粮食安全为重点，抓粮源、保供应、稳粮价、促流通，促进了粮食事业持续健康发展。

【粮食经营市场管理】 搞好粮食统计调查　在完成价格监测、粮食流通统计等常规工作的基础上，完成夏粮生产形势调查、乡村居民存粮调查、社会平衡调查、最低最高库存量核定等各项工作，确保了数据准确、内容真实。

行政审批服务　县粮食管理部门着力打造政务服务平台，努力推动“互联网＋政务服务”工作，把粮食收购许可、粮食行政处罚等权力运行清单、权力运行流程图、权力运行服务指南、权力运行中介服务清单及公共服务清单全部录入政府电子政务服务平台，方便企业、方便群众办事。年内办结行政许可事项12项，其中办理粮食收购资格许可7项，按新规定对非企业类到期不需办证的个体收购许可证注销5户。到年底，全县具备粮食收购资格的达22户，其中国有1户、民营15户、个体6户。

【推进粮食仓储设施建设】 县政府从加强粮食仓储设施和粮食储存安全体系建设出发，投资4100万元在原新寨粮站建成5万吨粮食储备库，完成粮食局直属库的整体搬迁；阎各庄分库5000吨仓房及设施维修改造工程，按计划完工；投资116万元，建筑面积400平方米、仓容量200吨的成品粮库完工，达到验收条件。年内，大力推广粮情微机检测、储粮机械通风、环流熏蒸杀虫3项储粮新技术，全县粮库的信息化、数字化、现代化管理水平得到提升。

【粮食市场监督检查】 县粮食管理部门积极开展监督检查和行政执法工作，规范粮食经营者行为，稳定粮食流通秩序。年内出动检查人员82人次，检查经营户41家次，对发现的问题进行了现场纠正。会同县财政局、县农发行组成联合执法检查小组，对全县纳入检查范围的15家粮食企业库存数量、账务、质量、轮换等逐一进行检查。经查，15家粮食企业库存数量真实，质量达标，储存安全，账实相符，账账相符，手续齐全，管理规范。开展夏、秋粮收购检查，重点检查粮食样品摆放、收购价格公示、有无给农民“打白条”现象及台账、报表等事项。各涉粮企业基本做到报表及时准确、台账规范，统计数据质量逐步提高，未发现违规经营问题，促进了农民增收和企业增效。开展“大快严”（省粮食局等4部门组织实施的全省政策性粮食安全隐患大排查、快整治、严执法集中行动）集中整治行动，9月会同县财政局、县农发行对粮食局直属库承储的县级储备粮进行检查，对发现的问题和隐患提出了整改和处理意见，保证了县级储备粮数量真实、质量安全。开展粮食流通统计检查，采取“一看”（看基础台账原始记录、统计数据报表及统计资料的档案保管）、“二查”（查粮食实物库存数量）、“三核对”（核对基础台账记录、统计数据报表与库存粮食实物的数量、品种是否相符）的方式对全县粮食经营企业进行全面检查，对台账记录不清、报表不及时的问题进行了批评和指导。

【强化粮食安全】 2017年，县粮食管理部门与粮食经营者签订安全生产目标责任书，对全县涉粮单位负责人及相关人员进行了安全生产培训，要求严格落实“一规定两守则”（国家粮食局制定的《粮油储存安全责任暂行规定》《粮油安全储存守则》《粮库安全生产守则》），有效提高涉粮单位负责人和从业人员的安全生产意识。为应对时节的变化，在汛期、暑期、冬季加大对粮食经营企业的消防安全、用电安全、粮情安全的巡查频次，对发现的问题限时整改、扫清盲点、消除隐患，确保储粮安全和生产安全。

农村经济管理

【农村财务管理】 提升基层财务管理队伍整体素质　2017年5月24日，县农牧局组织召开各乡镇（街道）经管站负责人和工作人员参加的业务知识培训会议，提高经管人员的业务水平，提升农村财务管理能力。9月21日，举办全县农村财会人员支农政策暨业务知识培训，14个乡镇（街道）主管副职、经管站工作人员和595名村级报账员660人参加培训。深入古河乡、乐安街道办、乐亭镇等单位开展财务知识巡回讲座，专题培训经管站工作人员。

加大农村集体经济审计监督力度　5月，开展乡镇（街道）农村财务专项检查。6月，县农牧局与县财政局联合开展乡镇代管农村资金挪用问题专项检查。9月6日，县委组织部、县监察局、县农牧局联合印发《关于开展村干部任期和离任经济责任审计工作的通知》，确保农村两委班子换届工作顺利开展。9月，组织审计人员集中培训，提升整体素质，加大审计力度，加快审计时效，至年底审计工作全部完成。

强化村级财务民主管理监督检查　县农牧局会同县纪委、县委农工委联合印发《关于规范村级权力运行，进一步加强农村“三资”管理的通知》，与县委农工委一起对全县村级财务公开工作进行督导检查，促进全县村级财务公开工作的规范运行。

【农民负担监督管理】 2017年，县农牧局组织开展涉农收费专项治理活动3次，深入各乡镇督导检查村级账目，确保涉农收费公开透明。相继转发市减负办、农业部等六部委印发的开展农民负担专项检查及农民负担监管文件的通知，要求各相关涉农单位以排查加重农民负担突出问题为重点，对存在的问题进行全面自查，对发现的问题限期整改。农民负担专项治理活动的开展，使农民负担监管工作得到加强，取得一定成效。

【完善土地流转机制】 2017年，土地流转工作在规范运作上发力，有效推动土地流转有序发展。年内全县新增土地流转面积213.2公顷，累计达到1万余公顷，土地流转率20.9%。通过土地流转实现规模经营面积6218.8公顷，规模流转率62%。

组织业务培训　5月24日，县农牧局召开全县土地流转服务站业务人员参加的培训会，对流转报表、流转合同、平台建设、流转进度及颁证等业务流程进行培训，并对下步工作进行安排部署。培训活动的开展，增强了全县各流转服务站的业务水平，为全县土地流转工作规范化运作提供了有力保障。

搞好政策宣传　8月24日，县农牧局与市土地流转中心联合，在城关大集开展以“引导农村土地有序流转，推进现代农业健康发展”为主题的宣传活动，向群众讲解土地流转相关政策法规，发放土地流转相关政策宣传材料3500余份，为推进全县农村土地经营权有序流转营造良好氛围。

强化土地流转合同省级信息平台录入工作

规范使用新版本的流转合同，统一合同编号。其中，年内录入流转合同面积176.13公顷，涉及流转合同655份。至年底，全县累计录入流转合同面积1556.8公顷，录入流转合同4149份。

交通运输管理

【路政管理】 2017年，县交通运输管理部门深入开展集中整治“一区三边”违法建设专项行动，有效维护路产路权。及时清除占路堆放物品和擅自占用公路边沟开设的平交道口、违规加水点，查处侵害公路路产路权违法行为，全年清理违法广告牌匾118块、违法摊点111处、加水点9处，清理堆物堆料88处569立方米，清除大型路障1处。

【出租车管理】 2017年，县交通运输管理部门为确保全县出租车客运市场安全、有序、畅通，保障广大乘客的合法权益，营造良好的出租客运秩序，根据《河北省道路运输管理条例》的规定，规范县域内从事客运出租车的经营行为，严厉查处出租车驾驶员无证上岗，无服务质量监督卡，不按核定价格收费，擅自涨价，无故拒载、拼客、挑客、拣客、绕行等违规行为。全年查处黑出租23辆次。审验出租汽车169辆，合格率100%。

【汽车维修与检测管理】 2017年，全县有各类维修企业276家，其中一类1家，二类43家，三类197家，摩托车维修业户35家。全年维修各类车辆30.34万辆（台）次。

县交通运输管理部门根据上级有关规定和市场现状，不断加强维修市场的治理整顿，重点查处无证维修、店外修理、占道维修、污水外溢等违法违规行为，发现一起查处一起，汽车维修市场秩序得到净化和规范。每年对维修企业进行质量信誉考核，考核不合格的限期整改，整改不合格的吊销许可证，维修行业整体服务水平、服务质量不断提高。

【驾驶员培训管理】 2017年，全县有驾驶员培训学校7家，年培训能力1.1万人。当年培训合格驾驶员3915人。

县交通运输管理部门从提高全县驾校负责人的安全责任意识出发，每季度召开一次全县驾驶员培训行业安全生产工作会议，根据上级部门关于安全生产的系列要求，有针对性地对安全生产工作做出具体安排部署。同时，为规范驾校的经营行为，提高教学质量，多次对场地设施、教练员、教练车、学员档案等进行专项检查，确保驾驶员培训工作安全有序进行。

【交通运输行政审批】 2017年，县交通运输管理部门接受各项咨询977人次，受理办结网上审批各类许可事项929件。其中，即办件882件、货物运输项目41件、汽车维修项目6件，做到了特事特办，现场办结率、按时办结率、群众满意率100%。

【公路养护】 2017年，县交通运输管理部门深入开展干线公路路域环境综合治理和农村公路养护工作。投资584万元，进行干线公路路域环境综合整治，优化通行环境。投资140万元，实施省道乐北公路周滩跨线桥维修加固1570平方米。投资109万元，实施青乐公路20千米绿化补植、乐北公路1.5万平方米花卉种植工程及干线公路绿化美化管护98千米。投资235万元，实施青乐公路、乐北公路路基标准化工程58千米及列养的省干线公路进行粉刷、水毁恢复、标志标线等日常性养护和扬尘治理。投资100万元，实施干线公路1万平方米小修挖补及1万延长米刷油灌缝工程。年内，农村公路清运垃圾1.06万立方米，整修路肩、边坡、平台1713千米，疏通边沟、排水沟1430千米，清理塌方、零星填方6000立方米。

计划生育管理

【概　况】 2017年，乐亭县计划生育工作全面落实中央、省、市决策部署，紧紧围绕促进人口长期均衡发展的日标，按照“强基础、促统筹、惠民生、求发展”的工作思路，坚持三个到位（领导重视到位、宣传发动到位、部门履职到位），狠抓六项常态（坚持统计求实，提升数据质量；优化生育服务审批登记，便民利民；严格落实计生奖扶政策，促进计生家庭可持续发展；坚持综合治理，确保出生人口性别比正常；推进流动人口管理服务均等化，提高服务质量；做好避孕药具发放工作，减少非意愿妊娠），深化四项重点（深入推进出生缺陷三级预防，深入推进新家庭计划和医养结合工作，深入开展计生基层群众自治工作，深入开展计生困难家庭关怀救助系列活动），计生工作继续保持良好局面。年内，全县已婚育龄妇女7.2万人，出生3358人（考核年度数据），人口出生率6.5‰，人口自然增长率0.41‰，出生人口性别比104.38，连续28年保持在正常范围。

【计划生育宣传】 依托人口文化宣传阵地，不断创新宣传形式、拓展宣传内容，通过网络媒体、宣传橱窗、明白纸、村广播等多种形式将全面二孩政策的具体内容进行广泛宣传，将生育新政策、计生知识送到千家万户，新型生育文化宣传氛围更加浓厚。年内印制宣传品10万余份，开展各种宣传服务活动30余场次，市、县电视台播放计生新闻12条，在县电视台滚动宣传婚育政策15天，在国家、省、市媒体刊发稿件14篇。

【出生人口性别比治理】 2017年，县卫生和计划生育工作部门在工作中做到部门履职到位、部门配合到位，设备管理到位、信息共享到位、“三级两全包保”（“三级”，县、乡、村三级计生部门；“两全”，其中“全员”指县、乡、村三级全体计生工作人员，“全程”指服务对象从怀孕至生产的全过程；“包保”指对所包的服务对象保证不发生非医学需要的胎儿性别鉴定和未经批准的终止妊娠手术）到位、区域协作到位，将持证怀孕人员全部纳入管理和服务范围，县、乡、村与持证怀孕人员签订诚信协议书，严禁胎儿性别鉴定和非法终止妊娠。加强区域协作工作机制，与周边县、市建立长期协作关系，通过平台信息交流，联合执法，落实和完善各项措施，形成打击“两非”（非法胎儿性别鉴定、非法终止妊娠手术）的合力。推进出生人口性别比综合治理各项管理服务制度的落实，强化“三级两全包保”服务责任制和14周以上终止妊娠手术审批，做到严查不明原因孕情消失现象，有效防止“两非”行为发生。年内县卫计局、县市场监督管理局开展联合执法检查，覆盖县城区各医疗单位和部分乡镇卫生院20余家。治理制度扎实落实、宣传教育覆盖面广、执业警示教育到位、联合执法坚持经常等得力措施保障，县内出生人口性别比持续正常。

【流动人口计划生育管理】 2017年，县卫生和计划生育工作部门加强流动人口信息平台的管理和应用，整合和利用各种资源，为流动人口提供与常住人口同等的办证、体检等服务。推进均等化服务示范点创建工作，将流动人口纳入健康档案、儿童防疫、传染病防控、孕产妇儿保健等计生公共服务范围。庞各庄乡庞东村、马新庄村，毛庄镇庞河村、庞张村，阎各庄镇阎各庄村、大罗庄村6个均等化试点运行良好。全县流动人口7196人，其中流出人口5016人，发证率95%；流入人口2180人，验证率100%；流动已婚育龄妇女1702人，纳入管理范围的占95%。

【独生子女奖励】 2017年，县卫生和计划生育工作部门坚持资格确认、资金管理、资金发放和社会监督“四权”相互衔接、相互制约的管理运行机制和“四权分离”的监督运行机制，确保审批对象准确无误，奖扶资金及时足额发放到位。年内，全县奖扶人数2.81万人，约占全市奖扶人数的18.3%；特扶人数998人。509人领取退休3000元一次性奖励、3.85万人领取独生子女父母奖，360人享受自愿放弃再生育一次性奖励，1747名农村独生子女享受中高考加分优惠。

【计划生育基层队伍建设】 2017年，全面二孩政策实施后，结合各乡镇实际，由县卫生和计划生育局业务科长、乡镇业务骨干对专干、专干助理进行计生培训，讲解《中共中央、国务院关于实施全面两孩政策改革完善计划生育服务管理的决定》精神和《河北省人口与计划生育条例》，并做好相关计生政策解答，工作人员对全面两孩政策的实质和内涵进一步明确。督促乡镇落实对村计生专干的绩效考核，按考核结果落实专干工资。

【优化生育服务审批登记】 以全面落实二孩政策为着力点，发挥部门职能作用，全面落实一、二孩生育登记制度，所有乡镇、街道全部实现网上办理生育登记。发挥村民中心便民信息平台作用，为计划生育家庭提供证件代办、购买农资、销售农产品等生产生活服务。年内全县办理一孩登记1711例，二孩登记1386例。通畅的办理渠道，快捷的便民服务，受到群众赞许。

【救助系列活动开展】 2017年，乐亭县作为省级“亲情关爱”项目试点县，工作中充分发挥计生协生力军作用，完善服务队伍，围绕群众生产、生育、生活所需，组建科技志愿、助学志愿、生殖保健、精神慰藉、家庭救急、法律援助6支志愿者服务队，大力开展“亲情关爱·春雨计划”活动。全县各级协会共组建志愿者服务队96个，助学帮助115人次；举办流行病、常见病讲座28期；免费查体6500人，对5名急、危重病人实施紧急救助；对老年人进行亲情陪护700多人次。年初开展的“春节送关爱”活动，投入资金10万余元，为638户失独和残独家庭送去大米、食用油等物品。出资3.3万元，为全县45周岁以上的失独家庭进行免费体检，检查项目包括血糖、心电图、肝功能等9项内容。系列活动的开展为计生困难家庭送去了温暖、解决了困难，也促进了社会的和谐稳定。8月接受省计生协的专题督导，获得高度评价。

【乐亭县被确认为“第一批全国计生基层群众自治示范县”】 2017年，继续以计生基层群众自治示范县创建活动为契机，按照依法、科学、务实的原则，将县政府长期坚持的计生群众自治理念具体化，着力更新观念、创新机制、深化内涵、破解难题，不断深化计生基层群众自治工作。推行“三诺”（承诺，育龄群众和村两委签订计划生育承诺书；督诺，村级协会组织负责对双方承诺情况进行监督；奖诺，县、乡对落实好承诺的计生户进行适当的奖励）管理模式，以政府诚信带动群众守信，增加管理服务透明度，完善便民利民措施，尊重和维护群众计划生育合法权益。抓好《村规民约》的修订及落实，做到一村一章程，一人一合同。全县473个村全部落实乡级审查备案制度。坚持分类指导、试点先行、循序渐进的原则，每个乡镇、街道确定2～3个示范村（居），统一模式制作计生群众自治活动展牌，印发宣传品、完善村级活动场所，做到学有样板、树有典范，推进基层群众计划生育自治工作不断深化。12月29日，乐亭县被中国计划生育协会确认为“第一批全国计划生育基层群众自治示范县”，为全省唯一。

【“两项工程”开展】 免费孕前优生健康检查工程。2017年，对1543对目标人群进行检查，完成全年目标人群的118.7%，对评估为高风险的42人全部落实了检查、治疗和转诊服务，降低了出生缺陷的发生。生殖健康检查公共服务工程。改变以前县内统一成立专家指导组深入各村检查的模式，由各乡镇计生办组织辖区卫生院组建体检队伍为农村育龄妇女免费体检，各乡镇计生办进行电子录入，全年服务1.99万人。新的服务模式提高了服务质量，使这项惠及民心的服务工程落到实处。

财政·税务

财　政

【概　况】2017年，县财政部门贯彻落实县委、县政府决策部署，围绕“123348”战略和“重大产业支撑项目攻坚年”活动，抢抓省财政直管改革重大机遇，不断壮大财政实力，努力增收节支，着力保障和改善民生，以“四个干”机制推进工作落实，圆满完成全年目标任务，保持了财政运行的平稳向好态势。

【公共财政预算收入】按照市、县下达的公共预算收入目标任务，积极有效应对经济低位运行、“营改增”减收等不利影响，财政收入实现稳定增长。全年完成公共财政预算收入13.71亿元，比上年增长16.3%，超市达任务9776万元，超县调整预算2076万元。其中，国税收入4.43亿元，地税收入5.85亿元，财政收入3.43亿元。

工作中，依法规范收入征管，不断深化收入的协调和督导，将收入目标按月分解到各级、各部门，将国、地、财及各乡镇收入任务纳入县委、县政府年终考核，并严格兑现奖惩；及时督导乡镇、街道千方百计完成年初县达工商税收、物流税收、土地税税收任务。加强税源监管，正确分析全县的经济结构和税源特点，加强重点企业税源调查测算，强化税源监管，抓好重点税源管控。开展综合治税十个专项行动，重点加大对土地使用税、契税等重点税种的征收力度。加强非税收入征管，增加非税收入任务，健全和完善非税收入征管机制，制定非税收入执收考核办法，将非税收入纳入全年目标考核，对各执收部门逐一分解任务，深入各执收大户进行督导，强化监管措施，落实监管责任，确保应收尽收。

【公共财政预算支出】2017年，全县公共财政预算支出29.34亿元，占调整预算29.86亿元的98.3%，其中上级专款支出3.27亿元，县内支出26.07亿元（人员支出12.49亿元，正常公用支出8952万元，项目支出12.68亿元）。

【预算编制】2017年，财政预算编制以绩效预算管理示范县建设为契机，深入推进绩效预算管理，按照“预算编制有目标、预算执行有监控、预算完成有评价、评价结果有应用、绩效缺失有问责”的全过程绩效预算管理新机制，扎实推进绩效预算编制、预算执行、重点支出绩效评价、评价结果运用等工作，全面提升预算管理水平，提高财政资金使用绩效，促进了政府管理效能提升，7月顺利通过省财政厅验收。按照《中华人民共和国预算法》要求，科学编制公共财政预算、政府性基金预算、社会保险基金预算、国有资本经营预算（乐亭县涉及前3项），根据部门“三定”方案，明确部门职责及承担的工作活动和所要实现的绩效目标，对目标绩效细化描述，最终确立绩效指标1486条，作为绩效预算编制的基础。按照“部门职责—工作活动—预算项目”三个层级和省财政厅规定的12个大类30个小类项目分类，将所有项目预算纳入项目库管理，甄别后将277个项目纳入年度预算，将上级提前下达的转移支付资金5.44亿元编入预算，不断提高年初预算到位率。

【非税收入管理】2017年，县财政局为推进全县非税收入科学化、精细化管理，以组织收入为核心，以完善管理机制为保障，以规范收缴行为为基础，全力做好非税收入政策执行和监管工作。

科学制定非税收入预算 非税收入预算编制采取企业数据对标、县区横向对标、年度纵向对标的“三位一体”对标模式，对重点企业重点项目近年来相关税费缴纳情况及2017年产量、收入预测情况进行详细统计分析，掌握制定非税收入预算的第一手数据，准确测算年内非税收入，增强收入计划实施的准确性和科学性。

加大督导力度 对收入进度较慢的单位下达催收通知书，实施重点督促催收；深入执收执罚重点单位进行督导，了解单位情况、分析非税收入形势，每月20日前与重点执收单位沟通联系，掌握收入进度，确保及时入库；定期或不定期召开调度会，通报征收进度，分析存在问题及原因，提出要求，确保全年任务的完成。在县委、政府领导下对非税收入进度滞后单位集中约谈，传导压力，落实责任，确保全年目标任务的完成。

严格实施考核奖惩 完善非税收入征收激励约束保障机制，实行非税收入征收目标管理，加强对非税收入执收执罚工作的考核，对各执收执罚单位及收费项目的进度完成情况定期向县委、县政府汇报，将各执收执罚单位的完成情况严格与年终考核相挂钩，并将非税收入完成进度情况通报全县，对超额完成全年非税收入任务的，按罚没收入超收额的50%给予奖励，用于补充公用经费等；对完不成任务的单位，按欠收比例调减各项经费，激励调动各执收执罚单位的积极性。

主动作为形成合力 县财政局各业务主管科室转变只管支出不管收入的陈旧观念，将非税收入任务列入科室年度工作目标，督导主管部门（单位）采取有力措施，加大非税收入征收力度。建立乐亭县非税收入微信群，交流工作经验，及时通报各执收执罚单位完成进度，解答执收执罚单位工作上遇到的问题。

严格财政票据管理 充分发挥源头管控作用，严格票据领购的相关程序，加强票据审验工作，严格审核代开行政事业单位与企业往来票据，全面做好医疗机构用票管理。

【财政监督】 2017年，乐亭县财政监督工作紧紧围绕职责目标，突出重点，认真做好各项监督检查工作，确保完成各项工作任务。

按照省、市财政部门关于“一问责八清理”的相关文件部署，扎实推进设立“小金库”等违反财经纪律问题专项清理工作。制定《乐亭县设立“小金库”等违反财经纪律问题专项清理重点检查方案》。开展自查自纠工作，联合县审计局并聘用会计事务所相关人员组成5个检查组，自6月8日起对各责任单位开展全面检查。县财政局各业务科室密切配合，检查期间除遇其他重大事项外，原则上各科室只留一人在机关工作，其余人员深入一线同相关单位工作人员一起开展检查。检查组通过实地盘点现金、核对银行存款、看账簿、查阅相关资料、与相关人员谈话等方式实施检查，并在被查单位公告检查组举报电话，引导群众举报监督，以此推动工作，取得实效。

同时，通过与县纪委、县检察院、县审计局相关负责人进行沟通，寻找相关的案件线索。全年发现设立“小金库”等违反财经纪律问题114个，涉及问题金额1106.33万元。具体问题为，单位之间相互转移资金设立“小金库”问题5个，涉及金额30.8万元；公务用车购置和运行费超标准超范围支出问题39个，涉及金额432.51万元；公务接待费超标准超范围支出问题55个，涉及金额482.37万元；因公出国费超标准超范围支出问题1个，涉及金额2.8万元；会议费超标准超范围支出问题6个，涉及金额139.61万元；培训费超标准超范围支出问题5个，涉及金额11.67万元；其他违反财经纪律问题3个，涉及金额6.57万元。参照省财政厅下发的《设立“小金库”等违反财经纪律问题分类处理意见》，逐问题进行集体分析研究，对责任单位下发整改通知书，并积极同市各牵头部门搞好对接，有效推进问题整改，整改完成率达到100%。根据发现的问题，建立长效机制，全县累计制定规章制度42项，保障了资金的安全规范运行。

县财政局根据市财政局《关于开展2017年度会计监督检查工作的通知》精神，对姜各庄镇、汀流河镇、河北乐亭经济开发区等8个单位（乡镇）开展了重点检查。在检查会计核算合法性、信息披露完整性等情况的同时，也对各单位贯彻落实中央“八项规定”情况及三公经费使用情况进行重点检查，并加大对“小金库”的查处力度，各单位财务行为得到规范。

开展了食品药品安全监管经费管理、文物保护工作活动、基本养老保险基金管理、改善普通高中办学条件工作活动、美丽乡村建设试点项目的绩效监督工作。

根据省财政厅《关于组织开展2017年度预决算公开情况重点检查的通知》、市财政局《关于组织开展2017年度预决算公开情况专项检查的通知》精神，按照预决算公开的完整性、及时性、细化程度、公开方式、真实性等要求，开展2016年决算公开和2017年预算公开的自查自纠工作，针对检查出来的问题，下发督促整改通知，督促相关科室和问题单位及时整改，顺利通过市预决算公开检查组的检查验收。

【一事一议管理】 2017年，争取到位“一事一议”财政奖补资金872万元，涉及13个乡镇、98个村、118个项目；争取到位省级扶持村级集体经济试点项目资金1200万元，涉及12个乡镇，12个项目。实施中，强化工作措施，严格落实责任，从项目申报、评审、实施、检查等方面严格把关，扎实有序推进扶持村级集体经济试点工作。

【政府采购资金管理】 2017年，政府采购预算2.49亿元，实际采购金额为2.16亿元，节约资金3258万元，节支率13.08%。完成了政府采购方式的备案和采购程序的监督管理工作。

制定《乐亭县2017年政府采购集中采购目录和限额标准》，单项或批量采购预算县级由原来10万元调整为20万元，县财政局注重做好文件的下发和政策解释工作。

根据唐山市公车改革领导小组办公室印发的《关于唐山市公务用车信息化管理平台建设的通知》要求，全县党政机关公务用车制度改革后保留车辆须纳入省、市公务用车信息化管理平台，同时建立县级公务用车信息化管理平台，公务用车制度改革后实行标识化管理的车辆一律喷涂监督电话并安装北斗定位设备，实现机关单位公务用车情况全程监管。6月12日，县公务用车制度改革领导小组办公室印发《关于乐亭县公务用车信息化管理平台建设的通知》，对监督电话的喷涂和定位设备安装方法步骤、公务用车有关信息档案报送等相关工作进行了安排部署。

【国有资产管理】 全县有行政事业单位167家，资产总额26.67亿元，其中行政单位资产总额12.7亿元，事业单位资产总额13.97亿元。县财政局积极做好全县国有资产清查编报工作。

县财政局按县政府要求全面掌握监管资产的运营情况。全县行政、事业单位出租、出借资产82宗，其中房屋建筑物出租面积4.77万平方米，土地出租面积52.1万平方米；形成资产收益384.75万元。

积极盘活国有资产，收回腾空办公用房、土地等涉及资产（含地上建筑物、附属物）32宗，土地面积44.6公顷，房屋建筑物面积6.03万平方米，估价总值1.97亿元，并提出了相关处置建议，房产及土地可直接进入处置程序。完成了涉及全县行政、事业单位的165台（套）10蒸吨以下燃煤锅炉的取缔处置工作。完成了对部分超标超编公务用车及29辆执法执勤公务用车进行公开处置拍卖及其他资产的公开处置工作，合计形成国有资产收益1511.4万元。完成了对新城热力供热所2016—2017年度所产生的热力炉渣、县城管局35台（套）环卫车辆设备、新寨高中操场树木、县城管局位于县城西外环绿化苗木、县法院与县检察院移交罚没贵金属（金银饰品）23件、唐山港京唐港区4号港池吹填区域涉及河北乐亭经济开发区所属100万立方米海砂土方等资产的公开处置工作。

【财政管理】 *严格财政预算管理*　县财政局严格执行年初预算，控制临时性追加支出，筹措资金保证人员工资、机关运转和民生“三保”支出的落实。按照《中华人民共和国预算法》要求，按时公开政府预算及“三公经费”预算，按时向县人民代表大会及其常委会提交财政预决算报告、半年预算执行情况和财政预算调整方案。开展绩效预算示范县创建活动，按照省财政厅绩效预算管理示范县验收评分标准，逐条逐项进行规范落实，督导预算单位补充完善项目库预算信息，对申报材料及时组卷。经过认真细致的工作，顺利通过省财政厅验收，并获得奖励资金200万元。加强乡镇财政管理，规范乡镇财务制度。分解下达乡镇税收任务，制定税收激励政策及目标考核机制，每月对乡镇税收完成情况进行统计排名。年底对部门存量结余资金进行盘活处理，提高资金使用效率。

做好政府债务管理工作　县财政局积极与上级部门对接，争取上级新增债券资金支持。多渠道筹集调配资金，确保政府债务按时还本付息。

着力推进国库管理改革　在县直属预算单位、各国办中小学校共123家单位实行授权支付，并在全市率先推行县级国库电子化支付自助柜面业务，提高了授权支付效率。

创新财政支农惠农方式　认真研究“三农”、小微企业融资难、融资贵问题，完善农业风险防范机制，借鉴定兴县、阜平县经验做法，开展了政策性农业保险联办共保业务；争取上级扶持资金336万元，成功入股唐山市金发农业担保公司，成为全市首家入股市农业担保公司的县区；在唐山市率先开展“农保贷”创新试点。

加强政府投资行为监管　深入实施财政投资评审工作，截至2017年11月13日，完成预算项目114个，送审金额3.34亿元，审定金额2.61亿元，审减金额7303.84万元，审减率21.86%；结算项目160个，送审金额6.62亿元，审定金额5.71亿元，审减金额9143.18万元，审减率13.81%。评审内容涉及市政工程、城市绿化、民生工程、水利工程、农田基本建设工程、新农村建设等项目。

深入开展会计培训　县财政局与县农牧局相结合举办农村财会人员支农政策暨业务培训，参训600多人。组织开展全县教育系统财务人员的财务管理业务培训，培训人员213人次。

国家税务

【概　况】 2017年，乐亭县国家税务局（简称县国税局）围绕县委“123348”发展战略，坚持以组织收入为中心，发挥税收职能，突出重点工作，落实依法治税要求，不断强化税收征管，圆满完成各项任务。全年入库政府口径税收收入13.85亿元，比上年增长43.56%，其中公共财政预算收入4.43亿元，比上年增长57.53%。

【国税税种管理】 县国税局重视做好增值税税负分析工作，及时做好纳税辅导，年内组织营改增纳税人各类培训2100余户次，对营改增后税负上升企业入户辅导10次，对申报错误的企业入户辅导5次，发放宣传材料1200余份；持续做好优惠政策落实工作，使营改增企业充分享受改革红利；持续做好营改增企业后续管理和风险应对工作，重点对建筑业、房地产业、劳务派遣业进行进一步梳理；充分利用增值税进销数据分析监控系统，强化日常风险分析和风险防控。

落实企业所得税税收优惠政策，做好2016年度汇算清缴工作，扩大核定征收范围，加大反避税工作和非居民税收管理力度，面向“走出去”企业探索实施分类服务。2016年度县国税局管辖企业所得税纳税人1897户，应参加汇算清缴企业所得税纳税人1679户，实际参加1679户，其中查账征收纳税人1364户，核定征收纳税人315户，汇缴率100%。实际应缴纳企业所得税2.36亿元，比上年增加2.4%。其中，预缴企业所得税税款2.25亿元，本年应补所得税额3100.62万元，本年应退所得税额1990.77万元，应补（退）所得税额1109.85万元，汇缴入库企业所得税税款2946万元。

【国税“营改增”稳健实施】 2017年，县国税局持续贯彻落实“营改增”相关政策，采取多项举措保证“营改增”工作顺利实施。对省国税局接收的294户纯地税单位纳税人、225户共管户单位纳税人，1184户纯地税个体纳税人、28户共管户个体纳税人进行户籍核实确认。开展“营改增”培训，做好政策辅导，对纳税人分5批次普及“营改增”相关知识，金融服务业、房地产业、建筑安装业的“营改增”工作进行专题培训，培训人数735人。

【国税税收征管】 县国税局认真落实国家税务总局《全国税收征管规范（1.2版）》要求，密切关注宏观经济和企业经营形势变化，及时发现经济运行、政策调整和主体行业生产经营波动对税收的影响，做到税源底数清、情况明、数字准、情况反馈及时，掌握税收征管的主动权。加强重点税源监控，建立新上项目及百万元以上重点税源企业资料库，了解企业生产经营情况及新上项目进展情况，资料库信息根据纳税人生产经营变化情况随时更新，随时掌握重点税源企业的税收增减变化。通过对重点税源企业生产经营情况的科学评价，准确预测企业纳税能力，确保重点税源不出问题。

县国税局按照省、市国税局要求推动税收征管规范工作，做好电子档案信息采集。全年应采集电子档案 11146 户，实际采集电子档案 11138 户，采集率 99.93%。深入推行实名办税，全面提升办税人员身份信息采集质量，实名办税信息应采集户数 4939 户，采集 4834 户，采集率 97.87%。按照市国税局换证工作方案的要求，有序组织增值税一般纳税人、领用发票纳税人及已签订三方协议纳税人分批次换照，全年“多证合一”应换照纳税人 983 户，完成换照纳税人 858 户，完成率 87.28%。开展单管户核实工作，全年清理国税单管户 4432 户。推进征管体制改革，联合县地税局共同派驻人员到县行政审批局办税窗口，为纳税人提供税务登记事项。年内，县国税局、县地税局联合为 1776 户纳税人办理税务登记，为 6860 户纳税人联合办理变更税务登记，联合认定非正常户 16 户。县国税局代县地税局征收税费 598.47 万元，县地税局代县国税局征收税费 94.29 万元。

【国税评估稽查】 2017 年，县国税局强化纳税评估稽查工作，重点对建筑业、房地产业开展纳税评估，对皮毛经销企业实施专项核查，对农产品初加工企业进行专项评估，全年评估补缴税款及滞纳金 4372.2 万元，冲减留抵 152.54 万元。有效开展“双随机一公开”工作，在税收监管过程中随机抽取检查对象，随机选派执法检查人员，将检查情况及处理结果及时向社会公开。贯彻落实税收“黑名单”制度，抑制企业失信行为，严厉打击发票违法活动，建立税警联络机制，深入开展“打骗打虚”工作，全年检查各类纳税人 27 户，依法移交公安部门 8 户，合计查补税款、滞纳金、罚款 4132.68 万元。

【国税纳税服务】 县国税局多措并行，不断优化纳税服务，持续将纳税服务向纵深推进。提升优化办税环境，与县地税局建立联合办税服务厅，增设服务窗口，充实工作人员，完善服务设施。提高办税效率，优化业务流程，完善办税服务厅导税制度，印制征管流程和“云办税厅”宣传卡、宣传手册，引导纳税人积极参与云办税，申报期内实行领导带班制度，向纳税人提供一对一的操作流程辅导，适时解决纳税人提出的问题。端正税务工作人员办税态度，树立全员服务理念，推行纳税人满意度调查，从自身找问题，不断改进，不断提高。加强办税辅导，开展全国第 26 个税收宣传月、“意见大走访”“税法七进”（税法宣传进乡村、进企业、进社区、进学校、进军营、进机关、进单位）及税企互动等活动，为纳税人提供精准辅导。年内，县国税局先后开展纳税人税收基础知识及办税流程辅导、云办税厅 2.0 操作等各类培训 13 场次，累计培训纳税人 5177 户次。

【国税绩效管理】 继续实施县国税局制定的《绩效管埋办法及相关细则》，重视绩效管理，年内设立个性指标 88 个，共性指标 10 个，建立“一把手负总责、分管领导全力抓、部门负责人具体抓、干部职工人人抓”的工作机制，加强培训，提高认识，开展绩效大讲堂系列活动。年内，制定发放全局临时重点工单 19 张，同时加强对系统登录率、重点工单达标率、工单逾期情况的监控，保障两率达标并避免工单逾期。是年，县国税局在全市国税系统绩效管理考核评比中得分 93.87 分，全市排名第六。

地方税务

【概　况】 2017 年，乐亭县地方税务局（简称县地税局）坚持以习近平新时代中国特色社会主义思想为行动指南，不忘初心，牢记使命，通过主动开展税收预测，扎实推进综合治税，加强对重点行业、重点税源专项治理，发挥稽查效能等举措，各项税收收入实现稳步增长。全年入库大口径税收收入 7.28 亿元，一般公共财政预算税收收入 6.29 亿元，为市核任务的 139.16%，剔除营业税，比上年增收2.29亿元，增长58%。12月，被省总工会评为“全省工会经费代收工作先进单位”。

【地税税费征收】 面对税收压力，县地税局坚持在“深”上求突破。深挖地方三税税收潜力，实行“小税大管”，全年实现地方三税收入2.86亿元，其中车船税8200万元，房产税2400万元，土地使用税1.8亿元；深化税收征管体制改革，拓宽国税地税合作领域，在落实《国家税务局地方税务局合作工作规范（3.0版）》的同时，拓展双方在征管、纳服、稽查等方面合作领域，互通互享涉税信息，杜绝规费收入漏征漏管，全年完成教育费附加3552.1万元，地方教育附加费2368.7万元。巩固水资源税改革成果，与水务部门分工协作，合力推进，构建“水务核准、自行申报、地税征收、联合监管、信息共享”的征管模式，摸清拟安装远程监控设备纳税人的情况，帮助企业谋划节水转型措施，确保水资源税改革工作有效落实。做好环保税征收管理工作，制定实施方案，明确部门职责、工作任务和时间节点，协同财政、环保部门联合开展调查摸底，全面了解排污企业的基本情况及排污费的征收管理状况，做好资料移交准备，统筹推进环保税改革工作。

【地税征管稽查】 县地税局严征细管，紧抓信息化建设和规范纳税评估两个重点，运用“监控+管理”风险应对模式，强化数据采集和涉税信息分析工作，依托涉税风险监控，不断提升纳税人税法遵从度。全年推送570条涉税风险，评估入库税款4314.95万元，加收滞纳金1152.16万元，风险应对成效显著。清理欠税，规范企业纳税行为，运用“拟计划、明责任、测进度、抓落实”方法，对欠税企业进行分类造册，横向比较，把握进度，分类清缴；开展“城镇土地使用税”清欠专项行动，通过加强信息采集、摸清税源底数、推行联合惩戒、规范执法行为等措施整顿税收秩序、实现堵漏增收。全年清欠入库税款及滞纳金1.12亿元。同时，会同国税部门定期开展联合执法和专项检查，全力打击税收违法犯罪，查处偷逃税违法行为，提升稽查办案质效，全年查处税收违法案件25起，其中重大案件2起。

【地税税收汇算清缴】 县地税局大力培植税源，对唐山中厚板材有限公司、唐山市德龙钢铁有限公司、唐山境界实业有限公司等重点税源企业实行跟踪监控、不定期开展税收调查研究，及时掌握行业变化动态，准确把握重点税源企业的生产经营情况，对可能存在的涉税风险进行提醒；同时对符合税收减免条件的企业按规定及时进行备案审批，落实税收优惠政策；强化企业所得税汇算清缴工作，辅助实体经济降成本、增后劲，为涵养税源注入活力。2017年，应参加汇算清缴的户数375户，到5月底已汇缴375户，应纳企业所得税4783.95万元，已纳4820.17万元，应退企业所得税36.22万元。小微企业户数170户，盈利55户，盈利面32.35%，受益面100%，减免税款65.82万元，汇缴工作质效不断提升。

【地税纳税服务】 县地税局服务受理零推诿，落实首问责任制和一次性告知制度；服务方式零距离，落实纳税服务规范要求，积极推广“12366”纳税服务热线、“乐亭地税”App客户端及微信平台等多元化自主办税模式，主动对接河北乐亭经济开发区、县城区工业聚集区企业需求，选派业务骨干组成宣讲小组提供定点服务，同时开展税企恳谈会、纳税人学堂等交流活动，确保把税收政策讲明白，把改革红利送到家；服务事项零积压，简化办税手续，按照“窗口受理、内部流转、限时办结、窗口出件”的要求，严格服务时限；服务质量零差错，加强办税服务人员教育培训工作，切实熟练掌握税收业务和提高岗位技能；服务结果零投诉，端正服务态度，及时化解服务争议和矛盾，为纳税人提供规范、文明的纳税服务；服务环境零差评，借助地税分局办公楼搬迁契机，加强办税服务厅信息化建设，将办税服务厅按功能标准进行分区，实现便民、利民、惠民的工作目标，赢得纳税人的认可。

【地税税务管理】 县地税局将法治税务示范基地创建作为重点工作之一，使其成为县地税局推进依法治税的重要载体和有力抓手，规范执法行为，打造知法守法的文明队伍，逐步建立起公平、公正、公开的法治税收环境。同时，聚焦固本强基，贯彻落实全面从严治党要求，驰而不息地推进党风廉政建设和反腐败斗争，着力加强领导班子、基层党组织及干部队伍建设，坚持深学笃用、宣传贯彻党的十九大精神，引导全体干部职工善于学习、善于工作、善于提高，塑造地方税务良好的精神文明风貌。2017年，县地税局被命名为“河北省税务系统法治基地”；8月，被省委、省政府授予“2016年度省级文明单位”；11月，被省文明办、省地税局授予“2017年度文明执法流动红旗”。

项目建设·招商引资·园区建设

项目建设

【项目建设加快推进】 2017年，县委、县政府坚持龙头带动，组织各级各单位深入实施“重大产业支撑项目攻坚年”活动，项目建设全市领先。举全县之力推进17个重大产业支撑项目，形成“大中小项目一起上、一二三产项目一起抓、内外资项目一起引”的生动局面，经济发展的产业支撑持续增强。全县实施固定资产投资1000万元以上重点项目132个，涉及总投资531.77亿元，其中亿元以上项目80个。唐山境界实业有限公司年产50万吨甲醇制高清洁燃料项目、北京燕化永乐生物科技等47个续建项目扎实推进，涉及总投资320.77亿元；唐山腾龙再生科技有限公司资源综合利用、北京环卫新能源电动车、华阳热电联产机组等85个项目开工建设，涉及总投资211亿元。同时，河钢产业升级及宣钢产能转移、中船重装码头及海上风电安装船、航天万源新能源电解液产业等39个重大产业项目签约待上；乐亭通用航空产业园、中国航天200厂装备制造、航天科技704所航天电子传感与信息技术综合试验基地项目等165个项目深入洽谈。成功申报省重点项目3个、市重点项目23个，申报数量居全市首位。在全市重点项目观摩测评中，年度总成绩排名第一。

【项目建设协调服务】 2017年，县发改部门创新项目推进机制，对项目管理、督导、考核等方面进行常态化、制度化管理，配合县委办、县政府支重办起草印发《关于“重大产业支撑项目攻坚年”的实施意见》《乐亭县推进项目建设实施意见》《固定资产投资验收办法》《产业项目落地选址办法》等规范性文件。在洽谈项目签约、项目落地推进、在建项目推动过程中，建立完善以调度、观摩促建设，以排名、奖惩促进度等激励考核机制。全年现场督导重点项目80余次，组织召开乡镇及县直单位项目交流会6次，组织并参与重点项目现场办公会8次。年内省、市重点项目顺利推进。省重点项目3个，分别是北京海德润生物医药产业园项目、北京环卫集团环卫装备生产基地项目、河钢集团产品升级结构调整一期项目；市重点项目23个（含省重点）。续建、新开工项目开工率100%，其中唐山浩昌杰环保科技有限公司废旧物资循环再利用、唐山仟客莱生物科技有限公司预混及配合饲料等7个项目已完工，其余项目均按计划顺利推进。前期项目中，天津（河北）化工产业园项目已开工建设。2018年省、市重点项目争列工作取得新突破。2018年省计划安排重点项目400个，县申报省重点项目14个（新开工项目2个，续建项目2个，保投产项目3个，前期项目7个）。河钢乐亭临港基地、北环卫电动环卫汽车、北京建筑设备产业园、腾龙二次资源综合利用等项目有望列入省重点项目。市计划安排重点项目300个，县申报市重点项目30个（计划开工项目11个，续建项目12个，前期项目7个）。省、市重点项目申报数量均居全市首位。做好僵尸项目清理工作，为集约利用现有土地资源，为更多大项目、好项目预留发展空间，积极与河北乐亭经济开发区、县城区工业聚集区结合，对县内僵尸项目进行摸底调查，制定僵尸项目认定标准及淘汰机制，为下步清理、腾退工作奠定了基础。

招商引资

【概　况】 2017年，乐亭县招商局贯彻落实县委十三届一次全会精神，以“建设沿海强县美丽乐亭、在全省增比进位、在全国争创百强”为目标，牢牢抓住招商引资上项目这个“牛鼻子”，抢抓机遇，真抓实干，各项工作取得实效。全县实际利用外资1.82亿美元，为市达任务的202.7%，比上年增长103.1%；引进省外资金53.09亿元，为市达任务的106.18%；洽谈签约储备项目203个，为年计划的101.5%，其中洽谈项目149个，签约项目54个；引进京津冀项目53个，为年计划的132.5%，其中投资10亿元以上项目4个（河钢产业升级及宣钢产能转移项目、国电电力月坨岛海上风电项目、北京环卫集团新能源环卫电动汽车项目、华阳乐亭区域能源中心项目），为年计划的133.33%；“凤还巢”工作，年内有北京生态家园新型环保节能建材生产项目、河北钢铁建设集团乐亭有限公司冶金非标设备制造项目等10个项目已全部落户乐亭，为市达任务的125%，涉及总投资20.6亿元。

【实施“双百攻坚”集中行动】 5月19日始，利用两个100天时间，积极对接京津产业转移，加快推进项目建设步伐，再掀全民招商热潮，其间开展了四大班子领导分包重点项目活动，编制了《招商知识手册》，聘请48位经济顾问、乡镇（街道）对接56个北京乡镇（街道）活动等多种专项工作。

【组织举办投资环境说明会】 2017年，县委、县政府在北京、天津、福州、上海、无锡等重点区域，组织举办专题投资环境说明会8场。

6月15日，县委、县政府组织举办河北·乐亭2017年（天津）投资环境说明会，旨在加强乐亭县与天津地区的经济交流与合作。天津市政府合作交流办公室副主任张连祥，天津市滨海新区投资促进局、河北省政府驻天津办事处、天津市政府合作交流办公室发展合作处相关领导和天津市150余家相关企业负责人应邀参加会议。县委书记董立群在会上讲话，县长张福林主持会议，县政府相关领导介绍乐亭县投资环境、相关领导推介乐亭县重点招商项目。

7月7日，县委、县政府组织举办河北·乐亭2017年（福州）投资环境说明会，旨在加强乐亭县与福建地区的经济交流与合作。河北东海特钢集团有限公司、福建国创合纤科技有限公司董事长林国镜、福州市工商联相关领导和福建省近20家相关企业负责人应邀参加会议，林国静致辞。县委书记董立群主持会议，县政府相关领导介绍乐亭县投资环境。

8月10日，县委、县政府组织举办河北·乐亭2017年（北京）投资环境说明会。北京市工商业联合会副主席王报焕、唐山市政府驻北京联络处相关领导、通州区投资促进局相关领导应邀出席会议并分别致辞，中国侨联、北京市工商联等单位相关领导及在京乐亭经济顾问2人和北京市100家相关企业负责人应邀参加会议。县委书记董立群在会上讲话，县长张福林主持会议，县政府相关领导介绍乐亭县投资环境、相关领导推介乐亭县重点产业项目。本次投资环境说明会达到了抢抓京津冀协同发展战略机遇，发挥县域区位、交通、资源等优势，加强了与北京地区的经济交流与合作，实现优势互补、共同发展的目的。

9月12日，县委、县政府在上海浦东新区组织举办河北·乐亭2017年（上海）投资环境说明会。上海椒江商会会长林华、上海椒江商会常务副会长曾茂仁应邀参加会议并致辞，上海市17家相关企业负责人应邀参加会议。县委书记董立群主持会议，县政府相关领导介绍乐亭县投资环境和重点产业项目。

9月13日，县委、县政府组织举办河北·乐亭2017年（无锡）投资环境说明会。无锡市钢铁协会会长、天津物产集团无锡公司总监裴晓春及20余家无锡当地企业负责人应邀参加会议，裴晓春和唐山市德龙钢铁有限公司负责人先后发言。县委书记董立群在会上讲话，县政府相关领导介绍乐亭县投资环境和重点产业项目。

9月14日，县委、县政府在上海闵行区组织举办河北·乐亭2017年（上海）投资环境说明会，谋求与上海市在各领域的深度合作，实现互利共赢。东南网架、鸿路钢构、找钢网等10家当地企业负责人应邀参加会议。县委书记董立群主持会议，县政府相关领导介绍乐亭县投资环境和重点产业项目。

12月6日，县委、县政府在廊坊市燕郊经

济技术开发区组织举办河北·乐亭2017年（燕郊）投资环境说明会。燕郊30余家相关企业负责人应邀参加会议。县长张福林在会上讲话，县政府相关领导主持会议、相关领导介绍乐亭县投资环境及重点产业项目，会议对推介、宣传乐亭投资优势起到积极作用。

12月14日，县委、县政府组织举办河北·乐亭2017年（大兴）投资环境说明会，旨在加强乐亭县与北京地区的经济技术交流与合作。当地30家相关企业负责人和北京市部分乡镇产业办公室负责人应邀参加会议。

【组织举办洽谈对接会】 8月18日，县委、县政府在北京市组织举办中国侨商联合会洽谈对接会。中国侨联经济部副部长安晨，中国侨联常务理事、香港华山投资集团董事长韩茹应邀参加会议。县长张福林和韩茹在会上讲话，县政府相关领导主持会议、相关领导介绍乐亭县投资环境及重点产业项目。

【开展小团组招商】 2017年，县委、县政府开展小团组上门招商2次。

11月16日，县委书记董立群和县委、县政府相关领导率县发改局、县招商局负责人，在河钢集团唐钢中厚板有限公司党委书记尹宝良的联系与陪同下，到安徽省合肥市开展小团组精准招商，实地考察中国第二大钢结构生产企业——安徽鸿路钢结构（集团）股份有限公司（上市公司），参观了装配式绿色建筑及（住宅）产业化、定制装配式洋房别墅、移动车库等生产工厂和展示中心，与安徽鸿路钢结构（集团）股份有限公司董事长商晓波、总经理王军民等企业高管进行了座谈。县委书记董立群对乐亭县与企业方未来合作前景进行了分析与展示，并邀请企业方到乐亭县进行实地考察，企业方表示了浓厚的投资意向，并将于近期到乐亭县实地考察。

11月17日，县委书记董立群和县委、县政府相关领导率县发改局、县招商局负责人，在河钢集团唐钢中厚板有限公司党委书记尹宝良的联系与陪同下，到浙江省杭州市开展小团组精准招商，实地考察中国第二大钢结构生产企业——浙江东南网架集团有限公司（上市公司），参观了装配式绿色建筑及（住宅）产业化生产工厂，与公司董事长郭明明等相关领导及东南金属薄板公司总经理郭建荣等企业高管进行了座谈。县委书记董立群介绍了乐亭县的投资环境和发展优势，表示愿与企业方在住宅产业化基地、医疗、养老等领域进行合作，企业方表示了浓厚的投资意向，并将于近期派考察团队到乐亭县实地考察。

【在陶博会举办县域经济特色展】 9月16—20日，第二十届唐山中国陶瓷博览会在唐山中国陶瓷博览中心举行，乐亭县作为参展单位组织举办县域经济特色展。经过精心谋划、认真组织，高标准完成乐亭馆的布展工作。乐亭果菜、水产、皮影、刘美烧鸡、四季香月饼、孤竹国白酒、北环卫新能源环保车辆模型、海德润药品和保健品、百德福肽保健品、德龙钢铁线材产品、上海电气风机模型、生态家园新型建材、境界化工高清洁燃料等产品参展，集中展示了乐亭经济发展的主要成果和突出亮点，借助陶博会平台系统宣传推介了乐亭的发展环境和投资优势。乐亭展厅以展品丰富、形式活泼、特色鲜明受到关注。

园区建设

【河北乐亭经济开发区】 河北乐亭经济开发区（简称开发区）始建于2006年，2008年被省政府批准为首批32家省级产业聚集区之一，是京津冀开发区创新发展联盟首批会员单位和河北省新型工业化产业示范基地。2014年规划面积75.84平方千米，建成区面积46平方千米，入园企业130家，建成企业71家，规模以上企业50家。重点发展精品钢铁、临港化工、装备制造、新型能源、海洋产业、临港物流六大产业。按照“区中建园”的规划思路，规划了中国拉美产业园、钢铁产业园、化工产业园、装备制造产业园、中小企业园5个特色园区。2017年，完成固定资产投资156.2亿元，比上年增长36.4%；主营业务收入566亿元，比上年增长48%，跻身全市A类开发区行列；税收10.6亿元，比上年增长62.8%；全年利用外资1.82亿美元，比上年增长103.1%；实现规模以上工业增加值89.4亿元，比上年增长14.4%。

招商引资　2017年，开发区在县委、县政府领导下抢抓京津冀协同发展重大机遇，紧紧扭住北京非首都功能疏解这个牛鼻子，在协同发展上持续发力，发挥沿海临港优势，广泛对接中国开发区协会等20余家产业联盟、协会及天津、北京等200余家企业，提升开发区作为京津产业转移投资目的地的知名度、美誉度和认可度。同时，向江浙沪、皖闽滇等地延伸招商触角，在北京、天津、上海、无锡、福州等地召开投资环境说明会10场，招商领域和招商成果不断扩大。全年储备项目86个，涉及投资690.72亿元；洽谈推进项目30个，涉及投资80.11亿元；新签约项目22个，涉及总投资493.19亿元；新开工项目32个，涉及总投资517.78亿元。把中国拉美产业园作为对外开放的重要平台，积极参加“中国—拉美国际博览会”等推介活动，已有13个产业项目入园发展。充分挖掘已入驻项目潜力，扩大招商引资向纵深发展。利用闲置资产招商，结合“僵尸”企业处置工作，积极寻找新的项目合作方，盘活闲置资产，实现多方共赢。将乐亭县榕泽钢材加工有限公司厂房租赁给北京环卫集团装备制造乐亭有限公司，作为临时生产基地，助推企业实现早投产、早达效；将唐山中港节能科技有限公司嫁接给北京生态家园建材项目。产业链招商，发挥龙头企业带动作用，打造重点项目产业链。围绕河钢乐亭临港基地项目打造精品钢铁及装备制造产业链，发展以燕化永乐（乐亭）生物科技有限公司为重点的环保型农药及医药中间体产业链。二期项目招商，紧盯现有企业发展潜力，推进唐山境界实业有限公司、燕化永乐（乐亭）生物科技有限公司、上海电气风电设备河北有限公司、唐山凯源实业有限公司、北京环卫集团环卫装备乐亭有限公司等二期项目建设。

项目建设　2017年，开发区在建项目55个，其中新开工项目32个，涉及总投资517.78亿元。在全市重点项目观摩测评中开发区年度总成绩排名第一，项目建设走在全市前列。全力落实“重大产业支撑项目攻坚年”要求，通过倒排工期、挂图督办，持续开展“三促”活动，精准抓实重大产业支撑项目，促进签约项目快开工、开工项目快投产、投产项目快达效。投资436亿元的河钢乐亭临港基地项目、投资27.2亿元的唐山腾龙再生科技有限公司二次资源利用项目、投资18.9亿元的唐山境界实业有限公司二期项目等重大项目开工建设；投资10亿元的燕化永乐（乐亭）生物科技有限公司新型环保农药制剂项目一期、投资110亿元的唐山凯源实业有限公司镍铁合金项目一期已试生产；投资14.5亿元的北京环卫集团环卫装备生产基地项目建设中；投资2.1亿元的华北康港钢构有限公司新型模板项目、投资2.1亿元的华北易安德制造有限公司新型脚手架制造项目已投产。

设施建设　路网及配套设施建设，总投资11.12亿元，建设道路11条，全长43.2千米，形成“六横五纵”的路网格局。年内，黄海路路基、排水工程已完工，路面工程已铺设半幅1.7千米；渤海东路路基工程完成1.9千米，渤海东路跨老米沟桥已完工；秦皇岛道路基、排水工程已完成；营口道路基完成1.5千米，大连道完成清表工作；旅顺道、东海东路、南海路、北海东路4条道路在设计中；全部道路预计2019年年底全面建成通车，其他配套设施一并投入使用。中心渔港功能区基础设施建设，累计完成投资7亿元，已完成3339米防波堤修建，码头主体吹填完成，主体土地换填及强夯进行中。华阳乐亭区域能源中心项目，累计投资13亿元，2018年5月投产。管网建设，铺设天然气中压管道1千米，人工煤气管道1.8千米，生活、工业给水管线各14.6千米，工业蒸汽主管道6千米。对开发区原19个控制点进行复测，新增控制点5个。完成5座雨水泵站建设、5座污水泵站设备维修、屋顶防水施工、防盗门更换、安装防盗监控设施等工作。滨海大道工程、铁路工程、滨海小镇工程、二滦河大桥工程按时间节点稳步推进。

管理与服务　机构设置。根据省编委《关于调整河北唐山南堡经济开发区等管理机构、组建唐山曹妃甸经济技术开发区管理机构的通知》、市编委《关于调整河北乐亭经济开发区管理机构的通知》及县编委《关于规范河北乐亭经济开发区内设机构设置的通知》精神，按照精简、统一、效能的原则，河北乐亭经济开发区党工委、管委会机关设置办公室、规划建设局、招商投资局、财政局4个内设机构，保留投资服务中心、市政建设服务中心2个事业单位。

开发区改革。按照上级要求，开发区改革工作按时间节点有序推进，开发区党工委书记和管委会主任分别由县委书记、县长兼任；完成投融资平台建设，注册成立乐亭滨海发展有限公司；人事及薪酬制度改革被列为全省第二批推行单位，开发区制定的《人事和薪酬制度改革总体方案》及《绩效考核办法》《机构和岗位设置方案》《竞争上岗实施办法》《薪酬分配管理办法》将按照上级安排部署全面推进。

规划编制。2017年7月26日，省政府下达《河北省人民政府关于同意河北乐亭经济开发区扩大规划范围和河北遵化经济开发区调整区位的批复》，开发区建设面积由原来的56.32平方千米扩大到72.39平方千米。完成《河北乐亭经济开发区总体规划环境影响报告书》编制并取得省环保厅批复；完成《河北乐亭经济开发区规划环境影响评价（海洋篇章）》编制，已通过省环保厅审批；《河北乐亭经济开发区土地利用总体规划修改》方案，已通过省国土厅审批，取得省政府批复；实施《唐山港京唐港区乐亭作业区规划》编制前期启动工作；完成《河北乐亭经济开发区控制性详细规划》编制工作。通过ISO9001质量管理体系和ISO14001环境管理体系认证。

综合管理。2017年年初，开发区制定《重污染天气应急预案》，并在县环保局备案。3月，召开安全生产工作会议，要求各企业严格落实企业安全生产主体责任。召开大气污染防治工作会议，制定环境保护网格化监管方案，实行领导包片、工作人员包企业的措施，督导企业落实环保政策及停限产规定。6月，开发区按县政府要求，组织相关单位，聘请唐山安全生产领域专家对辖区内36家企事业单位进行安全生产检查，对检查中发现的问题督导企业整改。8—9月，再次进行安全生产大检查和安全隐患排查工作，开展危化车辆专项治理工作，要求相关企业加强危化运输车辆管理，设立厂内专用停车场，禁止危化车辆厂外随意停靠。年内，开发区未发生重特大安全生产责任事故和重大环境污染事件。

【县城区工业聚集区】 乐亭县城区工业聚集区累计开发建设面积166.67公顷，有58家企业入驻，总投资57亿元，其中固定资产投资37亿元。2017年，固定资产投资23.22亿元，为年计划的100.35%；实现主营业务收入10.58亿元，为年计划的101.75%；工商税收5919.09万元，为年计划的190.4%。培育北京晓清环保设备有限公司规模以上工业企业1家、唐山百信装卸有限公司规模以上服务业企业1家，新增唐山宏丰食品有限公司、乐亭中科国发生物工程技术有限公司、唐山乐诚海洋生物肽科技有限公司、北京海德润生物医药集团（乐亭）有限公司、北京益善康科技有限公司、唐山筑龙人防防护设备有限公司、乐亭县瑞康药用生物研究所、唐山仟客莱生物科技有限公司、北京佰康佳品电子商务有限公司乐亭分公司科技型中小企业9家。

基础设施建设　2017年，县城区工业聚集区重点建设高科六路（创业一街至仟客莱北侧路段）、创业一街（高科六路至汀会毛公路路段）新建道路工程和天然气管网铺设工程。年内，新建道路工程已完成预算、工程核准、图纸审核及招投标手续，预计2018年4月动工。天然气管网工程完成招投标，由唐山市乐亭燃气有限公司承建，预计2018年3月底开工。

全力推进项目建设　县城区工业聚集区认真落实县委、县政府招商引资“双百攻坚”安排部署，成立4个招商工作小组，主要领导每周至少一次赴北京、天津地区考察对接，全年对接35批次，参加各类招商推介会6次，走访企业、协会107家，获取有价值信息21条。在项目建设过程中，坚持服务与管理并重，对项目的进展情况，分别采取不同措施，解决项目建设中存在的问题，保证项目建设顺利推进。

续建项目5个：投资1.38亿元、占地面积2.67公顷的北京海德润生物医药健康产业园项目，二期4栋办公楼、4个生产车间已建成，中药提取车间开槽、打桩完工；投资4200万元、占地面积2.85公顷的唐山仟客莱饲料添加剂和饲料生产项目，试生产中；投资2120.68万元、占用1栋2层标准厂房的乐亭县瑞康药用生物研究所保健食品生产与研发项目，厂房装修完成，准备试生产；投资1.29亿元、占地面积2.67公顷的北京曙光药业乐亭分公司生物医药生产项目，办公楼及生产车间的地下基础完成，环评手续办结；投资2100万元、占用1栋3层标准厂房的唐山高达科技有限公司智能自动售货（药）机生产项目，试生产中。

引进固定资产1000万元以上项目4个：投资1.5亿元、占地面积4公顷的河北省刘美实业有限公司食品加工及物流配送项目，主要建设年产1万吨休闲肉制品流水生产线1条，年产1万吨休闲调味品流水生产线1条、1万吨冷库1座，年产2万吨综合熟食加工厂，年产3万吨速冻休闲面点食品流水线及办公楼、宿舍楼等设施，土地手续办结，房产证办理中；投资2000万元、占地面积0.47公顷的唐山凯莱新材料有限公司真空镀膜靶材及钛合金精密件加工项目，已投产；投资3600万元、占用8号标准厂房第一、二层的唐山市晗瑞机电设备有限公司动车组检修件和动车组空调检修项目，已投产；投资3300万元、占用8号标准厂房第三层的乐亭县汉伟复印材料有限公司生产办公设备、配件项目，设备调试中。

年内，县城区工业聚集区洽谈推进项目21个。有僵尸企业13家，已盘活7家，正在对接转产的3家，建议退出并进入司法程序的3家。

强化环保、安全监管　2017年，县城区工业聚集区强化安全生产日常监管，规范检查手续，建立并完善安全生产检查台账。每月组织一次安全生产检查；每季度联合县安监、质监、消防、电力、气象等相关执法部门进行一次联合大检查，对发现的问题下达整改通知书，限期整改，并复查整改情况，对落实不到位的企业严肃问责并监督其整改到位。

县城区工业聚集区按照县政府要求，深化面源污染治理，制定《乐亭县城区工业聚集区2017—2018年秋冬季大气污染综合治理攻坚行动方案》，严格实施停产限产规定，确保排放达标。督促8家涉VOCs企业按时完成整治任务，督促8家食品加工企业达标排放，清理整治散小乱污企业2家。建立环保检查台账，对落实治霾措施不力的问题，一个问题建立一套档案，直到问题解决。完善包企监管制度，包企人员每周入企巡察不少于2次，对发现的环保问题督促其整改到位，实现了无缝隙工作链条。

创新管理机制　2017年，县城区工业聚集区加大招商力度，制定定量招商机制，营造全员招商氛围。对于年内引进5000万元以上项目并成功签约落地的人员，在年终考核、干部任用中优先推荐。深化人事制度改革，建立能上能下的用人机制。制定并实行《机关干部目标管理考核办法（试行）》，实行末位淘汰制，以干部职工的岗位职责和所承担的工作任务为基本依据，从考勤考纪、业务工作、中心工作3方面进行考核，考核结果作为年终评先评优的主要依据。排名末位的，采取调整工作岗位等惩戒措施。

【汀流河工业园区】 2017年，汀流河工业园区干部职工认真落实县委、县政府“123348”发展战略、“重大产业支撑项目攻坚年”活动和招商引资“百日攻坚”集中行动的安排部署，坚持“镇园一体”的发展理念，扎实推进各项工作健康发展。年内完成固定资产投资8788万元，为年计划的109.9%；主营业务收入1.13亿元，为年计划的112.8%；实现规模以上工业增加值2335万元，为年计划的116.7%。

汀流河工业园区把招商工作作为园区各项工作的重中之重，抢抓京津冀协同发展的良好机遇，发挥临港临海优势，围绕园区自身功能定位，广泛联系，开展招商引资工作。年内新开工项目3个：投资1.1亿元、占地面积2公顷的绿百灵河北实业有限公司生物微肥杀虫剂项目，投资1519万元、占地面积0.43公顷的乐亭县正利机械有限公司混合动力汽车变速器零部件加工项目，投资1500万元的唐山朝盛农具制造有限公司生产线升级改造项目。完工项目4个：投资6188万元、占地面积1.32公顷的乐亭县逸隆汽车服务有限公司建设平青乐公路服务区项目，投资2600万元、占地面积1.33公顷的乐亭县润泽商贸有限公司30万吨煤炭销售配送项目，投资1100万元、占地面积0.74公顷的乐亭县卓创天然气有限公司L-CNG加气站项目和乐亭县铸升金属制品厂钢锹生产线升级改造扩建项目。

汀流河工业园区严格落实县委、县政府关于大气污染综合治理行动和安全生产工作的安排部署，配合镇政府对辖区内企业进行多轮次现场检查。在市、县督导组指导下，对环保部、省环保厅巡查发现问题的企业进行督导，督导企业将问题整改到位。对企业的生产经营情况进行全面摸底，掌握其发展动态，要求企业不断提升主体责任意识，全面完善内部管理机制，确保企业健康规范运转。及时协调解决入园企业在建设、生产过程中出现的各种问题，努力为园区企业健康发展保驾护航。

【马头营物流园】 马头营物流园位于马头营镇东南部，平大公路以东、沿海公路以北地带。2017年，进一步加强基础设施建设，与县住建局合作完成了园区控制性详规的编制。投资100余万元修建、维修园内涵洞3个，组织清挖主、次排水沟渠9200米。调整可规划建设区土地面积23.33公顷，已完成审批。

2017年，马头营物流园加大招商引资、服务跑办项目力度，新开工项目1个：投资1.04亿元、占地面积1.7公顷的唐山市宝辰化学科技有限公司丙烯酸聚合乳液项目。签约项目4个：投资1.15亿元的莱比德模具制造项目，投资2.5亿元的唐山宇能供电设备制造项目，投资2亿元的天津世通华茂胶业股份有限公司乳胶生产项目，投资1.1亿元的石勇机械制造项目。

马头营物流园针对部分已落户园区、未投产企业，积极开展银企对接、嫁接转产工作，为易港洗煤项目建设跑办贷款850万元，解决了企业流动资金不足问题。园区内有僵尸企业2家，分别是乐亭县金象洗煤有限公司、唐山祥莱商贸有限公司。到年底，乐亭县金象洗煤有限公司已引进新的投资伙伴，可研报告在编制中；唐山祥莱商贸有限公司因贷款未归还，土地被查封，镇政府敦促其筹措资金还贷，避免资产流失。年内，马头营物流园实现销售收入7.4亿元，实现税收140万元。

农　业

综　述

【概　况】 2017年，县委、县政府以深化农业供给侧结构性改革为主线，坚持融合发展，着力构建农业现代化新格局，推进农业标准化生产、品牌化建设和产业化经营，现代农业发展比较优势进一步扩大。全县实现农林牧渔业总产值106.83亿元，其中种植业产值67.23亿元，林业产值3380万元，牧业产值16.68亿元，渔业产值21.67亿元，农林牧渔服务业产值9064万元。实现农林牧渔业增加值73.5亿元，农村居民人均可支配收入16090元。农业产业化经营率达到69.7%。

农业园区承载能力不断增强　农业园区累计投入项目资金2亿元，建成高标准农田1.1万公顷，水、电、路等基础设施和生产条件得到改善。省级环城现代农业园区引进甜瓜新品种42个，番茄新品种46个，申请绿色认证产品10个，完成甜瓜、桃、苹果等8个产品的天猫商城入驻；园区内物联网设备已安装完毕。申报国家级现代农业园区的相关材料已上报省农业厅。建成高标准直供京津蔬菜基地1333.33公顷、全国果菜绿色防控基地2个，无公害农产品基地达到15个。园区“三品一标”认证率达到65%以上，绿色防控、二维码追溯等新技术得到普及应用，农民“绿色农业”生产意识不断增强，农产品抽检合格率达到98.5%。顺利通过“省级农产品质量安全县”验收。绿昕、鸿春等园区土地基本实现规模流转，园区内农民在获得流转土地租金的同时，在园区打工每年还获得2万多元的劳务收入。

供给侧结构性改革不断深化　通过积极推进农产品精深加工项目建设，促进全县农产品加工业平稳健康发展。年内实施投资1000万元以上的产业化项目19个，其中亿元以上项目5个，累计完成投资4.85亿元。规模以上农业企业达到31家，农产品加工业产值18亿元，农业产业化经营率提升0.3%。新型农业经营主体实现数量质量双提升，培育市级龙头43家，年内新增2家；农民专业合作社达到989家，年内新增专业合作社5家、示范家庭农场4家，合作社成员达2.8万人，其规模位居全市各县（市、区）之首。冀东果菜联合体已吸纳乐亭德强等10家合作社为初始成员，带动农户5000户，户均增收1740元。同时，大力培育名优品牌，“乐亭设施桃”以44.95亿元的品牌价值成功入选“全国区域品牌价值百强榜”，位居全省农业区域品牌价值榜首；乐亭扇贝以9万吨毛贝的高产高效正在申报国家地理标志商标。

农产品质量安全持续推进　实施土肥管理。在姜各庄、马头营、乐亭镇、中堡和阎各庄镇设立5个耕地质量监测点，检测耕地质量变化；开展农企合作，推广配方施肥，建立配方肥经销网点14个，全年推广配方肥4.9万吨；建立马头营镇和汀流河镇2个万亩示范片，全面推广测土配方施肥、秸秆还田、节水灌溉、病虫害绿色防控等技术，示范应用水肥一体化技术，开展节肥节药模式探索、示范展示和效果监测。推广绿色防控。全县建设蔬菜绿色防控基地7个，国家级绿色防控基地2个，其中万事达生态农业发展有限公司、鸿春农业发展有限公司为全国果菜茶绿色防控基地，煜达植保公司为省市全程绿色防控基地。全年完成指导各种病虫草害防治面积700多万亩次。开展农产品质量检测。每月例检抽取样品400余个，全年自身检测及接受市场委托检测样品5182个，合格率98%以上。在鸿春农业发展有限公司和绿昕农业开发有限公司建成生产

企业二维码追溯系统2家。加强农资市场监管。开展农资打假行动、高剧毒农药专项治理，加大农资质量抽检工作力度，从源头加强农业投入品的监管，确保群众用上放心农资。至年底，全县备案农药经营户311家，检查农资经营单位420余家，随机抽取农资样品75个。

土地流转工作有序进行　规范使用新版本的流转合同，统一合同编号，严格按照“依法、自愿、有偿”的原则进行土地流转。做好流转过程中矛盾纠纷的调处工作，确保流转工作规范有序运行。

【农业生产力】　农村劳动力　2017年，全县总人口（户籍人口）42.66万人，其中乡村人口31.19万人。在乡村人口中，乡村从业人员23.15万人，其中男11.86万人，女11.29万人；从业人员按行业分，农林牧渔业10.3万人，工业3.55万人，建筑业3.06万人，交通运输仓储和邮政业1.42万人，批发和零售业1.91万人，住宿和餐饮业2988人，居民服务和其他服务业2.11万人，其他从业人员4980人；从业人员按文化程度分，文盲半文盲236人，小学文化5.34万人，初中文化12.34万人，高中文化（包括中专）5.01万人，大专及以上文化4413人。

耕地　2017年，全县耕地面积54765.73公顷，其中水浇地面积47788.26公顷，占耕地面积的87.26%；水田面积2910.47公顷，占5.31%；旱地面积4067公顷，占7.43%。土地垦殖率100%。粮食作物播种面积4.28万公顷，占全县农作物播种总面积的63.5%。

农业机械　由于农机购置补贴政策的实施，农民购买农机、使用农机的积极性高涨，农业机械拥有量不断增长，农机作业水平提高。至年底，全县实有机电井2.63万眼，其中深井934眼；有效灌溉面积5.42万公顷，高产稳产农田面积5.09万公顷。全县拥有大中型拖拉机1511台，小型拖拉机2.18万台，配套机具1.08万台，收获机械246台，设施农业设备5.65万台，植保机械1.89万台，畜牧水产养殖机械3367台（套），水稻插秧机237台。农业机械总动力72.35万千瓦。

2017年全县各种作物播种面积6.74万公顷，综合机械化作业水平达到55%。其中小麦99%，水稻96%，玉米72%。小麦耕种收基本实现机械化；玉米耕种环节基本实现机械化，机械化收获50%；水稻耕地环节100%，机械化插秧90%，机械化收获97%。

【农业综合开发】　2017年，乐亭县实施农业综合开发项目7个，分别是乐亭镇农业综合开发高标准农田建设项目、乐亭丞起现代农业发展有限公司承担的唐山市乐亭县5万千克设施大樱桃新建项目、乐亭县昌泰食品有限公司承担的唐山市乐亭县蔬菜收购1500万元流动资金贷款贴息项目、唐山冀东果菜有限公司承担的唐山市乐亭县蔬菜收购3000万元流动资金贷款贴息项目、乐亭县通海食品有限公司承担的唐山市乐亭县蔬菜收购2050万元流动资金贷款贴息项目、唐山宏丰食品有限公司承担的唐山市乐亭县蔬菜收购1700万元流动资金贷款贴息项目、河北省刘美实业有限公司承担的唐山市乐亭县畜禽收购5696万元流动资金贷款贴息项目。总投资1802万元，其中中央财政资金1251万元、省配套资金321万元，企业自筹230万元。

通过农业综合开发，建成一批高产稳产、旱涝保收、节水高效的高标准农田，项目区农业生产条件得到改善，抗御自然灾害的能力得到提高，制约农业生产发展的主要障碍因素得到解决。项目区内改善灌溉面积480公顷，年可节约用水量18.82万立方米，增加农田林网防护面积193.33公顷；增加优质农产品种植面积726.67公顷，农产品优质品率达到100%；年增加粮食1129.3吨，蔬菜490吨，其他农产品143.2吨；项目区年新增种植业产值430.65万元，农民增加收入总额501.06万元。产业化财政补助项目年生产大樱桃50吨，年新增产值250.5万元，直接受益农户19户，新增就业人数24人。贷款贴息项目使5家农产品加工龙头企业受益，撬动银行贷款1.4亿元。贷款主要用于收购甜玉米5.08万吨、豌豆1.76万吨、鸡3792吨、鸡肉584吨、猪肉526吨、猪副产品1000吨。实现产值2.41亿元，获利1632万元。项目直接带动农户2.2万户，带动基地面积3.01万公顷，直接带动农民增收788万元。

乐亭镇农业综合开发高标准农田建设项目 项目建设地点位于乐亭镇西南部，涉及张楼、后王庄、肖圈、老李庄、三合庄、新埝、东高甸、中高甸 8 个行政村，开发面积 480 公顷。总投资 910 万元，其中中央财政资金 650 万元，省财政配套资金 260 万元。项目区新打机井 87 眼，维修机井 42 眼，新建机井防护池 129 个，埋设地下防渗管道 13.6 千米，改造输电线路 34.15 千米，新建变压器 6 台，修建涵洞 5 座，修建水泥路 11.69 千米、砂石路 2.44 千米，植树 3850 株。抗旱抗低温植物生长调节剂碧护示范 40 公顷。

唐山市乐亭县 5 万千克设施大樱桃新建项目 项目建设由乐亭丞起现代农业发展有限公司承担，建设地点位于乐亭镇后葛庄村，总投资 443 万元，其中中央财政资金 152 万元、省财政配套资金 61 万元，企业自筹 230 万元。新建长 64 米日光温室 11 座、长 128 米日光温室 8 座，埋设农电线路主线 400 米、支线 500 米、辅线 3318 米，埋设地下输水管道 630 米，新建灌溉阀门井子 4 个，新修排水渠 2560 米，购置长卷帘机 27 台、温控仪 108 台、变频器 2 台、水泵 2 台，栽植吉塞拉矮砧大樱桃树苗 3375 株。

中央财政贷款贴息项目 2017 年，中央财政贷款贴息项目 5 个，全部为流动资金贷款贴息，贴息总额 449 万元，资金拨付全部到位。其中乐亭县昌泰食品有限公司承担的唐山市乐亭县蔬菜收购 1500 万元流动资金贷款贴息项目，贴息额 62 万元；唐山冀东果菜有限公司承担的唐山市乐亭县蔬菜收购 3000 万元流动资金贷款贴息项目，贴息额 131 万元；乐亭县通海食品有限公司承担的唐山市乐亭县蔬菜收购 2050 万元流动资金贷款贴息项目，贴息额 48 万元；唐山宏丰食品有限公司承担的唐山市乐亭县蔬菜收购 1700 万元流动资金贷款贴息项目，贴息额 61 万元；河北省刘美实业有限公司承担的唐山市乐亭县畜禽收购 5696 万元流动资金贷款贴息项目，贴息额 147 万元。

【农业产业化经营】 现代农业基地建设 2017 年，县农业主管部门在县委、县政府的领导和上级部门的指导下，按照区域化、规模化、精品化的发展思路，着力打造具有县域特色的果菜产业，重点在新寨、汀流河、乐亭镇、胡家坨、姜各庄等镇建设果菜生产专业基地 7 个。

新寨镇撒马店村 23.33 公顷艾旭茄子基地建设。基地内有冀优Ⅲ -8 型高标准温室 120 座，108 户菜农进行茄子生产，全面推广嫁接、三干整枝、微滴灌、防虫网等先进技术，以艾旭合作社为主体注册“艾旭”商标，实行统一品牌销售，每公顷温室效益 52.5 万元左右，生产水平及效益位居全县前列。

汀流河镇刘狼窝村 30 公顷富民蔬菜基地建设。基地内有春棚 120 个、温室 210 个，230 户菜农进行蔬菜生产，主要生产甜瓜、菜豆、番茄、辣椒等瓜菜产品，80% 销往北京新发地、天津金钟、王顶堤市场，年销售额 1200 万元左右。

乐亭镇韩坨村 13.33 公顷鸿春蔬菜基地建设。基地内有鸿春农业公司投资建设的冀优Ⅲ -8 型高标准温室 50 座，生产茄子、甜瓜、青椒、菜豆，普及推广防虫网、粘虫板、微滴灌生产技术，年产量 600 吨、效益 120 万元。

胡家坨镇东走马浮村 80 公顷五九香梨生产基地建设。基地内以五九香梨为主要栽培品种，辅之以黄冠梨、圆黄梨、巴梨等，年产量 5000 吨，产值 576 万元。年出口 3840 吨，创汇 768 万元，主要出口俄罗斯。

姜各庄镇明庄子村 54.67 公顷苹果生产基地建设。基地内有盛果期树 34.67 公顷，幼树 20 公顷，盛果期树涉及 300 户，树龄 11 ~ 12 年，主栽品种为红富士，授粉树为红星、王林，株行距为 3×4 ~ 5 米；幼树树龄 1 ~ 5 年，品种为红富士优系、美国 8 号、藤木一号等。

姜各庄镇五中庄村 40 公顷苹果树密植栽培模式示范园建设。由唐山老米沟农业发展有限公司承建。示范园内一条主干道，三条辅道，将园区划分为 3 区 9 块，分别栽植不同品种。2016 年春季栽植苹果新品种 6 万余株，主栽 M9T337 和 SH 系等矮化砧木品种，新乔纳金（红王子）、红富士新品系天红 2 号和红嘎拉苹果新品种，采用宽行密植栽培模式（密度 1.6×4 米和 1.2×3.7 米），实施相关配套技术。示范园在新品种、新技术、新模式的推广应用方面起到示范引领作用。

新寨镇 266.67 公顷设施桃树生产基地建设。

基地内设施桃树成方连片，包括郝庄、保新庄、大港、小港、芍榆坨、吴家林等村，涉及农户1800户，栽培品种有春雪、京红、中油四号、金奥油桃等，设施类型有日光温室、简易日光温室、帘子棚等。基地内从3月初到6月下旬均有鲜桃供应市场，4—5月为大批量集中供应期。

特色产业建设　乐亭甜瓜为国家地理标志保护产品，经过精心培育，形成地方特色品牌。2017年建成庞各庄乡庞东村、汀流河镇刘狼窝村、乐亭镇三丁庄村、毛庄镇南坨村4个甜瓜核心区，形成全县特优区建设示范典型，促进了乐亭甜瓜的优化升级。围绕甜瓜历史优势、区位优势、特色特征，推进“三品一标”认证。建设颐天源、汀香、金畅王、绿色久久、呔诚、唐硕、孤竹果、顺程8个甜瓜自主品牌；丞起、万事达、绿昕、鸿春等8家企业和合作社的甜瓜产品获得绿色食品认证。经认定的无公害甜瓜生产面积5333.33公顷、绿色食品甜瓜生产基地面积20公顷。年内，着力构建完善的品牌保护体系，打造乐亭甜瓜区域公用品牌、企业品牌和产品品牌，严厉打击冒用、滥用公用品牌的行为。指导域内各类生产经营主体注册商品商标，对区域公用品牌与企业商品商标并行使用。开展并参加各层级果菜展示展览及推销活动，组织以乐亭甜瓜为载体的文化经济交流活动，积极参加国际国内农产品博览会，提高品牌影响力，提升品牌价值。

年底统计，全县桃树面积5846.67公顷，总产量26.05万吨，产值11.64亿元。其中，设施桃树面积1726.67公顷，产量6.37万吨，产值7.71亿元。桃树栽培模式分为露地栽培和设施栽培。露地桃树栽培以早凤王、大红桃、久保、绿化九等为主栽品种，设施桃树栽培以春雪、中油五、中油四、金奥等为主栽品种，通过早中晚品种合理搭配，油桃、毛桃品种协调发展；通过日光温室、帘子棚等多种设施错季生产，丰富淡季水果市场。桃产业已成为县域经济的特色产业。

农产品品牌建设　2017年，组织开展无公害基地复审工作，完成益农、金畅、绿野等13家合作社（公司）的无公害基地复审，复审面积1.4万公顷，复审产品6个；新认证唐山老米沟农业发展有限公司无公害基地面积666.67公顷、无公害农产品1个；乐亭县雷刚果树专业合作社新增加认证无公害基地面积200公顷，无公害农产品1个。组织开展绿色基地年检，完成乐亭丞起现代农业发展有限公司、万事达生态农业发展有限公司、保丰果蔬专业合作社、绿野果蔬专业合作社4家绿色食品企业的16种绿色食品年检，年检基地面积1120.2公顷；完成乐亭丞起现代农业发展有限公司0.67公顷绿色茄子，万事达合作社44.67公顷茄子、薄皮甜瓜、黄瓜、番茄、辣椒、草莓的续展工作。组织绿色食品认证，年内新认证鼎晖食品有限公司、鸿春农业发展有限公司、绿昕农业开发有限公司及晟雅合作社的速冻玉米、豌豆粒、番茄、辣椒、大樱桃、葡萄、苹果等绿色食品9个，认证面积192.2公顷。支持名优品牌申报，6月乐亭县雷刚果树专业合作社的“雷刚牌”桃被省质量技术监督局、省质量奖评审委员会办公室评为“河北省名牌产品”。

乐亭韭菜规模生产　乐亭韭菜在大田形成一定规模的生产起步于20世纪80年代，到2017年年底全县韭菜栽培面积1300多公顷，产量10万多吨，并形成了以乐亭镇、毛庄镇、中堡镇为主的生产基地。栽培品种有杭州白根、农大强丰、青秀雪韭、嘉兴白根等。其叶片宽厚肥嫩，株丛直立性强，叶鞘粗圆、色白纤维少，品质佳、产量高。采用一次播种、连续管理、多年收益的生产方式；推广粘虫板、防虫网、性诱剂等物理防虫技术及沼渣沼液灌根防治韭蛆技术，实现了安全无公害生产。县内成立有乐亭韭菜协会及益农、冯源、佳音、奇伟等专业合作社，注册了“冯哨”“佳音”等商标，产品除在当地和周边地区销售外，销往全国各地。

乐亭番茄规模生产　乐亭县地处滦河下游三角洲地带，土质肥沃，光照充足，气候温和，适宜番茄生产。番茄生产规模不断扩大，产量和效益不断提高。2017年，全县种植面积发展到3213.73公顷，总产量23.44万吨。乐亭番茄外观为圆形，成熟粉红色，果实光亮，品质佳，硬度好，耐储运，商品性好，单果重150～250克。番茄产销实行“协会＋基地＋农户”和“公司＋合作社＋基地＋农户”的模式，采取统一投入品及种子供应、统一技术标准和技术服务、统一水电供应、统一产品销售，分户种植“四统一分”

的生产及管理办法。产品除在当地销售外，主要销往京津冀和东北三省等大城市，部分产品还走出国门销往俄罗斯。

乐亭大樱桃生产　乐亭县土质、光照、气候等条件适宜大樱桃生产。境内2000年始引进大樱桃进行栽培，到2017年引进品种有红灯、莫勒乌、早红、美早、萨米脱、拉宾斯、岱红、艳阳等，栽培面积约33公顷，产量200吨左右，在丞起颐天园现代农业园、雷刚果树专业合作社、鸿春农业发展有限公司、绿昕农业发展有限公司等处有一定规模的生产。乐亭大樱桃核小肉厚，香甜适口，色泽鲜亮，产品除在当地销售外，主要销往京津冀及东北三省。

种植业

【概　况】 2017年，县农业主管部门按照县委、县政府的安排部署，认真落实国家粮食生产各项惠农政策，不断完善农业基础设施，制定推广冬小麦、玉米、水稻等作物生产技术规程，深入实施冬小麦、玉米、水稻高产创建计划，粮食单产、总产比上年均有明显提高。大力发展设施蔬菜生产，蔬菜产业引领发展作用不断增强。全面推广普及绿色植保技术，建设统防统治的社会化组织，开展统防统治服务。做好农机补贴工作，推进农机事业发展，农机化水平得到提高。

【粮食作物生产】 2017年，全县粮食作物播种面积4.28万公顷，粮食单产6300千克/公顷，总产量26.98万吨。其中，夏收粮食播种面积1.04万公顷，粮食单产5940千克/公顷，总产量6.16万吨；秋收粮食播种面积3.24万公顷，粮食单产6420千克/公顷，总产量20.82万吨。豆类播种面积889.2公顷，单产2070千克/公顷，总产量1847吨。薯类播种面积1329.13公顷，单产（折粮）8283千克/公顷，总产量5.51万吨。

全县粮食主要种植品种为稻谷、冬小麦、玉米，其中稻谷播种面积5534.33公顷，单产8070千克/公顷，总产量4.46万吨；冬小麦播种面积8516.73公顷，单产5850千克/公顷，总产量4.98万吨；玉米播种面积2.65万公顷，单产6135千克/公顷，总产量16.23万吨。

【经济作物生产】 花生和棉花是县内主要经济作物，也是主要油料作物。生产中以科学栽培技术为支撑，优选新品种，增强抵御风险和灾害的能力，在播种、扶垄、覆膜等主要环节采用机械化作业，解决了手工劳作效率低、成本高和技术操作不规范的问题，劳动生产效率提高，促进了生产发展。2017年，全县油料作物播种面积2164.87公顷，其中花生是县内第一大油料作物，种植面积2160.8公顷，播种单产4785千克/公顷，总产量1.03万吨。县内花生自给率高，其中榨油用量约占总产量的55%，直接食用或食用加工约占30%，种子约占8%，其余外销。随着需求量的增大，各种用途的花生数量将会适度增加，但消费比例不会有太大变化，食用油将是花生消费主体。棉花生产效益低，种植规模不大，播种面积9.87公顷，播种单产840千克/公顷，总产量8.3吨。

【蔬菜瓜类生产】 2017年，全县瓜菜播种面积2.11万公顷，其中设施蔬菜播种面积1.01万公顷。主要品种有白菜、萝卜、黄瓜、番茄、茄子、辣椒、菜豆、韭菜、甘蓝、甜瓜、西瓜、草莓、芹菜、菠菜等。全年瓜菜总产量162.01万吨。全县无公害瓜菜基地认证面积1.49万公顷，绿色瓜菜基地认证面积349.55公顷，认证无公害产品21个，认证绿色产品28个；建成绿昕、万事达、金畅、农兴、绿农、瑞达、绿丰等年育苗能力500万株以上的育苗场7家。全县形成特色鲜明、规模化的生产基地10个，其中以庞各庄乡、大相各庄乡为中心的万亩温室番茄生产基地，以新寨镇、大相各庄乡为中心的中小棚甘蓝、花椰菜、尖椒生产基地，以乐亭镇、汀流河镇、毛庄镇为中心的万亩温室、大棚甜瓜生产基地，以马头营镇西石碑村为中心的日光温室冬季黄瓜生产基地，以胡家坨镇李庄村为中心的加苫中棚番茄生产基地，以乐亭镇冯哨小庄、铁庄村为中心的中小棚韭菜生产基地，以中堡镇徐家店村为中心的日光温室草莓生产基地，新寨镇深冬茄子嫁接、尖椒生产基地规模较大。生产的瓜菜品种达7类30多个。全县瓜菜主要通过产地批发市场、冀东国际农产品物流中心、“公司+农户”订单、网络等多种形式进行销售，主要销往京、津、唐、秦及东北三省。

【农机新技术推广】2017年，乐亭县争取落实中央农机补贴资金789.18万元，补贴各种机具383台，受益农户304户，拉动农民投资2000万元。其中，补贴大中型拖拉机156台，收获机械29台，水稻育、插秧机械72台，耕整地机械117台，秸秆还田机械7台，畜牧生产机械2台。推广秸秆还田机在减少秸秆焚烧概率的同时还为耕地增加了肥料。推广玉米收获机械16台，使全县玉米机收面积达到1.13万公顷，机收率50%。

【植物保护】2017年，县农业部门贯彻“预防为主、综合防治”的植保方针，牢固树立“公共植保”“绿色植保”的理念，围绕“控灾、防灾、减灾、优质、高效、安全、环保”的目标，扎实有效地开展工作。

病虫害预测预报 积极承担国家级监测预警区域站布置的监测任务，并对全县常发生的20多种病虫草害进行系统监测，及时准确地发布病虫情报，全年发布病虫情报19期，监测结果与分析报告数据近1000条及时上传下达，有效地指导农户对病虫害的防治工作。

病虫草害防控 在准确测报的基础上，及时指导农民科学有效地防治各种病虫草害，年内指导完成防治面积53.99万公顷·次，挽回损失49.4万元。同时，发挥专业化防治队伍的作用，采用静电喷雾技术、无人机喷雾技术，对玉米、小麦、水稻及农区蝗虫进行大面积统防统治，防治面积1.83万公顷，防效95%以上。

植物检疫 开展植物检疫法规知识宣传、普及工作，通过电视、广播咨询、发放有关材料等，广泛宣传植物检疫条例及实施细则，对相关人员进行检疫对象的种类、特征识别、危害性及预防措施的培训。逐步增强全民的植物检疫意识，提高检疫检查的自觉性。年内对全县30多家种子经营单位及个人进行上、下半年2次检疫检查，检疫种子200多万吨，对发现的问题进行及时处理。对检疫对象苹果蠹蛾进行系统监测，产地检疫61.33公顷，调运检疫177吨，保证了全县农业生产安全。进行检疫对象普查，对有可能传入县内的危险性病虫害进行全面普查，普查结果及时上报，有效防止危险性病虫草害的传入和传出。

绿色防控 重点进行1333.33公顷保护地韭菜和番茄的绿色防控示范工作，在示范区采用频振式杀虫灯、色板诱杀、防虫网、生物农药、微生物线虫防治、高温覆膜技术，施用沼液沼渣防控、生态控制技术等，示范区农产品达到无公害产品质量要求，带动周边地区的绿色防控工作。

新农药、新型药械的引进、示范推广 全年示范推广高效低毒无残留、无污染的新型化学农药和生物农药6种，推广使用安全高效、节水节药、省工的静电喷雾、无人机喷雾技术3333.33公顷，全县植保水平得到提升，也为农业实现无害化生产、减少农业面源污染、实现用药零增长提供了可靠保障。

【农业技术推广服务】县农牧局承担指导全县粮食、蔬菜等主要农产品生产任务，组织落实粮食、蔬菜等主要农产品生产的相关政策措施，引导农业产业结构调整和产品品质的改善。全年派出技术人员500余人次为科技示范户、种植大户及专业合作组织提供农技服务，培训技术骨干、科技示范户、种植专业户1000余人次。探索“农业专家+农技指导员+科技示范户+辐射带动户”的农业科技成果转化应用模式，每名农技指导员抓15户科技示范户，科技示范户带动辐射户的新型农业技术推广机制。为1700多家农户申请开通云平台服务，为1900名（家）农业技术人员与科技示范户开通农业科技网络书屋账号，组织县、乡农业专业技术人员利用科技网络书屋、云平台等农业科技远程培训学习系统进行农业知识更新，提升农技推广实效。

【农机社会化服务】2017年，随着农机购置补贴政策的落实和市场经济发展，全县大型、新型农业机械不断增加，农业生产效率得到提高，农村劳动力转移加速，为促进农村经济繁荣奠定了基础。县农机主管部门抓住机调，因地制宜，分类指导，加大扶持力度，推进农机社会化服务体系建设，构建“集约化、组织化、专业化、社会化”相结合的新型农机经营体系，发挥农机服务组织和农机大户的龙头带动作用，农机社会化服务组织得到健康有序发展。年末，全县拥有农业机械原值20万元以上的农机大户43户，其中50万元以上的农机大户3户。作业模式主要是机耕、机播，所拥有的机具主要是大中型拖拉机及配套机具，作业收入占全年收入的50%以上。全县拥有持工商营业执照的农机专业合作社17家，合作社入社户数200多户。

【农业行政执法】 加强宣传，营造良好社会氛围　县农机主管部门按照农业部办公厅《关于开展“2017年放心农资下乡进村宣传周”活动的通知》、市政府《关于打击制售使用高毒高残留农药的通告》和新《农药管理条例》精神，积极开展入集、入村进行农资法律法规和农产品质量安全宣传，全年入集宣传10次，入村宣传13次，发放宣传材料、明白纸2.5万份。

强化市场准入，确保农资质量安全　严格落实农资备案制度，开展大宗农资产品登记备案工作，年内备案率达85%以上；开展责任状签订工作，农药经营单位100%与农业执法部门签订禁止生产、销售甲胺磷等5种高毒农药工作责任状。

加大农业投入品监管，确保市场规范有序　采取重点检查和普遍检查相结合、明察与暗访相结合、检查与抽检相结合的方式，开展护农保春耕专项整治、农资打假专项治理、禁限用农药专项整治、百草枯专项整治等活动，特别加大农资质量抽检工作力度。全年出动执法人员512人次，检查农资经营单位422家，随机抽取农资样品245个。查处违法行为3起，罚没款6700余元。

加大农资纠纷调解力度，切实维护农民利益　全年调解因使用农资导致的纠纷30起，为农民挽回经济损失20余万元。

【蔬菜质量安全监管】 2017年，县农业部门积极开展创建省级农产品质量安全县工作，推广标准化生产技术，推广地方质量标准和技术操作规程。加强农业投入品使用技术指导和培训，依法落实农药安全间隔期制度。年内培训菜农10余场次，发放宣传材料500余份。依法开展农业投入品市场监管，严厉打击制售假劣农药、生产销售使用禁用农药等违法违规行为。全年检测蔬菜样品5100余个，检测合格率99%以上。品种包括黄瓜、茄子、番茄、青辣椒、西葫芦、韭菜、油菜等大宗蔬菜，未发现违禁农药。蔬菜产品上市前检测覆盖率达100%。配合省、市业务主管部门进行风险评估例行抽检12次190个样品，合格率达100%。完成鸿春农业发展有限公司和绿昕农业公司生产企业二维码追溯系统建设，并对其培训、指导二维码合格证的使用。

【全国平安农机示范县建设】 为贯彻落实省农业厅、省安监局《“十三五”时期创建“平安农机”活动工作方案》的要求，乐亭县成立由主管副县长任组长，农机、公安、安全监督等部门负责人为成员的“平安农机”示范县创建工作领导小组，县政府印发《关于促进农机安全生产工作的实施意见》《乐亭县“十三五”时期创建“平安农机”示范县实施方案》等文件，促进“平安农机”示范县工作扎实开展。年内，县“平安农机”示范县创建工作领导小组多次召开会议进行安排部署，解决“平安农机”创建工作中的热点、难点问题。县农牧局、县安监局、县交警大队和各乡镇（街道）认真组织实施，主要开展了安全宣传咨询日、深化“六个一”、农机事故救援演练、联合执法、安全生产大检查等活动。建立农机驾驶人考试中心，修建规范化考场，从源头加强管理，全年未发生重特大以上农机安全事故。

通过开展平安农机示范县创建工作，先后评选“平安农机”示范乡镇6个，示范村24个，发放《农机安全生产宣传手册》等宣传资料1500多份。实现了安全宣讲进社区、进学校、进村组、进农户的目标，增强了各级干部和广大机手的安全生产意识，提高了农机监理人员的执法水平，营造了良好的农机安全生产氛围。

6月20日，乐亭县被省农业厅、省安监局评定为省级“‘平安农机’示范县”。2018年1月3日，被农业部、国家安监总局评定为国家级“‘平安农机’示范县”。

畜牧养殖业

【概 况】2017年，乐亭县畜牧兽医局（简称县畜牧局）围绕全县工作大局，立足部门职能，通过科学规划、精细管理、强化服务，扎实推进全县畜牧经济持续健康发展。9月25日，协助县政府成功承办了唐山市重大动物疫情应急处置演练。年内新增备案养殖场2个，备案养殖场总数达673个，养殖规模化比重达84%。全年肉类总产量2.82万吨，比上年下降40.5%。其中，猪肉产量1.69万吨，下降51.6%；牛肉产量2000吨，下降45.9%；羊肉产量1700吨，增长21.4%。年末生猪出栏21.73万头，下降52%；存栏11.26万头，下降50.4%。牛出栏1.17万头，下降47.8%；存栏1.27万头，下降44.8%。羊出栏11.7万头，增长21%；存栏7.17万头，增长23.2%。珍稀皮毛动物存栏136.85万只，增加2.62万只；出栏531.93万只，增加2.74万只。是年，县畜牧局被评为"河北省动物卫生监督工作实绩突出单位""河北省畜禽屠宰执法工作先进单位"。

【养殖种类】2017年，乐亭县畜禽养殖有猪、牛、羊、家禽、兔、毛皮动物6个种类。其中生猪养殖以"杜长大"三元杂交商品猪生产为主；牛分奶牛养殖和肉牛养殖，奶牛品种以荷斯坦为主，肉牛以西杂牛和荷斯坦公牛为主；羊品种以小尾寒羊、萨能奶山羊为主；家禽为鸡、鸭、鹅，鸡主要为蛋鸡养殖和肉鸡养殖，蛋鸡主要为海兰褐，肉鸡以艾维茵、爱拔益加为主；兔以獭兔和本地肉兔为主；毛皮动物包括狐、貉、貂3个品类，狐狸品种有蓝狐、银狐和赤狐等彩狐，蓝狐约占62%，银狐约占34%，赤狐约占4%；貉的品种全部为乌苏里貉；水貂品种包括本地黑貂、美国短毛黑貂、白貂、咖啡貂等彩貂，其中黑貂品种约占71%，白貂约占6%，咖啡貂约占23%。

【规模养殖】2017年，县畜牧局按照现代畜牧业发展要求，大力推动养殖业的标准化、规模化发展。年内，全县新增备案养殖场2个，全县备案养殖场总数673个，其中常年存栏100头以上生猪养殖场281个，300头以上奶牛养殖场（区）18个，200只以上肉羊养殖场33个，2000只以上蛋鸡养殖场15个，2000只以上肉鸡养殖场66个，300只以上毛皮动物养殖场147个，300只以上兔养殖场5个。培植发展畜禽养殖类家庭农场4个、养殖大户2户，全县畜禽养殖大户、家庭农场总数62个，规模化比重达84%。全县从事奶牛养殖的18个规模场区中有14个转型升级为牧场，牧场转型率达77.78%，TMR全混合日粮饲喂技术普及率100%。

【良种繁育】2017年，县畜牧局实施"引、选、繁、推"一体化良繁模式，优化品种结构，提高生产效能和经济效益。

奶牛良种繁育 年内，结合国家优质奶牛冻精补贴项目，提高奶牛品种品质，推广优质奶牛冻精2.06万支，改良奶牛1万余头次，全县奶牛单头产奶平均达到7吨以上。

貂、貉、狐良种繁育 水貂养殖重点引进丹麦咖啡貂等彩貂品种，进行纯种繁育；引进美国短毛黑貂，进行纯种繁育并对本地水貂进行改良。年内全县引进咖啡貂种貂1000只，美国短毛黑貂种貂600只。狐狸养殖以芬兰原种狐改良本地蓝狐为主，年内引进原种蓝狐100只。貉品种为乌苏里貉，以养殖场（户）自繁自养提纯复壮为主，进行优良个体选育。

蛋禽、肉禽良种繁育 境内没有种禽场，养殖全部为商品代蛋鸡、肉鸡，雏鸡由周边地区种禽场引进。蛋鸡品种以海兰褐、尼克红为主，肉鸡品种以爱拔益加、艾维茵为主。2017年年底，全县蛋鸡存栏73.65万只，肉鸡存栏205.76万只，优种比例达100%。

【重大动物疫病防控】2017年，县畜牧局结合春、秋两季重大动物疫病免疫工作，开展流行病学调查和重大动物疫病排查工作，提高动物疫情预警分析防范能力。经查，年内未发现重大动物疫情。加强重大动物疫情的应急体系建设和物资储备，做好突发重大动物疫情的应急保障工作。组织开展养殖环境社会化防疫大消毒，对全县养殖场户、定点屠宰场、屠宰加工点、畜禽及产品交易市场、散养畜禽圈舍等进行全面消毒，全年使用消毒药 36 吨，消毒面积 2426 万平方米。按照“政府包组织发动、包免疫密度，畜牧部门包免疫注射、包免疫质量”要求，坚持春、秋两季集中免疫和日常补针相结合，逐村、逐场、逐户开展强制免疫工作，全县免疫应免畜禽 310 万头（只），确保了 100% 免疫密度。对免疫后的畜禽按照工作规程及时进行化验室监测，全年对 5158 个样本进行了 2.34 万批次的检测，保证免疫质量。按照农业部公告要求，对全县活禽实施 H7N9 常态化、规范化、制度化的化验室检测工作，至年底全县累计检测样本 1.79 万份，及时为 710 个养殖场（户）出具检测结果呈现阴性的报告，为全县疫情稳定提供有效依据。贯彻落实省、市、县奶牛养殖场“两病”防控文件精神，扎实推进全县奶牛“两病”检测工作，全县布病、结核病应检测奶牛 1.08 万头，检测率 100%。

【饲料管理】 2017 年，县畜牧局依法加强饲料安全生产管理，对饲料生产企业实行证照管理，建立安全生产管理制度，全县有 10 家饲料生产企业取得饲料生产许可证。严把饲料市场准入关，对进入县域市场的所有饲料产品实行资质证件备案、进货登记等常态化管理制度，年内备案饲料生产企业 105 家。依法实施监督检查工作，全年抽检饲料样品 30 批次，对 3 份不符合质量标准的饲料依法进行处理，罚款 1.12 万元。

【兽医兽药管理】 2017 年，县畜牧局依法开展兽医医政药政管理工作，按照规定程序受理、审查动物诊疗机构、兽药经营企业开办条件，合格的报送审批机构及时核发《动物诊疗许可证》或《兽药经营许可证》；受理执业兽医师注册、执业助理兽医师备案、乡村兽医登记申请，并依法办理注册、备案和登记工作。对系统内实行兽药备案管理制，建立兽药信息共享平台，110 个兽药厂家 3245 个兽药品种进行上网查询、备案，保证药品质量。开展兽药 GSP 验收工作，年内有 14 家兽药经营场所通过 GSP 验收。强化兽药经营管理，实施兽药二维码追溯制度，对兽药经营实行采购、销售的记录台账管理，形成完善的兽药追溯体系。采取定期巡查、飞行检查和监督抽检相结合的方式，强化兽药市场监管。年内兽药抽检 3 次，送检兽药样品 5 份，检测结果均为合格；开展专项执法检查 4 次，兽药市场得到净化和规范。

【畜禽产品质量安全监督】 2017 年，县畜牧局强化畜产品监管，建立健全畜产品质量安全监管责任体系，成立畜产品质量安全监管领导小组，结合工作职能细化分工、科学部署，层层落实监管责任，形成组织有力、部署科学、运转协调的监管责任体系。建立长效联动跟踪管理机制，加强动物及其产品检疫监管，规范屠宰检疫、落实动物产地报检、瘦肉精同步检测、病死动物无害化处理机制，执行动物产品进销货登记制度，实行动物检疫电子出证管理，实施动物疫病风险评估及分级管理。强化畜禽投入品生产经营监管，落实资质证件备案、进货登记、上网查询及“三聚氰胺”检测报告备案等常态化管理制度。为防止病死动物及产品上市流通，实行畜产品质量安全追溯、科学化信息化监管奠定基础。推进畜牧兽医综合执法工作，按照上级部门文件要求，设立乐亭县畜牧兽医综合执法大队，挂靠乐亭县动物卫生监督所，实行两块牌子、一套人马、合署办公。畜牧兽医综合执法大队受县畜牧局委托，依法在饲料与饲料添加剂、种畜禽、畜禽养殖、奶业、兽医医政、兽药药政、畜产品质量安全、生猪定点屠宰 8 个执法类别方面实施监督检查与监督执法，负责对违法违规案件进行调查处理、对跨行政区域的违法案件或重大案件进行联合办案、对跨行业或部门的违法案件进行移送和两法衔接工作。加强对动物、动物产品检疫监督及畜禽投入品日常监管工作，建立日常巡查及重大节日重点督察的综合执法工作机制，严厉打击各类违法行为，确保畜产品质量安全。全年开展专项执法检查 12 次，出动执法车辆 85 辆次、执法人员 600 余人次，累计检疫动物 1371.39 万头（只）、动物产品 3.2 万吨，查处违法案件 5 件。扎实开展畜产品质量安全监测，实行畜产品“三聚氰胺”和“瘦肉精”常态化、制度化检测，并新增磺胺类、氟喹诺酮、氯霉素、黄曲霉毒素 4 项物质实验室监测。全年监测样本 6706 批次。

饲料样品质量抽检30批次。强化“瘦肉精”专项整治，落实管理相对人不藏匿、不使用“瘦肉精”承诺制度，强化主体责任，开展与动物检疫工作同步的“瘦肉精”日常抽检。加大对“瘦肉精”类物质的执法检查力度，实现监管工作无缝隙覆盖。

【生鲜乳收购站规范化管理】 2017年，县畜牧主管部门依法加强生鲜乳收购站规范化管理，对生鲜乳收购许可证、生鲜乳准运证明落实网上审批制度，按程序严格审核，保证合法经营。实行生鲜乳质量安全责任制和企业自检自律制度。对生鲜乳检测进行常态化管理，对全县生鲜乳收购站每月进行奶样检测，主要检测项目为三聚氰胺。落实生鲜乳监督检查机制，对生鲜乳收购站生产收购情况进行监督检查，对需要整改的项目提出整改意见，填写生鲜乳监督检查记录。强化执法，建立奶站和运输车日常监管和不定时巡查制度，严厉打击生鲜乳生产、收购和运输过程中的各类违法行为。

【开展下乡“四送”活动】 2017年，县畜牧局组织县、乡两级技术力量以乡镇动物防疫站为主体，组成专家服务队，面向养殖场（户）开展送医、送药、送技术、送信息“四送”服务活动。

技术人员深入村、场、户传授养殖技术，传递养殖信息，不断扩大养殖技术服务覆盖面。聘请专家举办奶牛、生猪和毛皮动物各阶段饲养管理及疫病预防知识培训12场次，培训养殖户1475人次，发放技术资料5930份；参与政协组织的“三下乡”活动，到乡镇集市为养殖户解答养殖生产中遇到的难题，并发放相关资料1000余份。组织规模畜禽养殖场（户）参加上级举办的各类畜禽养殖技术培训交流活动，学习先进地区技术和经验，促进养殖水平提升。通过开展下乡“四送”活动，养殖场（户）养殖过程中遇到的技术难题得到有效解决。

【唐山市突发重大动物疫情应急处置演练在乐亭县举行】 2017年9月25日上午，唐山市突发重大动物疫情应急处置实战演练在县冀东国际皮毛交易市场活体交易大厅举行。

此次演练由市政府主办，县政府承办，县畜牧局具体实施。市农牧局领导主持演练，省农业厅兽医处、省动物疫病预防控制中心领导应邀现场观摩指导演练。市政府副市长、市防治重大动物疫病指挥部指挥长张月仙等相关领导，县长张福林等县领导、各县区指挥部指挥长、副指挥长，农办主任及市、各县区指挥部成员单位、全市畜牧兽医主管部门、动物疫病预防控制中心、动物卫生监督所负责人204人出席演练活动。

参加演练的技术指导、封锁检疫、强制扑杀、无害化处理、消毒灭源、紧急免疫、医疗救护、市场监管、综合信息和物资保障10个应急组织方队210人入场接受检阅。市政府副市长张月仙下达现场演练指令。参演人员从实战出发，按照各自职能分工，完整演示疫情报告与现场诊断、先期处置与应急准备、应急响应与应急处置、终止响应与善后处理4个科目。演练活动取得圆满成功。

县畜牧兽医局

局　长　刘志强（6月免）

林果业

【概　况】 乐亭县林业工作按照建设现代林业的工作思路，持续抓好森林资源保护管理，严把林地、湿地保护红线；以全民义务植树活动为契机，深入开展植树造林活动，努力提高县域森林覆盖率；立足资源优势，狠抓机构调整，全力构建特色果品大县；狠抓森林防火、严防乱砍滥伐林木、森林病虫害防治“三防”体系建设，促进林业产业发展。2017年，全县果树面积7276.13公顷，果品产量33.13万吨；实有林地面积7716.47公顷，林业产值3380万元。全县森林覆盖率达28.2%。

【植树造林】 2017年，全县植树造林工作以全民义务植树活动为契机，结合全县美丽乡村建设，全面开展春季造林绿化活动。全年完成造林绿化面积807公顷（其中防护林面积266.67公顷，经济林面积540.33公顷）。

开展全民义务植树活动　4月8日，县委书记董立群、县长张福林、县人大常委会主任安爱

军、县政协主席张国勇等县四大班子领导与县委、县人大常委会、县政府、县政协机关干部，大学生村官、青年志愿者、驻地部队官兵、民兵预备役人员、分包汀流河镇的县直单位、农口部门班子成员、汀流河镇政府和农牧局的干部职工等550余人参加汀流河镇平青乐公路两侧义务植树活动，当日栽植速生杨5.67公顷，植树6000株。各乡镇组织本区域干部群众开展义务植树活动。通过活动的开展，有效推进了全县绿化进程，树立起广大群众植绿、爱绿、护绿的意识，掀起绿化高潮。

美丽乡村重点村绿化　通过招投标方式，采购绿化苗木6万余株，品种有国槐、复叶槭、金叶榆、白蜡等，对30个美丽乡村省级重点村给予扶持，以点促面，示范引领，提高全县村庄绿化水平，提升绿化档次。

【果树生产】 2017年，县林业主管部门按照县委、县政府的工作部署，立足资源优势，狠抓结构调整，加大新品种、新技术、新模式引进推广力度，在县内形成以桃、苹果、葡萄、梨为主栽树种，以设施果树生产为特色，错季生产、次第上市、周年供应的产业格局。全年引进桃树新品种2个，推广苹果高纺锤形修剪技术和设施桃树高效栽培技术2项，推广苹果乔砧密植栽培模式、苹果矮砧密植栽培模式和樱桃设施生产模式3项。在第二十一届中国（廊坊）农产品交易会“红石沟杯”京津冀果王争霸赛中获果王1个，金奖1个，银奖3个，县农牧局被省林业厅授予“组织奖”；乐亭县雷刚果树专业合作社在第二届河北省十大林果品牌评选中被评为“河北省十大林果龙头企业品牌”。

【林业病虫害防治】 2017年，县委、县政府强化国家级中心测报点和国家级标准站的带动作用。县政府制定印发《乐亭县2017年防治美国白蛾工作实施方案》，召开全县美国白蛾防治工作会议，并与各乡镇签订防治责任状。开展美国白蛾的虫情监测与防治工作，县林业主管部门在丞起颐天园现代农业园、姜各庄镇柳林村、中堡镇双庙村、阎各庄镇小石庄村、乐亭镇东高各庄村、汀流河镇馒首王庄村设立固定监测点6个，系统监测县内虫情发生动态，适时发布专项病虫信息3次。发放防治药剂，督导各乡镇（街道）、造林大户进行防治工作，确保防治任务达标。6月6—8日在唐港高速公路、沿海高速公路、乐港公路、平青乐公路两侧绿化带，环县城绿化带、古滦河生态公园、姜各庄林场等重点绿化区域进行飞机防治美国白蛾作业，飞防25架次，飞防面积2666.67公顷，防治效果90%以上。全县美国白蛾防治面积8000公顷，基本达到有虫无灾效果。全县杨干象发生面积1000公顷，4月初在中堡镇滦河片林设标准地进行重点监测，4月15日发布《适时防治杨干象》病虫情报至各乡镇（街道）、造林大户，指导防治工作。对春尺蠖、槐尺蠖、国槐小卷蛾、白杨透翅蛾、松梢螟等重发、新发病虫进行监测、预报，做到早发现，早防治。全年印发病虫情报8期、1500余份，上报虫情动态、短情预报26次，上报病虫发生防治信息14次，达到成灾率为零，测报准确率92%，防治率89%的指标。

【植物检疫】 根据国务院《林业植物检疫条例》、林业部《植物检疫条例实施细则（林业部分）》相关规定对森林植物及其产品实施产地检疫和调运检疫。对调入苗木进行复检，主要检疫对象为美国白蛾和杨干象。2017年办理种苗产地检疫5份，检疫白蜡、国槐、杨、柳等苗木95万余株。办理调运检疫（果品、木材、苗木）90份，检疫果品800吨。

【林业综合执法】 开展打击滥砍滥伐“金剑”行动和打击非法征占林地“金盾”行动，组织专门力量成立巡查队，对姜各庄林场、滦河沿岸、中堡镇域内等违法行为高发地段进行拉网式巡逻排查。安排布置信息员拓宽信息渠道，及时有效掌握林业资源动态。执行24小时值班备勤，对群众举报的涉林违法案件及时出警、迅速处理，严厉打击各类涉林违法犯罪行为。全年查处涉林刑事案件5起，查处各类林业行政案件28起。

【鸟类救助】 2017年，县野生动物资源保护主管部门针对县内野生动物资源保护形势，积极开展打击乱捕滥猎“金网”行动等多项爱鸟护鸟工作，全力保障县内野生鸟类资源的栖息繁衍环境。

开展各类巡护执法工作 实施春季护鸟巡查、保护幼鸟孵化专项整治、夏秋护鸟清网行动，清除粘网等猎捕工具并及时销毁。与县市场监督管理局联合执法，清理整顿县城集贸市场非法买卖野生鸟类及制品行为，打击候鸟迁徙期间乱捕滥猎行为。全年开展巡护清网统一行动20余次，清理整顿鸟类市场10个，清理销毁捕鸟粘网1700余延长米，诱鸟录音机20余套，放飞野生鸟类450余只。

开展联合救助与放飞活动 与秦皇岛野生动物救治中心、大清河野生动物救助站联合，开展野生动物救治工作，全年救助国家一级保护野生鸟类黑鹳1只、丹顶鹤1只，国家二级重点保护野生鸟类雕鸮等5只，省重点保护野生鸟类白鹭、大麻鳽等10只，给9名救助野生鸟类有突出贡献的群众发放了证书和奖金。9月16日与大清河野生动物救助站开展秋季救助鸟类放飞活动，8只野生鸟类在佩带环志、安装定位追踪器后现场予以放飞。

【森林资源保护】 *落实保护森林资源目标责任制* 县政府制定印发《保护发展森林资源目标责任制实施方案》及检查办法，成立领导小组，与各乡镇政府、林场签订保护发展森林资源目标责任书。

开展建设项目使用林地审核工作 严格执行县政府《乐亭县林地保护利用规划（2011—2020）》，年内办理建设用地征收转用项目永久征占林地组档和报批工作2个，已经省林业厅批复。

做好湿地保护工作 严格贯彻实施《河北省湿地保护条例》，严把湿地红线关，开展宣传活动15场次，发放宣传材料1000余份。

建立野生动物保护工作长效管理机制 县政府制定印发《关于建立健全鸟类等野生动物保护工作长效管理机制的意见》，明确目标任务，确定工作重点。成立县野生动物保护领导小组，建立部门、区域协调联动机制，并与相关乡镇签订湿地及鸟类等野生动物保护责任书，深入开展野生动物保护工作。

开展森林资源二类调查工作 配合省规划设计院完成森林资源二类调查工作，对全县14个乡镇（街道）和姜各庄林场的所有林地、林木进行普查，做到全面无遗落。

【森林防火】 县农牧局针对冬春季节森林火灾高发期组织开展森林防火“金钺”行动，向各乡镇政府、造林大户印发《关于进一步加强森林防火工作的通知》，明确责任，督促防控措施落实。增加巡护密度，强化隐患排查，抓好野外火源管控。制定完善森林防火值班工作方案，严格执行24小时值班和火灾报告制度，确保信息传递畅通，火情火警处置及时。加强防火宣传，在集贸市场、主要公路两侧等位置悬挂宣传条幅20条，发放各类宣传材料2000余份，张贴森林防火通告1500份，提高广大群众森林防火意识。

【姜各庄林场】 乐亭县姜各庄林场地处姜各庄镇东南部，西距县城24千米。2010年12月划归滦河口生态旅游区开发办公室管理，业务接受县农牧局·林业局指导，为企业化管理的自筹自支事业单位。姜各庄林场经营面积823.6公顷，森林面积573.33公顷，森林覆盖率69.61%。2017年，林场有干部职工64人，其中退休人员37人，在职人员27人（享受遗属补助人员8人）。年内林场接收中央和省财政林场改革及其他补贴收入359.58万元，经营收入30余万元。林场协调社保部门，筹集资金80多万元为全场职工补缴了工伤、失业保险，为在职职工办理了大病医疗保险。

林场作为全县较大的苗木基地，全年繁育各种苗木如直柳、毛白杨、速生杨、槐树、木槿、丁香、国槐、杜仲、白蜡等20多万株。林场坚持重造重管原则，搞好林地林木管护工作，抓好林木抚育，加大林场资源储备，保持林木的原生态，为生态旅游创造良好的环境。协调县林业主管部门为承包户办理批采手续17.33公顷，全场春季新栽植速生杨、毛白杨、柳树等18公顷。贯彻落实《中华人民共和国森林防火条例》，与各承包户签订防火目标责任书，在主要路口设置醒目的防火警示标语。组织人员、机械对重点区域的枯枝、杂草进行清除，开通防火通道，护林员不间断进行巡查，特别是在春节、清明节火灾高发期重点巡查。全年未发生重大火灾事故。

根据省、市文件精神，结合姜各庄林场实际，制定了《国有林场改革实施方案》，改革工作稳步推进。

渔　业

【概　况】 2017年，乐亭县渔业主管部门坚持以项目建设数量质量双提升计划为动力，扎实开展招商引资和项目建设，全力推进渔业工作转型升级、跨越提升。全县水产品总产量13.59万吨，比上年下降0.4%，其中海水产品产量13.37万吨，淡水产品产量2277吨。全县水产养殖面积2.86万公顷，产量10.02万吨。其中，海水养殖面积2.83万公顷（海水池塘养殖面积3860公顷，滩涂贝类养殖面积2400公顷，浅海养殖面积2.2万公顷），产量9.82万吨；淡水养殖面积320公顷，产量2009吨。海水捕捞产量3.55万吨。实现渔业产值21.67亿元。全县有渔船685艘，其中捕捞渔船397艘、养殖渔船262艘、辅助船25艘、休闲渔船1艘。

【浅海滩涂养殖】 根据省、市、县三级海洋功能区划，组织专门力量全面开展沿海养殖基础调查，逐步规范沿海滩涂养殖证、苗种生产许可证等沿海养殖生产手续。推行无公害水产品生产相关标准和养殖技术操作规程，推广生态、节能、高效的养殖模式，不断提高养殖户的健康养殖技术水平，实现粗养型向精养型转变。以提升标准，打造样板，为现代渔业园区建设做出示范为目标，引导规模型水产企业推进标准化池塘改造示范项目，工程总投资466万元，争取上级专项扶持资金200万元，对20.87公顷老旧池塘护坡、进排水系统、入场道路等基础设施进行全面改造提升。全年核发水域滩涂养殖证123宗，涉及水产养殖面积5300公顷。浅海主要养殖品种为扇贝，养殖面积2.2万公顷，产量8.6万吨。池塘主要养殖品种为海参、对虾等，海参养殖面积约3286.67公顷，产量3600吨；对虾养殖面积约573.33公顷，产量1100吨。滩涂贝类养殖主要品种为青蛤、杂色蛤等，养殖面积2400公顷，产量5900吨。

【海水工厂化养殖】 全县海水工厂化养殖面积30万平方米，主要养殖品种有大菱鲆、半滑舌鳎、红鳍东方豚等，产量550吨。为提高工厂化养殖车间利用率，积极探索南美白对虾工厂化养殖模式，养殖面积3万平方米，产量300吨。南美白对虾工厂化养殖模式的试验成功，实现了传统工厂化养殖向高效生态工厂化养殖的转变。为满足春节前后水产品市场的需求，推行日本对虾工厂化冬季暂养技术，暂养面积7万平方米，产量220吨。

【海参池塘养殖】 乐亭海域地势平坦、底质优良、藻类丰富，得天独厚的自然条件适宜乐亭海参生长繁衍。乐亭海参池塘养殖是在总结海参生长习性、学习外地养殖经验的基础上发展起来的，产业规模不断扩大，2017年养殖面积达到4500多公顷。开展的海参和日本对虾立体养殖、海参和单环刺螠（俗称海肠）混合养殖试验，效果良好。通过深化与大连海洋大学的合作，在海参养殖技术指导、成果研发转化和产品精深加工等领域确立了全方位科技支撑。乐亭海参多刺坚挺，体形肥满，肉质厚实，品质上乘，产品远销北京、天津、山东、辽宁、福建等地。

【渔业资源增殖放流】 2017年，县渔业主管部门争取农业部渔业资源增殖放流专项补贴资金215万元。在省、市渔业主管部门的指导下，坚持公开、公平、公正原则，严密组织招投标工作，县内2家水产苗种企业中标。严格技术规程，加强执法监管，确保增殖放流品种的苗种质量和数量双达标，高标准投放三疣梭子蟹苗种460万尾、海蜇苗种1.67亿片、牙鲆鱼苗种111万尾，超额完成省、市下达的人工增殖放流任务。

【苗种生产】 2017年，县渔业主管部门安排技术人员进驻各苗种生产单位，引导其调整生产品种、确定生产规模，确保苗种供求平衡，全力做好春季水产苗种生产工作。全县近10万立方米水体进行水产苗种生产，培育各类对虾苗

11.3亿尾、鲆鲽类鱼苗200万尾、各规格海参苗21吨、海湾扇贝仔贝40亿粒，投放海淡水鱼种230多吨，保障了全县2万余公顷浅海扇贝、3333.33公顷海水池塘及133.33公顷内陆池塘苗种供应，为全年水产养殖奠定了基础。

【休闲渔业】 随着水产养殖规模不断扩大，海洋捕捞能力不断提升，传统渔业发展空间逐渐缩小，休闲渔业作为一、二、三产业的有机融合是现代渔业发展的新模式。2017年，县渔业主管部门引导乐亭县兴乐水产养殖专业合作社与乐亭县东滦海产品有限公司联合实施滦河口休闲渔业基地建设项目，总投资3000万元，主要依托乐亭县兴乐国家级海洋牧场示范区和滦河口渔乐园建设池塘垂钓区、沙滩拾贝区、工厂化养殖鱼类观赏区、海洋牧场休闲采摘区及餐饮住宿配套设施等。到年底，已完成投资1200万元，建成垂钓池面积4公顷、工厂化精品鱼类观光场面积2万平方米、沙滩拾贝场面积333.33公顷，配套建成可同时容纳200人就餐的餐厅和供80人住宿的客房。年内，全县开发休闲渔业的经营主体43家，主要经营项目有出海打鱼、休闲垂钓、海滩拾贝、渔家小院特色餐饮住宿及工厂化特色养殖观摩等项目，年接待游客6500人次，经营收入950万元。

【水产品加工】 2017年，全县有对虾、梭鱼、罗非鱼、杂鱼虾等品种初级冷库仓储加工企业14家，日加工能力220吨，年加工水产品14万吨，实现产值5.5亿元；海参、扇贝等精深加工企业3家，年加工即食、盐渍海参320吨，即食干扇贝150吨，产值1.7亿元。年内，引导唐山卫东食品有限公司投资320万元实施海产品深加工项目，主要开发虾油、虾酱、海蜇、贝类等系列深加工产品，年加工各类产品80吨。

【渔业项目建设】 2017年，县渔业主管部门从全县实际出发，结合部门职能，立足渔业转型升级跨越式发展，全力推进渔业产业化项目建设。乐亭县兴乐水产养殖专业合作社的海洋牧场人工鱼礁项目，总投资7268万元，涉及用海面积724.47公顷。项目自2015年开工建设，已累计完成投资4000万元，建成人工礁场173.33公顷、人工藻场133.33公顷，投放了海参苗、鲽鲆类鱼苗及底播贝类。抓住国家扶持大型钢质渔船标准化改造的政策机遇，争取上级指标，组织渔民拆木船建铁船、拆小船建大船。到年底，组织标准化钢质渔船改造42艘，涉及总投资6300万元，均已建成下水。按照上级渔业主管部门的指导意见，大力宣传减船转产工作政策，引导渔民尤其是丧失劳动能力的船东或老旧渔船船主主动报废拆解渔船，逐步减少捕捞渔船数量，助力修复海洋渔业资源环境，全年报废拆解渔船9艘，涉及554.5千瓦，为渔民争取上级补助资金388.15万元。

【渔船渔港监管】 县渔业主管部门不断强化渔业安全生产管理职能，全力做好渔船渔港监管工作，保护渔民群众生命财产安全。

强化春秋两季渔船安全专项检查 利用春、秋两季渔业生产开始前1个月的时间，逐一登船进行安全专项检查，集中排查整改存在的安全隐患问题，共检查渔船近800艘次，排查整改安全隐患和问题621个，配备更换救生圈390个、救生衣765件、灭火器216个，坚决杜绝渔船带病出海。

提升渔船安全救助设备现代化水平 争取上级扶持，逐步完善渔船安全设备配备。上半年为32条钢质渔船无偿配备北斗导航设备，下半年为所有渔船补充更换救生筏，配备新式救生衣、无线示位标等安全设备，24米以上大中型渔船配备北斗导航终端、超短波电台。

强化渔业执法队伍监管主体观念和责任意识 每月组织召开渔业安全生产工作会议，专题研究部署安全生产工作，规范执法行为，细化工作措施，强化工作要求，切实提高执法人员的安全生产监管主体观念和责任意识。层层签订责任状，明确各级监管主体责任及追责问责机制。明确船东为渔业安全生产第一责任人，利用海上突发事件典型案例，对船东、船长、船员进行警示教育，提高安全生产意识。对渔业从业人员进行安全技能培训，提高船员安全生产技能及遇险自救能力。

做好冬季渔船渔港消防安全工作 12月中

旬后，渔船停止捕捞作业，归港停航或上坞维修，渔港内渔船密集，消防安全隐患也随之凸显。县渔业主管部门高度重视消防安全工作，扎实开展冬季渔船渔港消防隐患大排查活动，逐渔船、逐修造厂进行检查，重点检查灭火器、灭火弹是否齐备，对发现的安全隐患限期整改。同时，大力宣传消防知识，发放消防知识明白纸，联合边防大队开展渔船消防安全演练，提高渔船遇险应对能力。

及时通知渔船极端天气及禁行通知　对所辖渔船全面掌握手机号码、高频频道，及时将极端天气预报、风浪预报、禁航通知等通过短信群发及时传达到每艘渔船，降低渔船风险的同时也有利于事故的快速救援。

加强渔业生产纠纷排查调处工作　预防为主，介入在前，严防因生产纠纷而引发的各类案件。发挥专业合作社和村级组织的作用，实行渔船编队生产，提高渔民对事故的自救互救能力。建立完善渔业事故应急救援预案，做到常备无患、救助及时、降低损失。

推进渔业互保工作　通过宣传保险知识和参保优惠条件，渔民参保积极性高涨，参保后每位渔民保额40万元，同时部分船东通过商业保险机构为船员购买意外伤害保险，保额20万元。全县参保渔船559艘，雇主保险613份4214人，渔船及船员参保率在全省居首位。

【渔政管理】 县渔业主管部门强化伏季休渔管理工作，严格实行船籍港休渔，绘制休渔渔船泊位示意图，制作休渔渔船停泊港口登记表。坚持防、打结合，渔政船白天在敏感海域巡航，夜间驻守河口；执法人员巡视各渔港码头，及时检查渔船停靠情况，形成海陆联合巡查模式。休渔期间开展海上巡查60余航次，陆地突击检查70余次。实施重点布控，打击顶风违捕渔船，联合边防大队对抓扣的48艘外地违捕渔船依法重罚，对12艘违捕渔船停港处罚。贯彻落实国家级农产品质量安全示范县创建要求，严格执行水产品质量安全监管责任，加强对水产品养殖企业日常监管和水产品抽样检测工作，全年抽检送检水产品样本63批次，检测合格率100%。

【科技培训和生产服务】 2017年，县渔业主管部门以水产健康养殖和渔业安全生产为工作重点，推广生态、节能、高效养殖新技术，扩大生态健康养殖规模，总结“南美白对虾工厂化高效生态多茬接续养殖技术示范”的技术成果，引导养殖户开展清洁、生态、高效、节地、节能的水产养殖新模式。年内，全县有3万平方米工厂化养殖面积进行南美白对虾生态养殖，不仅促进了全县工厂化养殖设施的高效利用，也辐射带动了海水池塘、浅海、滩涂等进行水产品生态健康养殖。

【渔业合作组织及龙头企业建设】 2017年，县渔业主管部门注重发展专业合作组织，组建乐亭县海华水产养殖协会，成员包括养殖企业及养殖户50家，涉及养殖面积200公顷，辐射带动周边水产养殖面积2000余公顷，为统购统销、无公害产品产地“双认证”、标准化健康养殖示范推广奠定了基础。组织培育市级水产龙头企业1家——乐亭县铭泰水产养殖有限公司。

【水产养殖保险入保探索】 水产养殖属高风险行业，为提升渔业生产抵御风险的能力，更快更好地实现渔业灾后再生产，县渔业主管部门用足用好产业扶持政策，积极与上级主管部门沟通协调，联系金融保险机构，扎实推进水产养殖保险试点工作，取得一定成效。全县工厂化养殖对虾入保面积4000平方米、池塘养殖海参入保面积15.47公顷、扇贝养殖入保面积2920公顷。

水　利

【概　况】 乐亭县水务局是县政府水行政主管部门。2017年，县水务局争取到位市以上资金9237.32万元，组织实施农村饮水安全、地下水超采综合治理、滦河堤防加固、抗旱应急等水利工程10个，新增节水灌溉面积1672.6公顷，更新抗旱机井84眼，维修养护滦河防洪大堤15千米、滦河防洪小埝80千米，完成水利工程建设总投资1.39亿元。年末，全县农田有效灌溉面积5.42万公顷，与2016年基本持平。高产稳产农田面积 5.09 万公顷。

【水利设施建设】 滦河治理工程　2017 年，总投资 1 亿元，实施滦河治理工程，按 5 年一遇防洪标准加固滦河防洪小埝 7.6 千米，复建防洪排涝闸 1 座，治理张庄、姜各庄险段 2 个，维修复建丁坝 75 座，当年完成总投资的 92%。

水利工程维修养护项目　投资 139 万元，维修养护境内滦河防洪大堤 15 千米、滦河防洪小埝 67.5 千米，维修北常坨险段 10 号丁坝及稻子沟蓄水闸等 5 座闸坝工程。投资 51.36 万元，加固防洪小埝 372 米。

水利闸桥建设工程　投资 126 万元，复建周河湖林田庄、稻子沟温李庄等 3 座生产桥。

【水土保持综合治理】 省水利厅编制的《河北省水土保持区划成果报告（草案）》，确定乐亭县属冀东渤海湾生态维护区。县水行政主管部门为保证水土流失防治工作的成效，采取以滦河围埝工程为重点，水利工程和防护林工程相结合的综合治理措施，实现防风固沙，减轻水、旱等自然灾害带来的水土流失；强化宣传，利用 3 月 22—28 日”中国水周、“12·4”全国法制宣传日等宣传节点，宣传新《中华人民共和国水土保持法》，提升全民水土保持意识；依法审批开发建设项目，落实水土保持“三同时”（建设项目中的水土保持设施，必须与主体工程同时设计、同时施工、同时投产使用）制度。年内依法审批乐亭县诚信房地产开发有限公司、乐亭县城市管理行政执法局等单位的 3 项建设项目水土保持方案，收取水土保持补偿费 50.5 万元；制订年度监督检查计划，定期开展施工方水土保持监测、监理的监督检查，并将检查信息录入全国水土保持监督管理系统，确保水土流失防治责任范围、防治目标、水土流失治理措施布局得到落实。

【农田节水灌溉项目】 总投资 1824 万元，实施 2017 年度地下水超采综合治理高效节水灌溉项目，发展高效节水灌溉面积 1672.6 公顷，年内完成总投资的 96%；投资 200 万元，实施节余绩效奖励资金节水灌溉工程，安装地下管灌 186.67 公顷；投资 50 万元，更新农田抗旱机井 81 眼。

【防汛抗旱】 2017 年，县委、县政府调整充实县防汛指挥部领导成员，完善县四大班子领导和县直单位、乡镇党政一把手，防汛、防潮技术人员包堤、包段、包片制度；明确细化滦河防洪大堤、防洪小埝和沿海防潮堤的责任段和城区防洪除涝责任。完成滦河防洪、群众避险、防台风、防风暴潮等各类防汛防潮预案的修订，完成沿滦河沿海乡镇、河北乐亭经济开发区、县国土局等单位防洪防潮预案及人员转移预案的重新修订。储备土工布、救生衣等各类防汛物资及抢险救援物资，明确专人监管，确保一遇险情能够及时拉运到位。组建防汛常备队 13 个（1.07 万人），后备队 18 个（2.55 万人）；以沿河镇为单位成立防洪应急抢险队 6 个，以沿海乡镇为单位成立防潮应急抢险队 2 个，总人数 400 人。对防洪大堤、防洪小埝、滦河险工险段、海堤、防潮闸等主要防汛工程进行汛前大检查，对度汛工程存在的安全隐患限期整改，全面检修各防洪闸、防潮闸的启闭设备，做到启闭正常。投资 326 万元，维修养护 15 千米防洪大堤及 80 千米防洪小埝，维修加固海田防潮闸、稻子沟北海滨蓄水闸。完成清除滦河、11 条骨干排水河道、12 条重点排水河道及三、四级排水渠范围内树障 5.09 万株、垃圾 6600 立方米、坟 127 座、电杆 35 个、韭菜菜棚 8 个、日光温室 1 个；清除二滦河河道内阻水土埝 6 道；改造跨河农用土埝 4 道。

【水利改革】 2017 年，县水行政主管部门不断推进农业水价改革工作，成立乐亭县农业水价综合改革领导小组、乐亭县用水者协会及乡、村两级农民用水户合作组织，完善相关台账登记造册，落实改革面积 1453.33 公顷，制定出台《乐亭县“超用加价”模式农业水价改革奖补资金使用管理办法》等相关规定，年内实收农业水费 19 万元。完成乡（镇）、村水权信息统计工作，印制发放水权证 14 万册。完成 473 个行政村、2100 户纳税人的认定，推进农业水资源税改革工作。

【水资源管理】 2017 年，县水行政主管部门注重完善 53 个地下水位动态监测基础数据，申请资金，开展海水入侵动态监测，为重大工程建设提供地质依据，为地下水动态评价、开发利用与管理、污染防治及地质环境保护等提供基础依据。

严格控制用水总量　认真落实计划用水、分层取水、取水许可制度，加强地下水资源分层管理，控制漏斗区水资源开采，年内全县用水总量1.3亿立方米。

严格审批制度　严格凿井审批制度，完善制定机井审批、取水许可制度，宏观调控水资源的开发利用量，年内发放取水许可证12户。

严格控制地下水超采　依法依规关停城区自备井，清理整顿和规范地下水开发利用和管理秩序，严厉打击非法取用地下水行为，关停城区供水管网覆盖区自备井61眼，对未关停的自备井完善相关手续，安装计量设施，纳入水资源税征收系统，收缴水资源税及污水处理费，待自来水供水能力增加及供水管网改造后全部关停。

节水型社会建设　积极培育节水型企业，完成唐山境界实业有限公司节水技改和水平衡测试；推进节水型社区建设，按标准完善节能节水设施；万元工业增加值用水量控制在10.4立方米，比上年下降53.6%。

【河长制制度实施】 制定完成县级、13个乡镇的河长制工作方案，全县三级河长落实到位，并向社会公示；成立县级河长制办公室；制定出台《乐亭县河长制县级会议制度（试行）》等7项制度；沿河树立河长公示牌333块；各级河长开展巡河，为准确、详实地制定“一河一档”“一河一策”奠定基础。

【全力备战滦河防汛】 2017年，境内出现3次较强降雨过程，县防汛指挥部均启动应急预案，提前做好防范应对工作，安排专人巡查河堤、海堤、闸站，排查隐患；包段包片领导、技术人员、巡堤人员提前备战值守。汛期县境内滦河段未出现险情，未出现因防汛不力造成的人员伤亡等情况，防汛工作取得阶段性胜利。

【移民工作】 2017年，重新核实登记享受后期扶持政策的农村移民，按要求发放后期扶持资金185.46万元，解决移民群众的生产、生活困难。开展后期扶持项目和资金管理专项检查工作，全面审计2014—2016年移民资金使用情况，汇总整理并公开2007—2017年上级拨付资金及安排情况；移民信访量比上年有所下降，在两会、“一带一路”高峰论坛、党的十九大等重大活动期间未出现进京赴省访案件。

农业园区

【省级环城现代农业园区】 位于县城西、南侧，总体规划面积2800公顷。园区围绕“提升设施农业水平，提高农民组织化程度和加快一、二、三产业融合发展”的建设目标，着力建设高端设施农业生产示范区、农产品加工物流示范区、都市休闲农业示范区、低碳循环农业示范区和电子商务示范区五大功能区，是全省首批39个省级现代农业园区之一。

2017年，省级环城现代农业园区建设稳步推进，项目投资2500万元。占地面积1.3万平方米的育苗工厂已建成，年育苗能力达700万株；8座占地面积2.67公顷的在建示范推广温室已完工，年可试验示范新品种30余个；占地面积1000平方米的科技与管理服务中心基建部分已基本完工，数据平台已与北京云洋数据有限公司签约，在全园区推广物联网管理模式。

【冀东果菜批发市场（冀东国际农产品物流中心）】 2017年，乐亭县冀东果菜批发市场管委会（冀东国际农产品物流中心）紧紧围绕建设沿海强县美丽乐亭、在全省增比进位、在全国争创百强的奋斗目标，狠抓市场管理，优化服务手段，创新交易方式，活跃果菜流通，推进项目投产运营，使各项工作取得了新的进展。

农产品交易　2017年，冀东果菜批发市场各种果菜交易量5.43万吨，实现交易额1.32亿元，平均单价2.43元/千克。其中蔬菜类产品交易量3.82万吨，交易额5883万元，平均单价1.54元/千克；瓜果类产品交易量1.62万吨，交易额7322万元，平均单价4.52元/千克。

推进二期项目投产运营　在2016年二期入驻企业基础建设基本完成的基础上，冀东果菜批发市场管委会指定专人协助企业跑办运营手续。

到年底，凯元种业（煜达植保）项目，已投入运营；北京二商集团圣大有机食品加工项目航空冻干食品生产线全面投产；日供8万份快餐的中央厨房项目生产许可已获批，进入试运营阶段；吊桥食品项目在试生产中；国际皮草交易区项目已全面投入运营，经营形势良好，珍稀皮毛日交易量3万～5万张，已成为河北肃宁、浙江崇福两大皮草加工区的生皮供应基地；唐山旭润林果信息化物流配送中心项目（鑫宇农资物流、江洋农资物流），宏顺汽车综合服务项目，恒腾农机项目前期手续办理中。

推进股权整合　冀东果菜批发市场（冀东国际农产品物流中心）在建设之初实行政府主导，吸收民间资本参股，组建股份制独立法人公司，作为该项目建设、管理的主体，实行市场化运作。通过招商形式，吸纳乐亭县渤港物贸有限公司、唐山丞起汽车零部件有限公司、河北明盛实业集团有限公司3家企业投资建设，各出资24%。现市场建设基本完成，为充分发挥物流中心公益性作用，更好地为广大果菜农、经纪人和客户提供全方位服务，为全县农业发展助力，经县委、县政府研究决定，民营资本全部退出，由县城投公司全面接收3家企业共72%的股权。冀东果菜批发市场管委会积极协调审计、财政、城投公司等相关部门，与3家投资企业进行充分协商，完成股权转让、工商、税务、银行登记备案变更。下一步办理土地摘牌、组织验收等相关后续工作。

打造文明诚信示范市场　冀东果菜批发市场管委会积极做好文明诚信示范市场创建工作，从改善市场经营软硬件环境出发，采取多项措施深化广大职工、经纪人、客户及果菜农对文明诚信经营的认识和了解，增强其诚信意识，使之共同参与文明县城创建工作。加大力度广泛宣传。向广大果菜农、经纪人、客户及各门店发放《唐山市文明诚信公约》400余份，《市场行业规范》6000余份，《诚信管理制度》300余份。深化教育组织培训。组织经纪人、客户及果菜农代表，在市场五楼会议室进行文明诚信知识讲座3次，参会人数432人次，交易双方诚信经营和如何维护自身权益的意识得到提高。协调联动联合稽查。冀东果菜批发市场管委会协调工商部门对市场环境卫生、市场秩序、诚信经营及五小行业进行综合治理5次，下发整改通知单12份，对各类违规现象进行及时纠正和改进。文明诚信示范市场创建工作的开展，使市场从硬件设施到交易软环境建设均得到较大改善和提升，为全县果菜交易打造了良好的平台，为文明县城创建工作贡献了力量。

冀东果菜批发市场（冀东国际农产品物流中心）
主　任　马绍春

【乐亭万事达生态农业发展有限公司（现代农业示范园区）】　乐亭万事达生态农业发展有限公司位于中堡镇境内、古滦河南岸，注册资金1000万元。公司以服务全县农业农村发展为宗旨，以实现农村三产融合发展为目标，成功打造温室果菜生产、生物有机肥生产销售、蔬菜工厂化育苗、绿化苗木种植销售、林下畜禽养殖、农资供应、绿色农产品销售七大板块，是集科研、实验、示范，农技咨询培训，农产品生产、加工、销售，物流配送、电子商务、物联网技术应用、休闲观光采摘等多功能于一体的综合农业公司。2017年总产值8000万元，经济效益150万元。

建设现代生态园区，打造现代农业发展高地，投资5600万元建成占地面积66.67公顷的现代农业示范园区核心区。园区以科技创新为引领，注重新品种、新技术开发，引进番茄、黄瓜、甜瓜、草莓、青椒、尖椒、温室桃等新产品20余个，建成占地面积13.33公顷的温室群，通过示范种植带动周边2333.33公顷农产品生产，促进了区域农业产业的发展。年内地理标志产品“呔诚”牌乐亭甜瓜，被评为河北省知名品牌，茄子、番茄、辣椒、黄瓜、草莓、鲜桃被国家绿色食品中心认证为绿色食品。

引进高端育苗技术，打造现代化的育苗基地，建成高标准育苗温室21座1.38万平方米，建成智能化标准育苗室2592平方米，年育苗能力1000万株。育苗室配备高效热能传导散热系统、自动加湿系统、配套组装可移动式苗床，安装了电子监控系统、电气控制及照明系统。对黄瓜、番茄、青椒、辣椒、甜瓜、茄子等近20种蔬菜进行嫁接和非嫁接育苗，实现了四季育苗，常年供应。所育蔬菜苗除县内栽培外，远销省内其他县区、辽宁省、内蒙古自治区等地。建成绿化苗木基地面积 80 公顷，培育品种有速生白蜡、金叶白蜡、金枝白蜡、欧洲白蜡、速生法桐、金叶榆球等，年培育各种规格优质园林绿化苗木 300 万株。

以开发生态循环农业为方向，打造绿色环保有机肥生产基地。公司建有有机肥厂，年产有机肥 1 万吨，产值 1600 万元。与中科院生态所合作，研制开发了新一代有机肥料——“呔诚”生物有机肥和大量元素水溶肥，促进了养殖业—有机肥—果菜生产的良性循环。

以科技兴农为宗旨，打造农业产业化服务体系，在现代农业示范园区建有农资服务部，在周边村建有村技术服务站 6 个，安装大喇叭进行党的农业农村政策、农技知识宣传。农资服务部常年开展农资供应、技术指导、培训授课、信息交流等活动。公司农资服务体系年直接服务农民 1300 户，辐射全县近 10 万农户。

工　业

综　述

【概　况】 2017年，乐亭县工业系统在县委、县政府的领导下，牢固树立问题导向和实事思维，唱响“求真、实干、担当、效率”的主旋律，坚定不移实施县委确立的“123348”战略，突出招商引资上项目这个中心，准确把握“稳中求进，进中求快，快中求好”的总基调，着力加强工业经济供给侧结构性改革，全力提升传统优势产业，培育壮大战略新兴产业，全面增强工业发展的整体质量和综合竞争力。

全年全部工业增加值比上年增长6.4%；规模以上工业增加值增长8%，增速全市（14个县、市、区）排名第二。规模以上工业企业主营业务收入388.97亿元，规模以上工业企业利润总额24.35亿元。完成工业固定资产投资158.7亿元。实现民营经济增加值326.5亿元，比上年增长8%。新增入统规模以上工业企业34家，全市排名第三，其中新建投产企业全市排名第二。

【工业经营体制】 2017年，全县规模以上工业企业105家。其中，内资企业97家，港、澳、台商投资企业2家，外商投资企业6家。内资企业中有限责任公司11家，私营企业86家。有限责任公司中国有独资公司1家，其他有限责任公司10家。私营企业中私营独资企业6家，私营合伙企业2家，私营有限责任公司76家，私营股份有限公司2家。港、澳、台商投资企业中合资经营企业1家，独资经营企业1家。外商投资企业中中外合资经营企业3家，外资企业3家。

【工业园区发展】 2017年，县委、县政府坚持集群发展，强化园区职能，平台集聚优势更加凸显。河北乐亭经济开发区管理机构、投融资平台建设、人事薪酬及行政审批制度改革有序推进，管理体制机制更加完善。创业园220千伏变电站基本建成，北京华阳新能源投资有限公司河北乐亭区域能源中心项目、东区路网等重点基础工程加快实施。投产企业达到60家，在建55家，完成固定资产投资157亿元，比上年增长37.1%；主营业务收入566亿元，比上年增长48.1%；税收11亿元，比上年增长69.2%，跻身全市A类开发区行列。县城区工业聚集区坚持与河北乐亭经济开发区互动互补发展，道路、天然气管网等基础工程顺利推进，在建项目2个、签约项目8个、洽谈项目19个，入驻企业达到49家；完成固定资产投资23.22亿元，比上年增长35.5%；主营业务收入10.58亿元，比上年增长32.58%；税收5819.09万元，比上年增长157.5%。汀流河工业园区坚持“镇园一体”的发展理念，扎实推进各项工作健康发展。依照产业分区有12家企业入驻，其中年内新开工项目3个，完工项目4个。

【工业招商引资项目建设成效明显】 坚持全员上阵、合力推进“双百攻坚”和“重大产业支撑项目攻坚年”集中行动，招商引资、项目建设成效明显。县工信部门引进的天津艾格福、唐山帮协精细化工项目落地开工。全年实施唐山中厚板材有限公司料场污染综合治理升级改造项目、储焦储矿系统污染治理升级改造项目、德龙炼铁高炉冲渣乏汽消白项目等29个技改项目，总投资17亿元，均已开工建设；继续实施北京环卫集团装备制造园区项目，总投资15亿元。

【工业转型升级】 2017年，坚持转换动能，深化供给侧结构性改革，经济转型呈现新变化。年内，新产业、新技术发展迅速，中国航天科技集团公司第九研究院704所航天电子传感与信息技术综合试验基地、北京航天光华电子技术有限公司（中国航天科技集团公司第九研究院200厂）智能装备制造、中国航天万源国际（集团）有限公司电解液等一批战略新兴产业项目相继落户；全面加强与京津等地高端院校和科研院所的对接合作，促进成果转化，44家规模以上工业企业建立了研发机构，占总数的60%以上；申报认定科技型中小企业98家、高新技术企业2家。传统产业活力增强，完成德龙高炉等技改项目29个，工业技改投资130.04亿元，比上年增长29.7%，增速全市排名第六；13家“问题企业”实现“扭僵化活”。深入实施“双创”工程和小微企业“登台阶”计划，市场主体增势强劲，新登记各类市场主体6736户，新增规模以上企业34家、规模以上服务业企业22家，新增中小微企业743家。唐山市德龙钢铁有限公司工业旅游等项目积极推进，创业园中小企业创业辅导基地被省工信厅确定为省级创业基地，建成市级以上中小企业公共服务平台4家，建成众创空间—乐创空间1家，已入驻孵化企业和培育自由创客390家，“大众创业、万众创新”已初具规模。

【本地钢材消耗】 县工信部门注重培育耗钢企业发展，努力抓好钢铁深加工项目建设工作。围绕促进产业链条延伸，加强钢铁深加工行业监测。年内，对北京环卫集团环卫装备乐亭生产基地项目、唐山钢铁集团有限责任公司惠唐乐港金属科技分公司板材加工配送和钢结构制造工程项目、中匠华湄模板制造有限公司新型模板体系项目、唐山源达锅炉金属制品有限公司游乐设备生产加工项目、华北易安德脚手架制造有限公司新型脚手架制造项目、唐山康景建筑科技有限公司年产5000套建筑起重设备6个项目进行动态监测，以推进耗钢项目建设和挖掘现有耗钢潜力为重点，大力延伸钢铁企业下游产业链条。到年底，全县耗钢企业达到49家，消耗本地钢材57万吨。

【两化融合】 2017年，县工信部门积极创新两化融合，突出典型示范企业培育，引导企业依托“互联网+”创新经营模式、再造管理流程。按照上级“四个一百”重点项目建设要求，县工信部门上报唐山丞起汽车零部件有限公司、河北诚成肥业有限公司等4家企业的5个两化融合项目；对唐山源达锅炉金属制品有限公司、河北省刘美实业有限公司等7家企业进行了两化融合整体性评估；根据省委、省政府《关于加快推进无线局域网（Wi-Fi）建设和免费开放的通知》要求和县委、县政府的要求，参照外县经验做法，结合县域实际，制定《乐亭县无线局域网（Wi-Fi）建设和免费开放项目实施方案》并付诸实施。到年底，县城公共区域已实现Wi-Fi全覆盖和免费开放。

【市场主体活力增强】 县委、县政府全力优化企业发展环境，激发市场主体活力。积极培育各类市场主体。全面实施大众创业、万众创新和企业登台阶计划，积极引导“个转企”“小转规”“规改股”“股上市”。全县新增各类市场主体6736户。其中，新增中小微企业83家，新增规模以上工业企业34家。唐山旭阳化工有限公司和唐山境界实业有限公司纳入全市100家“成长型企业登台阶计划”。加大为企业提供融资担保力度。年内，乐亭县万佳信用担保公司与县农村信用联社一起，对辖区的小微企业进行调查考核，经县工信局班子会议研究决定，对符合担保条件的20家企业提供2500万元的资金支持，增强了中小微企业的资金周转，提高了企业扩大再生产的能力。争取各类资金支持。年内，县工信局为中小企业争取发展资金68万元，县域市场主体的活力进一步增强。

工业行业分类

【概　况】 按照国民经济行业分类标准，2017年全县规模以上工业涉及25个大类、50个中类、59个小类，全部生产单位105家。分布于农副食品加工业，食品制造业，酒、饮料和精制茶制造业，纺织业，纺织服装、服饰业，家具制造业，造纸和纸制品业，印刷和记录媒介复制业，文教、工美、体育和娱乐用品制造业，石油加工、炼焦和核燃料加工业，化学原料和化学制品制造业，橡胶和塑料制品业，非金属矿物制品业，黑色金属冶炼和压延加工业，金属制品业，通用设备制造业，专用设备制造业，汽车制造业，电气机械和器械制造业，其他制造业，废弃资源综合利用业，金属制品、机械和设备修理业，电力、热力生产和供应业，燃气生产和供应业，水的生产和供应业等门类。其中黑色金属冶炼和压延加工业、化学原料和化学制品制造业、农副食品加工业为主导行业，有规模以上企业38家，占全县规模以上工业企业总数的36.19%，从业人员平均人数8137人。

【黑色金属冶炼和压延加工业】 2017年年底，县内有唐山市德龙钢铁有限公司、河北德龙现代特种管件制造有限公司、唐山中厚板材有限公司、乐亭县金城铸造有限公司4家规模以上企业，从业人员平均人数5381人。主要产品有生铁、粗钢、钢材，总产量分别为558.84万吨、598.55万吨、627.7万吨。

【化学原料和化学制品制造业】 有唐山旭阳化工有限公司、唐山助纲炉料有限公司、河北诚成肥业股份有限公司、液化空气（唐山）有限公司、乐亭县同乐化工有限公司、乐亭县瑞联化工有限公司、唐山境界实业有限公司等13家规模以上企业，从业人员平均人数1012人。主要产品有纯苯、氮肥，全年总产量分别为16.39万吨、51.8万吨。

【农副食品加工业】 有唐山大福食用油有限公司乐亭分公司、河北省刘美实业有限公司、乐亭县恒瑞食品有限公司、唐山冀东果菜有限公司、唐山金鹏饲料有限公司、乐亭新希望六和盛祥有限公司、唐山江悦米业有限公司、乐亭金田果菜有限公司、乐亭县顺平冷储有限公司、乐亭县通海食品有限公司、乐亭县同利面粉厂、乐亭县群辉食品有限责任公司、乐亭县隆润蔬菜加工有限公司、唐山沈隆饲料有限公司、乐亭县同刚饲料有限公司等29家规模以上企业，从业人员平均人数1744人。主要生产活动为食用植物油加工、畜禽肉类食品加工、果蔬类食品储藏加工、青豆、甜玉米类储藏加工等。

【装备制造业】 装备制造业涵盖金属制品业、通用设备制造业、专用设备制造业、汽车制造业等行业。有唐山丞起汽车零部件有限公司、唐山龙泰辰实业股份有限公司、乐亭县铸升金属制品厂、乐亭县精诚农具制造有限公司、唐山翔达机械部件加工有限公司、唐山源达锅炉金属制品有限公司、唐山奥凯机械零部件加工有限公司、唐山炳军金属制品有限公司、乐亭县金贵机械加工有限公司、唐山恒达金属结构工程有限公司等26家规模以上企业，从业人员平均人数1995人。主要产品有锅炉、汽车零部件、金属工具等。

【非金属矿物制品业】 有乐亭县凯通混凝土制造有限公司、乐亭县美宇新型建材有限公司、乐亭县腾远新型建材有限公司、乐亭县昱晨混凝土有限公司等5家规模以上企业，从业人员平均人数208人。主要从事混凝土、多孔砖生产。

【纺织服装业】 有乐亭县万荣纺织有限公司、唐山尚裘制衣有限公司2家规模以上企业，从业人员平均人数97人。

【造纸和纸制品业】 有乐亭县张氏纸业有限公司、唐山新吴纸制品有限公司2家规模以上企业，从业人员平均人数128人。主要生产纱管纸。

【电力、热力、燃气及水的生产和供应业】 有华能乐亭风力发电有限公司、乐亭县新城热力供应所、唐山乐亭浩淼供水有限公司等7家规模以上企业，从业人员平均人数254人。其中华能乐亭风力发电有限公司为主要电力生产企业，全年发电量9002万千瓦·时。

【其他行业】 有家具制造业，印刷和记录媒介复制业，文教、工美、体育和娱乐用品制造业，石油加工、炼焦和核燃料加工业，废弃资源综合利用业，橡胶和塑料制品业，酒、饮料和精制茶制造业，电器机械和器材制造业等。

规模以上工业经济及主要行业运行特点

【概　况】 2017年，全县工业系统干部职工贯彻落实上级决策部署，唱响“求真、实干、担当、效率”主旋律，坚定不移实施“123348”战略，抓重点、破难点、抢速度、促发展，在应对新挑战中开创新局面，在把握新机遇中展现新作为，工业经济运行稳中有进，增速在低位区间运行，民营经济稳定发展，企业效益明显改善，工业提质增效和转型升级步伐持续加快。从重点行业看，黑色金属冶炼和压延加工业实现产值216.3亿元，比上年增长59.5%；化学原料和化学制品制造业实现产值106.7亿元，比上年下降6.6%；农副食品加工业实现产值16.59亿元，比上年下降9.6%。

【坚持龙头带动，项目建设全市领先】 举全县之力推进17个重大产业支撑项目，形成“大中小项目一起上、一二三产业项目一起抓、内外资项目一起引”的局面，经济发展的产业支撑持续增强。河北钢铁集团乐亭临港基地、唐山腾龙再生科技有限公司乐亭县二次资源一期锌项目、唐山境界实业有限公司年产50万吨甲醇制稳定轻烃（二期）工程、唐山旭阳化工有限公司年产3万吨工业萘法制苯酐项目（二期）等13个项目开工建设；北京燕化永乐生物科技股份有限公司年产2.8万吨新型环保型农药复配制剂项目、唐山凯源实业有限公司镍铁合金生产及深加工一期项目、唐山中厚板材有限公司3号高炉项目已经试生产；北京环卫集团环卫装备生产基地、北京海德润生物医药产业园等项目具备投产条件。以龙头为引领，全县实施1000万元以上重点项目132个，涉及总投资531.77亿元，其中1亿元以上项目80个、续建项目47个、新开工项目85个。成功申报省重点项目3个、市重点项目23个，申报数量居全市首位。在全市重点项目观摩测评中，年度总成绩排名第一。

【工业经济效益明显改善】 全县105家规模以上工业企业实现利润24.35亿元，比上年增长213.9%。全县重点监测的19个行业中，化学原料和化学制品制造业、黑色金属冶炼和压延加工业等18个行业增幅比上年增长；全县规模以上工业企业亏损11家，亏损面为10.48%。

【工业投资保持较快增长】 2017年，全县工业固定资产投资158.67亿元，比上年增长18.8%；技术改造投资130.04亿元，比上年增长29.7%。

【民营经济稳定发展】 2017年，全县新增中小微企业826家、规模以上企业34家；全县民营经济实现增加值326.5亿元，比上年增长8%；实现营业收入1027.1亿元，比上年增长16.6%；实现利润47.98亿元，缴纳税金22.13亿元，分别比上年增长66.8%和42.04%。

工业经济管理

【实施市场主体培育工程】 全面实施大众创业、万众创新和企业登台阶计划，积极引导企业实施“个转企”“小转规”“规改股”“股上市”工作。新增各类市场主体6736家，新增规模以上企业34家，新增中小微企业743家。为唐山市德龙钢铁有限公司申报2017年省级企业技术中心，创业园中小企业创业辅导基地被省工信厅确定为省级创业基地，建成市级以上中小企业公共服务平台4家，建成众创空间—乐创空间1家，入驻孵化企业和培育自由创客390家。“大众创业、万众创新”在县内已初具规模。

【精准帮扶企业】 县工信部门把服务企业发展作为履职尽责、谋事创业之本，不断优化服务流程，服务效能不断提升。全年完成25家企业的工业技术改造项目指导及网上备案工作，按时办结率达100%；完成乐亭县昌旭建材有限公司、唐山唐昂新型建材有限公司、唐山市弘岩建材有限公司、唐山境界实业有限公司（化工）4家企业直供电审核、上报，并指导其完成交易电量申请、合同签订等工作，7月实施交易；组织乐亭县同利面粉厂等3家企业申报省、市中小企业名牌；县工信局起草印发《乐亭县关于促进民营经济又好又快发展的实施意见》，将2000家中小微企业纳入平台网络动态管理及宣传范围，开展管理咨询服务1000余次。

【加强运行监测】 2017年，县工信部门围绕促进产业链条延伸，注重钢铁深加工行业监测，加强行业管理。

推动工业企业转型升级和绿色发展 组织上报唐山市德龙钢铁有限公司参评“全国第一批绿色制造体系示范企业”。

加强工业企业料堆场扬尘污染防治工作 县工信局制定《乐亭县2017年工业企业料堆场扬尘整治工作方案》，督促全县工业企业做好料堆场防尘治理工作，现场监督检查唐山市德龙钢铁有限公司、唐山中厚板材有限公司及乐亭县铸升金属制品厂等重点企业料堆场建设情况，建立料堆场扬尘防治管理台账，并按时向市工信局汇报工作进度。

推进装备行业工业信息服务平台工作 对全县重点装备企业进行调查摸底，绘制装备企业图，完成工业信息服务平台装备行业企业的注册及数据填报，并督促企业每月更新数据。

加强对工业企业装备的动态管理 调查全县钢铁、镍铁、焦化、铸造等行业及规模以上重点企业装备、工艺、产品等情况，统计汇总，建立台账，及时掌握全县工业企业的装备动态。

坚决打击生产“地条钢”的违法行为 年内多次协调各乡镇及发改、质监、电力等相关部门对“地条钢”生产情况进行全面彻底的拉网式排查，建立排查周报制度，确保全覆盖、无死角、无遗漏。筛选县内唐山宝航机械制造有限公司等8家企业，落实乐亭县市长帮扶企业计划。

严格落实化解任务 县工信局牵头对全县涉企保证金情况进行排查，经过梳理，拟保留4家单位的6项涉企保证金项目，其余涉企保证金均列为违规收取项目，予以取缔。

围绕行业管理加大电力监管力度 完成4家企业直供电审核、上报，并指导其完成交易电量申请、合同签订等工作，7月实施交易。配合环保执法部门对29家环保不达标企业下达停断电通知书。

围绕大气污染防治工作，加强对企业的应急响应和重点活动期间停、限产的督导 县工信部门按照县政府《乐亭县重污染天气应急预案》、县环保领导小组《关于认真落实今冬明春大气污染防治强化措施的通知》和《关于启动重污染天气Ⅱ级响应的通知》，加强对企业错峰停产落实情况的督导，确保各企业按要求及时落实到位。根据《乐亭县落实治霾措施不力问题专项清理工作方案》要求，对治霾措施不力的企业进行问责并给予处罚。

做好“问题企业”的清理工作 参照国家僵尸企业认定条件，对河北乐亭经济开发区、县城区工业聚集区、汀流河工业园区、马头营物流园区内的企业（不包括季节性生产企业和租赁标准厂房的企业）进行全面摸底排查，认定“问题企业”35家。根据这些企业的实际情况，结合工信职能，采取政策支持、资金帮扶等举措，切实做好“僵尸企业”的处置工作。

工业企业选介

【唐山中厚板材有限公司】 唐山中厚板材有限公司（简称中厚板公司）是河北钢铁股份有限公司控股的中外合资公司，位于河北乐亭经济开发区，毗邻唐山港京唐港区，得天独厚的地理位置，为物流业发展创造了有利条件，特别是环渤海经济圈及沿海经济强省建设，给中厚板公司创造了良好的发展机遇。2017年，有职工2575人。其中，干部428人，工人2147人；高级职称人员26人，中级职称人员193人；博士研究生4人，硕士研究生27人，大学本科614人，大学专科25人。全年实现利润总额4.26亿元，缴纳税金2.27亿元。

生产设备 2006年8月中厚板公司建成投产，炼铁区域有1580立方米高炉2座、1780立方米高炉1座；炼钢区域有铁水预处理设备1

座、120吨转炉3座、LF精炼炉3座、RH精炼炉1座、板坯连铸机5台（其中2号连铸机兼具电磁搅拌及重压下功能）；中厚板轧钢区域有板坯加热炉4座、3500毫米双机架轧制线1条、3500毫米单机架轧制线1条、中间坯即时温控、超快冷装置，其中连铸坯重压下、中间坯即时温控为国内第一家使用该技术的企业，为开发特厚钢板和改善板材心部组织、性能创造了条件。2013年大型钢生产线建成投产，主要装备有12米弧一机四流大矩形坯连铸机、31米蓄热步进梁式加热炉、高压水除鳞机、Φ1100毫米开坯粗轧机（2架）、Φ1050毫米精轧机（2架）、1350～1800毫米变节距9辊双支撑矫直机、定尺冷锯机、码垛机。

主导产品　2017年，中厚板公司有400万吨商品材坯的生产能力，以高性能建筑用钢、桥梁结构用钢、船舶及海工用钢、模具用钢、锅炉和压力容器用钢、管线钢、低合金高强度结构钢及碳素结构钢为主导8大类136个牌号产品，规格覆盖厚度6～120毫米、宽度800～3200毫米、长度3000～18000毫米。其产品质量化学成分均匀、物理性能稳定、产品尺寸精度高、外形质量精准、内在质量优良，在国内外享有较高信誉。

产品生产　2017年，中厚板公司从满足市场需求出发，不断研发新产品，提高产品质量和档次，与杭萧钢构、东南网架、多维联合、上海建工、上海宝冶、中交集团、中船重工等多家单位合作，研发出重点品种钢新产品，并成功推向市场，赢得客户认可。年内，产铁342万吨、钢377万吨、材281万吨，分别比上年增加92万吨、127万吨、87万吨。

钢结构用钢产品，主要包括高性能建筑用钢和桥梁用钢，产品强度级别达到460兆帕，厚度规格涵盖6～100毫米，可实现热轧、正火、正火轧制状态交货。模具钢产品，主要应用于机械加工行业的模具制造，包括模具钢的模架、模芯等部件，板材内在质量良好，硬度均匀，使用寿命高。模具钢市场不断拓展，从低端的SM45、SM50到中高端的P20、1.2311、4140、1.2738等钢种。工程机械用钢产品，具有高强度、优良冲击韧性及良好焊接性能，是工程机械构件的首选材料。公司能够稳定生产由低端的Q235、Q345到中高端的Q550、Q690级别多种规格的工程机械用钢。船舶及海洋工程用钢产品，适用于制造远洋、沿海和内河航区航行船舶、渔船及海洋工程，具有良好的可焊性和低温韧性。船体用结构钢钢种有A、B、D、AH32、DH32、AH36、DH36等。能源用钢产品，具有较好的综合性能及耐腐蚀性能，主要包括压力容器用钢、管线钢及风电用钢，压力容器用钢主要钢种为Q245R、Q345R、Q370R及耐低温容器用钢16MnDR等，厚度规格覆盖8～83毫米，主要销往华东、华北地区。管线钢相继开发了B→X70级别的管线，常规力学性能和落锤性能良好，X70M级别保落锤性能管线钢厚度规格拓展至20毫米。年内，管线钢从无到有，由低级别到高端，实现销售量1.1万吨。耐候钢产品，在大气中具有良好耐腐蚀性能，广泛应用在铁道车辆、桥梁、厂房和景观地标建设中。耐候钢品种包括国标Q235NH、Q355NH、Q355GNH，与北京科技大学、东北大学等联合开发的美标A588 GRA/GRB、欧标S355J2W、耐酸钢09CrCuSb及铁标Q345NQR2，全年供货8000余吨。

产品营销　2017年，中厚板公司发扬“精细管理、创新发展”的企业精神，以打造最具竞争力的精品板材基地为目标，坚持技术进步和科学管理，构建高效运营机制，钢产品广泛应用于国内重点工程项目及城市标志性建筑的建设，各项性能指标均达到标准要求。广泛应用于包括世界首座三塔四跨双层钢桁梁悬索桥瓯江北口大桥建设、2019篮球世界杯主场馆之一的佛山国际体育文化演艺中心建设、首都地区环线高速公路、北京通州行政副中心、中国西部国际博览城等170余个重要交通枢纽、干线及重点工程建设之中。

中厚板公司积极拓展国际市场，产品出口韩国、日本、印度、东南亚、南亚、中东等国家和地区，远销非洲、欧洲和南美洲市场，是河北省重点出口企业，位列唐山市出口创汇百强企业第22名。年内，中厚板公司与多个国家和地区签订出口合同12.81万吨，出口创汇3641.83万美元，人民币收款2.76亿元。

设施建设改造　2017年3月，投资190万元，实施“中厚板加热炉智能出钢及智能燃烧系统开发项目”所需配套硬件设施建设。4月，投资598.35万元，对公司厂房屋顶彩瓦破损部分进行更新处理，确保轧钢炼钢车间正常生产。投资425万元，在南门西侧300米处新建16米宽大门，新建1座汽车衡，配套供配电及电信、计量等设施建设。5月，投资387万元，对废钢跨2号20吨天车、加料跨1号双40吨天车进行隐患治理；对1号转炉汽化烟道中3段、末段加装射流装置；对3座转炉浊环水管路分别加装过滤器、三阀组和压差检测装置的隐患治理；对4台一次除尘风机机壳腐蚀破损及变形实施修复；对1、2号连铸机结晶器干油系统改造；对2号精炼炉悬臂吊实施改造；炼钢A1跨10线柱位置加装5吨检修电葫芦。投资890.75万元，对8万立方米煤气柜活塞顶板、1～11带侧板、活塞底板等与煤气接触部分进行重新铺设，更换气柜胶帘，配套附属设施的检验、检查等。8月，投资150万元，对35兆瓦发电机组冷却水系统外网管道进行改造，新增上塔阀门及回水阀门（含滑阀格栅）、管道（含土建施工）、循环水管道制造和设备安装等。9月，投资35万元，为三期煤磨煤粉收粉器废气烟囱加装1套在线监测设备。11月，投资420万元，对1号双曲线冷却塔实施拆除及附属设施改造。

【唐山市德龙钢铁有限公司】　唐山市德龙钢铁有限公司（简称德龙公司）位于河北乐亭经济开发区，东距唐山港京唐港区5千米，西距曹妃甸港区40千米，占地面积233.33公顷，是集烧结、炼铁、炼钢、轧钢为一体的大型钢铁联合企业。2017年，德龙公司围绕年度工作目标，以“继往开来，稳中有进”为工作总基调，以“亮点管理、特殊贡献、吨钢创效”为抓手，外抓市场机遇、经营创效，内抓精细化管理、挖潜增效，产品质量稳步提升，平台建设、技术研发、环保百日攻坚提标改造取得新进展；主要产品产量和经济技术指标连创新高，全年刷新历史纪录406次；干部队伍素质不断提升，厚德、实干的企业文化氛围日益浓厚，经营业绩实现了历史性突破，综合经济实力进一步提高。全年实现销售收入85.31亿元，缴纳税金4.17亿元。4月，炼铁车间被省总工会评为“河北省工人先锋号”。

市场开发管理　2017年，德龙公司加大客户开发力度，产品销售区域进一步扩大，先后开发了山东、大连、福建、唐山等地新客户，锁单销售焊材近1万吨，市场占有率和品牌影响力得到提升，为后续进军全国焊材市场奠定了基础。准确判断外矿市场，把握采购节点。持续加大废钢采购和使用量，创效明显。在环保限产、限运形势下，全年有计划的采购烧结矿和球团，有效保障了生产稳定运行。以“精减流程、消除浪费、持续改善”为目标，践行精益管理理念；以降本增效为核心，在生产、指标、设备管理等方面追求精细、精益，通过技改及创新方式方法，使精益管理项目效果良好。

产品技术研发　2017年，德龙公司先后通过市级和省级技术中心认定，是年内唯一一家获得省级技术中心认定的钢铁企业。全年申报专利24项，均获国家知识产权局受理，当年获授权专利11项，累计获授权专利13项。高效拉拔气保焊丝用钢的研发成果达到国际先进水平，是德龙公司第一个通过该级别的科技成果。

抗震钢筋生产许可证增项工作圆满完成，新增抗震系列2个品种4个规格产品；开发焊接用钢ER70s-3等3个系列产品。在2017年度河北省优秀质量管理成果评选中，获特等奖1项、一等奖8项，被评为“2017年度河北省冶金行业质量管理活动优秀企业”；H08A焊接用钢顺利通过卓越产品评价，建筑钢筋产品顺利通过对“中冶MC”认证，企业信用等级评价获最高的“AAA”评价结果；商标注册授权成功，为2018年申报河北省名优产品、冶金行业金杯奖等奖项奠定了基础。

管理水平提升　德龙公司不断加大安全生产、设备管理力度，生产系统运行平稳。开展现场管理提升活动，每周四组织中层管理人员进行现场联查，提升现场管理水平；开展“决战四季度，实现安全年”活动，强化安全管理基础，全力实现全年安全生产无事故的目标。

年内，德龙公司被省安全协会评为“安全生产先进单位”。

开展“提升精益管理、争创红旗设备”活动，实现设备精益化管理的创新与突破；开展月度设备联查，落实重点设备包机到人的精密点检体系，对A+类设备隐患重点排查，优化设备运行环境；完成主体设备在省发改委的备案审批工作。

环保项目提标治理　德龙公司在稳定达到钢铁行业污染物达标排放特别限值及河北省地方标准特别排放限值要求的基础上，投资2亿元推进12项环保提标改造工程，启动水、气、渣、尘综合治理的百日攻坚行动，在全市钢铁企业环保提升专项行动中走在了前列，被市政府列为环保提标改造先锋示范企业。全部料场封闭面积10.5万平方米，基本实现原燃物料棚化存储；烧结脱硫脱硝项目达到初步通烟条件，将成为全国第一家建成投入运行的低温干法脱硫脱硝除尘一体化项目，使SO_2、NO_x、粉尘排放指标均低于现有特别排放限值，达到超净排放标准，污染物排放总量减少60%以上。

工业旅游项目建设　德龙公司积极推进工业旅游项目建设，通过认真规划和积极协调，工业旅游建设纳入全市旅游工作重点项目；抢抓时令，对钢铁一号路两侧和办公区进行绿化，完成南区空地清理并栽植绿化乔木，实施钢铁一号路美化亮化工程；制作了雕塑艺术作品，完成了井盖涂鸦、墙壁绘画等形象提升工作；与北京众信游学旅游公司达成年接待4万～6万名北京市中学生的合作意向，并成功接待了第一批研学游客。

人才队伍建设　2017年，德龙公司引进专业对口大学生53名，为企业注入了新鲜血液。优化提升科级管理干部队伍素质，通过考察、评议、竞聘等方式，晋升科级管理人员10名。组织完成17个工种68人报名参加的技能评聘工作，通过理论考试、实践测评聘任高级工37名、技师7名、高级技师4名，充实了技术人才队伍。组织开展工程师级别的专业技术序列任职资格评审工作，5人获得工程师任职资格。创新人才培养模式，开展首批“师带徒”工作，结成师徒对子52对，通过传帮带提升新员工技能。组织班组长以上人员326人参加成人高考，通过率达90%。通过开展网络学院培训、重点业务部门岗位培训、各部门内部培训等多层次培训工作，提升员工队伍的综合素质。

企业文化建设　德龙公司坚持“创业、创新、超越、卓越”的企业精神，重视特色企业文化建设，逐步形成以“德”为特色，以“立德、立业、立回报”为核心价值观的企业文化。开通“唐山德龙钢铁”公众号，广播站开设《唐山德龙大家谈》栏目，拓展宣传渠道；组织“媒体走进唐山德龙”活动，在《中国冶金报》《唐山劳动日报》《中国环境》杂志等媒体对德龙公司践行绿色发展理念、打造工业旅游示范企业进行宣传报道，提升企业的知名度。开展路灯标识征集、DIY环保创意作品征集、“匠人·匠心”征文等活动，传递正能量，激发员工工作热情。

【唐山旭阳化工有限公司】　唐山旭阳化工有限公司（简称旭阳公司）隶属于旭阳集团，成立于2007年8月，坐落于河北乐亭经济开发区，注册资金4.95亿元，总投资20多亿元，2017年名列中国制造企业500强第192位、中国化工企业500强第37位。旭阳公司以立足发挥港口优势，承接国内外资源，面向国内外市场，打造一个安全环保、能源协同、产品关联、科技领先、集约效益的园区，实现可持续发展。

项目建设及产品创效　2017年，旭阳公司建成项目有20万吨/年二甲醚项目、20万吨/年粗苯加氢精制项目、15万吨/年粗甘油精制项目、2×3万吨/年工业萘法制苯酐项目，在建项目有4万吨/年工业萘法制苯酐项目，拟建项目有60万吨/年苯乙烯项目和50万吨/年轻烃综合利用项目。主要产品有二甲醚、焦化苯、焦化甲苯、焦化二甲苯、邻苯二甲酸酐、甘油等。旭阳公司秉承“诚信经营、客户至上”的宗旨，形成稳定的销售网络和渠道，为用户提供了优质的产品、良好的技术支持和健全的售后服务。全年实现主营业务收入17.39亿元，利润2686万元，缴纳税金1053万元。

产业链条延伸　旭阳公司不断加大科技创新力度，逐步实现产业链条向高端延伸，提高了产品附加值。以煤化工产业为基础，依托港口区位优势，攻坚克难，企业工艺技术水平显著提高，已成为发展新材料、新能源的新型化工园区。产业链5条，分别为甲醇、二甲醚产业链，生物质甘油丙二醇产业链，低阶煤提质煤焦油下游产品产业链，粗苯及苯产品下游产业链，液化气丙烷复合材料产业链。

安全环保意识提升　2017年，旭阳公司秉承安全环保是旭阳之基的发展理念，高度重视安全环保工作，严格贯彻落实国家安全生产法律法规，高标准、严要求加强安全生产基础能力建设，构建安全生产长效机制。建立健全安全环保管理机构，配备符合法规要求的安全环保管理人员。加大对安全环保工作的投入力度，确保生产环境符合国家标准的安全设施及其他必要的财力、物力保证。不断提高对安全环保工作的认识，有效防范和遏制特重大事故的发生。把安全环保融入生产经营的全过程，各部门负责人带头履职尽责，深入基层督查安全环保工作，带头协调解决生产过程中的安全环保问题。多次组织开展安全环保知识培训，提升员工安全环保意识。年内无安全环保事故发生。

和谐企业创建　2017年，旭阳公司把建立健全工会组织、开展工会活动作为构建和谐企业的重要抓手，加强工会建设。坚持以构建和谐企业为主题，多次组织企业文化宣讲，增强企业的凝聚力和向心力；多次组织岗位培训、岗位练兵和技术比武活动，使员工既愉悦了心情，又掌握了技术知识。

旭阳公司关心职工生活，组织开展“欢乐祥和迎新年、团结共筑旭阳梦”春节联欢会、正月十五猜灯谜、乒乓球比赛、羽毛球比赛等系列活动，丰富职工业余文化生活，激发职工做好本职工作的积极性。

【上海电气风电设备河北有限公司】　上海电气风电设备河北有限公司（简称上海电气）成立于2015年1月，是上海电气风电集团全资子公司，位于河北乐亭经济开发区，是一家集大型风电发电机组制造、销售、技术咨询和售后服务的专业公司。企业类型为有限责任公司，属电气机械和器材制造行业。占地面积8.67公顷，具备年产80台2兆瓦海上风机的能力，可生产2兆瓦、2.5兆瓦、3.6兆瓦、4.0兆瓦风力发电机组。

上海电气是上海电气风电集团继上海临港、江苏东台、云南玉溪、甘肃金昌、新疆哈密、黑龙江北安之后的第7个制造基地。基地按功能设置有仓储、物流、装配生产区域，具有领先的技术水平、先进的生产工艺、严格的质量体系、优秀的员工团队，具备良好的硬件和软件能力，可为用户提供优质的风机产品，依托上海电气一流的人才资源和装备资源，已成为国内主要的风电设备制造商之一。

产品生产　年内，上海电气发挥产业优势，继续打造以华北地区为主的供应链，一期与无锡天华风力发电设备有限公司等7家大中小型供应商建立供需关系，主要为河北省周边地区风电企业生产制造机舱罩、导流罩、叶片、后机舱架、焊接件、铸造件、变流器、控制柜和主轴等风力发电系统所需要的关键零部件。上海电气风电集团的机舱罩、导流罩的供应商有意向在河北乐亭经济开发区投资建厂。随着上海电气的发展，为上下游产业链企业进驻园区提供了坚实的基础。

经营范围　上海电气的经营范围主要是风力发电设备的设计、开发、制造和销售，风力发电设备安装、调试、维护和修理，风力发电技术领域的技术开发、转让、咨询和服务，货物和依法获得批准的技术进出口等经营活动。主打产品为4.0兆瓦海上风机。该机型引进西门子技术进行生产，由西门子3.6兆瓦风机升级而来。产品吸纳西门子风电10余年的海上风电经验，通过品质卓越的部件及系统设计，提升了风机的安全性和可靠性，最大限度地确保海上风电的投资回报。年内，4.0兆瓦海上系列风机在全球销售1000余台，是海上风机畅销产品。国内龙源如东、龙源南日岛、中广核如东、国电投滨海、三峡响水等项目均选用4.0兆瓦机组，河北建投乐亭30万千瓦海上风电项目也确定选用此机组。

【唐山丞起汽车零部件有限公司】　唐山丞起汽车零部件有限公司（简称丞起公司），是一家以设计、研发、制造汽车零部件、各种铸件和汽车轮毂产品为主的加工出口型企业，主要产品为汽车零部件系列产品、汽车轮毂系列产品和外贸出口系列产品。占地面积 40 公顷，设位于县城富强街 127 号的主厂区和唐山海港经济开发区的铸造厂区，有员工 708 人，其中各类专业技术人员 91 人（研发人员 59 人）。丞起公司有立、卧式加工中心、数控车床、数控仿形铣床、三坐标测量机等先进设备 863 台（套），组成 12 条专业化机加工（组装）生产线和消失模铸造生产线，新产品的研发、设计、试制全部应用 CAD/CAM/CAE 及三维建模技术，工装模具设计与制造、数据传输等实现全过程计算机联网控制。公司质保体系健全，产品检测及理化分析等检验手段完备可靠，1997 年 10 月通过 ISO9001 质量体系认证，2017 年通过 IATF16949 汽车行业质量体系升级认证。

丞起公司注重技术创新，全力抓好新产品的研发和储备。发挥汽车零部件技术研发中心等自身技术优势，在消失模铸造和精密机加工技术方面对 52 种汽车零部件产品进行技术改造。2017 年研发新产品 11 项，获得国家实用新型专利 14 项，软件著作权 18 项。特别是研发的 F1 赛车轮毂产品，是世界上第 5 家能够独立生产 F1 轮毂的企业，填补了国内空白。与山东推土机集团的成功合作，增加了公司的产品种类，市场前景良好。

丞起公司认真贯彻落实《中华人民共和国工会法》和《河北省企业职工代表大会条例》，注重构建新型劳动关系，促进企业和谐发展。年内足额为员工缴纳各项保险 808 万元，救助遇急难困险的员工本人和家庭 30 余人次，金额达 25 万余元；补助救济特困职工 20 多名。

【乐亭六和馨美滋食品有限公司】 乐亭六和馨美滋食品有限公司是新希望六和股份有限公司的子公司，位于县城区工业聚集区，与乐亭县新希望六和盛祥饲料有限公司、乐亭六和馨美滋肉鸡养殖有限公司形成集饲料生产、肉鸡养殖、肉鸡屠宰加工的产业链。2017 年，乐亭六和馨美滋食品有限公司积极推进企业改革，全面加强经营管理，开拓进取，经济效益持续增长。全年宰杀毛鸡 1832 万只，销售 3.92 万吨，实现销售收入 3.02 亿元，缴纳税金 490 万元。

乐亭六和馨美滋食品有限公司的产品主要是白条鸡和鸡的分割产品，销往全国各地，为双汇、金锣等企业的主要供货商。公司出资在古河乡、胡家坨镇、庞各庄乡建成 3 个肉鸡养殖基地，80% 以上的产品原料—毛鸡来自基地的自繁自养，使原料供应少受或不受市场波动影响。鼓励个体养殖户与公司签订肉鸡养殖合同，年内签订合同的养殖户（旧养殖鸡舍改造和新建鸡舍）100 余户，带动了农民增收，推动了农业产业发展，为 650 人解决了就业岗位。

乐亭六和馨美滋食品有限公司重视企业安全生产工作，严格落实“安全第一、预防为主、综合治理”的方针，公司内部逐级签订责任状，每月开展一次安全生产大检查，每季进行一次消防演习，新员工须经三级教育培训合格后上岗，全体员工每年进行 1 次健康体检。公司安全生产工作步入规范运行轨道。

建 筑 业

建筑业行业、资质等级分类

【概 况】 2017年，乐亭县入统等级内建筑企业31家（具有资质等级以上建筑企业15家），其中公路工程施工企业2家（一级资质1家，二级资质1家），市政公用工程施工企业1家（为三级资质），房屋建筑工程施工企业15家（一级资质1家，二级资质9家，三级资质5家），金属门窗工程专业企业5家（原二级资质4家，三级资质1家，现无资质要求），地基与基础工程专业企业1家（为二级资质），预拌商品混凝土专业企业4家（三级资质2家，不分等级2家），钢结构工程专业企业2家（均为三级资质），起重设备安装专业企业1家（为三级资质）。

全县建筑施工企业从业人数7365人，其中高级职称人员79人，中级职称人员692人，初级职称人员1584人，建造师216人。自有机械设备5727台（套），总功率8.79万千瓦。资质等级以上建筑企业房屋施工面积150.2万平方米，竣工面积49.7万平方米。全年实现建筑业增加值25亿元，比上年增长4.3%。

【公路工程施工企业】 县内有唐山远大路桥工程有限公司（一级资质）、乐亭县通达公路工程有限公司（二级资质）2家，年末从业工程技术人员615人，其中一级建造师31人，二级建造师10人；高级职称人员30人，中级职称人员260人，初级职称人员325人。自有机械设备640台（套），功率7317千瓦，实现建筑业产值3亿元。

【市政公用工程施工企业】 县内有唐山筑鸿路桥工程有限公司（三级资质）1家，年末从业人数87人，其中二级建造师5人；高级职称人员8人，中级职称人员10人，初级职称人员20人。自有机械设备34台（套），功率5255千瓦，实现建筑业产值5000万元。

【房屋建筑工程施工企业】 县内有河北省乐亭县振兴建筑安装工程有限公司（二级资质）、河北省宏达建筑安装工程有限公司（二级资质）、乐亭县城宇建筑安装工程有限公司（二级资质）、乐亭县华业建筑工程有限公司（二级资质）、唐山博宏建筑安装工程有限公司（二级资质）、乐亭县宏晨建筑安装工程有限公司（二级资质）、乐亭县祥云建筑安装工程有限责任公司（二级资质）、乐亭县圣雅建筑安装工程有限公司（一级资质）、乐亭县鑫丰建筑安装工程有限公司（二级资质）、乐亭县昌隆建筑安装工程有限公司（三级资质）、唐山华宝建筑安装工程有限公司（三级资质）、唐山瑞鹏建筑安装工程有限公司（二级资质）、乐亭县丞起建筑工程有限公司（三级资质）、唐山颐晨建筑安装有限公司（三级资质）、唐山越旺建筑工程有限公司（三级资质）15家。年末从业人数3129人，其中一级建造师15人，二级建造师111人；有高级职称人员31人，中级职称人员367人，初级职称人员1104人。自有机械设备4824台（套），功率5.22万千瓦，资质等级以上建筑企业房屋施工面积150.2万平方米，竣工面积49.7万平方米。实现建筑业产值15.29亿元。

【金属门窗工程专业企业】 县内有唐山黎花实业发展有限公司（原二级资质）、乐亭县广大建筑装饰有限公司（原二级资质）、乐亭县会港门窗有限公司（原二级资质）、唐山天辰金属门窗有限公司（原二级资质）、乐亭县顺通门窗有限公司（原三级资质）5家（现无资质要求）。年末从业人数129人，其中二级建造师15人；中级职称人员23人，初级职称人员49人。自有机械设备58台（套），功率2993千瓦，实现建筑业产值2300万元。

【地基与基础工程专业企业】 县内有乐亭县鼎力基础工程有限公司（二级资质）1家。年末从业人数50人，其中二级建造师6人；高级职称人员5人，中级职称人员10人，初级职称人员25人。自有机械设备42台（套），功率2993千瓦，实现建筑业产值8233.3万元。

【预拌商品混凝土专业企业】 县内有乐亭县昱晨混凝土有限公司（三级资质）、唐山佳龙混凝土有限公司（三级资质）、唐山折峰实业有限责任公司（不分等级）、乐亭县凯通混凝土制造有限公司（不分等级）4家。年末从业人数110人，其中高级职称人员5人，中级职称人员10人，初级职称人员22人。自有机械设备48台（套），功率1.25万千瓦，实现建筑业产值5740万元。

【钢结构工程专业企业】 县内有唐山佳龙金属结构有限公司（三级资质）、乐亭县通创钢结构工程有限公司（三级资质）2家。年末从业人数95人，其中二级建造师6人；中级职称人员12人，初级职称人员35人。自有机械设备77台（套），功率4256千瓦，实现建筑业产值1269万元。

【起重设备安装专业企业】 县内有乐亭县嘉泰建筑工程设备安拆有限公司（三级资质）1家。年末从业人数10人，其中二级建造师2人；中级职称人员2人，初级职称人员4人。自有机械设备4台（套），功率286千瓦。

建筑业管理

【概　况】 2017年，县住建局以建筑业法律法规为准绳，以规范建筑市场秩序、净化建筑市场环境为目的，以建筑资质管理、强化招投标监督、推进建筑节能、完善合同备案、从源头控制拖欠农民工工资为重点，全面推进建筑市场管理。

【资质管理】 2017年，县住建局按资质等级标准对全县建筑企业的资质等级进行核定和初审把关，针对建筑企业的资质延续、升级、新报等情况，把达到等级标准的组卷报省或市建设部门审批，对已定资质等级的企业实行年检，对已定资质等级的项目经理定期复查，办理已定资质等级企业的资质延续和资质增等事项。

经资质年审，全县建筑安装类企业31家，其中一级资质企业2家，二级资质企业15家，三级资质企业12家，不分资质等级的企业2家（金属门窗企业仍按原资质等级统计）。

【工程招投标管理】 县住建局根据《中华人民共和国招标投标法》和《中华人民共和国招标投标法实施条例》，不断完善招投标运行机制，狠抓招投标过程中各个环节的衔接和落实，对各方行为主体的资质及业务范围严格把关，依法查处违法行为，核实相关手续，对不符合条件的项目不办理招标或合同备案手续。按照省、市“一问责八清理”的要求，制定《招标投标不规范问题专项清理工作方案》，清理招标投标不规范问题12个，并及时进行了处理。

对从事各类房屋建筑及附属设施改造、装修装饰和与其配套的线路、管道、设备的安装，市政基础设施工程的施工与其相关货物的采购、服务等招投标活动实施监管，对招标投标程序的合法性进行监督，依法受理投诉案件。招标投标活动采取网上获取招标文件、投标人一律采取银行保函形式提供保证金、评标委员会专家成员从全省评标专家库中抽取、网上规范招标公告和中标公示等措施，确保招投标活动公开、公平、公正进行。全年监督公开招标21项，中标金额4997.4万元。

【加强农民工工资管理】 县住建局严格执行《乐亭县房屋建筑和市政基础设施施工工程建设领域农民工工资预储金管理办法》，由建设单位在建设银行开设预付金账户，按工程造价的2%缴纳农民工工资保证金，专项用于施工总承包企业支付农民工工资。对于不按规定缴纳预储金、农民工工资保证金和项目资金不到位的一律不得颁发施工许可证。质量监管站及时督导项目单位缴纳第二、第三次预储金。对要求复工的项目，须通过劳动监察大队核实不拖欠农民工工资后方可复工。全年缴纳预储金4575万元，施工企业缴纳农民工工资保证金2397.75万元，协调解决拖欠农民工工资5953.07万元。

【建筑节能（绿色建筑）管理】 2017年，县住建局按照市政府办公厅《开展绿色建筑行动，创建建筑节能市工作方案》要求，开展建筑能效升级专项行动，努力推进建筑节能及绿色建筑管理工作。

县住建局为保证居住建筑工程执行节能75%、新建民用建筑执行绿色标准，从颁发施工许可证入手，严格执行建筑节能分部分项工程划分及分项和专项验收，对无节能专项验收的工程不予竣工验收备案，对在建工程新器材备案、进市登记、见证取样和施工做法进行跟踪监督，限制、禁止使用能耗偏高、安全性差的建材。年内新开发的水悦华苑、乐府、鼎秀家园住宅项目，全部为一星级绿色施工设计，绿色建筑面积38.49万平方米。

2017年年底，市下达乐亭县居民住宅节能改造任务3万平方米，县住建局积极谋划、周密安排，将于2018年组织实施，确保单体建筑面积超过2万平方米的大型公共建筑、建筑面积超过10万平方米的住宅小区全部执行绿色建筑标准。

【施工合同备案及施工许可管理】 2017年，县住建局在施工合同备案中，严格审查所签合同与中标通知书及招标文件实质性内容相一致，坚持没有违法违规的条款，没有损害国家、社会和第三者利益的条款，做到合同内容详尽、准确、公平，确保有效约束合同当事人的行为，从根本上治理各种违约行为。按照施工许可审批规定严格施工许可管理，从源头把控主体责任人行为。全年完成合同备案25项，合同金额6.48亿元；审批发放施工许可证34件，建筑面积57.17万平方米，工程投资8.34亿元。

【建筑工程监理】 2017年，县内注册乐亭县明诚建筑工程监理咨询有限公司1家，资质等级二级。公司有高级工程师2人，工程师9人，注册监理工程师12人，注册造价师3人，注册建造师2人。全年监理工程项目19个，监理施工面积7.37万平方米，监理总收入29.47万元。（外聘注册监理公司未作统计）

【施工安全监督管理】 县住建局全面贯彻落实“安全第一、预防为主、综合治理”的方针，通过加强培训、完善机制、专项整治、监督检查和安全生产管理目标考核等措施，严格执行有关政策规定，强化责任，不断加强安全队伍建设和安全生产监管力度，有效遏制了伤亡事故的发生，安全生产工作取得新的进展。全年监督工程47项，其中管线工程7项，长度1.26万米；房屋建筑工程40项，建筑面积84.42万平方米。已竣工工程25项，其中管线工程7项，长度1.26万米；房屋建筑工程18项，建筑面积31.64万平方米。在建工程22项，建筑面积52.78万平方米，其中已办理安全监督备案未开工的5.69万平方米。

以人为本，搞好培训　年内组织全县建筑施工企业“三类人员”（建筑施工企业主要负责人、项目负责人和专职安全生产管理人员）140人参加省住建厅安全培训，提高安全生产管理能力；采取多种形式对特殊工种人员进行专业培训，做到持证上岗。

周密安排，完善监管机制　年初，县住建局召开安全生产工作会议，部署全年安全生产工作，各建筑公司经理、在建工程项目经理、建设单位及监理公司负责人参加会议。印发《2017年安全生产指南》和应急救援预案，与各建筑企业签订安全生产管理目标责任书和承诺书，办理安全监督备案，落实企业安全主体责任，完善了安全监督程序。针对“两节”“两会”、春节后复工、暑期汛期、国庆节等特殊时期的特点，及时印发文件，具体部署，做好预警和事故防控工作。根据省、市住建部门要求，规范起重设备安拆告知、使用登记、安全备案各项业务的办理流程。全年新办理安全备案18项，起重设备使用登记78项，安装告知79项，拆除告知88项。

突出重点，开展专项整治　县住建局深入贯

彻落实《河北省建筑施工扬尘防治强化措施18条》，制定印发《乐亭县2017年度现场扬尘专项整治实施方案》和《建筑施工扬尘防治工作应急预案》，召开扬尘治理专题会议7次，并与开工工程三方责任主体签订扬尘治理责任状。对施工现场进行多次地毯式排查，出动专项检查人员206人次、98车次，落实整改措施136项，确保全县建筑施工现场大气污染防治得到有效控制。配合环保部、省安委办及市环保局完成对全县扬尘防治的各项巡查工作。

根据市住建局开展起重设备专项整治的要求，全年开展起重设备专项整治活动2次，对全县所有起重设备进行全面排查，发现并整改事故隐患56项，全县起重设备的安全管理现状得到改善。同时对建筑施工现场、燃气企业进行消防安全专项排查整治。对各燃气企业经营许可证从严进行年检，召开燃气安全工作会议5次，开展燃气安全大检查5次。全年检查建筑工地18项，燃气企业11家，下发限期整改通知书19份，停工整改通知书1份，消除消防安全隐患41项。

坚持经常，促进监管落实　采取专项整治与安全生产大检查、冬季安全隐患大排查活动相结合，坚持以起重机械设备、基坑支护、脚手架和模板支撑系统、“三宝”（建筑工人安全防护的三件宝：安全帽、安全带、安全网）、“四口”（楼梯口、电梯口、预留洞口、通道口）、临边防护、施工用电和特种作业人员持证上岗等关键部位为重点，认真抓好日常监管。全年出动执法检查人员336人次，下发隐患整改通知书76份，消除事故隐患238项，整改率100%。

【工程质量监督管理】　2017年，县住建局从抓制度落实入手，采取多种措施，创新工程质量监督管理模式，加强工程质量监督管理。

用制度规范管理　按照省住建厅《关于加强建设工程监理现场管理的通知》要求，严格执行监理、施工图审查备案制度，不符合规定的不得进行备案。按照国务院《建设工程质量管理条例》、省政府《河北省建设工程质量管理规定》的规定，严格执行建设工程报监备案制度，不符合要求的不予办理工程报监备案。按照住房和城乡建设部《房屋建筑工程和市政工程基础设施工程竣工验收备案管理暂行办法》，对过去抽验导致漏检的情况，全面实施住宅工程质量分户验收制度，为每套住房建立一套档案，强化住宅工程质量通病的防治。

创新模式强化监管　县住建局坚持质量巡查与重点部位关键工序监督并重，加大监督和处罚力度。对工程实体采取不定期巡查施工作业面的施工质量与对工程结构关键部位的结构质量及使用功能、建材质量相结合的方式进行质量监督，特别对大体量工程和住宅工程的质量监督作为重点，强化工程质量通病的防治。强化对全县商品混凝土生产厂家的质量监管，严格规范商品混凝土的质量要求，加强对原材料的质量和构成比例的抽测，强化生产厂家的质量保证能力。发挥工程质量投诉中心的作用，对质量投诉热情接待，建立台账，规范投诉处理工作。在乐府小区施工现场召开观摩会，使建筑企业学有标样，赶有目标，提升工程整体质量。

完善质量监督体制　从“五个转变”入手，提高工程质量监管的有效性。由传统质量观念向全寿命周期工程质量转变；改变设计与施工脱节，实现全过程全方位统一监管；既要注重房屋建筑又要注重市政管网等基础设施的质量监管；抓重点和薄弱环节，由普通化向差别化管理转变；由注重实体质量向注重实体质量又注重使用功能和环境质量的转变。

明确责任严肃追究　建设单位是项目建设的责任主体，项目法人是工程质量的第一责任人，对工程负全面责任；施工单位是建设工程实物的直接操作者，承担直接责任，单位领导是直接责任人；监理单位为中介服务机构，受业主委托，对工程实行监理，监理单位领导是直接责任人。县住建局对八大责任主体实施监督，对违反规定的严肃责任追究，加大处罚力度。2017年，全县受监在建项目59项，受监面积78.39万平方米，总投资10.62亿元。其中，结转工程项目24项，建筑面积42.25万平方米，总投资6.46亿元；新建工程35项，建筑面积36.14万平方米，总投资4.16亿元。工程监督覆盖率、工程质量合格率、住宅工程分户验收实施率、商品混凝土厂家监督检查覆盖率均达100%，工程质量投诉结案率95%。

【优质工程】 2017年，中央储备粮秦皇岛直属库乐亭分库建仓项目被评为市优质工程及文明工地。项目由中央储备粮秦皇岛直属库投资建设，河北远通建设有限公司承建，位于胡家坨镇原胡家坨粮站院内，含4个平粮仓，总建筑面积7234平方米，总仓容量4.02万吨。

建筑业企业选介

【河北明盛实业集团乐亭宏晨建筑安装工程有限公司】 2006年5月成立，为房屋建筑工程施工总承包二级资质企业，注册资金5000万元，净资产1.33亿元，企业性质为有限责任公司。公司以“诚信为本、筑精品工程”为宗旨，走质量效益型之路。2017年从业人数400人，其中一级建造师2人，二级建造师10人，高级职称人员3人，中级职称人员49人，初级职称人员103人。有各种机械设备432台（套），功率5049千瓦。年内完成建筑施工面积3.7万平方米，其中鼎秀嘉园项目一期工程301号楼，工程合格率100%。全年实现建筑业产值1.17亿元，缴纳税金740.47万元。

【河北省乐亭县振兴建筑安装工程有限公司】 1996年8月成立，为房屋建筑工程施工总承包二级资质企业，注册资金2080万元，净资产4060万元，企业性质为有限责任公司。2017年从业人数1300人，其中二级建造师26人，科技人员180人；有各种机械设备840台（套），功率1.62万千瓦。公司以“安全生产、质量至上”为宗旨，向管理要效益。实施了茂源街东段及发展大道苗木移栽、古滦河公园景观改造、北外环路新增路缘石及过路顶管等市政工程；生产桥复建和改造；曹妃甸五农场、九农场旧址复垦和美丽乡村建设工程；投资1300多万元承建热力公司办公楼及附属工程等。全年实现建筑业产值2亿元，缴纳税金1179.6万元。11月被河北省建设工程招投标协会评为“2016年度诚实守信招投标单位AAAA”。

【河北省乐亭县宏达建筑安装工程有限公司】 2002年1月成立，为房屋建筑工程施工总承包二级资质企业，注册资金2050万元，净资产4124万元，企业性质为有限责任公司。2017年从业人数1200人，其中二级建造师12人，科技人员194人；有各种机械设备1352台（套），功率1.12万千瓦。公司坚持“安全第一、质量为上”的原则，以“诚信”为经营理念，高质量实施了唐山国际旅游岛商业综合体项目和唐山三友化工股份有限公司氨碱废液与氯碱电石渣浆综合利用项目及人工鱼礁部分建设工程。全年完成建筑施工面积3.7万平方米，实现建筑业产值3亿元，缴纳税金1885.72万元。

【乐亭县城宇建筑安装工程有限责任公司】 2004年12月成立，为房屋建筑工程施工总承包二级资质企业，注册资金2120万元，净资产3126万元，企业性质为有限责任公司。2017年从业人数968人，其中一级建造师1人，二级建造师13人，高级职称人员3人，中级职称人员20人，初级职称人员154人。有各种机械设备625台（套），功率6010千瓦。公司坚持“百年大计、质量第一”的宗旨，重合同、守信誉，积极开拓建筑市场。全年实现建筑业产值9980万元，缴纳税金587万元。

【乐亭县通达公路工程有限公司】 乐亭县通达公路工程有限公司（简称通达公司）隶属县交通运输局，成立于2002年4月，为股份制企业。固定资产2800万元。公司具有建设部颁发的公路工程施工总承包二级资质，市政三级资质，公路养护工程二类（甲级）资质，试验检测机构丙级资质；取得省住建厅颁发的安全生产许可证。主营一级及以下公路路基、路面、桥梁工程施工，兼营公路路基、路面、中小桥涵洞、绿化及沿线设施等的大、中修养护工程施工。市政经营范围为城市道路工程（不含快速路），单跨跨度20米以内的桥梁工程，公共广场工程，给水、排水、泵站及生活垃圾转运站等工程。

2017年，通达公司有职工247人，其中具有大专以上学历的82人，占职工总数的33.2%。有国家一、二级建造师13人，高级工程师、工程师、助理工程师31人，其他专业技术人员22

人，下设13个科室。

通达公司有2000型沥青混凝土拌合站1套，WB600型稳定土拌合站2套，HD25/HD50型水泥混凝土拌合站各1套，沥青混凝土摊铺机1台，稳定土摊铺机、压路机、装载机、刮平机等大中型施工机械设备45台（套），并拥有测量仪器12台（套），实验检测仪器85台（套）。

交通·邮电

交　通

【概　况】2017年，境内交通运输业围绕“重大产业支撑项目攻坚年”活动，加快基础设施建设，加强安全管理，公路、铁路及水路运输实现稳定发展。年末公路通车里程1957千米，其中高速公路通车里程68千米，省级公路通车里程136千米，县级公路通车里程75千米，乡级公路通车里程566千米，村级公路通车里程1113千米。全县营运车辆4896辆，总吨位7.03万吨。客运长途车18辆，长途班线17条；公交车104辆，班线18条；出租车169辆。唐港铁路在境内设运营车站1个（乐亭站），营业里程15千米。唐山港京唐港区腹地范围覆盖华北、西北广大地区，水路通达70多个国家（地区）、190多个港口。

【公路建设】2017年，县交通运输主管部门根据上级主管部门和县委、县政府安排部署，重点实施农村公路改造提升工程。全年总投资1.54亿元，实施工程项目8个：投资9045万元，完成农村公路改造工程155千米；投资2400万元，完成汀会毛公路汀流河至会里段13千米改建工程；投资1370万元，完成胡汤公路8.51千米改建工程；投资610万元，完成马大公路8.16千米改建工程；投资600万元，完成周新公路8千米改建工程；投资675万元，完成中海滨至南海滨9千米改建工程；投资254万元，完成姜各庄镇杈子窑桥、李营桥，汤家河镇裴庄桥3座危桥拆除重建工作；投资456万元，完成县道汀李公路、西曾公路及乡道胡汤公路、段杨公路等50千米安保工程。

省道206大字沟门至乐亭（平青乐公路乐亭城区段）绕城改建项目，全长15.8千米，采用一级公路标准建设，预计总投资4.1亿元。工程可行性报告已编制完成，并通过省交通厅专家评审；地质灾害、压覆矿产、勘测定界报告等工作已完成；环境评价、社会稳定风险评估、安全评价、水土保持评价等前期工作在同步进行中。省道323姜各庄镇至玉田（乐亭段）改建项目，全长15.7千米，采用二级公路标准建设，预计总投资1.24亿元。工程可行性报告已编制完成，并通过省交通厅专家评审，已按评审意见完善工程可行性报告，待省交通厅批复。

【公路运输】客运　2017年，乐亭运输分公司所属长途车18辆，班线17条。其中，县际班车10辆，班线9条；市际班车7辆，班线7条；省际班车1辆，班线1条。乐亭县兴运公交客运有限公司有公交车104辆（其中电动汽车25辆），班线18条。出租车169辆（乐亭县出租分公司119辆，乐亭县路通出租公司50辆）。年内以打击“出租黑车”为重点，规范运营行为，全面加强客运行业的监管，依法查处客运违法行为。开展隐患排查等项活动23次，查处违规客班车14辆次，黑出租23辆次。春运期间，班车运送旅客3.42万人次，投放临时加班车38辆次。

货运　2017年，全县货运营运货车4896辆，总吨位7.03万吨。其中，普通货车4858辆，6.95万吨；专用货车38辆，782吨。按照《中华人民共和国道路运输条例》规定，查处货运违章车辆542辆次；开展道路运输行业安全生产大整治隐患排查活动23次；针对全县道路运输安全现状召开货运企业例会7次，签订《2017年度安全生产目标管理责任状》133份；对政府公示的4家货运源头企业治超情况（见表14）进行巡查监管，进厂巡查192次。全县货物运输服务组织

158家，其中物流企业16家，普通货物运输公司127家，危险品货物运输公司1家，联合车队14家，从业人员827人；有危险物品运输车辆33辆，吨位847吨。

表14 2017年源头治超企业情况

企业名称	地　　址	产　　品	运往地
唐山市德龙钢铁有限公司	河北乐亭经济开发区	线材和带钢	一部分产品在厂区至京唐港区倒运；另一部分经沿海高速公路运往天津、山东等地
唐山中厚板材有限公司	河北乐亭经济开发区	宽厚板	一部分运往京唐港区；另一部分经乐港公路、沿海高速公路运往唐山市区及外省市
唐山旭阳化工有限公司	河北乐亭经济开发区	二甲醚	经沿海高速公路运往天津、辽宁等地
乐亭县昱晨混凝土有限公司	宁庄村北	水泥砼	京唐港区及县内施工地点

【**铁路运输**】 唐港铁路有限责任公司（简称唐港铁路公司）是在原唐山滦港铁路有限责任公司的基础上，通过“增资扩股、变更登记”的方式组建的新的合资铁路公司，由太原铁路局、唐山港口实业集团公司、国投交通公司、唐山曹妃甸实业港务有限公司、大唐国际发电股份有限公司、河北建设交通有限责任公司、华润电力（唐山曹妃甸）有限公司7家企业共同出资组建，于2005年8月19日挂牌成立，注册资金23.42亿元。2017年，设运营车站11个，线路营业里程237.6千米，正线延展里程467.01千米，其中乐亭县境内车站（乐亭站）1个，营业里程15千米。主营业务为煤炭、焦炭、钢材、矿粉等货物，全年总运量2.13亿吨。

构建安全保障体系，实现十创安全年 2017年，唐港铁路公司牢固树立安全发展理念，眼睛向内，推进强基达标，夯实安全管理基础。从持续完善各项管理制度着手构建安全保障体系，制定《安全监督检查管理办法》《特种设备安全监督管理办法》《车间班组安全监督检查管理办法》《交通事故应急处置预案》等，从制度上强化特种设备安全管控、作业人员安全关键环节控制，填补了公司特种设备管理制度空白。建立安全专项检查整治常态化机制，对道口设备、防冻清偏、人身安全、涵洞包保、消防安全、交通安全、路外安全、防洪等关键环节根据季节性安全特点强化监督检查，突出现场风险隐患排查整治，安全防范机制日臻完善，安全防控能力得到增强。加强岗位培训，强化作业资格准入制度，提升岗位安全保障能力。做好特种设备操作人员安全培训，管内特种作业人员均持证上岗。扎实推进安全生产大检查、“安康杯”竞赛、安全隐患大排查大整治等活动，顺利实现十创安全年。

顺应供给侧结构性改革，实现管内运输增量 2017年，唐港铁路公司随着迁曹铁路扩能改造工程结束，管内运输格局基本稳定，运输能力大幅度提升。积极适应供给侧结构性改革，充分发挥管内运输潜力，提升运输效率。不断适应货运市场发展趋势和需求结构变化，对管内辐射的目标市场客户进行精准营销，探索铁路疏港功能。年内，开发山西新泰、中阳矿石发运及发往北京铁路局胥各庄站的矿石业务，全年完成发运量667万吨（不含集装箱），比上年增加38万吨，发运量再创新高。加大运输协调力度，积极协调滦县交口交车，最大限度减少车辆保留时间，优化管内接卸条件。通过与唐山港京唐港区对接，开发管内集装箱运输潜力，全年完成发运量31万吨，比上年增加17万吨。

加大设备资金投入力度，设备质量进一步提升 2017年，唐港铁路公司实施科技保安全、设备保安全措施，构建“三位一体”（人防、技防、物防）安全防控体系。年内2次集中大修完成施工项目44项（工务22项、供电18项、通信4项），总投资2896.7万元。管内设备、科技保安全能力得到全面提升。

优化机制建设，企业管理更加高效 2017年，唐港铁路公司重视优化企业管理机制建设，不断提高和强化公司行政管理效力。建立重点工作督查督办制度，将运输生产安全、时效性较强、完成难度较大的重点工作纳入督查督办范

围，科学确定完成时限，倒排任务节点，明确责任主体，每周督查1次，管理执行力得到加强。考核追责机制不断完善，先后修订管理人员月度考核办法、运输安全奖惩办法、新闻宣传考核奖励办法、运输进款清缴管理考核办法、预算管理办法、合同管理考核评价和责任追究办法、奖惩工作实施办法、小型工程管理办法、债权债务管理办法、低值易耗品管理实施细则等，有效调动员工工作积极性，提升员工责任意识，确保相应工作的完成更加优质高效。

【**水路运输**】 唐山港京唐港区是唐山港集团股份有限公司主导建设发展的国有大型上市港口企业，是唐山市最早开发建设的国家一类对外开放口岸，是被列入国家《水运“十三五”发展规划》的重要港口，是全国唯一集绿色港口、智慧港口、多式联运3个交通部试点工程于一身的港口。已建成1.5万～25万吨级泊位44座，25万吨级航道在开挖建设中，乘潮可安全进出30万吨级满载船舶。运输货种涉及10多个大类、100多个品种。港口腹地范围覆盖华北、西北广大地区，水路通达70多个国家（地区）、190多个港口，是环渤海地区重要的交通枢纽和现代物流基地。2017年，唐山港京唐港区货物吞吐量2.9亿吨，比上年增长7.2%，居全省3港4区第一位；集装箱运量突破200万标箱，比上年增长33.5%，占全省总量的54%，连续6年保持30%以上增长速度。全年实现利润总额18.34亿元，比上年增长11.23%；净利润14.63亿元，比上年增长11.33%。在全国19家A股上市港口企业中，利润、净利润均排名第三位。年内，深水板桩码头新结构关键技术研究与应用项目获“国家科技进步奖二等奖”，被评为“全国实施卓越绩效模式先进企业”“河北省五一劳动奖状”“河北省实施卓越绩效先进单位”“河北省诚信企业”“河北省质量管理小组活动优秀企业”“河北省实施卓越绩效模式先进企业”。

集装箱运输发展 唐山港集团股份有限公司深入实施西北战略，新增鄂尔多斯、乌鲁木齐、朔州、忻州、乌海5个内陆港。同新疆联宇公司“丝绸之路国际多式联运示范工程”成功对接，合作开通“京唐港——新疆”循环班列，班列线路达到15条。全年集装箱海铁联运完成10.7万标箱，占全国集装箱总量的5.3%，位居全国港口前列。扩大中鼎内陆港辐射效应，参股成立山西晋欧物流公司。全面开通日本关东、关西航线，加密韩国釜山航线至每周3班，至天津港外贸支线形成天天班，航线总数达到33条。成功收购23～25号多用途泊位、26～27号泊位及唐山港国际集装箱码头有限公司100%股权，集装箱板块并入上市公司，实现了统一规划、统一运营、统一管理。三港池集装箱改造一期工程按期完工，新增集装箱通过能力96万标箱，集装箱铁路专用线及智能化码头管理系统投入使用，自动化装卸设备完成安装调试，码头功能实现质的飞跃。

对外开放 唐山港京唐港区保税物流中心（B型）项目顺利通过验收，外贸便利化水平得到全面提升；整车进口口岸资质获国务院正式批准，成为全省第一个汽车整车进口口岸，填补了河北省这一领域的空白。

智慧港口建设 2017年，编制完成《智慧港口发展规划》《大数据融合分析平台可行性研究报告》。投资近4000万元，实施信息化项目38项，投入力度和建设质量创历年之最。港口企业危险货物智能化安全管理项目成功入选“全国首批智慧港口示范工程”，“港通天下”智慧商务云平台、集装箱自动化系统入选“河北省‘互联网+’智能制造跟踪项目库”。

科技创新 2017年，唐山港集团股份有限公司获得国家专利20项、软件著作权4项。车辆智能作业一体化管理系统入选“国家节能减排示范项目”，桥式抓斗卸船机动态称重方法、“港通天下”平台分别获得“中国港口协会技术发明二等奖”“科技进步三等奖”，高线装卸优化项目获“河北省技术创新成果奖”，网上业务大厅被评为“市级‘双创’示范平台”，科技创新领域全年获得900余万元财政资金支持。全员创新已经成为驱动唐山港京唐港区发展的重要引擎。

环境保护 唐山港集团股份有限公司成立大气污染综合治理领导小组，坚决执行重污染天气错峰运输政策。以粉尘治理为主线，全年环保投入达到4000万元。创建绿色港口24个重点支撑项目圆满收官。4套高压、15套低压岸电设备完成安装调试，成功对接供电。电力需求侧管理项

目顺利通过省、市评审。万吨吞吐量综合能耗为2.8吨标准煤，比绿色港口能耗目标低7%。唐山港京唐港区连续2年被确定为“全国交通运输节能减排示范企业”。

邮　电

【概　况】2017年，境内邮政、电信、移动通信、联合网络通信和快递业务服务范围实现县域全覆盖。业务工作遵循“客户为根、服务为本”的经营理念，转变发展方式，推进科学管理，改善服务质量，各项工作取得长足发展。全年邮电业务总收入2.57亿元，比上年增长48.55%。其中，邮政业务收入5362万元，电信业务收入2.03亿元。全县邮路总长度164千米，与上年持平；农村投递线路1940千米，比上年增加486千米；快递业务量18.05万件，比上年增长81.22%；快递业务收入150.55万元，比上年增长24.71%。年末固定电话用户4.22万户，比上年减少6549户；移动电话用户46.82万户，比上年增加1.42万户；互联网宽带接入用户10.06万户，比上年增加1.67万户。

【中国邮政集团公司河北省乐亭县分公司】 2017年，中国邮政集团公司河北省乐亭县分公司（简称邮政集团乐亭县分公司）以“创新、协调、绿色、开放、共享”为发展理念，以三年发展规划为引领，坚持人民邮政为人民的企业宗旨，牢牢把握“科学发展、创新发展、和谐发展”总基调，按照“转方式、调结构、提品质、防风险、增效益”的工作要求，加快推进金融、包裹快递、农村电商“三个一把手工程”，凝心聚力，改革创新，稳步推进各项工作迈上新台阶。至年底，公司实现业务收入5362万元，实现利润1746.45万元。

代理金融业务稳中有升　邮政集团乐亭县分公司持续深化转型，每月初制定节日营销方案及月爆点活动方案，统一制作宣传海报及微信链接，支撑网点发展。依托集采积分系统及客户经营支撑系统，确保各项活动落地，实现经营过程的有效管控。全年储蓄存款增加2.13亿元，加办电子银行8741户，聚合支付697户。代理保险计划按月分解到网点，从宣传费到宣传品做到全方位支撑，分档设定不同的营销奖励标准。制定PTS联动营销方案，网点分组PK，全公司上下营造出比、学、赶、帮、超的活跃氛围。至年底，实现代理保险费2.16亿元。

渠道平台业务持续增长　夯实渠道建设基础，发展壮大村邮乐购会员队伍。2017年，建成村邮乐购站点328个，建设县级仓配中心1处，支局分仓4处。已悬挂邮政集团标准店铺标牌的站点227个，安装电视200台，邮掌柜系统会员3.46万人，网点均105人；创建微信群269个，微信人数2.52万人；入库商家从邮政采购货物多于800种的邮掌柜148个；成功招商入驻商户14家，入驻商品246种。开展多种活动，促进批量销售业务发展。为更好地服务广大群众和企业与创维电器厂家联合组织大型内购活动3次，参与人数1280人次，形成批量销售额120余万元；开展“入车险赠旅游”车险业务活动，出车险257单，使用旅游联票79套，使用分销商品厨房七件套139套，批量销售古河大米120袋；9月1—19日，开展“9·19”电商购物狂欢节活动，实现批量销售额230.31万元。实施渠道制胜战略，通过打通并掌控销售渠道，抢占更多与消费者接触的机会，占有最大市场份额，促进业务联动发展。年内实现批量销售金额801.85万元，为年计划的100.23%；完成代购业务4404笔，发展储蓄4475万元，车险出单588单，销售旅游年票3340本，揽收包裹476件。

包裹快递业务发展　以加快包裹快递专业转型发展为契机，持续推进营、揽、投（邮政营业、揽收、投递）体制建设，强化专业精细化管理，以实现“市场开发能力、盈利能力、服务品质”同步提升为目标，确保包裹快递业务市场占有率稳步提升，保持包裹快递业务持续良性快速发展。全年实现包裹快递业务收入173.2万元，为年计划的100.58%。发展农产品进城业务，春节期间干海鲜寄递快递包裹4000件，收入2万元；“五一”劳动节期间寄递温室甜瓜1000多件，收入1万元。推进“仓储+寄递”服务项目发展，成功开发客户1户，日均发货量80余件，实现双方互利共赢。以村邮乐购为载体，将营、揽、投一体化改革持续延伸，使包裹代收依托渠道平台快速推进。全县村邮乐购全部搭载邮件代收、代投业务，实现了“以投促揽，以揽带营”，市场竞争力得到增强。

文化传媒业务创新发展　2017年，邮政集团乐亭县分公司面对互联网和数字技术发展的新趋势主动作为，全面发展具有邮政特色的文化传媒业务。全年集邮收入227.71万元，为年计划的101.6%。实现报刊流转额759.1万元，为年计划的101.8%。函件业务收入166.26万元，为年计划的100%。

姜各庄支局获评“全国青年文明号”　在开展“全国青年文明号”创建工作中，姜各庄支局成立创建工作领导小组，制定《“共青团文明号”行为规范》。创建活动以“服务群众、奉献社会”为宗旨，以“树文明形象、创一流服务”为目标，秉承“用心做事，诚信做人，快乐工作，幸福生活”的理念，以求真务实的态度实现了生产安全文明、岗位技能精湛、思想先进活泼、作风严谨求实、贡献自觉突出，激励和引导青年职工爱岗敬业、争先创优，为社会提供便捷、高效、优质的服务，并由此造就了一支不怕吃苦、敢打硬仗、永不服输的青年团队。2010—2017年，姜各庄支局储蓄余额实现连续翻番，由9500万元到突破4亿元，列全县邮政储蓄余额第一位，成为全省农村网点业务发展的领头羊，受到省、市、县公司好评。2011年，姜各庄支局获评市级“青年文明号”，2012年获评省级“青年文明号”。2017年3月，邮政集团乐亭县姜各庄支局被团中央、交通运输部等22部委命名为2015—2016年度“全国青年文明号”，为河北省唯一。

中国邮政集团公司河北省乐亭县分公司
总经理　王文涛

【中国联合网络通信有限公司乐亭县分公司】 推进业务发展　中国联合网络通信有限公司乐亭县分公司（简称联通公司）适应互联网业务发展新要求，以规模效益为主线，围绕重点工作，推进业务发展。1—11月，实现主营业务收入4728.73万元，为年计划的93.99%。其中移动网络收入2575.35万元，比上年增长5.25%；固定网络收入2052.62万元，比上年下降13.76%。年内，新增代理商17个，代理商总数达到241个，全年代理渠道发展移动网络用户2.16万户，宽带1838户；新增县智慧Wi-Fi、天网二期、唐山中厚板材有限公司维护服务合同等33个达产项目，可实现增收687.9万元。

提升团队凝聚力　2017年，联通公司以活力激发为着眼点，以效益发展为落脚点，通过各种管理、激励措施提升团队凝聚力。组织农村支局和城市支局的划小承包工作，以竞聘、双选、签订承包责任书等措施作为岗位聘用的主要依据，为想干事的人提供施展能力的平台，为踏实工作的员工提供适合自己的工作岗位，实现人尽其才。对新入职的大学生，安排在一线营销或建设维护岗位进行锻炼，压担子，提要求，在实战中激发其活力。深入开展企业文化培训，组织员工对企业文化进行学习领会，使每位员工自觉在真学实做上下功夫。坚持严格管理与人文关怀相结合，精心打造和谐融洽的工作的环境。

加快基站建设　联通公司采取多项措施加快基站建设，开展网络质量提升活动，重点解决网络覆盖、宽带网速等问题，全面提升联通网络质量。年内新增基站56个，完成近170千米光缆整合基站成环工作，成环率63.5%；EPON设备退网206台，退铜工作正在进行中；完成基站网络的SDR升级改造，实现2G、4G基站共享，关停部分2G老基站，降低了能耗；完成宽带提速扩容工作，对县份核心出口扩容10G，唐山出口中继达40G，保障了联通电视业务的清晰、流畅。

中国联合网络通信有限公司乐亭县分公司
总经理　高玉顺

【中国移动通信集团河北有限公司乐亭分公司】 2017年，中国移动通信集团河北有限公司乐亭分公司（简称移动公司）围绕建设沿海强县、美丽乐亭的目标，以自身网络优势致力于业务发展。坚持求真务实，强化经营管理；加强多方合作，拓展市场空间；实现区域网络深度覆盖，服务水平持续提升，各项工作稳步、快速、和谐发展。全年实现运营收入1.91亿元，为年计划的100%；实现数据业务收入6431万元，为年计划的102%，通话客户市场占有率持续提升。

安全管理　移动公司按照省、市公司相关规范、流程要求，制订管理制度及工作标准，不断加强内部管理和标准化建设，夯实工作责任，加大检查、考核、奖惩力度。通过加强制度建设，强化项目管理，注重党风廉政建设及企业文化建设，营造良好工作氛围。安全管理实行领导责任制，公司经理为第一责任人，具体责任落实到个人。开展消防安全知识培训、消防安全演练、交通安全培训等活动，增强员工安全意识。

市场开拓　移动公司按照上级公司的安排部署，坚持品牌发展，不断提升市场发展空间。将客户群分为家庭市场、宽带市场、集团市场等，并依据市场特点开展营销活动，同时抓住新上工、农业项目的机遇，主动开展工作，大力发展客户群规模。加大宣传力度，努力扩大营销宣传覆盖面和影响力，制作各类户外广告宣传牌238块。强化集团市场的管理与业务服务，对高价值集团、普通集团进行梳理，定期走访，了解集团成员的需求，搞好业务服务。通过大项目带动、小项目引领，为客户经理发展专线树立信心。移动公司发挥“四网”（GSM、TDD、FDD、VOLTE）协同效应，满足语音和数据业务需求。做好发展规划，保障长远发展，提升网络整体竞争优势，实现网络对市场发展的有力支撑。优化管理模式，将作业计划、巡检、优化管理、日常维护等与资源管理相结合，全面提升数据的关联性与准确性。全县在网运行基站802个，其中当年新建4G基站190个；移动电话客户27.69万户，其中4G移动电话客户20.2万户；有线宽带客户14.71万户，年内净增1.15万户；农村宽带覆盖村160个；全年实现业务收入8700万元。

服务质量提升　2017年，移动公司不断树立和提升企业服务品牌意识，突出重点、明确标准，加大服务力度，整体服务质量全面提升。明确职责、优化流程，严格落实投诉服务规定，优化服务质量，客户对投诉服务的满意度得到提升。年内，客户服务满意率98.5%，客户投诉率比上年下降10%，投诉处理满意率98%。设立学雷锋志愿服务岗，建立志愿者值班值守制度，营业厅门口及厅内开设无障碍通道，严格执行无障碍管理制度，树立文明窗口形象。

中国移动通信集团河北有限公司乐亭分公司

经　理　盛　瑜（1月免）

姚晨赓（1月任）

【中国电信股份有限公司乐亭分公司】　2017年，中国电信股份有限公司乐亭分公司（简称电信公司）按照“求发展、讲执行、抓落实”工作思路，以市场需求为导向，加快推进网络升级，深度扩大市场覆盖面，有效推进业务开展。全年实现营业收入6489万元，比上年增长11.5%；宽带用户4.82万户，净增8200户；移动电话用户10万户，净增2.5万户。

网络建设加强　2017年，投资1600余万元新建及利用原4G基站100个，县城区4G覆盖率98%。宽带网络全面提速升级，年内新增光纤覆盖2.72万户，其中新建光纤小区1.64万户，AD小区光纤改造7833户。投资300多万元，支持政企项目建设，实施政企类专线及电路建设，为行政、事业、企业单位信息化发展保驾护航。完成县城区环网规划和实施，4个汇聚类机房均实现双路由保护，并具备了电信全业务接入能力。年内乡镇环网新建站点39个。

开展优质服务　2017年，电信公司根据客户需求，不断增强服务意识，提升服务水平，坚持主动、准确、合理原则，全力为客户提供方便快捷服务。规范执行基础服务标准，推行规范化服务。提倡微笑服务，做到客户入厅有问候、办理业务有引导。落实首问负责制，最先接受客户信息的员工，负责解答或者引导到相关窗口办理业务，做到全程服务。创新服务环境，营业厅内设咨询台及多种便民特色服务，对于客户的诉求，采取一站式解决措施，最大限度满足客户要求。强化教育培训，利用早会、周会开展文明优质服务规范教育，提高员工遵守职业道德自觉性，提升员工的服务意识和服务质量。缩短宽带装机时限，城区由原来的48小时缩短到16时前的工单当日通，16时后的工单次日12时前通。针对宽带故障保修，提供22时前电话夜诊服务。有效缩短障碍修复时间，保障24小时正常联网。高效开展客户各项感知提升活动，客户感知良好率99.1%，全业务投诉率28.4%，宽带业务投诉率12.9%，实体渠道投诉率3.9%。

中国电信股份有限公司乐亭分公司

经　理　刘建新（9月免）

杨立阳（9月任）

商贸服务业

批发和零售

【概　况】2017年，全县商贸服务业中批发和零售业、住宿餐饮业、居民服务修理和其他服务业、信息传输与计算机应用服务及文化体育和娱乐业发展呈增长趋势，其中批发和零售业、住宿餐饮业增长较快，注册资金1000万元以上企业730家。私营企业和个体工商业成为流通主渠道，商贸市场呈繁荣发展业态。河北港湾贸易有限公司等批发企业，河北夏日实业集团有限公司、乐亭大东方商贸有限责任公司等零售企业，成为居民消费的主要卖场。全县批发和零售业总数18359户，其中私营企业1188户，个体工商户16077户，其他企业1094户，从业人员25159人。全年新登记5051户，其中私营企业18户，个体工商户4783户，农民专业合作社250户，主要以建筑材料、钢材、电子产品、日用品批发零售为主。全年实现社会消费品零售总额147.19亿元，比上年增长10.8%。按经营地分，城镇零售额68.17亿元，增长10.2%；乡村零售额79.02亿元，增长11.3%。按行业分，批发业零售额21.83亿元，增长11.9%；零售业零售额114.76亿元，增长10.7%；住宿业零售额5800万元，增长13.5%；餐饮业零售额10.03亿元，增长10%。

【经营体制】全县入统限额以上批发和零售业法人企业16家，其中批发企业5家，零售企业11家。在限额以上企业总数中，私营企业16家，均为私营有限公司。全年限额以上批发和零售业实现零售额7.88亿元，比上年增长14%，其中粮油、食品类下降38%，服装、鞋帽、针织品类增长6.4%，家具类增长28.4%，中西药类增长70.3%，煤炭及制品类增长84.4%。

【经营业态】2017年，县内商业零售业在常规门店营销的基础上，网上购物成为消费的常态。电子商务不断发展，1月乐亭县电子商务进农村综合示范项目通过省商务厅的验收，3月乐亭县通过商务部国家级电子商务进农村综合示范项目的绩效评价，县商务局被省商务厅评为河北省农村电子商务全覆盖先进单位。农村综合服务中心、农村淘宝店等成为稳定的新型营销模式，给农民购物、地方特色农产品上线营销带来更大便利。

粮食流通

【指导粮食宏观调控】县粮食管理部门认真落实国家粮食收购政策，方便种粮农民卖粮，超前谋划，合理布局，确定12个收购网点，提前做好仓储及收购准备；鼓励指导粮食企业入市收购，搞好收购服务。全县秋粮收购玉米10.02万吨，夏粮收购小麦1.3万吨，其中国有企业收购4527吨。

全年供应军粮110.5吨，完成供应计划的221%，其中义务送粮77.35吨。同时，以军粮特供店为平台，开展放心粮油进社区、进农村活动，放心粮油产品已覆盖2个超市、8个城乡粮店，全年销售放心粮446.5吨、放心油38.9吨。

加强应急网点建设，全县设有市级应急供应网点3个、县级应急供应网点15个；省级应急加工网点2个、县级应急加工网点3个。

【储备粮轮换】 2017年，按照轮换计划，完成县储小麦4527吨轮出和轮入，玉米3000吨的轮入工作。年末，首次采用电子竞价交易方式对储备粮进行竞价销售。委托河北省粮油批发交易中心根据市场行情，通过国家粮食电子交易平台采用网上公开销售竞价的方式，对县储5000吨玉米组织了交易工作，8家粮食企业参与竞买。此次交易高出起拍底价20万元，溢价率达2.33%，为以后县储粮食轮换工作摸索出新的路径。

供销商业

【概　况】 2017年，乐亭县供销合作社联合社（简称县供销联社）坚持服务“三农”办社宗旨，以密切与农民利益联结为核心，以提升为农服务的能力为根本，拓展服务领域，提高服务水平，着力把供销联社打造成为农民生产生活服务的生力军和综合平台，成为党和政府做好“三农”工作的抓手和载体。在组织体系、服务体系、经营体系、金融体系创新方面均圆满完成了综合改革任务，得到上级领导的肯定。

【供销社综合改革试点任务完成】 乐亭县作为全国供销社综合改革的试点县，按照上级关于综合改革的要求，对照改革试点工作方案，加大改革推进力度，狠抓改革任务的落实，历时3年多，完成了试点任务清单的各项工作任务，综合改革取得阶段性成果。4月，唐山市深化供销社综合改革领导小组对乐亭县供销社综合改革情况进行验收，给予很高评价，认为乐亭县供销社综合改革工作创造探索出了可复制、可推广的经验和做法，新型基层组织建设中选人用人机制被誉为“乐亭模式”。年内，县供销联社接待海南省、黑龙江省、新疆生产建设兵团及省内各地同行300余人次。

【新型基层组织体系建设】 2017年，县供销联社按照强化合作、农民参与、为农服务的要求，以密切与农民利益联结为核心，以合作制为重点，积极推进基层组织改造，加强农民合作社联合社体系建设，推动供销合作社与农民合作社融合发展。针对改制后供销社网点瘫痪、职工下岗、功能缺失的实际，县供销联社在成立乐亭县新合作供销有限公司、乐亭县供销农民合作社联合社、农村产权交易有限公司和河北联业电子商务有限公司的基础上，把基层网点建设作为供销社组织体系创新的重要内容，在全县14个乡镇（街道）注册组建新型基层供销社和供销农民专业合作社联合社，形成覆盖全县的新型供销社服务体系。

实行开放办社，在新型基层社负责人的选任上，推出“双向培养”（把农村致富带头人培养成新型基层社负责人、村干部，把新型基层社负责人、村干部培养成农村致富带头人）工程。全县选拔42名有实力的新型农业经营主体负责人和社会能人及村干部充实到基层供销社。

在农民合作经济组织建设上，县供销农民合作社联合社重点抓好发展前景好、带动性强、服务功能强、品牌效益高的专业合作社的培育。年内培育专业合作社10家，到年底全县各类农业专业合作社935家。其中国家级示范社3家，省级示范社12家，市级示范社45家，县级示范社96家，合作社成员2.5万人。

【农业社会化服务体系建设】 县供销联社投资50万元在县皮毛市场一楼营业厅建成面积600多平方米的县供销社农村综合服务中心。综合服务中心环境整洁、设施完备、功能齐全、服务一流，是县供销联社为农民倾心打造的集供销农民专业联合社、电商服务、合作金融服务、农民培训、农民专业合作社财会管理服务、农村产权交易及农业银行业务服务等功能为一体的综合服务平台。

县供销联社与县城投公司联合，建立河北联业电子商务有限公司，依托乡村两级服务网络，实现全县行政村电商服务全覆盖。农民足不出村，就可办理政务、事务、网购等业务，打通了为农服务的“最后一公里”。在农产品销售上，依托京东、淘宝、阿里巴巴等社会第三平台开馆开店，建立“中国特色乐亭馆”，年内销售农产品价值250万元。

在完成县农村产权交易中心注册及办公设施配备齐全的基础上，筹备乡镇、街道农村产权交易分支机构的组建，制定乡镇、街道农村产权流转交易流程，并作为县级中心的分支机构，做好与市县两级中心的业务对接，着力推进县乡两级农村产权交易体系建设。

针对农村一家一户土地零散、不易耕作及管理的实际，依托专业合作社开展土地托管服务。全县托管土地面积3867公顷，其中古河原野水稻专业合作社托管稻田面积1000公顷，实行统一育秧、统一管理、统一收割的生产模式，年产绿色无公害优质稻谷1.2万吨。

【农村经营体系建设】 投资4400万元，在新寨、阎各庄、汀流河、庞各庄4个乡镇建成社区综合服务及配送中心，经营范围为农业生产资料、日用品、农产品、冷链物流、农民技术培训等。

组织农产品流通对接活动，年内举行较大规模的对接活动2次。其中供销电子商务有限公司与各专业合作社的对接，就专业合作社的农产品依托电商平台开展网络直销达成合作协议或意向。

依托乐亭镇韩坨供销分社，投资3280万元，建成现代农业园区。园区内有6500平方米玻璃智能育苗室2座，年培育优质苗木2000万株；1250平方米智能日光温室8座，采取数据即时采集和自动管理技术，并利用农业科技信息服务平台建立农技知识库（为国内高端设施农业项目）。

贯彻落实国务院新《食盐专营办法》等盐业法律法规，推进盐业体制改革。针对国家新出台的经营区域和食盐价格“两放开”的食盐专营政策，采取积极措施，调整经营结构，实行销售数量与职工收入挂钩的激励机制，并拓展了食品、粮油、调味品等非盐业务经营，实现了企业效益与职工收入同步增长。县供销联社与市盐政处、县政府食安办、县公安局开展以打击私盐贩销、净化盐业市场为重点的联合执法行动，查处盐业违法案件6起，没收违法盐产品0.7吨。

【农村合作金融体系创新】 围绕合作金融保险服务，打造满足农民群众多种需求的综合服务平台，为各类农业经营主体提供高效便捷、规范有序的综合服务。创建农村金融超市。县供销联社与农业银行合作，发挥双方资源优势，在马头营镇、庞各庄乡、大相各庄乡、阎各庄镇、毛庄镇建立农村金融超市，发展涉农普惠金融服务，将银行的理财产品、供销社的保险产品、“供销一卡通”发放到农户。年内发放“供销一卡通”1万张。开展车辆安全统筹业务。与阳光财产保险公司合作，面向系统内社属企业和合作加盟企业、连锁企业、农业专业合作社等单位和个人开展车辆安全统筹，全系统参保车辆300辆。开展供销保险业务。与人保寿险公司等保险单位合作，探索合作保险业务新路径，年内落实保险额50万元。

县供销合作社联合社

主　任　翟新存

烟草专卖

【卷烟经营】 2017年，乐亭县烟草专卖局（营销部）深入贯彻党的十九大精神，严格落实中央八项规定和国家烟草专卖局九条要求，深化市场化取向改革，加强科学化管理监督，推进人性化队伍建设，各项工作取得积极进展，较好地完成了年度目标任务。全年实现卷烟销量8.44亿支，销售额3.87亿元，累计实现单箱值2.29万元，比上年增长5.05%。

【卷烟市场监管】 2017年，县烟草专卖局（营销部）加大执法力度，严厉打击卷烟违法行为，全年查获违法违规卷烟案件76起，查扣卷烟73.51万支、涉案金额38.12万元；查获利用快递、物流超规定邮寄及互联网违法销售卷烟案件8起，查扣卷烟7.54万支，涉案金额8.97万元，移交公安机关2起，刑拘3人，其中批捕1人。破获国标案件1起，5万元以上案件1起，严厉打击了扰乱卷烟市场经营秩序的非法行为，卷烟市场得到净化。

商贸仓储物流

【概　况】 2017年，县委、县政府高度重视商贸仓储物流业的发展，按照“繁荣市场、搞活流通、建设现代物流”的基本思路，加强市场体系建设，发展第三产业，繁荣城乡市场，商贸仓储物流业得到较快发展。已形成以冀东国际农产品物流中心、乐亭夏日大型综合超市、乐亭大东方购物广场等为龙头，以17个分布在县城、乡村的农贸市场、9133户商业批发和零售商户为支撑的遍布城乡的综合商贸仓储物流市场体系。主要仓储物流企业有乐亭夏日大型综合超市、乐亭大东方商贸有限责任公司、唐山圣大物流有限公司、唐山吊桥食品有限公司等。市场的不断完善和发展，为广大人民群众提供了良好的购销环境，为提升县域经济活力，促进经济社会发展起到积极作用。

【乐亭夏日大型综合超市】 乐亭夏日大型综合超市是乐亭县第一家大型综合超市，营业面积1.2万平方米，有员工180人，销售的商品逾2.05万种。

一楼、二楼为超市，一楼以小食品、调味品、米面油、生鲜日配为主，另有夏日主食厨房和时尚蛋糕房。夏日蛋糕房每天制作各式甜面包及欧式特色糕点等烘焙食品50余种，并不定时举办DIY亲子活动。二楼以日化、针织、图书、玩具、家电、鞋品为主。三楼为服装，有流行女装、休闲棉麻服装、舒适老年装及青绅西服等。

乐亭夏日大型综合超市秉承“诚信为本，和谐共赢”的企业宗旨，视商品质量为生命，强化管理，严把商品质量关；以设施齐全、环境优雅为顾客提供“快乐、优惠、便捷、满意”的购物环境，让消费者轻松购物、放心消费。2017年营业额3373万元，缴纳税金96万元。

【乐亭大东方商贸有限责任公司】 乐亭大东方商贸有限责任公司（简称大东方商贸公司）成立于2005年，注册资金3588万元。大东方商贸公司集超市、百货零售批发、物流为一体，是县内商业流通企业中规模大、经营品种多、经济实力强、市场占有份额高的民营企业。下设乐亭大东方物流有限公司和大东方购物广场西城店、东城店、水韵名居店、御景家园店、胡家坨店、新寨店、汀流河店7家直营店。经营品种达4万多个，同时代理可口可乐、百事、康师傅、红牛、加多宝等国内外10多个知名品牌，还有木槿生活、屈臣氏、婴幼儿游泳馆等店中店作为经营补充形式入驻。

乐亭大东方物流有限公司成立于2010年，是在原大东方物流配送中心的基础上组建的，坐落于县城区工业聚集区，投资5465万元，建筑面积1.78万平方米，建有物流仓库、商品展示楼、商务信息中心、办公楼、地下冷库等。大东方购物广场西城店，2005年9月开业，地处县城区金融大街与永安路交叉路口东南角，营业面积1.2万平方米，有近4000平方米的停车场。一楼为大型超市，二楼为家电、鞋帽、化妆品，三楼为大众服饰，四楼为品牌服饰、童装、针织品、床品。大东方购物广场东城店，2012年9月开业，位于县城金融大街东延中段路北，投资2.8亿元，营业面积4.3万平方米，有7000平方米的门前广场及1万平方米的地下停车场，是集购物、餐饮、娱乐、休闲等功能为一体的大型综合超市。一楼为1万平方米的大型综合超市，二楼为家电、化妆品、电玩、箱包、钟表、鞋、金店，三楼为品牌男女装、大众男女装等，四楼为快餐、家居区、运动服饰、童装等。

大东方商贸公司以“诚信、敬业、务实、创新”的企业精神，打造大东方的企业文化；秉承“信誉为本、切实维护消费者和供应商的利益，让顾客、供应商、员工都满意；不求眼前利益，但求基业长青”的经营宗旨，坚持以实惠的价格、优质的商品、诚实守信的经营理念及周到热情的服务，为顾客提供一个便利、优质、实惠的休闲购物服务平台；诚实守信，依法经营，保证商品和服务质量，与社会各界人士一起携手共创和谐消费环境。2017年，大东方商贸公司营业额1.79亿元，纳税588万元。

【乐亭东购商场】 乐亭东购商场坐落于县城金融大街与大钊路交会处东南角，由东安超商重装于2017年5月开业，是集生鲜副食、时尚男女装、床上用品、休闲娱乐等为一体的综合商场，营业面积3000多平方米，内设中央空调，装饰美观，环境舒适。

一楼为超市，经营副食调料、日用百货、烟酒茶糖、蔬菜水果、日化用品等；二楼主要经营男女式休闲鞋、品牌皮鞋，男士裤装、休闲装，童装等，并设有儿童乐园；三楼为版型新颖、用料考究的女装和床上用品、睡衣、箱包等。

东购商场以“益国、益民、益东安”为企业宗旨，坚持“诚信经营、顾客至上”的经营理念，以优质的商品质量、完善的售后服务、舒适的购物环境回馈顾客，让消费者买得放心、用得舒心。

【唐山吊桥食品有限公司】 唐山吊桥食品有限公司位于冀东果菜批发市场（冀东国际农产品物流中心）南侧，注册资金4000万元。经营范围为蔬菜、瓜、果、甜玉米、青豆、水产品等食品的加工、销售；蛋、禽、肉销售；粮食蔬菜种植、销售；食品、蔬菜仓储；普通货运；餐饮服务；广告设计、制作、发布；货物进出口等。2017年作为物流标准化试点企业，在县委、县政府和市商务部门的领导、帮助、支持下，严格按照物流标准化的要求，学习外地同行业的先进经验，启迪思路，转变观念，提高物流企业的运营效率和经济效益。在运营过程中，从唐山联辉托盘租赁有限公司引入标准化托盘，租赁1100片，并配有产品运输车用于商品搬运、装卸和货物运输。全年加工生产冷储青豆、甜玉米成品粒4200吨，在销售过程中全部采用物流标准化形式，用电叉车和标准化托盘将产品入库、出库装车，收到良好成效。标准化货架和托盘的使用提升了库房使用面积和货物的存储空间，货物分类和分拣更加规范，每个工人的产出比提高25%，生产成本降低15%，经济效益显著提升。

【唐山圣大物流有限公司】 坐落于乐港公路以西、南外环路以南，注册资金2500万元，占地面积3.33公顷。经营范围为肉禽、水产品、水果、蔬菜冷藏、销售；制冰、售冰；方便食品、速冻食品制造、销售；普通货运、普通货运（箱式）；货物进出口等。年储藏各类农产品12万吨，其中加工畜禽肉类及水产品2万吨，果菜类产品6万吨，年代储果菜4万吨。2016年唐山圣大物流有限公司被确定为唐山市物流标准化试点项目单位，建成1.1万平方米冷库1座，制冷系统安装完毕；建成高1.2米、宽3米的标准装卸月台，由北京顺宏恒基商贸有限公司购入2000立方米的标准货架46组，安装完毕；从唐山联辉托盘租赁有限公司租赁标准托盘1100片，购置电动叉车1辆、福田冷藏车2辆；电脑、打印机等设施齐全，安装了仓储管理、运输管理等信息化系统。2017年，唐山圣大物流有限公司标准化建设项目已基本完工，实际完成投资72.05万元。

住宿餐饮

【概　况】 随着县域经济的发展和居民消费水平的提高，乐亭县住宿餐饮业保持较快发展势头，服务环境和服务质量不断提升。全县二星级以上宾馆酒店5家，包括承启大酒店（四星级），明盛商务酒店（三星级），祥瑞大酒店、凯隆宾馆、双麟大酒店（二星级）。有承启大酒店、双鳞大酒店、祥瑞大酒店、凯隆宾馆、格林豪泰酒店5家限额以上住宿餐饮企业和乐鼎大酒店、金石饭店、丰源宾馆等规模较大酒店、饭店。各类火锅店、海鲜烧烤店、灶台鱼、饺子馆、观光园、农家饭庄等特色经营遍及城乡。园中园吊桥快餐、大东方购物广场快餐等快餐网点适应群众需求，受到欢迎。肯德基、米兰西点、港轩茶餐厅等西式快餐也入驻县域，为乐亭美食增色添彩。农村餐饮业持续发展，乡镇所在地饭店规模不断扩大，服务档次逐步提升。以服务农村红、白事为主的聚餐服务经营户（亦称“流动餐桌”）规模日渐壮大，以便捷、实惠受到村民欢迎。

【限额以上住宿餐饮业】 2017年，入统限额以上住宿和餐饮业企业3家，其中住宿业2家，餐饮业1家。按注册类型划分，有限责任公司1家，私营企业2家。年末从业人员150人，营业额2712万元。

【丞起酒店管理公司】 丞起酒店管理公司包含

承启大酒店和丞起观光园生态餐厅两个实体单位。

承启大酒店位于县城大钊路与茂源街交会处西北角，为四星级旅游饭店，占地面积3公顷。由主楼、2号楼和千人宴会大厅3座主要建筑物组成。主楼建筑6层，有双人标准间、豪华单人间、套房和豪华套房77间套。2号楼3层，有双人标准间62间套。客房内均设有中央空调。承启大酒店设有宴会大厅、中餐厅、咖啡厅、酒吧、大堂吧等，并有VIP厅房21间，可同时容纳2000人就餐。餐厅主要经营新潮港式粤菜，日式、法式烧烤，火锅及海鲜和家常菜为主的地方菜，以丞起颐天园现代农业园自产有机蔬菜、五谷为原料，为客人提供健康生态的美食享受。丞启大酒店备有多功能厅、桑拿、洗浴中心、健身房、台球、乒乓球、沙弧球、自动棋牌室、塑胶篮球场、羽毛球场等娱乐健身设施，酒店二楼"承启艺廊"展示和经营名人字画，突出酒店的文化内涵。承启大酒店有大、中、小会议室3个，大会议室可容纳160人开会，有多媒体投影仪、音控设施，宽带上网等，并设有贵宾厅1个，以满足VIP客户会客需要。酒店采用智能化中控和网络通信系统，安装有消防设施自动监控中控和楼内外无盲点监控系统，并在主楼实现了Wi-Fi全覆盖。承启大酒店秉承"作为乐亭改革开放的窗口形象不变，为乐亭经济社会发展当好后勤的决心不变，为乐亭父老乡亲和内外宾客服务的宗旨不变"的经营宗旨，千方百计提高服务质量，优质低价，让利于百姓。2017年实现营业收入1112万元，缴纳税金77万元。

丞起观光园生态餐厅坐落于唐港高速公路乐亭出入口东行200米路南，距县城中心城区3000米，是唐山地区最大的阳光生态餐厅之一。营业面积1万余平方米，内有汉王府、唐王府、大鼓巷、江南苑、通透包房等各具特色的大厅5个，VIP包房34间，并设有多功能大厅，可同时容纳800人就餐。生态餐厅所用蔬菜以生态园种植的生态蔬菜和五谷为主，采取科学的烹饪方法，保留食材的原汁原味。生态餐厅利用现代科技温室技术，模拟适合南方植物生长的自然环境，展现多种植物生长群落，配之以山石、小溪、小桥，让客人无须远足即可了解南方植物的生长习性，与杧果、火龙果、台湾莲雾亲密接触，在体验大自然美景中享受美食带来的愉悦，享受美食之余还可以采摘有机果蔬，体验田园生活带来的乐趣。2017年实现营业收入633万元，缴纳税金26万元。

【唐山市双麟餐饮服务有限公司】 唐山市双麟餐饮服务有限公司为综合餐饮服务有限公司，辖双麟大酒店、乐鼎大酒店、双麟9918海鲜火锅、捞鱼尖杂鱼馆、滦州双麟别苑等实体性餐饮企业。

双麟大酒店　乐亭双麟大酒店位于县城大钊路中段路东，与李大钊纪念馆隔路为邻，为二星级旅游商务酒店。有客房29间，中型会议室1个，酒店配有餐饮包间和大厅，可提供200余餐位。菜系以乐亭传统菜、本地海鲜，京东菜为主，为顾客提供健康无添加、好菜品源自好食材的菜肴，让顾客吃出美味的同时又吃出健康。酒店多次组织骨干员工赴外地学习先进经验，研发改进的新菜品更符合当地顾客和外地客商的口味。2017年酒店进行升级改造，使环境更加舒适，卫生更加整洁，服务更加周到。双麟大酒店已成为乐亭县城地标性建筑。全年接待顾客10万余人次，实现营业收入930万元，纳税50多万元。

乐鼎大酒店　位于大钊路北段路西，为二星级酒店。乐鼎大酒店是专业的宴会型酒店，提供各种宴会、聚会、旅游团餐等优质接待服务。设有2个宴会大厅，4个中餐厅，可同时容纳1000余人就餐；大、小会议室各1个，可容纳200余人开会；客房50余间，有豪华套房、大床房、3人间、标准房，所有房间提供免费宽带、有线电视，设有独立卫生间，提供免费停车场。全年接待顾客12万人次，实现营业收入950万元，纳税58万元。

【格林豪泰商务酒店】 格林豪泰商务酒店位于县城茂源街东段路北、县第三初级中学对面，建筑面积5665.46平方米，一楼为前台大厅，二至五楼设客房86间，其中标准间38间，宽敞大床房32间，温馨家庭房7间，浪漫主题房

7间，豪华婚房2间，可满足170余人住宿需求。高速光纤全覆盖，24小时免费Wi-Fi，液晶闭路电视、独立静音空调、全天候热水系统供水，内设多功能会议室可容纳100余人开会，投影、音响等设施齐全。前后院提供免费停车场。格林豪泰商务酒店秉承“诚信为本、宾客至上”的管理理念，为顾客提供“超健康，超舒适，超价值，超期望”的高品位、高性价比的产品和服务，给顾客以“安静、健康、友好、舒适”的休憩空间。2017年实现营业收入139.74万元，缴纳税金6.31万元。

居民服务

【居民服务和修理业】 2017年，居民服务和修理业主要以家政、机动车修理、电子产品及日用品维修为主，全县实有2386户，年内新登记454户，其中私营企业32户，个体工商户422户，从业人员864人。在全部居民服务和修理业中，有规模以上企业3户，营业收入4335万元，缴纳税金16万元（营业税及附加10万元，所得税6万元），实现利润157万元。

【信息传输与信息技术服务业】 2017年，全县有信息传输、软件和信息技术服务业企业142户，其中私营企业111户；从业人员283人。

【文化和娱乐业】 2017年，全县有文化和娱乐业18户，其中文化部门办5户，其他部门办13户；从业人员132人，其中文化部门办54人，其他部门办78人。

市场建设

【概　况】 2017年，乐亭县市场建设服务中心（简称县市场中心）认真贯彻县委十三届二次全会精神，围绕建设沿海强县的奋斗目标，以“繁荣市场，服务百姓”为宗旨，创新工作理念，以搞好市场管理与服务为工作重点，保障市场体系的平稳运行；以党的各类教育活动为载体，改进作风、严管队伍、苦干实干，全力推动各项工作稳步开展。

【市场项目建设】 县市场中心坚持把项目建设作为工作的重中之重，按照县委、县政府的安排部署，投资100多万元，完成城关集贸市场的搬迁工作，4月23日新建市场开始运行。8月，重新启动因搬迁关闭近3年的汤家河集贸市场，使之正式运营。12月15日对城南批发市场进行整体搬迁，由原址搬迁至新皮毛市场南部，批发运营环境得到改善；妥善安排富强街农贸市场西厅、北厅闲置区域，通过面向社会公开招标成功引进景天大酒店入场经营。

【市场环境卫生整治】 加大县城及乡镇集贸市场环境卫生整治力度，投资13.5万元对富强街农贸市场外围墙体、停车场栏杆、公厕等进行升级改造，增加人力、物力提升市场服务水平，加强卫生整治工作，多次集中清理市场内外卫生死角，确保在创建活动中对标达标，展示良好形象。继续实行全县市场卫生联查评比制度，对各乡镇集贸市场进行不定期卫生巡查督导与横向评比，保障集贸市场环境卫生持续优化。

【市场修缮】 县市场中心以优化市场管理服务、便捷交易为切入点，加大市场修缮投入力度，逐步改善市场环境，提高市场服务功能。投资50万元，对姜各庄市场、汀流河市场等7个集贸市场进行局部铺垫、修缮；投资18万元对曙光社区市场进行升级改造，设彩钢隔间12间，并进行摊位重新招租。

【租费收入稳中有升】 县市场中心加强集贸市场摊位的管理，不断提高服务水平，采取多种措施控制集贸市场摊位萎缩下滑的局面，稳定各商品销售区摊位数量，稳步提高摊位费收入，全年实现摊位费收入1060万元，比上年增长6.64%。

【食品安全】 县市场中心以维护群众食品安全为出发点，提高群众对食品安全知识的了解，增强群众食品安全意识和依法维权的信心，认真落实流通行业食品安全责任，开展食品安全宣传教育活动，向辖区食品加工企业、商业店铺、居民发放食品安全宣传材料，强化食品经营者诚信守法经营，做到不合格食品不出厂、不安全食品不销售、不卫生食品不上桌。在全县重点区域悬挂食品安全宣传条幅，营造浓厚的食品安全氛围。2017年，富强街农贸市场食品信息速测中心按照县市场监督管理局及上级文件精神，完成各项速测任务，并投资8000多元对检测设备进行升级，投资5万元购买检测试剂，每天有专人负责食品检测；把每月17日、18日确定为公众免费检测开放日，食品安全氛围得到提升。

县市场建设服务中心

主　任　边志功

外经外贸

【概　况】 2017年，全县有外贸经营者备案企业110家，其中有进出口实绩的企业28家，含出口企业22家、进口企业6家。出口大宗产品为钢材，其他有五金农具、大笤帚、服装、汽车零部件、冷冻玉米粒、冷冻豌豆粒、矿渣微粉、家具等。进口产品主要是无烟煤。年内新增备案企业10家，变更22家。

【进出口业务】 2017年，乐亭县大宗出口产品主要是钢材。因受国际国内钢材价格倒挂和个别出口大户从总部公司走出口的影响，致使进出口业务下滑，出口额下降。年内，全县实现进出口总额29648万美元，其中出口总额5963万美元，进口总额23685万美元。

【进出口企业参展参会】 2017年，县商务部门组织企业参加“5·18”中国廊坊国际经贸洽谈会进出口商品展等各种展览会、博览会、洽谈会，支持企业开拓国内、国际市场，加强与国内、国外企业的交流合作；组织企业参加外贸政策业务培训会、跨境电商培训会等各种培训会、推介会，帮助企业提高业务水平，增强开放、创新、转型意识。

电子商务

【概　况】 县委、县政府高度重视电子商务的发展，特别是获批全国第二批电子商务进农村综合示范县后，超前谋划，全力推进，为电子商务发展创造良好条件，县内电子商务发展氛围浓厚，交易额不断攀升。县内规模较大且建有网络运营平台的电商企业有河北联业电子商务有限公司、河北夏日集团电子商务平台、唐山农语实业集团有限公司等。

【河北联业电子商务有限公司】 河北联业电子商务有限公司（简称河北联业公司）是乐亭县城市建设投资有限公司下属的国有公司，注册资金1亿元，2017年有职工23人。经营范围为信息咨询、培训服务，软件开发、计算机网络设备安装与维修，会务服务、形象策划，广告设计、制作、发布，水产品、农产品、日常用品仓储、销售，普通货运、货物配送等。河北联业公司承接了乐亭县农村综合服务中心项目的建设和运行任务，该项目是集社会管理、社会服务、商品服务为一体的便民工程，是社会管理和电子商务相结合的一种创新形式，服务县域企业信息化升级，服务农村青年创业、就业。

在县农技综合服务楼建成乐亭县农村电商公共服务中心，建筑面积2400平方米，包括农村淘宝乐亭县运营中心、京东集团乐亭运营中心、乐亭县农产品研发体验中心、乐亭县农村电商公共培训中心、众创空间、会议室、办公室、业务交流室等。配备电脑98台、百兆光纤宽带1条、20兆光纤宽带1条。

成立有乐亭县青年网上创业导师团，28名导师团成员均为县内对电商创业有一定经验和有专业技术的人员，对全县有志于从事电商创业的人员给予咨询、解答、培训等扶持，帮助一批青年创业者成功开设了网店和微店。据统计，全县在淘宝、京东等电商平台开设企业天猫店铺3家，普通企业店铺10家，个体店铺25家，京东地方馆1家。刘美烧鸡天猫店上架产品50余种，月销售额10万余元；协调京东与唐山绿昕农业开发有限公司签订合作协议，县政府给予背书，唐山绿昕农业开发有限公司建成京东乐亭地方馆，已上线运行，关联县内企业商家12家，上线当地农优特产品8种，确定并准备上传农特产品7种。同时，乐亭县电商公共服务中心开展“好网货”征集评选活动，通过网络投票方式，共征集“好网货”8种，如“呔诚”“千村绿”“乐庄梦蝶”等品牌上网销售，促进了农产品上行工作的开展。

仓储物流配送不再经过乡镇级物流配送中心，由县物流配送中心直接配送到村站。引入阿里巴巴集团菜鸟物流，以县提供的场地为基础建成占地面积1400平方米的县级物流配送中心，实现对全县村淘入驻网点的物流配送全覆盖。实现物流配送的双向流通，打通了农村电子商务“最后一公里”，实现快递服务不留死角、电子商务村级服务站点全覆盖，让村里的货出得去、外面的货进得来，真正实现“工业品下乡”和“农产品进城”双向便捷流通。

【唐山农语实业有限公司】 位于毛庄镇政府南500米，注册资金1000万元，是唐山市新兴涉农大型生态环保企业，下辖农语食品（唐山）有限公司（食品厂）、唐山农语晓镇餐饮有限公司、唐山瑞尔农资有限公司、中国农交网电子商务平台（www.nongjiaow.com)。

农语食品（唐山）有限公司（食品厂）坐落于毛庄镇政府南500米，占地面积1.45公顷，食品厂主要借助中国农交网电子商务平台营销。主营生态锅底料、生态酱料、各种方便快餐、休闲食品、调味品等，已注册“农语”商标。

唐山农语晓镇餐饮有限公司为餐饮连锁示范店，使用非转基因油料、坚持纯生态、零添加，在国内已成功招商加盟店83家，统一使用农语晓镇品牌，统一配送生态原料。呼和浩特、齐齐哈尔、天津、沧州等各地农语晓镇餐饮连锁店产销两旺。

唐山瑞尔农资有限公司通过中国农交网电商平台，打造新型农资营销模式，实现一县一代理、一村一网店，为热爱电子商务的人士提供了就业岗位，引导全社会不同群体享受网店快捷方便的服务。公司与农民对接，直接与农户签订购销合同，保证货源供应及货品质量。

【河北夏日集团电子商务平台】 河北夏日实业集团有限公司在运营大、中型商超及农村连锁超市的基础上，自2015年始探索电商之路，2016年2月开通“夏日买客”（微信号xrmarket）电子商务平台。该平台是基于商超供应链体系及物流配送资源开发的“互联网+生活必需品”区域性网络销售平台。2017年年底，上线商品10个大类，6000余品种，年订单量近4万笔。年内，河北夏日实业集团有限公司与中国供销电子商务有限公司签订战略合作协议，成立乐亭供销电子商务有限公司，设立“供销e家”乐亭电子商务运营中心（网址：http://hblaoting.gxyj.com），旨在运营“供销e家、供销e批、供销e通”等B2C、B2B模式的全国性电商平台。

【农村综合服务中心】 农村综合服务中心为基层基础平台的全县“互联网+便民服务”体系，先后与河北省“三级平台、两个代办”、国家商务部电子商务进农村及河北省电子商务进农村全覆盖、基层服务型党组织建设、网上审批和网上监察等工作相结合，顶层设计经过了反复论证，历经2014年试点建设，2015年全面推广，2016年功能全覆盖，2017年规范运行等阶段，建设运行的模式得到不断丰富、蜕变和升级，形成县、乡、村上下联系、贯通、联动的服务群众的工作体系。

建设县乡村三个层次：县级指挥中枢——农村综合信息服务平台、14个乡镇（街道）便民服务中心、覆盖全县473个村的综合服务中心；三套网络系统：便民政务服务网站和App、行政审批网上监察系统、对窗口单位和各村级站点视频监督监控系统；农村综合服务中心三项主要功能：政务代办服务、公共信息服务和商品（电商）购销服务。农村综合服务中心是以打通服务群众“最后一公里”、让群众足不出村享受生产生活全方位服务为目标，运用互联网和信息化手段，利用现有村级组织活动场所等公共场地资源，打造集政务服务、社会公共服务和商品服务功能于一体的新型服务空间。

“互联网+便民服务”体系满足群众和企业对生产生活方面服务的需求，给农民创业和企业投资提供了更多便利条件，优化营商发展的软环境，助力县域经济发展和新农村建设。到2017年年底，仅农村淘宝累计网货下乡订单达68.37万笔，成交金额近1.5亿元，参与农村电商村级站点服务和创业就业的达1000多人。

2017年4月，县委政法委在农村综合信息服务平台挂牌“乐亭县综治中心”。

商务管理

【概　况】2017年，乐亭县商务管理工作贯彻落实县委、县政府工作部署，科学研判形势，突出工作重点，强化工作措施，市场监管服务向纵深发展，成品油市场得到治理，安全生产工作稳健运行，汽车销售管理初见成效，市场运行监测稳健开展。

【市场运行监测】严格按要求通过“商务部生活必需品市场监测系统”报送重要生活必需品市场价格监测情况及动态分析；加强数据管理和信息发布，督导相关企业每周通过“商务部重点流通企业监测系统”“商务部重要生产资料市场监测系统”报送数据，加大数据审核力度，逐级核查填报情况，保证了所报数据质量。新增大东方市场监测点1个，全县监测点增至3家，并新增市场预测功能。

【成品油市场监管】2017年，县商务管理部门积极开展成品油市场专项整治行动，各加油站全面供应国六标准车用汽、柴油；高速公路、国道、省道沿线32家加油站全部销售车用尿素，圆满完成72家加油站年检工作。加强对加油站（点）的监督检查，严格核查各加油站按时上报的汽、柴油购销量及进油台账，深入加油站（点）检查安全生产制度、成品油升级达标、进油渠道和油气回收使用情况，每季至少检查一次，重大节日和敏感时期进行全天候拉网式检查，避免事故的发生。

加大执法力度，对辖区内所有加油站不定时检查，查安全隐患、查进油渠道、查油品升级情况，打击黑加油站点，同时开始对县内的汽车销售企业进行全面的执法检查。全年查获不具备成品油批发资质的企业购进成品油的违法案件3起，罚款2.5万元；查获加油站油品未按时升级案件1起，罚款1万元；查获非法经营成品油案件2起，罚款2.4万元；关停非法储油罐24个，处罚流动加油车11辆。

【安全生产工作稳健运行】严格落实责任，按照“党政同责，一岗双责、齐抓共管、失职追责”的要求，层层落实责任，建立了完善的责任体系。开展隐患排查活动，强化企业安全意识，在企业自查的基础上，重大节日和重要活动期间，对大型商场、超市、加油站等重点领域开展安全生产大检查活动5轮次，查出安全隐患47起，全部整改到位。完善安全生产档案建设，顺利通过国家、省安全巡视检查验收，全年商务系统未发生安全事故。

【商务领域大气污染防治】2017年，县商务局高度重视加强大气污染防治工作，改善全县环境空气质量，制定印发《重污染天气应急响应专项实施方案》《2017年大气污染防治工作计划》，印发重污染天气应急响应记录表，记录应急响应时段加油站及加油机的运行情况；通过悬挂条幅、发放明白纸、微信发布等方式，宣传大气污染防治的重要性。突出抓好油品升级工作，全县加油站全部完成了国六车用汽、柴油供应工作。同时严格要求高速公路、国道、省道两侧加油站必须销售车用尿素，在站内显要位置悬挂“我站销售车用尿素”的醒目标识。

【汽车销售管理初见成效】2017年7月1日商务部《汽车销售管理办法》施行后，县商务局对县内汽车销售企业进行调查摸底及备案工作，发放《汽车销售管理办法》单行本和宣传材料进行宣传教育，并对汽车销售企业负责人进行了集中培训。按照市商务局安排，11月6日始对县内汽车销售企业进行全面的执法检查，对违规行为进行治理，全县汽车销售市场逐步得到规范。

商贸企业选介

【河北夏日实业集团有限公司】河北夏日实业集团有限公司（简称河北夏日集团）是从事商业零售、仓储物流、电子商务、新能源购销及相关产业的企业集团，下设16家企业，有员工

1060人。是全国优秀连锁会员单位、全国工商联优秀会员企业、中国食品物流50强企业。所辖乐亭夏日大型综合超市营业面积1.2万平方米；海港夏日购物中心地处唐山海港经济开发区，营业面积2.3万平方米。

河北夏日集团是商务部“万村千乡市场工程”承办企业，在乐亭县及周边地区发展夏日连锁店680家。乐亭夏日大型综合超市、海港夏日购物中心2座大型综合超市和680家农村连锁店总营业面积达10万平方米，形成城乡现代流通体系，已和广大群众的生活紧密联系在一起。总投资2亿元的夏日物流加工配送中心项目一期工程竣工并投入使用，年配送能力达20亿元以上，业务辐射周边100千米。

河北夏日集团电子商务平台（见电子商务分目）。

河北夏日集团能源有限公司依托唐山港京唐港区和自身地域优势，主营新型能源和矿产品进口以及加工、批发销售、仓储、运输业务，致力于新能源的研究、开发和利用，业务范围扩展到山东蓬莱港、江苏连云港等地。

河北夏日集团坚持诚信经营，以商品质量作为企业的生命。通过强化各种管理制度，严把商品质量关，全面实行质量先行责任制。把商品质量责任分解到每一个环节、量化到每一名员工，以严谨的态度保证消费者的利益。

【河北明盛实业集团有限公司】 河北明盛实业集团有限公司（简称明盛实业集团）位于县城富强街1号、乐亭体育中心对面。下辖乐亭县荣泰房地产开发有限公司、乐亭县宏晨建筑安装工程有限公司、乐亭县华晨进出口贸易有限公司、乐亭大东方商贸有限责任公司、乐亭县昱晨混凝土有限公司、唐山首建嘉华水泥制品有限公司、明盛商务酒店、昱晨加油站、安达加油站等经营实体。经营范围涉及房地产开发、建筑安装、进出口业务、商贸物流、煤炭、商砼、餐饮服务等领域。2017年，在册员工近5000人，安置下岗职工300多人，营业收入9.52亿元，缴纳税金6100万元。

明盛实业集团强调“诚实、守信、务实、创新”的核心文化理念，遵循“以人为本，以诚立信”的企业宗旨，秉承“与时俱进，追求卓越”的经营理念，在企业的经营实践中，借助政府的政策扶持，坚持科学发展观，抢抓机遇，开拓创新，锐意进取，走上了开拓发展的快车道。

明盛实业集团在取得良好经济效益的同时，不忘社会责任，积极回报社会，热心公益事业，累计捐款500多万元。

【河北港湾贸易有限公司】 河北港湾贸易有限公司（简称港湾贸易公司）为唐山市德龙钢铁有限公司的子公司，注册资金5000万元，总资产13.08亿元，注册地址为乐安街道商业广场B3栋72号，经营范围为黑色金属产品、生铁、炉料、球团矿、钢坯、钢材、建筑材料、耐火材料、煤炭、焦炭批发零售，机械设备租赁、货物进出口等，有职工60人。

港湾贸易公司在华北、华中、华南地区形成了比较稳定的客户群，主要下游企业有天津市仁爱钢铁有限公司、广东华钢贸易有限公司、无锡市金属材料有限公司等。销售采取预收货款，购进采取预付款的经营模式。具有区域优势、经营优势、管理优势和经营策略，经营范围不断扩大。

公司秉承“诚信、共赢”的经营理念和“以市场为导向”的发展目标，力把公司做大做强。2017年实现销售收入27.46亿元，缴纳税金2340万元，实现税后利润6708万元。

旅　游　业

综　述

乐亭县旅游资源丰富，独具特色。有以“全国红色旅游经典景区”之一的李大钊纪念馆景区为依托的红色旅游，以海滨海岛为特色的蓝色旅游，以生态观光为主题的绿色旅游，三色旅游各具魅力，互为补充，相得益彰。在这里可尽享自然秀色，体验美丽乡愁，感受文化韵律。2017 年，全县接待国内外游客 429.1 万人次，比上年增长 25.3%；旅游总收入 41.75 亿元，增长 34.94%。全县有旅行社 40 家，星级旅游饭店 7 家。

红色旅游

【概　况】 乐亭县是中国共产主义运动的先驱、中国共产党的创始人之一——李大钊的家乡，有着光荣的革命传统，全县人民在民族解放、共和国建立和社会主义建设事业中做出巨大贡献，无数英雄儿女献出宝贵生命。李大钊纪念馆、李大钊故居和革命烈士纪念馆铭记着英烈的业绩，是重要的爱国主义教育基地。

【李大钊纪念馆景区】 2017 年，李大钊纪念馆按照县委、县政府建设沿海强县美丽乐亭、在全省增比进位、在全国争创百强的奋斗目标和重点工作要求，实施项目化管理，突出抓好大钊精神宣传研究，加强基础设施建设，深化精细管理，提升文明服务水平，推动纪念馆工作再上新台阶。全年接待全国各地及海外参观者 132.3 万人次。

举办纪念李大钊英勇就义 90 周年纪念活动 2017 年 4 月 28 日是李大钊英勇就义 90 周年纪念日，市委主办、县委承办在李大钊纪念馆举行李大钊英勇就义 90 周年纪念活动。李大钊亲属代表李建生，市委常委、宣传部部长杨洁，县委书记董立群等县四大班子领导，省、市委宣传部门和党史研究部门相关负责人及全县社会各界代表 600 余人参加。李大钊纪念馆配合县委做好服务工作，精心安排组织环境集中整治、活动背景制作、敬献花篮仪式、《红色追随》配乐诗朗诵的排练及讲解引领服务等工作，圆满完成活动任务。

宣传弘扬大钊精神 立足李大钊生平事迹展览和李大钊故居复原陈列，不断深化讲解，突出思想性、故事性。面向社会开展服务调研，撰写适合各个层次观众的讲解词，做到因人施讲。配合开展“两学一做”学习教育，学习贯彻党的十九大精神，深入研究李大钊思想精髓，挖掘教育内涵，完善讲解词，突出李大钊的坚定信仰、革命精神和高尚情操，突出李大钊是“不忘初心、牢记使命”的光辉典范，体现李大钊精神的现实意义，为党员干部提供生动丰富的学习资源。

走向社会开展巡讲巡演活动。结合党的十九大精神宣传教育，组织宣讲小分队以“宣传十九大、歌颂新时代”为主题开展系列宣讲活动。深入县内部分小学、镇村及秦皇岛燕山大学、河北科技师范学院等地开展“感悟十九大精神、大钊诗文进课堂”“传承李大钊遗志、弘扬十九大精神”“宣传十九大、歌颂新时代——大钊精神进农村”等系列宣讲活动 11 场次，以大鼓、皮影等地方特色表演形式穿插大钊诗文诵读、演讲、情景剧等节目，把习近平新时代中国特色社会主义思想，中国共产党不忘初心、牢记使命的宗旨与大钊精神讲细、讲活、讲透，让听众入耳、入脑、入心。

举办临时展览。为纪念李大钊英勇就义 90

周年，追怀李大钊为创建中国共产党所立下的丰功伟绩，李大钊纪念馆联合省委党史研究室、省档案局、省社会科学院、省委省直工委共同举办《铁肩担道义——中国共产党的主要创始人之一李大钊档案文献展》，并在河北博物院和唐山档案馆展出。展览分6个专题，展出照片180余幅，实物100余件，以丰富翔实的资料展现李大钊为中国共产党的创建、发展做出的突出贡献。编排《李大钊与中国共产党的创建》临时展览，在上海中共四大纪念馆和上海市昌硕文化中心展出；结合京津冀名人故居（纪念馆）联盟举办“秀蕴斯宅——京津冀近代文化名人故居风貌展”，编排《李大钊故居》临时展览，在天津博物馆和北京郭沫若纪念馆展出，社会影响良好。

加强馆校合作。李大钊纪念馆与县教育局、团县委结合，开展未成年人思想道德教育活动。6月，李大钊纪念馆派讲解骨干深入县第一、第二、第三、第四实验小学开展志愿讲解员选拔活动，选聘志愿讲解员44人。此次活动给孩子们提供了一个施展才华、锻炼自我、服务社会的平台，使他们在亲身参与中更好地接受革命传统教育，树立正确的世界观、人生观、价值观，使革命火炬薪火相继，代代传承。

利用报刊、网络、微信等平台宣传。完善李大钊纪念馆网站建设，不断充实新内容，增设社会主义核心价值观和文明旅游宣传内容，及时更新纪念馆工作动态，发布文明旅游信息。以李大钊纪念馆微信平台为基础，以短平快的形式，做好信息反馈工作，年内向上级有关部门报送工作信息24条，及时更新网站25次，发表官方微信25条，3928人次关注纪念馆微信平台，在市以上报刊发表文章5篇。

开展红色旅游推介。结合文明县城创建，开发设计了《李大钊与中国梦》大型邮册、《李大钊碑林碑刻集锦》画册以及文明旅游宣传折页等文化产品6种。配合上级旅游部门做好旅游宣传推介工作。2017年5月参加了市旅游局组织的“相约三岛、美丽唐山”旅游推介会，6月参加了“唐山第27届全国图书交易博览会”唐山景区推介会和第九届河北图书交易博览会。通过宣传视频展示、宣讲演出及发放门票、宣传册等形式提高李大钊纪念馆的知名度和影响力。

设施建设与维修　深入贯彻落实《中华人民共和国文物保护法》，加大对李大钊故居的保护力度。2017年5月，李大钊纪念馆向省、市相关部门申报《李大钊故居安防、防雷项目计划书》和《李大钊故居纪念馆保护项目（安防）规划书》。制定了防汛应急预案，做好夏季防汛工作。对李大钊故居墙体进行遮挡保护，防止墙皮返潮脱落。同时，不断完善故居基础设施，在游客服务中心增加空调2台，更换故居供水水泵。结合李大钊纪念馆亮化工程实施，完成纪念馆八大功绩柱平台地砖的全部更换，对38级台阶两侧松动立面石材进行重新加固，对园区破损地砖进行全面维修，对园区大公厕增加了排风设施。完成了《李大钊故居保护规划编制》。

精细化管理，文明旅游服务水平提升　强化岗位培训和业务练兵，不断提高全馆干部职工业务素质和技能。结合各部室岗位职责，开展理论学习、岗位实践、练兵考核等活动，重点开展了讲解人员文明礼仪、讲解技巧、特色讲解和外语讲解培训及保安人员的管理培训。邀请市消防支队专家对全馆干部职工进行消防知识培训，派讲解员参加全国红色旅游景区讲解员、导游员培训，2人分别获得“中国故事——全国博物馆优秀讲解案例展示活动”河北省选拔赛专业组二等奖、三等奖。

开展文明服务活动，营造文明旅游氛围。按照文明县城创建标准要求，落实各部室文明服务职责，逐项对标达标。本着“以人为本，观众至上”的服务理念，制定切实可行的管理方案、应急预案、便民服务措施等，为观众提供良好的参观条件。所有窗口服务人员统一着装挂牌上岗，使用文明礼貌用语，推行微笑服务；向社会公开承诺“接待观众热心，对待观众诚心，导览观众耐心，观众有难关心，接受意见虚心”“五心”服务标准。分别在李大钊纪念馆和故居建立学雷锋志愿服务站，坚持学雷锋志愿服务活动常态化。志愿者每天坚守岗位，加强文明引导，对不文明行为进行监督、劝阻和制止。优化服务措施，服务中心为游客提供轮椅、手杖、童车、急救药品等服务用品，设置咨询台、监督台、意见箱，在为观众和游客服务的同时，虚心征求观众意见。在瞻仰大厅设置党团誓词、音响、花篮等，为举行纪念活动的单位和个人提供帮助。在园区增设社会主义核心价值观宣传展示牌（栏）、文明旅游宣传牌、加强未成年人教育宣传栏等134块，并在游客服务中心、展厅等观众聚集区张贴社会主义核心价值观和文明旅游相关内容宣传画，在全馆工作人员及游客中开展“文明你我，和谐同行”活动，营造文明和谐的参观氛围。

加强园林建设，打造整洁优美的参观环境。巩固AAAA级旅游景区的创建成果，细化园区的绿化管养和卫生保洁工作。通过公开招投标，与唐山海港诚和物业服务有限公司签订管养合同，制订相关标准细则，责成相关部室负责检查督导，发现问题抓拍并及时通知限时整改，做到全天保洁，杜绝卫生死角死面现象存在。继续加强园区的绿化养护工作，完善园区东侧柏树绿带的补栽；对园区油松和大银杏树进行重点养护，确保成活率。对新建植的百果园和百花园进行精细化管理，打造园林精品景观，打造整洁、优美的参观环境。

加大安保力度，确保人员财产安全。对新招保安人员进行安防、消防知识培训，强化岗位管理，提高职工责任意识和安全意识及工作人员对应急事件的处理能力；加强门卫安检，做好入馆人员的登记核查和安检工作，妥善处理醉酒者、精神病患者及无证擅闯观众的劝阻、制止和治理工作；加强设施设备日常保护、保养和维护，及时更换过期灭火器，发挥监控系统作用，专人负责实时观测馆内情况，及时发现和解决问题；继续推进消防户籍化建设；加强夜间值班，实行领导带班制度和行政值班制度，防范工作做在前，确保观众、文物、财产的安全。

【乐亭县革命烈士纪念馆】 坐落于县城院士街中段路北，始建于1958年，为烈士祠；1976年7月唐山地震时遭到毁坏，1978年进行复建，1980年重新修建，1982年改建为乐亭县革命烈士纪念馆。革命烈士纪念馆为一长方形院落，坐北朝南，占地面积6600平方米，在中轴线上建有大门、纪念塔、纪念堂，纪念堂东侧为骨灰堂，西侧为双拥展室，门内两侧为门房，西侧建有国防教育展室。2013—2014年，县委、县政府出资100余万元，升级改造纪念馆内设施，重新修建纪念馆门口至主干道之间的道路；重新翻修纪念广场、墓区地面；改造消防设施，重新布置展览室内的展板、地毯及内部设施，重新绿化、硬化院落，粉刷建筑物，改变院内院外面貌，纪念馆更加庄严肃穆。纪念馆内修建墓穴50座，安葬烈士30人；骨灰堂内存放29位烈士骨灰。烈士纪念馆发挥爱国主义教育基地作用，加强“褒扬烈士，教育群众”主体功能，以褒扬烈士为主，是集宣传、教育、文体为一体的革命传统教育阵地。

2017年清明节前夕，为新上报的3座散葬烈士墓进行维护修缮，建立档案并树立烈士纪念碑。做好清明节期间革命烈士纪念馆祭扫和“9·30”烈士纪念日公祭活动，发挥爱国主义教育基地作用，教育引导全县人民牢记今天的美好生活是革命先烈用鲜血和生命换来的，要发扬革命传统，建设好幸福家园。年内革命烈士纪念馆接待祭扫、瞻仰的烈士亲属、中小学生、机关团体及社会各界人士5000余人。

蓝色旅游

【概　况】 乐亭县东南临渤海，海岸线长124.9千米，海岸带水清沙软潮平，宜泳带宽广，特别是滦河入海口区域树木生长繁茂、植被丰富，滦河口湿地位于其间，蓝色旅游资源丰富，奠定了发展旅游业的基础。在石臼坨岛（菩提岛）、月坨岛和打网岗岛划转唐山国际旅游岛托管后，县委、县政府及时调整发展方向，在老米沟河入海口与二滦河入海口之间，原碧海浴场东侧，开发建设碧海浴场（星星湾浴场），在二滦河与滦河入海口之间，规划开发滦河口生态旅游区，打造以养生度假、生态休闲、娱乐体验为主题的中国北方生态养生湾，已建成滦河口渔乐园。景区的建设发展，壮大了县内旅游产业规模，取得一定的经济效益和社会效益。

【乐亭碧海浴场（星星湾浴场）】 位于县域东南部沿海，距县城25千米，在老米沟河入海口与二滦河入海口之间，海岸带长5千米，宽1千米，总面积5平方千米，沙滩宽50～100米。

沙滩细软平缓，水清浪小，水质清洁，气候宜人，是天然的海滨浴场。建有儿童乐园、水上乐园、滑沙、停车场及其他配套设施。

景区管理规范，设施设备完善，建有木屋别墅、标准客房260间，游客服务中心300平方米，能为游客提供咨询、客房预订、休息、景区资源展示等服务，帮助游客解决旅游过程中的困难和问题。景区住宿设施有床位300张，餐厅、大排档可同时容纳1500人就餐，会议室能容纳120人开会，旅游品商店7个，厕所5座，娱乐广场能满足游客多种需求。浴场娱乐项目丰富多样，有沙滩摩托、海上冲浪、摩托艇、拉伞等。浴场西侧有渔码头，海产品丰富。游客主要来自北京市、天津市、河北省各地市，2017年接待游客79.74万人次。

【滦河口渔乐园】 位于滦河入海口处，邻东大河渔码头，渔业资源丰富，唐山市东滦海产品养殖有限公司利用原造船厂闲置土地及废弃养殖池改建而成，占地面积2.67公顷，投资1500万元建成木屋客房、生态餐厅、停车场等住宿、餐饮设施。滦河口渔乐园能组织开展渔业观光、海上垂钓、赶海拾贝等活动，游客可享受做一天渔民、吃一顿鱼宴、住一回渔家的乐趣，体验传统渔家生活，为唐山市乡村旅游示范点。2017年投资1500万元，完善景区基础设施建设，提升景区品质，新增马车、摆渡船等项目。全年接待游客17.88万人次。

绿色旅游

【概　况】 乐亭县是传统的农业县，拥有丰富的农业和乡村旅游资源。县内乡村旅游从2005年起步，经过10余年的发展，规模逐渐扩大，服务设施日趋完善，接待水平明显提高。到2017年年底，全县有全国五星级休闲农业与乡村旅游企业1家：乐亭丞起颐天园现代农业园；中国乡村旅游金牌农家乐1家：碧海渔家农家院；省级乡村旅游示范点3个：祥瑞生态园、赵蔡庄生态园、乐亭丞起颐天园现代农业园；市级休闲农业与乡村旅游示范点3个：胡家坨镇大黑坨村、滦河口生态旅游区尚谷农庄、滦河口渔乐园；省三星级农家乡村酒店1家：碧海渔家农家院；市级星级农家乡村酒店3家：二星级福臻堂农家院、姜各庄凯乐大酒店，三星级阎各庄镇农家院宾馆。县内休闲农业与乡村旅游点呈现出健康发展态势，全年接待游客约113万人次。

【乐亭丞起颐天园现代农业园】 位于唐港高速公路乐亭出入口连接线东侧100米路南，总占地面积400公顷，其中核心区占地面积83.07公顷。总投资6.06亿元，其中核心区投资2.2亿元。河北丞起实业集团有限公司投资建设，为全国五星级休闲农业与乡村旅游企业、省级乡村旅游示范点。建有十八景观，有现代农业展示、农耕文化传承、农业休闲体验、精品花卉展示、温泉康体疗养、餐饮会议接待、儿童游乐体验等功能。牡丹园、芍药园、紫薇园、樱花园、玉兰苑和荷塘荷韵，加之各种果蔬，一年四季可游览、休闲、采摘、娱乐。2016—2017年，投资3300万元新建九六项目，建筑面积1.4万平方米，建成集九六温泉、汤池、游泳、水疗SPA、儿童水寨、水上滑梯、餐饮、商品服务、植物观赏等多功能为一体的娱乐休闲养生基地，已投入运营；新建九六烧烤城，满足游客的味蕾。全年接待游客32.93万人次。

【赵蔡庄生态园】 位于县城南3000米，乐港公路东侧。赵蔡庄村从2005年开始发展乡村旅游，建有旅游接待别墅、停车场、休闲垂钓园，垂钓池内设八角亭、栈桥，池四周有环池爬藤花廊；建有仙桃采摘带、果品采摘棚；建有文化广场等旅游接待设施，可进行应季果蔬采摘、拓展训练、农家酒店餐饮、骑马、棋牌、健身、KTV等游乐活动，游客在体验田园风情的同时，得到身心的放松。2017年接待游客10.08万人次。

【祥瑞生态园】 坐落在县城西南吉祥寺村，占地面积14公顷，为省级乡村旅游示范点。建有生态餐饮中心、生态禽类养殖与自动孵化区、垂钓园区、种植园区、娱乐休闲区等，是集餐饮、珍贵畜禽养殖、垂钓、林地观光娱乐为一体的生态园。2017年接待游客10.82万人次。

【碧海渔家农家院】 碧海渔家农家院简称碧海渔家，是省三星级农家乡村酒店，位于姜各庄镇黄湾村，近邻李大钊故居和碧海浴场（星星湾浴场）。占地面积2400平方米，有客房15间，能容纳50人住宿，餐厅能同时容纳60人用餐，并有25平方米棋牌室可供游客休闲娱乐；在村外设有2.3公顷专属娱乐广场，可组织卡拉OK、篝火晚会、自助烧烤等游乐项目；院内有苹果树和菜园，村内有定点果菜采摘园6个、定点散养鸡户17户，均可开展配套服务项目，能满足游客采摘（购买）无公害果菜、购买生态禽蛋产品需要。碧海渔家服务人员可引领入住游客到海滩捉蟹、海边钓鱼，联系渔船开展出海游玩捕捞等活动。村口设有集贸市场，可供游客体验农村风土人情及采购地方传统风物，体验农家乐趣。2017年在“玩儿转唐山——唐山最美”评选中，被评为“十大恬美农家乡村酒店”，年接待游客4000人次。

【尚谷农庄】 位于滦河口生态旅游区姜各庄林场内，占地面积32.67公顷，为市级乡村旅游示范点。尚谷农庄结合滦河口自然景观、乐亭地域文化和人文特色，以乡村旅游、休闲度假为基础，是集旅游、参与娱乐、休闲度假和拓展培训等多功能为一体的新型综合旅游休闲庄园。主要建设体育拓展娱乐区、生态农业和园林花卉展示区、民俗文化和农耕文化展示区、庭院式度假区、会务接待中心、生态餐厅等，配套有供游客娱乐垂钓区、观光采摘区、观赏植物区、珍禽养殖区。尚谷农庄娱乐项目丰富多样，有各种拓展训练器械，有水上帆船，真人CS等项目，是县人防教育基地。2017年，被省妇联、省旅游委、省扶贫办评为“河北省巾帼乡村旅游示范点”；在“玩儿转唐山——唐山最美”评选中，被评为市“十大淳美乡村旅游点”，年接待游客19.52万人次。

【古滦河生态公园】 位于县城区东北部，利用滦河故道改造修建而成，占地面积200公顷，以“水系净化、生态展示、场地遗存、记忆再生”为规划主题，建有乐湖、智山、园林绿地三大主体工程。乐湖是古滦河生态公园的水系景观，水域面积36公顷，景观主要体现水、桥、亭、驳岸、湖岛的完美结合，分设游船泊靠区、栈桥听澜区、百荷清韵区、垂钓亲水区、田园风情区五大景观休闲功能区，是集游憩、观赏和水上活动于一体的水上乐园，游览者可自乐湖乘坐游船抵达城区码头，一路欣赏沿岸风光，感受城乡建设的巨大变化。2017年，游船运营规模扩大，有船只36艘，其中豪华游艇1艘，执法艇1艘，大画舫4艘，小画舫10艘，水战自驾船10艘，老爷车自驾船5艘，大黄鸭自驾船5艘，全年接待游客38.87万人次。

【独幽城生态园】 位于乐亭镇独幽城村，占地面积35.33公顷，由唐山市独一成生态旅游文化有限公司投资建设，主要建设内容为农业科技示范、旅游采摘、民俗展示等娱乐项目，是集高效种植示范、果蔬育苗栽培、果蔬加工及冷藏配送、休闲观光采摘为一体的生态休闲农业示范园。建有养殖区，主要养殖柴鸡、羊等；种植区有时令蔬菜，以接待游客。

【渤海渔家】 位于马头营镇八里桥村，占地面积100公顷，依托唐山国际旅游岛腹地优势，打造具有农耕与渔猎特色的乡村旅游项目。主要建设旅游采摘、生态餐厅、乡村民宿等内容。2017年开工，基础设施在建设中。

滦河口生态旅游区建设

【概　况】 滦河口生态旅游区地处县域东部滨海，总规划面积约248平方千米。2017年，县委、县政府牢牢把握转变经济发展模式带来的新机遇，重新梳理滦河口生态旅游区资源状况和发展方向，把大力发展高端医疗、旅游度假、生态农业等为特色的大健康产业作为招商引资的重点，整合力量全面招商。

【精准定位】 2017年，在国家创新经济发展模式和大力推进医疗健康产业发展的大背景下，县委、县政府将滦河口生态旅游区定位于发展健康养老产业的旅游园区，谋划开发以康养文旅小镇为核心的新型医疗旅游度假项目。以“医疗+

养老”“医疗+疗养”“医疗+旅游”“医疗+教育”“医疗+农业”“医疗+器械”“医疗+发展”等“医疗+”模式为基础，形成多元化、持续性的产业布局，打造复合式医疗健康产业生态圈。规划建设国际医疗健康和滨海田园度假两大产业带，形成持续照料退休社区（CCRC）、国际医疗中心、国际健康中心、医疗教育研发中心、田园农庄组团、温泉养生社区、滨海度假组团和国际游艇社区八大组团。项目规划占地面积约35平方千米，其中海域面积约17平方千米，按照省、市海洋功能区划，将规划建设国家海洋公园，适度保留生态养殖，逐步实施退养还滩，修复海洋生态，开发海洋生态旅游。陆域面积约18平方千米。核心区规划占地面积约2平方千米，主要建设国际医疗中心、国际康复中心、商业文化中心以及城市配套服务功能和市政管理功能，并适度开发养老社区和居住社区。

【全力招商】 2017年，县委、县政府坚持全员上阵，合力推进“双百攻坚”集中行动，坚定招商引资核心地位不动摇，久久为功，持续发力。采取召开投资环境说明会、小团组招商等形式，多次赴北京、天津、上海、江浙等地有针对性地登门拜访，“一对一”“面对面”进行项目对接洽谈。县滦河口生态旅游区开发办公室科学谋划包装招商项目，完善《滦河口生态旅游区招商手册》、招商单页等，制作多媒体光盘和电子文档，为客商考察提供第一手资料。先后与国内外40余家知名企业建立联系，其中与北京多元集团、中冶天工集团、秦皇岛圣蓝海洋公园、美国瑞泰集团、东方资产管理有限公司、中交第四公路工程局有限公司等企业进行了深入洽谈对接。北京多元集团投资建设“国际医疗养生度假中心”项目已达成投资意向。

【确保项目建设实效】《国际医疗养生度假中心概念性总体规划及重点区域城市设计》，由美国AECOM公司编制。县委、县政府与北京多元集团就战略合作投资开发等事宜进行了多轮洽谈协商。2017年5月25日，多元集团董事长郭文华一行会同AECOM公司项目规划负责人到乐亭县与县委、县政府主要领导及相关部门负责人就项目规划和前期工作情况进行专题交流。7月23日，县委主要领导赴北京多元集团总部，就项目合作事宜与多元集团领导进行会谈交流。按照县委、县政府主要领导意见，滦河口生态旅游区开发办公室本着积极慎重、务实高效的原则，与多元集团保持密切联系，与多元集团董事长郭文华和项目负责人进行了多轮会谈。重点就项目如何启动、整体开发时序和资金保障等问题进行了深入细致的磋商讨论，并达成了重要共识。

【加强海岸线和生态资源保护】 滦河口生态旅游区开发办公室与国土、海洋、林业、水务等部门密切配合，成立资源保护巡查小组，对土地、海岸线、河道、森林等资源开展日常巡查，及时发现和制止破坏资源的行为。对旅游区核心区域43户养殖场的占地面积、存栏量等进行了全面摸底排查，严防违规扩建、随意排放等不良行为发生。加强森林防火管理、森林抚育、苗圃试验示范基地等经营管护工作，在林区电力设施改造和道路硬化全面完成的基础上加强维护和管理。

旅游宣传推介与纪念品营销

【概　况】 县旅游主管部门借中国旅游日暨“第27届全国图书交易博览会”“精彩唐山·相聚三岛”唐山旅游系列活动之机，宣传推介县域旅游资源，综合运用展会、官方网站、微信公众号、印发宣传资料、参加旅游惠民直通车、设置旅游标志牌等多种宣传促销手段，展示乐亭旅游风采，提升乐亭旅游整体形象，打响乐亭旅游品牌。

随着县域旅游业的发展，县旅游主管部门坚持传统文化与旅游发展相结合，利用本地果菜、海产品和土特产品等资源开发旅游商品，挖掘具有乐亭特色的民间工艺和传统食品，开发皮影雕刻、桃木工艺品、干鲜海产品、传统食品等系列商品，受到游客欢迎；开设旅游购物商店，与各加工生产基地建立联系，建起商品销售网络，延伸旅游产业链条。

【旅游宣传推介】 2017年，县旅游主管部门按照年度旅游特点开展系列宣传活动。定期更新维护网站和微信公众号，发挥网络平台作用。及时发布旅游局政务信息，并发表多篇原创性文章，宣传乐亭旅游文化资讯，得到广大读者的认可。

县旅游主管部门率重点旅游企业参加北京、天津、太原等地旅游推介会进行宣传。通过设置宣传展架特产品展示、现场讲解、发放宣传资料等方式全面宣传推介乐亭旅游文化资源，展现乐亭旅游形象。吸引北京市、天津市多家旅行社研究咨询乐亭县旅游景区，巩固了北京市、天津市客源市场。

编纂新版乐亭旅游宣传画册，以图文并茂的形式，全方位、多角度展示乐亭县旅游文化资源、美食、配套服务等内容，在旅行社、旅游星级酒店前台摆放和旅游展会上发放，提高县域旅游业的知名度，扩大旅游市场份额。邀请北京市、天津市、承德市、唐山市、秦皇岛市客源地旅行社到乐亭县各景区踩线，推介乐亭经典线路、景区、休闲渔业、海滨浴场、地域文化、乐亭美食等内容，宣传县域旅游资源。

5月19—21日，组织涉旅企业参加2017年中国旅游日河北分会场暨“精彩唐山·相聚三岛”唐山旅游系列活动，精心设计展棚、背景喷绘等，营造舒适温馨的展示氛围。组织李大钊纪念馆及故居景区、碧海浴场、尚古农庄、华夏国旅、海天旅行社、孤竹国酒、罗锅香油、缸炉烧饼等涉旅企业现场推介，取得良好的宣传效果。

6月1—3日，组织涉旅企业参加第27届全国图书交易博览会唐山会场暨唐山旅游产品展活动，通过展棚宣展、设置宣传栏、发放宣传材料、与现场游客互动等形式推介乐亭旅游资源，并接受唐山交通文艺广播电台的专题采访。此次展览正值乐亭旅游旺季前夕，推动了县域即将到来的“旅游热”。李大钊纪念馆及故居、碧海浴场、古滦河生态公园游船码头、尚古农庄、滦河口渔乐园、乐亭丞起颐天园现代农业园等景区对游客产生浓厚兴趣。

6月1—3日，协助中央电视台拍摄《河北红色故乡》专题旅游宣传片。摄制组一行7人先后到李大钊纪念馆、李大钊故居、乐亭历史博物馆、乐亭英才馆、皮影大鼓馆、乐亭丞起颐天园现代农业园、尚谷农庄、碧海浴场、滦河口渔乐园、海滨海岛以及工厂化水产养殖、珍稀皮毛动物养殖等现代农业示范区取景拍摄，《河北红色故乡》旅游宣传片在中央电视台七套《军事与农业》频道黄金时间播出，展示乐亭旅游资源的独特魅力，方便游客了解乐亭，走进乐亭。

组织县内景区参加“玩儿转唐山——唐山最美”2017年大型旅游评选活动，经过景区展示、大众投票和专家评审3个环节，李大钊纪念馆及故居景区被评为“十大最美景区”，尚谷农庄被评为“十大淳美乡村旅游点”，碧海渔家农家院被评为“十大恬美农家乡村酒店”。组织参加“冀念品”旅游宣传品品牌打造活动，河北刘美实业有限公司熟食系列、乐亭县庞各庄罗锅香油坊香油系列、唐山玉兰食品有限公司虾油虾酱系列、吊桥缸炉烧饼系列参与名录征集，展现地域文化特色和资源特点。

【特色工艺品营销】 *工艺葫芦系列* 葫芦是“福禄”的谐音，象征吉祥。用工笔手法绘、画、刻上乐亭县旅游景区风光、民俗风情、花鸟鱼虫等，观赏，把玩，祈福禄，平添雅趣。

桃木系列 桃木为五木之精，传说能镇辟不祥，乐亭桃木工艺品平安剑、长寿镯、如意符、吉祥球等，或收藏，或赠予亲友，表达幸福美好、吉祥平安。

怀旧系列 制作仿真微缩地方传统农具，如风箱、纺车、碾子、磨、辘轳、风斗、大沿车等，或观赏或收藏，领略民风之朴、之趣。

柳编系列 用杞柳条编织成箩筐、簸箕、套篮等生活用品，用料考究，做工精细，外形美观，既有观赏价值，又有实用价值，远销海外，且多被作为工艺品购买收藏。

皮影雕刻系列 乐亭皮影雕刻是民间的美术工艺，选用净膜驴皮为原材料，经过浆制、压平、阴干后，再雕镂、濡染，雕刻艺术品生、旦、净、末、丑齐全。乐亭皮影的雕刻艺术已从影幕走向生活，是家居装饰的时尚饰物，具观赏和收藏价值，远传海内外，颇受青睐。

【特产食品营销】 *刘美烧鸡* 始创于清光绪年间，配料考究，产品色、香、味、形俱佳，历经百年畅销不衰。刘美烧鸡获得“中华老字号”“河北省级非物质文化遗产”等称号。

缸炉烧饼　以白菜、肥肉、白面做原料，和馅做成饼状，外黏芝麻，以缸横卧，内壁贴饼，用炭火烘烤，熟后下面起鼓，色焦黄，香酥可口，是乐亭特色小吃，有百余年历史。

金钩海米　以海产白虾和盐做原料，煮熟晒干去皮制成海米，色金黄，状如钩而得名，是海米中的珍品。

小磨香油　以芝麻做原料，采用传统工艺制作，色泽晶亮，香味醇厚、持久，是凉拌热调的调味品。

虾油虾酱　以雾虾、白皮虾、食盐做原料，“清明”过后入缸发酵，至10月渗出液体呈朱红色，撇出即是虾油，如果不撇即是虾酱。还有以小螃蟹为原料沤制的螃蟹酱。

对虾　对虾鲜品青色半透明，熟品呈珊瑚红。高蛋白、低脂肪，营养价值高，可烹、煮、炒、溜、炸，风味独特。乐亭对虾，色鲜、个大、肉肥，味道鲜美。野生虾体长一般20厘米左右，每千克约10只，最大的隔年虾，每只重量可达150克以上。养殖虾体长多在12～15厘米。

旅游监督管理

【旅游安全管理】　2017年3月，县旅游主管部门组织辖区28家涉旅游企业签订“安全目标管理责任书”，落实企业主体责任。每季度对辖区4处旅游景区和7家星级旅游饭店开展一次消防安全隐患大排查，检查《消防安全自查整改承诺书》的制定、消防应急预案的制定、制度上墙、在景区入口悬挂安全生产警示横幅的情况，人员落实到位、岗前消防知识培训教育到位、整治消防安全隐患到位的情况。暑期和“十一”黄金周期间，协同市旅游局组织执法力量开展安全检查，涉及碧海浴场、尚谷农庄、古滦河生态公园等景区。重点排查景区游乐设施、易出现安全隐患处的消防设施，食品卫生，游客参与项目，突发应急预案、标识标牌等情况，对尚谷农庄景区游艺设施安全运行提出隐患整改意见，景区安全生产形势持续稳定。6月16日在大东方购物广场（东城店）广场开展以“共建安全旅游，共享旅游安全”为主题的安全宣传活动。现场解答群众提问，发放旅游安全知识宣传单1000余份，发放旅游宣传册400份，广泛宣传旅游安全知识，提升居民安全出游意识。7月14日，在古滦河生态公园乐湖区域开展以“安全第一，预防为主”为主题的水上救援应急演练活动，分3项内容进行：自驾船游客落水救护，大画舫游客落水救护，船艇漏水、火灾的救护。通过各种场景的演练，全体干部职工安全意识得到提高，较好地掌握了应急救援运行程序和方法，水上突发事故的快速反应能力、应急处理能力和协调作战能力得到提高。9月29日，省旅游委副巡视员杨军率安全生产督导检查组，在市旅游局、县政府相关领导陪同下，督导检查县内旅游行业安全生产工作，要求企业牢固树立红线意识，绷紧安全生产这根弦，加大对风险点的管控；要求企业发挥好主体责任，狠抓安全保障措施的落实，确保特殊时期安全生产工作万无一失。

【旅行社管理】　2017年3月，县旅游主管部门召开全县旅行社工作会议，从经营管理、广告宣传、安全生产、政策法规落实等方面提出明确要求，规范旅行社经营行为。组织县内旅行社开展诚信经营评定工作，金石旅行社、青春旅行社、金海国际旅行社符合诚信经营旅行社评定标准，推荐3家旅行社为唐山市第三批“诚信经营旅行社”。做好旅行社现场勘验及旅行社分社、服务网点备案登记工作。年内完成3家旅行社分社、7家旅行社营业部备案登记、现场勘验工作；1家旅行社营业部被注销，1家营业部变更为分社业务。

【导游员管理】　2017年，县旅游局实施人才素质提升工程，制定年内培训计划和相关奖励政策，鼓励引导涉旅从业人员考取国家导游员资格证。3月15—16日，在县旅游局大会议室举办全县导游人员考前培训班，分专家授课、资深导游员经验介绍、参训人员考试及实地演练3个步骤，规范导游员上岗行为，提升服务质量。10月29日，邀请资深专家亲临考场现场培训指导，力求提高国家导游证通过率，以提高全县导游员整体水平。全年举办不同形式的培训班7场次，培训学员400余人，导游队伍素质、乐亭旅游形象全面提高。

【旅游饭店管理】 2017年，县旅游主管部门在对县内旅游饭店实施日常管理的同时，扶持指导乐鼎大酒店创建2星级酒店，对查出的问题认真整改。5月下旬请省、市主管部门检查验收，得到初步认可。组织全县7家星级饭店做好年度复核工作，其中昌盛大酒店和双麟大酒店恰逢评定性复核，经县旅游主管部门检查，指出其存在的问题，引导其做好整改提升，10月所有星级酒店全部通过省、市星评委复核验收。

7月25日，在县旅游局会议室举办星级酒店服务技能培训班，全县星级酒店负责人、中层以上管理人员及部分员工50余人参加培训，邀请唐山师范学院旅游管理专业教授田菲、孙怡授课，通过深入浅出的讲解、案例分析、课堂互动等方式，解读星级酒店职业素质和服务水平提升、餐饮服务与服务质量、如何处理游客投诉、星级酒店技能大赛标准等方面内容，星级酒店管理人员的综合水平得到提升，开阔了参训人员的眼界和思路。

7月31日，在乐鼎大酒店举办星级酒店服务技能大赛，全县星级酒店18名选手参赛。比赛内容分客房中式铺床和中餐宴会摆台2个项目。聘请唐山师范学院旅游管理专业教授康晓梅、田菲、孙怡担任评委，采取分散式逐一考核的办法现场打分，评选出中式铺床服务技能一、二、三等奖，中餐摆台一、二、三等奖，承启大酒店2名选手分别获得中式铺床和中餐宴会摆台第一名。

12月17日，组织县内星级酒店参加市星级酒店服务技能大赛。承启大酒店2名选手分获中餐宴会摆台和中式铺床一等奖，明盛商务酒店1名选手获得中式铺床二等奖，承启大酒店1名选手获得中餐宴会摆台三等奖，县旅游局获得优秀组织奖。

【旅游市场管理】 3月7日始，开展为期10天的旅游执法检查活动。活动中严格检查涉旅企业主体责任的落实，结合整治“不合理低价游”、打击旅游活动中欺骗及强制购物专项行动，确保全国“两会”期间全县旅游市场安全稳定运行。执法检查采取普遍检查与重点抽查相结合的方式检查旅行社市场，发现问题现场提出限时整改意见，同时向旅行社发放《旅行社条例实施细则》、国家旅游局《关于打击组织“不合理低价游”的意见》《关于打击旅游活动中欺骗、强制购物行为的意见》及河北省旅游发展委员会《关于加强全省旅游用车安全的紧急通知》。7月25日始，开展旅游市场“暑期整顿”工作。结合安全生产工作，组织执法力量，开展旅游市场综合整治，引导全县旅游市场安全健康有序发展，营造良好的旅游环境，提升旅游形象。9月12日，市旅游局相关领导率队督导检查县内星级酒店、旅游景区、旅行社工作。随机抽取承启大酒店、乐事旅行社、古滦河生态公园3家旅游企业。对检查中发现的问题能够立即整改的要求立即整改到位，一时整改不了的，要求建立台账，按照整改措施、责任、资金、时限和预案“五落实”的要求，限期整改到位，确保旅游市场安全健康有序发展。认真执行国家旅游局《旅游投诉处理办法》，投诉电话保持24小时畅通，依法、及时、公正处理旅游投诉。全年处理旅游投诉10件，游客满意度100%。

旅行社选介

【概　况】 2017年，全县有旅行社40家，其中旅行社总社13家，分社9家，营业部18家。旅行社中，河北天鹅国际旅行社乐亭分公司、唐山市假日国际旅行社有限公司乐亭水悦华府营业部等9家国际旅行社分社及营业部可以开展出入境旅游业务、国内旅游业务和宣传招揽业务，其他旅行社的经营范围是入境、国内旅游业务。旅游旺季旅行社从业人员300余人，全年接待国内外游客35万人次，营业收入637万元。

【海天旅行社】 乐亭县海天旅行社有限公司经营国内旅游业务，办公地址在大钊路121号，营业面积200平方米，从业人员5人，设计调部、财务部、地接部和组团部。2017年地接游客3618人次，主要来自北京市、天津市、河北省各市；出团98人次，主要去往北京市、天津市、海南省、河南省、西藏自治区、华东各市、大连市等地，年营业收入 9 万元。

【金石旅行社】 乐亭金石旅行社公司经营国内旅游业务，办公地址在大钊路 30 号，营业面积 150 平方米，从业人员 5 人，设计调部、地接部和组团部。2017 年地接游客 8000 人次，主要来自北京市、天津市、河北省各市，年营业收入 10 万元。

【金海国际旅行社】 乐亭县金海国际旅行社有限公司经营国内旅游业务，办公地址在将军路 13 号，营业面积 120 平方米，从业人数 6 人，其中持全国导游资格证 3 人，持旅行社经理资格证 1 人，设地接部和组团部。2017 年地接游客 3500 人次，主要来自北京市、天津市、河北省各市；出团 2600 人次，主要去往北京市、天津市、云南省、海南省、广西壮族自治区、华东 5 市、大连市、河南省、四川省、厦门市、新疆维吾尔自治区等地，年营业收入 199 万元。

【青春旅行社】 乐亭县青春旅行社有限公司经营国内旅游业务，办公地址在富强街 267 号，营业面积 100 平方米，从业人员 4 人，设计调部、地接部、组团部。全年地接游客 2000 人次，主要来自天津市、北京市、廊坊市、保定市等地，主要在李大钊纪念馆、月坨岛、滦州古城等地游览；出团 200 人次，主要去往桂林市、贵州省、海南省、云南省、四川省、甘肃省、西藏自治区、华东 5 市等地，年营业收入 3 万元。

【乐事旅行社】 乐亭县乐事旅行社有限公司经营国内旅游业务，办公地址在将军路 91 号，营业面积 180 平方米，从业人员 15 人，其中持全国导游资格证 4 人，持旅行社经理资格证 6 人。设计调部、导游部、财务部、出团部。2017 年地接游客 5.5 万人次，主要来自天津市、北京市、河北省各市，主要在碧海浴场、浅水湾浴场、月坨岛、石臼坨岛（菩提岛）、金沙岛、滦州古城游览；出团 2000 人次，主要去往广东省、海南省、北京市、天津市、唐山周边各市，年营业收入 95 万元。

【春秋旅行社】 乐亭县春秋旅行社有限公司经营国内旅游业务，办公地址在永兴路 69 号，营业面积 40 平方米，从业人员 5 人，均持有全国导游资格证，设地接部和出团部。2017 年地接游客 5000 人次，主要来自北京市、天津市等地；出团 500 人次，其中包括周边一、二日团队游及云南省、海南省、华东等地长线散客旅游，年营业收入 15 万元。

【唐山华夏国际旅行社股份有限公司乐亭分公司】 唐山华夏国际旅行社股份有限公司乐亭分公司经营国内国际旅游业务，办公地址在富强街 288 号，营业面积 100 平方米，从业人员 10 人，设计调部、财务部、地接部和组团部。2017 年地接游客 1 万人次，主要来自北京市、天津市、河北省各市、内蒙古自治区、河南省、山西省、山东省、辽宁省等地，出团 2600 人次；国内主要去往北京市、天津市、海南省、华东各市、大连市、河南省、西藏自治区等地，国外主要去往东南亚各国，年营业收入 28 万元。

【河北航空集团天鹅国际旅行社乐亭分公司】 河北航空集团天鹅国际旅行社有限公司乐亭分公司经营国内、国际旅游业务，办公地址在青春广场 15 号，营业面积 50 平方米，从业人员 13 人，设财务部、地接部、国际销售部和国内销售部。2017 年地接游客 9500 人次，主要来自北京市、天津市、河北省各市；出团 9000 人次，国内主要去往北京市、天津市、海南省、华东各市、桂林市、云南省、西藏自治区，国外主要去往东南亚、欧洲、澳洲、美国、加拿大等地，年营业收入 180 万元。

金　融　业

综　述

2017年，县委县政府坚守发展、生态、民生三条底线，统筹把握稳增长、调结构、治污染、惠民生、防风险的平衡点，努力优化金融生态环境。各金融机构深入贯彻落实县委、县政府和上级行工作部署，立足加快建设沿海强县、美丽乐亭，在全省增比进位、在全国争创百强的奋斗目标，以推行“三法”（想法、方法、做法）工作制为切入点，抓班子带队伍，转作风促履职，全面推进内部管理，贯彻执行稳健中性的货币政策，不断提升服务水平，切实维护辖区内金融稳定，筹融资能力得到提升。年内，全县商业银行机构15家。保险业扎实推进改革，加快业务发展；实施精细化管理，提高风险管控能力。在县内注册的保险公司（含分公司、支公司）81家。年末，全县金融系统各项存款余额337.86亿元，比上年增长9.24%，其中住户存款余额260.44亿元；各项贷款余额157.64亿元，比上年增长10.47%；表内外各项贷款余额182.51亿元；存贷比54.02%；实现利润3.53亿元，比上年增长6.14%；全县不良贷款2.22亿元，比上年增加1.25亿元，不良贷款率1.41%。

银　行

【中国人民银行乐亭县支行】 *金融队伍建设*　中国人民银行乐亭县支行（简称人行乐亭县支行）多措并举加强学习型党组织、学习型领导班子建设，坚持每月中心组理论学习不动摇，班子成员率先独立或组队开展课题调研，4篇调研文章被国家级和省级刊物刊用，党员、领导干部的凝聚力、创造力和战斗力得到提升。在全行推行“三法”工作制，成功举办辖区20家金融机构“学法规、用制度、促履职”知识竞赛活动。注重发挥青年员工的生力军作用，努力提高青年员工的理论水平和服务能力，3名青年大学生员工撰写的《供应链金融研究》在人行唐山中支青年课题大赛中获三等奖。配乐诗朗诵《南天动乱，适将去国，忆天问军中》被“春暖央行”微信公众号采用。

组织开展“我与行长面对面”活动，听取新入职员工对单位建设的合理化建议。开展以“诚信建设、青年先行”“践行核心价值·守护诚信校园”“加油开学季·金融知识进课堂”等以“诚信+”为主要内容的志愿服务活动，举行“诚信教育基地”揭牌仪式、“金融立信青年志愿服务队”授旗仪式，举办诚信知识讲堂并赠送《播撒诚信的种子》知识读本200册，发放征信知识宣传材料1000余份。

内部安全管理加强　树立安全文化理念，开展反恐应急演练，重大节日前均组织开展安全法纪教育，组织职工观看消防安全知识培训视频，在重要时间节点做好安全维稳和信访工作。建立健全意识形态工作机制，层层签订意识形态工作责任书和承诺书，加强意识形态阵地建设管理。注重宣传教育，组织员工观看爱国主义教育影片《战狼2》《建军大业》《马本斋和他的母亲》等。党的十九大召开期间，多层次、多角度做好安全维稳工作。在“12·4”国家宪法日宣传活动中，组织全员进行“宪法宣誓”，表达树立法治意识和维护宪法的决心。

金融服务质量提升　人行乐亭县支行注重加强国库管理，严把三关：把好入库关，认真审核入库传票；把好预算支拨关，拨款2.55万笔76.52亿元，无一差错；把好退库、更正关，办理退库业务704笔1.39亿元，更正299笔3.6亿

元。加强银行账户和人民币管理，认真办理本辖区账户的开立、变更、撤销核准工作，年内核准开立1679户，变更1294户，核准撤销509户，并组织账户年检。按兑换标准认定129人次6.2万元，收缴假币181张1.63万元。发挥基层人民银行在农村支付环境建设中的协调指导作用，推进农村支付服务环境建设。到年底，全辖银行业金融机构累计发放各类银行卡196.43万张，人均持卡4.86张。全辖ATM机276台，比上年增加29台。自助银行网点增加至276个。

提升服务质量，配备专人对自助查询系统进行现场指导，查询大厅内对外公示业务咨询电话、查询时间、互联网查询个人信用报告流程、查询收费规定等，便利民众查询。年内查询企业信用报告292笔，个人信用报告1.42万笔；收费查询1286笔，金额1.29万元，款项及时足额上划。加强对金融机构表外业务数据的统计监测，要求辖内金融机构填报《乐亭县银行业金融机构主要业务指标数据监测表》，为地方政府提供准确数据。按月编制金融机构存贷款月报表及分析，详细分析数据排名及各项指标。对县域及唐山海港经济开发区金融机构申报的上年度金融贡献奖励情况进行现场审核。与已入全国百强县的山东省禹城市和海南省琼海市进行存贷款存量、增量及增幅的比对，分析三地的优劣势，提出乐亭县争创百强县在金融方面的可行性，得到县委、县政府主要领导的肯定。开展对外窗口文明服务活动，账户、人民币、征信等窗口实现文明办公，文明服务质量得到提高。

维护辖区金融稳定 人行乐亭县支行贯彻执行稳健中性的货币政策，维护辖区金融稳定，加大对全县30家民间借贷监测点的监测力度，监测农村信用合作联社信贷投放进度。到年底，乐亭县农村信用合作联社贷款余额73.21亿元，比上年增长11.09%，有效支持了县域经济发展。主动作为，组织召开县内及唐山海港经济开发区金融管理与服务工作会议，协调组织各金融机构参加全县项目建设观摩会。与县政府合作推出“助保贷”平台，鼓励金融机构为小微企业量身定做“小微企业快贷”“亲情贷”“小额贷”“简易贷”等金融产品，全年支持小微企业30余家，累放小微企业贷款比上年增长109.35%。

开展“两综合、两管理、一保护”（综合执法检查、综合评价，开业管理、营业管理，保护金融消费者权益）工作。围绕金融消费者权益保护、货币信贷、反洗钱等12项内容，对县域及唐山海港经济开发区20家金融机构进行综合评价。对县农业银行、邮储银行、中信银行、河北银行进行征信业务检查，对县农业银行、河北银行等5家金融机构进行综合执法检查，查出并纠正问题14个。加强对地方法人金融机构风险监测、评估和预警工作，密切关注辖内农村信用合作联社改革动态，为其顺利改制提供政策和人力支撑。对舜丰村镇银行进行了内控专项检查评价。

开展对地方法人金融机构公司治理、流动性风险管理等工作的检查和评估，与县工商银行、中国银行、邮储银行和中信银行4家银行主要负责人进行约见谈话4次。完成对舜丰村镇银行、农村信用合作联社2016年度报表审核，依照标准分别定为第一类村镇银行和第三类农村信用合作联社。组织对7家金融机构的涉农信贷政策效果评估，2家优秀、1家良好、2家中等、2家勉励。在县农村信用合作联社组织开展辖内金融机构突发事件应急演练。加强金融消费者权益保护工作，对辖内5家金融机构进行金融消费者权益保护检查，组织开展“金融消费者权益日”宣传活动。

推进民主管理 人行乐亭县支行不断拓宽职工参与民主管理的渠道，每天均为行领导接待日，随时解决职工的合理诉求。保障职工福利待遇，组织全员健康体检，参加唐山市职工“重大疾病医疗互助”活动。组织开展“温暖互助”“献爱心·一元捐”“慈善一日捐”等社会捐助活动和“一助一”帮扶活动，捐款近4000元。组织全辖银行业金融机构开展“学法规、用制度、促履职”业务知识竞赛，参赛金融机构20家，人员119人。

【中国工商银行股份有限公司乐亭支行】 2017年，中国工商银行股份有限公司乐亭支行（简称工商银行乐亭支行）贯彻落实县委、县政府及市分行的决策部署，扎实推进各项工作，实现安全稳健运营，主要业务指标呈稳步向好趋势。

年末，各项存款余额 26.63 亿元，比上年增长 9.18%，其中机构存款（对公存款）8.7 亿元，个人存款 17.93 亿元；各项贷款余额 9.78 亿元，比上年增长 2.28%，其中公司贷款 6646 万元，个人贷款 9.11 亿元。不良贷款余额 1218.24 万元，不良贷款率 1.25%，比上年上升 0.67%。全年实现拨备前利润 4170 万元，比上年增长 4.62%；实现净利润 3123 万元，比上年增长 4.66%；实现中间业务收入 888 万元，比上年下降 23%。

推进存款业务 2017 年，工商银行乐亭支行把存款业务作为兴行第一要务，不断创新思维模式，畅通信息渠道，群策群力向日均存款要效益。重点抓机构存款、储蓄存款的稳存增存工作，把揽存任务分解到部门、网点和员工；制定切实可行的绩效考核办法，层层落实责任；实行一把手负责制，主管副行长定期走访制，客户经理“死看死守”制；营造全员营销，各部门协同作战的揽存氛围。

机构存款坚持抓大户、抓客户拓展提升，日均存款、年末存款余额均取得历史性突破。机构存款全力拓宽服务渠道，加大对县财政局、驻地部队的服务力度，提高机构大客户的忠诚度、贡献度和依存度，机构存款竞争力得到提升。储蓄存款继续实施大零售提升工程，加大代发工资业务营销力度，坚持打服务牌、产品牌，大力营销大额存单、节节高 2 号、薪金溢等优势产品。同时，强化代发工资客户的二次营销，精准推送产品，不断提高代发工资客户的存款留存率和综合贡献度。全部存款日均比上年增加 2.43 亿元，年末存款余额比上年增加 2.24 亿元，其中对公存款日均、年末存款余额分别比上年增加 1.81 亿元、1.96 亿元；个人存款日均、年末存款余额分别比上年增加 6247 万元、4322 万元。

拓展信贷业务 2017 年，工商银行乐亭支行资产业务紧跟国家信贷政策导向，合理配置信贷资源，优化信贷结构调整，防范行业信贷风险。贷款业务立足县域市场，以个人住房贷款为主打产品，实施个贷业务亮点工程。个人贷款比上年增长 1.41 亿元，增长 18.29%。与乐亭县诚信房地产开发有限公司、乐亭县腾骥房地产开发有限公司、乐亭县荣泰房地产开发有限公司、乐亭县广厦房地产开发有限公司、唐山龙居房地产开发有限公司、唐山隆泰房地产开发有限公司、唐山海港乐硕房地产开发有限公司、唐山昌盛房地产开发有限公司 8 家房地产公司的 15 个按揭项目进行长期合作，实现县域按揭项目全覆盖。个人贷款余额、全年累放额在同业持续保持领先优势。经多方努力，促使诚信、龙居等开发商开立商品房预售资金监管账户，年末账户存款余额达 6400 万元，实现向贷款客户要存款的新突破。个人贷款业务作为本行的品牌业务、亮点业务、特色业务得到较快发展。

强化客户拓展提升 2017 年，工商银行乐亭支行持续开展客户拓展提升年活动，把拓展客户和客户提升作为统领各项业务发展的重中之重。不断加大外拓客户和潜力客户提升力度，重点抓日均金融资产 1 万元以上个人客户和日均金融资产 5 万元以上法人客户的拓展和提升工作。通过提高产品渗透率，增加客户黏性和综合贡献度。个人中高端客户比上年增加 1029 户，代发工资客户覆盖率 3.42%，私人银行客户增加 2 户，私人银行客户资产增加 2839.65 万元，持有私人银行产品签约客户增加 4 户。企业网银证书版客户增加 105 户，个人网银证书版客户增加 4195 户，手机银行客户增加 1.27 万户，现金管理客户增加 974 户。发放信用卡 2720 张，借记卡 8723 张。年末个人客户 13.69 万户，其中日均金融资产 1 万元以上客户 2.07 万户，占个人客户总数的 15.12%，比上年减少 2.75%；法人客户 722 户，其中日均金融资产 5 万元以上客户 145 户，约占法人客户总数的 20%，比上年减少 2.5%；日均金融资产 5 万元以上机构客户 35 户，占机构客户总数的 38.9%，比上年减少 7.8%。新增对公有效结算账户 87 户，比上年增加 12 户。

细化服务管理 工商银行乐亭支行注重增强服务意识，提升服务质量，把优化服务作为提质增效的基本保障。对外延伸服务半径，加强农村金融服务，推进助农点的建设和维护；对内加强网点服务环境治理、渠道建设和运行管理工作，网点服务环境、服务意识明显提高。年内按规定为特殊客户提供上门服务 30 人次，办理业务 15 笔，客户满意度不断提高。所辖 3 个网点全部配齐智能设备，合理调整劳动组织结构，营业室智能设备迁移率达到 60% 以上。加强自助设备运行管理，指定专人定期巡检，及时维护。全辖30台ATM机安全高效运行。

防范金融风险　2017年，工商银行乐亭支行把防范金融风险作为全年重点工作之一，持续开展“两加强、两遏制”（加强内部管控、加强外部监督，遏制违规经营、遏制违法犯罪）活动，整治“三违反”（违反金融法律、违反监管规则、违反内部规章）、“三套利”（监管套利、空转套利、关联套利）、“四不当”（不当创新、不当交易、不当激励、不当收费）、“市场乱象”等专项行动；组织开展非法集资专项排查、“十大禁令”及合规文化宣讲活动。年内组织员工异常行为排查6次，关键岗位廉洁谈话2次。通过开展各项治理、排查活动，内部管理、防范意识得到加强，各项业务实现安全稳健运营。

中国工商银行股份有限公司乐亭支行

行　长　陈振刚（9月免）

么立明（9月任）

【中国农业银行股份有限公司乐亭县支行】 2017年，中国农业银行股份有限公司乐亭县支行（简称农行乐亭县支行）以市场需求为导向，全力支持县域经济发展，服务全县人民，夯实存款基础，积极营销信贷业务，坚持经营发展与风险防控并重，有效促进业务发展和管理水平提高。年末，各项存款余额47.64亿元，比上年增加3.09亿元。其中，个人储蓄存款余额42.3亿元，比上年增加2.48亿元；对公存款余额5.34亿元，比上年增加6100万元。全年新增累放贷款16.68亿元，其中办理贴现1800万元；实现各项贷款余额14.96亿元。中间业务收入1043万元，实现拨备后利润5396万元。

存款业务营销加强　2017年，农行乐亭县支行量化全年目标任务，加强责任考核，制定出台阶段性全员营销存款考核办法，形成一把手亲自抓、分管副行长具体抓、全行上下共同抓存款的工作机制。采取重点督导、突出关键时期等方法，提振员工士气，各尽所能吸存揽储。针对县域经济发展实际，树立“抓存款就要抓客户，有客户就有存款”的指导思想，抢前抓早，服务客户，强力营销。加强对接，要求各网点及时做好存量客户稳存及邀约工作，确保客户存款及时转存，达到稳存、增存的目的。强化“赢在大堂”战略，创新存款品种，注重柜面产品营销，节日期间重点关注基金、理财前期获利客户的二次服务，维护客户利益，增强客户黏性，有效促进各项存款稳步提升。

支付体系更加完善　加快离行式自助银行建设，年内农行乐亭县支行在县城区有自助银行10家，人工网点2家，实现了人工网点与自助银行的合理布局。强力推进县域支付体系建设，依托惠农通亮点支行活动，盘活农村“助农取款点”；与批发类商户合作，开通“e农管家”业务，开展渠道类客户现场订货会，满足客户多元化金融需求；举全行之力对县城区、乡镇个体经营门店、各村小超市进行扫码付款广覆盖，搭建良好的群众用卡环境。加快网点标准化建设，抓实网点规范化服务，从组织建设、环境卫生、服务设施、语言行为、仪容仪表、工作纪律、柜面服务等方面入手，激发网点活力，提升网点服务水平。

服务“三农”效果显著　2017年，农行乐亭县支行加大“三农”贷款投放力度，加强银政合作，突破政策瓶颈，完善“三农”贷款管理办法，深入支持县域大棚菜种植、家庭农场、种养大户及农业生产合作社等新兴农业经营主体发展。积极运作船舶抵押贷款，做大做强个人住房抵押贷款，与房地产开发商进行有效沟通，提前做好相关楼盘准入工作，为广大农村群众提供城区安家信贷资金支持。年内，为辖内农户、个体经营户、个人购房户等自然人提供融资5.35亿元，其中新增投放农民安家贷款9049万元。

全力维护资产质量　2017年，农行乐亭县支行加大信贷业务监管力度，全力维护资产质量。有效管理存量贷款，强化“从严治贷”理念，坚持“贷得出、收得回”“进得去、退得出”，避免尽职不到位、不作为、违规操作现象发生。对于出现逾期欠息等风险信号及早发出预警，采取有效措施保全信贷资产。加大到期贷款催收力度，全力防控新增不良贷款。逐户做到“三定一建”（定管控目标、定责任人员、定化解时限，建管理台账），立足于资产保全和及时处置，提高信贷资产质量。年内依法收回逾期贷款15万元。

内控管理有效夯实　2017年，农行乐亭县支行突出合规经营和从严治行理念，加强管理体系建设，发挥管控合力，确保全行业务健康发展。强化员工管理，深化责任意识，充分利用“三线一网格”系统，把风险管理责任落实到每个岗位、分解到每名员工，按照谁主管、谁负责的原则，做好内控管理工作。明确运营主管职责，切实发挥“一道防线”作用，正确处理内控风险防范和业务发展的关系，以合规操作促进业务发展。明确监管经理职责，加强内部运营管控，防范运营风险，保证运营管理工作合规开展。加大对重点网点、重点人员和重点时段的监控力度，定期进行内部自律监管工作，规范业务操作规程，运营风险得到有效防范。

中国农业银行股份有限公司乐亭县支行

行　长　夏利锋（6月免）

张春雨（6月任）

【中国建设银行股份有限公司乐亭支行】　2017年，中国建设银行股份有限公司乐亭支行（简称建行乐亭支行）坚持以改革创新为驱动增强发展动力，以强化管理为保障夯实发展基础，以“价值最大化”为核心，各项业务发展呈现良好势头，可持续发展潜力逐步显现，综合盈利水平和风险防范能力得到提升。全行一般存款余额19.79亿元，比上年减少1.92亿元。其中，对公存款余额10亿元，比上年减少2.13亿元；个人存款余额9.79亿元，比上年增加2055万元。对公信贷余额30.9亿元（含公司、机构、中小企业、信贷类理财及市交通运输局返还数），比上年增加4.98亿元。个人贷款余额2.28亿元，比上年增加4858万元；住房公积金贷款余额2.23亿元，比上年增加1.3亿元。累计办理票据贴现1亿元；国际信用证6笔，金额2.78亿元人民币，累计存入保证金575.3万美元、9970万元人民币。善融商务业务继续在全市系统内保持领先，累计完成商城交易金额14.73亿元。全年结算账户新增219户，完成年计划的98.65%，全市排名第五。实现中间业务毛收入3740万元，完成年计划的92.55 %。实现拨备前利润8784万元，比上年增加1917万元。

尝试产品创新　建行乐亭支行在上级行尝试开展“财资融”业务工作中，将“财资融”作为创新产品，为县域经济注入资金活力。2月，为河北乐亭经济开发区项目土地整理工程成功投放4.85亿元，至此乐亭滨海发展有限公司理财业务总额度7.35亿元，全部投放到位。“财资融”业务是资产业务在土地整理领域的首次尝试。

支持地方项目建设　2017年5月，建行乐亭支行为河北建投海上风电有限公司的300兆瓦海上风电项目投放贷款1亿元，为企业后续项目建设提供有力支持。发挥“小微企业快贷”优势，大力发展中小企业信贷业务，利用“新一代”商机推荐及“云税贷”云税直联系统推广上线时机，主动营销走访客户，累计办理授信贷款客户（含普惠金融客户）47家，授信金额2130万元。通过助保贷业务在县城区工业聚集区成功发放贷款2家，发放金额500万元，有力支持了中小微企业的发展。

做好普惠金融工作　深化互联网思维，将电子银行的产品和服务融入居民日常生活缴费，发挥“悦生活”在民生领域的服务作用，针对不同客户群，提供幼儿园保教费、有线电视费、电费、水费、燃气费、暖气费等客户缴费服务，发挥电子银行交易主渠道作用。居民使用建行手机银行足不出户即可办理相关项目缴费，在自助银行缴费机亦可办理相关项目缴费，方便了居民的生活。

经营管理水平提升　建行乐亭支行按照“管理优化、服务优质、作风优良、队伍优秀、环境优美”的总体要求，完善内部管理制度，自觉接受社会监督，确保各项服务落实到位。通过社会监督，促进行风建设。客户经理定期走访客户，征求客户意见和建议，经梳理在工作中加以改进，整体服务水平得到提升。员工实行亮牌上岗，主动接受客户监督。落实首接责任制，以热心、耐心、诚心的服务接待客户来访、咨询，杜绝冷、硬、横现象。完善大堂经理制度，在营业网点配备政治素质高、业务能力强的人员作为专职大堂经理，负责客户的导储，解答客户的疑问，提供各类业务服务。引导客户使用智慧柜员机办理非现金业务，减少客户等候时间，方便了客户。

中国建设银行股份有限公司乐亭支行

行　长　高　峰

【中国银行股份有限公司乐亭支行】 2017年，中国银行股份有限公司乐亭支行（简称中国银行乐亭支行）贯彻落实县委、县政府工作部署，围绕“建设沿海强县、美丽乐亭”的总要求，落实“四个干”工作机制，积极寻求全行发展与县域经济发展的切入点和结合点，以服从服务于县域经济发展为重心，抓基础、保投放、上效益，基础管理工作扎实稳健，各项业务健康发展。年末，各项存款余额37.09亿元，比上年增加4.52亿元；实现授信总投放26.18亿元，为全县重点企业叙做贸易融资1.04亿元。计费收入7503.2万元，实现营业利润6212.08万元，净利润4285.94万元。

授信业务发展 2017年，中国银行乐亭支行把授信业务结构调整、新增项目投放作为年度工作重点。年内为唐山中厚板材有限公司等企业提供授信总量19.25亿元，授信业务发生额23.57亿元，支持了县域经济建设。

有效客户拓展 2017年，中国银行乐亭支行针对产业结构调整的新形势，注重加强对公司有效客户的拓展。组织公司客户经理加强市场调研，系统收集客户及资金信息，制订切实可行的营销方案。将有效结算户的拓展与员工绩效考核挂钩，举全员之力，加大存量账户维护力度和存量客户的内部挖潜，拓宽与客户合作的深度和广度。加强公司客户经理对重要企业的走访，收集、发掘和掌握源头信息，掌握新建项目、专项拨款、招商引资、企业生产经营等情况，确保营销工作持续健康发展。在对公客户的营销工作中，坚持“抓大不放小”，在对大公司大项目关注度加强的同时，向中小企业加大倾斜力度。至年底，新增单位结算账户269户，其中达标账户160户，为年计划的161.62%。

线上业务发展 2017年，中国银行乐亭支行随着县内科技的不断发展和居民金融消费习惯的改变，手机银行、网上银行业务成为金融服务的重要渠道，经全行上下的共同努力，实现了手机银行、网上银行业务的快速发展。在加强厅堂营销的同时，组成营销队伍，下乡入村，进农村市场。依托助农点，向农村客户介绍手机银行、网上银行业务即需即用、交易快捷、安全可靠、手续简便的特点，推出线上系列产品，有效拓宽了产品营销市场。

河北财政自助柜面系统投产运营 2017年3月，中国银行乐亭支行与县财政局合作，率先投产河北财政自助柜面系统，是中国银行唐山分行第一家投产该系统的支行。系统投产后，支行财政零余额客户授权支付业务，实现客户自助操作，为各预算单位提供便利，也缓解了支行柜台业务压力。自助柜面系统业务涉及支行财政账户70户，减少柜台转账业务笔数日均40余笔。此系统的投产，拉近了中国银行乐亭支行与县财政部门的关系，增强市场影响力与竞争力，对继续加深支行与财政部门合作、增加财政性存款、扩大市场份额产生积极影响。

合规意识提升 2017年，中国银行乐亭支行坚持把内控安保工作作为保障业务健康发展的有效措施，不断强化合规管理和风险防控工作。坚持合规教育经常化，以违规违纪案件教育干部职工，实现警钟长鸣，组织全员学习掌握《河北分行关于加强基层网点风险管控的若干措施（2017年版）》，通过平台“金魔仆”强化员工的合规教育，提高员工的合规意识，从源头遏制案件发生，实现了29年无案件、无事故，保障了各项业务又好又快发展。

服务效率提升 2017年，中国银行乐亭支行以建设“担当社会责任、做最好的银行”为己任，把服务工作作为提高竞争力、实现可持续发展的重要保证，抓源头，抓根本，强化理念引导、作风建设，规范服务行为，组织开展送金融知识“进社区、进企业、进集市、进商场、进乡村”，以及技能大练兵、岗位知识培训等活动，员工的业务水平、理论素养、服务技能得到提升。发挥营业厅工作人员的沟通协调能力，引导客户使用自助设备、电子银行等，减轻柜面压力，3个网点智能设备实现全覆盖，以便利、高效、安全的方式为客户提供全新服务。

中国银行股份有限公司乐亭支行
行　长　王春华

【中国农业发展银行乐亭县支行】 2017年，中国农业发展银行乐亭县支行（简称农发行乐亭县支行）认真履行服务“三农”职责，努力打造和谐的银政关系，在推动县域经济发展中实现社会效益和自身效益的最大融合，形成“银政双赢”的良好局面。年末，各项存款余额4.45亿元，比上年减少7.62亿元；各项贷款余额17.12亿元，累放2.86亿元，累收1.33亿元；实现中间业务收入136万元；各项收入8256万元，各项支出3414万元，实现账面利润4841万元，人均利润285万元；贷款利息收回率100%；贷款企业销售货款归行率100%。

服务三农作用加强 2017年，农发行乐亭县支行发挥政策性银行职能作用，努力为支持和改善民生、促进当地农业农村基础设施建设融资提供优质服务。支持城市基础设施建设，积极谋划河北乐亭经济开发区42.7千米东部路网及配套设施建设项目贷款，项目由县滨海发展有限公司承贷，经过努力争取省分行批准贷款8亿元，按照工程进度，到年底已发放贷款4亿元。支持棚户区改造，按照市政府下达乐亭县棚户区改造任务，农发行乐亭县支行主动作为，对2017年发展大道周边区域1232户棚户区改造项目予以支持，项目由县睿城房地产有限公司承贷，获批贷款6.7亿元，已发放贷款6.7亿元。支持农村公路改造提升，项目由县农业农村发展有限公司承贷，县交通运输局实施，农发行乐亭县支行获得批准贷款3.1亿元，按照工程进度已发放贷款1.6亿元。

存款营销力度加大 2017年，农发行乐亭县支行继续将营销低成本存款作为提升经营绩效的切入点，主动加大高端营销力度，积极寻求县政府及有关部门的支持，巩固营销财政存款3.6亿元，营销乐亭县通达公路工程有限公司、唐山市路桥建设有限公司等贷款下游客户存款7500万元，使农发行乐亭县支行企事业存款日均余额达10.13亿元，为市农发行下达任务的154%。年内同业存款日均1002万元。

信贷管理实现制度化 2017年，农发行乐亭县支行加大贷后检查工作力度，实行主管副行长每周到企业检查一次，客户部主管、客户经理每两天到分包企业检查一次的工作制度。随时掌握借款人经营及财务管理中存在的问题，及时采取措施防范和控制贷款风险，使贷后管理工作渗透到企业经营管理之中。严格落实贷款“三查”制度，在贷前调查过程中，深入分析借款人及关联企业的情况，使客户信息真实可靠，同时做好信贷审查和贷款担保法律审查工作，严防操作风险和法律风险。加强贷后管理，严格贷款支付环节的监督，客户经理和客户主管共同落实大额贷款支付和现金支取的合规性审查，密切关注企业抵押物的市场价值变化，确保第二还款来源的保证性。

安全防范意识增强 加大安全防范检查力度，先后对网点进行常规检查15次，确保安全防范工作落实到位。加大节假日期间的安全检查，重点对电视监控系统、110报警联网系统、IC卡的使用管理、营业网点柜台通勤门、消防设施、电器设备线路、车辆安全管理和厨房卫生等进行检查，为各项工作正常运行提供服务与保障。强化值班制度的落实，支行领导在岗带班，保卫干部每天检查值班情况。按照县银监办的安排部署，落实排查制度，对全行要害岗位人员和重要业务事项，组织开展为期2个月的案件风险隐患大排查，有力促进了“四无”（无安全事故、无刑事案件、无不良贷款、无违规违纪案件）创建活动的开展，连续21年实现“四无”目标。组织开展应急演练，按季度进行有针对性的防火灾和防假票据诈骗等内容的演练活动，提升职工应对突发事件的心理素质和应变能力。

中国农业发展银行乐亭县支行
行　长　陈　军

【乐亭县农村信用合作联社】 2017年，乐亭县农村信用合作联社（简称乐亭信用联社）围绕全县经济社会发展，以服务“三农”为宗旨，助力新农村建设，对接县域经济发展需求，不断加大信贷资金投放力度，提升金融服务水平，圆满实现了改制组建农商银行如期启动的工作目标，推动各项工作健康发展。年末，实现资产总额135.63亿元，比上年增加18.32亿元，增长15.62%；负债总额127.64亿元，比上年增加15.38亿元；所有者权益为7.99亿元。存贷款市场份额分别占存贷款总额的36.21%、46.44%，分别比上年增长1.64%、0.25%；实现考核利润1.13亿元，利润总额4671万元，比上年增加671万元。

存款营销再创新高 2017年，乐亭信用联

社立足揽储工作目标，开展阳光惠民行动，实施以服务为主线、以营销为支撑、以考核为动力、以督导调度为抓手的资金组织机制，巩固居民储蓄存款主阵地，拓宽财政性存款、涉农资金、企事业单位存款的辅渠道，存款营销效果显著。至年末，各项存款余额突破122亿元大关，比上年增加15.41亿元，为市达指标的111.68 %；日均存款余额116.66亿元，比上年增加9.75亿元，为市达指标的141.26%。年内被市审计中心授予存款营销先进单位。

贷款规模有效扩大　2017年，乐亭信用联社按照国家产业政策、宏观调控政策和信贷政策，坚持在风险可控和抢占市场间找到最佳融合点，探索实践业务多元化，不断促进运营模式转型，实现贷款规模有效提升，并依托“双基”共建、住房按揭贷款等拓展小贷、微贷市场。年末，各项贷款余额73.21亿元，比上年增加7.3亿元，其中抵质押贷款34.75亿元，占各项贷款余额的47.47%。

电子银行业务稳中有进　2017年，乐亭信用联社电子银行交易占全部业务交易量的67.68%，金融IC卡替代率34.35%，农信村村通提升率71.65%，自助机具活跃率83.67%，手机银行客户存量1.88万户，发卡存量33.95万张，卡内余额5.64亿元，卡均余额1661元；网银开户1.37万户，电话银行签约1.99万户。发展直连和间连POS商户295户、布放自助设备78台，累计办理各项业务52.96万笔、交易金额6085万元；开通自助缴纳交通罚款自助机具，办理34笔、1600元。二代核心系统顺利上线运营，在个人销户直接转开、密码免挂失重置、定期不限次部提等业务方面有质的提升。

经营效益突破预期　乐亭信用联社结合改制工作需要及不良贷款反弹严峻形势，下真招、出重拳，加大依法清收不良贷款力度，成效明显。全年共依法起诉不良贷款35笔、2.42亿元，申请执行25笔、1.34亿元，依法收回10笔、5049万元。到年末，不良贷款余额增加7900万元，不良贷款占贷款总额的2.19%，控制在了3 %以内；清收化解逾期贷款6.74亿元，超额完成市达任务。资金运营工作迈上新台阶，全年实现贷款利息收入2.77亿元；累计上缴现金10.88亿元，残币330万元。存放同业287笔、390.83亿元，实现利息收入1.24亿元；累计购买理财产品12笔、32亿元，实现收入3453万元。全年实现利润4671万元，比上年增加671万元；考核利润1.13亿元，为市达指标的111.53%。上缴各种税款4377.41万元。

涉农涉企贷款取得新进展　2017年，乐亭信用联社涉农贷款余额25.25亿元，占各项贷款余额的34.49%。小微企业贷款余额48.11亿元，占各项贷款余额的65.71%，申贷获得率100%，实现了涉农贷款持续增长，小微企业贷款达到“三个不低于”（贷款增速不低于各项贷款平均增速、贷款户数不低于上年同期户数、申贷获得率不低于上年同期水平）的要求。农商卡贷宝实现发卡1266张，授信余额3241万元，用信余额2908万元。全年发放助学贷款61笔42万元，资助贫困学子完成学业。“双基”共建信用工程扎实推进，在县内53个村组建双基共建金融支农服务站，建档农户3万户，为年计划的112%。评定信用等级3万户，为年计划的100%，将全县352户贫困户全部纳入。累计授信339户8020万元；用信109户6600万元。立足县域，践行服务“三农”宗旨，发挥点多面广的优势，开展各类代收、代发业务10余类，涉及款项6.12亿元，其中代发良种补贴、优抚特抚款、残疾人补助等3165万元，涉及14个乡镇（含王滩镇）14.5万农户，使农民群众及时享受到国家惠民政策。

深化合规经营与管理　2017年，乐亭信用联社深入开展“四个一”（组织一次案防合规培训、开展一次案防合规知识竞赛、通学一遍违规处罚制度、进行一次案防警示教育）活动、银监会系统大检查、“一问责八清理”专项行动及纠正“四风”等工作，全面梳理和健全各项规章制度，及时堵塞漏洞。发挥系统的业务防控监督作用，全年完成各项稽核检查59项，稽核管理系统检查出可疑问题1360笔，违规问题8笔，实时预警系统发生预警信息1365笔；对账中心银企对账率99.4%以上；事后监督中心审核传票1.35万册、465.62万笔，发现差错765笔，发出整改通知书480份；授权中心累计授权31.65万笔，因业务不规范拒绝授权7347笔；远程监控中心发现并整改问题 80 余次；电子验印系统及票据系统上线运行，提高了工作效率和印鉴识别准确率及票据真伪辨别率，有效防范了操作风险。

多措并举筑牢安全防线　2017 年，乐亭信用联社组织全辖签订安全防范责任书和消防安全责任书，对重要岗位人员列表登记，加大检查力度，形成上下联动机制；加强突发事件应急处置演练与培训，组织网点进行各种预案演练 600 余次，安全防范教育 1000 余次；持续推进安保工作达标升级，A 级网点占网点总数的 62%；实施 24 小时全方位监控预警，全年累计出警 90 余次，实现零事故、零案件。开展防电信网络欺诈、反洗钱等专项宣传教育活动，不断提升干部员工及辖区居民的防控意识，有效预防金融风险。年内，胡家坨农村信用社成功堵截假定期存单 1 张，金额 1 万元。

组建农商行工作取得阶段性成果　2017 年，乐亭信用联社根据省、市政府工作部署，全力推进县级信用联社改制组建农商银行工作。年初锁定改制组建目标，在市审计中心及县政府协调支持下，集多方合力共同推进，逐步攻克了部分准入指标不达标、产权不明晰等问题，完成了 29 处房产的确权工作，实现增资扩股 2.7 亿元，股金总额达到 5.59 亿元，法人股占全部股金的 40.84%。9 月末，如期启动组建农商行工作，并先后获得市、省及银监部门的批复，圆满完成当年改革任务。

乐亭县农村信用合作联社
理事长　常荣伯

【张家口银行股份有限公司唐山乐亭支行】 2017 年，张家口银行股份有限公司唐山乐亭支行（简称张家口银行乐亭支行）秉承“服务地方经济、服务中小企业，服务市民百姓”的经营理念，以效益为中心，不断提升内部管理水平，促进整体工作健康发展。年末，各项存款余额 7.01 亿元，比上年增加 2.52 亿元。其中，对公存款余额 8696 万元，比上年增加 2882 万元；储蓄存款余额 6.14 亿元，比上年增加 2.24 亿元。各项贷款余额 1.5 亿元，比上年增加 4075 万元。存贷比 21.4%。按五级分类口径：正常类贷款 1.5 亿元，占贷款总数的 100%；无不良贷款。

对公存款实现新突破　2017 年，张家口银行乐亭支行大力推动对公客户拓展工作，以乐亭县基础设施建设为契机，坚持“第一时间了解城建方面的资讯、第一时间沟通营销、第一时间对接”的策略，有针对性地开展客户拓展工作，成功营销了乐亭县滨海发展有限公司，引入低成本存款 2730 万元，对公存款取得新突破；对乐亭高平中学的营销，引入低成本存款 500 万元和后续代收学费等业务；县财政局在张家口银行乐亭支行的开户申请，通过财政部核准备案。

战略客户开发　2017 年，张家口银行乐亭支行根据上级银行的工作部署，明确本行的战略目标——利用平台、协会开发战略客户。通过前期调查、筛选，将乐亭县青年民营企业家协会（简称县青企协）确定为战略客户，双方共同召开银企对接会，与协会会员进行深入交流，宣讲银行的金融产品和服务项目，了解客户的金融需求，为开展业务工作打下坚实基础；通过张家口银行唐山分行产品推介会，将“商易贷”确定为与县青企协开展授信业务的产品，各项工作在稳步推进中。年内有多家企业到张家口银行乐亭支行开立账户并办理代发工资业务，有效带动了负债业务的发展；开发战略客户周边资源，通过战略客户发展其他客户，扩大张家口银行乐亭支行在当地的影响力和认知度，促进业务持续发展。

风险防控　2017 年，张家口银行乐亭支行完善风险内控制度，加强对各部门的内审工作。组织开展“合规建制”活动，全面开展自查自纠工作，增强合规意识，杜绝违规行为，为支行改革发展提供坚强保障。注重重点部门和薄弱环节的风险防控，加大督导处罚力度。加强安全保卫工作，深入开展案防警示教育，组织开展应急演练，落实岗位责任，提升员工的安全防范意识，确保安全无事故。

理财营销管理　2017 年，张家口银行乐亭支行依据上级银行理财考核机制，制定《张家口银行乐亭支行理财管理办法》，适时调整理财任务分配方案，做到有目标、有措施、有督导，提高员工理财营销的积极性、主动性，确保任务完成。年内理财销售 4.67 亿元。

张家口银行股份有限公司唐山乐亭支行
行　长　李万海

【天津银行股份有限公司唐山乐亭支行】 2017年，天津银行股份有限公司唐山乐亭支行（简称天津银行乐亭支行）本着“服务地方经济、服务中小企业、服务市民百姓”的经营理念，积极有效地开展金融服务，促进各项业务健康、稳定、有序发展。年末，各项存款余额2.7亿元，其中个人存款1.8亿元，单位存款9000万元；各项贷款余额7.7亿元，其中短期贷款5.2亿元，中长期贷款2.5亿元；实现账面利润1274万元；缴纳税金235万元。

支持地方经济建设 天津银行乐亭支行在认真分析乐亭经济特点的基础上，根据自身特点和经营优势，找准市场定位，把支持中小企业作为业务发展的重点，对符合行业政策和信贷政策有偿债能力的企业，以最简便的业务处理流程，及时为申请人提供资金支持。年内，授信支持法人企业20户，发放贷款3.7亿元；发放个人贷款24笔1.63亿元。

发挥特色优势提供优质产品 天津银行乐亭支行发挥特色优势，根据客户需求，每周推出不同期限、不同类型的理财产品，代理保险、基金、贵金属等财富产品，满足广大客户理财需求。组织员工深入社区和客户群体，普及理财知识。推出微贷金、白领金、尊尚金等小额快捷融资产品。推出对公结算账户优化开户流程，免收账户管理费；个人借记卡跨行ATM取款前3笔免收手续费、免收个人网银证书费等普惠措施。

加强金融知识和政策法规宣传 天津银行乐亭支行严格执行金融行业自律规定，依法合规经营，贯彻落实中国人民银行相关政策，公平、合理参与竞争，维护金融秩序。发挥营业网点的宣传阵地作用，利用多媒体电视定期播放国务院《征信业管理条例》《中华人民共和国人民币管理条例》等法律法规，利用电子屏滚动播放反洗钱、征信知识和打击非法集资等内容。深入广场、超市开展宣传和咨询活动，解答咨询150人次（含电话咨询），发放宣传材料500份。进社区、到农村开展金融知识普及和金融政策法规宣传。年内，举行反洗钱、反假币、打击非法集资、防范电信诈骗等宣传活动45场次，发放宣传材料1000多份，提高群众金融风险防范意识。

天津银行股份有限公司唐山乐亭支行
行　长　史丽君

【河北银行股份有限公司唐山乐亭支行】 2017年，河北银行股份有限公司唐山乐亭支行（简称河北银行乐亭支行）围绕“服务地方经济、服务中小企业、服务城市居民”的市场定位，加强改革创新，提高服务质效，坚持经营发展与风险防控并重，有效促进业务发展和管理水平提升。年末，储蓄存款余额2299万元，比上年减少513万元；电子银行有效户711户，增加209户，覆盖率31.67%；基础客户549户，减少51户。个人消费贷款余额2997.42万元，比上年增加2068.27万元；中高端客户269户，管理个人总资产6517万元。小企业贷款余额992.92万元，比上年增加797.92万元；综合收益率30.36%。新增公司类业务结构性存款1亿元，对公存款余额2.13亿元，比上年增加1.06亿元；对公非贴现贷款余额2974.89万元，年内营销办理电票贴现1.2亿元。

网点服务质量提升 2017年，河北银行乐亭支行注重加强网点建设，把提高服务质量作为全局性工作，作为重要的竞争手段，以优质服务促进网点业绩提升。完善绩效考核办法，把服务质量的提高与否作为重要考核指标，鼓励职工比、学、赶、帮、超，科学规划柜面业务。在全网点实施综合柜员制，将综合柜员管理与内部规范化管理达标、工资考核相结合，提高综合柜员的工作质量和效率，充分调动员工积极性。引导客户使用自助设备办理相关业务，减少柜面传统业务的工作量，大堂经理负责指导客户使用自助设备办理存取款、缴费、转账业务等。启动“服务渠道优化工程”，通过自助银行、网上银行、POS机等为群众提供更为便捷、人性化的服务。

特色产品营销水平提高 2017年，河北银行乐亭支行积极服务地方经济、服务小微企业，扩大小微企业融资覆盖面。打造完善的特色产品体系，积极破解小微企业融资难题，为客户推出包括“快速贷、年审贷、循环贷”等系列融资产品。年内，发放小企业贷款992.92万元，为小微企业发展提供了资金支持，得到了中国银行业监督管理委员会的肯定。开办个人购房贷款、个

人综合消费贷款、个人经营类贷款、个人经营性物业抵押贷款、个人工资保证贷款、大额信用卡等品种，为个人客户融资提供方便。同时开办黄金销售、保险理财和银行理财产品，满足客户日益增长的理财需求。

内部管理加强 河北银行乐亭支行针对人员调动频繁的现状，对支行每个岗位的人员进行统筹安排；通过召开支行全体会议进行集中教育和单独座谈指出优缺点等方式，提高员工的积极性和自信心；实行激励机制，体现奖勤罚懒、多劳多得，激发员工干事创业热情。

坚持人防、物防、技防相结合，巩固安全保卫工作的良好局面。通过督导检查，学习案例分析材料，强化员工的安全防范意识，年内组织员工防火、防抢演练4次，组织冒充接款人员诈骗款箱演练1次，断电应急演练1次，保障了员工工作和业务开展平稳运行。

河北银行股份有限公司唐山乐亭支行
行　长　刘兆祥

【中国邮政储蓄银行股份有限公司乐亭县支行】 2017年，中国邮政储蓄银行股份有限公司乐亭县支行（简称邮储银行乐亭县支行）按照“控风险、夯基础、建平台、重清收”的工作思路，坚持经营发展与党建相结合，业务发展与风险防控齐抓共管，实现了资源、队伍、产品的整合，增强了业务发展的可持续性和稳定性。至年底，各项存款余额36.09亿元，比上年增长15.45%。其中，个人储蓄存款余额30.68亿元，比上年增长9.96%；公司存款余额5.41亿元，比上年增长61.01%。个人贷款余额2.6亿元，比上年下降15.58%。其中，涉农贷款8100万元、消费贷款9000万元、个人商务贷款8900万元，分别比上年下降22.86%、增长12.5%、下降27.64%。中小企业贷款余额7000万元，比上年下降32.69%。收回不良贷款609.34万元。

公司业务实现历史性突破 2017年，邮储银行乐亭县支行大力加强有效客户的开拓力度，通过市场调研，收集客户及资金信息，对县域经济和同业情况进行认真分析，明确自身在业务发展方面的优劣势，制订切实可行的营销方案。加大对当地政府和重要企业的走访力度，收集、发掘和掌握源头信息，掌握新建项目、专项拨款、招商引资、企业生产经营等情况，确保目标明确、有的放矢地开展营销工作。至年底，公司存款余额5.41亿元，比上年增加2.05亿元，实现历史性突破。

手机银行业务超常规发展 2017年，邮储银行乐亭县支行紧跟时代发展潮流，重视发展手机银行业务，分析研判市场形势，明确主攻方向，积极转变营销方式，柜面与柜外相结合，加强厅堂营销；组成营销小分队，下乡入村，开拓农村市场。至年底，全年加办激活手机银行1.19万个，全市排名第一。

中国邮政储蓄银行股份有限公司乐亭县支行
行　长　赵继山

【中信银行股份有限公司唐山乐亭支行】 2017年，中信银行股份有限公司唐山乐亭支行（简称中信银行乐亭支行）坚持“以客户为中心”的经营理念，围绕“调结构、强发展、抓落实”的工作思路，加大市场宣传和公关力度，调整存款结构，发展资本节约型业务，多渠道增加中间业务收入，加强内部管理，有效促进整体业务协调、科学发展。年末，各项存款余额1.43亿元，其中对公存款余额8027万元，储蓄存款余额6322万元；同业存款余额5.03亿元；贷款余额1.09亿元；管理资产7.17亿元。

存款业务拓展 2017年，中信银行乐亭支行研究制定各项措施，采取“对公对私业务并举，柜台吸纳与走出去上门营销相结合”的办法，促进存款业务稳步增长。通过各种渠道筛选客户，对企业开展积极营销，取得重点客户的信赖，先后与10余家对公客户建立业务联系并在业务发展中起到重要作用。年内，新增对公有效客户8户。采取多种形式加快个人存款业务发展，组成多个营销小组到县直部门、医院、学校、街道等机关事业单位开展职场产说会，宣传中信银行的金融产品，利用微信平台进行沟通宣传。通过组织爬山活动和端午节、中秋节等节假日进行营销宣传。把握城中村拆迁改造的机会，开展拆迁资金专项营销活动，代发拆迁款成为零售业务指标增长的主体。以中信银行薪金煲、理财、保险等产品优势为抓手，积极做好客户资金

的留存防挖转工作。

信贷业务创新发展　2017年，中信银行乐亭支行根据县域经济发展特点，重点发展房抵贷产品按揭贷款业务。积极营销县域以外的房源，一手房按揭实现新跨越，年内营销新楼盘3个，放款270笔，年底前实现投放金额7524.1万元。非直连式公积金信用贷实现新突破。通过整合各项零售产品进入准入单位集中宣传，实施薪金煲、信用卡、期交保险、理财产品和非直连、房抵贷等产品多路营销。作为主打贷款产品的信秒贷，以其手续简便、办理时间短、环节少的特点赢得广大企事业单位员工的欢迎，年内采集25笔，放款15笔，放款金额242.81万元。

把控信贷风险　2017年，中信银行乐亭支行强化信贷风险把控，采取多种行之有效的措施保持案件防控的高压态势。利用晨会和夕会时间，有针对性地对员工进行经营理念教育，有步骤地开展信贷专业知识、专业技能的学习与培训，提高员工防范信贷风险能力。树立“合规经营就是经济效益”的思想，认真落实上级行和监管部门的规章制度，加强内控管理，保证信贷业务每个操作环节、每个业务流程的有效监督制衡。为防范信贷风险，依据有关规定，坚持做到贷前调查研究、贷中合规办理、贷后跟踪检查，随时掌握承贷单位的资金流向。面对年内出现的新的不良贷款案，中信银行乐亭支行加大清收力度，行长亲自挂帅，与担保公司协商，采取多种措施，历时三个半月分3笔收回经营贷款本金近500万元，避免了国有资产的流失。

中信银行股份有限公司唐山乐亭支行

行　长　李新民

【承德银行股份有限公司唐山乐亭支行】 2017年，承德银行股份有限公司唐山乐亭支行（简称承德银行乐亭支行）秉承“科学管理、稳健经营、优质高效、争创一流”的经营理念和“信誉第一、客户至上、竭诚服务、合作共赢”的服务理念，立足“地方经济、中小企业、居民百姓”的市场定位，全面推行“差异化、特色化、专业化、现代化”经营管理模式，以灵活的经营机制、优质高效的服务扎实有序开展各项工作，客户群不断壮大，社会认可度有效提升。年末，各项存款余额8.43亿元，其中对公存款余额2.04亿元，储蓄存款余额6.32亿元，应解临时汇款710万元；各项贷款余额6897万元。

员工素质提升　2017年，承德银行乐亭支行注重加强干部员工的思想教育、作风建设，不断提升干部员工的综合素质。坚持利用每天晨会，对前一天工作进行总结，查找短板，安排部署当天工作。加大员工行为排查力度，打造风清气正、干事创业的干部员工队伍。定期组织员工填写《承德银行员工行为个人自查表》，使员工明确认识自身行为，起到警示作用；行长不定期与员工单独座谈，掌握员工行为动态。通过行为排查，督导员工严格按照规章制度开展工作，有效防范违规行为发生。加强员工的培养、教育，定期举行业务操作流程和内控制度学习研讨，促进前台柜员和授信人员业务技能提升、风险防控意识增强。

市场营销力度加大　2017年，承德银行乐亭支行打破常规找准市场定位，发挥全员营销优势，加大市场营销力度，推进业务发展。全体员工利用倒班休息时间、双休日、节假日到街头、社区进行业务宣传，捕捉信息，寻找和探索新的存款源头，发掘新的客户群体。不断拓展宣传途径，运用不同载体，增加宣传受众群体，使承德银行乐亭支行的特色服务和支持“小微”企业发展的相关政策规定被更多的人（企业）所了解。

壮大客户群体　承德银行乐亭支行把不断发展壮大客户群作为业务发展的源动力，结合县区实际，制定全年工作思路，逐层分解目标任务，责任到人。根据客户对本行综合贡献度大小划分不同客户群，由主管客户经理负责不定期拜访老客户、举办客户回馈活动等，同时发挥“以老带新”的作用，全力拓展新客户，使之成为存款的增长点。对符合本行授信要求的优质客户及重点项目，逐户走访做好服务，并拓展相关联企业及上下游客户，实现联合营销，发挥授信、存款的联动作用，建立有效的客户群体。

强化内控管理　2017年，承德银行乐亭支行严格执行各种规章制度和操作规程，形成切实有效的内控管理制度流程，全面把控业务风险。随着新业务的推出和新员工的加入，支行领导层重视员工综合素质和风险防控水平的提高，将日常工作和员工队伍建设有效结合，变被动为主动，变事后检查为事前防范。贷款风险预警机制进一步完善。组织信贷人员开展市场调研，掌握借款人的基本情况，实施严格审查、审慎审批，确保贷款放得出去、收得回来。

承德银行股份有限公司唐山乐亭支行

行　长　宋文国（8月免）

董俊辉（8月任）

【乐亭舜丰村镇银行股份有限公司】 2017年，乐亭县舜丰村镇银行股份有限公司（简称舜丰村镇银行）秉承“舜得天下，丰泽万家”的宗旨，遵循“依法经营，创新发展”的理念，全力支持当地“三农”工作发展。至年底，资产总额3.87亿元，负债总额3.4亿元，所有者权益4500万元。各项存款余额3.36亿元，比上年增加5854万元，其中对公存款2900万元，个人储蓄存款3.07亿元；日均存款3.4亿元。各项贷款余额2.64亿元，比上年增加6200万元，其中发放涉农贷款2.61亿元，占各项贷款余额的98.86%。贷款损失准备余额690.97万元，不良贷款余额3.13万元。实现账面盈余655万元。

业务发展　舜丰村镇银行针对县内银行业的不断发展，及时调整工作思路，积极寻求新的业务增长点。与县就业服务局合作推出“创业贷”，年内发放贷款6笔，金额59万元。住房按揭贷款的推出丰富了贷款品种，到年底已发放贷款5433万元。同时申请“农保贷”工作基本完成。

队伍建设　舜丰村镇银行全体干部职工认真学习宣传贯彻党的十九大精神，深入开展“两学一做”学习教育，使之常态化、制度化；不忘初心，牢记使命，发挥党支部的战斗堡垒作用和党员的先锋模范作用。从班子成员做起，率先垂范；教育引导全体干部职工加强政治学习，树立正确的人生观和价值观；加强业务学习，树立严谨的工作作风和扎实的工作态度，强化风险防控，推动普惠金融工作向深度发展。积极投身社会主义新农村建设，年内向5个乡镇捐款90万元，支持美丽乡村建设。

乐亭舜丰村镇银行股份有限公司

行　长　郑德兰

【唐山银行股份有限公司乐亭支行】 2017年，唐山银行股份有限公司乐亭支行（简称唐山银行乐亭支行）坚持“政府银行、地方银行、市民银行”的发展理念，立足服务本地经济，满足地方企业和广大居民在金融方面的多元化需求。以实现“同业最强、系统最优”为目标，狠抓基础管理，加快业务转型，提升营销水平，攻坚克难，整体工作健康发展。年末，各项存款余额17.75亿元，各项贷款余额12.19亿元，实现利润4600万元。

存款业务营销　2017年，唐山银行乐亭支行把储蓄存款及对公存款作为主要开办业务。加大产品宣传力度，扩大存款增收渠道，成立专门宣传小组，通过市场宣传、社区宣传、到农村与农户面对面宣传等方式，将唐山银行的经营宗旨、金融产品、各种储蓄存款及存款利率情况宣传到社区、村，辐射社会各个层面，扩大存款源。推出特色储蓄产品200余种，满足各类储户的不同需求。针对部分活期存款余额多、流动性大的特点，推出唐行宝特色储蓄产品，满足客户随时使用资金并获得比活期存款利息高的需求，得到客户认可。年末各项存款余额17.75亿元，其中个人储蓄存款余额2.8亿元，对公存款14.95亿元。

贷款类业务发展　2017年，唐山银行乐亭支行本着支持地方经济发展的原则，根据自身的经营特色，通过信贷投放为全县重点项目建设注入活力。从贷款企业需求出发，简化贷款审批流程，及时为贷款企业提供资金支持。年内，实现各类贷款余额12.19亿元，其中涉农企业贷款余额10.8亿元，占各类贷款余额的88.6%。

中间业务拓展　2017年，唐山银行乐亭支行积极落实普惠金融政策，减免公司业务、个人业务、外汇业务等85项中间业务收费，得到客户认同。积极为客户提供优质产品，每周发行5种以上不同期限、不同品种的理财产品，满足群众的理财需要。推出对公客户的金融产品，包括企业理财产品、企业唐行宝产品、企业流水赢产品，满足企业资金流动性大的同时获得较高的资金收益。年内，唐山银行乐亭支行为县内200余户拆迁户办理拆迁补偿款代收发业务，代发银行卡200余张，代发金额2000余万元；为80余户渔民办理渔船燃油补助代发业务，代发银行卡80余张、储蓄定期存单80余张，代发金额2000余万元；联合唐山银行海港支行为王滩镇逾1.4万户居民办理耕地补偿款代发业务，开立银行卡逾1.4万张，发放补偿款750多万元。

网点服务设施建设 2017年，唐山银行乐亭支行重视网点内部软硬件建设，全面提升服务水平。加大资金投入，努力实现网点软硬件设施的现代化、科技化、自助化，网点环境更加规范整洁。营业大厅配备自助发卡机、自助存单机、存单回收一体机、自助存款机、零币兑换机、硬币机、回单机、查询机、随身银行模拟机、自助取款机（ATM）、存取款一体机（CRS）等，在办理业务的同时为客户提供全新体验，打破了传统银行业的柜台模式。唐山银行乐亭支行在实现网点设施现代化的同时，多措并举提升服务水平，让客户感受贴心服务。12月，唐山银行与乐亭县政府协商达成合作意向，承租原水利局办公楼，作为唐山银行在乐亭县的第二家支行营业场所。

唐山银行股份有限公司乐亭支行

行 长 宋振强

保 险

【中国人民财产保险股份有限公司乐亭县支公司】 2017年，中国人民财产保险股份有限公司乐亭县支公司（简称人保财险乐亭支公司）在人保财险唐山分公司的领导下，坚持以客户需求为中心，把握开拓发展为主题，励精图治，真抓实干，全体员工迎难而上、奋力拼搏，政策性农房保险、治安保险、精神病人监护人责任险、校园方责任保险，学平险均如期续保，政策性农业保险联办共保模式落地，车险等各项业务实现快速发展。1月，从乐亭人保财险市场实际出发，经人保财险唐山分公司批准成立乐亭直属营业部，与人保财险乐亭支公司共同经营人保财险业务。年底，实现保费收入8638.14万元，比上年增长25.13%，支付各项赔款4597.09万元，上缴利税1090.74万元。

推动政策性农业保险“联办共保”模式落地 2017年，人保财险乐亭支公司积极探索农业保险发展模式，通过赴外地考察，结合乐亭实际，形成系列报告文件，经县政府研究制定实施方案，确定在全县范围内全面推行“联办共保”农业保险发展模式。县政府与人保财险唐山分公司签署协议，决定县政府与人保财险乐亭支公司联合开办政策性农业保险业务。“联办共保”模式的落地实施，带动了乐亭县农险市场格局的改变，县内3家涉农险保险主体恶性竞争局面得以有效遏制。

三大板块协调并进，全力推动业务发展 2017年，人保财险乐亭支公司及时调整经营策略，协调推进车险、农险、商非三大板块业务，收到显著成效。

车险业务，车商渠道推行费用加送修模式，提升新车业务获取能力，全年收取家用新车1075辆，比上年增加291辆，保费增收59.43万元。持续改进险种结构，加大转入业务获取力度，始终对其他保险主体保持高压态势，从各渠道增加销售费用配置，以优质的服务赢得更多客户。实现家用车转保保费804万元，占家用车保费总数的29.73 %，有效支撑了整体业务发展。地面电销团队建设提速，续保业务实现全覆盖，通过续保提醒、外部信息呼出、增加客户信息修正功能等形式，为客户提供准确真实的信息，增加与客户联系的频率，实现转保业务准确及时，年内，续保团队实现保费225万元。

农险业务，加大竞争力度，以“联办共保”模式构建竞争壁垒，年初从其他保险主体夺回新寨、阎各庄育肥猪业务，实现养殖险独家承保份额100%。开展传统农作物种植保险，玉米、水稻保费实现正增长。拓宽农险服务领域，快速推进大棚保险业务，年内全县8个乡镇实现大棚保险全覆盖，收取保费901万元。奶牛保险实现新突破，到年底已承保奶牛养殖场20个，奶牛5630头。

商业非车险业务，以法人客户业务、政府支持类业务为主，以分散性业务开发为辅，加强非车险销售团队建设，及时了解掌握大客户的保险动态，加大公关力度，巩固续保，盘活市场存量，年内实现政策性农房保险、农村治安保险全覆盖，家庭财产保险保费突破20万元；企业财产保险业务面向河北乐亭经济开发区、县城区工业聚集区等重点企业，以重点企业辐射其他中小企业，开拓新保险市场。船舶货运保险，以推动育肥猪货运险为抓手，围绕三岛船舶运输做文章。积极发展各类责任保险业务，电梯责任险、食品安全责任险、雇主责任险、安全生产责任险稳步推进；加大个人意外伤害保险、学生平安保险、团体意外伤害保险开发力度，巩固既有业务，深挖农村小额意外险资源，全年保费增长33%。

加强队伍建设　2017年，人保财险乐亭支公司注重加强队伍建设，加强班子队伍建设，打造坚强领导核心。班子成员以身作则，率先垂范，坚持廉洁从业，以良好的精神状态影响带动身边同事。加强员工队伍建设，培育优秀专业人才。坚持教育培训常态化，通过培训增强员工岗位意识，提升职业能力，创新员工服务理念，提高和改善人保财险工作质量。推荐优秀员工参加外部培训，提升员工公关技能；建立人才发展机制，开通年轻员工晋升渠道；打破员工身份界限，鼓励青年员工干事创业。从公司发展大局出发，培养选拔人品好、业务精的青年员工充实中层领导岗位，保证人才不断档，促进整体工作健康发展。

中国人民财产保险股份有限公司乐亭县支公司
经　理　李　鹏（12月免）
洪艳军（12月任）

【中国人寿保险股份有限公司乐亭支公司】　2017年，中国人寿保险股份有限公司乐亭支公司（简称人寿保险乐亭支公司）强力推进寿险业务发展，团结一心，开拓进取，真抓实干，扎实推进各项工作落实。全年实现长期险首年标准保费947.49万元，首年期交保费2533.07万元，十年期及以上首年期交保费1422.84万元，长期险趸交保费1693.02万元，短期险保费921.02万元。处理寿险案件73件，支付赔偿金203万元；短期险赔案543件，赔付金额139万元。

个险业务　2017年，人寿保险乐亭支公司结合市场个险业务实际，主动更新观念，创新思路，全面部署县内高中低各档次产品说明会，以主抓3年期保险业务为重点，细化量化目标任务。组织开展系列业务宣传活动37场次，出动人员70余人次，参与平台宣传61人，直接宣传客户3100余人，实现3年期交保费900万元。

团险业务　人寿保险乐亭支公司注重加强与社保、教育、联社、民政、卫计部门的合作，大力发展团体险业务。年内实现教师险保费28.1万元，学生平安险保费250.8万元，社保大病医疗保费315万元，信贷保险60万元。加大力度，努力拓展计生系列保险。3月，深入各乡镇（街道）开展计划生育保险业务，收取计划生育家庭险保费21.7万元，女性安康险保费35万元，实现计生险业务稳中有增。加强团体险队伍建设，实现增员9人，团体险队伍扩大到37人，销售力量得到增强。

银行保险业务　人寿保险乐亭支公司注重加强与工商银行、农业银行、中国银行、邮储银行渠道沟通对接，人寿保险与渠道代办共同发展。同时做好渠道相关人员对产品及销售技能的培训。分别与中国银行、农业银行、邮储银行召开精品网沙活动20场，收取期交保费99万元。加强专业知识培训，邀约客户参加宣传活动，实现期交保费50余万元。年内，人寿保险乐亭支公司满期给付4493笔，给付金额1.09亿元。面对满期给付形成的压力，制定出台应急预案，妥善处理满期退保纠纷200余人次，满期纠纷得到及时化解。

规范服务，合规经营　开展"文明窗口"创建活动，推行规范化服务。客服工作人员实行统一着装、挂牌上岗，设置意见本、意见箱，接受客户和营销员监督，添置便民箱、雨伞等服务器物，服务质量得到提高，客户满意度95%，柜面直销覆盖率100%。强化教育培训，提高服务意识。根据本行业的特点，要求员工认真执行职业理念、职业态度、职业纪律和职业作风，提高员工遵守职业道德的自觉性。组织员工开展反洗钱知识培训、防范和打击非法集资宣传教育活动、诚信我为先活动、防范销售误导教育活动。注重日常风险管理，加强承保理赔管理。按照承保条件和承保规则审核每一份投保单，按承保要求开展生存调查，严把风险入口关。主动快捷接待客户提交的每份理赔资料，对于理赔金额3000元以下（含3000元）的案件，争取当日立案，当日结案，最迟2日内结案；3000元以上的案件

最迟 2 日内结案。保证理赔迅速、准确、合理，既不滥赔，也不惜赔。

中国人寿保险股份有限公司乐亭支公司

经　理　赵玉海（7 月免）

杨　洁（7 月任）

证　券

【财达证券股份有限公司唐山乐亭大钊路证券营业部】　2017 年，财达证券股份有限公司唐山乐亭大钊路证券营业部（简称财达证券营业部）把握时机，创新发展，全面挖掘自身潜力，以灵活的经营机制、优质高效的服务，有序开展证券业务，市场竞争力不断增强。全年实现营业收入 407.18 万元，实现利润 153.89 万元，收入市场占有率万分之零点四二、交易市场占有率万分之零点二六。日均融资余额 1438 万元，利息收入 81 万元，交易收入 47.5 万元。年内新增有效客户 488 户。

合规风险防控管理加强　2017 年，财达证券营业部落实上级公司“最严”监管年活动部署，重视合规风险防控管理，责任到人。在合规风险管控工作的基础上，按照证监会和上级公司着重强调的重点工作加强管理，CISP 平台数据的报送和日常工作的及时报送、反洗钱风险等级的划分、平时中签客户的及时通知及新客户指定交易的及时完成，每项工作配备 2 名以上工作人员做好操作和复核，指定专人进行每日工作的提醒，做到万无一失，及时并保质保量完成任务。

有效客户实现新增长　2017 年，财达证券营业部从增加有效客户入手，有效提升收入市场占有率，稳步夯实业绩基础。开展如何增加有效客户大讨论，集思广益，提高员工发展有效客户的主动性。依托营业部的绩效考核制度，建立有奖积分制，细化考核，多劳多得，激发员工的工作热情和内在潜力，实现有效客户的稳定增长。

利用周末时间，在人口比较集中的小区和广场设立咨询台、张贴宣传画、发放宣传手册等进行宣传，增强公民的投资意识。根据风险承受能力不同的投资者进行不同的产品推荐，实现风险可控并获取较高的收益。年内，财达证券营业部新增有效客户 488 户。

融资融券业务发展　2017 年，财达证券营业部以沪、深两市证券行情逐级走高为契机，以双融（融资、融券）业务为纽带，主动出击营销客户。通过发短信、打电话、上门走访等方式宣传两融业务，激发客户投资的积极性。年内实现日均融资余额 1438 万元，利息收入 81 万元，交易收入 47.5 万元。

财达证券股份有限公司唐山乐亭大钊路证券营业部

总经理　黄　鑫

科学技术

科学技术普及

【概　况】 2017年，全县有在职专业技术人员7619人，其中具有高级专业技术职称的1277人，中级及以下专业技术职称的6342人；有技术工人1.03万人，在册农村青年实用人才9000余人。

【科技下乡】 2017年，全县科学技术普及工作以农村为阵地，以农业为重点，以科技创新为主线，以服务为手段，以农业增收农民增效为目标，努力为全县经济发展提供科技支撑。组织动员科技工作人员深入农村一线，采取办班培训、现场指导、网络宣传、赶科技大集、举办“科技活动周”等形式送科技下乡，推广农业实用技术，全面提高农民群众的科技素质和农业生产的科技含量，促进农业农村经济持续、快速、健康发展。县农口各部门和县科协及各乡镇（街道）、县教育局成人学校、县老科协等部门（单位），注重加强领导，开展培训活动，全年举办农业技术培训班259场次，直接培训（服务）农（渔）民2.75万人；农口各部门、各乡镇（街道）和各农业园区、各农业专业合作社引进农业新技术23项、新品种近50个。

科技创新管理

【落实相关政策措施】 2017年，县科技部门在严格落实国家、省、市相关政策的同时，认真落实县委、县政府印发的《关于鼓励和促进科技创新的实施意见》，调动企业科技创新的积极性，提高全县科技创新水平，确保高新技术企业、科技型中小企业和研发平台的培育工作顺利开展。年内，县财政安排资金360万元，用于科技创新奖励，已落实奖补资金154.4万元；为乐亭县鸿煊科技企业孵化器有限公司申请市级奖补资金10万元；为唐山海洋牧场实业有限公司申请市级科技创新奖补资金10万元。

【培育申报科技型中小企业】 为贯彻落实省、市有关科技型中小企业认定工作的文件精神，县委、县政府将科技型中小企业的培育工作纳入县级领导“十个一”活动，每个县级领导负责培育一家科技型中小企业。按照省科技型中小企业管理办法的相关要求，组织开展科技型中小企业申报认定工作，在对全县企业调查摸底的基础上，将任务指标分解到乡镇、街道、河北乐亭经济开发区及县城区工业聚集区。年内申报科技型中小企业98家，全市排名第一。

【高新技术企业申报】 依照高新技术企业管理办法及工作指引，组织唐山丞起汽车零部件有限公司和唐山高达科技有限公司2家企业完成高新技术企业申报工作。

【科技项目组织实施】 2017年组织申报了乐亭县科技馆升级改造工程项目，获省财政厅资金支持165万元；组织唐山市德龙钢铁有限公司申报的降低碳排放的长流程炼钢新工艺技术集成省级研发项目、乐亭丞起现代农业发展有限公司申报的设施甜樱桃品种筛选与标准化栽培技术集成示范和唐山海洋牧场实业有限公司申报的唐山祥云湾海域生态环境修复关键技术研究3个省级项目已上报省科技厅，待立项。4月7日，省科技厅对滨海地区低成本设施果树生产关键技术集成与示范项目进行验收，通过专家和评审团的层层审查与考核，该项目顺利通过验收。

知识产权管理

【开展专利宣传活动】 2017年4月，县科技局在县城文园广场举办主题为“创新创造改变生活，知识产权竞争未来”的“知识产权宣传周”宣传活动，宣传专利知识和信息，提高公众知识产权意识。活动中发放《中华人民共和国专利法》和《专利申请指南》等相关宣传材料1000余份。

【授权专利】 2017年，全县新增授权专利34项，发明专利总数达到70项，万人发明专利拥有量1.6项，比上年增长92%，超市达增长目标的15%。积极做好市级知识产权奖补资金申报工作，组织企业和个人申请市级奖补资金3.42万元（见表15）。

表15　　2017年全县授权专利一览表

序号	申请号	授权入库日	专利名称	专利权人	专利类型	专利权人类型
1	2016208616995	20170104	一种用于白灰窑卷扬上料的装置	唐山市德龙钢铁有限公司	实用新型	企业
2	2016305349150	20170208	一种暖手宝	俞亚宾	外观设计	个人
3	2016208770979	20170329	一种下水管道发电装置	佟立民	实用新型	个人
4	2016203715778	20170315	一种精确控制连铸机换水口影响铸坯的装置	唐山市德龙钢铁有限公司	实用新型	企业
5	201621093300X	20170329	圆柱壳体建筑单元及其构成的低成本模块式抗震建筑物	唐山精研实业有限责任公司	实用新型	企业
6	2016211010181	20170412	智能绿化机器人	李　勇	实用新型	个人
7	2016209998785	20170405	一种压路机刮泥装置	宋　波	实用新型	个人
8	201621133321X	20170419	铁路站场照明远程控制系统	张书铱	实用新型	个人
9	20170524	20170524	一种市政工程用耐压铺路砖	藏春民	实用新型	个人
10	201621236180	20170503	宿舍用停电来电自动断电安全插座	李　勇	实用新型	个人
11	201621306135.1	20170531	一种用于带钢紧卷机的推杆装置及带钢紧卷机	唐山市德龙钢铁有限公司	实用新型	企业
12	201621091948.3	20170517	一种气雾喷嘴流量特性测试系统	唐山市德龙钢铁有限公司	实用新型	企业
13	20170510	20170510	一种暖手宝	俞亚宾	外观设计	个人
14	2016302640229	20170606	休闲包（跆拳道服）	刘　颖	外观设计	个人
15	2016205144920	20170613	一种翼管收集器	唐山境界实业有限公司	实用新型	企业
16	2016213061243	20170616	一种用于平板运输链的加油机构	唐山市德龙钢铁有限公司	实用新型	企业
17	2016213821858	20170704	一种秸秆粉碎干燥再利用装置	崔锦辉	实用新型	个人
18	2016214506263	20170707	商品商标用安装结构	赵印全	实用新型	个人
19	2016214411352	20170714	一种物位测量装置	唐山市德龙钢铁有限公司	实用新型	企业
20	2016205666333	20170829	一种常压两段式煤气发生炉	乐亭县铸升金属制品厂	实用新型	企业
21	2017200720035	20170922	一种污水处理厂用污泥压滤装置	康世静	实用新型	个人
22	201621238518X	20171010	一种快速降温水杯	李　勇	实用新型	个人
23	2017301127911	20171013	大冒险游戏套件	杨　凯	外观设计	个人
24	2016112307950	20171107	高速公路治超检测与收费联动的方法	邸志明	发明	个人
25	2016106587441	20171226	一种转炉炉衬的维护方法	唐山市德龙钢铁有限公司	发明	企业
26	2017206469341	20171229	一种吊轨侧移推拉漂移门窗	周运军	实用新型	个人
27	2017206337770	20171222	一种用于制造3D金属粉材的装置	徐东山	实用新型	个人
28	2017205291337	20171205	一种破碎机的防堵料装置	唐山市德龙钢铁有限公司	实用新型	企业
29	2017205758734	20171229	一种安全插座及与其配套的插头	李　勇	实用新型	个人

续 表

序号	申请号	授权入库日	专利名称	专利权人	专利类型	专利权人类型
30	2017204526636	20171208	一种人体感应摄像识别门	李 勇	实用新型	个人
31	2017204526655	20171208	一种两用轮滑鞋	李 勇	实用新型	个人
32	2015107245377	20170805	一种复配除草剂	燕化永乐（乐亭）生物科技有限公司	发明	企业
33	2014106446834	20170526	一种高容积形雨量计	刘玲玲	发明	个人
34	2014101956510	20170121	一种四齿轮驱动机构	徐 贺	发明	个人

新能源开发

【概　况】 2017年，乐亭县新能源办公室按照县委、县政府的工作部署，以开展“重大产业支撑项目攻坚年”活动为主线，围绕大气污染防治、农村地区用能结构科学有序调整、美丽乡村建设和现代农业发展，通过重点发展生物燃气、生物质成型燃料、清洁能源开发利用等新能源项目建设，加大对大气污染防治项目的政策扶持力度，推进全县新能源产业持续健康发展。全年完成投资1200万元，其中国家投资665万元，新增沼气联户供气1000户，全县沼气联户供气规模达到52个村、1.4万户；推广煤改太阳能150户，农村洁净型煤得到广泛利用；建成秸秆能源化收储运站点1个，清洁能源利用模式得到推广。

【沼气项目建设】 2017年，县新能源办公室在巩固县内沼气联户供气规模的基础上，争取上级资金240万元，支持沼气运营企业加强联户沼气工程后续建设，重点推进庞各庄宏拓生态能源有限公司新增联户供气1000户入户管网工程建设，年底竣工并通过验收。统筹农业资源环境承载能力，以大型沼气工程为依托，发展以沼气为纽带的秸秆、畜禽粪污资源化、高值化利用，推进沼肥生物有机肥料在甜瓜、桃、黄瓜等高效经济作物种植中的应用，加快农业转型升级和绿色发展，构建种养结合、循环发展的现代农业生产生活新格局。

【农村清洁能源开发利用】 结合县域实际，在试验示范的基础上，争取上级资金225万元，实施煤改太阳能农村清洁能源开发利用项目。选择农村保温设施到位的农户150户，实施煤改太阳能取暖改造，冬季利用太阳能替代煤炭取暖，年底已投入使用。加强示范宣传与推广，扩大试验示范范围，打造适合县域环境的农村冬季采暖新模式。落实县委、县政府大气污染防治工作部署，在农村集中供暖不能覆盖的区域，推进洁净型煤的利用，降低农村大气污染物的排放。

【农村生物质资源化利用】 2017年，乐亭县被列为全省秸秆能源化5个试点县之一，争取上级资金200万元。以马头营镇乐北公路两侧精品村建设区域秸秆能源化改造提升为目标，重点发展秸秆打捆收集、成型燃料加工和收储运体系建设，形成区域化秸秆能源利用示范体系。经与国家、省、市新能源主管部门和科研院所联系，委托专业机构编制项目可研方案，县制定具体实施方案，11月完成项目招投标，年底建成投入使用。

【沼气安全管理】 强化农村沼气安全监管，发挥沼气物业服务体系作用，加强新能源工程项目的安全管理和物业服务，落实安全生产责任制，开展有限作业空间安全生产巡查15批次，发现安全隐患10余处，明确整改日期和责任人，已整改到位。加大沼气安全使用宣传力度，提高农村沼气用户安全意识，印制并发放高效清洁燃烧炉具、洁净型煤的使用等明白纸4万份，使安全使用技术家喻户晓，确保沼气安全使用。

气象测报与地震监测

【气象测报】 乐亭国家基本气象站观测项目有地面观测、高空探测、酸雨、辐射、闪电定位、GPS水汽。其中，地面观测采用DZZ5和CAWS600两种型号自动气象站同时对雨量、温度

（气温、地温、草温）、气压、湿度、风向、风速、能见度、雪深、雪压、电线积冰、蒸发、日照等要素进行观测，并实现实时传输，观测资料参与全球气象资料交换；高空探测采用L波段雷达对高空温度、湿度、气压、风向、风速等要素进行观测，观测资料参与全球气象资料交换。

在中堡、毛庄、汤家河、古河、胡家坨、大相各庄、庞各庄、新寨8个乡镇设雨量、温度2要素区域自动站，在汀流河、阎各庄、马头营、姜各庄镇设6要素新型自动气象站，在中堡镇标准化人工影响天气作业点设6要素新型自动气象站，进行雨量、温度、气压、湿度、风向、风速6要素观测。在翔云岛林场设国家级无人站，进行雨量、温度、气压、湿度、风向、风速、能见度7要素观测。

【人工影响天气】 2017年，县气象局开展人工影响天气作业6次，累计发射火箭弹56发，增加有效降水1.05亿吨，有效调动了空中云水资源，改善了土壤墒情，降低了森林火险等级，净化了空气。

【地震监测】 2017年，县地震办公室在县委、县政府领导下，贯彻落实国务院、省、市防震减灾工作会议精神，强化防震减灾社会化服务体系建设，全面提高全县人民防震减灾的综合能力，全力维护人民群众的生命财产安全，依法施政、开拓创新，全县防震减灾工作取得积极进展。建立和完善防震减灾工作目标管理责任制，严格落实防震减灾监督检查和责任追究制度，依法行政能力得到提升。地震监测预报、震害防御、应急救援三大体系建设步入规范化、制度化、法制化轨道。地震监测实行专群结合原则，在全县15个乡镇、街道（含唐山海港经济开发区托管的王滩镇）设立防震减灾助理员、地震宏观测报员、地震灾情速报员，最大限度地发挥群测群防在地震短临预报中的重要作用；全县所有新、改、扩建工程全部纳入抗震设防要求监管程序；对工程项目加大执法检查力度，严格落实地震安全性评价管理制度，有效保障建设工程“小震不坏、中震可修、大震不倒”的设防目标；积极开展防震减灾应急准备工作，强化应急组织体系建设、预案体系建设、救援队伍建设、社会动员机制建设，提高全县各级各单位及全县人民对地震灾害来临时的快速反应能力和应急处置能力。建立防震减灾宣传教育长效机制，利用《唐山市防震减灾条例（修订）》颁布实施纪念日、“5·12”全国防灾减灾日、“7·28”唐山大地震纪念日等节点，宣传普及防震减灾知识，深入贯彻落实《中华人民共和国防震减灾法》，为建设平安乐亭创造优良的社会环境。

结合县内实际，逐乡镇、逐村落实人员，推进地震宏观测报网、地震灾情速报网、防震减灾知识宣传网和防震减灾助理员“三网一员”体系建设，把500多个村、社区（含唐山海港经济开发区托管的58个村）的负责人纳入“三网一员”管理体系。在此基础上，又将新寨镇永康奶牛养殖专业合作社设立为稳定的宏观观测点，制定并实施《地震宏观观测点管理考核办法》《观测员工作职责》《宏观异常上报规则》等各项规章制度，依照规定和程序实施地震监测工作。

年内，县境内未发生地震。

【防震减灾宣传】 2017年，县地震监管部门在《唐山市防震减灾条例（修订）》颁布实施纪念日、“5·12”全国防灾减灾日和“7·28防震减灾活动周”等节点，在县城文园广场组织开展防震减灾宣传教育活动。通过发放宣传材料、防震减灾小册子、现场解答群众提问等形式普及应急避险知识。活动中发放宣传资料1000余份，接受群众咨询100余人次，使广大群众进一步了解地震应急避险常识，增强防震减灾意识，收到良好效果。

【宏观观测点建设】 2017年，境内有市地震局认定的地震宏观观测点1家——新寨镇永康奶牛养殖专业合作社，观测手段为观察动物异常反应。

【地震安全示范工程创建】 2017年，在县第四实验小学开展防震减灾科普示范学校创建活动，顺利通过市地震局验收。

【加大建筑工程抗震监管力度】 2017年，县地震监管部门依法加强抗震设防要求的管理与监督，提高各类建设工程的抗震设防能力。面向全社会公开行政服务内容，实行一项一审一核，层层把关，严格依法办理审批手续。年内进行建设工程抗震设防行政审批122项。

县科技局
局　长　焦东民

气象服务

【公共气象服务提质增效】 2017年，县气象部门与县供销联社签订共同推进为农服务合作协议，确定气象为农服务信息融入益农信息服务站、供销社基层经营网点及利用“好天气”App开展“直通式”服务的推进措施；气象服务信息服务对象进一步向各农民专业合作社延伸。

县气象部门深入开展海水养殖（海参养殖）气象服务、海上捕捞气象服务需求调研和推进工作，协调厂家为冀乐渔04001号安装试用的浪通KL-9002移动卫星通信系统和卫星电话，安装运行半年后，产品表现稳定，为深入开展农业气象服务奠定了良好基础。

县气象部门组织开展和参加“3·23”气象日、“5·12”全国防灾减灾日、科普活动周、安全生产宣传月等活动，发放宣传册1.2万册。积极开展人工增雪、增雨活动，在1月、5月、7月、8月、9月、10月分别进行了人工增雪、增雨作业，增雪、增雨效果明显。

年内，县气象局争取到上级配备的移动雷达车1辆，装备了移动雷达，为日后开展短时、临近局地强降水预报与灾害防御提供了更先进的设备保障。认真开展各项汛前检查工作，制订有2017年汛期气象服务方案、应急预案及业务值班安排。在1月7日大雪、1月9日暴雪、2月22日大雪和汛期的6月24日、7月7日、7月21—22日、8月3日、8月16日暴雨过程均开展了周到细致、及时准确的气象预报预警服务，为县政府领导决策提供了参考依据，为有关单位和个人开展灾害防御起到积极作用。

【气象重点工作动态管理】 2017年，县气象部门按照上级要求，因地制宜、多措并举推进气象预报预测业务现代化。进一步健全部门协调联动机制，开通与县防汛抗旱指挥部、姜各庄镇的视频会商光纤专线，信息共享、灾害共防、部门联动基础更牢更实。气象防灾减灾工作职责纳入乡镇政府“三定”方案，各乡镇明确1名副乡镇长分管气象工作，明确1名气象协理员。更新并公布气象灾害防御重点单位和责任人名录，完成全部气象应急联系人、协理员及信息员的更新工作，纳入基层气象灾害防御信息员队伍统一管理。与县安监局结合，完善部门间联合监管机制，重点单位气象灾害防御“双随机”检查有效实施。区域气象观测站升级改造工作有效推进，年内完成4个乡镇气象观测站由2要素升级为6要素。理顺了农业保险（政策性气象灾害保险）的灾害勘察、证明开具、索赔理赔程序与流程，农业保险联保运行机制有效推进。完善了突发事件预警信息发布工作流程、规范和有关制度，实现突发事件预警信息系统稳定、安全运行。

【气象依法行政】 加强行政执法队伍建设，规范行政执法行为　县气象局行政执法坚持合法、公平、公正原则，执法人员均取得省政府制发的行政执法证件，持证上岗、亮证执法达100%；行政执法人员培训率达100%。为规范行政执法行为，县气象局先后制定印发《乐亭县气象行政处罚自由裁量权实施办法》《乐亭县气象局行政执法全过程记录实施办法》《乐亭县气象局执法公示实施办法》《乐亭县重大气象行政执法决定法制审核办法》等执法规范制度。

推进“双随机一公开”工作　县气象局依据省、市气象局和县政府有关规定，制定印发《乐亭县气象局“双随机一公开”实施细则》《乐亭县气象局双随机抽查事项清单》及重点监管对象名录和执法人员名录库。编制了2017年“双随机一公开”工作计划，明确抽查时间、抽查对象、职责分工、检查范围及要求、抽查比例和频率等。据此，执法人员依序实施执法监管，“双随机一公开”工作有序推进。

强化事前、事中、事后监管　2017年，县气象局深化与县安监部门的合作，建立联席会议制度，完善协调机制，共同优化安全监管环境，携手构建防雷安全监管新格局。加强规范化管理，落实企业防雷安全主体责任，相关企业成立防雷安全组织，做好防雷设施日常维护和定期检测，制定和完善防雷安全应急预案，定期开展应急演练；开展防雷安全宣传教育，普及雷电灾害防御知识，提高相关人员和广大群众的防雷安全意识和自我保护技能。年内发放宣传材料1000余份。

教 育

教育结构

【概 况】 2017年，全县有中小学109所，其中小学80所（城镇19所、农村61所），初中20所（城镇9所、农村11所），高中6所（均在城镇），综合职业技术学校1所，唐山广播电视大学乐亭分校1所，特殊教育学校1所；有幼儿园44所（城镇26所、农村18所）。在校学生48554人，其中小学18534人（城镇10205人、农村8329人），初中11503人（城镇8458人、农村3045人），高中7959人，综合职业技术学校2100人，特殊教育学校99人，在园幼儿8359人。

年内，县教育局在县委、县政府的领导下，以办人民满意教育为宗旨，以创建“全国出亮点、河北有位置、唐山争一流”的现代化教育强县为目标，紧紧围绕“抓管理、求规范，抓教学、求质量，抓创新、求突破，抓安全、求发展”的工作思路，全力实施“123381”工程，带领全县广大教职员工尽心竭力、激情工作，圆满完成全年各项目标任务。

【学前教育】 2017年，继续实施学前教育普惠工程，利用中央、省学前教育专项资金482.6万元，新建、改扩建幼儿园33所；改善幼儿园办园条件，乐亭镇育才等10所幼儿园实现一日整托，全县学前三年毛入园率96.62%，普惠率62.69%。加强城乡联动，优质园托管薄弱园，形成以3个县直幼儿园为龙头、13个乡镇中心幼儿园为辐射的教研模式，广泛开展区域教研活动，覆盖面达100%。坚持开展幼儿园结对帮扶和送教下乡、进城跟岗等活动，发挥示范带动作用，推动城乡均衡发展。年内，被评为省级特级教师1名，省级骨干教师2名，市名师1名，市骨干教师13名，市名园长1名，市名园2所。在市幼儿教师基本功大赛中，8名教师参加比赛，农村组4名教师全部获得一等奖，城市组2名教师获得一等奖，2名教师获得二等奖，教师获奖数量和档次位居全市县区组第一名。省级“十三五”立项课题《幼儿阅读过程中情感教育价值的实践与研究》进展顺利，市级“十三五”立项课题《幼儿沙水游戏中材料投放及深层探究品质的研究》有序开展。

【小学教育】 2017年，全县小学毕业生4218人，升学率100%。创新教研形式，深化教研合作，全面推进课改，组织市名师讲学团送教专场报告会、县级名师大讲堂活动、新上岗教师培训、统编教材培训、“同课异构”教学研讨活动和各学科专题培训活动30场次，参训教师4000人次。录制“空中课堂”优秀展播课21节，置于网络教研平台，进行示范引领。组织“区域教学开放与送教下乡活动”20次，推动全县高效课堂建设工作全面开展。推进骨干教师和名师队伍建设，按照“研培结合，以研促培”的工作思路，建立各级骨干教师、名师名录库，对照省、市评选条件，加以重点培养。年内，全县小学新增市级骨干教师32名，县级名师27名，市级名师2名。县、市级名师或骨干教师在省、市教学研讨和评比活动中作用突出。县第三实验小学教师赵二丽代表市参加省小学科学优质课评比获一等奖，9名教师参加市小学优质课评比并获奖；66名教师在市优秀教学设计评比中获奖。

【初中教育】 全县初中入学率100%，巩固率100%。年内，先后举办语文、数学、英语、物理、历史5个学科的高效课堂专题培训和部编本教材培训活动，有700余名教师参加培训。组织“点餐式名师送教”活动，发挥名优教师的辐射作用，实现优质教学资源的共享，15名名优教师分别深入边远学校，送课进班、送经验到教研组。开展教研员“送培下乡”活动，通过课例研讨、专题讲座、互动交流等活动的开展，教师教材内容改动点、课堂教学改革点得到通晓和理解。通过请进来、走出去的方法，提升教学教研水平，全年派出教研员和骨干教师500余人次参加省市级教研活动、市名师讲学团送教专场报告会、市教师阅读行动培训班等，掌握前沿教学理念和教学动态，适时组织二传培训活动。数学、物理、历史3科教研员和县教师进修学校一起组织“国培计划”系列培训活动，包括专家讲座、同课异构、课例研修、教研员讲座等15次，参加人数500余人次。年内，组织全县范围的高效课堂观摩研讨活动4场，录制“空中课堂”优秀展播课20节，有20所学校以校际同课异构、教学主题开放日、组建教学联盟等多种形式，举行区域教研活动，听课600余节。组织语文、英语2个学科的课堂教学拉练暨优质课评比活动，有50名教师参加，以“赛”带“研”，以比赛带动教研活动，推动课堂教学改革和发展，提高教育教学质量。组织全县初中英语听力竞赛和数学学科竞赛的县级决赛，评选出团体奖学校10所、学生个人奖100名。

【普通高中教育】 2017年，全县有普通高中6所，其中民办高中1所。在校生7959人，以创建“全国出亮点、河北有位置、唐山争一流”的现代化教育强县为目标，深化课程改革、打造高效课堂、提升教学质量，高中工作不断向更高水平迈进。乐亭高平中学与新西兰2所大学签订合作框架协议，开放合作办学迈出新步伐。

【职业教育】 2017年，县综合职业技术学校开设计算机应用、会计电算化、旅游服务与管理、电气技术应用、园林绿化、建筑工程施工、畜牧兽医、计算机平面设计、汽车运用与维修、焊接技术应用、数控技术应用、机械加工技术12个专业，49个教学班，全日制在籍生2100人，学生毕业后颁发中专学历证书。学校环境幽雅、教学设施完善，建有计算机应用、数控技术应用、电气技术应用、焊接技术应用、汽车运用与维修、机械加工技术等高标准实训室，建成了校园网，实现了办公自动化。学校有正式在岗教师213名，其中高级教师76名，一级教师107名，专业教师中有汽车运用与维修、旅游服务与管理、焊接技术应用、数控技术应用等技师、高级工65名，专业教师“双师型”比例100%。

县综合职业技术学校自2016年被评为“省名牌中等职业学校”后，实训条件得到改善，先后与北京燕化永乐集团、长城汽车天津分公司、天津三美电机有限公司、天津立中集团等企业深度融合，校企合作取得新突破。

【成人教育】 2017年，全县有乡镇（街道）成人学校14所，河北省农业广播电视学校乐亭分校（简称县农广校）1所。成人教育以服务县域经济发展、提升劳动力素质为根本任务。抓实阵地建设，开展农村实用技术及社区教育等多形式、多内容的培训活动。马头营、庞各庄、中堡等乡镇成人学校建设继续加强，投资7万元重新打造中堡镇成人学校。年内，通过现场观摩、集中培训、实地指导等方式，组织农业技术、养生保健、面点知识、育婴知识等各类培训活动21场次，培训农民近5万人次，有效提高了农民的科技水平。组织开展社区居民的文娱活动，举办象棋比赛、健身舞比赛、老干部书画展等各类文娱活动17场次，提升社区居民素质，丰富社区居民的业余生活。11月，组织开展全民终身学习周宣传活动，举办各类培训活动22场次，宣传终身学习理念。

县农广校围绕园区发展和主体培育，持续加大农民培训力度。对新型职业农民培训的后续跟踪服务3次，发放了部分技术资料。协助市农广校在中堡镇老马坨村开办新型职业农民蔬菜培训班，参加培训人数56人。在乐亭万事达现代农业示范园区、乐亭县原野水稻种植合作社等地培训农民300多人；组织开展冬春大培训、农产品质量安全宣传活动，培训农民1000余人；组织开展农村淘宝宣传、农业转基因生物安全知识宣传、赶科技大集宣传等活动，发放宣传资料1000余份。完成农业职业经理人的审核、上报工作，全县有18人获得市级农业职业经理人证书。开展大喇叭广播站工作，在汤家河镇后沙坨村等建立10个村级大喇叭广播站，加挂牌子，建立规章制度，及时播放科技节目。

【特殊教育】 2017年，乐亭县特殊教育学校有学生99名，在岗教职工30名，7个教学班设置20个学科，实行“随班就读”和“送教上门”，使适合就学的残疾儿童入学率达93%，辍学率为零。4月，加入京津冀特殊教育成长联盟，共谋特教发展。为了让特殊孩子享受公平教育，享受和普通孩子的交流融合，不断提高其适应社会活动的能力。

年内，县特殊教育学校在艺术节期间成功举办一场文艺演出，邀请梦想新星艺术培训学校师生等与特殊孩子一起娱乐、融合融通、平等互助。全国助残日、“六一”儿童节期间进行宣传活动，呼吁社会各界了解、关心、支持特殊教育和残疾学生，争取县红十字会、县残联和相关企业的资金或物资支持，用于特困学生的生活补助，县特殊教育学校的办学层次和办学水平得到提升，被评为“唐山市中小学德育工作先进单位”“唐山市基础教育先进单位”，有11节课获评唐山市特殊教育优质课一、二、三等奖。

【民办教育】 2017年，全县民办教育有完全中学1所，九年一贯制学校1所，幼儿园21所。年内，县教育局注重加强民办教育的规范管理，全年开展规范办学、安全卫生工作等专项检查3次，下发整改通知单26份，提出整改建议82条，有效规范了民办教育机构的办学。4月，集中进行民办教育机构年检，从教育教学设施、办学条件、安全卫生等方面进行彻底检查，并将年检结果予以公示。对违法违规办学开展了集中治理，对2处无证办学点实施停止办学的处罚，民办教育市场得到规范。5月，在全县中小学艺术节期间举办民办幼儿园专场文艺演出1场，15所民办幼儿园的19个节目参加演出，展示了民办幼儿园艺术教育的成果。县第四幼儿园、宏光幼儿园被评为“唐山市民办教育先进单位”。

教师队伍

【概　况】 2017年，全县有专职教师4499人，其中省级（含以上）骨干教师20人，市级骨干教师268人，市级名师11人，县级名师46人。教师中幼儿教师424人，占教师总数的9.42%；小学教师1653人，占36.74%；初中教师1360人，占30.23%；高中教师838人，占18.63%；职教教师171人，占3.8%；特教教师27人，占0.6%；成教教师26人，占0.58%。

【教师体制结构】 乐亭县国办教职工由在编教职工和不在编教职工两部分人员组成，均由县财政开支，县教育局统一管理。在编教职工档案由县教育局管理，不在编教职工档案由人才市场管理。

【教师年龄性别结构】 全县国办学校25岁以下（含25岁）教师342人，26～30岁338人，31～35岁521人，36～40岁901人，41～45岁935人，46～50岁825人，51～55岁457人，56～60岁180人。男女教师比例：女教师比男教师多1640人，其中学前、小学、初中女教师比重偏大，小学女教师占小学教师总数的72.6%，初中女教师占初中教师总数的68.5 %；高中、职校教师性别比例趋于平衡，高中女教师占59.3%，职校女教师占55.2%。

【教师职称结构】 全县教师中高级职称教师856人（正高教师1人、副高教师855人），占全县专职教师的19.03%；中级职称教师2220人，占49.34%；初级职称教师1393人，占30.96%；未定职称教师30人，占0.67%。

教育经费与设施设备

【教育经费】 2017年，持续加大对教育的投入力度，各级政府按比例分担的义务教育公用经费总额2650万元，其中中央1493万元，省级742万元，县级415万元，年初已全部预算安排到位；生均公用经费达到省定标准，即初中生均 885 元，小学生均 685 元。全年上级下达乐亭县校舍维修改造专项资金预算 904 万元，其中中央 562 万元，省级 342 万元。薄弱学校改造资金 1386 万元，其中中央 582 万元，省级 804 万元。学前教育发展资金 513 万元：中央 388 万元，省级 125 万元。上级下达职业教育专项资金 400 万元：中央 337 万元，省级 63 万元。为迎接省教育教学督导评估，县政府安排专项资金 1000 万元。

【教育设施】 2017 年，学校校舍改扩建及维修投资 5266 万元，办学条件明显改善。其中，投资 865 万元新建一中宿舍楼 1 栋；投资 700 万元新建汤家河初中学生餐厅；投资 484 万元新建马头营、汤家河教师周转宿舍；投资 668 万元改扩建芦河小学、高甸小学；投资 500 万元新建姜各庄幼儿园、新寨三村幼儿园；投资 2049 万元用于校园、校舍维修。

【教育装备】 2017 年，投资 2015.82 万元，用于教育设施设备添置。6—10 月，投资 1313.02 万元为全县中小学增添多媒体设备 691 套，全县有 90% 以上的学校达到班班多媒体。8 月、9 月投资 485.8 万元为全县中小学添置教师用微机 1230 台，教师办公条件得到改善。9 月，投资 49.5 万元为县第三实验小学添置创客实验室 2 套，为县内特色实验室建设开了先河，开发了学生的创造力；投资 167.5 万元为全县中小学添置体育、音乐器材一批。

教育成果

【教学教研】 幼儿教育根据幼儿发展需要，树立目标意识，选择教育内容，开展教育活动。召开防止和纠正学前教育“小学化”倾向专题研讨会，汇集社会、家庭、学校力量，共同探讨优质学前教育。组织全县规模的幼儿教师技能大比武活动，评选出一等奖 10 名、二等奖 10 名、三等奖 10 名。12 月，组织全县幼儿园保教联查，评出全县保教工作先进幼儿园 15 所。

5 月，6 项省级“十二五”规划立项课题和 7 项国家级课题子课题结题。年内组织全县小学语文、数学、英语、品德教师专题培训 10 场，促进教师更新理念、投身教改；录制“空中课堂”优秀展播课 20 节，置于网络教研平台，进行示范引领；按照基层学校点课、骨干教师示范的形式组织“区域教学开放与交流活动”8 次，推动全县高效课堂建设全面开展。组织省特级教师讲学团送教下乡专场讲座（小学数学和语文），小学视导员、教学领导、骨干教师 400 余人聆听讲座。组织开展市名师讲学团送教专场报告会暨小学语文、数学、英语教师培训活动，近 700 名教师参加培训。

按照“研培结合，以研促培”的工作思路，通过开展竞赛活动选拔，主持课题研究提高，举办讲座、观摩课锻炼等方法打造骨干教师队伍，评选县级骨干教师 88 名，县级名师 27 名。深入开展教师素质提升活动，统筹规划教师培训工作，发挥骨干教师、学科带头人的辐射带动作用，通过结对子、老带新加快青年教师成长，培养锻炼骨干队伍，促进全员素质能力提升；组织全体教师参加远程网络研修培训活动；深入开展“一师一优课、一课一名师”评选活动，县内教师晒课人数、晒课节数、晒课率居唐山市各县区之首，154 节课被评为县优课，46 节课被评为市优课，25 节课被评为省优课。在第十四届全国中小学信息技术与教学融合优质课大赛中，8 名教师代表河北省参赛，有 3 人获一等奖，5 人获二等奖。年内，乐亭一中教师翟华获中国数学教学专业委员会“第八届高中青年数学教师优秀课二等奖”。在 2017 年省实验教学说课比赛中，乐亭镇栗家湾坨幼儿园教师刘静和县第三初级中学教师李冬梅均获二等奖；在省阅读优质指导课比赛中，县第一幼儿园教师马建伟获一等奖。

【艺术体育】 乐亭县是全市唯一的全国农村艺术教育实验县，经过 3 年的研究实验，2017 年进入成果推广阶段。年内，县教育局与县文广新局合作举办为期 4 个月的乐亭大鼓、乐亭皮影师资培训班。中央电视台“非遗中国行”节目组对县第三实验小学的非物质文化遗产——乐亭皮影的传承与创新进行了专题采访报道。县第一实验小学入选全国中小学中华优秀文化艺术传承学校。中国教育报报道了乐亭县“文化大篷车”进校园活动开展的经验。艺术教育实验成果的推广有力地推动了全县戏曲文化进校园、家乡文化进校园、非物质文化遗产进校园等活动的开展。年内，4所学校被评为唐山市体育艺术先进单位，县教育局岳静、县第一实验小学刘香君被评为省体育工作先进个人，新寨镇中心小学教师张晓蕊代表市参加省美术教师基本功比赛获一等奖。学校体育以“我运动、我健康、我快乐”为主旋律，定期举办全县春季中小学生体育运动会及篮球、足球、乒乓球、跳长绳比赛等。认真落实学生体质健康测试工作，做到实测、实报。接受教育部《国家学生体质健康标准》测试抽查复核专家工作组的验收，专家组对乐亭县的测试工作给予肯定，对学生的精神面貌给予高度评价。芦河小学体育教师高光跃、乐亭一中体育教师张晓娟参加省教师技能大赛均获一等奖。组建篮球、足球、乒乓球特色学校65个，年内有4所学校被评为国家级足球特色学校，6所学校被评为全国校园篮球特色学校。

【特色建设】 中小学德育工作按照“落细、落小、落实”的工作目标要求，深入贯彻教育部《中小学德育工作指南》，形成“六位一体”德育工作格局。通过组织广大中小学生参观乐亭英才馆，收看开学第一课，进行理想信念教育；以创建省级文明城为契机，开展“培育和践行社会主义核心价值观”为主题的教育实践活动；组织开展“拒绝烟花爆竹，倡导文明过节，共建美丽乐亭”活动，进行生态文明教育；组织开展中小学生心理健康群体辅导专场，进行心理健康教育；组织开展“学宪法、讲宪法”演讲活动系列法制讲座，渗透法治教育。年内，《河北乐亭：“红色基因”融入开学第一课》在《中国教育报》刊发，《乐亭中小学：把课堂搬进博物馆、纪念馆》在河北新闻网报道。37名学生获评省级三好学生和省级优秀学生干部，4个班集体获评省级先进班集体。年内，县第三实验小学教师毕庆生获评省学校思想政治教育先进工作者；在京津冀中小学班主任共同体研讨交流年会优秀论文征集评选活动中，县综合职业技术学校教师周玉娟获一等奖；县综合职业技术学校教师李洁亭获河北省第七届教育系统优秀志愿者、乐亭一中获评志愿服务工作先进单位；4所学校被评为市教育法治工作先进单位；7所学校被评为市德育工作先进单位。

【读书活动】 深入推进中小学校园阅读活动的开展，构建校园大阅读模式，实现“全学段、全学科、全覆盖”。通过组织征文、知识竞赛、讲故事比赛等多种形式提升教师的文化内涵，激发广大青少年的参与热情，培养阅读习惯，将阅读与爱国主义教育、传承文化经典结合起来，努力为全县师生营造内涵丰富、特色鲜明的读书氛围与展示的平台。在唐山市“百年追梦、全面小康”读书教育活动中，29名学生获奖，县教育局获得“优秀组织奖”；在第二十七届全国图书交易博览会“迎书博、映美景”主题绘画、摄影作品征集活动中，6名学生被评为“全民阅读·书香校园传递小使者”，县教育局获评“优秀组织奖”；在第六届省青少年“阅·知·行”读书系列活动中，县第一实验小学和县第三实验小学获评一等奖，县第三实验小学等4所学校获评省“书香校园”。

【教育督导评估顺利通过】 2017年10月18日，乐亭县高标准通过河北省教育督导评估，省评估组给予高度评价，评估组组长、省督学许红伟称赞乐亭教育风生水起、成果丰硕，部分学校的校本课程已成为品牌，在省内外有一定知名度。

教育管理

【教师队伍建设】 2017年，全方位推进业务培训和教研教改工作，举办各学科各学段新任职教师、35岁以下教师、财会人员等培训活动。多渠道多层次开展教研活动，县教育局直属学校开展“送教下乡”活动。创办“未来教育专家论坛”，培养学者型教师、专家型校长。市级名师达到11人、名校长达到6人，省市级骨干教师328人。在市级以上业务评比中，获奖人数和名次居各县区前列。

【师德师风建设】 开展“树师德、正师风”教育活动，组织广大教师开展廉洁从教“三诺”活动，全县各级各类学校签订规范办学责任书，全体教师签订廉洁从教承诺书，从教行为得到规范。在乐亭县第五届道德模范评选中，1 名教师被评为敬业奉献道德模范，2 名教师和 1 名校长获提名奖；教师节期间开展的师德标兵评选活动中，100 余名教师受到表彰。

【校园安全管理】 2017 年，县教育局成立由局长任组长、班子成员任副组长、各科室负责人为成员的教育系统学校安全大检查、平安暑假、教育系统冬春火灾防控工作领导小组。对全县学校进行全覆盖安全大检查 3 次，对存在安全隐患项目的 10 所学校进行了复查，同时组织乡镇教育组对本辖区学校进行拉网式校园安全大检查 2 次和学校安全教育、校园安全隐患排查的自查活动 5 次。安全大检查中检查出的 96 项安全隐患，全部完成整改。县教育局被评为唐山市“学校安全、卫生工作先进单位”。在省教育厅组织的第四届“上好一节消防课”主题教育活动中，2 名教师的课参加省级评比；在省教育厅、省卫计委和省计生协组织开展的学校健康教育优质课评比中，有 7 节课参加评比。

年内，组织各学校发放《致全国中小学生家长的一封信》《乐亭县 ××× 学校暑期安全教育致家长的一封信》《乐亭县 ××× 学校冬季安全教育致家长的一封信》14 万余份到学生家长手中，全县各学校悬挂安全、卫生标语 1100 余幅，召开安全主题校会 200 余次、安全主题班（队）会 1200 余次，组织学生办以安全为主题的手抄报 2 万余份，对群众发放宣传材料 8000 余份，接受公众咨询 2 万余人次。暑假期间，组织全县中小学生通过省安全教育平台，参加全国消防安全知识网络答题竞赛。省级竞赛中，全县学生参与总人数 2.43 万人，参赛人数位居全市第二名，各学段（4 个学段）获前 100 名的人数合计 23 人，获奖率居全市第一。在全国消防安全知识网络答题决赛中，全县有 9 人获奖，获奖率居全市第一。

联合县交警大队、县交通运输局开展接送学生车辆专项整治活动，先后出动车辆 20 辆次、人员 80 余人次，依法查处非法接送学生车辆 3 辆，按照有关规定对其实施了处罚。邀请县公安局、县法院、县消防大队有关人员到学校进行法律及安全知识讲座 100 余场次，联系相关部门协调联动，及时发现并查处校园门前不安全因素。

不断强化校园及周边治安综合治理工作，普及安全知识，提升师生的安全素养，形成“人人讲安全、事事为安全、时时想安全、处处要安全”的良好氛围，切实保障师生安全和校园稳定，有效防范校园安全事故的发生，为全县教育均衡发展奠定了基础。

【助学活动开展】 2017 年，发放各种资助资金 488.49 万元。其中，发放学前幼儿资助资金 55.4 万元，资助幼儿 1108 人次，资助比例 10%；发放义务教育住宿生生活补助 61.46 万元，资助学生 1003 人次，资助比例 27%；发放高中助学金 350.2 万元，资助学生 3502 人次，资助比例 29%；发放普通高中建档立卡等家庭经济困难学生免学费、免住宿费、免教科书费资金 21.43 万元，资助学生 476 人次。年内成功受理生源地助学贷款 61 人，贷款金额 41.27 万元。

园校选介

【乐亭县直属机关第二幼儿园】 乐亭县直属机关第二幼儿园（简称县二幼）属全日制国办幼儿园，1987 年始建于乐亭镇西河槽村，2002 年 10 月搬迁到蔡各庄村东侧，与县第四实验小学隔路为邻，占地面积 0.1 公顷，建筑面积 696 平方米。2017 年，开设小、中、大 5 个教学班，招收幼儿 208 名，教职工 28 名。在教职工中中高级职称教师占 53%，本科以上学历教师占 25%，市级骨干教师 4 名，县级骨干教师 8 名，教师学历达标率 100%。

县二幼以“快乐童年、幸福一生”为办学目标，秉承“和谐、创新、发展”的管理理念，倡导微笑服务，打造工作积极向上、教育创新自主、团队亲如一家、园所和谐稳定的团队文化，充分发挥县直幼儿园优质资源的辐射作用。

在学前教育专项资金的支持下，县二幼不断改善办园环境和条件。投资 98 万元，对教学楼进行室内外装修、大门更新，为各班添置了教学白板、电子钢琴、空调等。设施设备的完善和添置，为幼儿园打造了良好的工作、生活环境。

县二幼在教师队伍管理上，倡导以高尚师德影响人、以先进理念引导人、以规范管理约束人、以岗位职责规范人，坚持科学、民主的管理原则，逐步建立激励教职工充分发挥主体积极性的灵活管理机制，培养了一支学习型、研究型、创新型且素质优良、结构合理的教师队伍。先后承担了国家级子课题《京剧脸谱园本课程的研究与实践》和省十三五课题《幼儿阅读过程中情感教育价值实现的实践与研究》的研究、实践与撰写工作。立足实际，进取创新，5月被评为市继续教育先进单位，8月被评为市基础教育先进单位。

【马头营镇幼儿园】 马头营镇幼儿园原为马头营中心小学附设幼儿园，2009年8月独立成园，2010年5月晋升为省农村示范性幼儿园。2014年9月迁址于镇区东北部、乐北公路西侧，2016年5月实现一日整托。占地面积0.49公顷，建筑面积2069平方米，服务17个自然村。开设小、中、大3个学段6个教学班，在园幼儿229名，教师18名，教师学历达标率100%。

马头营镇幼儿园以教育部《幼儿园工作规程》和《幼儿园教育指导纲要（试行）》精神为工作准绳，以教育部《3—6岁儿童学习与发展指南》为指导，以“对话童心、智慧同行”为办园目标，以“养成良好行为习惯，体验幸福人生”为教育目标，以“用心工作，爱心育人，真诚服务”为园风，努力提高教师整体素质，不断强化内部管理。为培养幼儿阅读能力，努力为幼儿创设良好的阅读环境，从外墙壁画到内部装饰，绘本阅读处处可见，有计划、有目标、有活动，形成园领导—教师—幼儿—家长“四位一体”的阅读模式，让家长和幼儿徜徉在充满爱的书香里。结合本地实际，逐步形成以传统民间游戏为主题的园本课程体系。小班主要配合传统歌谣进行徒手游戏，中班以传统器械游戏为主，大班以传统竞技游戏为主，为幼儿提供了良好的人际间相互交往和共同活动的机会，为幼儿的自主发展留下足够的发展空间。

【乐亭县第一实验小学】 乐亭县第一实验小学（简称县一小）创建于清同治十二年（1873年），为尊道书院；清光绪二十九年（1903年）按“钦定道令”将尊道书院改为官立高等小学，原址位于县城区文化街中段路北，占地面积1公顷。2012年9月，搬迁到润泽路路西，占地面积1.52公顷，建筑面积5942平方米。按功能分为教学区、科技艺术区和体育活动区。2017年设有31个教学班，在校学生1730名，专任教师66名，其中本科学历39名，一级教师45名，高级教师5名，专任教师学历达标率100%。

县一小深入实施县教育局提出的“123381”工程，坚持“依法治校，科研兴校，特色强校，质量立校”的办学思想，以“办规范加特色学校，育合格加特长人才”为目标，全面实施素质教育，把教师队伍建设作为学校发展的重要工作，注重新教师、青年教师和名教师的培养。是年，学校有省级名师1名、省“三三三”人才1名、市名师2名、县名师2名。

县一小坚持以建设高效课堂为重点，积极探索教学改革，被评为国家级优质课6节、省级优质课4节、市级优质课7节、县级优质课55节。承担的“十三五”国家级重点课题《师徒结对及教师专业水平提高的研究》顺利结题，并获国家级科研成果一等奖；《全面提升教师素养，打造小学英语高效课堂的研究》正式立项为“十三五”市级重点课题。教师在国家级、省级刊物上发表论文5篇。

县一小扎实开展以“书香校园　诗意人生”为主题的系列读书活动。在学校、班级和个人三级“读书行动计划”的引领下，多形式培养读书习惯，激发读书热情。班班建有图书角，各楼层建有开放式书架，二楼建有60米的“阅读长廊”，体现了“阅读即生活”的读书理念。年内，学校被评为“唐山市中小学教师系列读书活动先进单位”“第九届唐山教育系统诵读艺术比赛集体一等奖”。

县一小办学特色鲜明，组建有小海鸥管乐团和足球队。足球队常年坚持训练，并建有年级强梯队，将足球纳入体育课教学。在唐山市首届足协杯足球比赛中男女队双双晋级八强，成为全市唯一一个双进八强的代表队。县一小将“乐亭大鼓”纳入校本课程走进课堂，并与学科教学有效融合，传承和普及优秀传统文化，形成鲜明的办学特色。《乐亭大鼓校本课程》入编河北教育出版社出版的《理想在校本课程中放飞》一书。教师张剑英被评为“中国曲艺之乡优秀基层曲艺工作者”。县一小被教育部授予“中华优秀传统文化传承校”，被评为“唐山市基础教育名校”。

【乐亭县第二实验小学】 乐亭县第二实验小学是在爱国人士刘临阁于1923年创办的育英学校基础上发展而来的。1953年9月，由乐亭县城厢完全小学（一小）二部分建为乐亭县城厢第二完全小学。1958年秋，县城厢完全小学、县城厢第二完全小学合并。3年后又分建，称乐亭县第二实验小学。1965年5月，省教育厅决定，乐亭县第二实验小学为教改试点校，并确定为首批试行全日制暂行工作条例的学校。1969年改校名为城关镇第二小学。1982年4月，经县政府批准为乐亭县第二实验小学。1987年与县第一实验小学再次合并。1996年复改现名。2012年学校新教学楼建成投入使用，原教学楼和校园改造工程同期完成，环境品位得到提升。学校设有微机室、多功能教室、美术活动室、音乐教室、舞蹈教室、科学实验室、图书阅览室、体育活动室等专用教室，仪器设备达到生均基本配备标准。校园中的文冠果树已有100余年树龄，绿树鲜花相得益彰，校园文化氛围浓厚，教学环境优雅，是全县首批命名的“花园式学校”之一。

乐亭县第二实验小学（简称县二小）校园占地面积1.01公顷，建筑面积5354.05平方米。2017年，设教学班25个，在校生1287名，教职工64名。教师中省级骨干教师1名，市级骨干教师11名，县级骨干教师8名，教师学历达标率100%。县二小2016年被评为“河北省基础教育名校”，2017年被评为“河北省德育先进单位”“唐山市基础教育名校”。

县二小秉承“尊师重教、全面育人”的优良传统，遵循“抓一流班子、带一流队伍、育一流学生、创一流业绩”的工作理念，开创了“和谐、合作、务实、创新”和“严谨、勤奋、求实、敬业”的优良务实校风。全体教师潜心从教、精心育人，近年教师获国家级优质课9节、省级优质课15节、市级优质课46节，在国家级刊物发表论文37篇，省级刊物发表论文35篇。以校园中的文冠果树命名的“文冠少年”是学生的最高荣誉。通过摘星争优、命名表彰，学生的行为习惯和思想境界得到潜移默化的培养和提升。

县二小按照省课程计划安排开齐开足三级课程，组建了“雏鹰艺术团”，下设书法、绘画、泥塑、篆刻、合唱、舞蹈、乒乓球等团队。学校与县交警大队的“警校共建”已有20多年的历史，学校依托“警校共建”办学特色，编写了校本教材，2015年9月走进课堂。2010年学校创办泥塑兴趣小组，随着其规模不断壮大，泥塑作为校本课程被引入课堂。学校还投资创建了泥塑工作室和泥塑博物馆。2017年，投入资金建立泥塑工作室和泥塑展览室。

县二小把安全工作作为重中之重，实行网格化管理，落实“双控”（学校安全风险分级管控、隐患排查治理）机制，注重“三防”（人防、物防、技防）建设，2016年、2017年连续两年代表全县中小学接受唐山市安全工作检查3次，受到高度评价。2017年县二小成功举办全县安全网格化管理现场会，起到示范引领作用。年内县二小被评为唐山市安全卫生工作先进学校。

【乐亭县第四实验小学】 乐亭县第四实验小学（简称县四小）前身为乐亭镇蔡各庄小学，位于乐新公路108号，始建于1949年3月，2006年更为现名，占地面积1.1公顷。2017年设教学班18个，在校学生1163名，有专任教师56名。专任教师中有全国模范教师、省特贴专家、省特级教师、正高级职称教师1名，副高级职称教师3名，市县名师、骨干教师27名，教师学历达标率100%。

县四小秉承“立德、立志，善学、善思，敢言、敢为”的校训，以“日常中求规范、规范中求发展、发展中求特色、特色中创品牌”的工作思路，注重“严谨、务实、敬业、爱生”的教风建设，引领全校师生快乐收获，幸福成长。管理规范、注重服务、突出人文、追求品质，一切为学生全面发展、办人民满意学校为目标，争创有教育内涵、有品牌特色、有长远蓝图的魅力校园。2016年被评为“河北省民族团结进步创建活动示范院校”“第六届河北省教育系统志愿服务先进单位”，大钊故乡红领巾在行动志愿团队被评为“第六届河北省教育系统志愿服务先进组织”；2017年被评为“全国校园篮球特色学校”。

注重师资队伍的可持续发展，全面实施“人才强校”策略。县四小以“提升队伍领导力、提升队伍学习力、提升队伍执行力、提升队伍‘免疫力’”为工作思路，加大高水平教学科研人才的培养力度，着力打造一支师德高尚、教育观念前瞻、教学技术精湛、勇于开拓、可持续发展的教师队伍。

县四小以课题研究引领学校内涵发展，主持承担十一五、十二五、十三五系列课题10项（国家级子课题3项、省级课题2项、市级课题5项），8项结题，其中获省教学成果二等奖1项，获市教学成果一等奖1项，承担的“十三五”国家级子课题处于研究阶段。课题研究以“谋求各层次教师的专业水平提升和学生各项能力的全面发展”为目标，不断提高教育教学质量，分层次重系列，全学科协作共促，有效实现教研、科研一体化、双丰收。

县四小坚持“以德立校，以行立人，德行合一”的育人理念，注重学生的“德行+特长”培养，以传统文化、地域风采和红色文化为切入点，着力开发“京剧艺术传承”“红色记忆”“地方民俗”校本课程，全面提升学生人文素养，引领学生树立正确的人生观、价值观。学校以少先队为主阵地开展丰富多彩的活动，充分发挥各项活动的育人功能。大钊故乡红领巾在行动志愿服务团队为学校的一面旗帜，为打造“德行少年”树立了榜样。学校的激情腰鼓深受学生的喜爱，400人的腰鼓表演得到社会各界的好评。

【阎各庄镇初级中学】　阎各庄镇初级中学2006年9月由原张石埝初中、芦河初中、阎各庄初中三校合并而成，校址为原阎各庄高中校址，位于阎各庄镇镇区乐北公路东侧，占地面积4公顷，建筑面积1.2万平方米。有学生教室21个，仪器设备配备齐全。图书室面积达111平方米，藏书3.65万册，生均图书40余册。班班配备电子白板，教师每人配备办公电脑一台，实现了教学现代化。

阎各庄镇初级中学为寄宿制学校，设教学班18个，有在校生855名（住宿生660名）；教师83名，其中中学高级教师27名，中学一级教师50名；本科以上学历教师63名，学科专任教师62名；教师学历达标率100%。

阎各庄镇初级中学确立“以人为本、以德立校、全面发展、适应未来”的办学理念，以办好社会满意、家长放心、学生幸福的学校为目标，以德育为首、安全为重、教学为中心的管理思想。办学环境和条件不断改善，教学管理的常抓不懈，教育教学质量不断提高。

【姜各庄镇初级中学】　姜各庄镇初级中学始建于1980年，2005年搬迁至原姜各庄高级中学校址，位于姜各庄镇姜各庄一村东南部、沿海公路东侧。2008年对校舍进行翻改扩建，新建和扩建教学楼4580平方米、师生食堂1330平方米、学生宿舍楼1890平方米、教师周转宿舍1100平方米。2009年、2011年原东庄子初级中学、董庄初级中学并入姜各庄镇初级中学，合并后的学校成为寄宿制农村初级中学。2011年投资60余万元，更新硬化路面5200平方米，新增绿化面积1.2万平方米。2012年，经唐山市教育局批准，学校成立唐山市乐亭县业余体校，成为全县唯一一所集教学和体育训练为一体的综合性学校。2016年学校自筹资金200余万元，争取县教育局、市体育局资金84万元，新建300米塑胶跑道、人工草坪足球场、4个硅PU篮球场、2个硅PU排球场。学校硬件建设、校园文化、教学管理水平得到提升。校园占地面积5.1公顷，建筑面积1.3万平方米，运动场面积1.53万平方米。2017年开设教学班19个，在校学生1015名，其中体育特长生74名。教职工71名，其中高级教师24名，一级教师34名。

学校以“立志、诚信、规范、超越”为校训；以人文教育为宗旨、教科研为先导、现代化教育为手段、求高质量发展为目标；敬业奉献、与时俱进、务实创新、锐意进取为学校领导的办学风范，严谨治学、爱岗爱生、拼搏创优、培育英才为学校教师的执教风格；建设一流的育人环境，推进一流的学校管理，培育一流的教师队伍，创造一流的校风校纪，实现一流的教育装备，获取一流的教育质量是学校的办学特色，做到德、智、体、美、劳全面发展。年内被评为唐山市基础教育名校，2015—2018 年被评为“河北省体育传统项目学校”“河北省县、区级星级业余体校”。

【河北乐亭第一中学】 河北乐亭第一中学（简称乐亭一中）始建于 1923 年 8 月。1956 年被评为河北省重点高中。2017 年，学校占地面积 14.08 公顷，建筑面积 6.9 万平方米。设教学班 53 个，在校学生 2695 名，教职工 323 名，其中专任教师 268 名。教师中中学特级教师 2 名，中学高级教师 108 名，唐山市十佳教师 3 名，市级名师 2 名，研究生学历的 32 名。

乐亭一中秉承“高尚、勤奋、严谨、求实”的校训，恪守“学会做人、学会求知、学会办事、学会健体”的育人目标，教育教学工作实现新跨越。2017 年高考，纯文化一本上线人数 519 人，应届毕业生一本上段率 47%（公助生一本上段率 61%）；高二年级学业水平测试取得学校学考历史最好成绩，实现跨越式突破，各学科优秀率大幅提升，A 级率最高达 85.18%，参考学科合格率均为 100%。高考自主招生再次打入全国自主招生 500 强中学排行榜（第 301 名），比上年提升 33 个名次，与唐山一中、唐山二中位列唐山市三甲，是全市各县区唯一一所上榜学校。学校获评第七届河北省教育系统志愿服务工作先进单位、2017 年度海军招飞工作先进学校。

提振精神，全面加强队伍建设　认真组织“两学一做”学习教育，多形式组织师生学习党的十九大精神，深化党内教育实践活动；先后修订《乐亭一中教职工年度考核办法》《乐亭一中请销假制度》《乐亭一中学生手册》等，全面加强学校制度管理；深入推进“三名工程”，继续实施青年教师、骨干教师培养工程，开展师德师风建设，有效提高教师队伍整体素养。年内，教研主任、语文教师闫佳入选河北省“三三三人才工程”第三层次人选，历史教师王旭红被评为“河北省先进德育工作者”。在 2017 年全国“一师一优课，一课一名师”评选活动中，学校获奖人数占全县高中获奖人数的 92.7%，其中数学教师侯爱玲、体育教师郜亮的优质课获评国家级优质课，5 名教师的优质课获评省级优质课。数学教师侯爱玲、英语教师刘洁获第十五届全国高中信息技术与教学融合优质课大赛二等奖。体育教师张晓娟在河北省中小学体育教师教学技能比赛中获一等奖。

科研兴校，不断深化教研教改　开展“空中课堂”建设活动，建立并完善了“乐亭一中数字中心”，开设校长论坛、名师论坛、班主任论坛等，承办了全市历史学科教研活动、全市高三语文复习备考研讨会，教研氛围浓厚。“大数据下的中学主要学科知识点构建辅助教学模式的研究”被省教科所“十三五”规划课题立项并进入研究阶段。

科学育人，大力实施素质教育　不断创新德育活动形式，丰富德育工作内涵，组织开展军训、成人仪式、元旦汇演、红色远足实践等德育活动，利用升国旗仪式这一阵地，不断提高学生道德水平；开设音乐兴趣小组、合唱团，开展经典诵读、体育大课间活动等，为学生搭建综合成长平台；规范音体美教学，提高学生综合素养，规范化体育课堂教学模式在全县体育工作规范管理现场会上推广。在全县中小学春季田径运动会上，取得优异成绩。年内，杨新宇获评全国“最美中学生”，2 名学生获评省级优秀学生干部，8 名学生获评省级三好学生、5 名学生入选河北省青少年科技后备人才，29 名学生在国家级大赛中获奖，16 名学生在省级大赛中获奖，25 名学生在国家级刊物上发表论文。

加大投入，不断提升硬件水平　被列为全县十大民心工程之一的学生宿舍楼工程顺利开工，并按计划逐步推进。教室全部安装触控一体机，教师、学生用电脑全部更新，设施设备水平进一步提升，为现代化教学提供了硬件支撑。

【乐亭县综合职业技术学校】 乐亭县综合职业技术学校（简称乐亭职校）始建于 1993 年，2001 年晋升为国家级重点职校。2017 年开设计算机应用、会计电算化、旅游服务与管理、电气技术应用、园林绿化、建筑工程施工、畜牧兽医、计算机平面设计、汽车运用与维修、焊接技术应用、数控技术应用、机械加工技术 12 个专业，

49 个教学班，全日制在籍生 2100 人，学生毕业后颁发中专学历证书。学校环境幽雅、教学设施完善，建有计算机应用、数控技术应用、电气技术应用、焊接技术应用、汽车运用与维修、机械加工技术等高标准实训室，建成校园网，实现了办公自动化。有正式在岗教师 213 人，其中高级教师 76 人，一级教师 107 人；专业教师中有汽车运用与维修、旅游服务与管理、焊接技术应用、数控技术应用等技师、高级工 65 人，专业教师“双师型”比例 100%。

乐亭职校贯彻落实党的十九大精神，实施“123381”工程和“三年行动计划”，主动适应经济发展需求，以实现“全国出亮点、河北有位置、唐山争一流”为办学目标，树名师、育名匠、创名校，以“出口”拉动“入口”，让升学者榜上有名、就业者脚下有路。不断加强“双师型”队伍建设，多名教师受到上级表彰嘉奖，2 名教师被评为市第二届名师，多名教师在省、市业务比赛中获奖。对口高考升学率 99% 以上，位居全市前列。

乐亭职校积极开展校企合作，推进订单培训，为唐山市德龙钢铁有限公司订单培训 1000 余人，为河北明盛实业集团有限公司培训员工 1100 人。先后和长城汽车天津分公司、北京燕化永乐集团、天津三美电机有限公司和天津立中集团等大中型企业达成校企合作、工学交替协议。有 420 名学生到长城汽车天津分公司、天津三美电机有限公司、天津立中集团进行工学交替实习，为学生创造了高质量的就业机会。

文化 · 体育

文　化

【概　况】2017年，乐亭县文化事业贯彻落实党的十九大精神和省、市、县文化建设的工作部署，坚持以建设文化名县为目标，不忘初心、牢记使命、求真务实、真抓实干，各项工作取得新的成绩。文化基础设施不断完善，乡镇文化综合服务中心、村级综合文化服务中心、农村文化广场建设得到加强，乡镇文化站提档升级工作实现了新突破。文化馆、图书馆、博物馆等公共文化场所免费开放，以县图书馆为统领，先后在中堡、汀流河、马头营、阎各庄、汤家河、新寨镇建立6个图书馆分馆；文化下乡常年开展，打造了“艺苑乡音”乐亭县非物质文化遗产展演、“千场大鼓进百村”“美丽乐亭 · 天地同春”秧歌、擂鼓展演等品牌文化活动，以点带面，送建结合，重点培育和扶植基层业余文化队伍，在农村举办非物质文化遗产巡回展览展演、文化联欢、文化帮扶活动，各类文化活动遍及全县；按照县政府《乐亭县优秀民间文体队伍、优秀民间文化传承人、文化精品奖扶办法》精神，对2016年度52支优秀民间文化队伍、20支优秀民间体育队伍、40名优秀民间文化传承人、30件文化精品进行了奖励，调动全县民间文化队伍和民间文化人才的积极性；基层业余文化队伍的争相成立，使全县城乡文化生活一片红火；民间文化传承人积极带徒传艺，培育了一大批传统文化新生力量；传统文化交流顺利开展，年内在全县中小学建立17个乐亭大鼓、乐亭皮影传承基地，在河北科技大学等5所高校挂牌建立乐亭县非物质文化遗产传承基地，将乐亭优秀传统文化在校园中弘扬传承。积极参加全国性的交流、展演和比赛，获得多项省部级奖项，展示了乐亭传统文化风采。

【文化基础设施建设】2017年，县委、县政府注重加强基层文化服务体系建设，加强乡镇文化站提档升级工作，中堡镇、古河乡、新寨镇、汀流河镇、马头营镇、汤家河镇、乐亭镇、胡家坨镇、阎各庄镇、姜各庄镇文化综合服务中心达到省级三级站以上标准。

年内，为助力“美丽乡村”建设、落实村级综合性文化服务中心建设，投入专项资金168万元，通过政府采购的形式，购买文化设备，为农村配发大阅览桌、椅子、电脑、拉杆音箱、液晶电视、投影仪、电脑、打印机、书橱、乐器及体育健身器材等1456台（套），为全县473个农家书屋配发4.1万册新图书，全面带动基层文化设施建设，完善服务功能。

【艺术创作】2017年，先后召开原创任务布置会、原创工作调度会、原创作品研讨会4次。年内收集新创作的歌曲《凤鸣天府》《永远的初心》《塞罕坝之恋》《乡愁》《梦真好》，乐亭大鼓《辉煌十九大》《十九大解读》，皮影表演《春风吹来》，舞蹈《传承》《唐古拉风》《狗娃闹春》，音舞快板《不忘初心》，器乐表演《我们的歌》《紫色激情》等72件。歌曲《太行山上那棵树》获中央政法委全国“平安中国建设”系列作品征集活动“平安 · 歌曲”MV二等奖，《百姓心》获国家网信办2016年度“五个一百”网络正能量精品评选“百部网络正能量动漫音视频作品”奖；乐亭大鼓《大老田的烦心事》获中国曲艺家协会第四届“南山杯”全国曲艺新人新作展演三等奖，《唱唱咱们的文明村》获中国（合肥）青少年文化艺术展演活动暨全国青少年曲艺邀请赛青年组二等奖；专著《乐亭大鼓说唱艺术》获河北省文化厅第五届全省非物质文化遗产保护理论成果一等奖。

【文化活动】 2017年，全县文化活动主要为新春文化活动和第七届群众文化艺术节两大项。新春文化活动，从2016年12月初至2017年2月底，开展了第六届乐亭县原创作品文艺展演、“美丽乐亭·天地同春”秧歌擂鼓展演、“盛世鼓舞”乐亭县第四届擂鼓大赛、“乡音唱乡情”乐亭大鼓优秀民间传承人专场演出、“乡音唱乡情”乐亭皮影专场演出、“学雷锋志愿服务”演出、“艺苑乡音”非物质文化遗产专场演出、“舞动城乡”群众文化展演等14项文化活动。举办各类文化活动73场次，观众达5万余人次。

第七届群众文化艺术节以“坚定文化自信，推动文化发展”为主题，从6月至10月，开展了“激情广场”文艺演出活动、“我们的节日——中秋”和“七·一”节庆系列文化活动、千场大鼓进百村、群众文艺创作活动、基层文化惠民活动、文化下乡与志愿服务活动、非物质文化遗产进校园活动、乐亭皮影基层巡回演出、优秀传统文化传承和保护等，活动遍及城乡，举办1000余场次，辐射群众达20万余人次。县文广新局扶持的乐亭大鼓传承基地、乐亭大鼓艺术交流会馆、书宇曲艺交流中心每天开展乐亭大鼓演出活动，做到了天天有演出、日日有精彩。

【文化下乡】 2017年，县文广新局按照上级的安排部署，不断推进文化下乡活动，送建结合，积极培育和扶持基层业余文化队伍。在与相关部门联合开展科技、文化、卫生“三下乡”的同时，配合“美丽乡村”建设，开展文艺下乡演出活动，下乡演出34场次、文化辅导20余场次。继续实施“千场大鼓进百村”活动。10月13日“千场大鼓进百村”活动启动仪式在县文广新局举行，全县20余名乐亭大鼓艺人组成10支演出队，签订演出协议，领取演出任务，深入全县14个乡镇、街道的39个行政村。演出到11月9日结束，共演出238场。

【传统文化保护、传承和发展】 传统文化展示、交流　2017年，相继开展了乐亭县庆新春戏曲名家名段演唱会、“乡音唱乡情”乐亭大鼓优秀民间文化传承人专场演出、“乡音唱乡情”——乐亭皮影专场演出、“艺无止境”国家级非物质文化遗产传承人张近平从艺40周年乐亭大鼓演唱会、“喜迎十九大·欢度国庆节·共建文明城”——乐亭地秧歌表演等系列展示展演活动；开展了“艺苑乡音”非物质文化遗产展演月活动，近30名乐亭大鼓名家在乐亭大鼓传承基地和乐亭县书宇曲艺交流中心表演长篇书目。9月，乐亭县与北京顺义区九洑地民俗旅游文化发展有限公司合作，在九洑地文化产业园建立非物质文化遗产教育实践基地，并挂牌乐亭皮影传承基地，实现资源共享，逐步使京津冀文化协同发展向纵深拓展。

传统文化进校园　2017年年初，印制乐亭大鼓、乐亭皮影传统文化教材1.2万册，教学视频光盘5700余张发放到17所特色小学，并开设传统文化学习班。6月，举办“乐亭县推进文明进校园暨戏曲文化进校园活动”，在赠送传统文化教材的同时，进行文艺演出；县文化馆举办乐亭大鼓、乐亭皮影、评剧暑期培训班，培养传统文化后备人才70余人。7月，唐山师范学院在县文化馆建立“唐山师范学院艺术教育实践基地”，开展教学实践活动。12月，国家级非物质文化遗产“乐亭地秧歌”艺术教育传承基地签约、授牌仪式在唐山海港经济开发区幼儿园举行，做到从娃娃抓起，实现艺术教育学龄全覆盖。

【文化市场管理】 2017年，全县有文化经营单位84家，其中网吧10家（3家停业）、歌舞娱乐场所16家、游艺娱乐场所4家（2家停业）、印刷企业12家（2家停业）、电影放映企业1家、出版物零售单位41家。

文化市场日常监管和重点时段巡查　遵循“双随机一公开”原则，加强文化市场日常监管，同时集中开展网吧、歌舞娱乐场所、出版物市场和“护航高中考2017”等文化市场专项检查，办结文化市场行政处罚案件5件。在节庆、中高考、寒暑假、两会、“一带一路”国际合作高峰论坛、文明县城创建、党的十九大期间，加大文化市场的巡查力度，保障了文化市场安全。

开展“扫黄打非”工作　年内，开展了“清源”“净网”“秋风”“护苗”“剑网”“打击侵权盗版”等“扫黄打非”专项行动，全县出动执法人员1120人次，检查文化经营单位350家次，责令改正3家，取缔出版物经营摊点2家。同时，深入推进“扫黄打非”进基层工作，推广应用全国“扫黄打非”信息管理系统平台，建立健全“扫黄打非”进基层监管网络和“扫黄打非”县、乡、村三级监管体系，创建“扫黄打非”进基层示范点，探索建立基层“扫黄打非”工作格局和网格化运行机制，努力实现“扫黄打非”工作基层全覆盖。

狠抓文化市场安全生产　县文广新局与文化经营单位签订《2017年度文化市场安全生产责任书》，建立规范统一的文化经营单位安全档案，实现“一户一档”，实行“两查两改一函告”安全监管模式。全年组织文化经营单位从业人员安全生产培训6次，参训人数200余人，经营单位业主的安全意识得到提高。同时加大安全生产检查力度，组织开展文化经营场所排查185家次，出动执法人员174人次，检查发现过期灭火器29个，立即整改隐患23处，提出整改意见4条，下达责令整改通知书7份，取缔无证经营儿童乐园2家，立案处理2家，从源头杜绝安全生产事故的发生，确保全县文化市场安全生产形势持续稳定。

【图书管理】　2017年，县图书馆根据读者的需求，加大购买纸质图书的力度，并确保期刊及报纸的订购。年内图书馆购买图书2.53万册，内容涵盖文学、历史、科普、卫生等方面；期刊、报纸各80余种，同时购入盲文图书70余册及有声读物，最大限度地满足全县不同类型、不同层次读者对文献资源的需求。

【博物馆建设与文物保护】　2017年，县博物馆将乐亭县将军院士展览馆、乐亭人著述作品集成馆进行重装改展，定名为乐亭英才馆，1月29日开馆。

县博物馆将馆内原展览“开放热土——奋进中的乐亭”改展提升为“魅力乐亭”展览，包括人文乐亭、奋进乐亭、和谐乐亭、宜居乐亭、创业乐亭、乐游乐亭六大板块，真实地记录了乐亭人民在中国共产党的领导下改革开放30余年的巨大变化。县博物馆在做好基础陈列展览及接待服务的同时，制作完成了“童心共筑中国梦”少儿绘画作品展、“学习十九大精神、展乐亭魅力风采”等临时展览，并积极开展展览下乡和馆际交流活动，社会效益良好。县博物馆充分利用专业优势，发挥爱国主义教育基地的阵地作用，结合“国际博物馆日”“文化和自然遗产日”及端午节、中秋节、春节等传统节日，举办各种专题活动，如元宵节猜灯谜、“小小讲解员”培训班、皮影雕刻大赛、传统文化进校园、端午节亲子活动等。通过有特色、有实效的爱国主义教育活动，切实提高全民的爱国热情和保护传承传统文化的意识。

3月20日，为完成国家、省文物局组织的全国文物安全大巡查工作，对全县各级文物保护单位、文物收藏单位进行全面检查，县文广新局与文物收藏单位签订《文物安全落实责任书》。4月12日，文物管理所在阎各庄镇何新庄村发现并及时征集了呔商代表人物武百祥和其三弟为武母所刻的石碑2块，对研究武百祥的生平、家事有重要价值。6月17日，国网冀北乐亭供电公司在乐亭镇代胡庄村建设变电站选址工作中，县文物管理所圆满完成文物调查及勘探工作，为工程建设提供了翔实的地下文物情况报告。

【“盛世鼓舞”擂鼓大赛举办】　2017年2月9日（农历正月十三），“盛世鼓舞”乐亭县第四届擂鼓大赛在青春广场举办，全县各乡镇的14支擂鼓队参赛，100余面大鼓同时擂响，场面宏大，气势磅礴。各擂鼓队队员从常年活跃在群众中的擂鼓爱好者中选拔而出，个个身怀绝技，欢快的鼓点儿表达了擂鼓队员迎接新春的喜悦和对美满富足生活的情感。比赛吸引2000余名群众观看。

【乐亭泥人制作技艺被列入河北省第六批非物质文化遗产名录】　2017年3月27日，省政府公布第六批省级非物质文化遗产名录，乐亭泥人制作技艺收录其中。乐亭泥人制作技艺始于明末清初，其题材丰富，制作技艺精湛。高超的艺术处理手法，构成了乐亭泥人的鲜明个性和独特艺术风格，具有较高的文化价值和审美价值，蕴含着原始艺术所独具的神秘感，反映出劳动人民的思想情感和审美趣味。至此，乐亭县拥有国家级非物质文化遗产项目3项、省级4项、市级8项，国家级非物质文化遗产传承人4人、省级6人、市级12人，河北省非物质文化遗产传承示范基地1个、生产性保护示范基地1个，是名副其实的传统文化大县。

【县图书馆通过“国家一级馆”省级复审验收】 2017年1月5日，文化部印发《关于开展第六次全国县级以上公共图书馆评估定级工作的通知》，县委、县政府予以高度重视。县委书记董立群等县领导深入图书馆现场办公，提出指导意见。县长张福林主持召开县长办公会议，对图书馆迎评工作进行安排部署，要求县直相关部门、相关乡镇全力配合，县文广新局、县图书馆精心准备，争取一役达标。县图书馆针对时间紧的特点，多次召开专门会议研究、调度，科学统筹、合理安排，从严从高把握标准，认真准备，查缺补漏，把迎评工作落到实处，按时间、按要求完成了软、硬件建设任务，达到了以评促建、以评促管、依评促用的目的，得到省评估专家的充分肯定和高度评价，顺利通过“国家一级馆”省级复审验收。

此前，县图书馆相继推出电子书借阅、无线网络全覆盖等系列信息化服务，启用官方图书馆微信公众号及新浪微博。读者只要关注“乐亭县图书馆”微信、微博，就可以足不出户了解图书馆最新活动信息。同时建立了乐亭移动图书馆，便于图书馆与读者的沟通交流，读者可享受检索、借阅、续借等各项服务的网络服务，实现了移动终端服务的无缝对接。读者还能进入图书馆微信服务大厅，享受“我的借阅”“馆藏查询”“好书推荐”“订阅中心”等11项服务。达到了移动图书馆服务媒体化、高端化和亲民化的目标。

在本次（第六次）图书馆评估工作中，又建立以乐亭县图书馆为总馆，以汀流河、中堡、新寨、汤家河、马头营和阎各庄镇6个文化服务中心图书室为分馆的“总、分馆制”。总、分馆安装“图创”管理系统，购置馆员工作站和读者自助借还机，实现了域内文献资源的共建共享。

【《乐亭大鼓说唱艺术》获河北省第五届非物质文化遗产保护理论成果一等奖】 2017年3月，乐亭县文化馆张旭武报送的专著《乐亭大鼓说唱艺术》获第五届全省非物质文化遗产保护理论成果一等奖。《乐亭大鼓说唱艺术》是乐亭大鼓省级非物质文化遗产传承人张旭武历时8年，呕心沥血创作的一部介绍乐亭大鼓说唱基本形态的书学论著。该书对乐亭大鼓说唱的基本形态做了比较详细的解读和研究，从归纳总结其唱腔结构特点、唱功唱法、表演程式、鼓板击打技巧及长篇书的艺术手法，到结合现代声乐理念，就其呼吸、吐字咬字、共鸣、润腔等诸方面，分析总结了乐亭大鼓的演唱方法和技巧，是乐亭大鼓发展史上一部里程碑式的著作。著名书法家王祥之为本书题写书名。据了解，该书已正式刊印，并入存省文化厅、市文广新局、县档案馆、县图书馆、县博物馆等多地资料库。

【乐亭大鼓《大老田的烦心事》参加第四届“南山杯”全国曲艺新人新作展演】 2017年5月19日，第四届“南山杯”全国曲艺新人新作展演在广东省深圳市南山区举行。全国报送节目153个，经专家遴选，33个节目入选，涵盖全国19个省市的20个曲种。乐亭县张旭武创作，青年大鼓新秀鲁宗瑶、曹美惠表演的乐亭大鼓对唱《大老田的烦心事》，作为唐山市唯一入选作品参加展演。该作品凭着生动活泼的语言，扣人心弦的情节，风趣幽默的表演，地域特色浓郁的唱腔，得到评委及专家学者的肯定和赞誉。

【庞各庄乡马各庄村被评为河北省民俗文化名村】 2017年5月，在河北省民俗文化颁奖会议上，乐亭县庞各庄乡马各庄村被评为河北省第三届民俗文化名村并受到表彰，为唐山市唯一入选村庄。

马各庄村位于乐亭县西部、庞各庄乡政府所在地，建于明朝永乐年间，祖先从山西省洪洞县迁移至此。全村387户1319人，耕地面积158.87公顷。1968年因棉花高产，马各庄大队党支部书记陈桂才参加了中央召开的棉花大会并受到周恩来总理的接见。进入21世纪，马各庄村全力进行农业结构调整，果菜生产和设施农业发达，是全县塑料大棚、日光节能温室示范村。2015年建立民俗展馆，其面积200余平方米，收集农耕民俗类展品300余件，另有60年代前书籍、布票、钱币等100余种。主要陈列20世纪50年代到80年代县内农村生产、生活中的劳动工具、生活用品、文化用品及各种有价值的藏品。民俗馆建成后至2016年接待县内外参观者5000余人次，成为回忆过去、触摸乡愁的旅游景点。

【青年大鼓演员在全国青少年曲艺邀请赛中获奖】 2017年8月19—20日，第三届中国(合肥)青少年文化艺术展演活动暨全国青少年曲艺邀请赛在安徽省合肥市举办。由青年演员周小岚演唱、王有军伴奏的乐亭大鼓《唱唱咱们的文明村》受邀参加比赛并获得青年组二等奖。

本届青少年曲艺邀请赛有13个省、市、自治区的40多个节目参赛，涵盖相声、三书、大鼓书、琴书等11个曲种，乐亭大鼓《唱唱咱们的文明村》为原创作品之一。该作品是河北省唯一受邀参赛作品，由乐亭大鼓艺术家刘书宇创作，凭着生动活泼的语言，扣人心弦的情节，风趣幽默的表演，地域特色浓郁的唱腔，得到评委及专家学者的肯定和赞誉。

【原创歌曲《百姓心》MV获全国2016年度“五个一百”网络正能量精品奖】 2017年10月，由国家互联网信息办公室指导、中国互联网发展基金会主办的2016年度“五个一百”网络正能量精品评选活动结果正式揭晓，由乐亭县委宣传部刘凤敏作词、于洋作曲的《百姓心》入选“百部网络正能量动漫音视频作品”，是河北省此奖项唯一获奖作品。歌曲以小视角反映大主题，平实生动、声情并茂，充分体现了党的群众路线的思想内涵。歌词贴近百姓、贴近生活，朴实灵动，旋律优美顺畅、朗朗上口，易于传唱，有着真挚的亲民性、深邃的思想性和鲜明的时代性。

【乐亭大鼓《豌豆哥》获“双十佳票友节目奖”】 2017年11月30日—12月1日，由天津市文化广播影视局、天津市文联、和平区人民政府、天津广播电视台主办的第三届“和平杯”曲艺票友邀请赛在天津市举办，27个省、直辖市、自治区和2个国外（美国、德国）作品报名，参赛作品近200个。经各地曲协组织初赛，进入决赛的节目87个，涵盖38个曲种。通过2场决赛及评委的评审，评选出“十大名票节目奖”10个、“双十佳票友节目奖”20个、“优秀票友节目奖”57个。由省曲艺家协会选送、县文化馆张旭武创作的乐亭大鼓《豌豆哥》获“双十佳票友节目奖”。

广播电视电影

【广播节目编播】 2017年，乐亭县广播电视台（简称县电视台）围绕县委、县政府决策部署和中心工作，唱响主旋律，打好主动仗。在继续办好《乐亭新闻》《音乐起航》《艺苑乡音》《一路同行》等品牌栏目的基础上，为充分展现全县人民迎庆党的十九大胜利召开的喜悦心情，加大《红歌联播》节目的播出频率，并增加新时期歌颂党、歌颂祖国的歌曲，为党的十九大胜利召开营造浓厚氛围。

【电视节目编播】 全年制作播出《乐亭新闻》节目260期，播发稿件2000余篇。配合招商引资项目建设、文明县城创建、“一区三边”整治、棚户区改造等全县重点工作开设专栏15个，制作专题节目104期，完成河北省双拥模范县、河北省人居环境奖、“一区三边”工作汇报等电视专题片5部。完成全市突发重大动物疫情应急处置演练现场录制任务。在市以上新闻媒体播发电视新闻专题作品215篇，其中河北电视台播发23篇，中央电视台和新华网播发12篇，在全市14个县（市、区）电视台中排名第四。5篇作品获唐山市广播影视节目评比一等奖。

11月，改革广告经营机制，实行风险抵押承包经营，进一步调动了广告经营人员的积极性。同时不断深化媒体融合，组建新媒体部，实施手机台后台转换，开通广播电视台微信公众号，努力提升广播电视台的传播力和影响力。

【广播电视网络】 县电视台面对三网融合对电

视节目收费带来的不利影响，科学把握工作重点和发展方向，抓重点、寻亮点，保老户、发展新用户，确保续费率稳中有进。同时积极发展多功能业务，专网业务取得突破，公安暑期安保监控项目成功开通。加强安全播出工作，从机房到主次干线光缆，加强检修、巡查，防微杜渐，把各种隐患消除在萌芽状态。

【电影放映】 继续实施农村公益电影放映帮扶工程，从5月1日开始至10月底结束，每月为45个基层建设年帮扶村每村放映2场公益电影，确保每个村全年放映12场次。电影公司还组织了24支放映队活跃在全县14个乡镇533个行政村（含王滩镇），全年共放映农村数字电影6396场次，放映广场电影147场次。

县广播电视台

台　长　李云胜（6月免）

刘云舰（6月任）

档　案

【概　况】 2017年，乐亭县档案工作以中共中央办公厅、国务院办公厅《关于加强和改进新形势下档案工作的意见》为指针，贯彻落实全市档案工作会议精神和县委、县政府决策部署，不断拓展农业农村档案工作新思路，规范提升机关、企事业单位档案管理，丰富馆藏资源，全面促进档案事业的发展，更好地为县域经济社会发展服务。年底馆藏档案12.19万卷9.77万件，资料1万余册。

【档案利用】 2017年，县档案馆认真做好档案查阅服务，为计生奖扶、征地拆迁、产权确认、干部信息核查尤其是军队退役人员档案提供全方位信息服务，全年服务查阅档案1.4万件次，接待档案查阅人员8021人次。做好档案文化开发利用工作，与县电视台联合开设“乐亭档案”栏目，内容为历史同期发生的重大事件，每周播一期。充分利用馆藏档案，与县委党史研究室结合，完成《中共乐亭县历史》第二卷、《冀东革命斗争史》编研。突出利用档案服务社会、服务民生的作用，编辑完成《乐亭县档案利用优秀成果选编》。对馆内保存的孤本、残本、复制件的明清《乐亭县志》进行了点校、修补，抢救和保护了文化历史遗产，为各级领导和社会各界掌握政情、地情、民情，制定决策提供了历史依据和借鉴。

【机关档案目标管理认定】 根据《河北省机关档案工作目标管理认定办法》，县档案馆制定了县直、乡镇目标认定佐证材料样本，全力抓好全县机关档案目标管理认定工作。年内，全县档案目标管理认定工作全部完成，档案目标管理认定复检工作在进行中。县法院、县检察院档案目标管理被省档案局认定为AAAAA级，县烟草专卖局档案目标管理被市档案局认定为AAAA级。全县档案工作初步达到科学化、制度化、规范化。

【农业农村档案管理】 县档案馆与县委农工委密切配合做好全县农村土地承包经营权确权、土地流转、合同登记等档案资料收集归档工作，建立全县承包土地确权档案数据库。继续抓好新农村示范档案室建设，经过摸底调查，确定乐安街道蔡各庄村档案室为新农村示范档案室，确定专人入村指导档案整理，组卷16卷，为全县村级档案立卷标准化、管理规范化夯实基础，使农业农村档案在“三农”建设中发挥特有的服务作用。

【档案安全】 强化档案安全责任意识，加强对安全薄弱环节的排查整治，严格落实各项防范保障措施，及时发现并消除安全隐患，按照“八防”（防盗、防光、防高温、防火、防潮、防尘、防鼠、防虫）的要求，定期清理库房卫生及更换防虫药和干燥剂。排查濒危档案，对破损档案采取抢救和保护措施，年内对馆藏民生档案2.65万卷中破损部分进行修裱。严格执行档案开放利用审核程序，加强对拟公开档案的审核，严格划控，确保档案安全。按照国家《档案数字化外包安全管理规范》要求，严格档案数字化过程中的管理，杜绝外包单位获取涉密档案信息。

【档案业务指导】 县档案馆按着档案管理要求，结合馆内业务工作实际，选派业务骨干对全县

100 多个单位的档案进行检查指导，参加了文书处理与文书立卷工作，参与了全县各乡镇及重点机关单位的业务档案整理。年内，重点对县法院、县检察院、县委宣传部、县妇联、县人大常委会、县发改局、汤家河镇、胡家坨镇、姜各庄镇等单位的档案进行指导、整理工作。

县档案馆

馆　长　吴永杰

志鉴编修

【《乐亭年鉴（2016）》出版发行】 2017 年 7 月，由县政府主持、县地方志（年鉴）编纂委员会承编的第二部综合年鉴——《乐亭年鉴（2016）》，由中国财富出版社出版发行。全书 89.8 万字，载有乐亭县政区图、城区图及彩色照片 53 幅，大 16 开本。全书设 31 个栏目、195 个分目、1020 个条目，卷首为特载、大事记，正文依次为乐亭概况、中国共产党乐亭县委员会、乐亭县人民代表大会、乐亭县人民政府、中国人民政治协商会议乐亭县委员会、人民团体、军事、政法、城乡建设、环境保护、综合管理、财政·税务、项目建设·招商引资·园区建设、农业、工业、建筑业、交通·邮电、商贸服务业、旅游业、金融业、科学技术、教育、文化·体育、卫生、社会·民生、乡镇·街道、人物，卷尾为文献文件辑存、统计资料。本卷中，将环境保护的内容从城乡建设·环境保护栏目中独立出来，以期体现当前大背景下环境保护的重要性。本书全面系统地记述了 2015 年全县政治、经济、文化、社会等各方面的新举措、新变化，以丰富的内容、翔实的资料为各级领导决策提供参考，为全县经济社会发展提供借鉴，为存史修志提供信息和资料。

【《乐亭年鉴（2015）》获全国地方志优秀成果三等年鉴】 2017 年 8 月，经全国地方志优秀成果（年鉴类）终审委员会审核，《乐亭年鉴（2015）》被评为第四届全国地方志优秀成果（年鉴类）三等年鉴，位列第一名。9 月，被河北省地方志编纂委员会办公室、河北省年鉴学会评为河北省地方志优秀成果（年鉴类）县级优秀年鉴。

乐亭县委、县政府高度重视县志、年鉴编纂工作，给予大力支持。《乐亭年鉴（2015）》是由县政府主持、县地方志（年鉴）编纂委员会承编的第一部地方综合年鉴。全书 82.1 万字，载有乐亭县政区图及彩色照片 47 幅，大 16 开本。设 30 个栏目，栏目下设分目、条目，条目为基本记述单元，全面系统地记述了 2014 年全县政治、经济、文化、社会等各方面的情况，图文并茂，内容丰富，记事翔实，语言流畅，在经济强县、文化大县建设中可发挥其资政、存史、育人的功能。

文化艺术馆（院）建设

【乐亭英才馆开馆】 2017 年 1 月 29 日，乐亭英才馆（始称将军院士展览馆、乐亭人著述作品集成馆）开馆，县四大班子领导及社会各界人士莅临参观。展馆由序厅、将军篇、院士篇、政界知名人物篇、著述集成篇 5 部分组成，以乐亭籍将军、院士、部分科教文化界人士、政界知名人物的经历、事迹为主，以著述作品等实物为辅，旨在通过展览让人们更好地了解他们成长奋斗的足迹和对国家对民族的贡献，彰显乐亭地灵人杰，一方风气润物无声、福泽绵延的人文魅力，以增强县内外乐亭人的文化自信，传承重文兴教、爱国爱家乡、敬业奉献的优良传统，为建设大钊故乡、实现中华民族伟大复兴的中国梦而不懈奋斗。

乐亭县从置县到清末有进士 57 名，举人 282 名。是乐亭大鼓、乐亭皮影、评剧冀东文艺“三枝花”的发祥地。革命战争年代，中国共产党主要创始人之一李大钊，精神光耀神州。李运昌、李葆华、阎达开等老一辈革命家功勋卓著。新中国成立后，一大批乐亭籍经济、政治、军事、科教和文化名人，用忠诚和智慧书写了多彩的人生。至 20 世纪末，从这里走出的中国科学院、中国工程院院士 9 人，授衔将军 25 名、省部级领导干部 30 多位，为中国特色社会主义现代化建设做出了贡献。

【阎各庄镇杨家埝村村史馆建成开馆】 阎各庄镇杨家埝村村史馆（简称杨家埝村史馆）建成于

2016年10月，坐落于杨家埝村中心，占地面积500平方米，总投资40余万元。杨家埝村史馆以明朝弘治年间昊天寺历史为背景，以“记得住乡愁、留得住美丽”为主线，教育青年一代不忘初心，继续前进。

杨家埝村史馆分为前后两部分。前部分为展览馆，将老辈人生产生活用品陈列展出，如织布机、纺车、钱币、粮票、电话机等物品2000余件，并建有昊天寺沙盘模型一座，真实再现昊天寺内的景物。后部分是院落，展出昊天寺石碑、碾子等物品，并建有六七十年代模拟房间一座，将老辈人生产生活环境生动还原。

【史家大院】 史家大院坐落于汤家河镇史庄村，由村民史秉才创建。史家大院常年（工余时间）开展科技知识讲座、农业技术培训、法制宣传教育、文化知识传播、业余健身活动等社会文化活动。史家大院建有占地面积600多平方米的史树青纪念馆。史树青纪念馆由三部分组成，第一部分为史树青的青少年时代，第二部分为史树青的主要业绩，第三部分为史树青的社会影响和生平大事记。

史家大院建有地方文化作品收藏阅览馆，收藏有《乐亭县志》《乐亭县民政志》《天南地北乐亭人》《读乐亭》全集及乐亭籍文化名人的作品等，藏书1.3万册，报刊20余种供村民免费阅览，年接待阅览者1000余人次。

2017年3月，史秉才被评选为河北省“十大法治人物”。10月，史秉才作为唐山市唯一应邀人员参加中央文化部党校、中央文化管理干部学院培训。11月，史秉才应邀参加河北省文化厅举办的培训班学习演讲。

体　育

【概　况】 2017年，乐亭县体育工作在县委、县政府的领导和上级体育部门的指导下，以贯彻落实国务院《全民健身条例》为目标，以“健康乐亭、幸福人民”为主线，以“构建和完善全民健身服务体系，开展多样化的群众性体育活动，学校体育和群众体育协调发展”为总体工作思路，在诸多方面有所开展。到年底，全县建有县级体育传统项目学校7所，市级体育传统项目学校3所，省级体育传统项目学校2所，项目囊括篮球、田径、乒乓球、排球等。为深入贯彻国家学校足球发展战略，建有国家级足球体育传统学校3所，市级足球体育传统学校5所，年内第三实验小学、乐亭三中、姜各庄初中、乐亭一中被命名为全国青少年足球特色学校，为青少年足球事业的发展奠定基础。全县有一级裁判员5名，二级裁判员30名。群众性体育活动日趋活跃，全县有社会力量自发成立的体育社团30多个，其中已注册的12个，下设分站60多个，拥有会员近3000人，涵盖钓鱼、象棋、乒乓球等传统项目和交谊舞、跆拳道、太极拳（剑）、户外运动等新兴及具民族特色的体育项目。全县有健身指导站374个，有社会体育一级指导员21名、二级220名，村级体育协管员473名，志愿者550名，实现了健身服务网络全覆盖。建成国民体质监测站并已投入使用，累计检测、指导群众进行科学健身近1200人次。年内投资60多万元，为各乡镇村级文化广场配发健身器材130套。开展全县规模的群众性体育活动20多次，参加市级以上体育赛事10次600余人，承办省级体育赛事1次。

【体育设施建设】 按照县委、县政府印发的《乐亭县全民健身实施计划》，县体育部门统筹规划、合理布局，全面开展全民健身活动，以“多项目、广泛普及、就近方便”的原则，加强群众体育设施建设。到2017年年底，全县建成省级健身示范工程9个，全民健身活动中心1个，先后发放健身器材1100多套，其中当年130套，在全县范围内基本实现全覆盖，惠及人口30万人。

【群众体育】 按照社会办体育的新思路及上级主管部门的要求，乐亭县始终致力于群众文体事业的发展，深入贯彻“群众体育群众办”的体育工作方针，扶持各体育社团、协会宣传《全民健身条例》、普及体育知识、开展体育活动。

年内，象棋、钓鱼、乒乓球、篮球等项目的比赛得到广大群众的积极参与，结合端午节、中秋节、国庆节、重阳节等节日举办的特色健身活动展演，受到广大群众的好评。第七届群众文化艺术节之全民健身活动，以“全民健身日”为基点，以“全民参与、全民健身”为主旨，从社会体育组织的建立，社会体育指导员的培训，特色健身舞、交谊舞展演，到各层级年龄组的门球赛、乒乓球赛、跳绳比赛、广场舞比赛、中小学生运动会、中小学生篮球赛等群众性体育活动的成功举办，推动了全县全民健身运动的蓬勃开展。

2017年1月14日，由县文广新局、县象棋协会主办的2017年乐亭县迎新春象棋比赛在县文化中心举办。4月23日，由县新春文化活动领导小组主办，县广播电视台、县文广新局、县渤新文化产业开发有限公司联合主办的“渤新杯”2017年乐亭县大众广场健身操大赛在乐亭体育中心举办。4月26日，2017年离退休干部春季运动会在县老干部局门球场举行，运动会设乒乓球比赛、象棋比赛、门球过门、小皮球投篮等19个项目，全县2000余离退休干部参赛。6月28日，“庆七一”老年门球赛在县老干部局门球场举办，全县各乡镇、街道的300多名离退休干部参加比赛。10月28日，乐亭县老年体协2017年“重阳节”广场舞展演在青春广场举行，县内各健身站点500余名中老年体育爱好者参加展演。

职工体育活动有序开展　县体育部门、县总工会指导各单位开展符合单位特点、职工喜闻乐见的体育健身和竞赛活动。年内县体育部门主办、县总工会承办了全县职工乒乓球比赛、象棋比赛、健身舞比赛等职工体育赛事。

农村体育活动如火如荼　发挥乡镇综合文化站的社区综合服务、指导作用，结合农村学校、企事业单位的体育设施和体育人才资源，在传统节日和农闲季节开展体育知识、科学锻炼方法、法律法规宣传、送科普读物下乡等活动，开展群众喜闻乐见的体育活动，丰富农村体育文化生活。

【学校体育】　2017年，全县中小学体育工作遵循德、智、体全面发展的教育方针，本着既抓规定课程的完成又抓“尖子”生的培养，既抓达标又抓特色的原则，深入开展体育教学改革，开足学科，教学到位，朝着规范性目标整体推进。乐亭县第三实验小学、乐亭三中、姜各庄初中、乐亭一中被确定为国家级足球特色学校，有6所学校被确定为全国校园篮球特色学校。4月13—14日，成功举办2017年全县中小学生田径运动会。积极参加全市中小学体育学科优质课评比，并获得优秀组织奖和单科课程一、二、三等奖。参加全市中小学生乒乓球比赛、“足协杯”足球联赛和篮球赛，均获得可观的奖项。12月，在唐山市体育教学技能比赛中有7名教师获得一等奖，3名教师获得二等奖。张晓娟和高光跃代表唐山市参加河北省体育教师技能大赛并获得一等奖。

【体育赛事】　5月26日，2017年唐山市“中南杯”广场舞大赛在唐山国际旅游岛三贝明珠码头举办，乐亭县魅力之星舞蹈队获银奖。8月24日，由省体育局主办、市体育局、县体育局承办的2017年河北省青少年羽毛球冠军赛在乐亭体育中心举办，全省15支代表队的350余名运动员参加了甲、乙、丙、丁4个组别男、女团体和男、女单打比赛，经过400余场的激烈角逐，甲、乙、丙、丁4个组别的男女团体奖被各市级代表队获得。9月22日，2017年唐山市第二届健身操比赛在唐山体育公园举办，乐亭县代表队获第二名。10月13日，2017年唐山市健身气功站点联赛在唐山体育公园举办，乐亭代表队获优胜奖。10月21日，乐亭县中小学生篮球赛在一中体育场举行。篮球赛设小学组、县直小学组、初中组、高中组，40支代表队480余名运动员参赛，历时3天。

【竞技体育队伍培养】　作为竞技体育发展的基层组织，乐亭县逐步加大对体育后备人才的培养力度，采用多种方式实施培养计划。至2017年年底，全县建有省级体育传统项目学校2所，市级体育传统项目学校3所，县级体育传统项目学校17所，有4所学校被教育部命名为全国青少年校园足球特色学校。项目囊括篮球、足球、田径、乒乓球、排球等。年内向市以上体育机构输送体育人才25名，向各大专院校输送学生200名。

卫 生

医疗卫生

【医疗机构】 2017年，全县卫生系统医疗卫生机构21个，其中县级医疗机构2所（县医院、县中医医院），妇幼保健院、疾控中心各1所，其他卫生机构4个，乡镇卫生院13所（姜各庄镇中心卫生院、阎各庄镇中心卫生院、新寨镇中心卫生院、汀流河镇中心卫生院、乐亭镇卫生院、毛庄镇卫生院、中堡镇卫生院、马头营镇卫生院、庞各庄乡卫生院、古河乡卫生院、汤家河镇卫生院、胡家坨镇卫生院、大相各庄乡卫生院）。另各乡镇卫生院分院16所。村卫生室468所。私立医院6所（福平医院、同济医院、祥亭医院、博爱医院、佑安医院、仁和医院），诊所、医务室67所。全年门诊人次数122.43万人次，入院人数6.12万人次，出院人数5.99万人次。

【医疗设施设备】 *医疗设施* 2017年，全县医疗卫生设施建设进一步完善。投资396万元，完成古河乡卫生院、汤家河镇麦港卫生分院、乐亭镇蔡庄卫生分院、大相各庄乡卫生分院4所卫生院（分院）新建项目。4所卫生院（分院）的建成和投入使用，改善了基层单位的医疗卫生条件和环境，患者就医需求满意度得到提升。此外，从满足县内患者就医需求的实际出发，年内县医院成功申报了新建病房楼项目。

医疗设备 2017年，乐亭县卫生和计划生育局（简称县卫计局）自筹资金150万元为乡镇卫生院添置更新血球分析仪、全自动生化分析仪、B超等设备30台件。全县医疗机构计有医疗床位1609张，其中医院823张，卫生院736张，妇幼保健院50张。年内，县医院按国家规定及《乐亭县医院采购管理办法》，招标购置高档彩超机、心电信息管理系统、神经外科动力系统、钬激光治疗机、便携式彩超机（3台）、移动护理看板医疗设备（8台件）。新的医疗设备保障临床新技术项目的有效开展，促进临床工作的顺利进行。县中医医院为拓宽服务范围，自筹资金495万元，购置彩色多普勒超声诊断仪2台、手术室高频电刀1台；自筹资金24.4万元，购置救护车1辆，增设急诊外科，已实现正常接诊，急诊急救能力得到提升。

【医疗队伍】 2017年，全县医疗卫生系统各类人员1622名，其中医疗卫生技术人员1313名，占医疗卫生系统总人数的80.95%；其他技术人员49名，占3.02%；管理人员39名，占2.4%；工勤人员221名，占13.63%。医疗卫生技术人员中，执业医师以上571名，执业助理医师34名，注册护士584名，药剂人员55名，技师35名，其他34名。45岁以下医疗卫生技术人员645名，占医疗卫生技术人员的49.12%。大专以上学历的833名，占医疗卫生技术人员的63.44%。具有高级职称的156名，中级职称的424名，初级职称的340名，分别占医疗卫生技术人员的11.88%、32.29%、25.89%。

全县有乡村医生638名，其中中专学历的148名，执业助理医师以上资格的83名，60岁以上的427名。

【医疗技术】 2017年，县医疗卫生主管部门注重人才培养，为人才发展创造条件，开展新技术、新项目研究，拓宽医疗服务领域，医疗单位的整体技术实力大幅提升。县医院神经外科、肝胆外科、肿瘤外科、泌尿外科、心血管内科、神经内科、肿瘤内科等科室逐步形成自己的特色和优势，能够成功开展显微神经外科手术、腹腔镜下微创手术、脑肿瘤切除术、肝癌肝叶切除术，甲状腺癌、乳腺癌根治，全髋关节置换术、药物溶栓、冠脉造影＋支架置入术、2微米激光前列腺切除术等新技术项目。年内，县医院开展“腹腔镜下全子宫切除术”等新技术项目19项；获得省级科研成果奖4项，科技奖一等奖1项、三等奖1项。

县中医医院继续推进与北京远程视界眼科医院管理有限公司的“数字化眼科区域协同医疗示范工程”合作。白内障项目聘请北京首都医科大学佑安医院眼科专家来院开展手术404例。开展视光项目，对5所小学免费进行视光筛查和业务咨询，就诊患者540人，训练8人，配镜140人次。开展糖网项目，聘请北京首都医科大学佑安医院专家来院坐诊。推进与中诚嘉和（北京）创业投资有限公司合作共建核磁共振科室项目，现核磁设备运行平稳，全年开展检查3064人次。

【**妇幼保健**】2017年，0～6岁儿童管理率92.53％，孕产妇系统管理率95.09%。全县出生活产儿3890例，新生儿死亡率1.8‰，0～6岁儿童系统管理人数2.23万人，5岁以下儿童死亡率4.37‰。

开展农村生育妇女免费补服叶酸项目，为3588人发放叶酸2.15万瓶，为年计划的102.51%；为1075名孕产妇发放农村孕产妇住院分娩补助款32.25万元，孕产妇住院分娩率100%，孕产妇死亡率为0。年内，在农村妇女“两癌”免费检查中，宫颈癌筛查5093例，为年计划的101.86%，筛查出宫颈癌癌前病变25例，宫颈癌5例；乳腺癌筛查610例，为年计划的101.67%，筛查出乳腺癌5例，均进行了复查及进一步诊治。

【**疾病预防控制**】2017年，县疾病预防控制中心（简称县疾控中心）完善县、乡、村三级传染病防控网络，并提供技术指导及疫情直报网络的管理与审核工作；确定20家医疗单位为网络疫情直报单位，分别负责本辖区的传染病网络直报工作；全县聘任492名村（居）级疫情报告员负责本辖区的疫情报告工作，配合乡镇卫生院开展传染病防控。同时，与教育、民政、畜牧等部门建立联防联控机制，形成以政府为主导，以卫生系统为主体，各职能部门共同参与的全县传染病防控网络。修订突发公共卫生事件应急预案和霍乱、手足口病等10余项应急预案。年内，报告乙类传染病12种，报告病例1194例，与上年同期基本持平；报告丙类传染病4种，比上年同期下降60.57%，无迟报、漏报病例发生。

霍乱防控 县卫生主管部门建立健全霍乱防治预案及应急队伍、霍乱防治计划和技术预案。县疾控中心制定《2017年乐亭县疾控中心霍乱及肠道传染病防控与监测工作计划》，并在5—10月按工作计划逐一落实。按照市疾控工作培训要求，对各级医疗机构进行培训，培训内容包括《霍乱防治手册（第六版）》《全国霍乱监测方案（2012版）》《河北省肠道门诊建设标准》等。5月1日起对境内浅水湾、金银滩、北港渔码头等地进行外环境霍乱弧菌监测，到10月31日止采集海水36份，海底泥36份，均未检测出霍乱弧菌。

流行性出血热疫情防控 2017年，县疾控中心对县内30例出血热病例逐一进行了流行病学调查及疫区处理，上报个案调查表及调查处理总结，同时开展出血热防治知识宣传。

手足口病防控 根据手足口疫情防控形势，确定县医院为手足口收治定点医院，实行双签字制度。确定患儿、医护人员、托幼儿童等为重点监控人群，学校、托幼机构等为重点监控场所，实施重点督导。年内，全县报告手足口病例142例，对住院病例做好个案调查，对全部病例逐一通知辖区卫生院进行管理。县疾控中心对医疗单位及幼儿园进行多次手足口病防控督导，指导幼儿园隔离、消毒及宣传工作。开展手足口患儿监测工作，采集手足口病患儿咽拭子48份，送市疾控中心进行病原学检测与分型。

布病处理 2017年，全县发生布病病例28例，无暴发病例。对于发生的病例，县卫生主管部门均在第一时间做好相关流行病学调查及防治知识宣传。开展布病监测工作，收集高危人群样本55份。在监测活动中，县疾控中心和各卫生院对布鲁氏菌病防控工作进行广泛宣传，发放宣传材料5500份，接受群众咨询420余人次。

疟疾防治 2017年，全县报告疟疾输入病例2例，对患者进行流行病学调查，动员患者家

属搞好家庭环境卫生整治，消除蚊蝇孳生地。同时告知同行人员如出现类似症状，及时就医。并对同行人员涉及的其他人员进行疟原虫涂片，均为阴性。在4月26日即第10个“全国疟疾日”，县疾控中心在县医院、县疾控中心等单位门前举办以“消除疟疾，谨防境外输入”为主题的宣传活动，发放各种宣传资料300余张，提供免费咨询50余人次，并向辖区内医疗机构发放宣传折页2000份，取得预期宣传效果。县疾控中心对医疗单位防疫医生、临床医生及检验人员进行疟疾防治知识培训，由医疗单位对辖区卫生室医生进行相关知识培训。开展发热病人疟原虫血检工作，到年底县中医医院报告血检病人50人。

消毒隔离工作　2017年，监测医疗机构8所，采集监测样品48份。其中，室内空气采样8份，合格6份，合格率75%；物体表面监测8份，合格率100%；医务人员手监测9份，合格率78%；消毒液监测8份，合格率100%；消毒后医疗器械监测15份，合格率100%。监测托幼机构4所，采集监测样品28份。其中，空气监测4份，合格率100%；工作人员手监测4份，合格率100%；物体表面监测5份，合格率100%；使用中的消毒液监测4份，合格率100%；餐饮具监测11份，合格率100%。

艾滋病防治　2017年，县卫计部门大力开展艾滋病大众宣传教育工作，利用大集、进社区、上街、入机关、进学校等形式开展艾滋病、性病防治宣传活动，全年发放宣传品2万余份，群众的艾滋病防治意识得到提高。本着预防为主、防治结合的工作方针，对高危人群采取必要的行为干预，减少高危行为，降低传播风险，艾滋病的发生与流行得到控制。与县公安局、县司法局配合建立长效机制，对新入监人员进行艾滋病筛查，并及时上报结果。全年完成805人的艾滋病、梅毒自愿咨询检测，筛查出HIV抗体阳性1人，经市疾控中心确证为艾滋病感染者，及时进行了流行病学调查、网络报告。对发现的艾滋病感染者和艾滋病病人，做到早检测、早发现、早管理、早治疗，遏制艾滋病的发生与发展，减少艾滋病传播给社会、家庭和个人带来的危害。加强艾滋病免费抗病毒治疗及艾滋病感染者随访工作，有效开展艾滋病的抗病毒治疗，提高抗病毒治疗效果，改善HIV感染者和艾滋病病人的生存质量。

【基本公共卫生服务】　2017年，县卫计局将基本公共卫生服务工作作为重中之重，举全系统之力扎实开展、大力推进，全县基本公共卫生服务工作取得明显成效。实施的清单管理、联席会议、示范引领、特色宣传等举措得到省、市卫计部门的肯定。12月14日，市基本公共卫生服务项目现场观摩会在乐亭县召开。在唐山市基本公共卫生服务项目2017年度绩效考核复核工作中，乐亭县基本公共卫生服务工作组织管理及基层机构项目执行排名全市第一。

健康档案管理项目　2017年，按照《国家基本公共卫生服务规范》（第三版）要求，为辖区内常住居民（包括户籍和非户籍居民）建立健康档案，并按照规范要求进行动态管理。全县累计建立居民健康档案43.78万份，建档率96.59%；电子建档34万份，建档率75.01%，各项指标均达到国家标准要求。

健康教育项目　针对健康素养基本知识和技能、优生优育及辖区重点健康问题等内容，各项目实施单位以多种形式为居民提供健康教育信息。各单位均设置健康教育宣传栏并定期更新内容；每年为居民提供18种宣传材料；利用村广播、播放VCD或DVD、进行健康知识讲座等方式开展健康教育。年内，在公共卫生宣传月、惠民政策宣传日、重点疾病防治日期间，开展基本公共卫生服务集中宣传，全年发放宣传材料53万余份，悬挂横幅360余条，制作展板5700余块。依托县内丰厚的文化底蕴，将基本公共卫生服务项目编排成喜闻乐见、脍炙人口的乐亭大鼓《健康呵护爱为魂》，进行巡回演出；制作视频通过广电网络等新媒体传播；编写成乐亭方言顺口溜宣讲材料，由村委会负责人和村医每周用大喇叭进行广播宣传，推动基本公共卫生服务项目家喻户晓、人人皆知。

预防接种项目　2017年，全县设预防接种门诊26个，预防接种人员302名。接种人员全部经培训合格，持证上岗。各接种点负责本行政区域的接种工作。各接种门诊为适龄儿童免费接种乙肝疫苗、卡介苗、脊髓灰质炎疫苗、百白破疫苗等国家免疫规划疫苗，并及时发现、报告预防接种中的疑似异常反应，预防接种信息实行计算机管理。全县疫苗接种率、建证建卡率均达到国家规划要求。

慢病管理项目　2017年，县卫计局建有公共卫生组织，负责全县公共卫生服务工作的组织实施；各乡镇卫生院建有公共卫生科，依托各村村医建立县乡村三级慢病防治管理网络。通过居民健康体检、35岁以上人群首诊测血压等形式筛查慢病患者，各乡镇卫生院对筛查出的慢病患者，建立以村为单位的慢病台账。在管理上，各乡镇依托乡医对慢病患者每季度进行一次随访，分类干预。全县高血压患者规范管理人数4.43万人，规范管理率86.55%；糖尿病患者规范管理人数1.04万人，规范管理率80.09%。

0～6岁儿童健康管理项目　县卫计部门分乡镇（街道）、村（居）医疗单位设专人负责辖区新生儿、婴幼儿、托幼园所儿童保健及生命监测等工作。掌握辖区0～6岁儿童的基本情况和健康状况，实行定期健康体检，并对体检结果进行综合评价。2017年全县0～6岁儿童健康管理人数2.2万人，儿童健康管理率92.45%。

孕产妇健康管理项目　县卫计部门为辖区常住人口中的妊娠妇女建立母子保健手册，并进行早孕检查与指导。按照孕产妇健康管理服务规范进行健康管理，统计上报相关信息。年内全县孕产妇建册人数3170人，早孕建册率94.35%。

老年人健康管理项目　按照老年人健康管理服务规范，对以居家养老形式为主的老年人进行服务需求评估，提供医疗、护理、康复、保健服务；对患有慢病的老年人开展饮食、运动、合理用药、合理就医指导；对高危老年人进行健康指导、行为危险因素干预。2017年为全县老年人免费提供1次健康体检，接受健康管理人数4.22万人，健康管理率70.06%。

严重精神障碍患者管理项目　2017年，全县累计确诊重性精神病患者1775人，按照规范要求管理1431人，管理率80.62%。祥亭医院纳入县重性精神病项目管理单位，承担协助县卫计局及县疾控中心随访指导重性精神病应急处置及免费服药管理工作。

结核病患者健康管理项目　按照结核病患者健康管理服务规范，对结核病患者开展管理，及时收集录入信息。全年管理肺结核患者63人，管理率100%。

中医药健康管理服务项目　按照中医药健康管理服务规范，对辖区常住的65岁以上老年人及0～36个月儿童开展中医药健康指导，全年接受中医药健康管理服务的65岁以上（含65岁）老年人3.93万人，健康管理率65.19%；按照月龄接受中医药健康管理服务的0～36个月儿童4946人，健康管理服务率55.11%。

突发公共卫生事件应急处置　建立健全突发公共卫生事件应急队伍，对人员定期培训、演练，保证遇有突发事件及早到位开展医疗救治工作。建立县、乡两级医疗救治体系，根据突发公共卫生事件级别及情况，明确两级救治队伍责任，确保车辆、设备、人员、药品、物资五到位。

卫生监督协管服务项目　2017年，县卫生主管部门成立卫生监督协管服务工作领导小组，建立相关管理制度，并结合实际制订实施方案和考核办法。按照工作计划，对63名乡镇卫生监督协管员进行2次集中培训，重点从传染病防治、饮用水卫生安全、学校卫生、打击非法行医等方面进行培训。8月，按照县卫计局统一部署，对16个乡镇卫生院（分院）卫生监督协管服务工作进行督导检查，以“三个完成”为目标进行现场指导并提出建议。通过卫生监督协管工作的开展，全县基层公共卫生监督服务水平得到提高。

【卫生监督】2017年，县卫生主管部门突出重点，结合日常监督工作，开展学校卫生、公共场所及饮用水卫生、医疗卫生等专项整治活动，依法查处违法行为。在执法检查中，出动执法人员3500余人次，车辆1500余台次，监督检查3100余户次，监督覆盖率95%，发放各类监督文书413份，查处违反卫生法律法规的经营单位41家，罚款6.3万元。办理各类卫生许可证278个，培训从业人员3000多人。

【农村医疗卫生】2017年，县卫生主管部门继续在村卫生室推行药品零差率销售和一般诊疗费制度，对村医实施行政、人员、业务、药械、财务、绩效考核“六统一”管理，有效规范村医执业行为和药品采购行为。加强对乡镇卫生院医生、村卫生室人员、乡镇卫生院管理人员的培训工作，培训内容以内、儿科常见病为主，使各类人员业务技能得到提高。

年内，医疗执业风险互助基金本着自愿的原则，仍按每个村卫生室300元或500元两个标准筹集。统筹基金管理机构设在县卫计局，管理人员由县卫计局相关科室、卫生院院长和村医代表组成。建立健全财务管理制度，专款专用于村卫生室医疗纠纷赔偿。

【医疗卫生管理】 *医疗质量管理*　2017年，县卫生主管部门按照省、市的要求，继续加强医疗质量管理。开展医护人员“三基”（基础知识、基本理论、基本技能）培训。严格执行“三严”（严格、严肃、严谨）标准，建立培训、考核制度。全年组织县级培训15次，内容涉及医疗纠纷的防范与处理、糖尿病诊断与治疗、抗菌药使用等内容。同时组织相关单位参加市级、省级培训26次，包括临床用血管理、流感诊断与治疗、医改等内容。为减少医疗纠纷的发生，规范各医疗机构的执业行为，县卫计局组织卫生监督所、县医院、县中医医院的专家，开展医院感染管理、打击非法行医、临床用血安全、麻醉药品管理等项内容的专项督导检查。4月底开展了“乐亭县5·12护士节岗位知识竞赛”，10月开展了“乐亭县基层医务人员岗位知识竞赛”，通过比赛营造“练基本功，比基本功，强基本功”的浓厚氛围。

院内感染管理　县卫生主管部门注重加强各医疗机构院内感染管理，指导各单位落实相关工作制度，开展院感科、血透室、手术室等重点科室医务人员培训，加强对各单位重点科室、重点环节监管。各医疗单位明确职责，认真开展医院感染病例监测、病例监测、消毒灭菌检测、一次性用品管理、医疗废物管理等工作，院内感染管理质量得到提升。

卫生下乡　2017年，县卫生主管部门制定卫生下乡工作实施意见和安排，县级医疗单位均成立支农医疗小分队，由主管副院长亲自挂帅，安排精干力量，配齐车辆、药品、器械等必需物品，每月至少一次深入偏远村镇开展义诊活动，开展送医送药、卫生咨询、疾病普查等活动。义诊服务的足迹遍及13个乡镇，义诊服务50余场次，义诊医务人员300余人次，发放健康教育宣传资料1万余份。

基层支援　县卫生主管部门根据上级安排，继续做好2015—2017年二级医院对口支援乡镇卫生院工作，县医院、县中医医院及妇幼保健院分别确定对口支援的乡镇卫生院，共支援乡镇卫生院13家。支援医院按要求派出管理、医技方面的专家对乡镇卫生院进行支援，在受援单位参与门诊、查房、医院管理、技术指导、培训等工作，乡镇卫生院的服务质量得到有效提升。

白内障复明工程　按照上级确定的白内障复明工程任务，选择县医院为定点医院，县医院成立由主管副院长任组长的白内障复明工程领导小组，对生活贫困、经筛查视力低于0.1的患者，帮助预约手术时间，减少就诊不便。2017年全县完成白内障手术26例。

群众满意的乡镇卫生院创建　国家、省、市“建设群众满意的乡镇卫生院”创建活动开展后，全县各基层医疗单位以居民医疗卫生服务需求为导向，不断加强自身内涵建设，深化基层卫生综合改革，稳步推进创建活动的开展，激发了基层卫生服务机构的内生动力，服务质量和运行效率得到提高，服务流程和服务态度明显改进。胡家坨镇卫生院被国家卫生计生委命名为“2016—2017年度群众满意的乡镇卫生院”；姜各庄镇中心卫生院和汀流河镇中心卫生院被省卫计委命名为“2016—2017年度群众满意的乡镇卫生院”。

【家庭医生签约服务】　2017年，乐亭县家庭医生签约服务模式实现了现有医务人员对辖区居民健康管理的全覆盖，从坐等患者上门转变为深入社区为居民提供服务，健康管理能力得到加强。结合县域实际，组建“3+1”家庭医生服务团队（由1名基层卫生院医生、1名基层卫生院护士、1名公共卫生医师，1名乡村医生组成），乡镇卫生院负责对家庭医生团队成员的任务分配和管理。基层卫生院组建技术指导团队，为签约服务提供技术支持和业务指导。在对家庭医生团队进行业务指导的同时，对转诊到乡镇卫生院的签约居民提供切实的就医服务，协调相关科室做好诊疗工作。年内全县基层卫生院（所），共组建家庭医生签约服务团队165个，面向全县群众及基本公共卫生重点人群、贫困人口、计划生育特殊家庭开展签约履约服务，签约履约人数16.73万人。

【健康扶贫】 县卫计局作为县健康扶贫的牵头部门，积极研究谋划，扎实开展健康扶贫工作，制定出台《健康扶贫冬季暖心服务活动方案》《乐亭县农村贫困人口先诊疗后付费工作方案》等相关政策制度，推进健康扶贫工作的开展。经精准摸排，年内全县贫困人口347户658人，因病致贫220户459人，全部进行了排查登记和信息录入工作。全县以乡镇为单位组建健康扶贫工作队25支，深入建档立卡贫困人口家中，开展健康扶贫政策宣传，全面掌握全县贫困人口的基本情况，为其提供基本公共卫生服务。为患有慢性病的贫困人口，提供慢病签约服务和慢病管理及运用健康扶贫动态管理系统，对贫困人口患病和救治情况实行动态管理。确定县医院、县中医医院为定点救治医院，推进9种大病集中救治工作；对于县级定点医院确实无法救治的大病患者，可依托省、市定点医院和专家组，通过远程会诊、对口支援等方式提供技术支撑或转诊治疗。"光明扶贫工程"组织建档立卡白内障患者的免费救治工作，县医院为定点医院。

【在全省率先建成基层医疗卫生、公共卫生信息化平台】 按照省、市卫计委的统一安排部署，经市卫计委综合考评，乐亭县被确定为唐山市首家基层医疗卫生管理信息系统实施县区，率先架构基层卫生管理信息平台（含基层医疗卫生管理信息平台和公共卫生管理平台），实现技术规范的统一、数据格式的统一。基层医疗卫生管理信息平台建成后，实现了卫生管理的科学化、规范化，完成了卫生数据资源的互联互通，优化了县内医疗软硬资源的合理配置，提升了辖区居民的就医环境。

【三项制度试点工作实施】 2017年8月，县卫生监督所被省卫计委确定为全省卫生计生系统行政执法三项制度的试点单位（全省县级试点单位6家、全市唯一一家）后，高度重视相关工作，紧密联系卫生监督工作实际，突出问题导向，把大力推行行政执法三项制度作为规范公正文明执法、保障和监督依法履行职责、维护人民群众合法权益的重要工作来抓。试点工作坚持在推行行政执法公示形式上求"全"，把权力关进制度"笼子"，亮出权力"家底"，确保"阳光执法"落实到位；坚持在行政执法全过程记录内容上求"实"，强力推进行政执法行为全过程记录，全面提升卫生计生综合监督执法水平；坚持在重大执法决定法制审核方法上求"严"，逐步实现行政执法决定法制审核"全覆盖"。年内已公示7项工作制度、4个执法流程、6项执法清单、2个库（卫生计生法律法规库、卫生行政处罚自由裁量库）、4个办事指南、一次性告知材料、行政执法文书样本及行政处罚、监督检测结果等106条。

【县中医医院医共体成立】 2017年8月18日，县中医医院医共体召开成立大会，全县29家卫生院（分院）与县中医医院签订合作协议，乐亭县中医医共体正式成立。乐亭县中医医共体为公立医疗机构医疗服务共同体，各成员单位自主经营独立核算，县中医医院与成员单位间为上下联动、分级医疗、双向转诊的工作机制。在医共体内部建立绿色通道，加强技术合作，提高服务能力。县中医医共体成立后运行良好，至年末转诊患者95人。

爱国卫生

【概　况】 乐亭县爱国卫生运动委员会办公室（简称县爱卫办）贯彻落实国务院《关于进一步加强新时期爱国卫生工作的意见》，以健康县城、健康村镇建设为抓手，以美丽乡村建设厕所改造提升为着力点，大力加强城区环境卫生督导，扎实推动病媒生物防制、控烟禁烟、卫生创建工作深入开展。

【城乡环境卫生综合整治】 2017年，县爱卫办印发《关于开展"干干净净迎春节"环境卫生集中整治活动的通知》《2017年乐亭县城乡环境卫生整洁行动实施方案》《关于开展“迎五一”卫生大扫除活动的通知》《关于开展迎“双节”环境整治活动的通知》，全面开展环境卫生整治。重点对居民小区、城乡接合部、城中村、背街小巷、集贸市场、车站等区域的卫生死角进行综合整治，清理村庄内外、公路边沟的柴草垃圾，消除“四害”滋生环境。助力文明县城创建，做好清洁城乡义务劳动的总体协调组织工作，制定活动预案，划分责任区域，做好督导检查，确保活动实效。按照乐亭县《深化精准治霾六个专项整治行动实施方案》要求，开展洁城行动督导检查工作。做好城区环境卫生日常督导工作，做到有检查、有跟踪、有反馈，确保问题整改落实到位。全年下发督办卡45份，解决问题100余个。

【农村改厕】 结合美丽乡村建设，实施农村改厕工作，开展创建卫生镇村活动，促进农村环境卫生全面改善。县爱卫办印发《乐亭县2017年美丽乡村建设农村改厕工作实施方案》，明确目标任务和时限要求。改厕物资由县集中招标采购，保证物资质量。落实改厕进度周报制度，及时掌握全县改厕工作进度，有效促进改厕工作的开展。将990座改厕任务分解落实到9个乡镇的16个省级、县级美丽乡村重点村。深入各乡镇开展专项调查，要求各乡镇对2017年改厕工作一村一议，确保改厕工作保质保量完成。组织由各乡镇主管领导参加的改厕工作专题培训会议，发放宣传材料1000余份，邀请厕具厂家技术人员进行现场培训和指导，切实把牢技术关口。坚持定期到改厕乡镇、村一线指导，帮助解决施工技术方面的问题，保证改厕工作的顺利开展。2017年，县财政投入改厕资金60万元，改造无害化厕所990座，改厕普及率达94.3%。

【病媒生物防制】 根据鼠害季节消长规律生态习性，有组织、有针对性地开展全县突击灭鼠除害活动。县爱卫办下发春秋季灭鼠通知，明确灭鼠工作目标、时间要求、工作措施和责任分工。利用宣传栏、宣传材料、电子屏幕、广播电视媒体等形式多样的宣传防鼠、灭鼠知识。举办灭鼠技术培训讲座，培训灭鼠骨干70人。采购鼠药2.3吨，毒饵盒750个，粘鼠板2280张，全部发放到县直单位。在城区进行统一投药，集中开展灭鼠工作，鼠密度大幅下降。

【禁烟控烟】 县爱卫办联合县市场监督管理局、县卫计局、县教育局等单位开展第30个“世界无烟日”宣传教育禁烟控烟宣传活动。以悬挂条幅、设置展板、发放宣传资料等形式宣传吸烟的危害及控烟的重要性。悬挂宣传横幅4条，发放宣传资料2000余份，解答群众咨询100余人次。加大对医院、车站、商场、网吧、学校等场所禁烟控烟的监督检查力度，落实各项禁烟措施，强化禁烟效果。在各单位明显位置设立“禁止吸烟”警示牌，张贴“请勿吸烟”标识，每周对各公共场所的检查不少于1次，促进了禁烟控烟工作的有效开展。

【卫生镇村、卫生社区创建】 县爱卫办坚持以“美丽乡村建设”为切入点，抓点示范、连线扩面、整体推进，以城乡环卫一体化为重点，推进全县卫生镇村、卫生社区创建工作。指导各乡镇（街道）按照卫生村（社区）创建标准，对标创建。加强对创建工作的督导检查，定期深入创建乡镇（街道）进行检查指导。2016年，创建省级卫生村7个，市级卫生社区2个。2017年，拟创建省级卫生村5个，市级卫生社区1个，申报名单已上报市爱卫办。

【健康县城、健康村镇建设】 2016年12月，乐亭县被河北省爱国卫生运动委员会确定为省级健康县城建设试点，乐亭镇韩坨村、乐安街道齐庄村被确定为省级健康村建设试点。创建活动启动后，县爱卫办积极与省、市爱卫办对接沟通，及时掌握政策动态，争取上级技术指导，按照健康县城、健康村镇建设要求，有条不紊地开展建设工作。以全国爱国卫生运动委员会《关于开展健康城市健康村镇建设的指导意见》和河北省爱国卫生运动委员会《河北省健康城市健康村镇建设发展规划（2016—2020年）》为指导，谋划起草《乐亭县健康县城健康村镇建设工作实施方案（2016—2020年）》，明确建设内容和责任分工。组织县中医医院、县红十字会开展健康服务进社区、进农村活动，发放宣传材料2000余份，义诊150余人次，接受群众健康咨询200余人次，无偿发放3000余元药品。联合县城管局开展落实“门前三包”责任机制宣传，发放倡议书2500余份。协调县爱卫会成员单位，认真开展调查研究，结合各项评价指标，形成适合全县健康县城、健康村镇建设的指标评价体系。按照健康县城建设内容，确定部分社区、单位、学校、企业、村庄为示范点，明确建设内容，为2018年示范点建设打下良好基础。

县爱国卫生运动委员会办公室

主　任　赵永民（6月免）

6月起，由县政府办公室一名副主任分管爱国卫生工作。

医院选介

【乐亭县医院】　乐亭县医院始建于1949年，是一所集医疗、教学、科研、预防保健、急诊急救为一体的综合性二级甲等医院，为华北理工大学、唐山职业技术学院、滦县卫生学校、曹妃甸职业技术学院教学医院。占地面积4公顷，建筑面积3.6万平方米。2017年有职工781名，其中专业技术人员672名。专业技术人员中正高职22名，副高职107名，中职252名，初职286名，无职称专业技术人员5名；硕士学位人员13名。医院编制床位490张；有临床专科19个、医技科室12个，行政职能科室18个。年内，县医院门诊量43.8万人次，急诊量2.6万人次，出院患者2.25万人次，医疗收入2.36亿元。

县医院拥有德国西门子1.5T高场核磁、德国西门子64排128层螺旋CT、日本日立低场核磁、美国GE全身双层螺旋CT、荷兰飞利浦数字减影血管造影机、德国两微米激光手术系统、彩色多普勒超声诊断仪、CR/DR数字X线摄影系统、腹腔镜、16人大型高压氧舱、全自动生化分析仪等大中型医疗设备100余台（件）。

县医院神经外科、肝胆外科、泌尿外科、心血管内科、神经内科、肿瘤内科等科室逐步形成自己的特色，能够成功开展显微神经外科手术、腹腔镜下微创手术、冠脉造影+支架置入术、脑肿瘤切除术、肝癌肝叶切除术、甲状腺癌根治、乳腺癌根治、全髋关节置换术、药物溶栓、两微米激光前列腺切除术等技术项目。年内，县医院开展了“腹腔镜下全子宫切除术”等新技术项目19项；获得省级科研成果奖4项，省级科技奖一等奖1项、三等奖1项；发表科研论文64篇，其中国家级双核心期刊1篇，国家级核心期刊48篇，国家级一般期刊15篇；出版论著5部。不断深化与上级医院合作。4月18日，解放军第307医院消化肿瘤内科专家徐建明、淋巴瘤科专家苏杭到县医院讲课，并在医院肿瘤科进行会诊、查房，为10余名肿瘤患者提供治疗建议。继续与北京301医院开展远程会诊，使部分患者足不出县便解决了一些就医难题。县医院还分别与开滦总医院、唐山市人民医院医疗集团、唐山市精神卫生中心、唐山市工人医院集团等市级医疗机构签订合作协议，开通双向转诊通道、开展诊疗服务和技术合作等；加大外聘专家力度，长期聘请18名京、唐等地专家到医院定期坐诊、查房、带教，对满足病人需求，加快人才培养及学科建设起到积极促进作用。

【乐亭县中医医院】　乐亭县中医医院始建于1985年7月，在原城关分院基础上改建而成。2012年3月28日迁入新址，位于唐港公路与县城腾飞街交叉口东北角，占地面积5.33公顷，建筑面积2.62万平方米；建有4层的门诊楼、3层的医技楼和8层的病房楼，另有一栋3层的附属用楼。2017年有职工316名，其中卫生专业技术人员271名（高级职称人员29名）。设有脑病科、心血管病科、肿瘤科、综合科、外科、妇产科6个病区，设置床位260张；有临床、护理、医技、职能工勤50余个科室。拥有核磁、CT、DR、数字胃肠机、全自动生化分析仪、彩超、血透、中药熏蒸机、煎药机等大中型医疗设备100余台（件）。

年内，投入资金19万元，改扩建门诊中、西药房，改扩建后中药房面积140平方米，西药房面积135平方米，达到二级甲等医院药房建设标准，装修风格彰显中医文化。在门诊二楼、三楼东西两侧改扩建业务用房，用于皮肤外治项目、眼科视光、康复、骶管疗法治疗。为增强医院的急诊急救能力，自筹资金24.4万元，购置救护车一辆，增设急诊外科，从外科、骨伤科选调医师2人，已实现正常接诊。自筹资金495万元，购置彩色多普勒超声诊断仪2台，为手术室购置高频电刀1台。调拨资金2.1万元，购置更换灭火器290个，消除安全隐患。

医院成立医联办，对上与唐山人民医院、唐山市中医医院、唐山市工人医院、唐山市第五医院、唐山市协和医院开展合作，建立医联体；对下与29家乡镇卫生院（分院）、365名乡医签订协议，成立医共体，实现患者转诊95人次，业务收入25万元。医联体、医共体的建立，实现了在医疗集团和医共体内部上下联动，双向转诊，建立绿色通道，加强技术合作，服务能力提高。

年内，县中医医院专业技术水平不断提升，心血管病科成功创建省级重点专科。全年完成健康体检7465人次；门诊量14.6万人次；急诊出诊2058人次，比上年增长27.7%；住院人数8512人次，手术2364例；总收入8276万元，比上年增长2.43%。

【乐亭县妇幼保健院】 乐亭县妇幼保健院始建于1963年6月，时称乐亭县妇幼保健站，1982年更名为乐亭县妇幼保健所，1998年2月更为现名。2017年有职工101名，其中专业技术人员87名。在专业技术人员中副高职7名，中职49名。设有妇保科、儿保科、妇产科、儿科、保健科、内科、外科、结石科、两癌筛查门诊、产前筛查门诊、犬伤门诊等科室，检验科、功能科、放射科设备齐全。编制床位50张。有病区2个，能开展各科常见病、多发病的诊治。围绕妇幼卫生工作方针，强化行风建设，规范医务人员执业行为。以“院感防控落实年”为契机，狠抓医疗质量，确保医疗安全。着力深化改革，强管理，谋发展，争效益，年内门诊量7.63万人次，收治住院病人2146人次，业务收入2298万元。

年内，县妇幼保健院承担着孕产妇和儿童健康管理两项国家基本公共卫生服务项目及国家妇幼综合卫生项目。被明确为全县孕妇初次孕检集中建册定点单位，同时给予第一次免费产前检查任务，包括血尿常规、血生化、艾梅乙抗体检测及孕中期免费B超检查。初次孕检人数3000余人，占全县孕妇总数的85%。是年，全县出生活产儿3890例，婴儿死亡率2.83‰，出生缺陷发生率8.95‰，孕产妇系统管理及儿童系统管理率均达90%以上。

县妇幼保健院是县内唯一一家妇幼保健专业机构，承担全县各级妇幼保健培训与技术指导工作，承担增补叶酸预防神经管缺陷、为35～64周岁农村妇女免费进行“乳腺癌”“宫颈癌”筛查、预防“艾梅乙”母婴传播3项重大公共卫生服务项目工作。年内，叶酸发放3712人，宫颈筛查5093人，其中经病理诊断查出高级别上皮内病变15人；乳腺筛查620人，筛查出乳腺癌病理一期患者4例。

7月1日始，县妇幼保健院被指定为免费唐氏筛查定点单位，在全县范围内实施免费唐氏筛查项目工作。至年底，血清学筛查1988人，筛查高危89例，符合诊断0例。产前影像学筛查1801人，筛查高危28例，符合诊断28例。

【乐亭福平医院】 乐亭福平医院始建于2000年4月，院址在中华路中段路东，在原职工医院的基础上由个人出资所办，称乐亭县福平医院。2004年3月迁址于金融大街47号。2013年7月，更名为乐亭福平医院，为民营非营利性综合医院。院址占地面积0.25公顷，建筑面积1900平方米，编制开放床位52张。2017年有职工87人，其中高级职称6人，中级职称13人。开设骨科、外科、内科、中医科、耳鼻咽喉科、碎石科、妇产科、眼科、疼痛反射科、理疗科、亚健康调理等12个临床科室及检验科、超声科、放射科、核磁室、CT室5个医技科室，建立有创伤骨科、脑针治疗、颈肩腰腿痛、超声超微创四大中心。辅助检查设备有16排螺旋CT、核磁共振成像系统、X线显影照相DR系统、日立大二郎神彩超机、24小时动态心电监护仪、脑血流图等。

乐亭福平医院特色专科4个：骨科，有唐山二院骨科专家常年坐诊、手术，成功开展了四肢骨折、骨盆骨折、髋关节置换术及脊柱骨折、复位内固定术，年内，收治手术患者人数占住院总人数的50%以上；颈肩腰腿痛治疗中心，在坚持西医骨科特色的同时引进中医文化，做到中西医相结合，专业治疗颈椎病、腰椎病、肩周炎、坐骨神经痛等各种慢性疾病，并开展腰椎管狭窄、腰椎间盘突出微创手术；宫氏脑针治疗中心，年内与北京宫氏研究院组建医联体，主治各种疼痛骨伤类疾病、脑瘫、偏瘫、截瘫、股骨头坏死、耳鸣、皮肤病及内科疑难杂症；超声超微创治疗中心，首批引进的超声超微创治疗运用药物注射和射频消融技术，治疗各种囊肿、子宫肌瘤、子宫腺肌症、甲状腺结节、甲状腺肿瘤等疾病，年内手术40余例。

乐亭福平医院年内门诊量6.17万人次，出院患者1307人次，手术量964人次，实现收入1800万元。

【姜各庄镇中心卫生院】 姜各庄镇中心卫生院位于姜各庄镇西王庄村，占地面积0.81公顷，建筑面积1647平方米。2017年有职工37名，其中主治医师6名，执业医师3名，执业助理医师4名，主管护师2名，护师1名，护士5名，主管检验师1名，执业药师1名，药剂员3名，会计员2名，技师3名，其他人员6名。

姜各庄镇中心卫生院设内科、外科、妇产科、儿科、五官科、中医科、预防保健科、B超室、心电图室、检验科、放射科、病房等科室，设病床44张。医疗设备有电动洗胃机、监护仪、呼吸机、DR数字成像系统及200MA光机、彩色超声诊断仪及工作站、全自动心电图机、彩色经颅多普勒、双目显微镜、全自动生化分析仪、尿液分析仪、全自动血球分析仪、血流变等。

姜各庄镇中心卫生院是政府开办的非营利性医疗机构，是城镇职工和城乡居民医保定点医院。承担辖区70个行政村近5万人口的基本医疗服务和公共卫生服务，能开展各种常见病、多发病的检查、治疗和孕产妇保健，能开展阑尾切除术、疝气修补术等手术。

年内门诊量4.8万人次，年收治住院病人1477人次，出院1510人次，实现收入579.8万元。

【胡家坨镇卫生院】 胡家坨镇卫生院位于胡家坨镇区中部偏东，在镇政府西侧，有房屋66间，建筑面积约1500平方米，服务辖区24个行政村，人口2.13万人。开设内科、外科、妇科、儿科、中医科和公共卫生科，辅助科室设有放射科、化验室、多普勒室、彩超室及心电图室。2017年设置病房10间，床位43张。有职工31名，其中在编人员17名，临时人员14名。

胡家坨镇卫生院是政府开办的非营利性医疗机构，是城镇职工和城乡居民医保定点医院。承担辖区基本医疗服务和公共卫生服务，能开展各种常见病、多发病的检查和治疗、孕产妇保健及中医科颈肩腰腿痛等农村常见病诊治。

年内，胡家坨镇卫生院门诊量1.86万人次，收治住院病人1330人次，出院1321人次，实现收入296万元。11月14日，唐山市基本公共卫生服务项目现场观摩会在卫生院召开。是年，被国家卫计委评为“2016—2017年度群众满意的乡镇卫生院”。

社会·民生

综 述

2017年，县委、县政府带领全县人民贯彻落实党的十九大精神，围绕建设沿海强县美丽乐亭、在全省增比进位、在全国争创百强的奋斗目标，牢固树立问题导向和实事思维，不忘初心，牢记使命，唱响“求真、实干、担当、效率”的主旋律，坚定不移实施“123348”发展战略，推动乐亭经济社会高质量发展，实现经济发展稳中快进、社会事业全面进步。全县城镇居民人均可支配收入34078元，比上年增长8.6%，其中工资性收入增长15.3%，转移净收入下降53.7%，经营净收入增长145.8%，财产净收入下降26.9%；人均消费性支出19147元，比上年增长8%；城镇居民恩格尔系数为21.8%；城镇居民人均住房建筑面积39平方米。农村居民人均可支配收入16090元，比上年增长8.8%，其中工资性收入增长30.4%，经营净收入下降2.4%，财产净收入增长424.1%，转移净收入下降4.1%；人均消费性支出10638元，比上年增长8.5%；农村居民恩格尔系数为25.5%；农村居民人均住房建筑面积36.5平方米。全县城乡基本养老保险参保人数33.34万人，比上年增加1482人。其中，城镇职工基本养老保险覆盖人数6.96万人，城乡居民基本养老保险参保人数26.38万人；城镇职工基本医疗保险参保人数4.32万人，比上年增加1623人；失业保险参保人数2.71万人，比上年增加920人，失业保险基金支出2043万元。

基本养老保险

【概　况】 2017年，全县城乡基本养老保险参保人数33.34万人，其中城镇职工基本养老保险覆盖人数6.96万人，城乡居民基本养老保险参保人数26.38万人。

【企业职工基本养老保险】 2017年，全县有参保企业695家，参保职工5.23万人（含灵活就业人数2.54万人），其中当年新增2380人，完成市达任务的100.08%；全年征缴养老保险费2.28亿元（含税），比上年增长5.55%。

【机关事业基本养老保险】 2017年，机关事业参保单位401家（新系统参保257家，老系统参保144家），参保职工1.09万人，全年征缴养老保险费1.69亿元。3月，按照省委组织部、省机构编制委员会办公室、省人力资源和社会保障厅、省财政厅《关于开展机关事业单位养老保险集中参保登记工作的通知》要求，全县机关事业单位编制内人员集中参保登记工作正式启动，4月底结束，登记参保单位264家，参保人员1.58万人（在职9969人，退休5817人）。9月，按照市机关事业社会保险局对已登记单位核心业务上线的要求，实现了在新信息系统中经办机关事业基本养老保险、职业年金征缴和待遇支付业务。

【城乡居民社会养老保险】 按照省人力资源和社会保障厅、省财政厅《关于提高我省城乡居民基本养老保险基础养老金标准的通知》要求，对全县城乡居民基础养老金标准进行调整，由每人每月95元提高到每人每月105元（中央财政补贴70元，省级财政补贴15元，市级财政补贴5元，县级财政补贴15元），增加的养老金待遇全部落实到位。至2017年底，全县城乡居民实际参保缴费人数26.38万人，其中当年新增 1716 人，综合参保率 98.2%。全年征缴养老保险费 1915.96 万元；为全县 9.95 万名享受城乡居民养老保险待遇的人员发放养老金 1.25 亿元。

【社会化管理服务】 全年为 1.08 万名企业离退休人员发放养老金 3.14 亿元，为 7491 名机关事业单位离退休人员及遗属发放养老金 3.4 亿元，社会化发放率 100%。按照省人力资源和社会保障厅、省财政厅《关于 2017 年调整退休人员基本养老金有关问题的通知》规定，从 2017 年 1 月 1 日起为全县退休（职）人员调整基本养老金。为全县 1.03 万名企业退休（职）人员调整了基本养老金，人均调整 146.29 元，调整后人均 2209.08 元。为全县 6291 名机关事业单位退休（职）人员调整了基本养老金，人均调整 164.51 元，调整后人均 3943.59 元。

失业与工伤保险

【失业保险】 2017 年，全县失业保险参保单位 835 家，参保职工 2.71 万人，比上年增加 920 人，全年征缴失业保险基金 1429.26 万元。按照省人力资源和社会保障厅、省财政厅、省地税局《关于阶段性降低失业保险费率有关问题的通知》要求，自当年 1 月 1 日起，全省失业保险总费率由 1.5% 降至 1%（用人单位按照本单位工资总额的 0.7% 缴纳，职工按照本人工资的 0.3% 缴纳）。自 1 月 1 日起，按照省人力资源和社会保障厅、省财政厅《关于调整失业人员失业保险金标准的通知》要求，提高失业保险金标准，新标准分为 3 个档次，分别为每人每月 970 元、1020 元、1090 元。全年为 1150 名失业人员发放失业保险金 1232.05 万元（含医疗保险金 279.69 万元）。按照省人力资源和社会保障厅、省财政厅《关于失业保险支持企业参保职工提升职业技能有关问题的通知》的规定，为 49 名企业在岗职工发放技能提升补贴 9.45 万元。按照《唐山市人民政府办公厅关于印发唐山市进一步做好去产能企业职工安置工作的实施办法的通知》的规定，为唐山市德龙钢铁有限公司争取援企稳岗补助资金 801.89 万元。年内，全县实际失业保险基金支出 2043 万元。

【工伤保险】 2017 年，全县参保企、事业单位 867 家，参保职工 3.02 万人，比上年增加 454 人；全年征缴工伤保险基金 1766.82 万元，比上年增长 24.77%。3 月，对 93 名一至四级伤残人员和领取供养亲属抚恤金人员进行生存资格认证，主要采取网点认证、协查认证、上门认证 3 种方式，有 1 名工伤职工达到退休年龄，及时停发伤残津贴；5 名工亡供属年龄满 18 周岁，及时停发供属待遇。4 月，按照省人力资源和社会保障厅、省财政厅《关于调整工伤职工伤残津贴、供养亲属抚恤金和生活护理费标准有关问题的通知》要求，为 20 名一至四级伤残职工和 73 名工亡供养亲属调整定期待遇，共补发待遇 4.78 万元。8 月，以 2016 年全省城镇非私营单位在岗职工年平均工资为核算基数，为享受生活护理费工伤职工调整护理费标准，共补发护理费 1.26 万元。全年累计为 1561 人次工伤职工及其供养亲属支付工伤保险待遇 725.16 万元。

医疗与生育保险

【概　况】 2017 年，县社保部门进一步加强医疗保障体系建设，全县以城镇职工基本医疗保险、城乡居民基本医疗保险为主，大病医疗保险为辅，生育保险、门诊特殊疾病为补充的广覆盖、多层次的医疗保障体系得到不断完善。年末，全县城镇职工基本医疗保险参保人数 4.32 万人，比上年增加 1623 人；城乡居民基本医疗保险参保人数 35.34 万人。

【城镇职工基本医疗保险】 2017 年，全县城镇职工基本医疗保险参保人数 4.32 万人，其中在职 2.94 万人。全年征缴城镇职工医疗保险费 1.59 亿元，支出 1.11 亿元（统筹基金支出 4636 万元，个人账户基金支出 6418 万元），及时为患病职工报销医疗待遇，参保职工的合法权益得到保障。

【城乡居民基本医疗保险】 2017年，全县城乡居民基本医疗保险参保人数35.34万人，参保率98.55%，全年筹集资金2.86亿元，涉及14个乡镇（街道）、619个村（居委会），实现了城乡居民医保县域全覆盖。县级财政全额资助参保对象涉及特困供养、低保供养、重度残疾（一级、二级）、烈属、三级甲等（含三级甲等）以下伤残军人、带病还乡复员军人、家庭困难的计划生育手术并发症人员、离休老干部遗属8类特殊群体，参保人数1.39万人，财政出资250余万元，特殊及困难群体100%参保，实现了全县城乡居民群体全覆盖。全年城乡居民基本医疗保险报销20.89万人次，基金支付1.55亿元。

【城镇职工生育保险】 2017年，全县城镇职工生育保险参保人数2.94万人，征缴生育保险费533万元。全年为892名参保职工支付生育保险金663万元。

【医疗保险基金管理】 为保证医疗保险费按时足额征缴，社保部门采取政策宣传、单位走访、电话催缴、发放催缴通知单等方式方法开展征收，调动全员收缴的积极性，确保医保基金应收尽收。加大对医保“两定点”单位（定点医院、定点药店）稽核力度，充分发挥网络作用，加强对重点单位的日常监管，主要采取抽查病历、药品销售票据等档案材料、重点监控分析网络数据及现场检查等方式，发现问题及时整改，拓宽群众监督渠道，及时受理群众举报和诉求，切实维护医保政策的严肃性，群众切身利益得到保障。

县社会保险局

局　长　秦惊涛

社会福利与救助

【特困供养（五保供养）】 特困供养是在原农村五保供养的基础上，通过拓宽人群、提高标准、规范程序而形成的又一项社会救助制度。过去的农村五保是对年龄在60周岁以上或者16周岁以下的“三无”人员（无劳动能力，无生活来源又无法定赡养、抚养、扶养义务人，或者其法定赡养、抚养、扶养义务人无赡养、抚养、扶养能力的农村居民）的提供“吃穿住医葬”的五项保障。特困供养制度则增加了城镇户籍“三无”人员、一二级智力精神残疾人、一级肢体残疾人等人群，而且提高了供养标准。供养形式有分散供养和集中供养两种，特困供养人员可根据自身情况选择，全县有4所敬老院为特困供养人员提供集中供养服务。

2017年，全县有特困供养人员2265名，其中分散供养1666名，集中供养599名。供养标准为：城市特困供养标准每人每年9900元（月均825元），农村集中供养标准每人每年6600元（月均550元），农村分散供养标准每人每年5600元（月均466.67元），完全不能自理护理标准每人每年2970元（月均247.5元），半自理护理标准每人每年1980元（月均165元）。

【光荣院、敬老院建设】 县光荣院是全县唯一一所财政全额拨款的优抚事业单位，集供养、康复、娱乐为一体，为重点孤老优抚对象提供全方位服务。2017年，县光荣院不断完善各项工作制度，促进院务管理和服务水平的提高。对老人的“吃、住、娱、疗”推行“三勤”（手勤、腿勤、嘴勤）、“四心”（热心、诚心、细心、爱心）的工作方法。对住院老人的身体健康状况实行分级服务，为每位老人建立健康档案，定期为老人检查身体，并配备各种常用药品，做到小病不出光荣院。服务工作实现由“养老型”向“康复型”转变。年底，县光荣院有在职职工21名，入住老人57名，其中年龄最大的96岁，最小的78岁。

全县有姜各庄敬老院、庞各庄敬老院、中堡敬老院（民政事业服务中心）、胡家坨敬老院（救助管理站）4所，集中供养“五保”对象599名。各敬老院实行民主管理、文明办院，定期为入院老人检查身体，并把全部入院老人纳入新农合和医疗救助范围。实行零距离全天候服务，尽可能满足不同老人不同层次的需求。为确保入院老人生活有序，每周更换菜谱，合理调整膳食。为提高老人的生活质量，定期为其更换床单、被罩等用品。加强安全管理，各院均安装了监控设备，保证全天候有效监控，防范安全事故的发生。按照县政府的统一部署，对各敬老院的燃煤锅炉进行了改造，统一改换为节能环保的生物质锅炉。工作人员实行岗位责任制，定岗定责，建立奖惩机制，服务人员的服务意识和竞争意识得到增强。

【城乡居民最低生活保障】 2017年，全县有农村低保对象2313户2901人，发放低保金936.3万元，月人均补差258元。城镇低保111户149人，发放低保金92.6万元，月人均补差468元。城市低保标准每人每月550元，农村低保标准每人每年3912元。

结合“一问责八清理”工作的开展，对城乡低保工作进行全面核查。按照唐山市《关于开展农村低保政策不落实问题专项清理行动的通知》要求，对城乡低保进行专项清理，通过自查自纠、群众举报，梳理出问题线索83个，全部完成整改，整改率100%。根据上级分类处理意见，对当事人分别进行组织处理、追缴低保资金、批评教育等责任追究。

年内，开展了两次全面核查，与邮储银行乐亭县支行、乐亭信用联社、农行乐亭县支行、工商银行乐亭支行等开展存款信息比对三批次616户700人，与舜丰村镇银行开展数据比对一批次2526户3217人，共核查出城乡低保家庭存在银行存款超标问题137户，均已按规定书面告知其取消低保待遇。省级比对平台分两次对城乡低保的车辆信息、户籍信息、工商登记信息进行比对，县民政部门及时安排乡镇对比对结果进行核实，情况属实的取消了低保资格。

乐亭县低保工作因“政策透明，运行规范，公平公正，群众认可”等特点，得到上级民政部门的肯定，滦南、曹妃甸等县区到乐亭县学习低保管理经验和做法。

【特困群众医疗救助】 2017年，对最低生活保障人员，特困供养人员，农村建档立卡贫困人口及因病致贫家庭重病患者，低收入家庭中的老年人、未成年人、重度残疾人和重病患者进行医疗救助，最低生活保障人员及农村建档立卡贫困人口无救助起付线，合规费用救助比例70%；特困供养人员无救助起付线，合规费用救助比例100%；非低保对象、非特困供养人员、非农村建档立卡贫困人口符合病种的合规费用去除起付线3万元，救助比例70%。所有人员救助封顶线为5万元。至12月，全县救助大病家庭120户，发放救助资金64.57万元。

【流浪乞讨和生活无着人员救助】 救助管理站（设在胡家坨敬老院）负责县内生活无着的流浪乞讨人员及流浪未成年人的救助、保护、管理、教育、安置等工作，设有成年受助人员宿舍（男、女）、未成年受助人员宿舍（男、女）、餐厅、物品保管室、活动室、教育室、卫生室、浴室、理发室等专用房间，受助人员床位50张，日救助最大容量50人。庭院设有健身运动器械和活动场地，功能齐全，设施完善，体现以人为本的救助理念。2017年，救助安置流浪乞讨和生活无着人员44名。

【救灾救济】 2017年，境内没有特大自然灾害，重点是建立和完善救灾体系。

完善救灾快速反应网络　细化各乡镇、村救灾应急预案，建立全县灾害信息员信息库。8月3日，受台风“海棠”影响，县内多个乡镇农作物受灾，部分农房受损，受灾人口5994人，农作物受灾面积611.6公顷，直接经济损失427.54万元。通过自然灾害信息快速反应网络，将灾害信息初报和续报及时通过灾害信息报送系统上报市民政局。

建立救灾款物发放管理制度　按照《乐亭县自然灾害生活救助暂行办法》要求，对14个乡镇（街道）救灾款的使用情况进行审查和督导。

组织开展减灾知识平安行活动　按照市减灾委员会部署和要求，5月12日开展了应急管理宣传活动，向群众发放应急宣传材料。主管副县长带队，县消防大队、县市场监督管理局、国网冀北乐亭县供电公司、县卫计局等相关部门（单位）对全县养老机构的安全进行排查，严格落实各项安全措施。

做好临时救助工作　遇有有临时困难的群

众，及时和所在乡镇沟通，实施及时救助，并做好耐心细致的工作，稳定困难群众的情绪，教育其建立克服困难的信心和勇气，尽快走出困境。年内下拨临时救助款94.57万元。

【慈善事业】 2017年4—5月，开展每年一次的以“送温暖、献爱心”为主题的“慈善一日捐”活动，筹募善款56万元。

开展慈善助医活动，救助11户，发放救助金6.4万元；开展慈善助学活动，资助贫困大学生20人，发放救助金6万元。

社会事务管理

【婚姻登记】 2017年，县婚姻登记处办理结婚登记2997对，离婚登记806对，补办结婚证987对，婚姻档案查档1370份，办结率100%，合格率100%。完成2016年网上补录的1995—2010年婚姻登记档案的检查校对工作；对1995年以前的婚姻登记档案进行了补录，补录结婚档案1.1万份。

县婚姻登记处坚持实现节假日办公制度，给群众办证以很大的便利，是唐山市唯一一所节假日办公的婚姻登记处。

【民间组织管理】 2017年，县民政部门依照国务院《社会团体登记管理条例》《民办非企业单位登记管理条例》的规定，把好登记初审关，严格履行法定程序，年内登记社会团体6家，民办非企业单位6家，注销社会团体6家，变更社会团体11家，全部实行网上审批。

根据县委“一问责八清理”专项工作的要求，县民政局作为治理行业协会、商会与行政单位脱钩不彻底、乱收费问题的牵头单位，制订《行业协会、商会与行政单位脱钩不彻底、乱收费问题实施方案》，列出问题清单、清理清单，确定17家行业协会、商会为脱钩单位，查找问题18个，全部整改到位。

【老龄工作】 2017年，县民政部门按照高龄津贴动态管理机制，认真做好全县高龄津贴审核、发放工作，全县有80～89周岁老人1.02万人，90～99周岁老人1711人，百岁及以上老人31人，发放高龄津贴470万元。为确保高龄津贴发放的准确性，建立《在外居住高龄老人台账》，实现动态监管。

为提高全县老年人抵御意外伤害风险的能力，使之获得意外伤害保险保障，继续在全县范围内开展助老健康御险活动，全县参保金额23万元。

在春节和重阳节，对全县4所公办养老机构和3所社会办养老机构进行慰问，送去米、面、油、肉等慰问品。对县内全部百岁老人和部分贫困老人进行走访慰问，为每位老人发放500元的慰问金。

【殡葬管理】 2017年，县殡仪馆围绕“丧主至上，服务第一”的服务宗旨，“想丧属之所想，急丧属之所急”的服务理念，做好发展和管理工作，全年火化遗体3953具，火化率100%。清明节期间倡导文明、安全、低碳、环保的祭扫方式，在殡仪馆骨灰堂、公墓设立祭扫观察点，围绕“文明祭扫、平安清明”的目标，观察掌握群众祭奠方式、时间分布、人员和车流量等情况，组织工作人员对车辆进行疏导，及时统计各项数据并按要求上报市民政局，清明节祭扫活动安全平稳。

按照《河北省加快推进实施惠民殡葬政策的指导意见》要求，经县委、县政府研究同意，在原来实行的殡葬惠民政策基础上，规范减免程序，扩大受惠面，增加减免额度，年内减免人员145人，减免费用12万元。同时，为规范殡葬管理工作，确保火化信息登记准确，于11月1日启用殡葬管理系统及新版火化证，旧版火化证停用销毁。

【地名管理】 在第二次全国地名普查工作中，编写了地名普查调查目录，全县编写地名条数3755条。通过审定，整理收集地名普查登记表3312份，其中新增地名401份，历史（消失）地名376份。根据省民政厅的检查验收意见，对普查成果进行修改完善，完善修改普查成果397条。

完成对县城区新建住宅小区腾飞家园、老

呔商城、民俗风情街的命名审批工作，并及时对其进行门牌号码的编制和地名标志的设置。对县城区乐康家园进行了地名标志的设置安装，全年制作安装楼牌 95 块，沿街门牌 671 块，单元牌 74 块，户牌 544 块。对县城区破损的街路牌及时进行修复，年内修复 5 块。

劳动就业

【就业再就业】 2017 年，乐亭县就业再就业工作不断规范和强化就业政策落实，推进工作开展。到年底，城镇新增就业 8356 人，为市达目标的 165.46%；城镇失业人员再就业 3645 人，为市达目标的 165.68%，其中困难人员就业 1044 人，为市达目标的 165.71%；城镇登记失业率 2.5%，低于市达目标的 1.7%；农村劳动力转移就业 5487 人，为市达目标的 137.18%；职业技能培训 334 人，创业培训 241 人，提供创业服务 234 人，发放个人及小微企业创业担保贷款 1035 万元。

【公共就业服务】 搭建市场供需平台，开展“春风行动”“民营企业招聘周”“就业服务月”等专项行动，发放“春风卡”等宣传材料 1000 余张（份），提供免费就业服务 2400 余人次，促进就业 470 余人。组织各类招聘会 33 场次，4645 家次单位入场招聘，1 万余人次与会洽谈，达成就业意向 2000 余人。开通绿色通道，推进高校毕业生就业，认定县教育局、大东方商贸有限公司、乐成绽放幼儿园等高校毕业生就业见习基地 18 家，征集见习岗位 554 个，实现高校毕业生就业见习 395 人。设立专门服务窗口，为高校毕业生提供报到手续办理、求职登记、岗位推荐、政策咨询、档案保管等就业服务。年内接收高校毕业生 700 余人，促进就业 600 余人。

【特殊群体就业】 落实国家积极就业政策，鼓励企业吸纳困难人员就业，鼓励就业困难人员自谋职业、自主创业。兑现社会保险补贴及岗位补贴，筹集就业专项资金 1920.56 万元，支出补贴资金 1879.57 万元，促进企业吸纳困难人员就业 140 人，自主创业、灵活就业 873 人，针对原国有、集体企业下岗失业人员就业困难问题，深入乐安街道办事处、县机关事务管理局、县财政局等多家单位调研，开发公益岗位 201 个，安置符合条件的困难人员 123 人。

【职业培训】 通过公开招标确定县综合职业技术学校、县宏远技校等定点培训机构 6 家。加强软硬件设施建设，配置远程监控的客户端软件、网络、摄像头和指纹式考勤机等设备，规范培训监管。全年组织培训育婴员、面点师、起重机司机等各类技能人员 334 人。征集创业项目，开展创业帮扶，加强创业指导专家队伍建设，努力提升创业培训效果，认真落实税费减免、创业补贴、创业担保贷款等扶持政策，推进创业带动就业工作开展。全年参加创业培训的人数 234 人，发放个人及小微企业创业担保贷款 1035 万元，为 1480 人提供创业服务。

【“春风行动”专场招聘会】 “春风行动”是县就业服务局改善民生、扩大和稳定就业的重要举措，是春节后为农村劳动力就业创业提供服务的平台。2 月 20 日—3 月 31 日，县就业服务局联合县总工会、县妇联等单位开展以“搭建供需平台、促进转移就业”为主要内容的“春风行动”。其间组织农民工招聘会 3 场，发放“春风卡”及其他政策宣传材料 1000 余张（份），为 2400 多人提供免费求职就业服务，促进就业 470 多人。

县就业服务局

局　长　尹海滨（8 月免）

　　　　　张益勇（8 月任）

乡镇·街道

乐亭镇

【概　况】乐亭镇位于县域中心地带，总面积100.64平方千米（含乐安街道），耕地面积4921.53公顷，辖51个行政村，12749户37698人。2017年，镇党委、政府按照县委提出的要做“经济发展领头雁、攻坚克难先锋官、美丽乐亭建设者、社会稳定护城河”的要求，努力做好经济发展、征地拆迁、美丽乡村建设、社会稳定、党的建设等重点工作，团结和依靠全镇人民，围绕建设“沿海强县、美丽乐亭”的奋斗目标，深入实施“123348”战略，主动适应经济发展新常态，以敢于担当、敢打硬仗、勇于胜利的责任感和使命感，推动经济建设全面发展、社会事业全面进步。年内，实现地区生产总值19.38亿元，比上年增长0.1%，其中第一产业增加值9.16亿元，比上年下降16.27%；第二产业增加值4.89亿元，比上年增长32.52%；第三产业增加值5.33亿元，比上年增长12.68%。人均地区生产总值51310元。固定资产投资38.23亿元，为年计划的100.6%，比上年增长15.71%。11月，乐亭镇经中央精神文明建设指导委员会复查合格，继续保留“全国文明村镇”称号，韩坨村被授予“全国文明村”称号。

【项目建设实现“双提升”】 2017年，乐亭镇不断完善机制，强化措施，项目建设实现数量、质量“双提升”。深入组织实施“重大产业支撑项目攻坚年”和“招商引资百日攻坚行动”，项目建设实现重大突破，北京海德润医药生物产业园项目列入全县重大产业支撑项目。全年新开工固定资产投资1000万元以上项目10个，涉及总投资9.23亿元，其中投资亿元以上项目5个，涉及总投资8.92亿元。投资3.35亿元、占地面积10公顷的河北钢铁建设集团乐亭有限公司冶金非标设备制造项目，位于河北乐亭经济开发区，工商注册和发改备案完成，占地围挡安装完毕；投资1.1亿元、占地面积2.67公顷的唐山康峻钢构有限公司钢结构制品及特种模板项目，位于河北乐亭经济开发区，已取得营业执照、发改备案和土地使用证，完成土地平整、主体打桩等；投资1.2亿元、占地面积2.67公顷的河北若琦电气设备有限公司中低压配电柜及箱式变电站生产项目，位于河北乐亭经济开发区，核名注册、发改备案、土地使用证、用地规划许可证等手续办结，办公楼框架、厂房主体框架完工；投资1.05亿元、占地面积1.33公顷的河北思动环保科技有限公司年产10万吨聚羧酸高性能减水剂项目，位于河北乐亭经济开发区，企业迁移手续及发改备案完成；投资1.2亿元、占地面积2.16公顷的北京市成城交大建材（乐亭）有限公司年产15万吨聚羧酸高性能减水剂项目，位于河北乐亭经济开发区，工商注册和发改备案完成；投资4450万元的唐山冀东果菜有限公司气调库技改项目，位于院士街中段路北、幽园西侧，已完工；投资5000万元、占地面积1.7公顷的北京佰康佳品电子商务有限公司呼叫服务中心项目，位于县城区工业聚集区，已投入生产；投资7000万元的唐山航天能源有限公司燃气锅炉蒸汽扩建项目，位于县城区工业聚集区，已完工；投资4000万元、占地面积2.32公顷的唐山吊桥食品有限公司农产品冷储加工配送项目，位于冀东国际农产品物流中心院内，已完工；投资4890万元、占地面积35.33公顷的唐山生态旅游文化有限公司独幽城生态观光园项目，位于乐亭镇独张庄村，观光、采摘、温室大棚等设施建设完工，冷藏库、物流链在建设中。

【农业发展提质升级】 2017年，乐亭镇依托县城区工业聚集区食品、药品产业园，冀东国际农产品物流中心二期项目和环城现代农业园区建设，推动乐亭县鼎晖食品有限公司、乐亭县宏丰水产食品有限公司、唐山吊桥食品有限公司等涉农企业与北京二商集团有限责任公司开展资本、产品、市场合作，推动涉农企业实现技术、品牌和销售的资源整合、进档升级，不断提高涉农企业的经济效益和税收贡献率，提高引领农民致富的能力。加速推进农字号项目向环城现代农业园区聚集，推进以乐亭丞起颐天园现代农业园为代表的都市观光农业区、以祥瑞生态园为代表的低碳循环农业区、以唐山绿昕林木种植有限公司工厂化育苗基地为代表的精品设施农业种植区建设，努力建设国家级现代农业示范园区，在全镇创新实行“合作组织＋农企＋基地”产业化经营模式。新注册独一成、善信等特色农产品商标4个。建设高标准农田面积480公顷，打机井53眼；架设电线1.66万米；铺设地下管道5100米；修水泥路6833米，石渣路2294米。以朱各庄、独幽城、高孙庄等村为主推广设施农业面积66.67公顷，引进花卉、桃、大樱桃、番茄等特色果菜、花卉及优良种猪。全镇实现农林牧渔业总产值11.72亿元，比上年下降12.54%。其中，农业产值10.52亿元，林业产值111万元，牧业产值1.15亿元，渔业产值50万元，农林牧渔服务业产值300万元。

【工商经济发展】 2017年，全镇有工业企业36家，其中食品加工企业5家，化工企业1家，其他企业30家；工业企业中规模以上企业15家。年内实现社会消费品零售总额3.1亿元。实现物流税收1676.75万元，为年计划的190.54%，比上年增长17.7%；工商税收1177.12万元，为年计划的205.7%。土地使用税收467.17万元，为年计划的211.39%。

【美丽乡村建设水平提高】 2017年，乐亭镇按照县委、县政府的要求，继续实施“以点串线，以线带面，点面联动，突出亮点，整体推进”的工作思路，采取“四清推进，四化跟进”方式，以打造“三线、一环”（三条主要公路沿线村、环城周边村）为重点，有效提升全镇美丽乡村建设水平。郭董村和庙上村被确定为省级美丽乡村建设重点村。郭董村300平方米的村民活动中心工程开始筹建；投资6万元，改造修缮临街立面墙500米；粉刷涂料2500平方米；投资8万元，在村内及果菜设施区安装监控设备，社会治安环境明显改善。庙上村加大环境整治力度，清理卫生死角18处，清运垃圾1200立方米，清理整治村内街道18条，街道两侧绿化面积1000平方米，粉刷墙壁4000平方米；清理残垣断壁12处；清理庭院150余户，绿化庭院6000平方米，建设美丽庭院180户；在村入口处建设村庄标识1座。赵蔡庄村打造高标准村史馆和村民互助幸福院，主要街道悬挂美丽乡村建设宣传标语，绘制文化墙200平方米，挂牌创建美丽庭院80户，年内作为全县唯一行政村接受省级美丽乡村评审验收。

【社会事业统筹发展】 2017年，乐亭镇有幼儿园1所，在园幼儿10人，幼教职工3人；有中小学校10所，在校中小学生1100人，教职工220人；有卫生院（所）3所，医护人员27人；有村卫生室37个，村医37人。社会保障能力持续增强，低保、五保供养实现应保尽保，年内新确定农村低保232户286人，城镇低保4户6人，协助办理发放残疾人证181个。农村贫困人口建档立卡工作全面完成，全镇有41户62人符合贫困户条件，系统录入完成。建成居家服务站9个，确定三合庄、独幽城、道岔村为幸福工程精品村。居家托养180人，救助孤儿4人。全力做好基层文化综合服务站晋档升级，提高镇综合文化服务站功能，新建文化活动广场8个，全镇文化广场总数达到48个，面积5.2万平方米。以“两个便民服务中心”为载体，以农村面貌改造提升为抓手，重点做好文明村镇创建及十星级文明户评选、善行功德榜建设工作，提高村民文明素质和村镇文明程度。全镇危房改造34户，其中新建21户，维修13户。新增奖励扶助60周岁（含60周岁）以上独生子女人数404人，新增独生子女（至18周岁）父母奖励114人。全镇城乡居民养老保险参保人数1.42万人，参保率 99.9%；60 岁以上（含 60 岁）领取养老金人数 1.01 万人；城乡居民医疗保险参保人数 3.34 万人，参保率 99.9%；各项惠农政策全面落实。

乐亭镇党委书记 李卫东

乐亭镇政府镇长 侯树安

毛庄镇

【概　况】 毛庄镇位于县城东 1.5 千米，总面积 75.43 平方千米，耕地面积 5105.13 公顷，辖 39 个行政村，9707 户 31682 人。2017 年，镇党委、政府按照县委、县政府的安排部署，围绕全县中心工作，把项目建设作为牵动发展的“牛鼻子”，扎实有效地开展工作，实现工业经济稳中有进；加大农业产业结构调整力度，促进农业农村经济发展，美丽乡村建设、社会事业各项工作取得新突破。全镇实现地区生产总值 21.58 亿元，比上年增长 43.29%。其中，第一产业增加值 5.39 亿元，第二产业增加值 7.18 亿元，第三产业增加值 9.01 亿元。人均地区生产总值 67482 元。固定资产投资 14.12 亿元，为年计划的 88%。

【项目建设扎实推进】 2017 年，镇党委、政府以开展“重大产业支撑项目攻坚年”和招商引资“双百攻坚”行动为抓手，严格落实“一个项目、一位领导、一套班子、一抓到底”的分包责任制，在确保项目建设上下苦功、用真力、求实效。年内，续建项目 2 个、新开工项目 7 个，签约洽谈项目 12 个。

续建项目 2 个：投资 5 亿元、占地面积 6.67 公顷的唐山实宝来游乐设备生产加工项目，第一季度代表乐亭县参加全市项目观摩，取得第二名的成绩，被评为“唐山市十大文化产业项目”，11 月建成投产；投资 1.2 亿元的北京曙光药业乐亭分公司项目总体规划编制、地勘报告编制、厂区办公楼、生产厂房单体设计已完成，项目用地协调解决中。

新开工项目 7 个：投资 2280 万元、占地面积 0.25 公顷的唐山禾丰科技有限公司毛皮动物饲料生产线项目，位于毛庄村，12 月建成投产；投资 4500 万元、占地面积 0.51 公顷的乐亭县会港门窗高档节能门窗及幕墙生产项目，位于于家坨村，项目施工中；投资 5000 万元、占地面积 2 公顷的唐山实宝来游乐设备有限公司技改扩建项目，位于河北乐亭经济开发区，建筑面积 1.78 万平方米，项目建设中；投资 3500 万元、占地面积 0.67 公顷的唐山农语实业有限公司酱料生产项目，位于毛庄村，办公楼、厂房已建成，设备购置中；投资 1.4 亿元、占地面积 6.67 公顷的乐亭县奇伟果蔬专业合作社生态农庄项目，位于新村，项目建设中；投资 1256 万元、占地面积 0.33 公顷的唐山搏勒木业实木门及实木复合门生产线项目，位于毛庄村，已建成投产；投资 4580 万元、占地面积 0.67 公顷的唐山黎花实业发展有限公司年产 5 万吨钢结构项目，位于毛庄村，主要建设厂房、办公楼、宿舍、食堂及附属设施。

【现代农业稳步提升】 2017 年，毛庄镇全面加强农业基础设施建设，加强现代农业建设。全镇果菜生产面积 1855.33 公顷，主要品种以韭菜、甜瓜、黄瓜为主。建成以南坨、庞康庄、于家坨、黑坨等村为中心的甜瓜生产基地 800 公顷；建成庞张庄果蔬专业合作社、北常坨佳音果蔬专业合作社精品基地 133.33 公顷；建成以南常坨、北常坨、毛庄、吴庄等村为主 18 个村的温室果蔬生产面积 1200 公顷；建成以于家坨、黑坨、尹各庄等村为主的设施韭菜生产面积 533.33 公顷。全镇畜禽规模化养殖场 80 个，饲养总量约 30 万头（只），其中珍稀皮毛动物饲养量 16 万只；奶牛存栏 1750 头，猪存栏 5000 头，鸡存栏 13 万只。建成各类农民专业合作社 68 家，其中大荣大笤帚专业合作社省级示范社 1 家，佳音果蔬专业合作社、瑞尔农资、乐亭县雪卓果蔬专业合作社市级示范社 3 家，县级示范社 10 家。培育新型农业经营主体 30 家，其中“亿家安家庭农场”被省农业厅批准为省级示范家庭农场。成功注册“佳音”“雪卓”“二嫂”“亿家安”等绿色农产品商标。全镇实现农林牧渔业总产值 8.07 亿元，其中农业产值 7.12 亿元，林业产值 211 万元，牧业产值 9001 万元，农林牧渔服务业产值 290 万元。

【工商经济稳中有进】 2017 年，全镇有工业企业 27 家，其中制造业企业 10 家，服务业企业 8 家，其他企业 9 家，工业企业中规模以上企业 8 家。有商业门店 196 家，物流企业 17 家。新增唐山森绿清洁燃料有限责任公司、唐山黎花实业发展有限公司、乐亭县尚鼎服装制造有限公司、唐山搏勒木业有限公司、河北森绿家具制造有限公司科技型中小企业 5 家。培育唐山金土地食品有限公司、河北森绿家具制造有限公司和乐亭县会港门窗工程有限公司规模以上工业企业 3 家和唐山瑞赢劳务服务有限公司规模以上服务业企业 1 家。全年固定资产投资 14.12 亿元，为年计划的 88%。实现工商税收 192.38 万元，为年计划的 204.69%；物流税收 945.8 万元，为年计划的 107.48%；土地使用税 88.45 万元，为年计划的 226.8%。规模以上工业企业实现产值 4.35 亿元，为年计划的 108.8%。

【新农村建设】 2017 年，毛庄镇以“四美五改·美丽乡村”建设为抓手，深入实施美丽乡村绿化工程、沿河防护林绿化工程，全年造林面积 77.73 公顷。省级美丽乡村南庄坨村，清运垃圾 2154 立方米，栽植法桐、紫叶李等绿化树木 4000 余棵，修砌花墙 200 延长米，安装路灯 80 盏，改厕 21 座。持续加强农业基础设施建设，配合县国土局推进前黑王庄等 10 个村 1243.8 公顷、马神庙等 7 个村 1166.33 公顷高标准基本农田建设项目。完成南坨、夏康庄等 8 个村 70.67 公顷耕地占补平衡项目，并顺利通过省市验收。完成新村砖厂及新村、毛庄村 3 个坑塘 8.37 公顷及夏康庄砖厂 12.93 公顷占补平衡项目。以青乐公路及前庞河、庞张庄、毛庄、公官营南、公官营北 5 个村为试点推行农村环境卫生市场化运作模式，实现了全天候保洁。推进集中整治“双违”（违法占地、违法建设）行动，拆除“一区三边”违法建设 76 户 1.28 万平方米，完成违法占地“清零”16 宗。加快乐亭县洲绿生态能源有限公司沼气入户工程建设步伐，一期工程已全部完工，新村、夏康庄、公官营南、公官营北 4 个村已正式通气；二期工程毛庄、小米庄子南、小米庄子北 3 个村 1000 户已安装完成。

【社会事业和谐发展】 2017 年，镇党委、政府围绕县委、县政府“十大实事”工程，抓实抓牢民生改善，让群众享有更多的幸福感和获得感。全镇有独立幼儿园 1 所，在园幼儿 74 人，幼教职工 10 人；有小学 7 所，初中 1 所，在校学生 831 人，教职工 168 人。有卫生院（所）3 所，医护人员 42 人；有村卫生室 36 个，村医 39 人。全镇城乡居民养老保险参保人数 2.8 万人。完成全镇“三项补贴”（农作物良种补贴、种粮农民直接补贴、农资综合补贴）申报面积 4143.27 公顷，补贴金额 543.37 万元。全镇享受农村低保待遇的 238 户，享受高龄津贴的 924 人，享受残疾人护理补贴的 656 人、生活补贴的 113 人，完成建档立卡贫困户 23 户 34 人，优抚对象定期定量补助 166 人。投资 4.5 万元完成 15 户特困户、低保户、孤寡老人危房改造。

为全镇各村配发图书 7000 余册，组织群众积极参加县内各项文体活动。11 月，吴庄门球队在参加市门球交流活动中，被市老年体育协会授予“优胜奖”。组织镇村干部开展“中国梦·乐亭篇章”百姓故事汇宣讲、“升国旗、唱国歌，祖国在我心中”“嘉言善行、文明乐亭”“喜迎十九大、助力文明县城”等主题活动，全镇文明氛围提升。以党的十九大、社会主义核心价值观、中国传统文化为主题，在青乐公路两侧绘制文化墙 80 余平方米，在何官营、公官营南 2 个村建立乡风文明示范街，何官营村被省委、省政府和中央精神文明建设委员会授予“河北省文明村”和“全国文明村”称号。

组织全镇 1600 余名妇女参加安康保险，397 户计生家庭参加意外伤害保险。为 34 户失独家庭、132 对新婚未孕夫妇和符合二胎生育条件的一孩夫妇、1419 名育龄妇女进行免费查体。年内发放符合条件的计划生育家庭奖励扶助、独生子女一次性奖励、特殊家庭救助 452 人 44.69 万元。

扎实做好大气污染防治工作，全年拆除燃煤锅炉 2 台，限产涉污企业 5 家，治理“散乱污”企业 14 家，其中整改提升 3 家、“两断三清”（断水、断电，清原料、清设备、清场地）11 家。

【大笤帚加工特色产业稳定发展】 2017 年，全镇有大笤帚加工专业合作社 3 个，大型加工企业4家，加工基地30余个，辐射带动后黑王庄、后营、北常坨、街上等周边村20多个，从业人员近6000人。全镇年产大笤帚1200万把，出口720万把，年产值3100万元，出口创汇200万美元，助农增收610万元。

毛庄镇党委书记 史　宁（6月免）
吴振廷（6月任）
毛庄镇政府镇长 吴振廷（6月免）
程　刚（6月任）

汤家河镇

【概　况】 汤家河镇位于县域东南部，镇辖35个行政村，8094户24980人，总面积82.28平方千米，耕地面积3961.13公顷。2017年，汤家河镇以建设沿海强县、美丽乐亭，在全省增比进位、在全国争创百强为目标，深入贯彻落实“123348”战略，统筹推进重大产业项目攻坚、物流税收、民生发展、和谐稳定等工作再上新台阶。全镇实现地区生产总值21.44亿元，比上年增长10.7%。其中，第一产业增加值8.04亿元，第二产业增加值3.12亿元，第三产业增加值10.28亿元。全社会固定资产投资19.4亿元，为年计划的100.7%。人均地区生产总值8.56万元。

【项目建设提升】 2017年，汤家河镇谋划实施规模项目28个，其中续建项目1个，新开工项目14个，洽谈及签约项目13个。

续建项目1个：投资10亿元、占地面积18.67公顷的唐山炳旭实业有限公司专用工程机械底盘制造项目，位于河北乐亭经济开发区，办公楼装修完成，铸造车间基本完工，部分设备到位，机加工车间正在安装屋面板。

新开工项目14个：投资15.2亿元、占地面积33.33公顷的北京环卫集团环卫装备乐亭有限公司年产1.5万辆环卫专用车项目，位于河北乐亭经济开发区，车间钢构主体施工、设备基础浇筑、地面浇筑及屋面彩板铺设已完成，设备安装进行中，办公区主体施工及二次结构砌筑已完成，水暖电及通风消防设施安装同步进行；投资1.7亿元、占地面积2.33公顷的唐山旭阳化工有限公司年产4万吨工业萘制苯酐项目，位于河北乐亭经济开发区，在建设中；投资27亿元、占地面积66.67公顷的云南祥云飞龙再生资源利用项目，位于河北乐亭经济开发区，试桩完成，其他辅助施工在进行中；投资10.17亿元、占地面积17.33公顷的唐山市榕泽钢材加工有限公司金属表面处理制品项目，位于河北乐亭经济开发区，临时用电、场地平整完成；投资1亿元、流转土地面积33.33公顷的乐亭县锦达果蔬专业合作社果蔬种植及采摘观光项目，位于汤家河镇杨家庄村，日光温室、钢塑温室大棚主体结构在建设中；投资7000万元、流转土地面积13.33公顷的乐亭县永光果蔬专业合作社蔬菜种植项目，位于汤家河镇甘草坨村，已进场施工；投资6100万元的唐山中厚板材有限公司污染深度治理技改项目，在建设中；投资1.84亿元的河北钢铁集团股份有限公司唐山分公司煤气综合配送中心项目、投资1.2亿元的河北钢铁集团唐山钢铁股份有限公司惠唐乐港金属科技分公司铁道垫板项目、投资1.2亿元的河北雷刚农业开发有限公司瓜果蔬菜种植项目、投资1.25亿元的哈斯科（唐山）冶金材料有限公司乐亭分公司技术改造项目、投资4800万元的乐亭县重症残疾人托养中心改造工程、投资1000万元的唐山农商银行建设乐亭农商行分支机构项目、投资2000万元的北京环卫集团环卫装备乐亭有限公司土地平整项目，均完工投产。

【现代农业发展】 2017年，汤家河镇以特色优势农业产业基地为依托，优化生产结构和区域布局，大力发展高产、优质、高效、安全农业，巩固农民增收基础。因地制宜调整优化种植结构，发展高效优质农业，鼓励扶持新庄、孟庄、裴庄、南张各庄等葡萄种植大村引进新品种、新技术，新上裸植葡萄种植面积66.67公顷，逐渐形成规模效益。推动土地流转，大力发展设施农业。杨家庄村流转土地面积20公顷，引进黄毛桃、中桃九、油潘、中油十九等新品种，形成设施油桃种植示范区。后坨、小黑坨、钟庄、瑶各庄等6个村新发展棚室果菜20公顷。培育发展新型农业经营主体，新增林业大户1家，农机大户1家，种植业大户2家。实施农田水利基础设施建设，疏浚苏家铺至老米沟河道3000米；疏浚周河排水干渠1000米，其他四级排水渠5000米，并对排查出的隐患及时处理。完成镇域范围内通电机井复核工作，为灌溉机井通电做好准备。在马城廒村新打深水井8眼，铺设管道4140米。马城廒村、大杨庄村土地治理项目已竣工。加快农业转型升级，提升农业产业化水平，乐亭县雷刚果树专业合作社完成省级葡萄名牌申报工作；完成雷刚现代农业产业园区建设。通过农产品生产与加工、设施（温室、大棚）栽培技术的推广等农业高新科技示范项目的实施，逐步形成生产与加工紧密结合型生产模式。园区的沟、渠、路建设逐步完善，网络化通信设施实现与外界信息的双向交流。乐亭县雷刚果树专业合作社被授予国家级农民合作社示范社、市级农业产业化重点龙头企业，“雷刚”牌红嘎啦苹果获京津冀果王争霸赛银奖、澳洲青苹苹果获“果王”称号、红将军苹果获京津冀果王争霸赛银奖，镇域果品知名度得到提高。全镇实现农林牧渔业总产值11.73亿元，比上年增长3.8%。其中，农业产值4.14亿元，林业产值398万元，牧业产值1.44亿元，渔业产值6.05亿元，农林牧渔服务业产值649万元。

【工商经济提速】 2017年，汤家河镇有工业企业24家，其中制造企业12家，食品加工企业5家，矿产加工企业2家，其他企业5家。工业企业中投资5000万元以上规模企业3家。注册乐亭环太国际贸易有限公司、唐山霖烁实业有限公司等商贸公司7家，注册唐山林腾货物运输等货运公司5家。全镇有农村集贸市场1个，商业门店270个，有物流企业（门店）20家，实现物流税收1769.7万元，为年计划的201.1%；工商税收370.9万元，为年计划的197.3%；全社会固定资产投资19.4亿元，为年计划的100.7%，其中工业固定资产投资15.54亿元，为年计划的110.2%；实现民营经济增加值15.9亿元，为年计划的100.1%。

【农村面貌改造提升】 2017年，汤家河镇在开展农村环境整治的基础上，注重完善农村基础设施建设，巩固“四清四化”成果，全面实现农村面貌改造提升。年内翻修乡道大盐（大黑坨—原盐场）公路（西曾公路至沿海公路段）5400米、汤胡（汤家河—胡家坨）公路5200米。翻修后刘庄村至南张各庄村村路1800米、裴庄村至史庄村村路1970米。新修甘草坨村530米、泥滩村400米、薛庄村450米、湖林田庄村300米水泥路4条。钟庄村改建高标准卫生厕所13座。拓宽玉米秸秆转化利用途径，与唐山森绿公司结合安排专业设备进行有偿回收压块，推广秸秆综合利用，打捆秸秆面积200公顷，为大气环境治理奠定了基础。在全镇范围内栽植金叶榆、国槐、白蜡等树苗3万余株，重点对钟庄、瑶各庄、汤家河、南翠坨、小黑坨、大杨庄等14个村进行绿化。全镇新增绿化面积75.41公顷，完成县达任务的106.7%。

【社会事业进步】 全镇有独立幼儿园2所，在园幼儿290人，幼教职工30人。小学5所，初中2所，教职工172人，在校生1294人。有卫生院（所）2所，医护人员35人，村村建有卫生室，有村医35人。村村建有文化活动室，镇、村两级文化广场全部建成，实现村级全覆盖。镇文化综合服务中心积极做好图书馆的建设工作，现有借阅场地30平方米，电脑、书架、阅览桌椅齐全，网络及宽带连接通畅，藏书1000多册，并配有专业图书管理人员，为全镇综合文化站免费开放打下基础。严格落实低保评定标准，全镇评定低保人员150人，其中城镇低保人员4人；全镇新型农村养老保险参保人数1.68万人，城乡居民医疗保险参保人数2.13万人，新型农村养老保险、城乡居民医疗保险实现全覆盖。年内，全镇60岁以上领取养老保险金人数6694人。

汤家河镇党委书记　王文强（1月任）
汤家河镇政府镇长　王文强（1月免）
缺　职
李震生（8月任）

胡家坨镇

【概　况】 胡家坨镇位于县域东部，辖24个行政村，6815户20758人，总面积50.96平方千米，耕地面积3052.93公顷。大黑坨村是中国共产党主要创始人之一李大钊的诞生地。2017年，镇党委、政府以打造“特色产业强镇、红色旅游名镇、生态宜居美镇”为目标，围绕“弘扬大钊精神、传承革命遗志、建设大钊故乡”主线，争创“全国红色特色小镇”“省级文明乡镇”两大品牌，建设“绿色果蔬基地”“万亩鲜桃基地”“农业生态休闲+红色旅游基地”三大基地，实施农业立镇、商贸兴镇、旅游活镇、民生安镇四大战略，带领全镇人民攻坚克难，镇域经济持续健康发展。全年实现地区生产总值21.09亿元，比上年增长8.26%。其中，第一产业增加值4.81亿元，比上年增长1.69%；第二产业增加值4.14亿元，比上年增长10.7%；第三产业增加值12.14亿元，比上年增长10.26%。人均地区生产总值101445元。固定资产投资13.92亿元，为年计划的100.5%。年内，大黑坨村被省妇联、省旅游委、省扶贫办评为“2016年度河北省巾帼乡村旅游点”（2017年5月颁发牌匾），胡家坨镇卫生院被国家卫计委评为“2016—2017年度群众最满意的乡镇卫生院”（全县唯一），港东村被省委、省政府评为“2016年度河北省文明村”。

【重点项目建设加快推进】 镇党委、政府带领全镇人民主动适应经济发展新常态，抓住京津冀一体化和北京周边县区产业转移的契机，通过驻地招商、对接乡镇招商、以商招商等形式，自我加压、克难奋进、主动作为，强力推进项目建设，促进全镇经济社会稳定增长。全年实施项目5个，其中续建项目1个，新开工项目2个，签约项目2个。

续建项目1个：投资1.5亿元、占地面积3.07公顷的河北清越电器设备有限公司年产8000套高低压集成配电设备项目，位于河北乐亭经济开发区，已完工。

新开工项目2个：投资7562万元、占地面积1.67公顷的河北瑞冠精细化工有限公司年产4万吨水性涂料助剂项目，位于河北乐亭经济开发区，办公楼、厂房、库房罐区基础完成；投资1.12亿元、占地面积2.67公顷的乐亭航天万源新能源科技有限公司年产1万吨锂离子电池电解液项目，设计图纸完成，场内施工道路铺设完工。

【现代农业提质】 2017年，全镇有新型农业经营主体31家，年内新增专业合作社1家、家庭农场2家、种植大户2家。乐亭县金畅现代农业示范园区获批市级现代农业产业园区，新增保护地栽培面积73.33公顷，其中棚室瓜菜面积40公顷，小棚韭菜面积33.33公顷；发展果树面积60.33公顷。重点抓好农业基础设施建设，对200眼未通电水井实施电改工程建设，年内全镇水井电改任务基本完成。完成东走马浮、港东、东黄口村农田地下管道建设，东走马浮、港东、杜小口、富各庄、园孙马庄、南寨、蛤蜊查、署里、木四、于家寨10个行政村完成高标准农田建设1250公顷。超额完成县达春季绿化任务，全镇植树面积98.1公顷，其中村庄绿化面积9公顷、防护林带面积24.27公顷，沙地绿化面积25.1公顷，农田林网面积8公顷，经济林面积31.73公顷。全镇实现农林牧渔业总产值5.35亿元，其中农业产值4.25亿元，林业产值168万元，牧业产值1.06亿元，农林牧渔服务业产值260万元。

【工商经济发展】 2017年，胡家坨镇围绕“农业增效、农民增收、财政增资”目标，全面实施发展带动战略，优化产业布局，培育主导产业，初步形成工、粮、果、畜、菜五大支柱产业，镇域经济实力不断增强。全镇工业企业8家，其中机械制造企业1家，工业品制造企业1家，其他企业6家。有商业门店877家，物流企业5家。年内新增规模以上服务业企业2家，科技型中小企业3家。实现规模以上工业总产值1.75亿元，为年计划的174.69%；规模以上工业利税870万元，为年计划的124.29%；工商税收71.29万元，为年计划的178.23%；土地使用税收51.11万元，为年计划的212.96%。

【农村面貌持续改善】 2017年，胡家坨镇着力推进美丽乡村建设，坚持建管并重原则，建立健全长效管理机制，形成“政府引导、社会参与、群众支持”共建美丽乡村的良好氛围。打造“串点成线、连线成片、拓片成面”格局，重点建设美丽乡村示范点、串联道路景观带和示范片区特色品牌，做到点有精品、线有美景、片有特色，重点推进将军坨、胡家坨、北黄口、西黄口、大黑坨等公路沿线村庄的主干道两侧景观提升工程，投资40万元打造与大钊故居青砖黛瓦风格一致的沿线村庄仿古街，建成镇区花园1座，建设通往大钊故居的精品旅游线路1条。精心实施东黄口村、港东村美丽乡村建设，投资108万元为东黄口村修路4000米，投资9万元安装路灯35盏，投资1万元完成村内高标准绿化，投资3.8万元建成石板墙430米；投资6万元为港东村拓宽水泥路面1200米，投资17.55万元安装路灯65盏，投资1万元完成村内高标准绿化。

全力开展农村环境卫生整治行动，动用铲车、抓车、小型运输车辆100多台次，清除柴草、垃圾、粪土、建筑废墟3万多立方米，改造青乐公路等干线公路沿线三角地、各村村内闲置坑塘、垃圾坑20多处，栽植了花草、树木，各村主副街道绿化美化率80%以上。全年开展卫生拉练5次，开展卫生评比活动2次，公示评比结果，促进形成上下协调作战、齐抓共管的良好氛围，农村环境卫生得到改善。开展集中整治“一区三边”违章建设专项行动，排查出违章建筑23处，通过采取宣传发动、下达限期拆除通知书、协助拆除或强制拆除等措施，年内拆除违章建筑2551.9平方米，完成率100%。

做好大气污染防治工作，成立镇大气污染治理工作领导小组，按照“属地管理、分级负责、无缝对接、全面覆盖、责任到人”的原则，由镇大气污染治理领导小组统一指导，以村委会为责任主体，建立并运行网格化大气污染治理监管体系，明确责任单位和具体责任人。镇村签订垃圾清理、秸秆禁烧协议，成立巡防小组，通过广播、发放明白纸、悬挂横幅标语、设置警示牌等方式使禁烧工作家喻户晓。同时，科学编制秸秆利用规划、实施节能减排措施，秸秆粉碎归田、秸秆压块等减少大气污染的方法逐步被群众认可。加大镇域内燃煤锅炉的改造力度，对纳入统计范围的15台锅炉实施改造7台，拆除8台；对未纳入统计范围的5台锅炉实施强制拆除。年内，镇域内经营性燃煤锅炉全部完成改造更新。

【社会事业发展】 2017年，全镇有学校5所，其中独立幼儿园1所，在园幼儿178名，幼教职工16名；小学3所，初中1所，在校中小学生987名，中小学教职工128名。有卫生院（所）1所，医护人员28名；村卫生室21个，村医23名。完成90户105名低保对象的核查工作，建档立卡16户25人。全镇城乡居民社会养老保险参保缴费人数8085人，参保率100%；符合领取养老保险金资格人数5715人，领取养老保险金资格认证率100%。城乡居民医疗保险参保人数1.8万人，参保率100%。实施国家免费孕前优生健康检查项目，做好项目服务工作，免费孕前检查124对。完成计划生育意外保险118份，保险金额1.18万元；女性安康保险115份，保险金额4600元。举办计划生育培训、宣传32场，参加人数3750人次，发放宣传材料7224份。

加强文化队伍和村级文化阵地建设，举办胡家坨镇第六届迎新春擂鼓比赛，全镇18支农村擂鼓队参赛。开展乐亭大鼓、乐亭皮影、广场舞等文艺展演活动，为新农村建设营造良好氛围。加强“农家书屋”建设，年内配发图书3744册，新建木二村、富各庄村文化广场2个。

胡家坨镇党委书记 王艳红
胡家坨镇政府镇长 张　琰

阎各庄镇

【概　况】 阎各庄镇位于县域西南部，总面积68.19平方千米，耕地面积4143.73公顷，辖41个行政村，11978户34226人。2017年，镇党委、政府按照县第十三次党代会、县委十三届二次全会精神，抢抓京津冀协同发展历史机遇，适应经济发展新常态，全力实施“123348”发展战略，理性谋发展，激情干事业，以招商引资上项目为中心，夯实农业的基础地位，不断增强经济综合实力，推进特色小城镇建设进程，经济社会各项事业健康发展。实现地区生产总值23.05亿元，比上年增长2.99%。其中，第一产业增加值9.69亿元，比上年增长0.41%；第二产业增加值4.89亿元，比上年增长14.52%；第三产业增加值8.47亿元，比上年增长0.12%。人均地区生产总值66951元。固定资产投资5.84亿元，为年计划的63.5%。

【项目建设扎实推进】 2017年，阎各庄镇党委、政府凝心聚力，克难攻关，不断加大招商引资力度，扎实推进项目建设再上新台阶。全年新开工固定资产投资1000万元以上项目6个：投资9135.58万元的河北禾日精细化工有限公司年产5万吨水性涂料助剂项目，位于河北乐亭经济开发区，地基建设完工；投资4875.34万元的乐亭县鑫宝无纺布厂年产5000吨无纺布项目，位于阎各庄村、平大公路东侧，已建成投产；投资1200万元的唐山瑞诺机械制造有限公司机械加工制造项目，位于县城区工业聚集区，已建成投产；投资1200万元的乐亭县阎各庄兴农大棚保温被厂年产100万平方米大棚保温被项目，位于阎各庄村，已建成投产；投资2376万元的乐亭县杨家埝昊天旅游服务有限公司乡村旅游观光项目，位于杨家埝村，垂钓园、展览馆已完成；投资2.2亿元的唐山裕宁实业有限公司年产36万吨光伏与电力支架项目，位于河北乐亭经济开发区，2条生产线建设完成，试生产中。

【现代农业发展】 2017年，阎各庄镇全面加强农业基础设施建设，完成车门、张石埝、阎各庄、大家坨等12个村1400公顷农田节水灌溉项目建设任务；争取到县国土局3个万亩高标准农田建设项目，已完成左庄、芦河等5个村627.6公顷的建设任务；对常郗铺、姬杨铺、国仙院333.33公顷土地进行了农业基础设施改造工作；争取到2018年地下水超采地区200公顷农田管道安装指标，年内协调唐山鸿图水利工程设计有限公司为周家铺、艾庄、六庄上3个村完成实际测量和图纸设计工作。全力推进农业产业结构调整，重点建设占地面积1000公顷的乐亭县平顺现代农业园区，并引导国仙院村重建83个高标准日光温室，建设目标为培育全县现代农业示范样板区和先进科技转化应用展示区。培育新型农村合作组织4家。鸿乐门家庭农场国仙院生态农业示范园项目和如飞观光农业种植园项目的可行性报告已报送，进入论证阶段。协调县财政局、县行政审批局等相关部门，全力推进阎各庄镇辖区沿海高速公路、唐港高速公路、平大公路两侧144.34公顷的绿化林带经营权转让拍卖工作。全镇实现农林牧渔业总产值7.07亿元，其中农业产值3.36亿元，林业产值146万元，牧业产值3.6亿元，渔业产值66万元，农林牧渔服务业产值943万元。

【工商经济发展】 2017年，全镇有工业企业17家，其中制造业企业14家，食品加工企业3家。有商业网点119个，集贸市场1个，物流企业36家。全年实现工业总产值2.53亿元，比上年增长15.99%。其中，规模以上工业产值2.85亿元，为年计划的129.4%。实现利税2873万元，为年计划的164.2%；实现工商税收201.08万元，为年计划的178.15%；物流税收1062万元，为年计划的120.68%；土地使用税收56万元，为年计划的200%；新上工业企业实现利税215万元，为年计划的107.5%。

【农村面貌改造提升】 2017年，阎各庄镇加强农村环境整治，持续推进农村面貌改造提升。建成杨家埝、宁庄、后炕各庄、刘马庄等村连片共建农村面貌改造提升示范区。健全长效卫生养护机制，对镇村保洁员实行绩效管理，实现镇村环境卫生管理规范化，确保全镇农村环境卫生水平高位运行。加大资金投入力度，不断提升全镇美丽乡村建设水平。在全县集中整治“一区三边”违法建设专项行动中，镇域内乐北公路两侧违建户40户4137平方米全部拆除，拆除率100%。新建周滩—新寨、周家铺村北、窝坨—车门沥青路10千米。

【社会事业进步】 2017年，全镇有学校10所，其中独立幼儿园2所，在园幼儿420人，幼教职工35人；有小学7所，初中1所，在校中小学生1818人，中小学教职工160人。有卫生院1所，医护人员40人；有村卫生室32个，村医41人。全年申报一事一议项目村9个，其中美丽乡村4个，一般村5个，涉及绿化、路面硬化等项目7个，获上级财政奖补资金68万元。成功为东刘庄村日光温室项目申报省级扶持村级集体经济资金100万元，项目招投标已完成。完成26个村2896.67公顷的土地确权工作，已完成合同签字的16个村。翻建维修危房41户，其中原址翻建16户，修缮加固25户。发放2016年危房改造补助资金 80 余万元。全镇农村剩余劳动力转移就业新增 283 人，为年计划的 108%；新增城镇就业 393 人，为年计划的 131%；全镇城乡居民养老保险参保人数 1.22 万人，参保率 98.6%。完成城乡居民医疗保险缴费工作，参保 2.9 万人。全镇审核确定城乡低保 244 户 296 人，发放低保金 7.29 万元；为 400 名农村 60 周岁退役士兵、357 名烈士子女、214 名重点优抚对象、1069 名高龄老人和 137 名残疾人落实优抚补贴救助；确定 15 户 28 人为建档立卡对象。免费为已婚育龄妇女体检，体检率 91%，孕前优生健康检查率 87.8%。完成县达农村改厕任务 200 座，完成率 100%。完成百善学校二期工程建设。阎各庄小学、张石埝小学代表县通过省教育工作督导评估验收。设立综治维稳、司法矫正、矛盾调处三室合一的综合大厅，构建“一站式接待、一条龙办理、一揽子解决”的联合接访新模式，为上访群众提供全面快捷服务。完成治理 VOCs 排放企业 2 家，综合治理“散乱污”企业 6 家（关停取缔 5 家，转型升级 1 家）。制定网格化监管方案及工作职责，建立和完善镇、村两级环境保护监管网格化管理体系。

【特色小城镇建设】 2017 年，阎各庄镇在 2016 年 7 月被省住建厅等部门确定为重点培育的 100 个特色小城镇之后，科学确定自身规划定位，依托区位条件、资源禀赋、产业特点，坚持以业兴镇，加快产业集聚，辐射拉动周边村发展，打造具有明确产业定位、文化内涵、旅游业态和社区功能的发展空间平台，实现快速崛起。全面推进特色小城镇建设，启动住宅开发建设项目，省级中心村项目——小石庄中心社区（富鑫家园）项目已委托唐山原创建筑设计咨询有限公司完成规划设计方案，拟由唐山隆泰房地产开发有限公司承建，预计 2019 年底完工。实施基础设施建设，投资 12 万元硬化小石庄中心社区（富鑫家园）路面面积 1480 平方米，投资 7 万元修建供水管道 370 米，投资 33 万元修建排水管道 740 米，组织养护队伍对镇域所属道路进行养护。投资 100 万元新修兴旺路，投资 250 万元建成夕阳红雅轩公寓。

阎各庄镇党委书记　徐少坚（6 月免）
李华清（6 月任）
阎各庄镇政府镇长　李华清（6 月免）
贺晓亮（6 月任）

马头营镇

【概　况】 马头营镇位于县境西南部，总面积 106.46 平方千米（含金海水产养殖公司等），耕地面积 4580.07 公顷。2017 年，镇辖 27 个行政村，8315 户 23456 人。年内坚持以招商引资、项目建设为核心，抢抓京津冀协同发展机遇，加快推进农业现代化工作，加速新农村建设步伐，奋力开创各项事业全面进步的新局面。实现地区生产总值 11.75 亿元，比上年增长 15.42%。其中，第一产业增加值 4.04 亿元，比上年下降 1.46%；第二产业增加值 4.56 亿元，比上年增长 42.07%；第三产业增加值 3.15 亿元，比上年增长 9.76%。人均地区生产总值 50829 元。固定资产投资 15.86 亿元，为年计划的 90.4%，比上年增长 17.57%。

【项目建设扎实推进】 2017 年，马头营镇扎实开展“重大产业支撑项目攻坚年”行动，对接京津产业转移项目，先后派出 3 名专业干部驻点招商，实施精准洽谈，加快项目落地。年内新开工项目 7 个，涉及总投资 3.8 亿元。投资 1430 万元、占地面积 3 公顷的乐亭县易港洗煤有限公司料场封闭及环保设施升级改造项目，位于马头营物流园区，已完工；投资 1720 万元的唐山石勇机械设备制造有限公司环保设施升级改造项目，位于河北乐亭经济开发区，已完工；投资 7562 万元、占地面积 1.7 公顷的唐山市宝辰化学科技有限公司年产 4 万吨水性涂料助剂项目，位于河北乐亭经济开发区，已完工；投资 5122 万元、占地面积 1.3 公顷的乐亭县东信再生物资回收有限公司年产 20 万吨塑料颗粒项目，位于河北乐亭经济开发区，已完工；投资 1600 万元的唐山市德龙钢铁有限公司 1 号、2 号高炉炉前出铁场烟气除尘项目，位于唐山市德龙钢铁有限公司院内，已完工；投资 8829 万元、占地面积 267 公顷的乐亭县昊大农业发展有限公司休闲渔业及观光采摘项目，位于马头营镇尹庄子村，已完工；

投资1.1亿元、占地面积2.7公顷的唐山石勇机械设备制造有限公司机械配件研发加工项目，位于河北乐亭经济开发区，已完工。

【现代农业发展】 2017年，马头营镇土地确权颁证工作稳步推进，已完成25个行政村的外测任务，为年计划的93%；外测土地面积4133.29公顷，为年计划的91%；已公示村22个，为年计划的81.5%；完善合同村1个。配合县国土资源局完成4个行政村761.33公顷高标准基本农田建设项目。完成黄坨、湾坨等8个村45.18公顷耕地占补平衡项目。乐亭县昊大农业产业园被评为市农业产业化重点龙头企业，硬件设施日臻完善。结合民俗、民宿，八里桥旅游餐饮服务项目开工建设。引进轮选“987”、河农“6049”2个冬小麦新品种进行推广种植，涉及全镇1642户，推广面积427.4公顷。开展清理整治海洋涉渔“三无”船舶专项行动，填表登记“三无”船舶105艘。引进睿禾农业科技发展有限公司和全国最大的农用无人机生产企业极飞农用航空科技有限公司，组建农田监测网络、建成智能无人机植保项目。年末，全镇实现农林牧渔业总产值5.62亿元，其中农业产值2.59亿元，林业产值192万元，畜牧业产值9256万元，渔业产值2.08亿元，农林牧渔服务业产值90万元。

【工商经济发展】 2017年，马头营镇有工业企业25家，其中制造业企业15家，食品加工业企业4家，其他类型企业6家。有商业网点140个，集贸市场1个，物流企业47家。年内，新增规模以上工业企业3家，新增规模以上服务业企业2家，新增科技型中小企业4家；全镇实现规模以上工业产值1.65亿元，为年计划的206%；实现规模以上工业利税697万元，为年计划的127%。实现民营经济营业收入43.88亿元，为年计划的115%；民营经济增加值12.96亿元，为年计划的105%。实现物流税收1088万元，为年计划的124%；工商税收171万元，为年计划的194%；土地使用税收174万元，为年计划的457%。完成工业固定资产投资8.92亿元，完成技改投资8.92亿元。物流园区实现销售收入7.4亿元，税收140万元。

【新农村建设】 2017年，马头营镇危房改造指标24户，至年底已全部落实到户。建立市场化保洁机制，把环境卫生治理推向市场，有26个村与保洁公司签订卫生承包协议，由保洁公司成立专业的保洁清运队伍，经初步分选后将生活垃圾集中运往垃圾处理站处理，使各村环境卫生规范化、常态化，村内环境卫生保持清洁。开展“一区三边”违法建设专项治理行动，经排查全镇有违法建筑面积1734.4平方米，年底前已全部拆除。加大绿化、美化、亮化、硬化工作力度，栽植树木1.3万株，安装路灯360余盏，投资200万元对部分村内道路进行硬化，新建村民活动广场3个2400余平方米。推广洁净型煤采暖新举措，12个行政村的159户订购洁净型煤106.8吨。壮大村集体经济，南赵庄子村流转土地5.33公顷用于树苗繁育，东南庄子村转变土地流转方式为村集体增加收入17万元。

【社会事业进步】 2017年，马头营镇有学校6所，其中独立幼儿园2所，在园幼儿309人，幼教职工19人；小学3所，初中1所，在校学生570人，教职工65人。有卫生院（所）1所，医护人员20人；有村卫生室24个，村医25人。新注册文化社团5个，开展群众文体活动100余场，民间艺术团体积极参加市、县级比赛。完成城乡居民养老保险、医疗保险、“三项补贴”发放、“三员”补贴申报等各项社会保障工作，全镇城乡居民社会养老保险参保缴费人数2.16万人，参保率97%，符合领取养老金资格的人数5884人；城乡居民医疗保险参保缴费人数2.06万人，参保率91.4%；全镇有农村低保户205户271人，每人每年最低生活保障金3912元；城镇低保户3户5人，每人每月最低生活保障金550元；有特困供养人员（原“五保”供养人员）89户，其中分散供养人员每人每年5600元；为307名优抚对象发放抚恤金74.2万元，为721名80周岁以上老人发放高龄补贴28.5万元；发放重度残疾人生活补贴92人6.07万元，困难残疾人生活补贴394人23.4万元。强化就业再就业服务，举办免费创业培训4次，培训人员350人次，帮助 80 余人成功实现创业就业。

【环保力度加强】 2017 年，马头营镇成立环境保护网格化管理工作领导小组，按照“属地管理、分级负责、无缝对接、全面覆盖、责任到人”的原则，在全镇 27 个行政村建立并实施“横向到边、纵向到底”的网络化环境监管体系。严格按照县大气污染防治“1+13”工作方案要求，做好大气污染防治各项工作，取缔“散乱污”企业 3 家，完成 3 家燃煤锅炉除尘器、脱硫设备安装及环保不达标燃煤锅炉淘汰拆除工作；秸秆禁烧、纳污坑塘整治工作高标准完成，在中央、省、市环保督察组检查验收中得到肯定；落实企业错峰生产制度，加强重污染天气应对；加大秸秆综合利用工作力度，推进秸秆肥料化、饲料化、原料化进程，推广机械化低茬收割、废碎还田、深耕深松等耕作技术，从根本上防止秸秆焚烧问题；建立河长制度，将辖区内的 3 条河流按区域划分成 20 段，由区域内的村干部任本段的河长，实现了河流落实到村、责任到人的分级管理。

【引进生活垃圾源头无害化处理系统】 2017 年，马头营镇针对农村垃圾乱堆乱放、蚊虫滋生、污水废液得不到有效处理的突出问题，与湖南中元世联环保科技有限公司合作，投资 100 万元引进农村生活垃圾源头无害化处理系统 1 套。该系统采用蓄热式无烟直排低温热解技术，以蓄热材料存储热能与生活垃圾进行热能交换，促使生活垃圾有机物低温热解，且具备系统体积小、垃圾减量化大于 95%、便于安装操作、运行成本低廉等优势。至年底，位于马头营村南原垃圾场的两台设备已投入运转，每台设备日处理生活垃圾 1.5 ~ 2.5 吨，覆盖人群 4000 ~ 8000 人。

马头营镇党委书记　刘向东
马头营镇政府镇长　张永胜（8 月免）
李兴国（8 月任）

新寨镇

【概　况】 新寨镇位于县域西南部，总面积 39.79 平方千米，辖 27 个行政村（35 个自然村），8389 户 24600 人，耕地面积 2210.33 公顷。2017 年，镇党委、政府带领全镇人民深入贯彻“123348”战略，认真落实“四个干”工作机制，坚持以“新思路、新格局、新举措、新突破”为统领，先后开展了“奋战三四五，功过讲清楚”“招商引资百日攻坚”“决战八九十，功过一把尺”“喜迎十九大，全力保稳定”等活动，开创了经济社会发展的新局面。年内，实现地区生产总值 11.98 亿元，比上年增长 1.01%，其中第一产业增加值 4.05 亿元，第二产业增加值 1.3 亿元，第三产业增加值 6.63 亿元。人均地区生产总值 48413 元。固定资产投资 12.15 亿元，为年计划的 100%，比上年增长 29.26%。

【项目建设扎实推进】 2017 年，新寨镇贯彻落实县“重大产业支撑项目攻坚年”活动安排，加大对外招商力度，先后与北京市昌平区、大兴区、房山区、通州区经济部门联系对接，成功与北京市昌平区沙河镇建立战略合作伙伴关系，沙河镇外迁高科技项目经推介落户乐亭。年内，赴京津地区招商引资 12 次，累计接待意向企业 16 批次 37 家。

新开工项目 6 个，其中亿元以上项目 2 个：投资 3.05 亿元、占地面积 7.53 公顷的北京京东科技（乐亭）有限公司年产 3.5 万套医疗器械易地整体搬迁项目，位于河北乐亭经济开发区，6 月开工，年底完成用电架线、院墙围建、4 栋厂房开槽、车间钢结构施工；投资 1.25 亿元、占地面积 3.33 公顷的河北博拓科技有限公司工程机械配件制造加工项目，位于河北乐亭经济开发区，土地、环评手续办结。千万元以上项目 4 个：投资 1350 万元、占地面积 0.33 公顷的瓜果网套生产线项目，位于新寨二村，已投入生产；投资 1550 万元、占地面积 0.33 公顷的彩钢瓦生产线项目，位于杨常各庄村，试生产中；投资 1280 万元、占地面积 46 公顷的绿化树苗培育项目，位于境内沿海高速公路两侧，已完工；投资 1210 万元、占地面积 20.67 公顷的有机蔬菜种植项目，位于杜家坞村，已完工。

续建项目 2 个：投资 3600 万元、占地面积 3 公顷的国家粮食储备库项目，位于新寨二村，3 月投入使用；投资 6500 万元、占地面积 1.29

公顷的六和馨美滋肉鸡加工及冷藏扩建项目，位于县城区工业聚集区，4月投入生产。

【现代农业发展】 新寨镇认真组织“乐亭桃”国家地理标志证明商标相关材料申报工作，并以此为引领，打造多元化农产品品牌，助推晨升、刀锋、绿芬芳等一批果蔬品牌扩大市场份额，实现农产品增效，农民增收。2017年3月，引进中药材紫苑在郝庄村试验种植33.33公顷，农户与厂家签订协议，农户种植，厂家负责技术指导和收购。

“东果西菜”农业产业格局不断扩大，农业产业化经营率达76%。全镇农业专业合作社达47家，年内新增省级家庭农场1家，为乐亭县晨升家庭农场；专业大户2家，为乐亭县聚金家庭农场和乐亭县新寨镇志超家庭农场。新增市级农业产业化龙头企业（合作社）4家，为乐亭县小三果蔬专业合作社、乐亭县宏霞果蔬专业合作社、乐亭云辉果菜专业合作社、乐亭金超果菜专业合作社。实现三次产业有机融合，建成胡鄂常各庄村和郝庄村集家庭农场和采摘观光于一站的旅游体验基地。以科技创新引领产业发展，扶持乐亭县康漩义齿制造有限公司、乐亭县好造福饲料牧草有限公司、旭阳塑业敬伟网套厂、乐亭县彬彬彩钢复合瓦厂科技型中小企业4家，成立孤竹国酒业研发机构，为全镇农业企业发展注入创新动力。

实施香道等5个村393.33公顷的高标准农田建设项目，累计投资400余万元，改善农业基础条件，新打机井13眼，改造低压线路4万余米，硬化田间道路4000余米。全镇实现农林牧渔业总产值5.92亿元，其中农业产值5.1亿元，林业产值200万元，牧业产值7751万元，农林牧渔服务业产值200万元。

【工商经济发展】 2017年，新寨镇有工业企业12家，其中制造业企业4家，食品加工业企业1家，其他企业7家。全镇有商业网点1335家，集贸市场1个，注册物流企业25家。年内，培育规模以上服务业企业1家，为乐亭县港蓬劳务服务有限公司。

年内完成工业投资11.24亿元，为年计划的125%；技改投资6.65亿元，为年计划的102.3%。实现规模以上工业产值2.21亿元，为年计划的110.5%；规模以上工业利税1537万元，为年计划的102.3%。实现民营经济增加值12.82亿元，为年计划的104.18%；民营经济营业收入39.88亿元，为年计划的104.94%；土地使用税收入32.89万元，为年计划的219.26%；物流税收888.06万元，为年计划的100.92%；工商税收81.09万元，为年计划的180.2%。

【农村面貌提升】 2017年，新寨镇造林绿化面积63.8公顷，为县达任务的105.77%，代表全县参加并通过市绿化验收。

新寨镇党委、政府认真落实省、市、县决策部署，强力开展大气污染综合治理工作。成立大气污染综合治理网格化领导小组，负责全镇的大气污染综合治理工作；持续开展散料堆场、秸秆垃圾焚烧、露天烧烤等污染源深度治理；开展“小手拉大手·环保进校园”宣传活动5次，张贴宣传标语1150条、出动巡查车辆100余辆次、查处违法案件3件次；加快企业节能减排和清洁能源替代工作，加大洁净型煤推广使用力度；全面开展“散、乱、污”企业整顿治理，整改问题企业2家，对不达标企业实行“两断三清”（断水、断电，清原料、清设备、清场地）；年内大气污染防治工作实现全覆盖。

加大农村环境卫生整治力度，引入社会资本解决垃圾治理难问题，由乐亭县志坚保洁服务公司负责镇区及部分村卫生清洁工作，实现了环境卫生常态化、制度化管理。开展“两改一清一拆”专项行动，实施环境卫生整治集中行动3次，累计改造危旧住宅22处、清理残垣断壁289处、拆除违章建筑3处、清理空闲宅基地39处并有效利用21处、清理垃圾杂物27万立方米、清除沿街小广告1298处，在全县卫生联查中获得4次优秀、1次良好的成绩。

香道村以“一品、一景、一特色”为发展理念，幸福家园·美丽乡村建设取得新进展，建成村庄标识1座，硬化道路3.5千米，道路两侧绘制社会主义核心价值观文化墙300平方米，栽植法桐、金叶榆等绿化苗木4000余株，安装路灯210盏，安装污水处理设备2套，治理纳污坑塘1个，改造卫生厕所88座，使之成为集绿化、亮化、美化、净化于一体的特色街道。建设村史馆1座、文化广场2个，配备健身器材4套，安装广场灯4盏，为村民提供了良好的健身娱乐场所。投资30万元新打350米深水井1眼并安装了供水设备，铺设供水管道3000米，安装户用水表428块，自来水入户率达到100%。

【社会事业统筹发展】 2017年，全镇有幼儿园2所，在园幼儿195人，幼教职工14人；有小学5所（年内东姜小学并入兰坨小学和镇中心小学），在校小学生1200人，教职工135人；有初中1所，在校初中生486人，教职工49人。有卫生院1所，医护人员31人；27个行政村中有卫生室24个，村医26人。为65周岁以上老人、高血压、糖尿病、残疾人、贫困人口进行一年一次的免费体检，向特殊人群免费发放叶酸、高血压治疗药品等。组织无偿献血人员114人次。城乡居民社会养老保险参保人数9862人；新型农村合作医疗参合人数2.06万人，综合参保率98%以上，年度续保缴费率100%。全年新增农村劳动力转移人数281人；领取养老金资格认证的达到100%。

认真落实人口与计划生育政策，为166对育龄夫妇开展免费孕前优生健康检查，生殖健康检查公共服务3277人次；发放奖励救助款237万余元，实现计划生育工作由管理型向服务型的转变。

全镇有特困供养人员（原“五保”供养人员）145户，低保户102户113人，建档立卡贫困户25户59人。开展乡科级领导干部走访慰问活动，全年慰问帮扶特困户53户，临时救助290户，发放救助款近19万元。开展贫困户建档立卡“回头看”工作，对全镇25户贫困户实施精准扶贫。开展献爱心·送温暖活动，为贫困户捐赠棉衣棉被120件。

旭日文化中心硬件配备得到加强，成功申报省二级文化站。新建占地面积1600平方米的保心庄村文化广场1座。开展书屋管理员培训2场，发放各类书籍约8000册。

加强对食药领域的安全监管，成立食药安全监管队伍，对食药“五小”（小作坊、小药店、小餐饮、小食品店、小诊所）行业进行安全督导检查，保障食药安全无隐患。坚持安全生产，年内组织安全生产专题培训4次，成立安全生产检查组7个，有计划地对全镇27个行政村、3个加油站、11个烟花爆竹零售点、5处建筑施工现场、8家冷库、3家企业和中小学校等人流密集场所进行安全隐患排查，对排查出的不安全因素全部督导整改落实到位，实现了全年安全生产零事故。

加强社会治安综合治理，通过实施“雪亮”工程，构建镇域网络安全系统，覆盖率95%。落实人大代表和领导干部接访工作制度，建立村级矛盾调解室，及时调解农村各类纠纷，化解积怨，把信访隐患消除在萌芽状态。

实施“村村通”工程，硬化吴家林—大家坨、大港—香道、胡鄂常—大港西铺、后兰坨—吴家林道路1.6千米，在西曾公路—吴家林和周新公路苆榆坨—新寨二村路段铺设4.8千米沥青路。在香道、郝庄等村安装井用水泵10台，满足群众用水需求。

【新寨镇举行“红色缅怀、绿色清明”主题教育活动】 3月30日，新寨镇团委、镇中心小学组织的“红色缅怀、绿色清明”主题爱国主义教育活动在胡常各庄抗日战斗胜利遗址举行。教育活动现场肃穆庄严，53名同学佩带鲜艳的红领巾，排着整齐的队伍肃立在抗战胜利纪念碑前，镇党委领导向少先队员们介绍了当年发生在这里的抗战故事和纪念碑的落成经过。随后举行了庄严的悼念仪式，少先队员们怀着崇敬的心情瞻仰了抗战胜利纪念碑，少先队员代表向纪念碑敬献了花篮。

【郝庄村举办第二届孝老文化节】 10月26日（农历九月初七），新寨镇郝庄村在村民活动中心举办第二届孝老文化节。新寨镇党委、郝庄村、县驻村工作组负责人为评选出的7户孝老爱亲模范颁发了第二届孝老模范证书和奖品，为全村75周岁以上（含75周岁）的老人发放了“孝老节”礼物。随后精彩的文艺展演拉开了为期一周的孝老文化节文艺演出序幕，为老人们带来祝福和欢乐。

新寨镇党委书记 段建波
新寨镇政府镇长 王艳峰

庞各庄乡

【概　况】庞各庄乡位于县域西部，辖22个行政村，6868户20768人，总面积38.67平方千米，耕地面积1868.6公顷。2017年，乡党委、政府立足“常规工作抓基础，重点工作抓完成，亮点工作抓特色，试点工作抓引领”工作思路，团结带领全乡干部群众，务实奋进，扎实苦干，实现全乡经济快速发展和各项社会事业长足进步。全年实现地区生产总值13.54亿元，比上年增长1.58%。其中，第一产业增加值7.26亿元，比上年下降8.22%；第二产业增加值2.58亿元，比上年增长14.67%；第三产业增加值3.7亿元，比上年增长16.72%。人均地区生产总值64632元。固定资产投资14.59亿元，为年计划的100.6%。

【项目建设扎实推进】 2017年，庞各庄乡以招商引资“百日攻坚”集中行动为契机，通过挖掘潜力、开放招商，走出乐亭、外联招商等形式，强化服务，重点推进，多渠道多角度收集京津外迁企业信息，乡主要领导多次带队赴京津等地招商，与大兴区青云店镇等北京5区乡镇进行积极对接联系，先后接待京津企业到乐亭县考察20余批次。年内，实施新开工项目7个：投资1.7亿元、占地面积1.73公顷的旭阳苯酐产品项目，由唐山旭阳苯酐产品有限公司投资建设，位于河北乐亭经济开发区，主体结构完工，部分设备安装中；投资2亿元、占地面积5公顷的北京生态家园新型节能环保建材项目，由北京生态家园（乐亭）科技发展有限公司投资建设，位于河北乐亭经济开发区，生产车间建成，库房、办公楼基础完工；投资1.35亿元、占地面积126.67公顷的年产果蔬1.2万吨、接待游客8000人次的昊大生态农业休闲观光项目，由乐亭县昊大农业发展有限公司投资建设，项目按种植采摘区、休闲观光区、农事体验区、科技示范区实施建设，位于庞各庄乡东部，已完工；投资1080万元、占地面积0.44公顷的年产香油15万千克的星程小磨香油精加工项目，由唐山市乐亭县星程油脂有限公司投资建设，位于马王庄村北，已完工；投资1500万元、占地面积1.33公顷的年产绢花50万套的海滨工艺制品技改扩建项目，由乐亭县海滨工艺制品厂投资建设，位于严坨村北，已完工投产；投资1516万元、占地面积1.33公顷的年出栏成品猪5000头的颖程生猪标准化养殖项目，由乐亭县颖程畜禽养殖专业合作社投资建设，位于任田各庄村南，已完工投产；投资1690万元、占地面积0.51公顷的年产5000吨生物菌肥和3000吨水溶肥的秋语生物菌肥项目，由乐亭县秋语肥业有限公司投资建设，位于青坨村东，已完工投产。

【现代农业提质】 2017年，庞各庄乡继续实施“东菜西扩”战略，新增设施蔬菜面积113.33公顷，新发展春雨家庭农场等农业专业合作组织5家，引进唐山秋语肥业有限公司等农业企业2家，引进茉莉香、美早、羊角蜜甜瓜新品种3个，推广温室葡萄栽培新技术1项。积极推进新能源建设，在全县率先试点农户太阳能发电、太阳能取暖。积极争取上级资金，配合县国土局推进杜林一村、杜林二村、杜林三村、马新庄村、马王庄村5个行政村400公顷高标准基本农田建设，夯实丰产高效和抗灾减灾基础。引进六合馨美滋肉鸡深加工项目，完成项目投资3100万元，新发展春雨、惠良、建东家庭农场3家，群辉果菜专业合作社、振江果菜专业合作社2家。唐山齐顺生物有机肥有限公司被确定为市级现代农业示范园区，建设项目已完成。逐步发展苑庄子村大樱桃、桑葚观光采摘，迎好村鲜桃观光采摘，庞各庄东村甜瓜、马王庄番茄连点串线，打造旅游休闲农业。全乡实现农林牧渔业总产值5.06亿元，其中农业产值4.53亿元，林业产值118万元，牧业产值4939万元，渔业产值25万元，农林牧渔服务业产值210万元。

【工商经济发展】 2017年，庞各庄乡有工业企业8家，其中制造业企业6家，食品加工业企业2家。新增科技型中小企业4家，有商业门店516家、物流企业15家、集贸市场1个。全年工业固定资产投资9.5亿元，为年计划的100.03%；技改投资9.5亿元，为年计划的

137.73%。实现民营经济营业收入 38 亿元，为年计划的 100.01%，其中工业 11.78 亿元；民营经济增加值 12.3 亿元，为年计划的 100.04%，其中工业 3.3 亿元。实现工商税收 165.11 万元，为年计划的 201.96%；物流税收 920.9 万元，为年计划的 104.65%；

【农村面貌改造提升】 2017 年，庞各庄乡加大农村面貌改造提升宣传力度，将宣传发动工作部署到基层。以“一区三边”整治为契机，规范管理，辐射延伸，大力助推美丽乡村建设，农村面貌焕然一新。投资 40 余万元改进汀李公路沿线环境，新铺地砖 2800 平方米，栽植绿化树木 200 株，树立公益牌匾 130 块。投资 10 万元，租用土地 0.47 公顷，配齐水、电设施，铺垫石渣场地面积 2000 平方米，新建小农贸市场 1 个，将庞各庄乡区十字街小商贩摊点集中迁入，环境卫生、交通拥堵现象得到改善。投资 80 万元，实施庞各庄东村、甸子村道路硬化 6000 平方米，粉刷立面墙 8000 平方米，布置展板 1000 平方米。巩固汀李公路沿线环境保洁市场化运作模式，打造高标准保洁试点村，典型引路，带动辐射全乡各村。年内，全乡出动各种车辆 30 台，清运垃圾 3000 立方米，杂物 2500 立方米，清理残垣断壁 89 处，清理庭院 7535 处。绿化植树 3.5 万株，安装路灯 200 盏，基本实现了净化、绿化、靓化标准，村内卫生条件得到明显改善，人居环境得到较大改观。

【社会事业进步】 2017 年，全乡有学校 6 所。其中，幼儿园 1 所，在园幼儿 82 人，幼教职工 11 人；小学 4 所，初中 1 所，在校中小学生 962 人，中小学教职工 131 人。有卫生院 1 所，医护人员 31 人；有村卫生室 18 个，村医 18 人。稳步推进城乡居民医疗保险、危房改造、农村贫困人口建档立卡等民生工作。年内，全乡新型农村养老保险参保人数 8251 人，参保率 92%，领取养老保险金人数 5991 人；城乡居民医疗保险参保人数 17575 人，参保率 95%；全乡危房改造 23 户，其中翻建 10 户，修缮加固 13 户；按照标准评定农村低保户 167 户 214 人，城镇低保户 3 户 3 人。高度重视大气污染防治工作，加大综合治理力度。按照“一区三边”拆违工作要求，摸清责任区域违章建筑数，全乡有违章建筑 13 处，经违建户自拆和组织拆除，清理违章占地面积 1597 平方米，完成拆违专项整治工作任务。加大后进村转化工作力度，马王庄、阴田、严坨、马陈庄 4 个村如期实现后进转化提升。7 月，全县后进村转化观摩现场会在庞各庄乡召开，《唐山劳动日报》以“后进者居前”为题给予宣传报道。王庄子村列入“河北省发展农村集体经济试点村”项目，获得扶持基金 100 万元。马各庄民俗馆完成改馆建设，先后接待“不忘初心跟党走”学教活动 5 批次，县内外游客 1100 人次。4 月，马各庄村被河北省民俗文化协会评为“河北省第三届民俗文化名村”，为全市唯一入选村庄。开展乡镇文明创建活动，建文化长廊 5000 平方米，发放宣传画册 7000 册，建立街头小品 12 处。

庞各庄乡党委书记　赵冬梅
庞各庄乡政府乡长　李震生（8 月免）
　　　　　　　　　　庞立锋（8 月任）

大相各庄乡

【概　况】 大相各庄乡位于县域西部，总面积 38.86 平方千米，耕地面积 2858.13 公顷，辖 26 个行政村，总户数 6492 户 20761 人。2017 年实现地区生产总值 18.18 亿元，比上年增长 0.66%，其中第一产业增加值 5.09 亿元，第二产业增加值 7.44 亿元，第三产业增加值 5.65 亿元。人均地区生产总值 86865 元。固定资产投资 6.82 亿元，为年计划的 77.6%，比上年增长 0.15%。实现民营经济营业收入 36.91 亿元，为年计划的 102.5%；民营经济增加值 12.21 亿元，为年计划的 104.4%；民营经济利润 1.31 亿元，为年计划的 109.5%。

【项目建设有新进展】 大相各庄乡按照县委、县政府“123348”发展战略，深入开展“重大产业支撑项目攻坚年”活动，全乡一盘棋，打好组合拳，打造良好的营商环境，合力招商引资，全力推进项目建设。年内新开工固定资产投资 1000 万元以上项目 6 个，均已完工。分别是唐山天蓝环保机械设备有限公司年产2000台（套）生物质锅炉项目，固定资产投资4560万元，占地面积0.8公顷；乐亭县天航肉鸡养殖有限公司肉鸡养殖项目，固定资产投资1420万元，占地面积1公顷；乐亭县辉发果蔬专业合作社精品蔬菜种植、储存项目，固定资产投资7280万元，占地面积53.33公顷；乐亭县自光果蔬专业合作社精品果品种植项目，固定资产投资8470万元，占地面积106.67公顷；乐亭县宏鑫养猪场养殖基地项目，固定资产投资4330万元，占地面积3.33公顷；唐山市寻源农业开发有限公司生态观光采摘项目，固定资产投资2230万元，占地面积13.33公顷。储备项目7个。新入统规模以上服务业企业1家，为新龙货物运输有限公司；新增科技型中小企业4家，分别为乐亭县瑞康药用生物研究所、唐山天蓝环保机械设备有限公司、乐亭县旭腾机械制造有限公司和唐山市寻源农业开发有限公司。

【**特色农业有新突破**】 年内，投资2000万元建成利信现代农业园区，实施了土地平整、铺设滴灌、道路硬化等基础工程；投资2200万元完成利信生态猪养殖场技改项目。10月，利信现代农业园区被评为市级现代农业园区。实施高标准农田工程建设，铺设灌溉管道8.5万米，硬化田间道路2.2万米，新打机井50眼，有效节水灌溉面积666公顷；实施农田低压线路改造1.85万米，全部农用机井用电并入电网，实现“井井通”；修建农村公路8400米，硬化村内外道路2700米。积极发展订单农业，马烧纸庄、七里庄温室桃对接北京瑞兴隆市场、唐山荷花坑市场，签订订单合同面积133.33公顷，带动500户农户受益；王付火烧佛村133.33公顷有机菜花出口马来西亚。26个行政村的耕地已完成确权实测、公示，合同签订工作平稳有序进行。年内，全乡实现农林牧渔业总产值5.77亿元，其中农业产值4.49亿元，林业产值159万元，牧业产值1.22亿元，渔业产值281万元，农林牧渔服务业产值210万元。

【**工商业发展有新变化**】 2017年，大相各庄乡有工业企业13家，其中制造企业12家，饲料加工企业1家。全年完成工业固定资产投资4.45亿元。年内新增规模以上企业1家，规模以上企业达4家。实现规模以上工业总产值5.7亿元，为年计划的106.5%；利税2510万元，为年计划的102.4%。有商业网点171个，饭店旅馆9家，集贸市场5个。实现社会商品零售总额7亿元；民营经济增加值12.21亿元。

【**税收工作有新成绩**】 大相各庄乡实行快速、高效、贴心的“一站式”办税方法，为新上项目搞好服务。需审批的项目，专人引领协办，做到“无缝对接”。对有意向纳税企业组织人员开展“跟进式”服务，使物流税收渠道进一步拓宽。全年实现物流税收902.13万元，为年计划的102.51%；工商税收125.28万元，为年计划的278.4%。年内，引进保险公司1家，保险代理公司2家，商贸公司10家，运输公司9家。

【**环保工作有新路子**】 大相各庄乡将环保工作纳入全年工作计划，确定年度环保目标任务，完善相应的工作细则。严格落实重污染天气企业停限产措施，涉及的树民锅炉厂、诚成肥业、皓勇塑料厂3家企业，逢重污染天气实行应急响应机制，及时采取停产措施；对乡域内散、乱、污企业实施“两断三清”，关闭“散、乱、污”企业1家。强化对秸秆、垃圾等焚烧现象的督察，张贴宣传标语34幅，发放各类环保宣传材料2万余份。全乡34个村（含自然村）全部设有秸秆禁烧巡逻队员，全天候巡查，秸秆焚烧现象得到遏制。探索村内卫生保洁市场化运作方式，通过引入第三方保洁服务并建立相应配套机制，农村环境卫生脏乱差、易反弹等难题得到破解，农村居民生活环境全面改善。

【**社会事业及扶贫工作有新成效**】 2017年，全乡有独立幼儿园2所，在园幼儿308人，幼教职工23人；小学2所、初中1所，在校中小学生1189人，中小学教职工124人。有卫生院2所，医护人员26人；26个行政村有村卫生室22个（其中18个为集体所有），有村医24人。全乡农村养老保险参保人数18018人；乡党委、政府对全乡138户168名低保对象进行重新听证审核，做到应保尽保、公平公正。推进社会化养老制度实施，年内新入敬老院 3 人。协调资金 1 万元，用于困难群众的救助，保障了困难群众的生产生活。把精准扶贫建档立卡作为实施扶贫攻坚行动的基础性工作，做到精准到户到人，全面完成精准扶贫建档立卡工作，全乡建档立卡 27 户 62 人。

大相各庄乡党委书记 左大陆（8 月免）
张永胜（8 月任）
大相各庄乡政府乡长 朱林涛

古河乡

【概　况】 古河乡位于县域西南部，辖 25 个行政村，6856 户 21355 人，总面积 83.29 平方千米，耕地面积 4751 公顷，以水稻、设施果菜、珍稀皮毛动物养殖和海淡水养殖业为主导产业。2017 年，乡党委、政府围绕县十三次党代会提出的“加快建设沿海强县、美丽乐亭，在全省增比进位、在全国争创百强”奋斗目标，带领全乡广大干部群众凝心聚力谋发展，心无旁骛抓落实，全乡经济社会均衡发展，人民群众的幸福感、获得感、安全感显著提升。全年实现地区生产总值 36.1 亿元，比上年增长 15.63%。其中第一产业增加值 3.58 亿元，第二产业增加值 24.77 亿元，第三产业增加值 7.75 亿元。人均地区生产总值 169258 元。固定资产投资 30.44 亿元，为年计划的 77.71%，比上年增长 1.26%。

【项目建设量质齐增】 2017 年，乡党委、政府围绕县委、县政府提出的工作目标，依托沿海临港优势，把握京津冀协同发展的历史机遇，以招商引资“百日攻坚”集中行动为突破口，超前谋划，扎实推进，项目建设实现量质齐增。年内，实施项目建设 8 个，其中续建项目 1 个，新开工项目 5 个，签约项目 2 个。

续建项目 1 个：投资 2.6 亿元、占地面积 8.67 公顷的唐山境界仓储有限公司 4 万立方米油品储运及配套项目，已完工。

新开工项目 5 个：投资 27 亿元、占地面积 50.27 公顷的唐山腾龙再生科技有限公司综合再生资源环保项目，位于河北乐亭经济开发区，厂区道路路基和厂房桩基处理在进行中；投资 3.3 亿元、占地面积 8.27 公顷的唐山境界实业有限公司年产 4 万吨均四甲苯项目，位于河北乐亭经济开发区，地下管网铺设完成，办公楼主体建筑完工，装修进行中；投资 2000 万元、占地面积 0.4 公顷的涿州市凯莱金属材料有限公司真空镀膜靶材生产线及钛合金精密件加工项目，位于县城区工业聚集区，试生产中；投资 1290 万元、占地面积 0.35 公顷的乐亭县佑安医院医养康复中心项目，位于县城金融大街 45 号，已营业；投资 6230 万元、占地面积 19.13 公顷的乐亭县佳丰果蔬专业合作社佳丰果蔬农业种植项目，位于刘庄子村，建设高标准日光温室 90 座，已完工。

【现代农业发展】 2017 年，乡党委、政府高度重视现代农业发展，以农民增收为目的，着力推进农业产业化进程，逐步形成四大主导产业。乡域南部 9 个村有水稻生产面积 2333.33 公顷，占全乡耕地面积的 49%。年内，投资 577.7 万元的原野水稻专业合作社千亿斤粮食生产能力田间工程项目完工，项目区新建变压器 2 台，高压线路 600 米，铺设地下管道 7000 米，修水泥路 5000 延长米，为大幅度提高水稻产量奠定基础。乡域北部建成设施蔬菜万亩生产区，蔬菜种植逐步从传统品种向特色品种发展，经济效益不断提升，成为农民增收致富的特色产业。巩固和发展珍稀皮毛动物养殖产业，年内全乡珍稀皮毛动物养殖专业村发展到 7 个，建成规模养殖小区 8 个，存栏 70 万头（只）。充分发挥沿海资源优势，在稳定海水贝类和对虾养殖的同时，发展以河豚、牙鲆鱼、石斑鱼、青蛰等海产品为主的工厂化养殖，全乡工厂化养殖面积 4 万余立方米水体。投资 1120 万元完成刘庄子等 10 个村 1126.67 公顷高标准农田建设项目。六合馨美滋肉鸡养殖项目投产运营，年出栏肉鸡 350 万只。创新“村‘两委’+ 农民合作社 + 基地 + 农户”组织模式，发挥其在现代农业生产中的作用，带动农民致富。原野水稻专业合作社、小捞鱼庄果菜专业合作社、佳风果蔬专业合作社、文斌水稻种植专业合作社被确定为 2017—2018 年度市级农民专业合作社示范社。全乡实现农林牧渔业总产值 4.67 亿元，其中农业产值 1.64 亿元，林业产值 154

万元，牧业产值2.32亿元，渔业产值4547万元，农林牧渔服务业产值2411万元。

【工商经济发展】2017年，全乡有工业企业15家，均为制造业企业。规模以上企业7家，年内新增3家。有商店65家，集贸市场3个，物流企业17家。全年工业固定资产投资21亿元，为年计划的104%，其中技术改造投资18.7亿元，为年计划的117%。实现规模以上企业总产值9.6亿元，为年计划的145.5%；规模以上工业利税5.45亿元，为年计划的176.97%；物流税收1112.45万元，为年计划的126.42%；工商税收329.22万元，为年计划的191.8%。

【农村面貌改造提升】2017年，古河乡坚持政府引导、市场运作、监管并重原则，深入实施“一净（化）、二绿（化）、三靓（化）”三年环境提升计划，以“卫生清理、日常保洁、长效维护、奖励激励”四项机制为框架，构建保洁市场化运作体系，率先在全县实行农村环境卫生保洁市场化运行（PPP）模式，全乡卫生保洁市场化运作实现全覆盖。以西新庄村为试点，完成14条主副街道及村庄周边绿化，栽植国槐、金叶榆、白蜡、紫叶李等8000余株。东阁楼坨、西阁楼坨等村完成主街道绿化。西坨、溪家坨、刘家林3个村被确定为省级美丽乡村建设重点村，石桥头、李各庄2个村被确定为县级美丽乡村建设重点村。先后投资400余万元，拓宽道路4000延长米、美化街道2000延长米，铺设S砖2500平方米，绘制文化墙300平方米，新建文化广场1座，改扩建村址3个。在重点村示范引领下，全乡环境卫生持续优化，农村面貌全面提升。

【社会事业统筹发展】2017年，全乡有幼儿园4所，在园幼儿230人，幼教职工22人，其中独立幼儿园1所；小学4所，初中2所，在校学生1019人，教职工150人。有卫生院2所，医护人员30人；有村卫生室25个，村医25人。全乡有低保户141户187人，最低生活保障金每人每年3912元。有特困供养（原五保供养）人员83户120人，其中分散供养人员94人，每人每月550元。有优抚对象277人。对重度贫困残疾人每人每月发放生活补贴55元，护理补贴50元。城乡居民医疗保险参保人数1.81万人、参保率98.9%，城乡居民养老保险参保人数1.38万人，参保率99.3%。全乡危房改造26户。年内，开展食品安全专项整治行动3次，宣传活动3次。定期组织公安、消防、工商、电力等驻乡单位开展安全生产大排查大整治活动，查出安全隐患48个，立即整改15个，限期整改33个。按照精神文明村创建标准，结合美丽乡村建设，推动文明村、文明集市、文明文化广场建设，创建李各庄、东阁楼坨村等5个精神文明村。打造农村业余文化团体6个，组织到村演出10场次。加强大气污染防治工作，对5家散乱污企业实施“两断三清”（断水、断电，清设备、清原材料、清产品）关停取缔；对5个散煤销售点实施重点监控，根据《锅炉大气污染物排放标准》淘汰燃煤锅炉4台；加强垃圾、柴草、秸秆焚烧管控，实施网格化管理，确保空气质量达标。

古河乡党委书记 裴建利
古河乡政府乡长 夏云敬（6月免）
李　超（6月任）

汀流河镇

【概　况】汀流河镇位于县域西北部，辖31个行政村，8026户25792人，总面积49.35平方千米，耕地面积3406.4公顷。2017年，汀流河镇按照“经济强、镇域美”的发展目标，坚持“加强三个建设、增强四个意识、力求五项突破”的工作思路，发挥班子成员的整体合力、机关干部及全镇人民的聪明才智，不断推进经济社会全面发展。全年实现地区生产总值46.89亿元，比上年增长8.82%。其中，第一产业增加值6.93亿元，第二产业增加值33.55亿元，第三产业增加值6.41亿元。人均地区生产总值180770元。固定资产投资14.2亿元，为年计划的100%，比上年增长29.68%。

【项目建设提质】2017年，汀流河镇实施项目建设20个，其中续建项目3个，新开工项目10个，储备项目7个。北京燕化永乐生物科技股份有限公司年产2.8万吨新型环保型农药复配制剂项目、乐亭县海畅环保科技有限公司年处理5万吨船舶污油水项目代表乐亭县参加全市项目观摩，北京燕化永乐生物科技股份有限公司年产2.8万吨新型环保型农药复配制剂项目被评为全市农业产业化十大优秀项目。

续建项目3个：投资3.76亿元、占地面积10公顷的北京燕化永乐生物科技股份有限公司年产2.8万吨新型环保型农药复配制剂项目，位于河北乐亭经济开发区，建设水分散粒剂、水剂、悬浮剂三条新型环保农药复合制剂生产线，已完工；投资6188万元、占地面积1.33公顷的乐亭县逸隆汽车服务有限公司建设的平青乐公路服务区项目，位于汀流河镇杨各庄村，已完工；投资1400万元、占地面积4.6公顷的六合馨美滋肉鸡养殖项目，位于汀流河镇狼窝村，建设鸡舍6栋，年可出栏肉鸡150万只，鸡舍主体施工已完成。

新开工项目10个：投资1.2亿元、占地面积3.08公顷的唐山港科实业有限公司年产30万吨光伏支架项目，位于河北乐亭经济开发区，厂房和办公楼施工中；投资2600万元、占地面积1.33公顷的乐亭县润泽商贸有限公司煤炭销售配送项目，位于汀流河镇东石各村，年产30万吨煤炭加工生产线、销售配送及配套设施，厂房、办公用房等建设已完工；投资1500万元的唐山朝盛农具制造有限公司环保升级改造及扩建项目，位于汀流河镇东石各庄村，对生产工艺进行改造，按环保要求改造成型、喷涂生产线，已完工投产；投资2600万元、占地面积0.85公顷的乐亭县赢顺冷储有限公司2万吨蔬菜、果品冷储项目，位于汀流河镇西徐家房子村，办公、食宿用房建设已完工，冷库施工中；投资2306万元的唐山中厚板材有限公司炼钢转炉连铸节能技改项目，位于河北乐亭经济开发区，对现有微差压测量控制装置进行改造，降低氮气消耗，已完工投产；投资2057万元的唐山中厚板材有限公司轧钢加热炉系统综合节能改造项目，位于河北乐亭经济开发区，配置并整合加热炉优化燃烧控制系统，降低氧化烧损和提升产品质量，已完工投产；投资2805万元的唐山中厚板材有限公司污染烟气深度处理项目，位于河北乐亭经济开发区，改造竖炉脱硫烟气离心管束除雾除尘深度净化治理，新增连铸机火焰切割机除尘治理，已完工投产；投资7200万元的唐山市德龙钢铁有限公司环境综合治理项目，位于河北乐亭经济开发区，中心控制室、脱硫脱硝反应系统、布袋除尘器、物料循环系统施工中；投资5080万元的乐亭县晓轩果蔬专业合作社生态种植观光采摘园项目，位于汀流河镇丰庄村，建设科技含量高、生态气息浓、文化内涵好、特色鲜明的示范基地，已完工投产；投资1300万元、占地面积1.2公顷的唐山日粮畜禽养殖有限公司生猪养殖项目，位于汀流河镇东石各庄村，主要建设标准化猪舍14栋、综合管理用房及其他附属设施，已完工投产。

【现代农业升级】 2017年，汀流河镇“一园三区”建设初具规模，占地面积1733.33公顷的汀流河现代农业园区通过市级验收，被评为唐山市现代农业园区，被县纳入国家级园区创建范围。“乐亭甜瓜”作为国家地理标志保护产品，以其鲜明的地域和人文特色，口感香甜、皮薄肉厚的品质特点，深受群众喜爱。本着“小园区、大示范、创品牌、促增收”的思路，建成分别占地面积6.67公顷的矮化密植苹果、无公害韭菜、“汀香”牌甜瓜示范园区3个，辐射带动周边3000余农户共同发展。其中甜瓜品种为绿箭、绿博特、翠玉等，采摘时间为7—8月，七八成熟时采收远销，九成熟时采收近销，单瓜重150至500克。重视培育新型农业经营主体，引导新型农业经营主体多形式提高发展质量，鼓励家庭农场提升标准化生产和经营管理水平；引导农业专业合作社依照章程加强民主管理，鼓励龙头企业建立现代企业制度，提升农产品质量安全水平和市场竞争力。年内新增家庭农场1个，农机大户3家，生产型合作社1家。乐亭县富民果蔬专业合作社被评为市级龙头企业并完成监测，溟水两岸果蔬专业合作社被评为市级示范社，乐亭县富民果蔬专业合作社被评为省级示范社，鑫山家庭农场被评为市级示范家庭农场。全镇实现农林牧渔业总产值7.67亿元，其中农业产值6.82亿元，林业产值127万元，牧业产值8149万元，渔业产值13万元，农林牧渔服务业产值260万元。

【工商经济提效】 2017年，全镇工业企业11家，其中制造业企业9家，钢渣加工企业2家。规模以上企业10家，物流企业（门店）51家，商业网点62家，集贸市场3个。全镇实现规模以上工业总产值1.1亿元。工业固定资产投资12.45亿元，为年计划的113.2%，其中技改投资9.87亿元，为年计划的120.4%。实现工商税收227.61万元，为年计划的186.57%；物流税收1132.99万元，为年计划的128.75%；土地使用税收80.26万元，为年计划的136.03%。

【农村面貌改造提升】 2017年，汀流河镇继续实施美丽乡村建设，赵李村投资2万元完成街道及村外道路两侧卫生环境整治；投资3万元绿化道路6条，栽植榆叶梅、紫叶李、海棠等树木1200株；投资30万元硬化村庄主干道2000米。馒首村完成道路硬化2000米；投资10万元建设观赏树木苗圃场，培育苗木24万株，其中国槐10万株、白蜡10万株、金叶榆2万棵、榆叶梅2万棵；投资25万元建成占地面积1公顷的特色养殖项目，其中猪2000头、牛2000头、羊2000头、鸡3000只，已投入生产。加大农村环境卫生整治力度，实行网格化管理、包片片长负责制。加大力度，集中时间、精力实施“两改一清一拆”工作，保持道路畅通、干净，庭院整洁、卫生。村庄闲置院落、空地按规划进行综合利用，农村环境卫生整体水平大幅提高。年内，重点对通道绿化、美丽乡村绿化、防护林建设、农田林网绿化等8项工程进行部署实施。以丰庄至刘石各庄村道为样板，采取军民共建模式，打造农田林网绿化带，栽植白蜡1200株，农田林网绿化面积6.67公顷；馒首村、赵家房子村栽植观赏苗木3000余株，绿化面积6.67公顷。以镇区改造为契机，投资80万元对商贸街、学院路进行整体翻修，对排水管网进行全面疏通改造，镇区道路通行和排水能力明显提高；投资12万元，对镇区主干道两侧进行绿化、美化，其中东侧路绿化长度600米，栽植金叶榆154株，胶东卫茅、大叶秋葵近3万株，在商贸街栽植国槐67株，镇区绿化档次明显提升；投资30万元，完成商贸街两侧辅路翻新，铺花砖路5000平方米；投资7.5万元，在刘石各庄至锅炉房路段安装太阳能路灯25盏，并对镇区原有路灯进行全面维修和升级改造，安装LED路灯近50盏，更换线路近1000米；投资10万元，在镇区东侧路安装太阳能路灯24盏。完成时光广场升级改造，重新规划设计绿化格局，增加广场绿地总量，提高绿化覆盖率；投资5万元，对广场地面及设施进行维修和更新。高标准实施道路绿化，对镇域内平青乐公路、汀李公路两侧实施绿化，绿化带面积30公顷，速生林、经济林建设面积13.33公顷，完成绿化总面积56.67公顷。

【社会事业进步】 2017年，全镇有学校11所，其中独立幼儿园2所，在园幼儿300人，幼教职工30人；有小学7所，初中2所，在校中小学生1800人，教职工180人。有卫生院1所，医护人员43人；31个行政村中有村卫生室24个，村医31人。构建完善环保三级网格化监管体系，加大燃煤锅炉的综合治理力度，实现了既降低成本又节能减排；向重点企业派驻驻厂联络员，圆满完成国家环保督查和县“1+13”方案的各项整治任务。贯彻“稳定压倒一切”的方针，积极开展矛盾纠纷调处，超前做好重点人员的疏导、监管和稳控工作，形成了信访稳定齐抓共管，社会发展和谐安宁的良好局面。镇政府与31个行政村和18个生产经营单位签订《安全生产目标管理责任书》，明确安全生产责任主体；开展安全生产知识培训、安全生产应急救援演练、安全生产宣传咨询日活动，强化安全生产意识；开展安全生产大检查，排查出安全隐患56处，责令当场整改21处，限期整改35处，有效预防和遏制了各类生产事故的发生。完成低保核查工作，192户农村低保及7户城镇低保档案得到补充完善，农村（城镇）《最低生活保障证》已发放至低保户手中；高度重视“贫困户建档立卡”工作，全镇纳入贫困人口20户39人，为实施精准扶贫奠定了基础；城乡居民养老保险综合参保率98.8%，年度续保缴费率达到100%；巩固城乡居民医保覆盖面，实现应保尽保，全镇城乡居民医疗保险参保率98%。建立孕期检查机制，组织育龄妇女参加免费体检活动，计生工作更加细致规范，更加人性化。有序推进农业保险工作，全镇玉米作物参保面积 2100 公顷，参保率 100%，镇政府投入惠农保险补贴金额 15 万余元；温室大棚保险参保 957 户，参保面积 205.47 公顷，镇政府投入惠农保险补贴金额 17 万元。农业保险的普及，增强了农民抗御自然风险的意识和能力，保障农业稳产增收，促进了农业和农村经济的发展。汀流河镇农业保险的经验做法被《河北日报》《河北农民报》报道。

汀流河镇党委书记　吴万颖（1 月免）
　　　　　　　　　苗建国（1 月任）
汀流河镇政府镇长　苗建国（1 月免）
　　　　　　　　　周振波（1 月任）

中堡镇

【概　况】 中堡镇位于县域北部，辖 33 个行政村，9960 户 31026 人，总面积 81.64 平方千米，耕地面积 4585.2 公顷。2017 年，全镇实现地区生产总值 18.25 亿元，比上年增长 9.28%。其中，第一产业增加值 6.27 亿元，比上年下降 4.57%；第二产业增加值 3.52 亿元，比上年增长 46.06%；第三产业增加值 8.46 亿元，比上年增长 9.59%。人均地区生产总值 58239 元。固定资产投资 13.58 亿元，为年计划的 95.3%，比上年增长 23.01%。

【项目建设有序推进】 2017 年，中堡镇重项目、抓招商，为经济社会可持续发展提供支撑，全年实施续建项目 1 个、新开工项目 9 个、签约项目 1 个。

续建项目 1 个：投资 6000 万元、占地面积 1.32 公顷、建筑面积 5188 平方米的北京东启精华工贸有限公司年产 2000 吨环保油墨生产线一期工程项目，位于河北乐亭经济开发区，主要改造生产车间、库房，建设办公用房、宿舍、警卫室、食堂、道路及地面硬化等，已建成投产。

新开工项目 9 个：投资 2 亿元的北京东方恒远钢结构项目，位于河北乐亭经济开发区，场地基础回填已完工，厂房在建设中；投资 8662 万元的河北东启精华印刷包装材料有限公司年产 5000 吨环保油墨项目，位于河北乐亭经济开发区，基础回填已完成，施工图纸在设计中；投资 4800 万元的唐山宝航机械制造有限公司年产 5000 吨复合材料耐磨钢板项目，位于河北乐亭经济开发区，已完工投产；投资 3280 万元、占地面积 2 公顷的乐亭源升畜禽专业合作社年出栏 5000 头生猪养殖项目，位于中堡镇徐家店村村东，已建成投产；投资 1.35 亿元、占地面积 14.67 公顷的唐山雄特种畜进出口有限公司种畜隔离场扩建项目，位于中堡镇老爷庙村，可检验隔离种牛 2 万头，已建成投产；投资 1.6 亿元、占地面积 66.67 公顷的乐亭万事达生态农业发展有限公司生态农业观光采摘项目，位于中堡镇北双庙村，已建成投产；投资 1150 万元的唐山繁弱供热有限公司环保设施技改项目，位于河北乐亭经济开发区，已建成投产；投资 1350 万元的乐亭县同乐化工有限公司煤渣砖生产项目，位于河北乐亭经济开发区，生产设备已订购；投资 1000 万元、占地面积 3.87 公顷的乐亭县宝润包装制品有限公司塑料包装箱项目，位于中堡镇安各庄村，已建成投产。

【现代农业发展】 2017 年，中堡镇围绕建设现代农业这一主线，以提升农业综合生产能力、增加农民收入为重点，调整产业布局，整合发展资源，全力推进现代农业替代传统产业步伐，实现现代农业提质增效。引进设施大樱桃现代农业种植园项目和万头标准化生猪养殖项目 2 个。发展新型农业经营主体 3 家，利用 4 个大型奶牛、生猪养殖场，形成以生物有机肥料与秸秆饲料加工及种植业、养殖业三者相结合的全产业循环链，在改善农村环境的同时，助推生态农业发展。培育扶持“呔诚”“兄弟”等农产品品牌建设，深化北京二商集团 533.33 公顷蔬菜供应基地建设。完成绿化面积 138 公顷，为年计划的 142%。做好春、秋两季动物重大疫情的防疫工作，入村入户为畜禽注射疫苗，杜绝、减少疫情传播。制定中堡镇《2017 年防汛工作实施方案》，各种防汛物资足额准备到位，汛期组织各村做好抗洪抢险准备工作。完成全镇农业用水户水权证发放和水资源调查工作。制定《中堡镇河长制工作方案》，确定河道河长；对徐家店、杨康等 10 个村进行集中式饮用水水源基础信息采集工作。全镇实现农林牧渔业总产值 8.99 亿元，比上年增长 2.04%，为年计划的101.7%。其中，农业产值7.85亿元，林业产值500万元，牧业产值1.06亿元，渔业产值50万元，农林牧渔服务业产值223万元。

【乐亭草莓规模栽培】 乐亭草莓在20世纪90年代初由中堡镇徐家店村从保定地区引进，品种有土特拉、全明星、甜查理等。由于中堡镇地处滦河右岸，土壤为沙壤质潮土类型，适宜草莓生产，保护地栽培可提前采摘上市。中堡镇年草莓栽培面积133.33公顷，年产量9000吨左右。乐亭草莓浆果圆锥形，表面鲜红有光泽，香味浓，糖度为12.8%，可溶性固形物为11.9%，硬度大、耐储运。草莓产销采取协会+基地+农户、公司+合作社+基地+农户的产销管理模式，产销顺畅。草莓产品除在当地销售外，多销往北京、天津、内蒙古和东北三省。

【工商经济发展】 2017年，全镇有工业企业14家，均为制造业企业，其中农产品加工企业6家；年内新增规模以上工业企业2家、服务业企业2家、科技型中小企业4家、文化产业企业1家，培育科技小巨人企业1家、上市公司1家。工业固定资产投资9亿元，为年计划的105%；实现工业总产值11.2亿元，为年计划的100.3%，比上年增长20%；实现规模以上工业企业产值1.75亿元，为年计划的134.6%，比上年增长19.8%。实现民营经济营业收入36.07亿元，民营经济增加值11.68亿元；完成物流税收1080万元，为年计划的122.7%；工商税收141万元，为年计划的115%；土地使用税收77.8万元，为年计划的228.7%。

【农村面貌改造提升】 2017年，中堡镇勒柳河中村、勒柳河西村、勒柳河东村、老马坨4个村被确定为县级文明村，老马坨、崔各庄2个村被确定为县级美丽乡村，5个村完成投资738万元，硬化道路3.2万平方米、新修文化广场1.4万平方米，新打、维修机井70余眼，改造农电线路12千米，安装路灯270盏。镇党委、政府确定的12项实事工程基本完成目标任务。强化整治农村环境力度，抓环境净化、抓美化提高、抓建立长效机制。全年清理垃圾杂物8.5万立方米，清理残垣断壁和路障120处，集中清理、统一围挡坑塘沟渠30处（条）。改造农村危房25户。修复汀会毛公路10千米，连村路8条10千米，养护农村公路100余千米。全镇村庄绿化覆盖率45%，86%以上农户院内有树木花果，形成了“村在林中、院在绿中、人在花中”的城市化新农村格局。

【社会事业进步】 2017年，中堡镇有幼儿园8所，教职工20人，在园幼儿222人；小学8所，教职工127人，在校学生1167人；初中1所，教职工68人，在校学生260人。有卫生院（所）2所，医护人员33人；有村卫生室33个，村医35人。全镇评定低保户245户321人。完成全镇困难、特困职工调查摸底工作，确定特困职工6人，困难职工15人。城乡居民社会养老保险参保缴费人数1.22万人，参保率99%；符合领取养老保险金资格人数8235人，领取养老保险金资格认证率100%。城乡居民医疗保险参保人数2.72万人，参保率95%。参加孕前优生检测152人。为全镇5109名育龄妇女提供免费生殖健康服务。高度重视大气污染治理工作，悬挂宣传标语100余幅，发放宣传材料5000余份，确保大气污染治理无缝隙、无盲点、全覆盖。镇域3家生产型企业因手续不全、环保不达标被责令停产。

中堡镇党委书记 石宝山
中堡镇政府镇长 张永胜（1月免）
赵乐永（1月任）

姜各庄镇

【概　况】 姜各庄镇位于县域东部，总面积226.33平方千米，耕地面积8539.13公顷。辖70个行政村，15665户48845人。2017年，姜各庄镇党委、政府贯彻落实“123348”发展战略，以建设“经贸重镇”“和谐新镇”为目标，坚持“农业稳镇、工业强镇、生态立镇、招商兴镇”的总体思路，带领干部群众创新工作理念，真抓实干，促进全镇物质文明、政治文明、精神文明的全面协调发展。全镇实现地区生产总值33.64亿元，比上年增长12.4%。其中，第一产业增加值

15.16 亿元，第二产业增加值 11.78 亿元，第三产业增加值 6.7 亿元。人均地区生产总值 68118 元。固定资产投资 26.65 亿元，为年计划的 100.2%，比上年增长 29.24%。

【项目建设扎实推进】 2017 年，姜各庄镇党委、政府坚持招商引资上项目不放松，以“项目建设攻坚年”活动为契机，建立项目洽谈、签约、落地一条龙服务机制，确保项目建设高效推进。全年谋划实施规模项目 9 个，其中续建项目 2 个，新开工项目 7 个。

续建项目 2 个：投资 4 亿元、占地面积 8 公顷的唐山浩昌杰环保科技发展有限公司废旧物资循环再利用项目，位于河北乐亭经济开发区，已完工，在全市项目拉练中获评第四名；投资 13 亿元、占地面积 13.33 公顷的乐亭华阳热电有限公司河北乐亭区域能源中心项目，位于河北乐亭经济开发区，综合楼地梁浇筑、化水车间主体完工，三层化验楼、主厂房已封顶。

新开工项目 7 个：投资 5166.15 万元、占地面积 0.1 公顷的乐亭县祥瑞风力发电有限公司乐亭分散式风电工程项目，位于姜各庄镇北海滨村，进场道路、塔台桩基完工，已展开压桩实验；投资 1147 万元、占地面积 0.26 公顷的唐山伟高五金有限公司卷钉生产线技改扩建项目，位于姜各庄镇滨海村，已完工生产；投资 1.8 亿元、占地面积 113.33 公顷的河北八福岛养殖科技有限公司海参加工项目，位于姜各庄镇二节村南新开沟，养殖池、高标准育苗室已完工；投资 1680 万元、占地面积 1.13 公顷的唐山凯罗服饰制造有限公司裘皮羽绒服生产线技改扩建项目，位于姜各庄镇东庄子村，已完工生产；投资 5280 万元、占地面积 3.66 公顷的乐亭县凯通混凝土制造有限公司混凝土及制品技改扩建项目，位于姜各庄镇滨海村，已完工生产；投资 8680 万元、占地面积 4.67 公顷的乐亭县美宇新型建材厂年产 1.2 亿块新型墙材生产技改项目，位于姜各庄镇明庄子村，已完工；投资 1.3 亿元、占地面积 0.87 公顷的乐亭县汇乐城商贸有限公司 9000 平方米地下商业综合体项目，位于东至发展大道、北至茂源街东段、西至丰泽路、南至乐安商业步行街 A 区合围区域，在建设中。

【现代农业持续发展】 2017 年，姜各庄镇强力推动高标准农田建设工作，母强庄村等 16 个村的高标准基本农田建设项目及王秀士村等 9 个村高标准基本农田建设项目已基本完工。高标准农田建设项目涉及土地面积 2935.62 公顷，受益村 25 个，受益人口逾 1.45 万人。西屯、温李庄、后梁庄、西王庄、圈里、杨家林、杨坨子、南海滨、姜各庄二村、姜各庄三村 10 个村的节水灌溉工程完成，大庄、北海滨、杨庄、南程庄、常庄 5 个村的节水灌溉工程陆续开工。王腰庄、东南庄等 6 个村 42 眼农田机井的开凿任务完成。全镇农业基础设施建设取得较快进展，农业生产条件得到改善。唐山老米沟农业发展有限公司投资 2700 万元建成精品林果育苗基地、精品设施果品种植基地、矮密苹果种植区、农产品加工产业区、农业科技孵化区、有机绿色果蔬采摘园、绿化苗木种植基地、家禽养殖、淡水养殖、配套建设垂钓设施、现代农业科技展区、体验式农庄及绿化等现代农业园区项目，为全镇农业产业化持续发展树立了标杆。完成春季绿化造林面积 316.06 公顷，其中村庄绿化面积 23.33 公顷，沿海防护林面积 55 公顷，农田林网面积 14.13 公顷，经济林面积 23.53 公顷，苗圃面积 33.4 公顷，湿地植被修复绿化工程面积 166.67 公顷，超额完成县达任务。全镇实现农林牧渔业总产值 19.05 亿元，其中农业产值 5.51 亿元，林业产值 627 万元，牧业产值 1.04 亿元，渔业产值 12.31 亿元，农林牧渔服务业产值 1279 万元。

【工商经济发展】 2017 年，全镇有工业企业 40 家，其中制造业企业 20 家，其他企业 20 家；有商业网点 226 个，集贸市场 2 个，物流企业 19 家。年内，新注册企业 2 家，为唐山广翰环保科技发展有限公司、乐亭县众泽货物运输有限公司；新增规模以上企业 2 家，为乐亭县拓源煤炭有限公司、唐山振瑞昌货物运输有限公司；新增高新技术企业 2 家，为唐山浩昌杰环保科技发展有限公司、唐山广翰环保科技发展有限公司；新增科技型中小企业 8 家，为乐亭铭泰水产养殖有限公司、乐亭县嘉联笔刷有限公司、唐山佳卓网络科技有限公司、唐山泽辉铸造材料有限公司、乐亭县渤龙海水养殖有限公司、唐山冠成海水养殖有限公司、乐亭县东豪笔刷有限公司、乐亭县滦河口海丰船舶修造厂。完成工业投资 19.41 亿元，为年计划的 129.42%；技改投资 13.86 亿元，为年计划的 126%。实现规模以上工业总产值 2.16 亿元，为年计划的 108%；规模以上工业利税 2400 万元，为年计划的 150%；民营经济增加值 22.18 亿元，为年计划的 106%。完成物流税收 1027.55 万元，为年计划的 116.77%；工商税收 193.26 万元，为年计划的 199.24%；土地使用税收 157.91 万元，为年计划的 147.6%。

【农村面貌改造提升】 2017 年，姜各庄镇不断加大美丽乡村建设力度，经科学谋划，强化指导，加强卫生整治和基础设施建设，村容村貌得到改善，前圈里和东屯 2 个村被确定为省级美丽乡村。同时，对大西庄、李营、前营、三家子、周家庄、明庄子 6 个后进村实施综合治理，以美丽乡村建设高标准要求，高规格打造，确保整顿转化工作扎实推进。全年清运垃圾 2.7 万立方米，改造垃圾坑 1 个，新建垃圾箱 76 个，修建护坡 810 米，栽植绿化苗木 1.05 万株，修复院墙 4600 米。修建中海滨至沿海公路、马庄子至后梁庄、满庄至石各庄等 7 条道路 21.72 千米。投资 20 万元修复危桥 3 座，投资 60 万元新建桥梁 2 座。有序开展农村面貌改造提升工作，组织环境卫生集中整治专项行动 2 次，先后迎接县联查 4 次。引进环卫 PPP 模式，推行市场化运作，对沿海公路两侧市场环境卫生实施公司化管理。同时强化宣传工作，向经营业主发放环境卫生清洁倡议书 210 余份，取得支持和配合，市场两侧卫生面貌得到改善。

【社会事业全面推进】 2017 年，姜各庄镇有幼儿园 10 所，在园幼儿 597 人，幼教职工 32 人；有中小学 12 所，在校生 3045 人，中小学教职工 248 人。有卫生院（所）4 所，医护人员 74 人；有村卫生室 58 个，村医 56 人。落实农村最低生活保障制度，全镇有低保户 206 户 247 人，最低生活保障金每人每年 3416 元；有特困供养人员 330 人，其中分散供养的每人每月 466 元。突出抓好困难群众的生产生活问题，对低保户、特困户等给予重点照顾。至年底发放困难群众临时生活救济款 14.71 万元，为享受社会救济定补的 53 人发放救助金 3.28 万元，为 1625 名 80 周岁以上老人发放老龄生活补贴 6.15 万元，为 805 名重点优抚对象发放抚恤金 336.97 万元，办理残疾人证 325 份。开展贫困人口建档立卡工作，61 户 106 人纳入工作范畴。完成新农保待遇审核工作，全年新增 60 周岁以上（含 60 周岁）领取保障金人员 950 人，死亡注销 410 人。征缴新农保资金 235.15 万元。完成异地养老金资格认证 56 人，全镇发放养老证 6000 余本。城乡居民医疗保险参保人数 4.26 万人，参保率 98.4%。完成郭营、王秀士、西屯等 5 个村文化广场建设，全镇文化广场覆盖率 97%。成立篮球协会、乒乓球协会，新建投资 500 万元以上的文化产业项目 1 个。全年开展各类文艺演出 20 余场次，组织镇内外篮球比赛 4 场。积极参加县举办的广场舞、健身操大赛。严格落实空气质量保障工作要求，成立督导检查组 4 个，加大对空气质量保障宣传，出动督导检查车辆 80 余辆次，对镇域内的工业污染企业、燃煤锅炉、砂石料堆放点、售煤点及烧烤摊点进行排查、治理。对镇域内 5 家工业污染企业下达停产限产通知，安排工作人员驻厂督导；推行网格化管理模式，全方位做好秸秆禁烧工作。发放明白纸 1.2 万份，悬挂条幅 180 余条，完善相关档案，实现镇村联动，先后出动巡查车辆 560 余辆次，全天候巡视镇域内垃圾、秸秆禁烧工作。成立安全生产工作领导小组，对安全生产工作实施网格化分级管理，层层落实；利用姜各庄大集宣传安全生产知识，悬挂宣传横幅 100 余条，发放宣传材料 800 余份，营造安全生产的浓厚氛围；每季度对镇内生产经营单位进行一次安全生产大检查，检查单位涉及 270 余家，对事故隐患在下达事故整改通知书的同时，实施整治监督，确保整改达标。

姜各庄镇党委书记 苏　华（6 月免）
李新海（6 月任）
姜各庄镇政府镇长 王永健

乐安街道

【概　况】 乐安街道辖区为全县政治、经济、文化的中心，县委、县政府所在地，东至东外环路、西至西外环路，南至南外环路、北至院士街，辖 22 个行政村、12 个社区居委会，19243 户 60620 人，耕地面积 729.47 公顷。乐安街道办事处位于金融大街与振兴路交叉口东南角。2017 年，乐安街道在县委、县政府的领导下，勠力同心、攻坚克难，经济、社会等各项工作进展顺利。全年实现地区生产总值 19.16 亿元，比上年增长 13.78%。其中，第一产业增加值 1.06 亿元，比上年增长 3.92%；第二产业增加值 10.79 亿元，比上年增长 17.03%；第三产业增加值 7.31 亿元，比上年增长 11.09%。人均地区生产总值 31597 元。固定资产投资 23.02 亿元，为年计划的 100.1%，比上年增长 29.25%。

【项目建设扎实推进】 2017 年，乐安街道将招商引资作为加快发展的第一要务，调整招商策略，整合招商资源，实施全员招商，确保全年目标任务的完成。年内，实施项目建设 15 个，其中新开工项目 10 个，签约洽谈项目 5 个。

新开工项目 10 个：投资 1.6 亿元、占地面积 4 公顷的中匠华湄模板制造有限公司新型模板体系项目，位于河北乐亭经济开发区，基础工程建设中；投资 1.2 亿元、占地面积 2.67 公顷的唐山康景建筑科技有限公司年产 5000 套建筑起重设备项目，位于河北乐亭经济开发区，主体工程建设中；投资 1.5 亿元、占地面积 2.53 公顷的乐亭县诚信房地产开发有限公司开发建设水悦华苑（B1 区）项目，位于县城院士街南侧，基础工程建设中；投资 1.2 亿元的乐亭县诚信房地产开发有限公司开发建设水悦华苑（B2 区）项目，位于县城院士街南侧，基础工程建设中；投资 2.9 亿元、占地面积 5.96 公顷的唐山海港经济开发区丞起房地产开发有限公司建设乐亭县鼎秀家园南区工程项目，位于县城原冀东果菜批发市场，主体工程建设已完成，装修中；投资 1.9 亿元、占地面积 5.46 公顷的唐山龙居房地产开发有限公司乐府 2 期项目，位于县城将军路北段路东、高平中学对面，主体工程已基本完工；投资 3 亿元、占地面积 2.67 公顷的北京海德润制药乐亭有限公司生物医药、保健品、医疗器械生产二期项目，位于县城区工业聚集区，基础工程打桩中；投资 1.28 亿元、占地面积 126.67 公顷的燕园高档苗木基地二期项目，位于古滦河生态公园，树苗栽植已完成；投资 3800 万元、占地面积 0.35 公顷的唐山市德龙钢铁有限公司烧结烟气脱硫项目，位于河北乐亭经济开发区，已完工投产；投资 4500 万元、占地面积 0.8 公顷的河北千村绿食品有限公司仓储物流项目，位于河北乐亭经济开发区，厂房建设中。

【村居环境治理】 2017 年，乐安街道以“省级文明城市”创建活动为契机，加大基础设施改造力度，进行小区绿化美化，全面清理乱堆乱放、私搭乱建、乱停乱摆问题，城区环境得到改善。完善基础设施，维修各个社区路灯 500 余盏、路灯杆 20 余根；维修更换井盖 280 余个、修补路面 1300 多平方米；为社区铺设草坪砖 6760 平方米，形成停车位 400 个；维修社区（村）背街小巷及路面 4500 平方米；粉刷墙体 2 万余平方米，树木刷白 1 万余株；清运垃圾 8 万余立方米。加大绿化美化力度，通过“拆旧建绿、拆墙透绿、见缝插绿”，清理各社区乱围乱种，恢复绿地面积 2 万余平方米；以自购、自栽、自种的形式栽植鸢尾 30 万株、卫矛 18 万株、月季 1 万株、女贞 2500 株，居民的生活居住条件得到改善。

年内，乐安街道集全员之智，凝全员之力，强力推进“一区三边”违章建筑整治工作。经排查，辖区有违建户 788 户，建筑面积 22.72 万平方米，占地面积 57.26 万平方米。经宣传发动，违建户自拆 460 户，依法强制拆除 7 户，合计拆除面积 16.1 万平方米，为拆违任务的 70.84%。

乐安街道严格落实中央、省、市、县大气污染防治工作部署，建立环境保护网格化管理制度，对辖区内涉污企业进行拉网式排查，确保辖区污染企业登记无遗漏。配合县环保、卫生等部门开展大气污染防治攻坚行动，落实大气污染防治工作要求。至年底，治理取缔散乱污企业 13 家，关停取缔涉 VOCs 挥发性有机物企业 5 家，拆除淘汰燃煤锅炉 143 台，散料堆场等扬尘企业全部苫盖抑尘。

【工商经济增长】 2017 年，乐安街道有工业企业 54 家，其中制造业企业 13 家，食品加工企业

32家，其他企业9家。年内引入商贸公司8家、车队4家。全年实现规模以上工业企业产值7.32亿元，为年计划的108%；工业利税2755万元，为年计划的102.04%；完成工业投资15亿元，为年计划的100%；其中技改投资12亿元，为年计划的100.2%；实现物流税收931.93万元，为年计划的105.9%；工商税收2165.52万元，为年计划的227.9%；土地使用税收930.12万元，为年计划的200.7%。

【社会事业发展】 2017年，乐安街道积极做好惠民实事工作，不断加强社会保障体系建设。年内发放社区社会保障卡3156张，社区社会保障卡信息采集表4213张；城乡居民养老保险参保人数7209人，参保率95%，领取养老保险金人数302人；城乡居民医疗保险参保人数2.87万人，参保率92%。积极开展就业示范社区创建工作，通过政策宣传、入户走访、建立台账、职业指导、开发岗位等多项措施，为社区失业人员提供全方位服务，年内新增劳动力转移就业人数260人，新增就业再就业人数825人。稳步推进计划生育工作，为124对农村待孕夫妇开展免费孕前优生健康检查，为2021名农村育龄妇女开展免费生殖健康检查；落实农村60周岁计生家庭奖扶对象1432人，奖扶金额137.47万元；落实计生特扶68人，扶助金额21.85万元；落实一次性关怀救助家庭15户，救助金额8.6万元。

乐安街道党工委书记 刘凤革（1月免）
张宏伟（8月任）
乐安街道办事处主任 张宏伟（8月免）
安瑞滨（8月任）

人　物

“河北省五一劳动奖章”获得者简介

唐洁，男，汉族，1972年10月出生，1995年1月参加工作，群众，大学本科学历，高级工程师，国网冀北电力有限公司乐亭县供电分公司电力调度控制分中心主任。主持带领质量控制小组开展技术攻关，获国家专利8项，在《科技创业家》等国家级杂志上发表学术论文5篇。完成的“避雷器接地故障指示器”课题，获河北省优秀质量管理小组奖和唐山市科技质量成果奖。获国网冀北电力公司调控运行工作先进个人，7次被评为唐山供电公司先进生产（工作）者、“道德之星”、优秀兼职培训师等。主持完成13座35千伏输变电站工程建设、农网及技改大修工程、调度自动化工程建设和调度主站自动化系统改造。2017年4月，参与河北省社会化推荐“五一劳动奖章”评选，5月获得“河北省五一劳动奖章”。

乐亭县第五届道德模范

道德模范特别奖　胡家坨镇于家寨村　吴凤芹
　　　　　　　　县红十字文化志愿者服务队
助人为乐道德模范　胡家坨镇供电所　王　杰
　　　　　　　　大相各庄乡房各庄村　刘建民
见义勇为道德模范　汤家河镇瓦房庄村　常江山
　　　　　　　　县医院外一科　王雪铭
诚实守信道德模范　姜各庄镇杨坨子村　刘振香
　　　　　　　　乐安街道乐安社区　黄玉珍
敬业奉献道德模范　县综合职业技术学校　郭雨绵
　　　　　　　　县城管局环卫科　李　光
孝老爱亲道德模范　古河乡石桥头村　杨艳环
　　　　　　　　阎各庄镇芦河村　李丽秋

2017年乐亭县新增高级职称资格人员名录

2017年，乐亭县新增高级职称资格人员70名，涉及医疗卫生、教育、农业、住建、交通、财政等部门、单位（见表16）。

表16　　2017年乐亭县新增高级职称资格人员名录

序号	姓名	性别	出生年月	工作单位	职称资格
1	常永辉	男	1974.09	县农牧局植物医院	农业技术推广研究员
2	张春芝	女	1965.04	县农业技术推广区域综合站	农业技术推广研究员
3	张英海	男	1968.01	县畜牧兽医局	农业技术推广研究员
4	徐建志	男	1974.03	县水产中心渔船渔港监督管理站	高级工程师

续　表

序号	姓名	性别	出生年月	工作单位	职称资格
5	徐长源	男	1981.09	县水产中心	高级工程师
6	王运坤	女	1978.11	乐安街道办事处	高级会计师
7	裴超敏	女	1982.09	县财政局	高级经济师
8	徐卫华	男	1977.10	县农业技术推广区域综合站	高级农艺师
9	闫文香	女	1975.09	县农牧局	高级农艺师
10	倪玉洁	女	1980.04	县农牧局植物医院	高级农艺师
11	杨洁松	女	1979.08	县农牧局	高级农经师
12	季凤杰	女	1977.11	县畜牧兽医局	高级兽医师
13	朱江山	男	1971.10	县畜牧兽医局	高级兽医师
14	魏锦凤	女	1973.12	县人才市场	高级工程师
15	安新蕊	女	1975.09	县住建局	高级工程师
16	李智慧	女	1976.01	县住建局新城热力供应所	高级工程师
17	刘茂婵	女	1977.12	唐山远大路桥工程有限公司	高级工程师
18	尹宝新	男	1978.10	县交通运输局公路工程队	高级工程师
19	赵增辉	男	1976.10	唐山远大路桥工程有限公司	高级工程师
20	朱翠娥	女	1970.03	县委党校	高级讲师
21	王　强	男	1968.06	县第三实验小学	高级教师
22	刘　静	女	1978.01	马头营镇马头营初级中学	高级教师
23	崔彦杰	男	1969.09	马头营镇马头营初级中学	高级教师
24	曹春艳	女	1970.03	庞各庄乡庞各庄初级中学	高级教师
25	陈艳秋	女	1971.11	县第三初级中学	高级教师
26	兰秉英	女	1964.04	县第四实验小学	高级教师
27	郭庆娟	女	1968.08	汤家河镇麦港初级中学	高级教师
28	赵益民	女	1969.03	汤家河镇葡萄庄子小学	高级教师
29	李素梅	女	1971.10	汀流河镇大杨庄初级中学	高级教师
30	刘彩霞	女	1975.11	县第一实验小学	高级教师
31	张爱民	男	1974.10	河北乐亭第一中学	高级教师
32	曹兴彬	男	1969.09	新寨镇新寨初级中学	高级教师
33	贾立新	女	1969.02	阎各庄镇阎各庄初级中学	高级教师
34	王静瑜	女	1971.09	阎各庄镇阎各庄初级中学	高级教师
35	张玉梅	女	1970.11	阎各庄镇阎各庄初级中学	高级教师
36	张　松	男	1967.03	姜各庄镇姜各庄初级中学	高级教师
37	宋慧玉	女	1977.11	姜各庄镇姜各庄初级中学	高级教师
38	耿立志	男	1964.10	胡家坨镇胡家坨中心小学	高级教师
39	高建国	男	1964.12	古河乡初级中学	高级教师
40	韩瑞珍	女	1969.11	古河乡初级中学	高级教师
41	丰永宁	女	1966.02	县直属机关第二幼儿园	高级教师

续　表

序号	姓名	性别	出生年月	工作单位	职称资格
42	祝湘君	女	1971.10	大相各庄乡大相初级中学	高级教师
43	刘玉梅	女	1968.07	大相各庄乡陶庄小学	高级教师
44	刘素艳	女	1969.07	阎各庄镇芦河中心小学	高级教师
45	牛俊岩	女	1974.12	县医院	主任医师
46	颜秀娟	女	1964.09	县医院	主任护师
47	朱晓菊	女	1978.08	县医院	副主任护师
48	刘晓锋	男	1980.08	县医院	副主任医师
49	高建娜	女	1971.10	县医院	副主任医师
50	吴丽丽	女	1976.03	县妇幼保健院	副主任医师
51	田　颖	女	1982.01	县医院	副主任护师
52	周丽艳	女	1972.03	阎各庄镇中心卫生院	副主任医师
53	张大成	男	1973.03	县医院	副主任医师
54	赵艳环	女	1973.09	姜各庄镇中心卫生院	副主任护师
55	田爱平	男	1977.01	县医院	副主任医师
56	陈利剑	女	1975.10	乐亭镇卫生院	副主任医师
57	刘小爽	女	1971.04	县卫计局卫生监督所	副主任医师
58	贾素梅	女	1975.02	新寨镇中心卫生院	副主任医师
59	袁　鹰	男	1967.04	县中医医院	主任医师
60	谢　倩	女	1981.02	县医院	副主任护师
61	秦晓敏	女	1972.11	县医院	副主任护师
62	王宝红	女	1971.09	县医院	主任医师
63	王　丽	女	1970.09	县人口和计划生育服务站（中心）	副主任医师
64	李志权	男	1973.10	毛庄镇卫生院	副主任中医师
65	谭俊莹	女	1973.03	汤家河镇卫生院	副主任护师
66	安玉慧	女	1975.12	县中医医院	副主任医师
67	何永海	男	1972.12	县医院	副主任医师
68	黄志民	男	1974.10	姜各庄镇中心卫生院	副主任医师
69	裴进田	男	1972.09	县医院	副主任医师
70	王晓敏	女	1974.02	县卫协医院	副主任医师

统计资料

2017 年国民经济和社会发展统计公报

2017 年，在县委、县政府的坚强领导下，全县积极适应把握经济发展新常态，坚定走加快转型、量质齐增、跨越提升新路，全县经济综合实力不断增强，社会事业发展取得新进展，人民生活水平得到新改善。

一、综合

全年地区生产总值完成 357.88 亿元，比上年增长 7.5%。其中，第一产业增加值完成 73.1 亿元，增长 4%；第二产业增加值完成 124.51 亿元，增长 5.9%；第三产业增加值 160.26 亿元，增长 10.3%。按常住人口计算，全年人均地区生产总值 78739 元，增长 7.4%。三次产业比重为 20.4%、34.8%、44.8%（见图 1）。

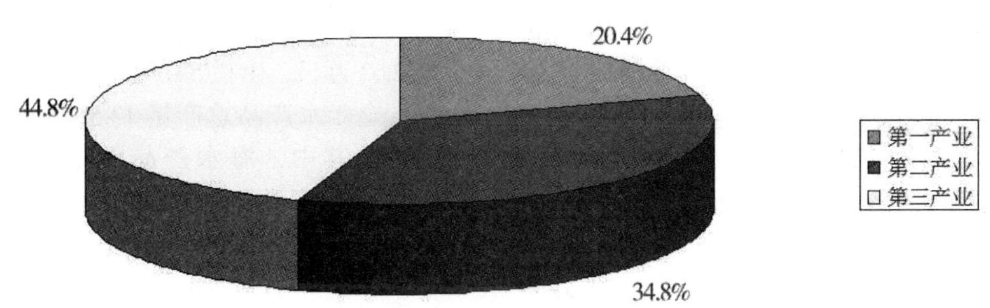

图 1　三次产业构成

全年居民消费价格比上年上涨 1.5%（见表 17），商品零售价格上涨 1.8%，农业生产资料价格上涨 1.8%。

表 17　2017 年居民消费价格指数

指标名称	全年平均值（%）
居民消费价格指数	101.5
食品烟酒	100.8
粮食	103.6
鲜菜	95.5
衣着	103.4
居住	100.5

续　表

指标名称	全年平均值（%）
生活用品及服务	98.6
交通和通信	101.4
教育文化和娱乐	102.5
医疗保健	104.4
其他用品和服务	101.5

二、农业

全年农林牧渔业总产值完成106.83亿元，比上年增长3.9%。其中，农业产值完成67.23亿元，增长5.8%；林业产值完成0.34亿元，下降54.4%；牧业产值完成16.68亿元，增长2.1%；渔业产值完成21.67亿元，增长1%；农林牧渔服务业产值完成0.91亿元，增长7%。蔬菜、水果、毛皮、水产四大主导产业产值89.4亿元，占农业总产值比重达83.7%。农业产业化经营率达69.7%。

全年粮食播种面积64.2万亩，比上年下降0.7%，粮食总产量26.98万吨，增长5.2%，单产420公斤/亩，增长5.8%。蔬菜播种面积25.3万亩，比上年增加0.57万亩，总产量133.98万吨，增长3.2%，单产5287公斤/亩，增长0.9%。其中设施蔬菜播种面积15.1万亩，设施蔬菜面积比重达到59.6%。

全年果品面积10.9万亩，与上年基本持平，果品产量33.13万吨，比上年增长0.6%。其中，桃产量20.78万吨，与上年基本持平。

全年肉类总产量2.82万吨，比上年下降40.5%。其中，猪肉产量1.69万吨，下降51.6%；牛肉产量2000吨，下降45.9%；羊肉产量1700吨，增长21.4%。年末生猪出栏21.73万头，下降52%，存栏11.26万头，下降50.4%；牛出栏1.17万头，下降47.8%，存栏1.27万头，下降44.8%；羊出栏11.7万头，增长21%，存栏7.17万头，增长23.2%；珍稀皮毛动物存栏136.85万只，增加2.62万只，出栏531.93万只，增加2.74万只。

全年水产品总产量13.59万吨，比上年下降0.4%。其中，海水产品产量13.37万吨，下降0.3%；淡水产品产量0.23万吨，下降6.8%。

2017年主要农产品产量及其增长速度见表18。

表18　　2017年主要农产品产量及其增长速度

指标名称	产量（吨）	比上年增长（%）
粮食	269813	5.2
棉花	8	11.4
油料	10340	–0.2
蔬菜	1339753	3.2
果品	331331	0.6
肉类	28215	–40.5
禽蛋	9800	–69.7
奶类	32559	5.8
水产品	135946	–0.4

全年农业机械总动力72.35万千瓦，比上年增长2%。农田有效灌溉面积81.23万亩，与上年基本持平，年末实有机电井2.63万眼，增长1.5%。全年农村用电量11708.68万千瓦时，比上年增长1.4%。

三、工业和建筑业

全年全部工业增加值比上年增长6.4%。规模以上工业增加值比上年增长8%（见图2）。按注册类型分，国有企业下降50.7%，股份制企业增长6.3%，外商及港澳台商投资企业增长10.2%，其他企业增长6.1%。按轻重工业分，轻工业下降4.6%；重工业增加值增长9.1%。

在规模以上工业中，黑色金属冶炼和压延加工业增加值比上年增长10.1%，化学原料和化学制品制造业增加值下降34.9%，装备制造业增加值增长48.5%。高新技术产业增加值比上年增长16.7%，占规模以上工业的比重为19.6%。

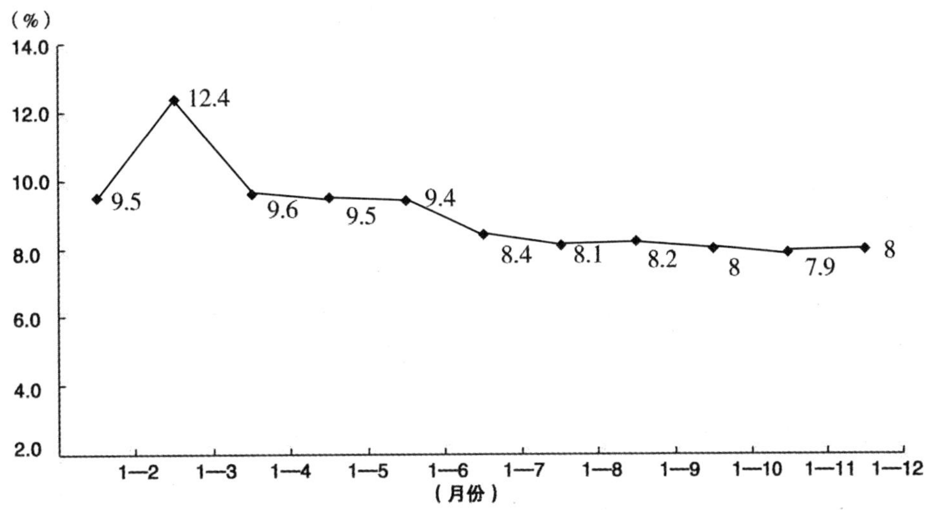

图2 2017年规模以上工业增加值增速

全年规模以上工业利润实现24.2亿元，比上年增长205.9%。

年末规模以上工业企业105家，比上年增加34家，其中年内新建投产企业12家。

全年建筑业增加值25亿元，比上年增长4.3%。具有资质等级以上建筑企业15家，资质等级以上建筑企业房屋施工面积150.2万平方米，比上年下降4.9%；房屋竣工面积49.7万平方米，比上年下降21.3%。

2017年主要工业产品产量见表19。

表19　　2017年主要工业产品产量

指标名称	单位	产量	比上年增长（%）
发电量	万千瓦时	9002	0.05
软饮料	吨	678	0.03
纯苯	吨	163899	-33.9
生铁	吨	5588412	18.8
粗钢	吨	5985552	27.3
钢材	吨	6276982	13.3
纱	吨	1954	-8.4
商品混凝土	立方米	718806	-39.7
饲料	吨	131427	20.2
改装汽车	辆	275	—

四、固定资产投资

全年全社会固定资产投资完成262.67亿元，比上年增长17.5%。其中固定资产投资完成248.87亿元，同比增长18.5%。分产业看，一产投资略微下降，二产较快增长，三产高速增长。第一产业投资21.4亿元，下降0.6%；第二产业投资149.16亿元，增长12.4%；第三产业投资78.31亿元，增长40.4%。在固定资产投资中，工业技改投资130.04亿元，增长29.7%，增速高于固定资产投资11.2个百分点。

全年固定资产投资施工项目250个，其中新开工项目164个。在施工项目中，亿元以上项目107个，比上年增加35个，其中新开工项目61个，比上年增加24个。亿元以上项目投资额191.84亿元，比上年增长31.9%，其中新开工项目投资额74.56亿元，增长6.3%。

五、国内贸易

全年社会消费品零售总额完成147.19亿元，比上年增长10.8%。按经营地统计，城镇零售额完成68.17亿元，增长10.2%；乡村零售额完成79.02亿元，增长11.3%。按行业分，批发业零售额21.83亿元，增长11.9%；零售业零售额114.76亿元，增长10.7%；住宿业零售额0.58亿元，增长13.5%；餐饮业零售额10.03亿元，增长10%。

年末限额以上消费品零售额完成8.14亿元，比上年增长15.3%。其中限额以上批发和零售业零售额完成7.88亿元，增长14%，其中粮油、食品类下降38%，服装、鞋帽、针织品类增长6.4%，家具类增长28.4%，中西药类增长70.3%，煤炭及制品类增长84.4%。

六、对外经济和旅游

全年实际利用外资完成1.82亿美元，比上年增长103.1%；进出口总额完成2.96亿美元，比上年下降15.7%。其中，出口总额完成5963万美元，下降28.1%；进口总额完成2.37亿美元，下降12%。

全年接待国内外游客429.1万人次，比上年增长25.3%；旅游总收入41.75亿元，增长34.9%。年末全县拥有旅行社40家，比上年增加11家，星级饭店7家（包括港口2家）。

七、交通运输和邮电

全年交通运输、仓储和邮政业实现增加值43.12亿元，比上年增长8.2%。年末公路通车里程1957公里，比上年增加113公里。其中高速公路通车里程68公里，省道通车里程136公里，县道通车里程75公里，乡道公路通车里程566公里，农村公路通车里程1113公里。

全年邮电业务总收入2.57亿元，比上年增长48.3%。其中，邮政业务收入0.54亿元，增长14.3%；电信业务收入2.03亿元，增长60.9%。年末固定电话用户4.22万户，下降13.4%；移动电话用户46.82万户，增长3.1%；互联网宽带接入用户10.06万户，增长20%。

八、财政、税收、金融

全年全部财政收入24.07亿元，比上年增长20%。其中，一般公共预算收入13.71亿元，比上年增长16.3%。一般公共预算支出29.34亿元，比上年增长0.3%。其中，一般公共服务支出增长31.1%，教育支出增长18.5%，医疗卫生和计划生育支出增长12.5%，社会保障和就业支出增长4%。

全年国税税收收入14.95亿元，增长42.1%；地税税收收入6.8亿元，下降10.8%。

年末金融机构各项存款余额337.86亿元，比年初增加28.59亿元，同比增长9.2%。各项贷款余额157.64亿元，比年初增加14.94亿元，增长10.5%。

九、城镇建设和环境保护

全年县城建成区面积17.9平方公里。建成区绿化覆盖总面积748.99公顷，绿化覆盖率41.84%；建成区绿地面积646.29公顷，绿地率36.11%；公园绿地总面积177.81公顷，人均公园绿地面积12.15平方米。县城建成区生活垃圾无害化处理率100%。

2017年，城镇化率51.66%，比上年提高了2.06个百分点（见图3）。

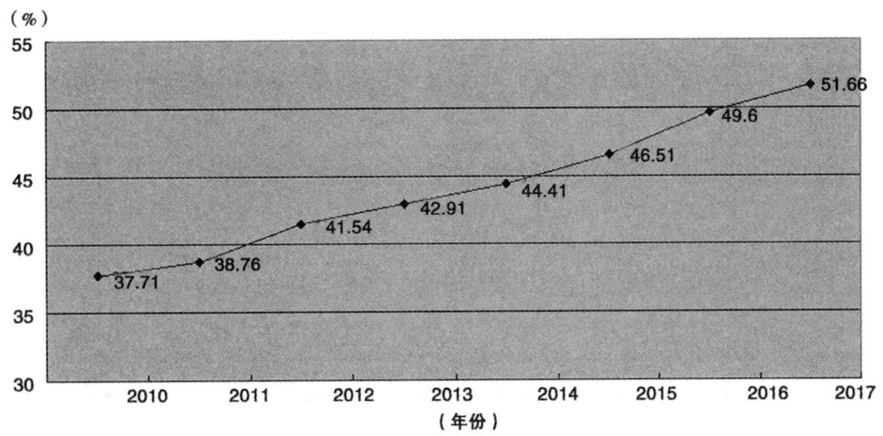

图3 2010—2017年城镇化率

全社会能源消费总量318.55万吨标准煤，比上年增长3.25%。万元地区生产总值能耗0.8725吨标准煤，下降3.91%。规模以上工业企业煤炭消费总量37.75万吨，与上年持平，比2012年减少13.37万吨。

全年空气质量综合指数7.04，和2016年相比上升0.28%；首要污染物PM2.5浓度均值为64微克/每立方米，和2016年相比下降3.03%。

十、教育、文化、体育、卫生

全县拥有各级各类学校153所，其中学前教育44所，小学80所，初中20所，高中6所，职业中学1所，成人中专学校1所，特殊教育学校1所。本年招生14893人，在校学生48554人，本年毕业生14644人，教职工5113人，其中专职教师4499人。

全县拥有文化事业机构18个，从业人员132人，其中专业艺术表演团体1个，从业人员10人；文物事业2个，从业人员16人；群众文化事业1个，从业人员18人；公共图书馆1个，从业人员10人，共藏书17.71万册，比上年增加2.19万册。全年组织文艺活动340次。

全县重点体育项目5项，全年参加市级以上比赛600人。拥有一级裁判员5人，二级裁判员30人。全年向市以上输送体育人才25人。

全县共有各类医疗机构21个，其中医院2所，卫生院13所，妇幼保健院1所，疾病预防控制中心1所。卫生技术人员1313人，比上年减少43人，其中执业医师和执业助理医师605人，注册护士584人，药剂人员55人。卫生床位数1609张，比上年增加170张，其中医院823张，卫生院736张，妇幼保健院50张。

十一、人民生活和社会保障

全年城镇居民人均可支配收入34078元，比上年增长8.6%。其中，工资性收入增长15.3%，转移净收入下降53.7%，经营净收入增长145.8%，财产净收入下降26.9%；人均消费性支出19147元，增长8%；城镇居民恩格尔系数为21.8%。农村居民人均可支配收入16090元，增长8.8%。其中，工资性收入增长30.4%，经营净收入下降2.4%，财产净收入增长424.1%，转移净收入下降4.1%；人均消费性支出10638元，增长8.5%;农村恩格尔系数为25.5%。

年末全县基本养老保险参保人数33.34万人，比上年增加1482人。其中城镇职工养老保险参保人数6.96万人，城乡居民基本养老保险参保人数26.38万人；城镇职工基本医疗保险参保人数4.32万人，比上年增加1623人；失业保险参保人数2.71万人，比上年增加920人，全年实际失业保险基金支出2043万元。

十二、人口

年末全县户籍人口42.66万人，比上年末减少4673人。其中，男性人口21.43万人，女性人口21.23万人，男女性别比例100.9 ∶ 100。全年出生人口3561人，出生率为8.3‰；死亡人口7535人，死亡率17.6‰；人口自然增长率下降9.3‰。

年末全县常住人口45.43万人，比上年增加45人，其中城镇人口23.47万人，增加0.94万人。常住人口城镇化率51.66%，比上年提高2.06个百分点。

2017 年全县国民经济和社会发展统计表选录

表 20

2017 年全县地区生产总值构成情况统计表

（按当年价格计算）

单位：万元

项目 \ 数量 \ 分项目	增加值	劳动者报酬	生产税净额	固定资产折旧	营业盈余
地区生产总值	3578773	1908679	264484	623843	781767
农林牧渔业	735031	690097	—	44934	—
农业	491276	461247	—	30029	—
林业	2201	2066	—	135	—
畜牧业	87332	81995	—	5337	—
渔业	150194	141008	—	9186	—
农林牧渔服务业	4028	3781	—	247	—
工 业	996369	183028	157775	275522	380044
金属制品、机械和设备修理业	1245	710	75	224	236
建筑业	250000	122660	10468	17320	99552
批发和零售业	214342	105172	41395	16305	51470
交通运输、仓储及邮政业	431158	388844	3202	35831	3281
住宿和餐饮业	32470	24687	1520	3330	2933
信息传输、计算机服务和软件业	82752	13016	14565	15475	39696
金融业	193578	68673	17816	29587	77502
房地产业	183097	2400	6786	120358	53553
租赁和商务服务业	84984	24861	4584	3715	51824
科学研究、技术服务和地质勘查业	4353	3191	55	187	920
水利、环境和公共设施管理业	6201	3950	88	1273	890
居民服务、修理和其他服务业	238402	177994	3486	46452	10470
教 育	47970	42029	858	4342	741
卫生、社会保障和社会福利业	17145	13494	221	2245	1185
文化、体育和娱乐业	14993	6695	1665	1734	4899
公共管理和社会组织	45928	37888	—	5233	2807
第一产业	731003	686316	—	44687	—
第二产业	1245124	304978	168168	292618	479360
第三产业	1602646	917385	96316	286538	302407

表 21

1978—2017 年全县地区生产总值统计表

（按当年价格计算）

项目 / 数量 / 年度	地区生产总值（万元）					三次产业占 GDP 比重（%）			人均地区生产总值（元）
	合计	第一产业	第二产业	工业	第三产业	第一产业	第二产业	第三产业	
1978	19949	9197	7595	5625	3157	46.1	38.1	15.8	446
1980	21966	11482	6794	5425	3690	52.3	30.9	16.8	491
1985	35239	22536	6331	5854	6372	64.0	17.9	18.1	755
1990	61160	32701	13227	10900	15232	53.5	21.6	24.9	1267
1995	284255	163441	51041	43623	69773	57.5	18.0	24.5	5731
1996	360824	193751	72168	67540	94905	53.7	20.0	26.3	7279
1997	445269	232975	98605	81216	113689	52.3	22.2	25.5	8984
1998	492430	249636	108148	88594	134646	50.7	22.0	27.3	9952
1999	537278	263794	127857	106876	145627	49.1	23.8	27.1	9956
2000	587759	273043	147772	123140	166944	46.5	25.1	28.4	11888
2001	631052	283907	164589	137740	182556	45.0	26.1	28.9	12792
2002	723706	329248	190984	160785	203474	45.5	26.4	28.1	14689
2003	825772	341273	245502	198044	238997	41.3	29.8	28.9	16777
2004	988776	381053	310643	246417	297080	38.5	31.5	30.0	20085
2005	1150433	410429	377721	313505	362283	35.7	32.8	31.5	23345
2006	1377570	411315	508129	422128	458126	29.9	36.8	33.3	27943
2007	1663703	469628	637925	532925	556150	28.2	38.4	33.4	33692
2008	1944373	488379	834359	719109	621635	25.1	42.9	32.0	39217
2009	2182405	498119	942788	799788	741498	22.8	43.2	34.0	43912
2010	2394331	570649	969214	823764	854468	23.8	40.5	35.7	48322
2011	2750203	648522	1095255	931255	1006426	23.6	39.8	36.6	55695
2012	2896520	713622	1037805	860505	1145093	24.6	35.8	39.6	58717
2013	3235310	925319	1129468	944468	1180523	28.6	34.9	36.5	66009
2014	3062546	799764	1049363	854363	1213419	26.1	34.3	39.6	70566
2015	3158516	863597	985083	777083	1309836	27.3	31.2	41.5	69848
2016	3451769	939208	1069062	849062	1443499	27.2	31.0	41.8	76080
2017	3578773	731003	1245124	996369	1602646	20.4	34.8	44.8	78793

表 22

2017 年各乡镇地区生产总值统计表

（按当年价格计算）

单位：万元

项目 / 数量 / 单位	合计	第一产业	第二产业		第三产业	人均地区生产总值（元）
				工业		
乐亭镇	193808	91587	48945	35752	53276	51310
毛庄镇	215781	53869	71848	33121	90064	67482
汤家河镇	214390	80363	31223	19903	102804	85558
胡家坨镇	210894	48140	41412	20452	121342	101445
阎各庄镇	230526	96907	48874	34615	84745	66951
马头营镇	117488	40397	45606	10935	31485	50829
新寨镇	119834	40513	12974	11152	66347	48413
庞各庄乡	135423	72558	25826	19575	37039	64632

是寒暑交替的地带，是一个富裕而神
纬度地区稀缺型海岛。

域面积1013.41平方公里，岛岸线
其中优质沙滩岸线长达19公里，沙
可利用建设海岛用地20000亩、可利
级的海洋牧场。

坚持生态优先，保护好得天独厚的资
立，辖区空气清新，负氧离子每立方
热温泉资源丰富，探明储量达200亿
是达到国家一级医用矿物水标准的
可持续利用，可以有效破解北方海岛

5.07平方公里，为国家AAAA级景
栖息的鸟类多达400多种，植被覆盖
提树多达2600余株，是天然的动植
，2015年被评为“全国十大美丽海

以浪漫爱情为主题的月岛面积11.96平方公里，为国家AAAA级景区，因形似月亮而得名，因每月的农历十三至十八总有一天是红月亮的奇观而著名，岛上有天然的海滨浴场，沙细水清、滩缓潮平，是休闲避暑度假胜地，月乡水榭、情侣木屋及温泉酒店营造了独具特色的异域风情，被誉为中国的“马尔代夫”。

以运动康养为主题的祥云岛面积22.73平方公里,为我国最大的由河流和海汐冲积而成的细沙岛屿，拥有天然的优质沙滩，有祥云湾、浅水湾和金沙滩三大海滨浴场，其中金沙滩为国家沙滩足球训练基地,并连续多年承办“中拉沙滩足球锦标赛”等国际赛事。

良好的营商环境 亲商富商

开发建设以来，旅游岛管委会累计投入了大量的资金完善配套，重要基础设施和景区景点工程投入使用，聚集力和承载力不断增强。今年以来，唐山市、旅游岛相继出台了《唐山市县域特色产业招商优惠政策措施》、《关于实施“凤凰英才”计划加快建设人才强市的意见》、《唐山国际旅游岛关于进一步优化营商环境，实现高质量发展的实施意见》等一系列优惠扶持政策，并成立了双创中心，进一步优化旅游岛创新、创业的政策环境。与此同时，旅游岛坚持抱团发展的理念，对外来投资企业高看一眼、厚爱一层，以诚待商、以信引商，不断优化营商环境，真正让大家进得来、留得住。

优惠政策 Preferential Policy

支持企业推进科技创新

对企业从国家级科研院所引进技术、购买科技服务的；认定为国家级、省级、市级技术创新中心等高新技术研究机构的；建立的博士后科研工作站、博士后创新实践基地的；正式认定为国家级、省级众创空间的，给予一定的现金奖励。

支持企业做大做强

对认定为国家服务型示范企业、项目、平台的；首次进入并连续6个月在规模以上统计范围内的服务业企业；对在沪（含科创板）、深交易所（含中小板、创业板）或境外主要资本市场首发上市的旅游岛企业，给予一定的现金奖励。

支持企业品牌创建

对民营景区首次独自完成创建AAA级旅游景区的企业；对认定为中国驰名商标、中国商标金奖企业，给予一定的现金奖励。

支持跨境电子商务

对落户我区的第三方电子商务平台、开展跨境电子商务的企业以及跨境电商线下体验店等跨境电商产业链企业，根据其带动性、交易额给予不同程度的现金奖励。

支持企业人才引进培育

对引进的国内外高等院校、国家级科研机构、知名大学和科研院所、省级及以上重点人才工程人选、博士研究生等高新技术机构人才的企业以及在旅游岛共建具有独立法人资格、符合唐山产业发展方向的研发总部或研发机构，引入核心技术并配置核心研发团队的，给予一定的现金奖励支持。

引进世界500强、中国500强、央企和旅游行业百强等企业和财团来旅游岛投资建设的，经旅游岛管委会批准，可采取一事一议的原则，针对用地、经营等方面，给予一定的优惠政策。

大众创业、万众创新

凡在旅游岛工商注册登记的具有独立法人资格企业，凡符合国际旅游岛产业发展规划方向的，均可按照政策标准免费入住旅游岛创新创业中心，并连续三年免收保洁、物业、保安等物业管理费用；对企业需要租用独立光纤专线的，给予一定的补助。

具体优惠政策参照《唐山国际旅游岛关于进一步优化营商环境，实现高质量发展的实施意见》、《唐山国际旅游岛创新创业中心管理办法》执行。

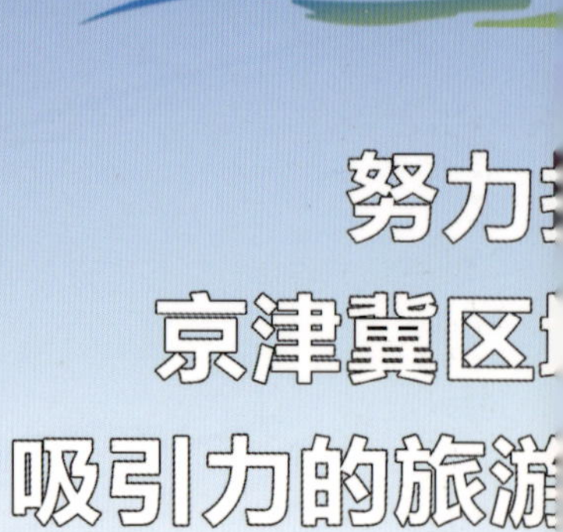